郑州统计年鉴
ZHENGZHOU STATISTICAL YEARBOOK

2019

(总第二十一期　NO.21)

郑　州　市　统　计　局
国家统计局郑州调查队　编

中国统计出版社
China Statistics Press

图书在版编目(CIP)数据

郑州统计年鉴. 2019 / 郑州市统计局，国家统计局郑州调查队编. -- 北京 ：中国统计出版社，2019.11
ISBN 978-7-5037-9058-4

Ⅰ. ①郑… Ⅱ. ①郑… ②国… Ⅲ. ①统计资料－郑州－2019－年鉴 Ⅳ. ①C832.611-54

中国版本图书馆CIP数据核字(2019)第237501号

郑州统计年鉴-2019

作　　者/ 郑州市统计局　国家统计局郑州调查队
责任编辑/ 钟　钰　杨　虹
装帧设计/ 王西海
出版发行/ 中国统计出版社有限公司
地　　址/ 北京市丰台区西三环南路甲6号
邮政编码/ 100073
电　　话/ 邮购（010）63376909　书店（010）68783171
网　　址/ http://www.zgtjcbs.com
印　　刷/ 河南新华印刷集团有限公司
经　　销/ 新华书店
开　　本/ 890mm×1240mm　1/16
字　　数/ 1369千字
印　　张/ 33.625印张
版　　别/ 2019年12月第1版
版　　次/ 2019年12月第1次印刷
定　　价/ 300.00元

如有印装差错，由本社发行部调换。

《郑州统计年鉴——2019》

编委会和编辑人员

一、编委会

二、编辑部工作人员

郑州统计年鉴

编 辑 说 明

一、《郑州统计年鉴—2019》是一部全面反映郑州地区国民经济和社会发展的资料性统计年刊。本书收录了郑州市及所辖县（市）区2018年经济和社会发展各方面的统计数据，以及重要年份的主要统计数据，是认识和研究郑州市情、经济社会发展、制定宏观政策、指导工作和进行决策的重要经济类工具书。

二、本年鉴以丰富、翔实的统计资料为主，全面反映了郑州市国民经济和社会发展状况。全书分为16部分。即1.综合；2.从业人员和劳动工资；3.固定资产投资及房地产开发；4.价格；5.人民生活；6.城市公用事业和环保；7.农业；8.工业；9.建筑业；10.交通运输和邮电通讯；11.国内贸易；12.对外经济贸易和旅游；13.财政金融；14.教育、文化、卫生、体育、科技和民政；15.产业集聚区；16.统计工作大事记。各篇末均附有《主要统计指标解释》，对主要统计指标的含义、范围、计算方法作了简要说明。

三、本年鉴中使用的计量单位均采用国际统一标准计量单位；统计口径除特别注明外，均包括郑州市及所辖各县（市）区。资料取自郑州市统计局、郑州市经济社会调查队、国家统计局郑州调查队及有关部门的统计报表。

四、本年鉴部分数据合计数或相对数不等于分项之和，是由于单位取舍和不同产业的计算误差，部分指标未作机械调整。

五、本年鉴表中的符号使用说明：

"空格"表示该项统计指标数据不详或无该项数据；

"…"表示数据不足本表最小单位；

"#"表示其中的主要项。

常住人口（万人）

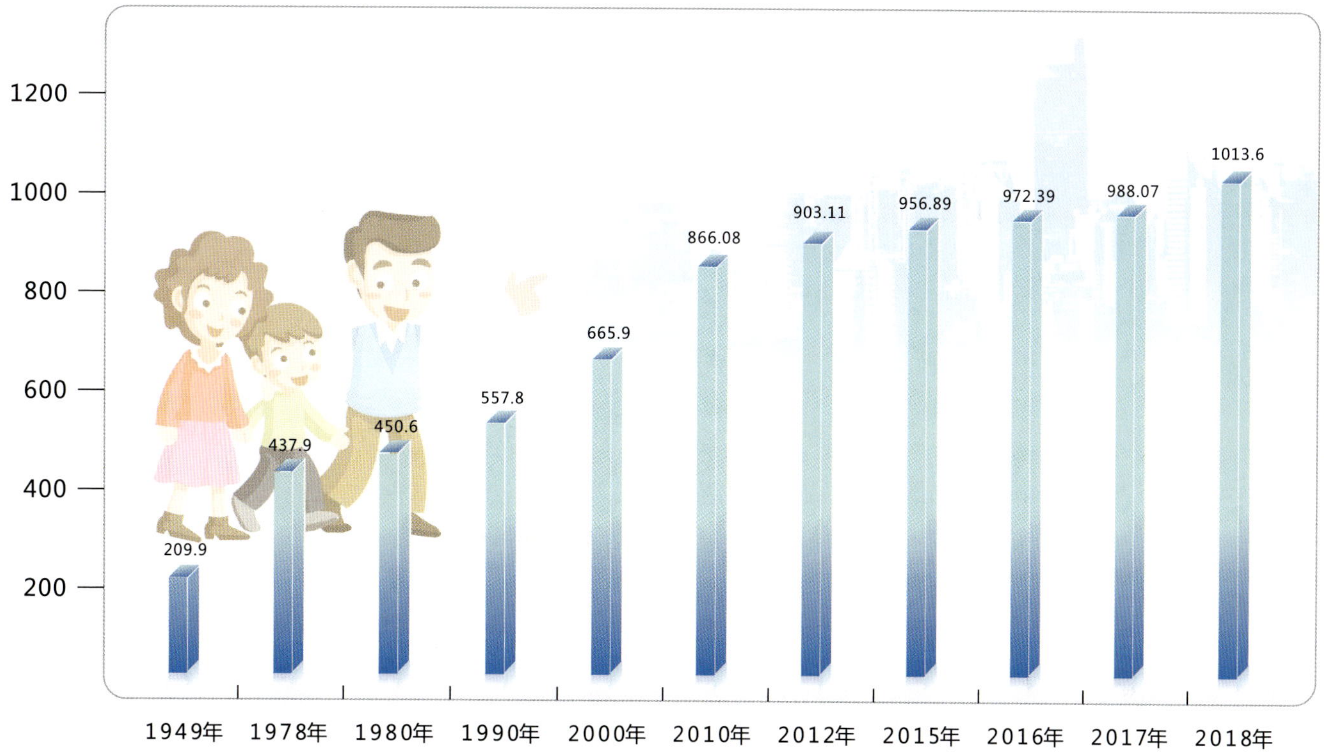

1200
1000
800
600
400
200
209.9
437.9
450.6
557.8
665.9
866.08
903.11
956.89
972.39
988.07
1013.6
1949年
1978年
1980年
1990年
2000年
2010年
2012年
2015年
2016年
2017年
2018年

城镇化率（%）

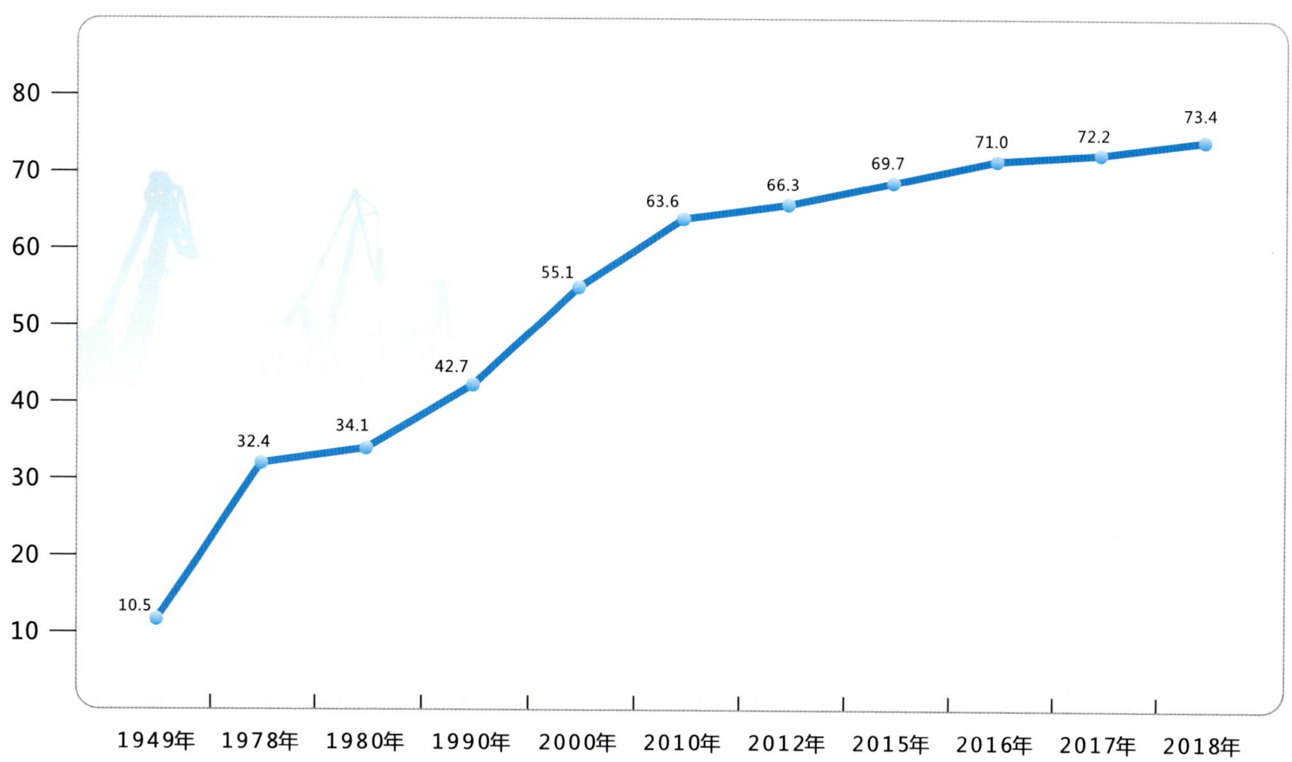

80
70
60
50
40
30
20
10
10.5
32.4
34.1
42.7
55.1
63.6
66.3
69.7
71.0
72.2
73.4
1949年
1978年
1980年
1990年
2000年
2010年
2012年
2015年
2016年
2017年
2018年

地区生产总值（亿元）

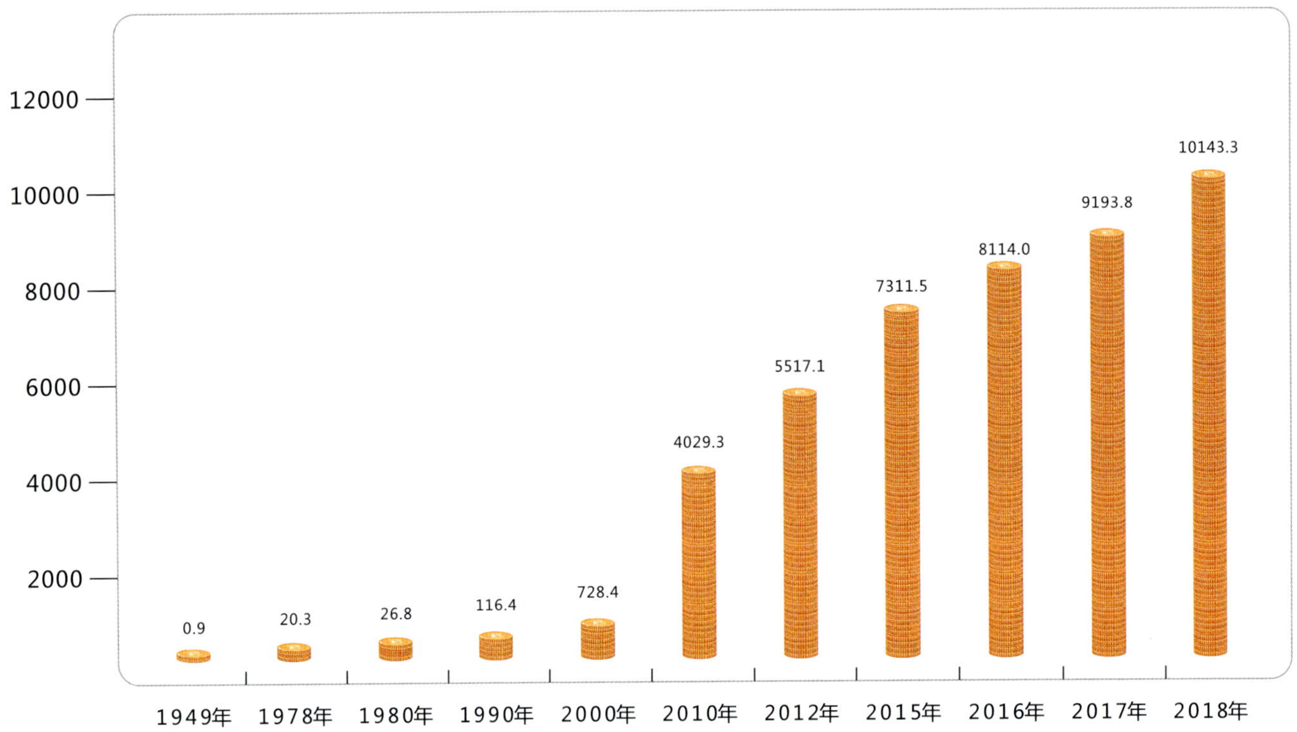

人均地区生产总值（元）

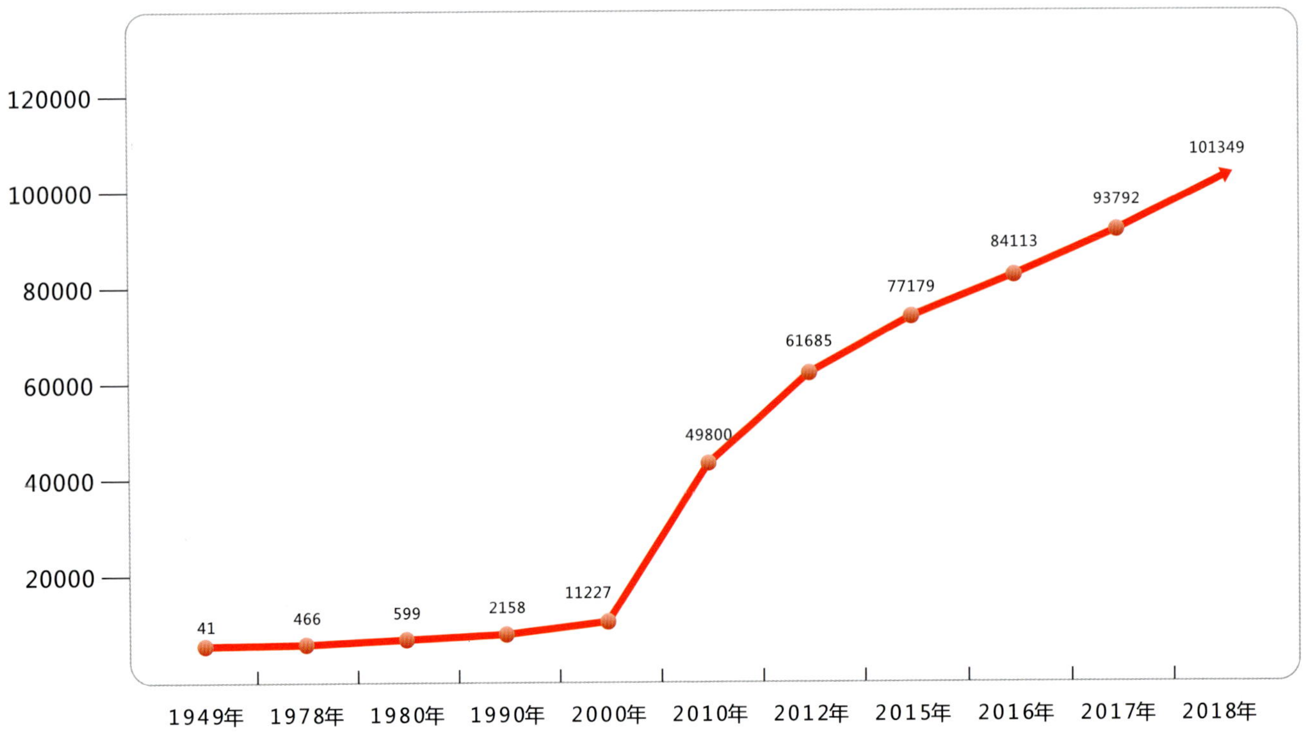

第二产业增加值（亿元）

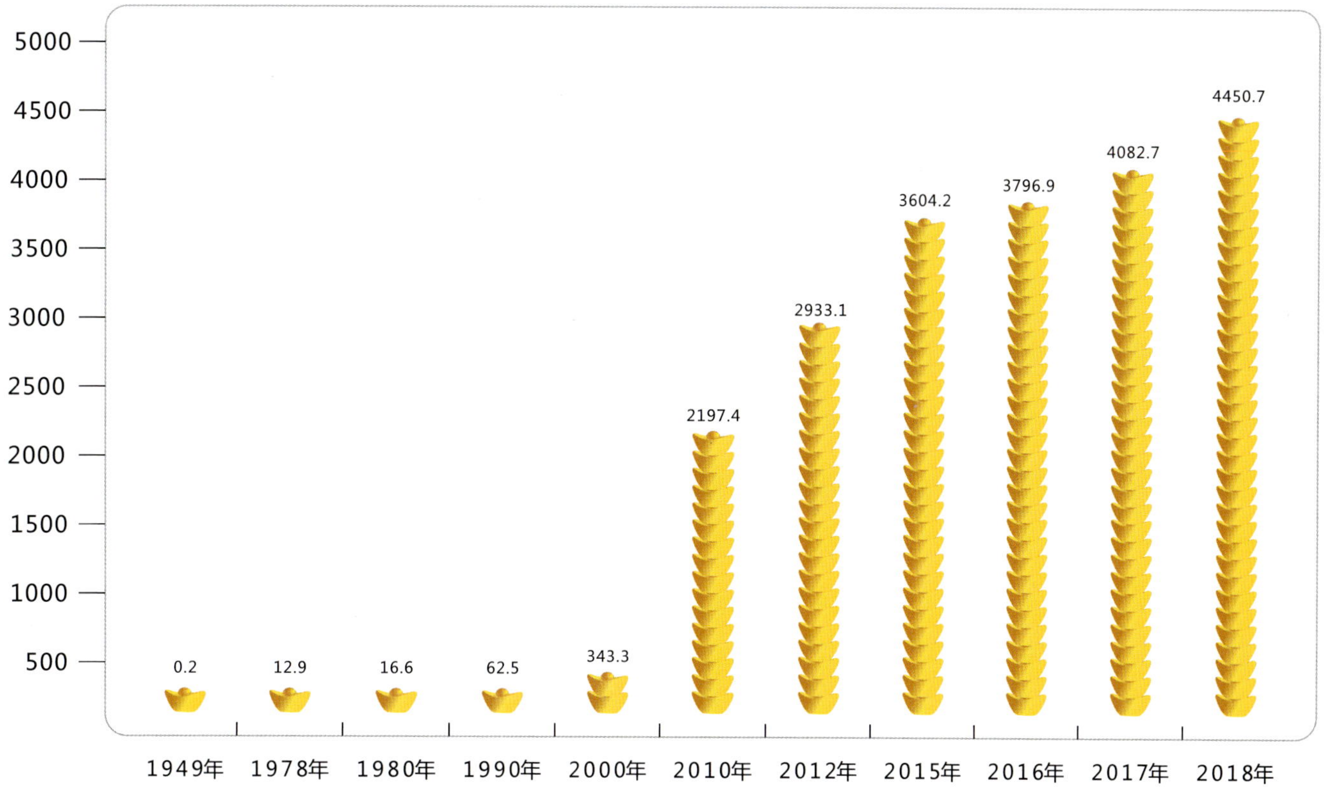

第三产业增加值（亿元）

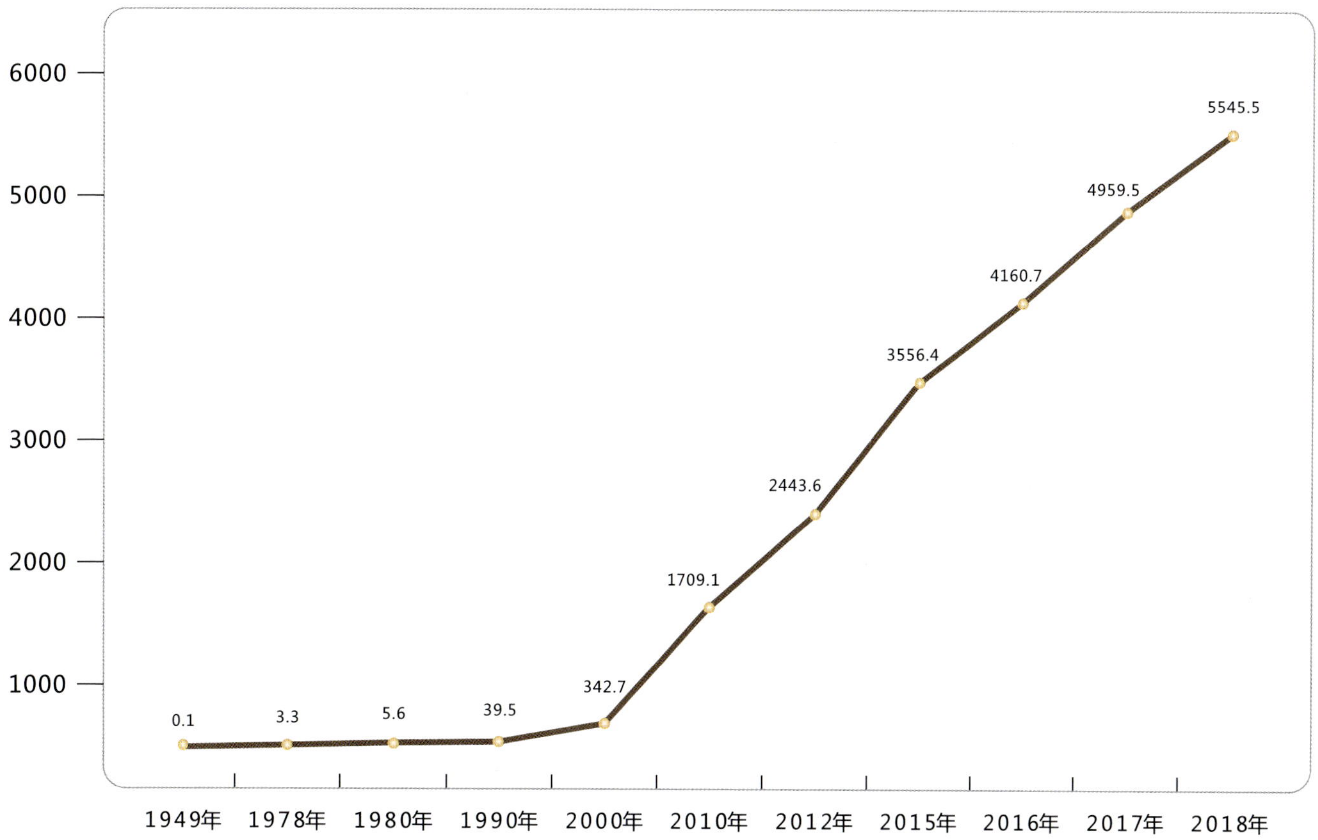

三次产业结构

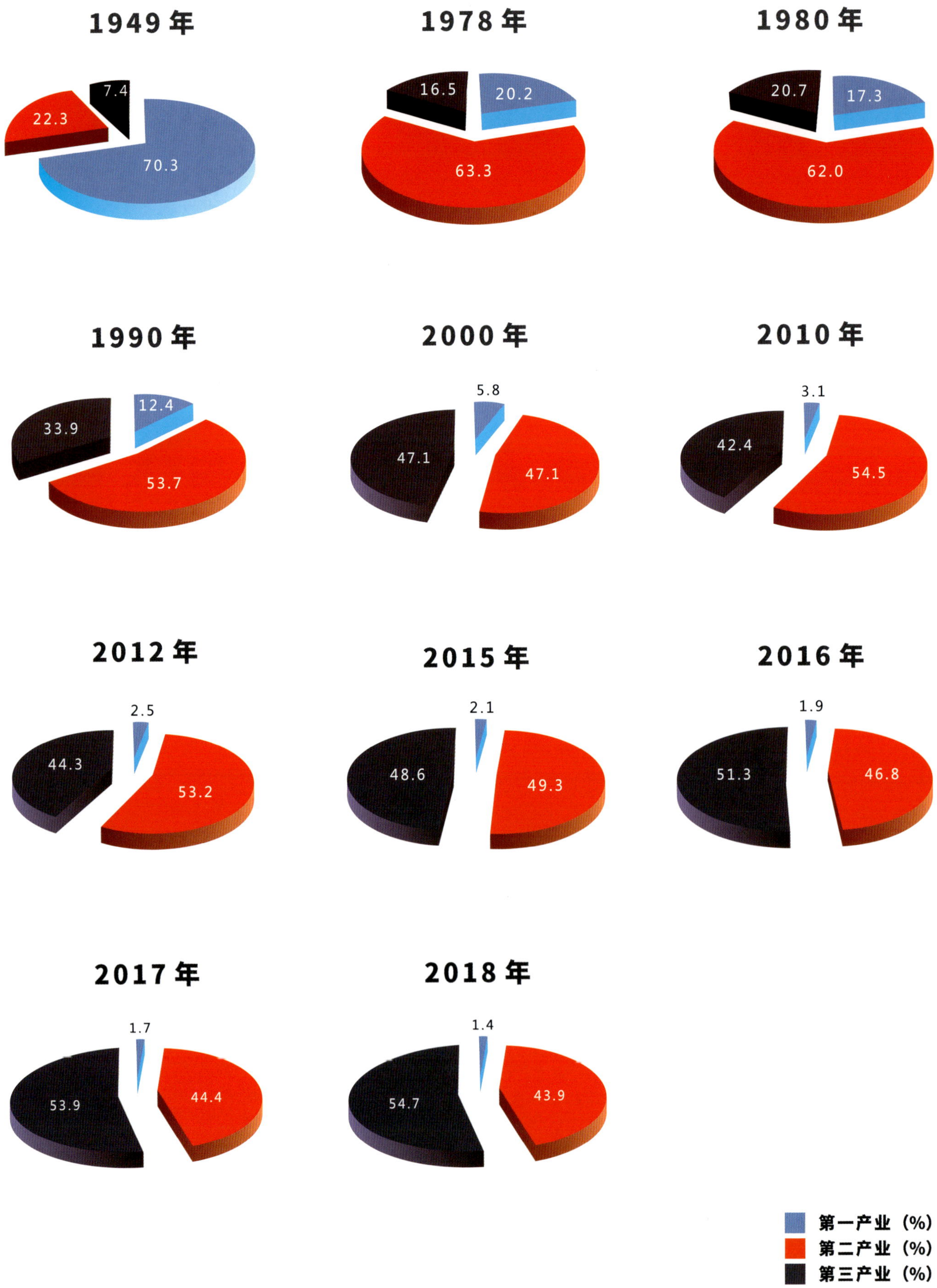

1949年
70.3
22.3
7.4
1978年
20.2
63.3
16.5
1980年
17.3
62.0
20.7
1990年
12.4
53.7
33.9
2000年
5.8
47.1
47.1
2010年
3.1
54.5
42.4
2012年
2.5
53.2
44.3
2015年
2.1
49.3
48.6
2016年
1.9
46.8
51.3
2017年
1.7
44.4
53.9
2018年
1.4
43.9
54.7
第一产业（%）
第二产业（%）
第三产业（%）

工业增加值（亿元）

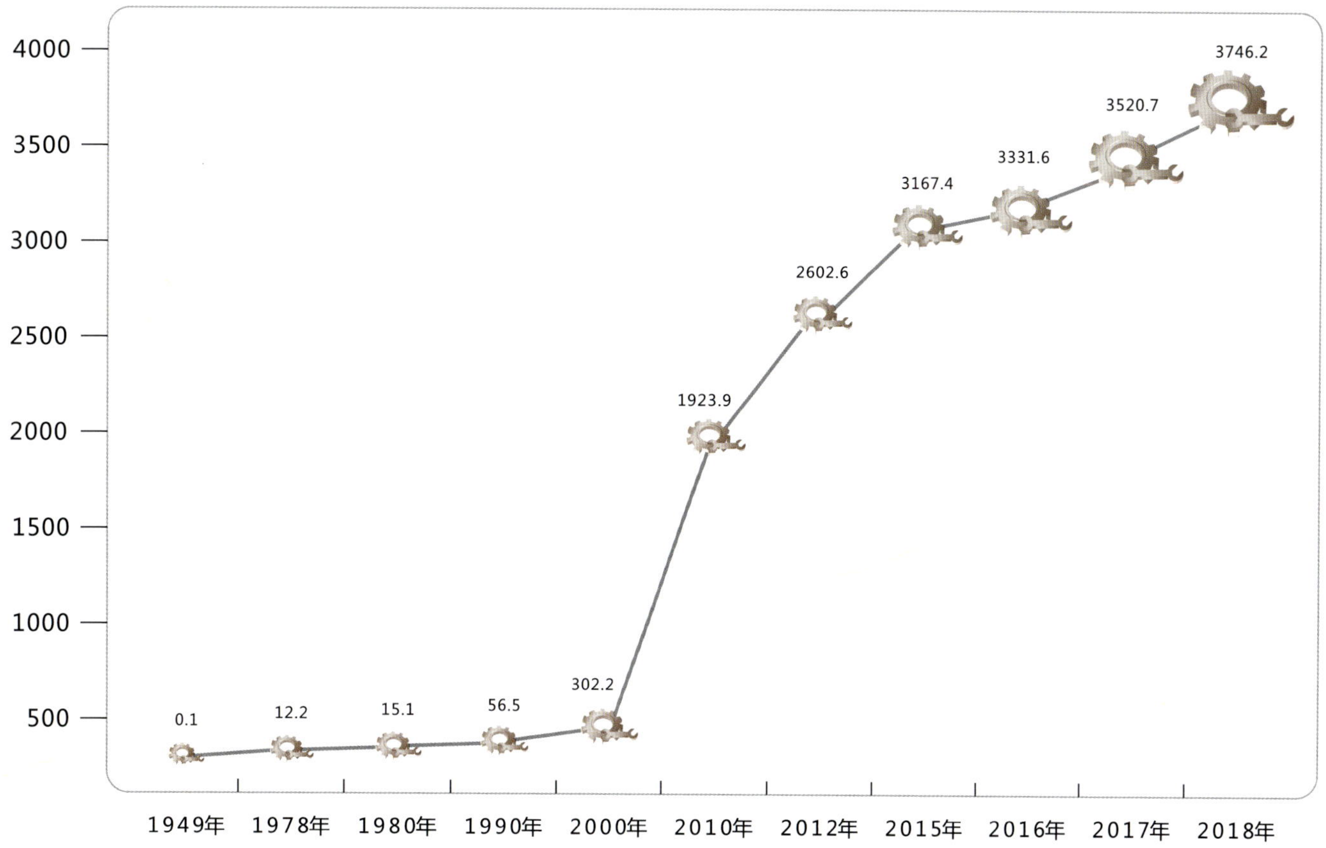

社会消费品零售总额（亿元）

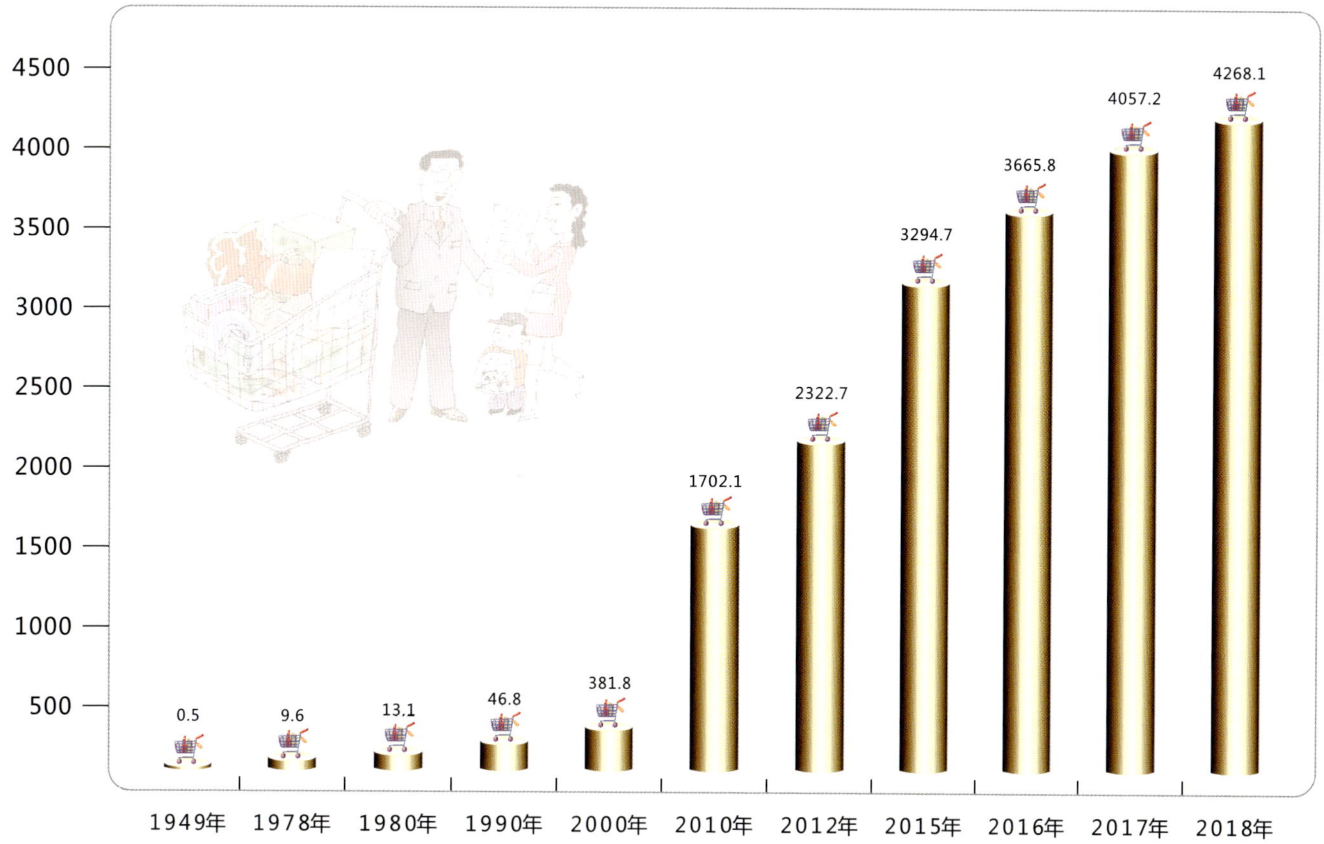

地方财政一般公共预算收入（亿元）

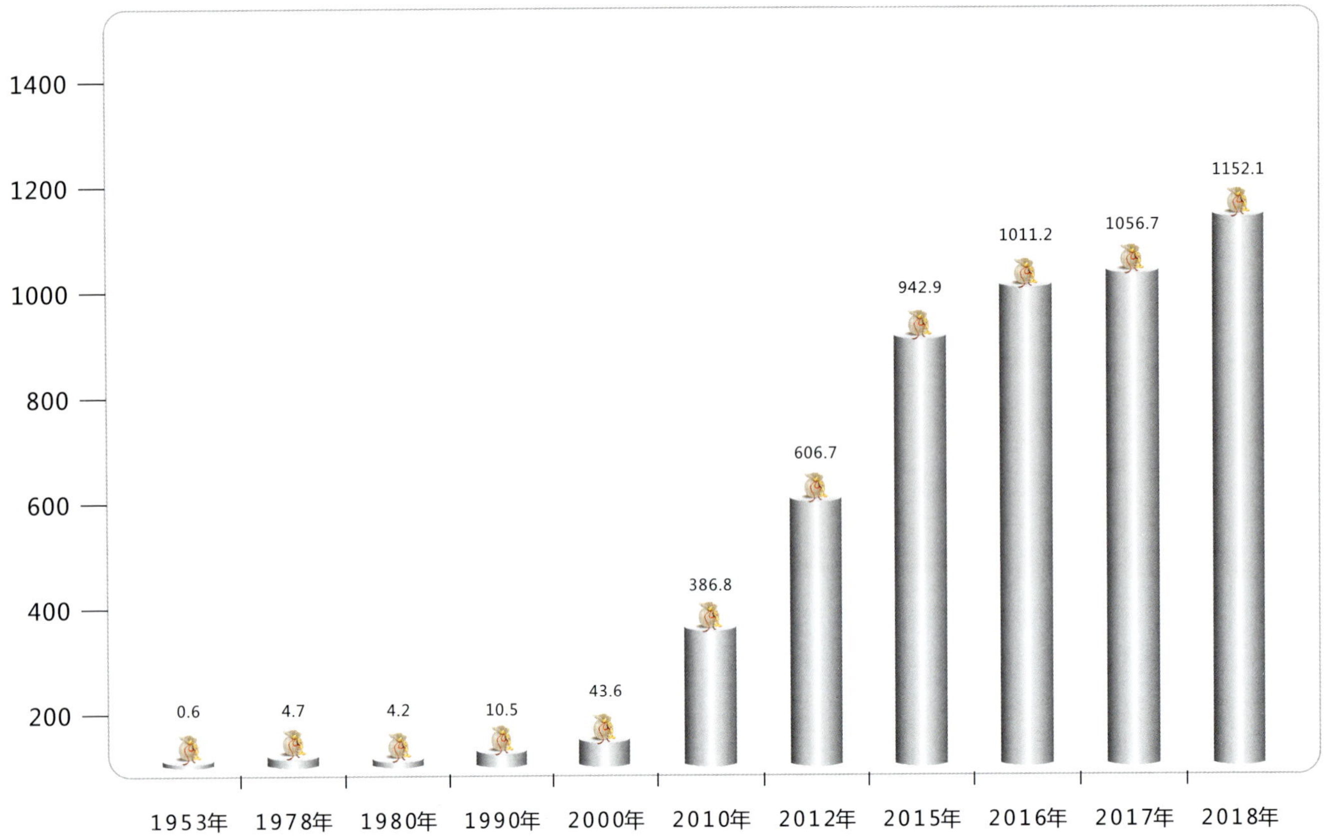

地方财政一般公共预算支出（亿元）

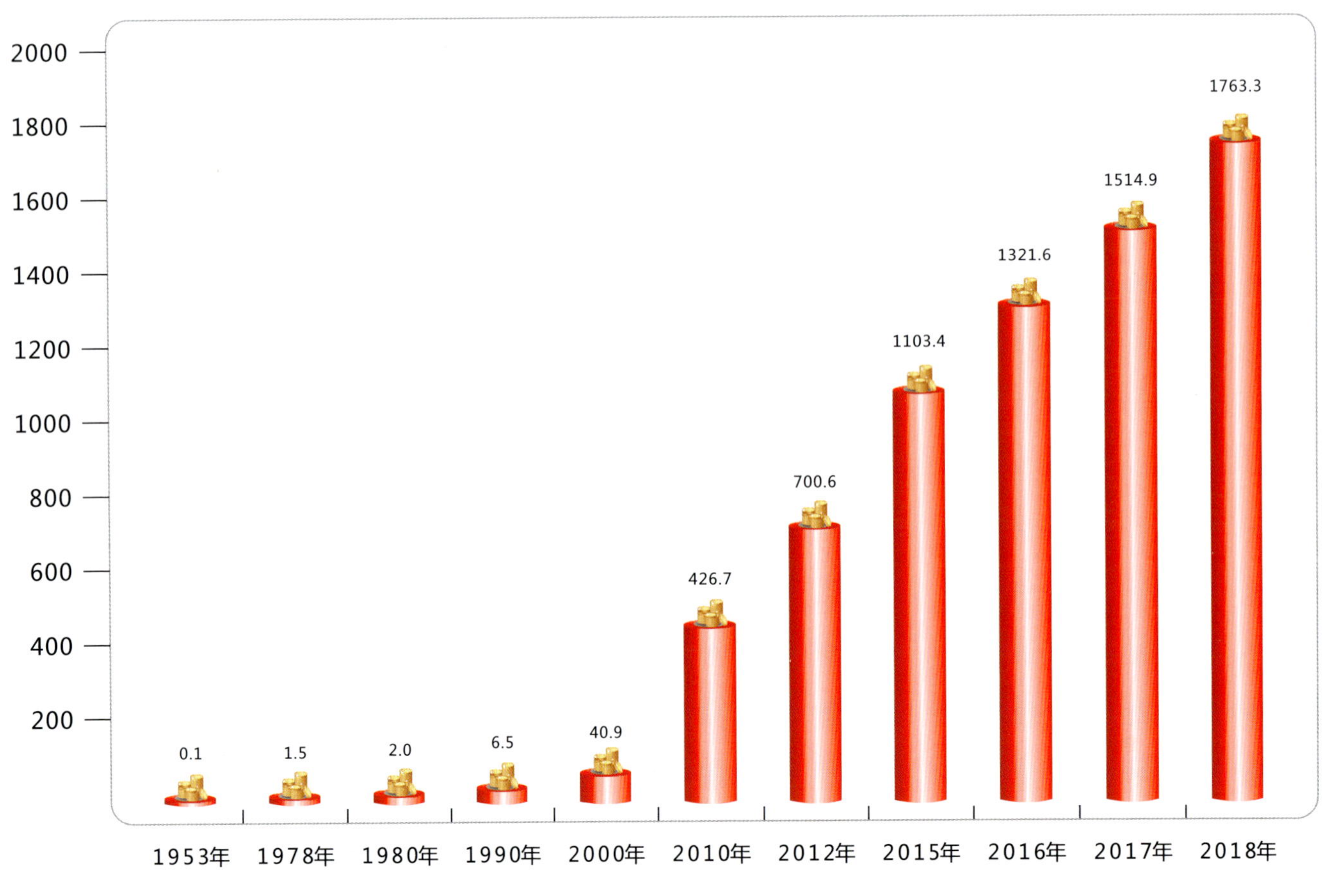

金融机构存款余额（亿元）

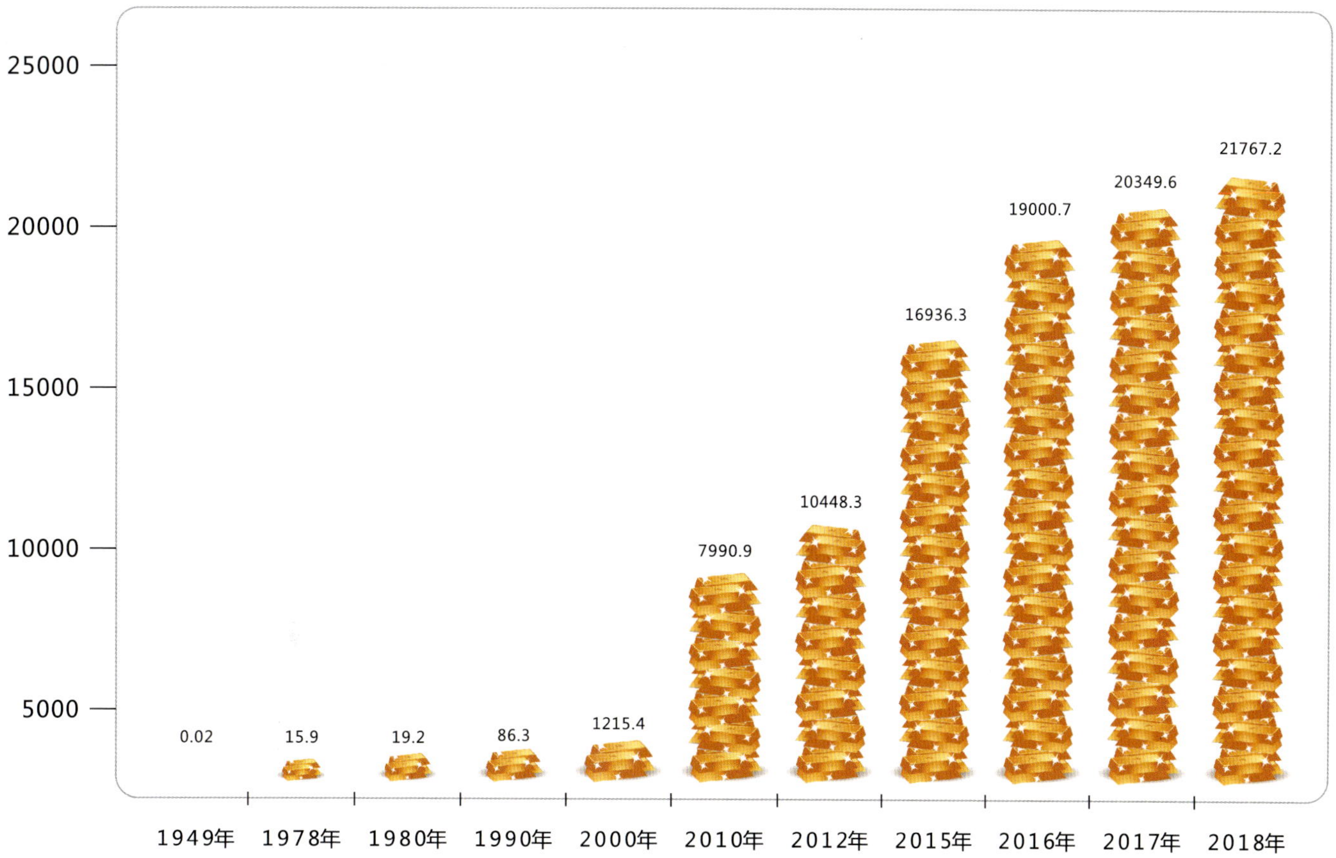

金融机构贷款余额（亿元）

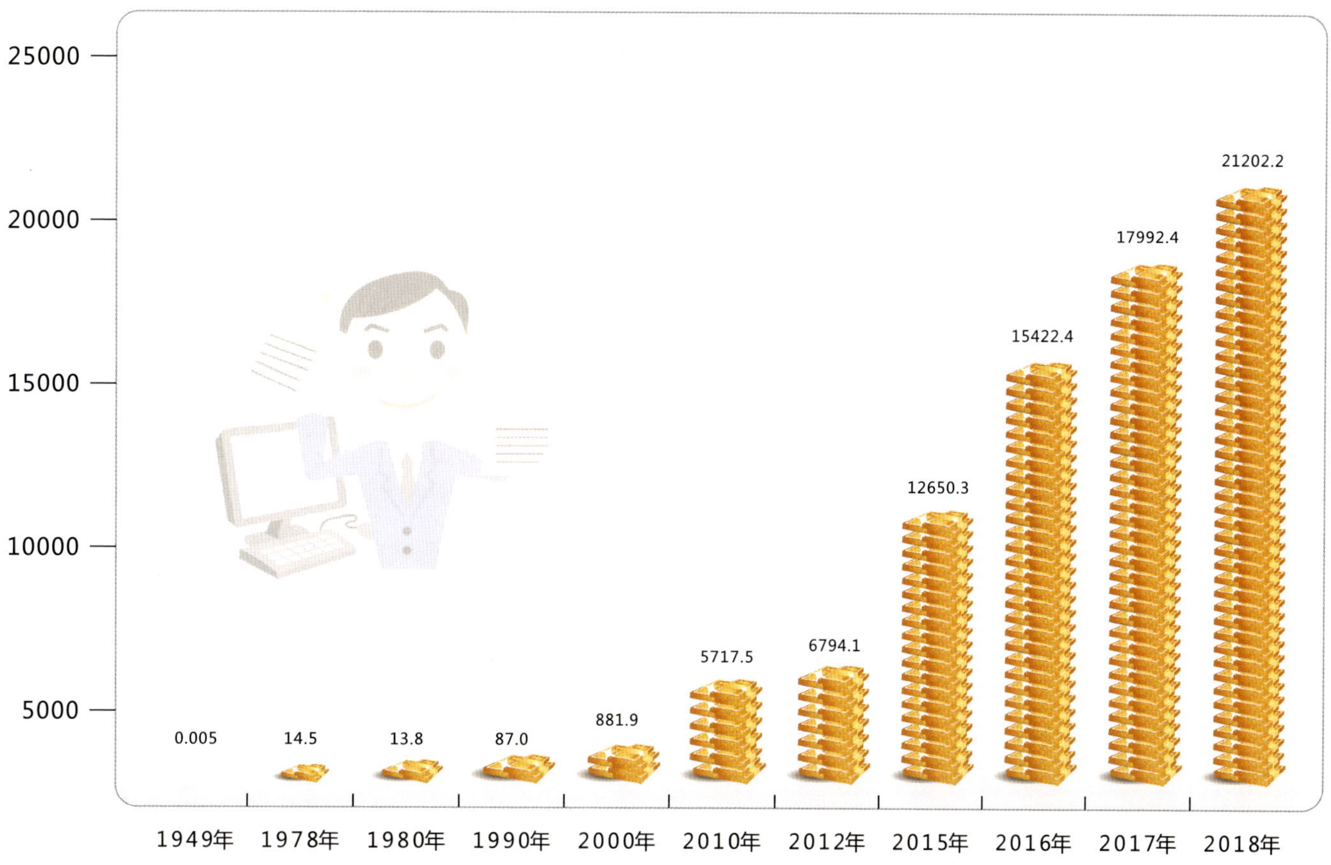

城镇居民人均可支配收入（元）

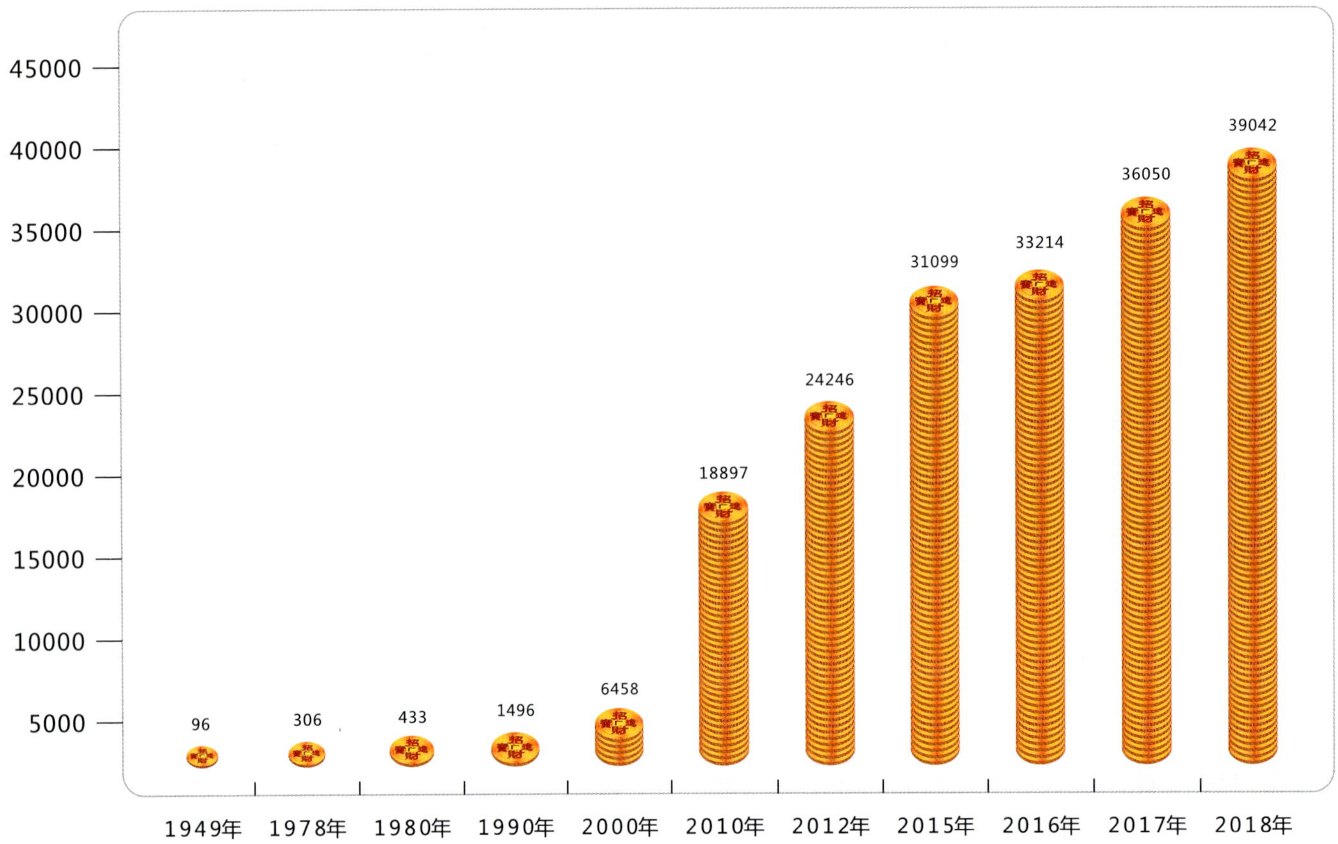

农村居民人均可支配收入（元）

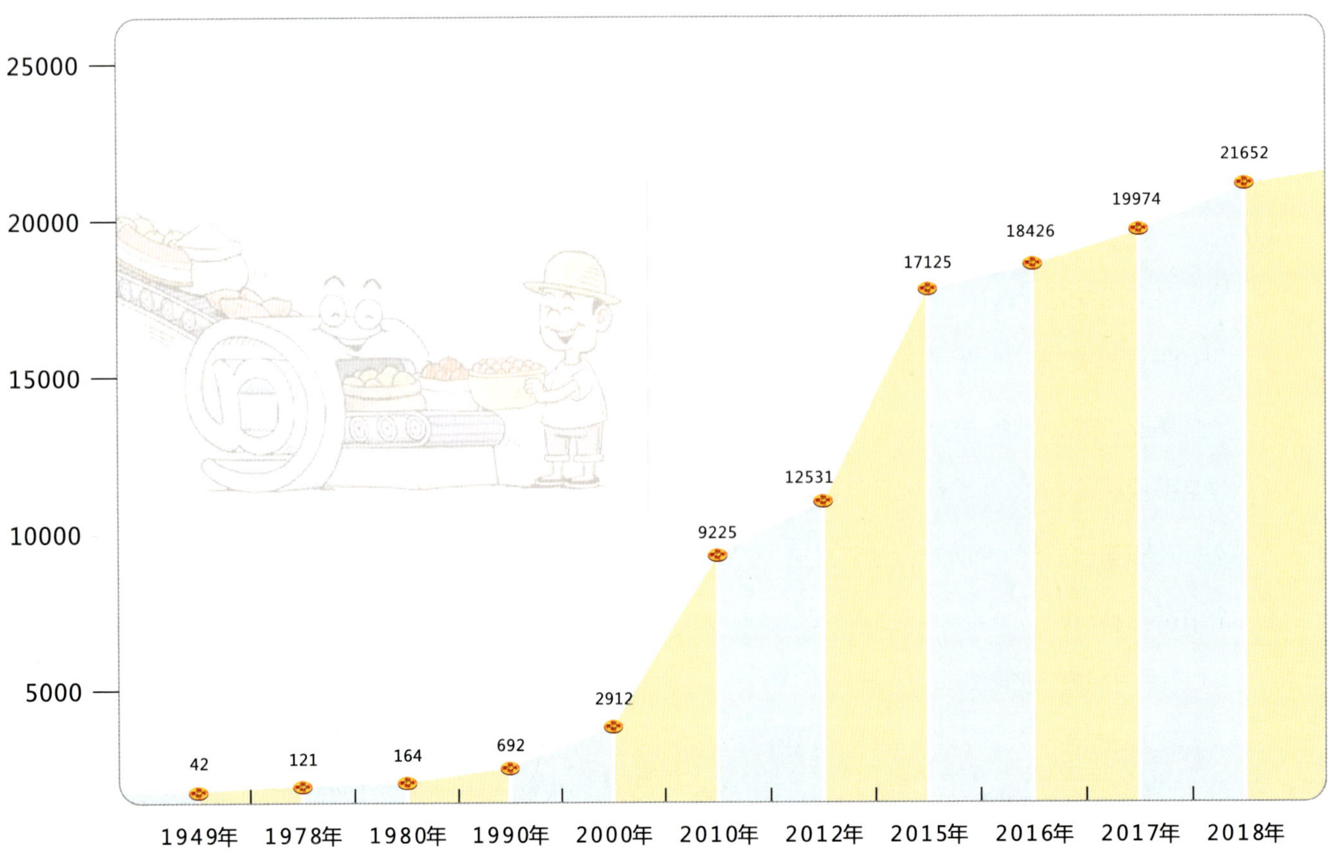

目 录

一、综 合

二、从业人员和劳动工资

三、固定资产投资及房地产开发

四、价　格

五、人民生活

六、城市公用事业和环保

七、农　业

八、工　业

九、建　筑　业

十、交通运输和邮电通讯

十一、国内贸易

十二、对外经济贸易和旅游

十三、财政金融

十四、教育、文化、卫生、体育、科技和民政

十五、产业集聚区

十六、统计工作大事记

一、综　合

合宗一

1-1 行政区划

（2018年底）

单位：个

县(市)区	街道办事处	镇	乡	社区	村委会
总　计	**123**	**70**	**13**	**858**	**2203**
市辖区	**103**	**5**	**2**	**663**	**515**
中原区	14			95	46
二七区	17	1		162	13
管城区	10		1	92	22
金水区	17			163	40
上街区	5	1		34	23
惠济区	6	2		22	53
高新区	5			19	39
经开区	6			18	43
郑东新区	10	1	1	58	63
航空港实验区	13				173
县(市)	**20**	**65**	**11**	**195**	**1688**
中牟县	3	10	1	21	273
巩义市	5	15		31	288
荥阳市	2	9	3	25	289
新密市	4	12	2	48	303
新郑市	3	9	1	50	232
登封市	3	10	4	20	303

注：本表数据为按管理权限划定区域，未经民政部门认定。

1-2 主要气象情况

（2018年底）

指　　标	一月	二月	三月	四月	五月	六月	七月	八月	九月	十月	十一月	十二月
月平均气温	0.4	4.7	12.2	18.2	23.1	28.3	29.9	29.1	22.6	17.4	9.8	2.4
月日照时数	119.0	159.9	197.1	200.3	180.4	232.0	190.5	196.4	154.7	198.8	102.4	82.9
月降水量	16.7	4.5	22.2	50.3	108.0	50.4	76.5	150.2	99.0	0.0	18.5	13.1
月内降水量≥0.1mm的日数	5	4	6	8	10	6	15	8	13	0	7	3
月极端最高气温	14.9	20.4	32.1	32.4	34.7	37.9	39.4	37.7	36.6	27.8	22.1	18.1
出现日期	19	26	27	29	13	12	25	8	3	3	4	18
月极端最低气温	-9.2	-6.8	-0.3	2.3	12.4	16.7	22.4	21.3	11.4	6.8	-0.5	-8.5
出现日期	5	3	9	7	23	10	4	25	29	19	22	30

1-3 县(市)区所辖乡(镇)办事处

(2018 年底)

县(市)区	乡镇	街道办事处
中原区		林山寨 建设路 棉纺路 秦岭路 桐柏路 三官庙 绿东村 汝河路 航海西路 中原西路 西流湖 须水 莲湖 柳湖
二七区	马寨镇	大学路 五里堡 德化街 解放路 铭功路 嵩山路 长江路 京广路 一马路 蜜蜂张 福华街 建中街 淮河路 人和路 侯寨 樱桃沟 金水源
管城区	南曹乡	北下街 西大街 南关街 城东路 东大街 二里岗 陇海马路 紫荆山南路 航海东路 十八里河
金水区		经八路 花园路 人民路 杜岭 大石桥 南阳路 南阳新村 文化路 丰产路 东风路 北林路 未来路 兴达路 凤凰台 国基路 杨金路 丰庆路
上街区	峡窝镇	济源路 中心路 新安路 工业路 矿山
惠济区	古荥镇 花园口镇	刘寨 江山路 新城 迎宾路 长兴路 大河路
高新区		石佛 沟赵 枫杨 梧桐 双桥
经开区		明湖 潮河 京航 前程 九龙 祥云
郑东新区	白沙镇 圃田乡	祭城路 龙子湖 商都路 博学路 如意湖 龙湖 龙源路 金光路 杨桥 豫兴路
航空港实验区		新港 郑港 滨河 银河 三官庙 张庄 龙港 八岗 冯堂 清河 龙王 明港 八千
中牟县	韩寺镇 官渡镇 狼城岗镇 万滩镇 郑庵镇 黄店镇 大孟镇 刘集镇 雁鸣湖镇 姚家镇 刁家乡	青年路 东风路 广惠街
巩义市	米河镇 新中镇 小关镇 竹林镇 大峪沟镇 河洛镇 站街镇 康店镇 北山口镇 西村镇 芝田镇 回郭镇 鲁庄镇 夹津口镇 涉村镇	新华路 杜甫路 永安路 孝义 紫荆路
荥阳市	豫龙镇 广武镇 王村镇 汜水镇 高山镇 刘河镇 崔庙镇 贾峪镇 乔楼镇 高村乡 城关乡 金寨回族乡	索河 京城路
新密市	袁庄乡 尖山景区管委会 米村镇 牛店镇 平陌镇 超化镇 苟堂镇 大隗镇 刘寨镇 曲梁镇 白寨镇 岳村镇 城关镇 来集镇	新华路 青屏街 西大街 矿区
新郑市	新村镇 辛店镇 观音寺镇 梨河镇 和庄镇 薛店镇 孟庄镇 郭店镇 龙湖镇 城关乡	新建路 新华路 新烟
登封市	大金店镇 颍阳镇 卢店镇 告成镇 大冶镇 宣化镇 徐庄镇 东华镇 唐庄镇 君召乡 石道乡 白坪乡 阳城工业区 送表矿区	少林 中岳 嵩阳

1-4　年末人口基本情况

（2018 年底）

县(市)区	总户数(户)	总人口(人)			城镇化率(%)
		合　计	#女　性	城镇人口	
全市	**3007954**	**10136016**	**4967916**	**7437809**	**73.38**
中原区	254302	783251	382074	714795	91.26
二七区	279372	838118	415706	761430	90.85
管城区	169156	575132	280319	500940	87.10
金水区	447632	1316040	632918	1208914	91.86
上街区	53272	144012	73401	132289	91.86
惠济区	94268	303542	153413	230237	75.85
中牟县	134937	510363	250894	273963	53.68
巩义市	251560	838331	410782	485645	57.93
荥阳市	178640	648744	322300	371601	57.28
新密市	223526	813137	400470	486337	59.81
新郑市	172288	647803	329084	389135	60.07
登封市	183515	717367	350962	410621	57.24
经开区	91177	273533	128013	235266	86.01
高新区	95080	297601	147290	257455	86.51
郑东新区	232096	693377	337171	477251	68.83
航空港实验区	147133	735665	353119	522396	71.01

1-5 人口自然变动情况

（2018 年底）

县(市)区	年末平均人口（人）	出生人口（人）	死亡人口（人）	出生率（‰）	死亡率（‰）	自然增长率（‰）
郑州市	**10008347**	**124504**	**54646**	**12.44**	**5.46**	**6.98**
中原区	776023	10181	3949	13.12	5.09	8.03
二七区	819826	9268	4388	11.30	5.35	5.95
管城区	568355	7451	2699	13.11	4.75	8.36
金水区	1308146	16456	5382	12.58	4.11	8.47
上街区	142256	1765	754	12.41	5.30	7.11
惠济区	300934	3446	1493	11.45	4.96	6.49
中牟县	505486	6602	2983	13.06	5.90	7.16
巩义市	835498	10728	5322	12.84	6.37	6.47
荥阳市	637743	8516	3431	13.35	5.38	7.97
新密市	811399	9455	5234	11.65	6.45	5.20
新郑市	644904	6907	3682	10.71	5.71	5.00
登封市	712240	8476	4273	11.90	6.00	5.90
经开区	264653	2943	1024	11.12	3.87	7.25
高新区	288403	3911	1713	13.56	5.94	7.62
郑东新区	673919	8849	4799	13.13	7.12	6.01
航空港实验区	718566	9550	3520	13.29	4.90	8.39

1-6 国民经济和社会发展总量及速度指标

指　标	单位	1990	1995	2000	2005	2010	2015	2016	2017	2018	2018比上年±%
人口与面积											
人口	万人	557.8	600.3	665.9	716.0	866.1	956.9	972.4	988.1	1013.6	2.6
建城区面积	平方公里	112.0	108.3	133.2	262.0	342.7	437.6	443.0	500.8	543.9	8.6
宏观经济											
国民经济核算											
地区生产总值	亿元	116.4	386.4	728.4	1660.6	4040.9	7311.5	8114.0	9193.8	10143.3	8.1
第一产业	亿元	14.4	28.5	42.4	72.4	124.6	150.9	156.4	151.6	147.0	2.1
第二产业	亿元	62.5	203.5	343.3	872.8	2269.9	3604.2	3796.9	4082.7	4450.7	8.1
第三产业	亿元	39.5	154.3	342.7	715.4	1646.4	3556.4	4160.7	4959.5	5545.5	8.3
固定资产投资											
全社会固定资产投资额	亿元	26.9	165.6	258.4	820.0	2757.0	6371.7	7070.4	7635.5		
固定资产投资	亿元	20.0	132.4	159.4	610.2	2432.5	6288.0	6998.6	7573.4		10.9
财政											
地方财政一般公共预算收入	亿元	10.5	17.1	43.6	136.1	386.8	942.9	1011.2	1056.7	1152.1	9.0
地方财政一般公共预算支出	亿元	6.5	17.8	49.0	136.7	426.8	1106.0	1321.6	1514.9	1763.3	16.4
价格总指数											
商品零售价格指数	以上年为100	100.8	110.4	99.1	101.2	102.7	99.0	100.2	101.7	103.6	3.6
居民消费价格指数	以上年为100	101.8	114.5	99.0	102.4	103.0	101.1	102.3	101.8	102.4	2.4
外商投资											
利用外资											
合同利用外资额	万美元	1132	21086	12860	63766	191632	125514	426930	352024	115032	-67.3
实际利用外资额	万美元	768	15020	9211	33549	190015	382661	403305	404969	421080	4.0
产业											
农业											
农林牧渔业总产值	亿元	24.6	51.5	73.2	126.2	221.4	276.6	285.2	263.1	241.3	2.1
粮食总产量	万吨	154.2	140.1	158.7	153.0	166.7	168.3	161.0	153.2	157.4	2.8
工业											

1-6 续表1

指　标	单位	1990	1995	2000	2005	2010	2015	2016	2017	2018	2018 比上年±%
工业总产值	亿元	174.4	647.9	1005.3	2411.5	7958.3	14779.6	15531.3	16329.2		6.3
工业增加值	亿元	39.8	87.1	187.5	569.7	1996.0	3312.3	3215.4	3191.3		6.8
规模以上工业											
资产总计	亿元	142.3	470.3	749.8	1473.6	3898.8	11296.7	13101.6	13556.6	10743.6	-0.3
负债合计	亿元	89.6	328.6	477.5	946.3	2134.9	6257.4	7623.1	7949.3	7434.0	1.5
主营业务收入	亿元	104.6	307.8	530.9	1673.0	5942.3	13587.5	14158.2	14738.9	8898.0	4.8
利税总额	亿元	18.0	37.9	67.2	230.2	1058.1	1539.6	1507.3	1468.0	1114.3	8.3
建筑业											
建筑业总产值	亿元	12.7	45.5	106.0	299.4	1352.3	2714.7	2891.1	3495.6	4225.3	20.9
施工房屋面积	万平方米	325	805	1217	2937	8876.9	23205.9	25323.5	23772.0	32046.7	34.8
竣工房屋面积	万平方米	148	306	440	765	2601.7	4317.9	4829.4	4409.3	4950.2	12.3
交通运输											
旅客周转量	亿人公里	69.3	92.0	125.1	189.6	301.4	279.6	311.9	329.3	341.5	3.7
#铁路	亿人公里	46.0	53.0	60.0	80.0	113.9	134.5	138.2	152.5	157.1	3.0
公路	亿人公里	23.3	32.1	56.3	82.7	137.7	79.7	107.7	104.4	97.1	-7.0
航空	亿人公里	1.0	6.8	8.8	26.9	49.8	65.4	65.9	72.4	87.3	20.6
货物周转量	亿吨公里	196.2	212.9	226.5	287.7	479.8	548.2	686.4	779.2	864.4	10.9
#铁路	亿吨公里	181.6	181.9	156.2	187.9	199.4	172.7	176.8	202.4	213.8	5.6
公路	亿吨公里	14.7	30.9	70.1	99.4	279.8	370.0	494.8	558.2	621.4	11.3
航空	万吨公里	150.0	574	1281	3385	5641	54276	147408	185694	291232	56.8
邮电通讯											
邮电业务总量	万元	1.2	8.5	42	108.2	296.3	297.8	427.1	484.5	1053.0	117.2
国内商业											
社会消费品零售总额	亿元	47.4	164.1	381.8	706.7	1702.1	3294.7	3665.8	4057.2	4268.1	9.7
限上批零贸易企业销售额	亿元	44.9	401.0	437.4	1274.3	2339.1	4751.8	6258.5	5876.6	5998.0	2.1
对外贸易和旅游											
进出口总值	万美元		16129	19216	110193	452442	5702633	5502878	5963545	6150725	3.1
#出口总值	万美元	1119	13072	12313	75659	331272	3124586	3169974	3456133	3860020	11.7

1-6 续表 2

指　标	单位	1990	1995	2000	2005	2010	2015	2016	2017	2018	2018 比上年±%
旅游外汇收入	万美元			4653	7769	13384	18000	18800	19710	21000	5.0
金融											
金融机构各项存款	亿元	86.3	464.4	1215.4	3116.1	7990.9	16936.3	19000.7	20349.6	21767.2	7.0
金融机构各项贷款	亿元	87.0	373.7	881.9	2428.1	5717.5	12650.3	15422.4	17992.4	21202.2	17.8
教育											
在校学生数	万人	84.4	114.9	139.7	191.3	222.3	260.2	286.9	302.3	323.2	6.9
专任教师数	万人	6.2	5.9	7.1	9.4	12.5	15.6	16.2	17.2	18.1	5.2
人民生活											
城镇居民人均可支配收入	元	1496	4535	5935	10640	18897	31099	33214	36050	39042	8.3
农村居民人均可支配收入	元	692	1555	2912	4774	9225	17125	18426	19974	21652	8.4
城市居民人均居住建筑面积	平方米			15.5	22.3	29.3	36.8	38.2	38.4	39.5	2.9
农村居民人均居住面积	平方米	21.5	23.8	35.4	43.7	56.0	53.6	55.3	58.3	76.5	31.2
城乡居民储蓄余额	亿元	56.1	254.2	565.8	1436.1	2911.0	5695.5	6297.6	6538.2	7157.3	9.5
工资											
在岗职工年平均工资	元	2126	5226	9017	16694	32779	52987	61149	70486	80963	14.9
卫生											
医疗机构数	个	935	879	688	1637	1347	3922	3964	4421	4773	8.0
卫生技术人员	个	28410	30590	31137	33568	49519	86518	94955	106458	117013	9.9
医疗床位数	张	20937	22122	24472	29295	47094	78242	85929	91454	98249	7.4
市政建设											
自来水供水量	万吨	23037	32506	28783	30448	37724	35181	37259	39635	42098	6.2
城市集中供热面积	万平方米		851	1383	1777	2261	5270	6050	11726	14724	25.6
用气人口	万人	59.5	107.9	149.2	230	439	608	615	517	515	-0.4
城市道路长度	公里	428	563	684	1131	1338	1809	1932	2101	2202	4.8
公共汽(电)车总数	辆	404	728	1342	3077	4788	6221	6230	6180	6373	3.1

注:1. 1990 年城市居民人均可支配收入以人均生活费收入代替;2. 直接进出口总值、直接出口总值统计范围不包括国家部委及省属进出口公司,1995 年、1990 年为业务统计数,2000 年和 2003 年以来为海关数;3. 2013 年邮电业务总量按 2010 年可比价格计算,2001-2010 年按 2000 年可比价格计算,2000 年以前按 1990 年可比价格计算;4. 固定资产投资 2010 年以前为城镇投资;5. 2010 年以后,工业总产值和增加值包含河南中烟工业公司和河南电力公司;6. 2017 年、2018 年用气人口数不包括液化石油气用气人口数。

1-7 国民经济和社会发展比例和效益指标

指　　标	单位	1990	1995	2000	2005	2010	2015	2016	2017	2018
就业										
每一就业者负担人口	**人**	**1.66**	**1.85**	**1.90**	**2.15**	**2.01**	**1.75**	**1.93**	**1.96**	**1.89**
三次产业从业者比例										
第一产业	%	50.1	40.4	41.9	31.5	21.5	17.1	15.9	14.9	14.7
第二产业	%	31.3	32.3	27.0	30.0	33.8	37.5	35.3	34.4	31.9
第三产业	%	18.6	27.3	31.1	38.5	44.6	45.4	48.8	50.7	53.4
城镇登记失业率	%			2.0	3.0	2.8	1.6	1.9	2.3	2.5
宏观经济										
国民经济核算										
三次产业增加值比例										
第一产业	%	12.4	7.4	5.8	4.4	3.1	2.1	1.9	1.7	1.4
第二产业	%	53.7	52.6	47.1	52.5	56.2	49.3	46.8	44.4	43.9
第三产业	%	33.9	40.0	47.1	43.1	40.7	48.6	51.3	53.9	54.7
人均生产总值	元	2118	6499	11227	23320	47608	77179	84114	93792	101349
固定资产投资										
全社会固定资产占 GDP 比例	%	23.1	42.8	35.5	49.4	68.2	87.1	87.1	83.1	
财政										
地方财政收入占 GDP 比例	%	9.0	4.4	6.5	9.1	14.6	20.3	22.8	23.2	25.5
产业										
工业										
产品销售率	%	96.6	96.4	97.4	98.1	98.2	97.9	96.0	98.5	99.4
总资产贡献率	%	30.1	12.8	11.2	18.0	28.4	14.5	12.2	11.6	11.0
成本费用利润率	%	5.8	3.3	5.2	7.8	13.8	8.3	8.2	7.8	7.4
资产负债率	%	63.0	69.9	63.7	64.6	54.8	55.4	58.2	58.6	69.2
建筑业										
产值利税率	%	7.39	4.84	3.27	4.57	8.0	7.0	6.6	5.0	4.3
全员劳动生产率	元/人	12902	28440	60305	117785	221621	423016	408571	475377	507103
教育										
适龄儿童入学率	%	99.40	99.71	99.95	100	100	100	100	100	100
学校教师负担人数	人	13.56	19.48	17.2	15.5	17.8	16.7	17.7	17.6	17.9
卫生										
每万人拥有医疗机构数	个	1.68	1.46	1.05	2.29	1.56	4.10	4.08	4.47	4.71
每万人拥有卫生技术人员	人			48.6	46.88	57.17	90.41	97.65	107.74	115.4
每万人拥有医院床位数	张	37.5	36.9	37.4	40.91	54.37	81.77	88.37	92.56	96.93
市政建设										
城市自来水普及率	%		97.6	100	100	100	100	100	100	100

1-8 郑州一日

指　　标	单位	2000	2005	2007	2008	2009	2010	2011
生产总值	万元	19956	45496	68130	82301	90644	110709	136434
第一产业	万元	1161	1983	2175	2595	2824	3413	3607
第二产业	万元	9405	23913	36016	45466	48945	62189	78746
第三产业	万元	9389	19600	29939	34241	38874	45108	54081
粮食总产量	吨	4348	4192	4504	4527	4550	4567	4567
全社会固定资产投资	万元	7079	22466	37461	48567	62715	75534	82261
社会消费品零售总额	万元	10460	19361	26814	33049	39309	46633	54441
地方公共财政预算收入	万元	1192	3729	6014	7114	8272	10597	13762
货运量	万吨	43.2	65.1	87.0	102.3	46.5	56.5	66.9
客运量	万人	35.8	50.2	69.1	77.9	71.5	82.5	92.5
邮电业务总量	万元	1161	2963	5268	6233	7019	8118	3201
出口总值	万美元	33.7	207	483	692	548	908	2579
自来水供水量	万吨	79	83	76	88	97	103	98
售电量	万千瓦时	2156	3852	5810	7833	8225	9753	10684
接待境外人数	人次	222	573	718	800	879	956	1052

1-8　续表

指　　标	单位	2012	2013	2014	2015	2016	2017	2018
生产总值	万元	151634	169912	185671	200316	222300	251884	277899
第一产业	万元	3891	4027	4032	4135	4284	4153	4029
第二产业	万元	85599	95082	95538	98744	104025	111855	121938
第三产业	万元	62144	70803	86101	97437	113991	135875	151932
粮食总产量	吨	4630	4611	4437	4611	4412	4196	4312
全社会固定资产投资	万元	100266	123542	146721	174568	193709	209192	
社会消费品零售总额	万元	63462	71877	80970	90266	100434	111157	116934
地方公共财政预算收入	万元	16575	19825	22846	25833	27704	28950	31563
货运量	万吨	72.8	80.5	62.5	67.5	60.4	68.9	75.7
客运量	万人	97.4	105.9	50.4	51.3	44.8	40.4	40.6
邮电业务总量	万元	3588	3729	5853	8158	11701	13274	28850
出口总值	万美元	5526	6867	7303	8561	8685	9469	10575
自来水供水量	万吨	98	97	94	96	102	109	115
售电量	万千瓦时	10792	10959	9452	9644	9808	10986	11507
接待境外人数	人次	1153	1200	1236	1296	1317	1378	1444

1-9 按行政区划分主要经济指标

（2018 年底）

指　标	郑州市	中原区	二七区	管城区	金水区	上街区	惠济区
生产总值(万元)	101433172	8192028	6588116	10443846	17908317	1288804	1713085
第一产业(万元)	1470495	2804	492	14127	14776	2885	38081
第二产业(万元)	44507348	3124392	1145619	5368066	1774865	664512	657694
工业(万元)	37462244	2021071	566720	4270313	88790	510663	267534
第三产业(万元)	55455330	5064832	5442005	5061653	16118675	621407	1017310
生产总值指数(%)	108.1	110.0	110.1	119.6	108.1	108.2	109.5
第一产业(%)	102.1	87.2	94.2	87.8	81.7	75.7	81.0
第二产业(%)	108.1	112.1	108.6	130.7	121.1	108.5	113.6
工业(%)	106.9	110.5	106.0	133.8	103.7	109.2	102.9
第三产业(%)	108.3	108.6	110.5	108.4	106.8	108.0	108.1
总人口(万人)	1013.6	108.1	83.8	83.6	176.5	14.4	30.4
社会消费品零售总额(万元)	42680914	2772589	4993323	6423750	8360297	629234	1455281

1-9 续表 （2018年底）

指　　标	中牟县	巩义市	荥阳市	新密市	新郑市	登封市
生产总值(万元)	8910107	8155726	7010169	7918332	12253684	7030342
第一产业(万元)	380639	120701	293035	195011	265192	190005
第二产业(万元)	4802196	4680548	3867567	3723287	6812441	3760564
工业(万元)	4351165	4330744	3511207	3400006	6431719	3560447
第三产业(万元)	3727272	3354477	2849566	4000034	5176050	3079773
生产总值指数(%)	101.2	108.1	101.8	107.9	109.0	106.6
第一产业(%)	94.3	102.7	104.2	104.3	102.8	104.1
第二产业(%)	95.1	108.2	98.8	107.9	108.9	106.0
工业(%)	93.4	107.9	98.0	107.8	108.7	106.1
第三产业(%)	114.4	108.1	106.7	108.2	109.5	107.8
总人口(万人)	116.2	83.8	64.9	81.3	99.0	71.7
社会消费品零售总额(万元)	2347066	3403118	3076725	3257260	3522532	2485001

1-10 生产总值

（2018 年底）

单位:万元

项　目	郑州市	中原区	二七区	管城区	金水区	上街区	惠济区	中牟县
地区生产总值	101433172	4707402	6588116	3830810	13788442	1288804	1713085	3499278
农林牧渔业	1523706	258	596	6520	6423	2885	38827	264018
工业	37462244	591661	566720	346354	88790	510663	267534	743327
建筑业	7086119	707603	578899	450385	1483463	153848	390160	317627
批发和零售业	7980240	254193	854805	620182	1088022	92325	158581	294030
交通运输、仓储和邮政业	5572759	80067	960328	165802	397218	63008	61266	246742
住宿和餐饮业	3803903	212279	288641	207923	568849	64503	76653	174138
金融业	11457614	814642	1211307	581569	3889863	123093	121987	328142
房地产业	6939258	313620	373887	683967	966091	88808	313852	181680
其他服务业	19607330	1733079	1752934	768107	5299724	189671	284224	949574
营利性服务业	9243019	999929	1025470	392333	3090387	90070	92800	513430
非营利性服务业	10364311	733150	727464	375775	2209336	99601	191425	436143
第一产业	1470495	200	492	5600	6423	2885	38081	259498
第二产业	44507348	1299264	1145619	796739	1572252	664512	657694	1060954
第三产业	55455330	3407939	5442005	3028471	12209766	621407	1017310	2178826

1-10 续表 （2018年底） 单位：万元

项　目	巩义市	荥阳市	新密市	新郑市	登封市	经开区	高新区	郑东新区	航空港实验区
地区生产总值	8155726	7010169	7918332	7690055	7030342	7323803	3484626	5381157	8002409
农林牧渔业	138933	297939	198120	249802	194358	32411	2604	40484	92097
工业	4330744	3511207	3400006	3419849	3560447	4808772	1429410	136622	5598272
建筑业	351390	356479	325901	326732	201740	616037	402325	345756	77392
批发和零售业	416559	378063	563980	643363	590690	790409	110004	211404	838774
交通运输、仓储和邮政业	482253	564654	724300	544331	220402	282961	36334	226511	742239
住宿和餐饮业	395539	267769	338796	285740	389029	31654	57809	49522	41449
金融业	255966	292845	364044	333008	259295	83153	121491	2417742	144240
房地产业	272897	393699	379595	437134	212764	172651	340361	1149699	242186
其他服务业	1511445	947514	1623588	1450095	1401617	505756	984289	803418	225759
营利性服务业	791833	349738	932643	820482	600564	171876	383053	206527	122768
非营利性服务业	719612	597776	690945	629613	801053	333880	601236	596892	102991
第一产业	120701	293035	195011	246627	190005	28978	2604	36636	90972
第二产业	4680548	3867567	3723287	3745088	3760564	5424494	1825129	482378	5675664
第三产业	3354477	2849566	4000034	3698340	3079773	1870331	1656893	4862144	2235773

1-11 生产总值指数

(2018 年底)

单位:%

项　　目	郑州市	中原区	二七区	管城区	金水区	上街区	惠济区	中牟县
地区生产总值	108.1	109.7	110.1	108.1	109.5	108.2	109.5	110.3
农林牧渔业	102.2	22.3	95.5	99.0	86.8	75.7	81.9	103.9
工业	106.9	106.0	106.0	97.2	103.7	109.2	102.9	108.7
建筑业	116.5	118.1	111.6	133.2	119.5	105.9	124.5	115.1
批发和零售业	104.3	104.7	102.6	102.7	102.8	109.2	100.0	105.0
交通运输、仓储和邮政业	105.7	105.1	104.9	104.5	104.9	106.1	104.6	104.1
住宿和餐饮业	105.8	106.3	104.8	105.5	105.2	106.2	104.2	104.9
金融业	105.8	106.4	106.6	106.7	105.5	112.4	107.6	100.5
房地产业	108.5	112.7	102.7	107.2	109.0	96.3	116.2	127.8
其他服务业	112.6	111.1	123.9	115.2	112.6	111.5	105.7	118.0
营利性服务业	121.3	117.4	141.0	114.5	119.7	121.2	111.3	132.4
非营利性服务业	105.2	103.9	103.4	115.9	103.6	103.3	103.3	103.8
第一产业	102.1	22.1	94.2	99.0	86.8	75.7	81.0	103.7
第二产业	108.1	111.7	108.6	109.0	118.3	108.5	113.6	110.3
第三产业	108.3	109.0	110.5	107.7	108.5	108.0	108.1	111.3

1-11 续表 （2018年底） 单位:%

项目	巩义市	荥阳市	新密市	新郑市	登封市	经开区	高新区	郑东新区	航空港实验区
地区生产总值	108.1	101.8	107.9	107.0	106.6	108.1	110.3	108.4	112.0
农林牧渔业	103.5	104.3	104.3	104.4	104.2	97.8	98.8	73.9	89.1
工业	107.9	98.0	107.8	105.9	106.1	109.7	112.8	97.3	111.8
建筑业	113.1	109.9	109.4	110.0	103.6	107.2	111.3	148.4	128.7
批发和零售业	105.1	104.3	105.4	108.9	106.0	103.9	101.9	100.4	107.3
交通运输、仓储和邮政业	106.4	105.6	105.7	105.6	105.6	107.0	104.6	104.6	117.2
住宿和餐饮业	106.2	105.4	106.1	107.7	105.8	103.5	103.4	101.3	105.0
金融业	99.6	105.3	103.9	97.3	99.5	107.5	107.7	106.8	106.5
房地产业	104.4	108.3	106.7	101.1	124.2	93.8	113.3	107.5	122.0
其他服务业	112.7	108.6	112.1	113.6	108.7	106.6	107.3	108.9	105.7
营利性服务业	120.5	117.5	118.1	122.1	116.8	110.8	112.7	119.6	109.4
非营利性服务业	105.3	104.0	104.1	103.7	103.6	104.6	103.8	103.8	102.8
第一产业	102.7	104.2	104.3	104.1	104.1	63.3	98.8	70.7	89.1
第二产业	108.2	98.8	107.9	106.2	106.0	109.4	112.5	130.0	112.0
第三产业	108.1	106.7	108.2	108.2	107.8	105.0	107.8	106.8	113.6

主要统计指标解释

生产总值 是一个国家(地区)所有常住单位在一定时期内生产活动的最终成果。地区生产总值有三种表现形态,即价值形态、收入形态和产品形态。从价值形态看,它是所有常住单位在一定时期内所生产的全部货物和服务价值超过同期投入的全部非固定资产货物和服务价值的差额,即所有常住单位的增加值之和;从收入形态看,它是所有常住单位在一定时期内所创造并分配给常住单位和非常住单位的初次分配收入之和;从产品形态看,它是最终使用的货物和服务减去进口货物和服务。在实际核算中,地区生产总值的三种表现形态表现为三种计算方法,即生产法、收入法和支出法。三种方法分别从不同的方面反映地区生产总值及其构成。

平均每年增长速度 在我国计算平均增长速度有两种方法,一种是习惯上经常使用的“水平法”,又称几何平均法,是以间隔期最后一年的水平同基期水平对比来计算平均每年增长(或下降)速度。另一种是“累计法”,又称代数平均法或方程法,是以间隔期内各年水平的总和同基期水平对比来计算平均每年增长(或下降)速度。在一般正常情况下,两种方法计算的平均每年增长速度比较接近,但在经济发展不平衡,出现大起大落时,两种方法计算的结果差别较大。本《年鉴》内所列的平均每年增长速度,除固定资产投资是用“累计法”计算以外,其余均用“水平法”计算。

总产出 总产出是指一定时期内一个国家(或地区)常住单位生产的所有货物和服务的价值,即包括新增价值,也包括转移价值。它反映常住单位生产活动的总规模。总产出按生产者价格计算。

增加值 增加值是指常住单位生产过程创造的新增价值和固定资产的转移价值。它可以按生产法计算,也可以按收入法计算,按生产法计算,它等于总产出减去中间投入;按收入法计算,它等于劳动者报酬、生产税净额、固定资产折旧和营业盈余之和。

人口数 指一定时点、一定地区范围内的有生命的个人的总和。

年度统计的年末人口数是指每年 12 月 31 日 24 时的人口数。年度统计的全国人口总数内未包括台湾省和港澳同胞以及海外华侨人数。

出生率(又称粗出生率)指在一定时期内(通常为一年)平均每千人所出生的人数的比率,一般用千分率表示。计算公式:

$$出生率=\frac{年出生人数}{年平均人数}\times 1000‰$$

出生人数 是指活产婴儿,即胎儿脱离母体时(不管怀孕月数),有过呼吸或其他生命现象。

年平均人数 是指年初、年底人口数的平均数,也可用年中人口数代替。

死亡率(又称粗死亡率) 指在一定时期内(通常为一年)一定地区的死亡人数与同期平均人数(或期中人数)之比,一般用千分率表示。计算公式:

$$死亡率=\frac{年死亡人数}{年平均人数}\times 1000‰$$

人口自然增长率 指在一定时期内(通常为一年)人口自然增加数(出生人数减死亡人数)与该时期内平均人数(或期中人数)之比。一般用千分率表示。计算公式:

$$人口自然增长率=\frac{(本年出生人数-本年死亡人数)}{年平均人数}\times 1000‰$$

人口自然增长率=人口出生率-人口死亡率

二、从业人员和劳动工资

2-1 分企事业机关、分行业从业人员人数

（2018 年底）

单位：人、%

类　别	合　计	比上年增长	国有	比上年增长	城镇集体	比上年增长	其他所有制	比上年增长
单位从业人员年末人数	**1879346**	**-9.5**	**463862**	**1.4**	**18816**	**-26.4**	**1396668**	**-12.3**
按企事业机关分								
企业	1432910	-12.8	71973	-3.3	8713	-41.8	1352224	-13.0
事业	306405	-1.9	277356	-1.7	8503	-8.5	20546	-1.6
机关	115000	17.5	110118	13.1	239	753.6	4643	819.4
非营利组织	15045	13.3	860	32.7	633	21.5	13552	11.9
其他	9986	13.6	3555	23.6	728	-3.8	5703	10.6
按行业分								
农林牧渔业	1609	-31.4	585	-9.4	945	-7.4	79	-88.4
采矿业	41217	-13.2	1161	249.7		-100.0	40056	-14.5
制造业	483048	-29.8	2681	-59.8	3067	-40.9	477300	-29.4
电力、热力、燃气及水的生产和供应业	31547	9.9	6180	78.6	205	206.0	25162	
建筑业	374764	15.8	9645	-26.4	1247	-52.3	363872	18.2
批发和零售业	82547	-20.6	2292	-25.5	858	8.7	79397	-20.7
交通运输、仓储和邮政业	70949	-10.5	23643	22.1	415	-35.5	46891	-20.9
住宿和餐饮业	26939	-9.0	3681	-4.5	556	-18.7	22702	-9.5
信息传输、软件和信息技术服务业	52964	20.4	825	12.4	36	-57.6	52103	20.7
金融业	81420	-5.3	5902	-17.5			75518	-4.2
房地产业	57839	-12.6	1063	-25.1	189	6.2	56587	-12.3
租赁和商务服务业	48458	-26.2	16630	13.5	60	-97.3	31768	-35.0
科学研究和技术服务业	55377	-10.7	14690	-25.1	799	6.1	39888	-4.3
水利、环境和公共设施管理业	30748	30.6	10718	-2.0	630	-36.7	19400	67.2
居民服务、修理和其他服务业	2932	-45.1	503	177.9	146	-56.7	2283	-52.6
教育	150929	1.8	113915		4202	-9.1	32812	10.6
卫生和社会工作	109562	5.5	89580	4.1	4156	-7.6	15826	19.2
文化、体育和娱乐业	23176	4.8	13621	10.6	64	-13.5	9491	-2.3
公共管理、社会保障和社会组织	153321	5.0	146547	4.7	1241	129.0	5533	0.3

注：2-1 表至 2-12 表范围为中央和地方各类企业，事业和机关的资料，不包括私营企业、个体工商户和乡镇企业。

2-2 分企事业机关、分行业在岗职工人数

（2018 年底）

单位：人、%

类 别	合 计	比上年增长	国有	比上年增长	城镇集体	比上年增长	其他经济类型	比上年增长
在岗职工年末人数	**1599678**	**-13.1**	**415301**	**-1.3**	**17392**	**-25.5**	**1166985**	**-16.4**
按企事业机关分								
企业	1197003	-16.9	62062	-7.6	7980	-40.8	1126961	-17.1
事业	279453	-4.0	254221	-3.3	7829	-8.6	17403	-11.0
机关	99951	13.0	95415	8.5	222	692.9	4314	754.3
非营利组织	14301	11.8	813	25.5	633	21.5	12855	10.7
其他	8970	12.5	2790	29.9	728	-3.8	5452	7.5
按行业分								
农林牧渔业	1224	-37.6	585	-9.4	560	-11.7	79	-88.4
采矿业	41144	-12.5	1161	249.7		-100.0	39983	-13.8
制造业	469764	-29.9	2680	-56.2	2989	-40.5	464095	-29.5
电力、热力、燃气及水的生产和供应业	29607	7.5	5302	59.7	205	206.0	24100	-0.2
建筑业	243947	7.6	6631	-32.3	1112	-54.0	236204	10.1
批发和零售业	78231	-18.9	2238	-20.3	776	0.5	75217	-19.0
交通运输、仓储和邮政业	53620	-13.8	19019	3.9	415	-34.4	34186	-21.0
住宿和餐饮业	25144	-9.4	3507	-3.5	554	-16.9	21083	-10.1
信息传输、软件和信息技术服务业	36730	-6.6	809	12.8	36	-50.7	35885	-6.9
金融业	62030	-6.3	5774	-18.1			56256	-4.9
房地产业	53947	-7.4	905	-31.8	189	6.2	52853	-6.9
租赁和商务服务业	38565	-23.7	15531	10.0	60	-96.5	22974	-33.8
科学研究和技术服务业	45680	-12.7	11779	-31.0	787	4.9	33114	-4.1
水利、环境和公共设施管理业	20839	7.5	9540	-6.7	630	11.7	10669	23.9
居民服务、修理和其他服务业	2881	-41.7	499	181.9	121	-29.2	2261	-50.8
教育	142685	0.2	109650	-0.2	4162	-8.6	28873	3.1
卫生和社会工作	98226	3.8	79282	1.9	4058	-4.5	14886	18.3
文化、体育和娱乐业	21120	1.8	12229	9.7	64	-13.5	8827	-7.3
公共管理、社会保障和社会组织	134294	1.5	128180	1.5	674	24.4	5440	-0.8

2-3 分企事业机关、分行业在岗职工工资总额

（2018年底）

单位：千元、%

类 别	合 计	比上年增长	国有	比上年增长	城镇集体	比上年增长	其他经济类型	比上年增长
在岗职工年工资总额	**128431882**	**1.8**	**43241511**	**7.7**	**1207666**	**-8.6**	**83982705**	**-0.8**
按企事业机关分								
企业	87689301	-1.7	5896463	-1.0	468006	-27.9	81324832	-1.6
事业	29146928	4.1	27241142	3.9	644767	7.1	1261019	7.3
机关	10199319	31.1	9761281	26.4	16324	460.2	421714	681.3
非营利组织	766682	22.3	65060	34.4	37185	40.9	664437	20.3
其他	629652	21.2	277565	39.6	41384	3.7	310703	10.6
按行业分								
农林牧渔业	70065	-22.1	45322	12.3	21520	-8.8	3223	-87.6
采矿业	2284220	-0.6	64870	400.1		-100.0	2219350	-2.4
制造业	27078486	-19.9	208046	-54.5	211143	-23.9	26659297	-19.3
电力、热力、燃气及水的生产和供应业	2139888	19.3	479447	100.4	8525	237.8	1651916	6.5
建筑业	16582697	16.2	529329	-27.4	45145	-57.9	16008223	19.2
批发和零售业	4814035	-4.7	380481	11.6	37566	18.4	4395988	-6.1
交通运输、仓储和邮政业	4762432	11.7	1502739	16.9	14984	-40.7	3244709	9.8
住宿和餐饮业	1155769	0.6	172584	4.1	31096	-1.2	952089	0.1
信息传输、软件和信息技术服务业	3472659	6.6	100568	39.3	1657	-68.5	3370434	5.9
金融业	12566061	12.1	1141120	-7.7			11424941	14.5
房地产业	4228957	7.0	68446	-22.0	8709	27.8	4151802	7.7
租赁和商务服务业	2768604	-11.9	1044486	-2.5	3628	-93.7	1720490	-14.6
科学研究和技术服务业	4790747	3.7	1332569	-21.5	66767	24.1	3391411	18.3
水利、环境和公共设施管理业	1155214	15.2	639878	9.4	51074	12.2	464262	24.5
居民服务、修理和其他服务业	168950	-12.9	29972	256.2	7665	-31.8	131313	-24.7
教育	14260885	23.8	12088110	24.9	350495	6.4	1822280	20.2
卫生和社会工作	10854111	-8.7	9416038	-13.0	288239	11.1	1149834	41.0
文化、体育和娱乐业	2106416	22.8	1203917	24.5	5567	-23.6	896932	21.1
公共管理、社会保障和社会组织	13171686	20.5	12793589	20.1	53886	59.7	324211	34.0

2-4 分企事业机关、分行业在岗职工平均工资

（2018 年底）

单位：元、%

类　别	合　计	比上年增长	国有	比上年增长	城镇集体	比上年增长	其他所有制	比上年增长
在岗职工年平均工资	**80963**	**14.9**	**102572**	**8.6**	**70446**	**22.8**	**73604**	**15.9**
按企事业机关分								
企业	74977	15.9	98307	11.7	59836	21.0	73872	16.0
事业	102621	6.8	105667	6.1	83136	17.4	67906	13.8
机关	97281	14.6	97444	15.0	76280	-24.1	94513	-11.4
非营利组织	55122	10.6	79886	5.8	60562	17.8	53237	10.1
其他	77074	12.6	103872	4.8	57558	7.5	62084	13.1
按行业分								
农林牧渔业	59077	25.9	77078	19.7	40000	4.1	53717	39.8
采矿业	55485	17.5	61198	56.6		-100.0	55335	16.9
制造业	62560	12.3	77283	6.8	70668	29.4	62413	12.4
电力、热力、燃气及水的生产和供应业	71163	11.5	87457	21.8	42203	8.7	67652	7.6
建筑业	69143	6.6	77636	5.3	44928	-10.9	69036	6.7
批发和零售业	61589	16.2	171930	44.6	48850	18.2	58596	14.6
交通运输、仓储和邮政业	85958	28.8	89246	24.2	36281	-8.3	85016	30.2
住宿和餐饮业	45594	10.4	48923	8.1	56043	20.2	44803	10.5
信息传输、软件和信息技术服务业	92108	11.5	126342	18.4	44784	-38.4	91459	11.2
金融业	214932	27.1	196575	11.1			216953	29.0
房地产业	76517	16.5	74114	12.6	46324	21.0	76663	16.6
租赁和商务服务业	69423	19.1	69309	-8.1	60467	70.0	69501	29.4
科学研究和技术服务业	99394	15.2	108157	12.2	86165	20.4	96755	18.2
水利、环境和公共设施管理业	49364	-6.0	67014	16.5	81588	3.4	37142	-17.4
居民服务、修理和其他服务业	56284	45.1	60064	25.6	63347	10.5	55210	48.6
教育	99414	22.4	110043	25.1	84770	16.6	61774	11.7
卫生和社会工作	110047	-12.6	117562	-15.8	72641	17.1	77983	23.0
文化、体育和娱乐业	95088	17.9	95822	14.7	86984	-10.5	94133	22.4
公共管理、社会保障和社会组织	93713	16.3	95104	15.7	81276	28.9	59508	35.8

2-5 全市及各县(市)区分企事业、机关从业人员人数及工资总额

(2018 年底)

单位:人、元

类别	单位从业人员	#女性	在岗职工合计	其他从业人员	单位从业人员平均人数	在岗职工	劳务派遣人员	其他从业人员	单位从业人员工资总额(千元)	在岗职工工资总额	劳务派遣人员工资总额	其他从业人员工资总额	在岗职工平均工资(含劳务派遣人员)
总计	**1879346**	**703489**	**1599678**	**100662**	**1792777**	**1531123**	**173784**	**87870**	**142371161**	**128431882**	**9602818**	**4336461**	**80963**
中原区	147356	42794	98349	5554	149369	97048	46614	5707	12075666	9037168	2703736	334762	81726
二七区	135775	52070	111054	5022	129092	110293	14665	4134	10602304	9640456	756526	205322	83204
管城区	88226	29437	79180	3358	86047	77096	5574	3377	7197170	6808745	258645	129780	85489
金水区	376835	127660	297918	50508	356737	289291	27869	39577	30840372	27034275	1784653	2021444	90866
上街区	21814	7436	18230	1444	21437	17947	1973	1517	1545180	1423831	76402	44947	75313
惠济区	55661	20147	45948	6619	54436	44922	2932	6582	3702076	3242029	135469	324578	70579
中牟县	48075	19746	41693	2689	47044	41063	3305	2676	3565181	3236566	213094	115521	77751
市局直管	28341	4852	27631	60	28467	27746	655	66	1767427	1718500	47830	1097	62193
巩义市	52086	21987	49455	1055	51535	48924	1781	830	3033022	2900042	101576	31404	59198
荥阳市	52421	19224	40142	1603	52070	39399	11115	1556	3687249	2859262	752661	75326	71503
新密市	66230	22747	56931	2334	64577	56075	6396	2106	4056868	3688147	292397	76324	63718
新郑市	83950	34150	71929	6258	82586	73196	3873	5517	6067413	5638626	172606	256181	75403
登封市	72104	21502	69059	1225	70884	67940	1555	1389	3721001	3644365	42169	34467	53047
经开区	110045	38953	92204	4513	112721	96655	11561	4505	8705431	7928041	515440	261950	78024
高新区	87213	24709	79047	1046	74638	66098	7475	1065	6456596	6027258	375796	53542	87030
郑东新区	158932	64929	138047	6983	157377	136570	13834	6973	19197257	18165131	673079	359047	125251
航空港实验区	294282	151146	282861	391	253760	240860	12607	293	16150948	15439440	700739	10769	63678
企业	**1432910**	**470508**	**1197003**	**82848**	**1353262**	**1131753**	**150529**	**70980**	**99752988**	**87689301**	**8452042**	**3611645**	**74977**
中原区	110228	23140	64612	4086	112618	63596	44747	4275	8194511	5289193	2630750	274568	73101
二七区	86166	25364	63400	4445	79689	62761	13295	3633	5427730	4577128	703208	147394	69427
管城区	66530	16554	60018	1616	64618	58279	4715	1624	5311616	5022440	215765	73411	83154
金水区	277306	74304	208457	45075	258797	201265	23373	34159	20032869	16766890	1493184	1772795	81287
上街区	15155	3758	14183	455	14850	13826	510	514	946185	905974	24308	15903	64891
惠济区	38217	10390	29903	6406	37413	29243	1746	6424	2182637	1780309	84466	317862	60175

2-5 续表 1 （2018 年底） 单位:人、元

类别	单位从业人员	#女性	在岗职工合计	其他从业人员	单位从业人员平均人数	在岗职工	劳务派遣人员	其他从业人员	单位从业人员工资总额（千元）	在岗职工工资总额	劳务派遣人员工资总额	其他从业人员工资总额	在岗职工平均工资（含劳务派遣人员）
中牟县	21028	6152	17779	1794	20587	17552	1237	1798	1424328	1270566	73519	80243	71536
市局直管	28341	4852	27631	60	28467	27746	655	66	1767427	1718500	47830	1097	62193
巩义市	31453	10837	30230	551	31436	29915	992	529	1505550	1415734	69126	20690	48043
荥阳市	27408	6394	16048	1326	27395	15618	10491	1286	1682711	887183	728782	66746	61893
新密市	43178	10910	34712	2125	41670	33994	5774	1902	2148112	1799885	276669	71558	52217
新郑市	46702	15007	40822	2868	45931	40465	2928	2538	2682729	2411560	135235	135934	58691
登封市	47886	10278	46384	537	46993	45598	703	692	2295685	2256559	19692	19434	49162
经开区	102096	34834	87011	4377	104936	91519	9047	4370	7996384	7363600	378978	253806	76990
高新区	73718	18818	66271	870	61436	53579	6958	899	4960649	4557677	355281	47691	81156
郑东新区	130692	50942	112196	6210	129847	111356	12278	6213	15730851	14824769	596293	309789	124732
航空港实验区	286806	147974	277346	47	246579	235441	11080	58	15463014	14841334	618956	2724	62714
事业	**306405**	**171805**	**279453**	**12789**	**302641**	**278391**	**11999**	**12251**	**30348207**	**29146928**	**653249**	**548030**	**102621**
中原区	26642	15493	23524	1443	26323	23294	1622	1407	2706780	2585974	61033	59773	106237
二七区	43336	23500	41786	537	43134	41657	1016	461	4541171	4443357	41017	56797	105087
管城区	3324	2106	3188	118	3289	3156	18	115	307787	303018	553	4216	95643
金水区	76903	44253	67997	5011	75851	67051	3799	5001	8413775	7931186	256733	225856	115567
上街区	3407	2173	2179	685	3404	2237	471	696	316093	279060	19254	17779	110160
惠济区	10847	6574	10388	199	10547	10143	258	146	1009784	993197	12723	3864	96714
中牟县	17202	10002	16394	583	17040	16244	224	572	1376759	1288916	66770	21073	82322
巩义市	12781	7951	12546	133	12592	12385	97	110	1001874	993664	3365	4845	79877
荥阳市	16704	9403	16410	197	16574	16280	97	197	1328097	1319721	2055	6321	80709
新密市	14546	8694	14263	59	14609	14333	222	54	1256588	1250495	4868	1225	86250
新郑市	25600	13937	20541	2748	25178	22226	521	2431	2461107	2339332	23217	98558	103862
登封市	13808	7298	13212	574	13778	13171	22	585	899368	886033	850	12485	67224
经开区	3773	1698	2699	9	3757	2705	1043	9	296423	260370	35786	267	79017
高新区	10558	4699	10186	2	10396	10046	348	2	1320158	1305559	14375	224	126990

2-5 续表2 (2018年底) 单位:人、元

类别	单位从业人员	#女性	在岗职工合计	其他从业人员	单位从业人员平均人数	在岗职工	劳务派遣人员	其他从业人员	单位从业人员工资总额(千元)	在岗职工工资总额	劳务派遣人员工资总额	其他从业人员工资总额	在岗职工平均工资(含劳务派遣人员)
郑东新区	21758	11533	20261	398	21115	19673	1065	377	2657674	2568362	57500	31812	126621
航空港实验区	5216	2491	3879	93	5054	3790	1176	88	454769	398684	53150	2935	90986
机关	**115000**	**45897**	**99951**	**4020**	**112893**	**98633**	**10580**	**3680**	**10756614**	**10199319**	**425029**	**132266**	**97281**
中原区	9872	3747	9599	25	9815	9545	245	25	1132518	1120144	11953	421	115638
二七区	4903	2289	4503	38	4899	4510	351	38	542804	529522	12211	1071	111445
管城区	17036	9657	14699	1564	16822	14414	840	1568	1508954	1419852	42291	46811	95853
金水区	17205	5969	16184	309	16989	16014	667	308	2053994	2002599	33363	18032	122053
上街区	3206	1470	1828	304	3137	1844	986	307	281377	237399	32713	11265	95446
惠济区	6462	3070	5522	14	6341	5401	928	12	505068	463936	38280	2852	79352
中牟县	8471	2758	6257	201	8106	6072	1844	190	685825	604416	72805	8604	85551
巩义市	6710	2341	5578	340	6397	5547	679	171	459686	426575	27723	5388	72968
荥阳市	7830	3075	7224	61	7621	7040	527	54	645423	621703	21824	1896	85044
新密市	8473	3122	7923	150	8265	7715	400	150	651045	636644	10860	3541	79791
新郑市	6674	2401	6113	123	6597	6084	422	91	668535	652494	14124	1917	102462
登封市	6702	2112	5755	114	6642	5700	830	112	386596	362421	21627	2548	58813
经开区	1796	731	873	73	1799	876	850	73	128828	92328	31196	5304	71567
高新区	1837	640	1490	174	1798	1465	169	164	121130	109363	6140	5627	70687
郑东新区	5563	1834	4767	279	5538	4777	491	270	751666	720501	19286	11879	140430
航空港实验区	2260	681	1636	251	2127	1629	351	147	233165	199422	28633	5110	115179
民间非营利组织	**15045**	**9419**	**14301**	**725**	**14584**	**13901**	**19**	**664**	**800085**	**766682**	**619**	**32784**	**55122**
中原区	318	210	318		318	318			23789	23789			74808
二七区	1100	772	1095	2	1100	1095	3	2	77930	77780	90	60	70920
管城区	1336	1120	1275	60	1318	1247	1	70	68813	63435	36	5342	50858
金水区	1837	1269	1795	38	1844	1808	4	32	124882	122430	169	2283	67659
上街区	42	33	36		42	36	6		1401	1274	127		33357

2-5 续表 3 （2018 年底） 单位:人、元

类　别	单位从业人员	#女性	在岗职工合计	其他从业人员	单位从业人员平均人数	在岗职工	劳务派遣人员	其他从业人员	单位从业人员工资总额(千元)	在岗职工工资总额	劳务派遣人员工资总额	其他从业人员工资总额	在岗职工平均工资(含劳务派遣人员)
惠济区	110	93	110		110	110			3540	3540			32182
中牟县	1291	769	1180	111	1227	1111		116	69469	63868		5601	57487
巩义市	340	254	317	20	330	310	3	17	19930	19392	167	371	62489
荥阳市	447	326	428	19	448	429		19	29716	29353		363	68422
新密市	33	21	33		33	33			1123	1123			34030
新郑市	3640	2058	3180	458	3541	3147	2	392	174911	156644	30	18237	49754
登封市	2758	1388	2758		2639	2639			106545	106545			40373
经开区	288	249	286	2	245	243		2	12167	12117		50	49864
高新区	1100	552	1100		1008	1008			54659	54659			54225
郑东新区	405	305	390	15	381	367		14	31210	30733		477	83741
其他	**9986**	**5860**	**8970**	**280**	**9397**	**8445**	**657**	**295**	**713267**	**629652**	**71879**	**11736**	**77074**
中原区	296	204	296		295	295			18068	18068			61247
二七区	270	145	270		270	270			12669	12669			46922
金水区	3584	1865	3485	75	3256	3153	26	77	214852	211170	1204	2478	66805
上街区	4	2	4		4	4			124	124			31000
惠济区	25	20	25		25	25			1047	1047			41880
中牟县	83	65	83		84	84			8800	8800			104762
巩义市	802	604	784	11	780	767	10	3	45982	44677	1195	110	59037
荥阳市	32	26	32		32	32			1302	1302			40688
新郑市	1334	747	1273	61	1339	1274		65	80131	78596		1535	61692
登封市	950	426	950		832	832			32807	32807			39431
经开区	2092	1441	1335	52	1984	1312	621	51	271629	199626	69480	2523	139217
郑东新区	514	315	433	81	496	397		99	25856	20766		5090	52307

2-6 全市及各县(市)区国有单位分企事业、机关从业人员人数及工资总额

（2018 年底）

单位：人、元

类别	单位从业人员	#女性	在岗职工合计	其他从业人员	单位从业人员平均人数	在岗职工	劳务派遣人员	其他从业人员	单位从业人员工资总额（千元）	在岗职工工资总额	劳务派遣人员工资总额	其他从业人员工资总额	在岗职工平均工资（含劳务派遣人员）
国有单位合计	**463862**	**222540**	**415301**	**20345**	**454211**	**409218**	**25767**	**19226**	**45474583**	**43241511**	**1375768**	**857304**	**102572**
中原区	43739	21614	40189	1081	43430	40010	2418	1002	4654679	4499345	106602	48732	108559
二七区	44394	22781	42944	75	44341	42898	1367	76	4884473	4828369	53228	2876	110281
管城区	19010	9790	16836	1582	18835	16679	575	1581	1788087	1698672	42450	46965	100911
金水区	107596	54791	94253	6967	102882	91155	5202	6525	11583812	10860397	387535	335880	116732
上街区	6937	3698	4346	989	6866	4421	1442	1003	598250	517686	51520	29044	97084
惠济区	18354	9948	16871	309	18018	16541	1174	303	1616780	1553731	50468	12581	90556
中牟县	26830	13100	23262	1262	26293	22919	2135	1239	2098927	1914175	142839	41913	82103
巩义市	17063	7627	15612	508	16513	15079	1109	325	1217580	1161554	43811	12215	74460
荥阳市	26197	12952	25224	331	25856	24881	624	351	2041800	2007518	23879	10403	79647
新密市	24336	12282	23147	565	24174	23013	622	539	1954241	1924051	15728	14462	82072
新郑市	30924	14281	27420	2019	30452	27601	984	1867	3106803	2993215	43806	69782	106245
登封市	20550	8314	18937	708	20279	18638	902	739	1236791	1197692	23510	15589	62498
经开区	11939	4254	6526	2763	11658	6475	2544	2639	1059482	761925	137746	159811	99753
高新区	12782	5463	12030	181	12584	11867	545	172	1550390	1522388	21788	6214	124410
郑东新区	46374	18936	42709	691	45483	42136	2686	661	5440369	5244173	151954	44242	120390
航空港实验区	6837	2709	4995	314	6547	4905	1438	204	642119	556620	78904	6595	100193
企业	**71973**	**22827**	**62062**	**5758**	**67755**	**59336**	**3183**	**5236**	**6445329**	**5896463**	**249569**	**299297**	**98307**
中原区	9138	3015	8410	180	9195	8506	553	136	967372	920619	33660	13093	105340
二七区	5215	1411	5198	17	5214	5195		19	407415	406371		1044	78223
管城区	3353	1218	3325	5	3404	3375	24	5	386896	380669	6086	141	113785
金水区	13210	4886	9797	1647	9758	7809	733	1216	1108661	919292	97377	91992	119020
上街区	448	141	448		448	448			16863	16863			37641
惠济区	1941	844	1843	96	2015	1868	2	145	144511	138605	41	5865	74142
中牟县	1449	490	903	478	1433	889	67	477	60051	44551	3264	12236	50016
巩义市	3509	1477	3310	102	3374	2894	381	99	235426	216406	14779	4241	70591
荥阳市	1522	332	1468	54	1520	1439		81	59282	57459		1823	39930

2-6 续表 1 （2018 年底） 单位：人、元

类别	单位从业人员	#女性	在岗职工合计	其他从业人员	单位从业人员平均人数	在岗职工	劳务派遣人员	其他从业人员	单位从业人员工资总额（千元）	在岗职工工资总额	劳务派遣人员工资总额	其他从业人员工资总额	在岗职工平均工资（含劳务派遣人员）
新密市	1592	584	1236	356	1574	1239		335	61252	51556		9696	41611
新郑市	2980	684	2754	147	2779	2551	81	147	212046	196163	10094	5789	78365
登封市	2037	449	1967	20	1892	1800	50	42	93726	92137	1033	556	50362
经开区	5022	869	2256	2632	4853	2210	134	2509	410753	252177	6794	151782	110483
高新区	387	124	354	5	390	356	28	6	109102	107466	1273	363	283174
郑东新区	20145	6297	18768	19	19881	18732	1130	19	2170811	2094967	75168	676	109261
航空港实验区	25	6	25		25	25			1162	1162			46480
事业	**277356**	**154488**	**254221**	**10596**	**274181**	**252161**	**11678**	**10342**	**28306643**	**27241142**	**637887**	**427614**	**105667**
中原区	24729	14834	22178	876	24416	21953	1622	841	2555397	2459146	61033	35218	106900
二七区	34703	19181	33653	37	34655	33603	1016	36	3986082	3943682	41017	1383	115102
管城区	2684	1703	2548	118	2661	2528	18	115	258339	253570	553	4216	99813
金水区	76286	43807	67385	5011	75241	66446	3794	5001	8364670	7882219	256595	225856	115871
上街区	3241	2054	2034	685	3239	2093	450	696	298609	262150	18680	17779	110433
惠济区	9951	6034	9506	199	9662	9272	244	146	967201	951190	12147	3864	101233
中牟县	16785	9747	15977	583	16626	15830	224	572	1339829	1251986	66770	21073	82145
巩义市	6844	3809	6724	66	6742	6638	49	55	522468	518573	1309	2586	77745
荥阳市	16613	9365	16319	197	16483	16189	97	197	1322332	1313956	2055	6321	80806
新密市	14271	8576	13988	59	14335	14059	222	54	1241944	1235851	4868	1225	86879
新郑市	21233	11162	18538	1727	21039	18951	481	1607	2224817	2143219	19588	62010	111301
登封市	11313	5545	10717	574	11301	10694	22	585	739636	726301	850	12485	67857
经开区	3063	1224	2096	6	3056	2111	939	6	249835	219357	30276	202	81847
高新区	10558	4699	10186	2	10396	10046	348	2	1320158	1305559	14375	224	126990
郑东新区	20530	10726	19038	393	19934	18497	1065	372	2507534	2418347	57500	31687	126564
航空港实验区	4552	2022	3334	63	4395	3251	1087	57	407792	356036	50271	1485	93662
机关	**110118**	**42747**	**95415**	**3898**	**108024**	**94197**	**10271**	**3556**	**10307227**	**9761281**	**418505**	**127441**	**97444**
中原区	9758	3695	9487	25	9705	9437	243	25	1123209	1110879	11909	421	115990
二七区	4476	2189	4093	21	4472	4100	351	21	490976	478316	12211	449	110206
管城区	12970	6868	10960	1459	12767	10773	533	1461	1142704	1064285	35811	42608	97302

2-6 续表 2 （2018 年底） 单位：人、元

类别	单位从业人员	#女性	在岗职工合计	其他从业人员	单位从业人员平均人数	在岗职工	劳务派遣人员	其他从业人员	单位从业人员工资总额（千元）	在岗职工工资总额	劳务派遣人员工资总额	其他从业人员工资总额	在岗职工平均工资（含劳务派遣人员）
金水区	16964	5771	15943	309	16746	15771	667	308	2033557	1982162	33363	18032	122614
上街区	3206	1470	1828	304	3137	1844	986	307	281377	237399	32713	11265	95446
惠济区	6462	3070	5522	14	6341	5401	928	12	505068	463936	38280	2852	79352
中牟县	8471	2758	6257	201	8106	6072	1844	190	685825	604416	72805	8604	85551
巩义市	6710	2341	5578	340	6397	5547	679	171	459686	426575	27723	5388	72968
荥阳市	7830	3075	7224	61	7621	7040	527	54	645423	621703	21824	1896	85044
新密市	8473	3122	7923	150	8265	7715	400	150	651045	636644	10860	3541	79791
新郑市	6674	2401	6113	123	6597	6084	422	91	668535	652494	14124	1917	102462
登封市	6702	2112	5755	114	6642	5700	830	112	386596	362421	21627	2548	58813
经开区	1762	720	839	73	1765	842	850	73	127265	90765	31196	5304	72081
高新区	1837	640	1490	174	1798	1465	169	164	121130	109363	6140	5627	70687
郑东新区	5563	1834	4767	279	5538	4777	491	270	751666	720501	19286	11879	140430
航空港实验区	2260	681	1636	251	2127	1629	351	147	233165	199422	28633	5110	115179
民间非营利组织	**860**	**484**	**813**	**41**	**857**	**810**	**6**	**41**	**65616**	**65060**	**127**	**429**	**79886**
中原区	58	23	58		58	58			5715	5715			98534
管城区	3	1	3		3	3			148	148			49333
金水区	310	94	310		311	311			27404	27404			88116
上街区	42	33	36		42	36	6		1401	1274	127		33357
中牟县	42	40	42		44	44			4422	4422			100500
荥阳市	232	180	213	19	232	213		19	14763	14400		363	67606
新郑市	37	34	15	22	37	15		22	1405	1339		66	89267
郑东新区	136	79	136		130	130			10358	10358			79677
其他	**3555**	**1994**	**2790**	**52**	**3394**	**2714**	**629**	**51**	**349768**	**277565**	**69680**	**2523**	**103872**
中原区	56	47	56		56	56			2986	2986			53321
金水区	826	233	818		826	818	8		49520	49320	200		59952
中牟县	83	65	83		84	84			8800	8800			104762
登封市	498	208	498		444	444			16833	16833			37912
经开区	2092	1441	1335	52	1984	1312	621	51	271629	199626	69480	2523	139217

2-7 全市及各县(市)区城镇集体单位分企事业从业人员人数及工资总额

(2018 年底)

单位:人、元

类别	单位从业人员	#女性	在岗职工合计	其他从业人员	单位从业人员平均人数	在岗职工	劳务派遣人员	其他从业人员	单位从业人员工资总额(千元)	在岗职工工资总额	劳务派遣人员工资总额	其他从业人员工资总额	在岗职工平均工资(含劳务派遣人员)
城镇集体合计	**18816**	**9158**	**17392**	**1289**	**18630**	**17130**	**128**	**1372**	**1267844**	**1207666**	**8098**	**52080**	**70446**
中原区	2165	616	1499	567	2041	1396	79	566	152619	122504	5560	24555	86823
二七区	1052	552	1052		1053	1053			79603	79603			75596
管城区	1095	565	1042	29	1105	1039	35	31	112472	109232	1999	1241	103567
金水区	1612	604	1576	31	1638	1592	7	39	93297	92113	272	912	57777
上街区	523	251	478	45	532	469		63	17521	15783		1738	33652
惠济区	269	194	269		272	272			12237	12237			44989
中牟县	1144	455	759	385	1162	732		430	48835	36795		12040	50266
巩义市	6532	4174	6376	151	6458	6314	5	139	472634	466869	147	5618	73907
荥阳市	609	210	604	5	604	599		5	26421	26205		216	43748
新密市	285	94	285		282	282			16472	16472			58411
新郑市	1401	505	1365	36	1373	1343		30	100342	96962		3380	72198
登封市	793	318	793		798	770		28	37743	37211		532	48326
经开区	193	115	193		193	193			12374	12374			64114
高新区	554	150	554		535	535			30575	30575			57150
郑东新区	410	261	408		405	403	2		46678	46558	120		115254
航空港实验区	179	94	139	40	179	138		41	8021	6173		1848	44732
企业	**8713**	**3013**	**7980**	**608**	**8653**	**7834**	**118**	**701**	**498605**	**468006**	**7813**	**22786**	**59836**
中原区	813	225	714		694	615	79		57718	52158	5560		83167
二七区	585	227	585		586	586			36500	36500			62287
管城区	533	194	497	12	557	510	35	12	70877	68667	1999	211	129662
金水区	1401	484	1370	31	1434	1393	2	39	78045	76999	134	912	55292
上街区	523	251	478	45	532	469		63	17521	15783		1738	33652
惠济区	124	79	124		127	127			5524	5524			43496
中牟县	961	375	576	385	982	552		430	34342	22302		12040	40402
巩义市	1042	245	958	84	1040	956		84	39816	36457		3359	38135
荥阳市	518	172	513	5	513	508		5	20656	20440		216	40236
新密市	65	15	65		63	63			3658	3658			58063
新郑市	1262	422	1226	36	1234	1204		30	90327	86947		3380	72215

2-7 续表 （2018 年底） 单位:人、元

类　别	单位从业人员	#女性	在岗职工合计	其他从业人员	单位从业人员平均人数	在岗职工	劳务派遣人员	其他从业人员	单位从业人员工资总额（千元）	在岗职工工资总额	劳务派遣人员工资总额	其他从业人员工资总额	在岗职工平均工资（含劳务派遣人员）
登封市	594	208	594		599	571		28	25910	25378		532	44445
经开区	100	46	100		100	100			6341	6341			63410
郑东新区	126	56	124		126	124	2		8778	8658	120		69667
航空港实验区	66	14	56	10	66	56		10	2592	2194		398	39179
事业	**8503**	**5303**	**7829**	**664**	**8411**	**7749**	**10**	**652**	**673316**	**644767**	**285**	**28264**	**83136**
中原区	1289	358	722	567	1284	718		566	89338	64783		24555	90227
二七区	467	325	467		467	467			43103	43103			92298
管城区	358	233	358		350	350			28157	28157			80449
金水区	121	97	116		121	116	5		10855	10717	138		89711
惠济区	145	115	145		145	145			6713	6713			46297
中牟县	183	80	183		180	180			14493	14493			80517
巩义市	4880	3468	4808	67	4810	4750	5	55	397478	395072	147	2259	83117
荥阳市	91	38	91		91	91			5765	5765			63352
新密市	220	79	220		219	219			12814	12814			58511
新郑市	139	83	139		139	139			10015	10015			72050
登封市	120	73	120		120	120			5223	5223			43525
经开区	93	69	93		93	93			6033	6033			64871
郑东新区	284	205	284		279	279			37900	37900			135842
航空港实验区	113	80	83	30	113	82		31	5429	3979		1450	48524
机关	**239**	**151**	**222**	**17**	**233**	**214**		**19**	**17354**	**16324**		**1030**	**76280**
中原区	35	13	35		35	35			3916	3916			111886
管城区	204	138	187	17	198	179		19	13438	12408		1030	69318
民间非营利组织	**633**	**187**	**633**		**614**	**614**			**37185**	**37185**			**60562**
登封市	79	37	79		79	79			6610	6610			83671
高新区	554	150	554		535	535			30575	30575			57150
其他	**728**	**504**	**728**		**719**	**719**			**41384**	**41384**			**57558**
中原区	28	20	28		28	28			1647	1647			58821
金水区	90	23	90		83	83			4397	4397			52976
巩义市	610	461	610		608	608			35340	35340			58125

2-8 全市及各县(市)区其他单位分企事业从业人员人数及工资总额

(2018 年底)

单位:人、元

类别	单位从业人员	#女性	在岗职工合计	其他从业人员	单位从业人员平均人数	在岗职工	劳务派遣人员	其他从业人员	单位从业人员工资总额(千元)	在岗职工工资总额	劳务派遣人员工资总额	其他从业人员工资总额	在岗职工平均工资(含劳务派遣人员)
总计	**1396668**	**471791**	**1166985**	**79028**	**1319936**	**1104775**	**147889**	**67272**	**95628734**	**83982705**	**8218952**	**3427077**	**73604**
中原区	101452	20564	56661	3906	103898	55642	44117	4139	7268368	4415319	2591574	261475	70238
二七区	90329	28737	67058	4947	83698	66342	13298	4058	5638228	4732484	703298	202446	68254
管城区	68121	19082	61302	1747	66107	59378	4964	1765	5296611	5000841	214196	81574	81052
金水区	267627	72265	202089	43510	252217	196544	22660	33013	19163263	16081765	1396846	1684652	79737
上街区	14354	3487	13406	410	14039	13057	531	451	929409	890362	24882	14165	67357
惠济区	37038	10005	28808	6310	36146	28109	1758	6279	2073059	1676061	85001	311997	58963
中牟县	20101	6191	17672	1042	19589	17412	1170	1007	1417419	1285596	70255	61568	72966
市局直管	28341	4852	27631	60	28467	27746	655	66	1767427	1718500	47830	1097	62193
巩义市	28491	10186	27467	396	28564	27531	667	366	1342808	1271619	57618	13571	47139
荥阳市	25615	6062	14314	1267	25610	13919	10491	1200	1619028	825539	728782	64707	63676
新密市	41609	10371	33499	1769	40121	32780	5774	1567	2086155	1747624	276669	61862	52505
新郑市	51625	19364	43144	4203	50761	44252	2889	3620	2860268	2548449	128800	183019	56792
登封市	50761	12870	49329	517	49807	48532	653	622	2446467	2409462	18659	18346	49367
经开区	97913	34584	85485	1750	100870	89987	9017	1866	7633575	7153742	377694	102139	76072
高新区	73877	19096	66463	865	61519	53696	6930	893	4875631	4474295	354008	47328	79641
郑东新区	112148	45732	94930	6292	111489	94031	11146	6312	13710210	12874400	521005	314805	127361
航空港实验区	287266	148343	277727	37	247034	235817	11169	48	15500808	14876647	621835	2326	62750
企业	**1352224**	**444668**	**1126961**	**76482**	**1276854**	**1064583**	**147228**	**65043**	**92809054**	**81324832**	**8194660**	**3289562**	**73872**
中原区	100277	19900	55488	3906	102729	54475	44115	4139	7169421	4316416	2591530	261475	70067
二七区	80366	23726	57617	4428	73889	56980	13295	3614	4983815	4134257	703208	146350	68836
管城区	62644	15142	56196	1599	60657	54394	4656	1607	4853843	4573104	207680	73059	80962
金水区	262695	68934	197290	43397	247605	192063	22638	32904	18846163	15770599	1395673	1679891	79954
上街区	14184	3366	13257	410	13870	12909	510	451	911801	873328	24308	14165	66893
惠济区	36152	9467	27936	6310	35271	27248	1744	6279	2032602	1636180	84425	311997	59348
中牟县	18618	5287	16300	931	18172	16111	1170	891	1329935	1203713	70255	55967	73721
市局直管	28341	4852	27631	60	28467	27746	655	66	1767427	1718500	47830	1097	62193

2-8 续表 1 （2018 年底） 单位：人、元

类别	单位从业人员	#女性	在岗职工合计	其他从业人员	单位从业人员平均人数	在岗职工	劳务派遣人员	其他从业人员	单位从业人员工资总额（千元）	在岗职工工资总额	劳务派遣人员工资总额	其他从业人员工资总额	在岗职工平均工资（含劳务派遣人员）
巩义市	26902	9115	25962	365	27022	26065	611	346	1230308	1162871	54347	13090	45630
荥阳市	25368	5890	14067	1267	25362	13671	10491	1200	1602773	809284	728782	64707	63656
新密市	41521	10311	33411	1769	40033	32692	5774	1567	2083202	1744671	276669	61862	52549
新郑市	42460	13901	36842	2685	41918	36710	2847	2361	2380356	2128450	125141	126765	56971
登封市	45255	9621	43823	517	44502	43227	653	622	2176049	2139044	18659	18346	49173
经开区	96974	33919	84655	1745	99983	89209	8913	1861	7579290	7105082	372184	102024	76204
高新区	73331	18694	65917	865	61046	53223	6930	893	4851547	4450211	354008	47328	79867
郑东新区	110421	44589	93304	6191	109840	92500	11146	6194	13551262	12721144	521005	309113	127763
航空港实验区	286715	147954	277265	37	246488	235360	11080	48	15459260	14837978	618956	2326	62721
事业	**20546**	**12014**	**17403**	**1529**	**20049**	**18481**	**311**	**1257**	**1368248**	**1261019**	**15077**	**92152**	**67906**
中原区	624	301	624		623	623			62045	62045			99591
二七区	8166	3994	7666	500	8012	7587		425	511986	456572		55414	60178
管城区	282	170	282		278	278			21291	21291			76586
金水区	496	349	496		489	489			38250	38250			78221
上街区	166	119	145		165	144	21		17484	16910	574		105964
惠济区	751	425	737		740	726	14		35870	35294	576		48473
中牟县	234	175	234		234	234			22437	22437			95885
巩义市	1057	674	1014		1040	997	43		81928	80019	1909		78777
新密市	55	39	55		55	55			1830	1830			33273
新郑市	4228	2692	1864	1021	4000	3136	40	824	226275	186098	3629	36548	59738
登封市	2375	1680	2375		2357	2357			154509	154509			65553
经开区	617	405	510	3	608	501	104	3	40555	34980	5510	65	66926
郑东新区	944	602	939	5	902	897		5	112240	112115		125	124989
航空港实验区	551	389	462		546	457	89		41548	38669	2879		76095
机关	**4643**	**2999**	**4314**	**105**	**4636**	**4222**	**309**	**105**	**432033**	**421714**	**6524**	**3795**	**94513**
中原区	79	39	77		75	73	2		5393	5349	44		71907
二七区	427	100	410	17	427	410		17	51828	51206		622	124893
管城区	3862	2651	3552	88	3857	3462	307	88	352812	343159	6480	3173	92767

2-8 续表 2 （2018 年底） 单位：人、元

类别	单位从业人员	#女性	在岗职工合计	其他从业人员	单位从业人员平均人数	在岗职工	劳务派遣人员	其他从业人员	单位从业人员工资总额（千元）	在岗职工工资总额	劳务派遣人员工资总额	其他从业人员工资总额	在岗职工平均工资（含劳务派遣人员）
金水区	241	198	241		243	243			20437	20437			84103
经开区	34	11	34		34	34			1563	1563			45971
民间非营利组织	**13552**	**8748**	**12855**	**684**	**13113**	**12477**	**13**	**623**	**697284**	**664437**	**492**	**32355**	**53237**
中原区	260	187	260		260	260			18074	18074			69515
二七区	1100	772	1095	2	1100	1095	3	2	77930	77780	90	60	70920
管城区	1333	1119	1272	60	1315	1244	1	70	68665	63287	36	5342	50862
金水区	1527	1175	1485	38	1533	1497	4	32	97478	95026	169	2283	63421
惠济区	110	93	110		110	110			3540	3540			32182
中牟县	1249	729	1138	111	1183	1067		116	65047	59446		5601	55713
巩义市	340	254	317	20	330	310	3	17	19930	19392	167	371	62489
荥阳市	215	146	215		216	216			14953	14953			69227
新密市	33	21	33		33	33			1123	1123			34030
新郑市	3603	2024	3165	436	3504	3132	2	370	173506	155305	30	18171	49564
登封市	2679	1351	2679		2560	2560			99935	99935			39037
经开区	288	249	286	2	245	243		2	12167	12117		50	49864
高新区	546	402	546		473	473			24084	24084			50918
郑东新区	269	226	254	15	251	237		14	20852	20375		477	85970
其他	**5703**	**3362**	**5452**	**228**	**5284**	**5012**	**28**	**244**	**322115**	**310703**	**2199**	**9213**	**62084**
中原区	212	137	212		211	211			13435	13435			63673
二七区	270	145	270		270	270			12669	12669			46922
金水区	2668	1609	2577	75	2347	2252	18	77	160935	157453	1004	2478	69805
上街区	4	2	4		4	4			124	124			31000
惠济区	25	20	25		25	25			1047	1047			41880
巩义市	192	143	174	11	172	159	10	3	10642	9337	1195	110	62320
荥阳市	32	26	32		32	32			1302	1302			40688
新郑市	1334	747	1273	61	1339	1274		65	80131	78596		1535	61692
登封市	452	218	452		388	388			15974	15974			41170
郑东新区	514	315	433	81	496	397		99	25856	20766		5090	52307

2-9 全市及各县(市)区分行业从业人员人数及工资总额

(2018 年底)

单位:人、元

行业	单位从业人员	#女性	在岗职工合计	其他从业人员	单位从业人员平均人数	在岗职工	劳务派遣人员	其他从业人员	单位从业人员工资总额(千元)	在岗职工工资总额	劳务派遣人员工资总额	其他从业人员工资总额	在岗职工平均工资(含劳务派遣人员)
农、林、牧、渔业	**1609**	**657**	**1224**	**385**	**1616**	**1186**		**430**	**82105**	**70065**		**12040**	**59077**
中原区	38	11	38		38	38			2664	2664			70105
惠济区	145	48	145		126	126			10588	10588			84032
中牟县	1390	585	1005	385	1416	986		430	66017	53977		12040	54743
巩义市	20	6	20		20	20			974	974			48700
新郑市	16	7	16		16	16			1862	1862			116375
采矿业	**41217**	**6458**	**41144**	**23**	**41316**	**41147**	**149**	**20**	**2293250**	**2284220**	**7100**	**1930**	**55485**
市局直管	25821	4490	25821		25965	25965			1532240	1532240			59012
巩义市	2929	582	2929		3084	2995	89		132652	129052	3600		43013
新密市	228	28	228		178	178			10080	10080			56629
新郑市	1652	174	1652		1650	1650			108305	108305			65639
登封市	10587	1184	10514	23	10439	10359	60	20	509973	504543	3500	1930	48761
制造业	**483048**	**207884**	**469764**	**2562**	**445905**	**431891**	**10982**	**3032**	**27859107**	**27078486**	**627607**	**153014**	**62560**
中原区	4090	2006	3993	92	4254	4110	5	139	184858	172659	200	11999	42007
二七区	11609	4313	11475	124	11841	11705	10	126	629668	624365	340	4963	53325
管城区	22463	2652	22273	113	21511	21272	126	113	2302712	2291878	5849	4985	107380
金水区	2515	817	2479	16	2637	2600	22	15	198412	196373	1122	917	75322
上街区	9262	2158	8783	311	8865	8403	166	296	593139	576564	8424	8151	68268
惠济区	9378	4892	9306	72	9292	9222		70	463204	459458		3746	49822
中牟县	8898	2805	7389	263	8695	7364	1060	271	640410	563686	63711	13013	74477
市局直管	2520	362	1810	60	2502	1781	655	66	235187	186260	47830	1097	96096
巩义市	13924	3901	13831	91	14365	14276	2	87	590244	586633	98	3513	41093
荥阳市	6430	1845	5876	48	6530	6011	467	52	399972	353101	43342	3529	61198
新密市	14814	4582	14457	173	14635	14290	167	178	703111	687266	8057	7788	48096
新郑市	20742	7638	17878	410	20496	17778	2334	384	1124040	1008258	91673	24109	54690
登封市	14702	3379	14655	35	14087	14038	6	43	638476	636086	182	2208	45305
经开区	42033	16241	39509	346	48340	45089	2456	795	3486390	3285845	157368	43177	72420
高新区	29367	8794	26856	390	29270	26517	2381	372	2186755	2030028	137632	19095	75011
郑东新区	3865	1854	3375		4047	3537	510		285670	250029	35641		70588

2-9 续表 1 （2018 年底） 单位：人、元

类　别	单位从业人员	#女性	在岗职工合计	其他从业人员	单位从业人员平均人数	在岗职工	劳务派遣人员	其他从业人员	单位从业人员工资总额（千元）	在岗职工工资总额	劳务派遣人员工资总额	其他从业人员工资总额	在岗职工平均工资（含劳务派遣人员）
航空港实验区	266436	139645	265819	18	224538	223898	615	25	13196859	13169997	26138	724	58777
电力、热力、燃气及水生产和供应业	**31547**	**9262**	**29607**	**758**	**31652**	**29767**	**1164**	**721**	**2239069**	**2139888**	**61245**	**37936**	**71163**
中原区	9163	3268	7677	546	9172	7744	904	524	770187	694153	45632	30402	85544
二七区	1313	454	1313		1320	1320			127406	127406			96520
上街区	154	71	154		155	155			8228	8228			53084
惠济区	661	171	524		639	486	153		58826	50595	8231		92059
中牟县	120	97	120		118	118			9105	9105			77161
巩义市	1522	525	1498	24	1520	1490		30	109400	108041		1359	72511
荥阳市	268	117	268		263	263			13066	13066			49681
新密市	1287	427	1229	28	1245	1206	30	9	135000	132444	2144	412	108890
新郑市	1165	465	1020	135	1167	1022	12	133	106160	101032	500	4628	98193
登封市	14094	3166	14094		14231	14231			740691	740691			52048
经开区	112	48	112		112	112			8029	8029			71688
高新区	1025	295	963	25	1041	979	37	25	95638	92005	2498	1135	93015
郑东新区	485	115	477		491	483	8		39881	39601	280		81224
航空港实验区	178	43	158		178	158	20		17452	15492	1960		98045
建筑业	**374764**	**47253**	**243947**	**34869**	**352216**	**225436**	**93603**	**33177**	**23865133**	**16582697**	**5476596**	**1805840**	**69143**
中原区	66722	7448	24924	2725	69107	23958	42307	2842	4412997	1758566	2492989	161442	64160
二七区	38936	4482	20246	2521	32087	19396	11080	1611	2205965	1583600	554450	67915	70155
管城区	16348	2949	14416	1278	15678	13828	651	1199	995488	903041	33694	58753	64696
金水区	113102	15022	85983	10200	110531	84305	16321	9905	8004547	6393886	1003120	607541	73510
上街区	2464	298	2059	117	2480	2058	284	138	108946	89637	14110	5199	44298
惠济区	18580	1401	11193	6216	17776	10495	1100	6181	963544	603984	52755	306805	56640
中牟县	5336	389	4710	549	5139	4598	42	499	313613	272893	2612	38108	59376
巩义市	3444	641	2768	116	3261	2661	508	92	170269	116862	50044	3363	52668
荥阳市	17082	3241	6292	1273	16890	5648	10013	1229	1077602	330421	684690	62491	64818
新密市	17723	2042	10123	1498	16796	9935	5553	1308	739582	423214	265167	51201	44446
新郑市	8199	829	5897	2195	7829	5861	131	1837	477541	373539	8522	95480	63762
登封市	3006	377	2505	265	3078	2553	51	474	149829	136437	4081	9311	53962
经开区	26046	4221	20999	3069	25695	20838	1966	2891	2336034	2056316	98382	181336	94488
高新区	24612	1599	23165	210	12282	10779	1223	280	1088721	1009811	60923	17987	89213

2-9 续表 2 （2018 年底） 单位：人、元

类　别	单位从业人员	#女性	在岗职工合计	其他从业人员	单位从业人员平均人数	在岗职工	劳务派遣人员	其他从业人员	单位从业人员工资总额（千元）	在岗职工工资总额	劳务派遣人员工资总额	其他从业人员工资总额	在岗职工平均工资（含劳务派遣人员）
郑东新区	12995	2266	8504	2631	13413	8355	2373	2685	812583	522942	151057	138584	62826
航空港实验区	169	48	163	6	174	168		6	7872	7548		324	44929
批发和零售业	**82547**	**38608**	**78231**	**1547**	**82973**	**77483**	**3804**	**1686**	**5067317**	**4814035**	**192386**	**60896**	**61589**
中原区	3252	1317	3186	3	3253	3187	63	3	198733	196071	2542	120	61112
二七区	10679	6422	10332	306	10361	10000	41	320	521620	510731	1983	8906	51062
管城区	7223	3670	6373	146	7366	6423	742	201	414293	377658	31527	5108	57109
金水区	24526	10910	23867	481	24633	23835	234	564	1283387	1243455	13171	26761	52209
上街区	138	88	130	2	136	129	6	1	8724	8534	154	36	64356
惠济区	3374	1335	3141	9	3455	3257	188	10	217902	209991	7562	349	63150
中牟县	1050	572	998	52	1063	1010		53	91371	89624		1747	88737
巩义市	1741	942	1566	167	1633	1459	7	167	93223	87085	318	5820	59620
荥阳市	687	381	687		710	710			32789	32789			46182
新密市	868	271	841	24	860	832	3	25	38573	37679	240	654	45412
新郑市	2947	1307	2888	24	2981	2923	34	24	197805	194823	1442	1540	66373
登封市	786	399	747	19	752	710	21	21	32326	31141	888	297	43815
经开区	13029	5765	12503	73	12533	11919	538	76	919474	882821	33980	2673	73597
高新区	4248	1650	3875	122	4222	3853	248	121	332778	317088	14036	1654	80742
郑东新区	5804	2261	5577	109	5853	5631	133	89	511031	501073	5152	4806	87825
航空港实验区	2195	1318	1520	10	3162	1605	1546	11	173288	93472	79391	425	54860
交通运输、仓储和邮政业	**70949**	**23942**	**53620**	**3231**	**65794**	**50732**	**12486**	**2576**	**5583501**	**4762432**	**671683**	**149386**	**85958**
中原区	285	154	285		291	291			21645	21645			74381
二七区	5171	1670	3822	1239	5495	4091	109	1295	273678	214623	4629	54426	52203
管城区	2655	1463	1874	5	2383	1856	522	5	144164	135171	8852	141	60565
金水区	7665	2502	4394	1492	4163	2391	745	1027	538922	358090	95640	85192	144684
上街区	975	183	956	19	976	957		19	89680	89274		406	93285
惠济区	1709	577	1707		1870	1868	2		118004	117963	41		63104
中牟县	247	107	241	5	241	235	1	5	8854	8628	46	180	36754
巩义市	1781	671	1676	8	1677	1575	94	8	74423	70320	3734	369	44370
荥阳市	345	110	345		342	342			16804	16804			49135
新密市	462	61	462		461	461			27350	27350			59328
新郑市	1128	412	1043	1	1130	1043	86	1	77148	66772	10340	36	68301

2-9 续表 3 （2018 年底） 单位：人、元

类别	单位从业人员	#女性	在岗职工合计	其他从业人员	单位从业人员平均人数	在岗职工	劳务派遣人员	其他从业人员	单位从业人员工资总额（千元）	在岗职工工资总额	劳务派遣人员工资总额	其他从业人员工资总额	在岗职工平均工资（含劳务派遣人员）
登封市	737	165	592	40	672	519	110	43	26656	22854	1738	2064	39097
经开区	4548	1810	3807	414	4128	3708	256	164	274201	253647	15048	5506	67784
高新区	101	43	96		101	96	5		12480	12234	246		123564
郑东新区	32790	10443	26935	3	31474	25889	5583	2	2430819	2224419	206374	26	77237
航空港实验区	10350	3571	5385	5	10390	5410	4973	7	1448673	1122638	324995	1040	139423
住宿和餐饮业	**26939**	**15250**	**25144**	**682**	**27267**	**25337**	**1163**	**767**	**1235598**	**1155769**	**52466**	**27363**	**45594**
中原区	1922	1035	1858	10	1858	1795	54	9	98931	96865	1771	295	53346
二七区	2522	1330	2364	9	2586	2383	182	21	103809	97087	5941	781	40167
管城区	409	228	403	6	423	373		50	24247	23332		915	62552
金水区	8568	4850	7937	422	8618	7997	215	406	477183	454658	9022	13503	56464
上街区	222	134	222		223	177		46	6907	5937		970	33542
惠济区	865	411	769	96	939	794		145	48982	43117		5865	54304
中牟县	118	68	102	4	98	87	9	2	4170	3608	412	150	41875
巩义市	545	397	545		540	538		2	16012	15654		358	29097
荥阳市	39	30	39		39	39			1989	1989			51000
新密市	482	306	482		488	488			18418	18418			37742
新郑市	443	282	441	2	468	466		2	19515	19416		99	41665
登封市	964	555	894	60	949	925	8	16	35262	34462	191	609	37141
经开区	110	78	110		107	107			5550	5550			51869
高新区	336	175	336		334	334			17154	17154			51359
郑东新区	7930	4640	7824	67	8152	8051	41	60	283176	276396	3137	3643	34544
航空港实验区	1464	731	818	6	1445	783	654	8	74293	42126	31992	175	51578
信息传输、软件和信息技术服	**52964**	**16340**	**36730**	**13319**	**50406**	**36853**	**3244**	**10309**	**4010730**	**3472659**	**220597**	**317474**	**92108**
中原区	186	69	186		186	186			12198	12198			65581
二七区	4004	1654	3993		4019	4008	11		612045	611205	840		152288
管城区	936	234	936		932	932			95652	95652			102631
金水区	36694	9774	21558	13242	33671	21432	2002	10237	2105395	1657845	134524	313026	76486
惠济区	55	20	55		55	55			2466	2466			44836
中牟县	284	115	284		295	295			20417	20417			69210
巩义市	392	192	349		389	346	43		18340	16431	1909		47147
荥阳市	108	57	108		108	108			7300	7300			67593

2-9 续表4 (2018年底) 单位:人、元

类 别	单位从业人员	#女性	在岗职工合计	其他从业人员	单位从业人员平均人数	在岗职工	劳务派遣人员	其他从业人员	单位从业人员工资总额(千元)	在岗职工工资总额	劳务派遣人员工资总额	其他从业人员工资总额	在岗职工平均工资(含劳务派遣人员)
新密市	60	27	60		60	60			1933	1933			32217
登封市	3	1	3		3	3			107	107			35667
经开区	1166	250	1121	45	1214	1174		40	118960	116635		2325	99348
高新区	5990	3084	5167	16	6446	5405	1025	16	604498	529626	73340	1532	93774
郑东新区	3086	863	2910	16	3028	2849	163	16	411419	400844	9984	591	136397
金融业	**81420**	**33287**	**62030**	**17611**	**69455**	**57423**	**1725**	**10307**	**13359787**	**12566061**	**146752**	**646974**	**214932**
中原区	1698	589	1673		1736	1712	24		212451	211528	923		122380
二七区	2028	1211	2028		2028	2028			222417	222417			109673
管城区	1053	708	1032		1025	1003	22		247927	242273	5654		241880
金水区	37342	10093	18877	17393	25925	14805	1011	10109	3561242	2858819	76707	625716	185605
上街区	4	2	4		4	4			124	124			31000
惠济区	41	28	41		37	37			1382	1382			37351
中牟县	929	485	848	35	924	834	53	37	111248	106505	3245	1498	123732
巩义市	1036	572	1013	15	1006	988	11	7	143426	141793	1327	306	143263
新密市	569	246	556		564	551	13		97402	97007	395		172699
新郑市	771	406	629		753	610	143		100046	85483	14563		132863
登封市	474	214	474		446	446			71888	71888			161184
经开区	13	9	13		13	13			1166	1166			89692
高新区	508	272	507		511	510	1		52626	52573	53		102986
郑东新区	34808	18384	34189	168	34343	33742	447	154	8521302	8457963	43885	19454	248672
航空港实验区	146	68	146		140	140			15140	15140			108143
房地产业	**57839**	**23621**	**53947**	**454**	**58091**	**53784**	**3791**	**516**	**4440112**	**4228957**	**176515**	**34640**	**76517**
中原区	5632	2390	5077	14	5442	4881	544	17	411349	388432	21980	937	75652
二七区	4652	1739	4515	71	4627	4492	67	68	338164	331998	2996	3170	73480
管城区	6824	3130	5904	42	6769	5829	906	34	541246	492688	46420	2138	80046
金水区	11286	4793	10987	112	11349	11061	163	125	753289	734859	8648	9782	66243
上街区	1289	535	1288	1	1368	1359		9	104307	103241		1066	75968
惠济区	2143	983	1835	7	1974	1732	233	9	165190	155025	9931	234	83947
中牟县	1451	578	1429	20	1459	1436	2	21	125609	124396	124	1089	86592
巩义市	845	327	822	23	805	782		23	38415	36880		1535	47161
荥阳市	1251	428	1235	5	1345	1329	11	5	94454	92978	750	726	69946

2-9 续表 5 （2018 年底） 单位：人、元

类别	单位从业人员	#女性	在岗职工合计	其他从业人员	单位从业人员平均人数	在岗职工	劳务派遣人员	其他从业人员	单位从业人员工资总额（千元）	在岗职工工资总额	劳务派遣人员工资总额	其他从业人员工资总额	在岗职工平均工资（含劳务派遣人员）
新密市	1880	625	1857	14	1776	1753	8	15	113155	111713	666	776	63815
新郑市	4049	1466	3847	58	4171	3885	160	126	308896	294231	6031	8634	74230
登封市	1166	476	1015	51	989	922	45	22	48206	43017	3579	1610	48186
经开区	2707	1129	2686	10	2653	2611	32	10	216649	212987	3050	612	81739
高新区	1178	432	997		1159	982	177		80995	75181	5814		69884
郑东新区	9647	3863	8654	26	9672	8972	668	32	880138	849633	28174	2331	91059
航空港实验区	1839	727	1799		2533	1758	775		220050	181698	38352		86873
租赁和商务服务业	**48458**	**14012**	**38565**	**2915**	**47343**	**37446**	**7279**	**2618**	**3203891**	**2768604**	**336357**	**98930**	**69423**
中原区	660	254	660		672	672			54917	54917			81722
二七区	9219	1101	9012	15	9235	9009	211	15	740927	732843	7641	443	80313
管城区	7616	955	5816	16	7580	5820	1744	16	481080	396370	83709	1001	63469
金水区	11457	7054	10780	459	11352	10639	222	491	767074	735110	14346	17618	69004
上街区	408	143	365	2	416	373	41	2	11920	10575	1302	43	28688
惠济区	107	47	107		107	107			8622	8622			80579
中牟县	867	207	397	470	867	398		469	31876	19928		11948	50070
巩义市	619	83	544	75	535	173	287	75	20810	6878	11045	2887	38963
荥阳市	937	74	937		906	906			28344	28344			31285
新密市	1487	302	1131	356	1433	1098		335	77656	67960		9696	61894
新郑市	2144	381	2114	30	1862	1832		30	83779	82431		1348	44995
登封市	404	36	354		397	327	50	20	15983	14745	1033	205	41851
经开区	406	119	374		401	369	32		43821	43072	749		109279
高新区	1749	515	1650	16	1593	1512	68	13	124907	121234	3003	670	78631
郑东新区	7355	1512	3768	1474	6993	3685	2157	1151	514049	362272	98742	53035	78914
航空港实验区	3023	1229	556	2	2994	526	2467	1	198126	83303	114787	36	66184
科学研究和技术服务业	**55377**	**15148**	**45680**	**3828**	**56409**	**45760**	**6812**	**3837**	**5431892**	**4790747**	**434569**	**206576**	**99394**
中原区	15476	3077	13397	710	15554	13433	1368	753	1777576	1616128	91547	69901	115376
二七区	3689	986	1970	160	3747	2002	1568	177	300256	169616	123850	6790	82203
管城区	2263	273	580	1437	2237	560	243	1434	126797	73824	11173	41800	105849
金水区	21666	6440	18807	940	22532	18734	2865	933	2149359	1925019	166928	57412	96854
上街区	141	57	141		142	142			16761	16761			118035
惠济区	429	125	354	2	417	342	70	5	36006	29875	5946	185	86944
中牟县	574	251	566	8	550	542		8	33123	32835		288	60581
巩义市	218	94	211		221	214	7		15992	15713	279		72362
荥阳市	103	38	103		103	103			7652	7652			74291

2-9 续表6 （2018年底） 单位：人、元

类别	单位从业人员	#女性	在岗职工合计	其他从业人员	单位从业人员平均人数	在岗职工	劳务派遣人员	其他从业人员	单位从业人员工资总额（千元）	在岗职工工资总额	劳务派遣人员工资总额	其他从业人员工资总额	在岗职工平均工资（含劳务派遣人员）
新密市	219	113	219		219	219			18731	18731			85530
新郑市	368	131	367	1	372	371		1	27162	27138		24	73148
登封市	122	25	119		117	114	3		5263	5146	117		44983
经开区	2460	937	1954	344	2315	1843	161	311	172739	147672	9662	15405	78510
高新区	3613	1482	3063	91	3545	3021	452	72	365995	338444	21933	5618	103765
郑东新区	3983	1102	3776	135	4282	4064	75	143	376358	364071	3134	9153	88718
航空港实验区	53	17	53		56	56			2122	2122			37893
水利、环境和公共设施管理业	**30748**	**12206**	**20839**	**2648**	**28650**	**20492**	**5191**	**2967**	**1361547**	**1155214**	**112607**	**93726**	**49364**
中原区	1599	476	1559	40	1604	1564		40	129235	128526		709	82178
二七区	888	514	888		887	887			47827	47827			53920
管城区	830	526	830		779	779			31409	31409			40320
金水区	2777	831	2740	2	2781	2744	35	2	280194	279185	800	209	100750
上街区	758	383	169	567	739	160	15	564	19964	10302	671	8991	62703
惠济区	959	339	948		949	941	8		94561	94256	305		99643
中牟县	2198	1006	1881	317	2200	1881		319	67727	58675		9052	31194
巩义市	529	170	527	2	527	525		2	25595	25514		81	48598
荥阳市	1763	277	1759	4	1743	1739		4	80880	80784		96	46454
新密市	585	198	585		551	551			52374	52374			95053
新郑市	3388	1561	3246	96	3378	3244	38	96	97198	92164	2303	2731	28783
登封市	720	260	604	116	694	589		105	36094	33546		2548	56954
经开区	7947	3508	2368	67	5869	2252	3550	67	140642	79985	58465	2192	23862
高新区	1480	563	35		1420	35	1385		40200	2375	37825		28310
郑东新区	4294	1578	2688	1437	4489	2588	133	1768	214342	136132	11093	67117	54107
航空港实验区	33	16	12		40	13	27		3305	2160	1145		82625
居民服务、修理和其他服务业	**2932**	**1257**	**2881**	**46**	**3225**	**2975**	**196**	**54**	**179707**	**168950**	**9528**	**1229**	**56284**
中原区	30	10	30		30	30			3397	3397			113233
二七区	75	25	75		75	75			4938	4938			65840
管城区	402	223	400		411	409	2		22565	22505	60		54903
金水区	1493	672	1468	25	1720	1496	191	33	90845	80837	9272	736	53414
惠济区	3	1	3		3	3			90	90			30000
中牟县	50	13	50		50	50			3587	3587			71740
巩义市	51	9	34	17	51	34		17	2440	2069		371	60853
荥阳市	29	1	29		29	29			2257	2257			77828
新密市	48	11	48		48	48			2903	2903			60479

2-9 续表 7 （2018 年底） 单位：人、元

类 别	单位从业人员	#女性	在岗职工合计	其他从业人员	单位从业人员平均人数	在岗职工	劳务派遣人员	其他从业人员	单位从业人员工资总额（千元）	在岗职工工资总额	劳务派遣人员工资总额	其他从业人员工资总额	在岗职工平均工资（含劳务派遣人员）
新郑市	193	63	189	4	191	187		4	12833	12711		122	67973
登封市	29	5	29		29	29			1163	1163			40103
郑东新区	374	154	374		406	406			24536	24536			60433
航空港实验区	155	70	152		182	179	3		8153	7957	196		44797
教育	**150929**	**92883**	**142685**	**5128**	**148584**	**142720**	**1260**	**4604**	**14582068**	**14260885**	**52731**	**268452**	**99414**
中原区	8274	5743	8084	176	8245	8055	14	176	796587	789919	1072	5596	98028
二七区	10650	6419	10121	466	10487	10062	38	387	915877	861030	456	54391	85296
管城区	6957	5177	6636	258	6874	6548	59	267	590423	571219	6652	12552	87463
金水区	20625	12967	19004	1154	20528	18905	463	1160	2014204	1929597	16793	67814	100495
上街区	1265	887	1183	38	1252	1175	43	34	132792	130546	1260	986	108215
惠济区	8423	5247	8135	198	8155	7921	89	145	829059	823002	2682	3375	103082
中牟县	8308	5178	8164	141	8230	8084	3	143	803246	795039	105	8102	98324
巩义市	8561	6203	8529	19	8390	8361	13	16	596544	595648	601	295	71202
荥阳市	7910	5375	7781	113	7855	7726	16	113	687165	684640	306	2219	88471
新密市	8425	5658	8347	51	8460	8384	27	49	834857	833370	349	1138	99122
新郑市	18661	10594	14915	1906	18202	16602	49	1551	1752310	1678488	1887	71935	100917
登封市	8960	5225	8931	29	8734	8705		29	546365	545888		477	62710
经开区	1826	1345	1661	9	1856	1713	134	9	138653	131592	6794	267	74925
高新区	10800	5018	10663	2	10557	10426	129	2	1310524	1304016	6284	224	124140
郑东新区	18935	10198	18238	512	18470	17815	183	472	2412729	2368326	7490	36913	132004
航空港实验区	2349	1649	2293	56	2289	2238		51	220733	218565		2168	97661
卫生和社会工作	**109562**	**77673**	**98226**	**5641**	**107814**	**96615**	**5628**	**5571**	**11501655**	**10854111**	**397393**	**250151**	**110047**
中原区	10593	7730	9082	417	10400	8947	1058	395	1145850	1092776	32170	20904	112438
二七区	19145	14240	18283	50	19106	18211	842	53	2646979	2608493	36481	2005	138822
管城区	5859	4181	5418	28	5800	5277	495	28	495911	472232	22082	1597	85640
金水区	35214	24518	30044	3963	34628	29468	1207	3953	4245026	3963551	116089	165386	132996
上街区	1105	834	668	83	1103	679	323	101	119773	97478	14461	7834	111716
惠济区	1882	1381	1855	9	1815	1788	18	9	120230	119202	563	465	66315
中牟县	4287	3054	3912	192	4169	3806	181	182	343032	269836	65228	7968	84039
巩义市	4356	3177	4238	118	4291	4187		104	308503	303634		4869	72518
荥阳市	3899	2699	3831	68	3878	3810		68	268165	264505		3660	69424
新密市	5089	3396	4893	40	4990	4798	155	37	280838	276194	3526	1118	56475
新郑市	6337	4430	5629	602	6186	5525	112	549	402142	369751	7698	24693	66959
登封市	4501	3141	4483	18	4453	4435		18	284146	282809		1337	63768
经开区	2413	1688	1801	6	2246	1719	522	5	299620	233557	65417	646	133411

2-9 续表 8 （2018 年底） 单位：人、元

类别	单位从业人员	#女性	在岗职工合计	其他从业人员	单位从业人员平均人数	在岗职工	劳务派遣人员	其他从业人员	单位从业人员工资总额（千元）	在岗职工工资总额	劳务派遣人员工资总额	其他从业人员工资总额	在岗职工平均工资（含劳务派遣人员）
郑东新区	3572	2392	2868	47	3456	2761	626	69	408676	370208	30799	7669	118396
航空港实验区	1310	812	1221		1293	1204	89		132764	129885	2879		102679
文化、体育和娱乐业	**23176**	**10936**	**21120**	**486**	**23300**	**21374**	**1470**	**456**	**2188871**	**2106416**	**65776**	**16679**	**95088**
中原区	2472	1519	2244	228	2372	2155		217	172108	164648		7460	76403
二七区	417	170	417		417	417			25102	25102			60197
管城区	230	112	217	13	231	217		14	15080	14720		360	67834
金水区	14012	6598	12902	148	14363	13316	889	158	1402222	1347932	48680	5610	98318
上街区	21	14	15		21	15	6		2034	1823	211		96857
惠济区	722	350	563	4	734	573	157	4	78366	68293	9395	678	106422
中牟县	457	211	453	4	479	475		4	29087	29005		82	61063
巩义市	206	89	189	17	200	188		12	10598	10130		468	53883
荥阳市	586	255	586		586	586			48616	48616			82962
新密市	201	92	201		201	201			12389	12389			61637
新郑市	128	62	110	18	128	122		6	8853	8693		160	71254
登封市	940	261	537	4	938	565	369	4	27662	22345	5189	128	29480
经开区	948	355	914	9	958	916	26	16	223225	221655	990	580	236354
高新区	45	34	45		45	45			4356	4356			96800
郑东新区	1776	804	1712	41	1612	1568	23	21	126392	123928	1311	1153	78717
航空港实验区	15	10	15		15	15			2781	2781			185400
公共管理、社会保障和社会组织	**153321**	**56812**	**134294**	**4529**	**150761**	**132702**	**13837**	**4222**	**13885821**	**13171686**	**560910**	**153225**	**93713**
中原区	15264	5698	14396	593	15155	14290	273	592	1669983	1632076	12910	24997	112957
二七区	10778	5340	10200	61	10774	10207	506	61	885626	867175	16919	1532	82525
管城区	6158	2956	6072	16	6048	5970	62	16	668176	664773	2973	430	110701
金水区	27893	9819	26091	459	27306	25563	1284	459	2969071	2875059	69791	24221	109690
上街区	3608	1649	2093	304	3557	2161	1089	307	321881	274807	35809	11265	95574
惠济区	6185	2791	5267	6	6093	5175	914	4	485054	444120	38058	2876	79188
中牟县	11511	4025	9144	244	11051	8864	1954	233	862689	774822	77611	10256	78798
巩义市	9367	3406	8166	363	9020	8112	720	188	665162	630731	28621	5810	74655
荥阳市	10984	4296	10266	92	10743	10050	608	85	920194	894016	23573	2605	86094
新密市	11803	4362	11212	150	11612	11022	440	150	892516	877122	11853	3541	77558
新郑市	11619	3942	10048	776	11606	10059	774	773	1161818	1113529	27647	20642	105343
登封市	9909	2633	8509	565	9876	8470	832	574	550911	517497	21671	11743	57963
经开区	4281	1450	2272	121	4281	2272	1888	121	320278	247512	65535	7231	75252
高新区	2161	753	1629	174	2112	1604	344	164	138969	121133	12209	5627	68451
郑东新区	7233	2500	6178	317	7196	6174	711	311	944156	892758	36826	14572	135016
航空港实验区	4567	1192	2751	288	4331	2709	1438	184	429337	344556	78904	5877	102112

2-10 全市及各县(市)区国有单位分行业从业人员人数及工资总额

(2018 年底)　　单位:人、元

行　业	单位从业人员	#女性	在岗职工合计	其他从业人员	单位从业人员平均人数	在岗职工	劳务派遣人员	其他从业人员	单位从业人员工资总额(千元)	在岗职工工资总额	劳务派遣人员工资总额	其他从业人员工资总额	在岗职工平均工资(含劳务派遣人员)
农、林、牧、渔业	**585**	**258**	**585**		**588**	**588**			**45322**	**45322**			**77078**
惠济区	104	26	104		104	104			10029	10029			96433
中牟县	445	219	445		448	448			32457	32457			72449
巩义市	20	6	20		20	20			974	974			48700
新郑市	16	7	16		16	16			1862	1862			116375
采矿业	**1161**	**101**	**1161**		**1060**	**1060**			**64870**	**64870**			**61198**
登封市	1161	101	1161		1060	1060			64870	64870			61198
制造业	**2681**	**674**	**2680**	**1**	**2693**	**2692**		**1**	**208114**	**208046**		**68**	**77283**
中原区	69	23	69		69	69			3136	3136			45449
二七区	1394	241	1394		1394	1394			102449	102449			73493
管城区	34	19	34		34	34			1596	1596			46941
金水区	1137	375	1136	1	1149	1148		1	97987	97919		68	85295
荥阳市	12	2	12		12	12			504	504			42000
高新区	35	14	35		35	35			2442	2442			69771
电力、热力、燃气及水生产和供应业	**6180**	**2388**	**5302**	**408**	**6138**	**5291**	**452**	**395**	**522092**	**479447**	**22816**	**19829**	**87457**
中原区	2442	880	1699	273	2409	1695	452	262	180177	142160	22816	15201	76840
二七区	1313	454	1313		1320	1320			127406	127406			96520
上街区	87	41	87		88	88			6078	6078			69068
中牟县	120	97	120		118	118			9105	9105			77161
巩义市	707	214	707		714	714			80390	80390			112591
新密市	276	162	276		276	276			12817	12817			46438
新郑市	853	321	718	135	851	718		133	91582	86954		4628	121106
登封市	310	187	310		290	290			10343	10343			35666
经开区	72	32	72		72	72			4194	4194			58250
建筑业	**9645**	**1457**	**6631**	**2677**	**9655**	**6752**	**321**	**2582**	**702230**	**529329**	**19788**	**153113**	**77636**
中原区	3389	679	3052		3433	3112	321		346704	326916	19788		100992
二七区	1126	175	1126		1120	1120			59735	59735			53335
管城区	1239	315	1239		1303	1303			80136	80136			61501

2-10 续表1　　（2018年底）　　单位:人、元

类　别	单位从业人员	#女性	在岗职工合计	其他从业人员	单位从业人员平均人数	在岗职工	劳务派遣人员	其他从业人员	单位从业人员工资总额（千元）	在岗职工工资总额	劳务派遣人员工资总额	其他从业人员工资总额	在岗职工平均工资（含劳务派遣人员）
金水区	23	2	19	4	23	19		4	1094	946		148	49789
惠济区	43	6	43		43	43			2580	2580			60000
荥阳市	104	37	50	54	132	51		81	4659	2836		1823	55608
新密市	49	16	49		53	53			1558	1558			29396
经开区	3483	218	864	2619	3343	846		2497	192821	41679		151142	49266
郑东新区	189	9	189		205	205			12943	12943			63137
批发和零售业	**2292**	**718**	**2238**	**54**	**2272**	**2213**		**59**	**383694**	**380481**		**3213**	**171930**
中原区	42	13	42		42	42			2580	2580			61429
二七区	142	58	125	17	144	125		19	10166	9122		1044	72976
管城区	17	9	17		17	17			807	807			47471
金水区	783	239	778	5	778	773		5	49573	49291		282	63766
中牟县	18	3	18		18	18			1397	1397			77611
巩义市	141	53	137	4	140	137		3	22174	21685		489	158285
新密市	27	13	27		27	27			757	757			28037
新郑市	227	57	215	12	234	220		14	41632	40471		1161	183959
登封市	54	16	38	16	50	32		18	1541	1304		237	40750
经开区	524	205	524		495	495			154271	154271			311659
郑东新区	292	46	292		302	302			97634	97634			323291
航空港实验区	25	6	25		25	25			1162	1162			46480
交通运输、仓储和邮政业	**23643**	**7356**	**19019**	**1464**	**19839**	**16942**	**1898**	**999**	**1766054**	**1502739**	**178650**	**84665**	**89246**
中原区	130	56	130		134	134			13531	13531			100978
二七区	94	45	94		94	94			8542	8542			90872
管城区	297	147	290	5	293	286	2	5	22908	22335	432	141	79052
金水区	5691	1851	2608	1451	2181	598	597	986	400789	226989	89645	84155	264966
上街区	69	26	69		68	68			5818	5818			85559
惠济区	355	154	353		360	358	2		24699	24658	41		68608
中牟县	137	76	137		136	136			4375	4375			32169
巩义市	1198	572	1093	8	1144	1042	94	8	45030	40927	3734	369	39314
荥阳市	112	58	112		112	112			8404	8404			75036
新密市	8	4	8		8	8			217	217			27125

2-10 续表 2 （2018 年底） 单位：人、元

类　别	单位从业人员	#女性	在岗职工合计	其他从业人员	单位从业人员平均人数	在岗职工	劳务派遣人员	其他从业人员	单位从业人员工资总额（千元）	在岗职工工资总额	劳务派遣人员工资总额	其他从业人员工资总额	在岗职工平均工资（含劳务派遣人员）
新郑市	598	262	519		599	518	81		48050	37956	10094		80217
登封市	10	3	10		10	10			360	360			36000
郑东新区	14944	4102	13596		14700	13578	1122		1183331	1108627	74704		80499
住宿和餐饮业	**3681**	**1806**	**3507**	**125**	**3756**	**3520**	**49**	**187**	**182150**	**172584**	**2022**	**7544**	**48923**
中原区	523	285	520	3	521	518		3	24759	24642		117	47571
二七区	678	260	678		681	681			27615	27615			40551
金水区	1239	660	1167	23	1249	1164	49	36	65554	62062	2022	1470	52831
上街区	27	25	27		27	27			679	679			25148
惠济区	865	411	769	96	939	794		145	48982	43117		5865	54304
登封市	276	141	273	3	266	263		3	9655	9563		92	36361
郑东新区	73	24	73		73	73			4906	4906			67205
信息传输、软件和信息技术服务业	**825**	**369**	**809**	**16**	**813**	**796**		**17**	**101249**	**100568**		**681**	**126342**
二七区	308	123	308		304	304			51064	51064			167974
金水区	223	101	221	2	223	221		2	24653	24539		114	111036
巩义市	90	52	90		90	90			3150	3150			35000
荥阳市	108	57	108		108	108			7300	7300			67593
经开区	8	1	8		8	8			965	965			120625
郑东新区	88	35	74	14	80	65		15	14117	13550		567	208462
金融业	**5902**	**2902**	**5774**	**4**	**5870**	**5740**	**126**	**4**	**1153305**	**1141120**	**11989**	**196**	**196575**
中原区	1523	500	1498		1563	1539	24		196750	195827	923		125880
二七区	10	4	10		10	10			720	720			72000
管城区	1053	708	1032		1025	1003	22		247927	242273	5654		241880
金水区	1076	576	1008		1082	1010	72		180156	175282	4874		166503
巩义市	486	257	481	4	482	477	1	4	62509	62181	132	196	130362
登封市	2		2		2	2			147	147			73500
郑东新区	1752	857	1743		1706	1699	7		465096	464690	406		272624
房地产业	**1063**	**367**	**905**	**8**	**1066**	**908**	**150**	**8**	**78822**	**68446**	**9967**	**409**	**74114**
中原区	373	192	219	4	373	219	150	4	30457	20165	9967	325	81659
管城区	68	32	68		68	68			6002	6002			88265
金水区	192	59	192		194	194			11919	11919			61438

2-10 续表 3 （2018 年底） 单位：人、元

类别	单位从业人员	#女性	在岗职工合计	其他从业人员	单位从业人员平均人数	在岗职工	劳务派遣人员	其他从业人员	单位从业人员工资总额（千元）	在岗职工工资总额	劳务派遣人员工资总额	其他从业人员工资总额	在岗职工平均工资（含劳务派遣人员）
巩义市	35	15	35		35	35			1577	1577			45057
登封市	1			1	1			1	22			22	
经开区	52	17	52		52	52			2899	2899			55750
郑东新区	342	52	339	3	343	340		3	25946	25884		62	76129
租赁和商务服务业	**16630**	**2305**	**15531**	**1033**	**16296**	**14909**	**349**	**1038**	**1086497**	**1044486**	**13028**	**28983**	**69309**
中原区	183	81	183		183	183			16905	16905			92377
二七区	8567	860	8567		8567	8567			706968	706968			82522
管城区	692	15	692		711	711			30224	30224			42509
金水区	1597	586	1451	130	1598	1448	12	138	141806	136656	950	4200	94251
上街区	294	64	294		294	294			7257	7257			24684
惠济区	65	26	65		65	65			6451	6451			99246
中牟县	734	149	264	470	734	265		469	25778	13830		11948	52189
巩义市	611	78	536	75	527	165	287	75	20436	6504	11045	2887	38825
荥阳市	937	74	937		906	906			28344	28344			31285
新密市	955	188	599	356	933	598		335	34767	25071		9696	41925
新郑市	1492	108	1492		1284	1284			44729	44729			34836
登封市	332	19	282		322	252	50	20	11830	10592	1033	205	38493
经开区	47	12	47		47	47			1726	1726			36723
高新区	48	21	48		48	48			3097	3097			64521
郑东新区	76	24	74	2	77	76		1	6179	6132		47	80684
科学研究和技术服务业	**14690**	**4654**	**11779**	**1802**	**14661**	**11774**	**1119**	**1768**	**1454085**	**1332569**	**61904**	**59612**	**108157**
中原区	2246	745	2040	77	2202	2020	151	31	291933	282448	7703	1782	133649
二七区	347	126	347		344	344			33276	33276			96733
管城区	2031	201	355	1430	2024	352	243	1429	109085	56220	11173	41692	113266
金水区	6481	2339	5573	277	6483	5566	628	289	628935	575002	38890	15043	99111
上街区	46	25	46		47	47			6224	6224			132426
惠济区	53	13	53		53	53			5612	5612			105887
中牟县	448	191	440	8	453	445		8	25974	25686		288	57721
巩义市	208	88	201		208	201	7		15539	15260	279		74707
荥阳市	103	38	103		103	103			7652	7652			74291

2-10 续表 4 （2018 年底） 单位：人、元

类别	单位从业人员	#女性	在岗职工合计	其他从业人员	单位从业人员平均人数				单位从业人员工资总额（千元）				在岗职工平均工资（含劳务派遣人员）
						在岗职工	劳务派遣人员	其他从业人员		在岗职工工资总额	劳务派遣人员工资总额	其他从业人员工资总额	
新密市	219	113	219		219	219			18731	18731			85530
新郑市	81	34	80	1	81	80		1	9526	9502		24	118775
登封市	28	9	25		28	25	3		1592	1475	117		56857
经开区	384	153	380	4	384	380		4	28123	27703		420	72903
高新区	854	224	771	5	856	778	72	6	149312	145654	3295	363	175234
郑东新区	1161	355	1146		1176	1161	15		122571	122124	447		104227
水利、环境和公共设施管理业	**10718**	**3757**	**9540**	**1100**	**10676**	**9509**	**68**	**1099**	**665010**	**639878**	**1915**	**23217**	**67014**
中原区	848	274	808	40	855	815		40	63050	62341		709	76492
二七区	185	97	185		184	184			10648	10648			57870
管城区	776	495	776		733	733			28190	28190			38458
金水区	1961	571	1924	2	1985	1948	35	2	206996	205987	800	209	104280
上街区	635	300	46	567	626	47	15	564	15322	5660	671	8991	102113
惠济区	930	332	919		920	912	8		93253	92948	305		101362
中牟县	2198	1006	1881	317	2200	1881		319	67727	58675		9052	31194
巩义市	340	79	338	2	338	336		2	19239	19158		81	57018
荥阳市	1660	232	1656	4	1640	1636		4	74795	74699		96	45660
新密市	367	143	367		367	367			26174	26174			71319
新郑市	230	64	124	96	230	124	10	96	9407	6537	139	2731	49821
登封市	437	113	365	72	440	368		72	24373	23025		1348	62568
郑东新区	151	51	151		158	158			25836	25836			163519
居民服务、修理和其他服务业	**503**	**239**	**499**	**4**	**503**	**499**		**4**	**30094**	**29972**		**122**	**60064**
中原区	19	8	19		19	19			2309	2309			121526
金水区	332	200	332		332	332			16921	16921			50967
荥阳市	29	1	29		29	29			2257	2257			77828
新密市	48	11	48		48	48			2903	2903			60479
新郑市	75	19	71	4	75	71		4	5704	5582		122	78620
教育	**113915**	**69325**	**109650**	**2534**	**112643**	**109121**	**1183**	**2339**	**12261736**	**12088110**	**50038**	**123588**	**110043**
中原区	7129	4918	6939	176	7098	6908	14	176	724814	718146	1072	5596	103903
二七区	5042	3320	4975	4	5033	4995	38		468108	467652	456		93008

2-10 续表 5　　(2018 年底)　　单位:人、元

类别	单位从业人员	#女性	在岗职工合计	其他从业人员	单位从业人员平均人数	在岗职工	劳务派遣人员	其他从业人员	单位从业人员工资总额(千元)	在岗职工工资总额	劳务派遣人员工资总额	其他从业人员工资总额	在岗职工平均工资(含劳务派遣人员)
管城区	4482	3234	4311	133	4411	4243	36	132	419795	409256	5896	4643	97021
金水区	16760	9950	15751	553	16681	15677	452	552	1768303	1714945	16456	36902	107347
上街区	1091	743	1026	35	1082	1021	30	31	117213	115317	942	954	110618
惠济区	7586	4746	7312	198	7329	7109	75	145	790340	784859	2106	3375	109544
中牟县	6802	4249	6775	27	6823	6799		24	717926	715607		2319	105252
巩义市	3048	2221	3048		2990	2990			235268	235268			78685
荥阳市	7663	5203	7534	113	7607	7478	16	113	670910	668385	306	2219	89230
新密市	7891	5317	7813	51	7941	7865	27	49	802037	800550	349	1138	101482
新郑市	12078	6950	10684	859	11912	11120	49	743	1453438	1414849	1887	36702	126845
登封市	5365	3264	5336	29	5295	5266		29	396032	395555		477	75115
经开区	995	668	833	6	991	851	134	6	83968	76972	6794	202	85042
高新区	9658	4436	9521	2	9507	9376	129	2	1253414	1246906	6284	224	131845
郑东新区	16325	8733	15818	322	15997	15497	183	317	2163869	2128260	7490	28119	136209
航空港实验区	2000	1373	1974	26	1946	1926		20	196301	195583		718	101549
卫生和社会工作	**89580**	**63824**	**79282**	**4952**	**88257**	**78177**	**5188**	**4892**	**10015512**	**9416038**	**384504**	**214970**	**117562**
中原区	9520	6961	8028	406	9328	7894	1050	384	1069535	1016801	32117	20617	117276
二七区	18547	13828	17716	33	18509	17647	826	36	2602696	2565370	35943	1383	140817
管城区	2252	1675	2037		2256	2046	210		179000	162678	16322		79344
金水区	34086	23712	28916	3963	33552	28392	1207	3953	4138675	3857200	116089	165386	134237
上街区	1105	834	668	83	1103	679	323	101	119773	97478	14461	7834	111716
惠济区	1691	1232	1664	9	1624	1597	18	9	111875	110847	563	465	68985
中牟县	4218	3016	3843	192	4100	3737	181	182	337993	264797	65228	7968	84233
巩义市	717	536	682	35	715	682		33	43554	41639		1915	61054
荥阳市	3899	2699	3831	68	3878	3810		68	268165	264505		3660	69424
新密市	2692	1936	2528	8	2688	2528	155	5	160583	156970	3526	87	59820
新郑市	3557	2472	3360	131	3466	3298	70	98	231753	224042	4039	3672	67720
登封市	2523	1768	2505	18	2496	2478		18	156943	155606		1337	62795
经开区	1860	1370	1248	6	1752	1225	522	5	256578	190515	65417	646	146498
郑东新区	2668	1647	2011		2545	1919	626		323070	292271	30799		126943
航空港实验区	245	138	245		245	245			15319	15319			62527
文化、体育和娱乐业	**13621**	**6301**	**12229**	**253**	**13416**	**12118**	**1068**	**230**	**1273269**	**1203917**	**59595**	**9757**	**95822**
中原区	1284	695	1208	76	1275	1199		76	114274	110331		3943	92019

2-10 续表 6 （2018 年底） 单位：人、元

类 别	单位从业人员	#女性	在岗职工合计	其他从业人员	单位从业人员平均人数	在岗职工	劳务派遣人员	其他从业人员	单位从业人员工资总额（千元）	在岗职工工资总额	劳务派遣人员工资总额	其他从业人员工资总额	在岗职工平均工资（含劳务派遣人员）
二七区	253	98	253		253	253			16561	16561			65458
管城区	55	18	49	6	55	48		7	5550	5344		206	111333
金水区	8469	3888	7433	97	8412	7448	866	98	903881	852181	48018	3682	108275
上街区	21	14	15		21	15	6		2034	1823	211		96857
惠济区	477	211	322		488	331	157		37905	28510	9395		77674
中牟县	322	132	318	4	333	329		4	23676	23594		82	71714
巩义市	206	89	189	17	200	188		12	10598	10130		468	53883
荥阳市	586	255	586		586	586			48616	48616			82962
新密市	201	92	201		201	201			12389	12389			61637
新郑市	98	45	93	5	98	93		5	7302	7202		100	77441
登封市	170	71	149	4	171	150	17	4	9725	8908	689	128	57467
经开区	275	140	266	9	275	267		8	15524	15304		220	57318
高新区	26	15	26		26	26			3156	3156			121385
郑东新区	1178	538	1121	35	1022	984	22	16	62078	59868	1282	928	60785
公共管理、社会保障和社会组织	**146547**	**53739**	**128180**	**3910**	**144009**	**126609**	**13796**	**3604**	**13480478**	**12793589**	**559552**	**127337**	**95104**
中原区	14019	5304	13735	26	13926	13644	256	26	1573765	1561107	12216	442	113189
二七区	6388	3092	5853	21	6384	5860	503	21	658519	641241	16829	449	103421
管城区	6014	2922	5936	8	5905	5835	62	8	656867	653611	2973	283	111342
金水区	27546	9682	25744	459	26960	25217	1284	459	2946570	2852558	69791	24221	110273
上街区	3562	1626	2068	304	3510	2135	1068	307	317852	271352	35235	11265	95719
惠济区	6185	2791	5267	6	6093	5175	914	4	485054	444120	38058	2876	79188
中牟县	11388	3962	9021	244	10930	8743	1954	233	852519	764652	77611	10256	78738
巩义市	9256	3367	8055	363	8910	8002	720	188	657142	622711	28621	5810	74677
荥阳市	10984	4296	10266	92	10743	10050	608	85	920194	894016	23573	2605	86094
新密市	11603	4287	11012	150	11413	10823	440	150	881308	865914	11853	3541	77934
新郑市	11619	3942	10048	776	11606	10059	774	773	1161818	1113529	27647	20642	105343
登封市	9881	2622	8481	565	9848	8442	832	574	549358	515944	21671	11743	57970
经开区	4239	1438	2232	119	4239	2232	1888	119	318413	245697	65535	7181	75542
高新区	2161	753	1629	174	2112	1604	344	164	138969	121133	12209	5627	68451
郑东新区	7135	2463	6082	315	7099	6079	711	309	932793	881448	36826	14519	135239
航空港实验区	4567	1192	2751	288	4331	2709	1438	184	429337	344556	78904	5877	102112

2-11 全市及各县(市)区城镇集体单位分行业从业人员人数及工资总额

(2018 年底)

单位:人、元

行业	单位从业人员	#女性	在岗职工合计	其他从业人员	单位从业人员平均人数	在岗职工	劳务派遣人员	其他从业人员	单位从业人员工资总额(千元)	在岗职工工资总额	劳务派遣人员工资总额	其他从业人员工资总额	在岗职工平均工资(含劳务派遣人员)
农、林、牧、渔业	**945**	**366**	**560**	**385**	**968**	**538**		**430**	**33560**	**21520**		**12040**	**40000**
中牟县	945	366	560	385	968	538		430	33560	21520		12040	40000
制造业	**3067**	**866**	**2989**	**54**	**3066**	**2981**	**37**	**48**	**217087**	**211143**	**2133**	**3811**	**70668**
二七区	179	54	179		179	179			12101	12101			67603
管城区	398	107	362	12	421	374	35	12	61573	59363	1999	211	150029
金水区	292	94	291	1	298	295	2	1	19025	18887	134	4	64044
上街区	343	218	343		334	334			10968	10968			32838
惠济区	124	79	124		127	127			5524	5524			43496
巩义市	702	66	702		700	700			25081	25081			35830
荥阳市	186	42	181	5	188	183		5	8389	8173		216	44661
新密市	65	15	65		63	63			3658	3658			58063
新郑市	560	135	524	36	541	511		30	57985	54605		3380	106859
登封市	118	10	118		115	115			6442	6442			56017
经开区	100	46	100		100	100			6341	6341			63410
电力、热力、燃气及水生产和供应业	**205**	**107**	**205**		**202**	**202**			**8525**	**8525**			**42203**
荥阳市	125	62	125		120	120			5068	5068			42233
新郑市	80	45	80		82	82			3457	3457			42159
建筑业	**1247**	**286**	**1112**	**45**	**1199**	**1043**	**70**	**86**	**52158**	**45145**	**4860**	**2153**	**44928**
中原区	350	79	260		254	184	70		12836	7976	4860		50535
二七区	44	15	44		44	44			3424	3424			77818
金水区	280	71	280		289	289			11405	11405			39464
上街区	80	10	35	45	98	35		63	3249	1511		1738	43171
新郑市	237	56	237		245	245			8815	8815			35980
登封市	256	55	256		269	246		23	12429	12014		415	48837
批发和零售业	**858**	**317**	**776**	**82**	**851**	**769**		**82**	**40815**	**37566**		**3249**	**48850**
中原区	168	38	168		163	163			13443	13443			82472
二七区	185	96	185		185	185			6640	6640			35892

2-11 续表 1 （2018 年底） 单位：人、元

类别	单位从业人员	#女性	在岗职工合计	其他从业人员	单位从业人员平均人数	在岗职工	劳务派遣人员	其他从业人员	单位从业人员工资总额（千元）	在岗职工工资总额	劳务派遣人员工资总额	其他从业人员工资总额	在岗职工平均工资（含劳务派遣人员）
金水区	179	57	177	2	179	177		2	7850	7791		59	44017
上街区	10	8	10		10	10			355	355			35500
中牟县	16	9	16		14	14			782	782			55857
巩义市	149	51	79	70	149	79		70	6828	4036		2792	51089
荥阳市	65	36	65		65	65			1823	1823			28046
登封市	20	8	20		20	20			502	502			25100
航空港实验区	66	14	56	10	66	56		10	2592	2194		398	39179
交通运输、仓储和邮政业	**415**	**154**	**415**		**413**	**413**			**14984**	**14984**			**36281**
中原区	6		6		6	6			544	544			90667
管城区	92	65	92		92	92			3355	3355			36467
金水区	17	9	17		17	17			1052	1052			61882
上街区	90	15	90		90	90			2949	2949			32767
巩义市	68	33	68		68	68			1708	1708			25118
荥阳市	142	32	142		140	140			5376	5376			38400
住宿和餐饮业	**556**	**311**	**554**		**562**	**555**	**2**	**5**	**31333**	**31096**	**120**	**117**	**56043**
二七区	30	10	30		30	30			1140	1140			38000
金水区	231	95	231		242	242			19116	19116			78992
巩义市	56	46	56		56	56			1990	1990			35536
登封市	200	135	200		195	190		5	6537	6420		117	33789
郑东新区	39	25	37		39	37	2		2550	2430	120		65385
信息传输、软件和信息技术服务业	**36**	**19**	**36**		**37**	**37**			**1657**	**1657**			**44784**
二七区	5	1	5		6	6			358	358			59667
巩义市	31	18	31		31	31			1299	1299			41903
房地产业	**189**	**64**	**189**		**188**	**188**			**8709**	**8709**			**46324**
中原区	24	5	24		24	24			1213	1213			50542
金水区	158	56	158		157	157			7286	7286			46408

2-11 续表2 （2018年底） 单位：人、元

类别	单位从业人员	#女性	在岗职工合计	其他从业人员	单位从业人员平均人数	在岗职工	劳务派遣人员	其他从业人员	单位从业人员工资总额（千元）	在岗职工工资总额	劳务派遣人员工资总额	其他从业人员工资总额	在岗职工平均工资（含劳务派遣人员）
巩义市	7	3	7		7	7			210	210			30000
租赁和商务服务业	**60**	**29**	**60**		**60**	**60**			**3628**	**3628**			**60467**
二七区	16	8	16		16	16			860	860			53750
金水区	24	17	24		24	24			1162	1162			48417
新密市	20	4	20		20	20			1606	1606			80300
科学研究和技术服务业	**799**	**291**	**787**	**3**	**786**	**774**	**9**	**3**	**67580**	**66767**	**700**	**113**	**86165**
中原区	219	86	210		201	192	9		24516	23816	700		121970
二七区	124	42	124		124	124			11718	11718			94500
管城区	36	15	36		37	37			5632	5632			152216
金水区	127	43	124	3	127	124		3	6489	6376		113	51419
中牟县	10	4	10		9	9			736	736			81778
新郑市	196	70	196		201	201			12261	12261			61000
郑东新区	87	31	87		87	87			6228	6228			71586
水利、环境和公共设施管理业	**630**	**170**	**630**		**626**	**626**			**51074**	**51074**			**81588**
中原区	537	131	537		533	533			45050	45050			84522
二七区	2	1	2		2	2			259	259			129500
荥阳市	91	38	91		91	91			5765	5765			63352
居民服务、修理和其他服务业	**146**	**61**	**121**	**25**	**154**	**121**		**33**	**8401**	**7665**		**736**	**63347**
管城区	7	7	7		7	7			317	317			45286
金水区	89	41	64	25	97	64		33	4497	3761		736	58766
中牟县	50	13	50		50	50			3587	3587			71740
教育	**4202**	**2721**	**4162**	**30**	**4169**	**4128**	**10**	**31**	**352230**	**350495**	**285**	**1450**	**84770**
中原区	162	107	162		162	162			13549	13549			83636
二七区	209	172	209		209	209			21617	21617			103431
管城区	138	71	138		138	138			14101	14101			102181
金水区	86	65	81		86	81	5		7448	7310	138		86605

2-11 续表 3　　（2018 年底）　　单位：人、元

类　别	单位从业人员	#女性	在岗职工合计	其他从业人员	单位从业人员平均人数	在岗职工	劳务派遣人员	其他从业人员	单位从业人员工资总额（千元）	在岗职工工资总额	劳务派遣人员工资总额	其他从业人员工资总额	在岗职工平均工资（含劳务派遣人员）
巩义市	2532	1783	2527		2523	2518	5		211608	211461	147		83872
登封市	79	37	79		79	79			6610	6610			83671
经开区	93	69	93		93	93			6033	6033			64871
高新区	554	150	554		535	535			30575	30575			57150
郑东新区	284	205	284		279	279			37900	37900			135842
航空港实验区	65	62	35	30	65	34		31	2789	1339		1450	39382
卫生和社会工作	**4156**	**3002**	**4058**	**98**	**4056**	**3968**		**88**	**292095**	**288239**		**3856**	**72641**
中原区	2	2	2		2	2			92	92			46000
二七区	112	101	112		112	112			7621	7621			68045
管城区	424	300	407	17	410	391		19	27494	26464		1030	67683
金水区	36	32	36		36	36			3474	3474			96500
惠济区	145	115	145		145	145			6713	6713			46297
巩义市	2941	2162	2860	81	2879	2810		69	221014	218188		2826	77647
新郑市	328	199	328		304	304			17824	17824			58632
登封市	120	73	120		120	120			5223	5223			43525
航空港实验区	48	18	48		48	48			2640	2640			55000
文化、体育和娱乐业	**64**	**32**	**64**		**64**	**64**			**5567**	**5567**			**86984**
中原区	61	31	61		61	61			5471	5471			89689
金水区	3	1	3		3	3			96	96			32000
公共管理、社会保障和社会组织	**1241**	**362**	**674**	**567**	**1229**	**663**		**566**	**78441**	**53886**		**24555**	**81276**
中原区	636	137	69	567	635	69		566	35905	11350		24555	164493
二七区	146	52	146		146	146			13865	13865			94966
金水区	90	23	90		83	83			4397	4397			52976
中牟县	123	63	123		121	121			10170	10170			84050
巩义市	46	12	46		45	45			2896	2896			64356
新密市	200	75	200		199	199			11208	11208			56322

2-12 全市及各县(市)区其他单位分行业从业人员人数及工资总额

(2018 年底)

单位:人、元

行业	单位从业人员	#女性	在岗职工合计	其他从业人员	单位从业人员平均人数	在岗职工	劳务派遣人员	其他从业人员	单位从业人员工资总额(千元)	在岗职工工资总额	劳务派遣人员工资总额	其他从业人员工资总额	在岗职工平均工资(含劳务派遣人员)
农、林、牧、渔业	**79**	**33**	**79**		**60**	**60**			**3223**	**3223**			**53717**
中原区	38	11	38		38	38			2664	2664			70105
惠济区	41	22	41		22	22			559	559			25409
采矿业	**40056**	**6357**	**39983**	**23**	**40256**	**40087**	**149**	**20**	**2228380**	**2219350**	**7100**	**1930**	**55335**
市局直管	25821	4490	25821		25965	25965			1532240	1532240			59012
巩义市	2929	582	2929		3084	2995	89		132652	129052	3600		43013
新密市	228	28	228		178	178			10080	10080			56629
新郑市	1652	174	1652		1650	1650			108305	108305			65639
登封市	9426	1083	9353	23	9379	9299	60	20	445103	439673	3500	1930	47353
制造业	**477300**	**206344**	**464095**	**2507**	**440146**	**426218**	**10945**	**2983**	**27433906**	**26659297**	**625474**	**149135**	**62413**
中原区	4021	1983	3924	92	4185	4041	5	139	181722	169523	200	11999	41948
二七区	10036	4018	9902	124	10268	10132	10	126	515118	509815	340	4963	50301
管城区	22031	2526	21877	101	21056	20864	91	101	2239543	2230919	3850	4774	106646
金水区	1086	348	1052	14	1190	1157	20	13	81400	79567	988	845	68441
上街区	8919	1940	8440	311	8531	8069	166	296	582171	565596	8424	8151	69705
惠济区	9254	4813	9182	72	9165	9095		70	457680	453934		3746	49910
中牟县	8898	2805	7389	263	8695	7364	1060	271	640410	563686	63711	13013	74477
市局直管	2520	362	1810	60	2502	1781	655	66	235187	186260	47830	1097	96096
巩义市	13222	3835	13129	91	13665	13576	2	87	565163	561552	98	3513	41365
荥阳市	6232	1801	5683	43	6330	5816	467	47	391079	344424	43342	3313	61717
新密市	14749	4567	14392	173	14572	14227	167	178	699453	683608	8057	7788	48052
新郑市	20182	7503	17354	374	19955	17267	2334	354	1066055	953653	91673	20729	53330
登封市	14584	3369	14537	35	13972	13923	6	43	632034	629644	182	2208	45217
经开区	41933	16195	39409	346	48240	44989	2456	795	3480049	3279504	157368	43177	72439
高新区	29332	8780	26821	390	29235	26482	2381	372	2184313	2027586	137632	19095	75017
郑东新区	3865	1854	3375		4047	3537	510		285670	250029	35641		70588
航空港实验区	266436	139645	265819	18	224538	223898	615	25	13196859	13169997	26138	724	58777
电力、热力、燃气及水生产和供应业	**25162**	**6767**	**24100**	**350**	**25312**	**24274**	**712**	**326**	**1708452**	**1651916**	**38429**	**18107**	**67652**

2-12 续表 1 （2018 年底） 单位：人、元

类别	单位从业人员	#女性	在岗职工合计	其他从业人员	单位从业人员平均人数	在岗职工	劳务派遣人员	其他从业人员	单位从业人员工资总额（千元）	在岗职工工资总额	劳务派遣人员工资总额	其他从业人员工资总额	在岗职工平均工资（含劳务派遣人员）
中原区	6721	2388	5978	273	6763	6049	452	262	590010	551993	22816	15201	88419
上街区	67	30	67		67	67			2150	2150			32090
惠济区	661	171	524		639	486	153		58826	50595	8231		92059
巩义市	815	311	791	24	806	776		30	29010	27651		1359	35633
荥阳市	143	55	143		143	143			7998	7998			55930
新密市	1011	265	953	28	969	930	30	9	122183	119627	2144	412	126845
新郑市	232	99	222		234	222	12		11121	10621	500		47526
登封市	13784	2979	13784		13941	13941			730348	730348			52388
经开区	40	16	40		40	40			3835	3835			95875
高新区	1025	295	963	25	1041	979	37	25	95638	92005	2498	1135	93015
郑东新区	485	115	477		491	483	8		39881	39601	280		81224
航空港实验区	178	43	158		178	158	20		17452	15492	1960		98045
建筑业	**363872**	**45510**	**236204**	**32147**	**341362**	**217641**	**93212**	**30509**	**23110745**	**16008223**	**5451948**	**1650574**	**69036**
中原区	62983	6690	21612	2725	65420	20662	41916	2842	4053457	1423674	2468341	161442	62195
二七区	37766	4292	19076	2521	30923	18232	11080	1611	2142806	1520441	554450	67915	70786
管城区	15109	2634	13177	1278	14375	12525	651	1199	915352	822905	33694	58753	65012
金水区	112799	14949	85684	10196	110219	83997	16321	9901	7992048	6381535	1003120	607393	73612
上街区	2384	288	2024	72	2382	2023	284	75	105697	88126	14110	3461	44316
惠济区	18537	1395	11150	6216	17733	10452	1100	6181	960964	601404	52755	306805	56627
中牟县	5336	389	4710	549	5139	4598	42	499	313613	272893	2612	38108	59376
巩义市	3444	641	2768	116	3261	2661	508	92	170269	116862	50044	3363	52668
荥阳市	16978	3204	6242	1219	16758	5597	10013	1148	1072943	327585	684690	60668	64848
新密市	17674	2026	10074	1498	16743	9882	5553	1308	738024	421656	265167	51201	44498
新郑市	7962	773	5660	2195	7584	5616	131	1837	468726	364724	8522	95480	64946
登封市	2750	322	2249	265	2809	2307	51	451	137400	124423	4081	8896	54497
经开区	22563	4003	20135	450	22352	19992	1966	394	2143213	2014637	98382	30194	96230
高新区	24612	1599	23165	210	12282	10779	1223	280	1088721	1009811	60923	17987	89213
郑东新区	12806	2257	8315	2631	13208	8150	2373	2685	799640	509999	151057	138584	62820
航空港实验区	169	48	163	6	174	168		6	7872	7548		324	44929

2-12 续表2 （2018年底） 单位：人、元

类别	单位从业人员	#女性	在岗职工合计	其他从业人员	单位从业人员平均人数	在岗职工	劳务派遣人员	其他从业人员	单位从业人员工资总额（千元）	在岗职工工资总额	劳务派遣人员工资总额	其他从业人员工资总额	在岗职工平均工资（含劳务派遣人员）
批发和零售业	**79397**	**37573**	**75217**	**1411**	**79850**	**74501**	**3804**	**1545**	**4642808**	**4395988**	**192386**	**54434**	**58596**
中原区	3042	1266	2976	3	3048	2982	63	3	182710	180048	2542	120	59964
二七区	10352	6268	10022	289	10032	9690	41	301	504814	494969	1983	7862	51069
管城区	7206	3661	6356	146	7349	6406	742	201	413486	376851	31527	5108	57132
金水区	23564	10614	22912	474	23676	22885	234	557	1225964	1186373	13171	26420	51886
上街区	128	80	120	2	126	119	6	1	8369	8179	154	36	66664
惠济区	3374	1335	3141	9	3455	3257	188	10	217902	209991	7562	349	63150
中牟县	1016	560	964	52	1031	978		53	89192	87445		1747	89412
巩义市	1451	838	1350	93	1344	1243	7	94	64221	61364	318	2539	49346
荥阳市	622	345	622		645	645			30966	30966			48009
新密市	841	258	814	24	833	805	3	25	37816	36922	240	654	45993
新郑市	2720	1250	2673	12	2747	2703	34	10	156173	154352	1442	379	56921
登封市	712	375	689	3	682	658	21	3	30283	29335	888	60	44511
经开区	12505	5560	11979	73	12038	11424	538	76	765203	728550	33980	2673	63746
高新区	4248	1650	3875	122	4222	3853	248	121	332778	317088	14036	1654	80742
郑东新区	5512	2215	5285	109	5551	5329	133	89	413397	403439	5152	4806	74806
航空港实验区	2104	1298	1439		3071	1524	1546	1	169534	90116	79391	27	55214
交通运输、仓储和邮政业	**46891**	**16432**	**34186**	**1767**	**45542**	**33377**	**10588**	**1577**	**3802463**	**3244709**	**493033**	**64721**	**85016**
中原区	149	98	149		151	151			7570	7570			50132
二七区	5077	1625	3728	1239	5401	3997	109	1295	265136	206081	4629	54426	51318
管城区	2266	1251	1492		1998	1478	520		117901	109481	8420		59010
金水区	1957	642	1769	41	1965	1776	148	41	137081	130049	5995	1037	70709
上街区	816	142	797	19	818	799		19	80913	80507		406	100760
惠济区	1354	423	1354		1510	1510			93305	93305			61791
中牟县	110	31	104	5	105	99	1	5	4479	4253	46	180	42990
巩义市	515	66	515		465	465			27685	27685			59538
荥阳市	91	20	91		90	90			3024	3024			33600
新密市	454	57	454		453	453			27133	27133			59896
新郑市	530	150	524	1	531	525	5	1	29098	28816	246	36	54834

2-12 续表 3　　（2018 年底）　　单位：人、元

类　别	单位从业人员	#女性	在岗职工合计	其他从业人员	单位从业人员平均人数	在岗职工	劳务派遣人员	其他从业人员	单位从业人员工资总额（千元）	在岗职工工资总额	劳务派遣人员工资总额	其他从业人员工资总额	在岗职工平均工资（含劳务派遣人员）
登封市	727	162	582	40	662	509	110	43	26296	22494	1738	2064	39147
经开区	4548	1810	3807	414	4128	3708	256	164	274201	253647	15048	5506	67784
高新区	101	43	96		101	96	5		12480	12234	246		123564
郑东新区	17846	6341	13339	3	16774	12311	4461	2	1247488	1115792	131670	26	74378
航空港实验区	10350	3571	5385	5	10390	5410	4973	7	1448673	1122638	324995	1040	139423
住宿和餐饮业	**22702**	**13133**	**21083**	**557**	**22949**	**21262**	**1112**	**575**	**1022115**	**952089**	**50324**	**19702**	**44803**
中原区	1399	750	1338	7	1337	1277	54	6	74172	72223	1771	178	55593
二七区	1814	1060	1656	9	1875	1672	182	21	75054	68332	5941	781	40061
管城区	409	228	403	6	423	373		50	24247	23332		915	62552
金水区	7098	4095	6539	399	7127	6591	166	370	392513	373480	7000	12033	56309
上街区	195	109	195		196	150		46	6228	5258		970	35053
中牟县	118	68	102	4	98	87	9	2	4170	3608	412	150	41875
巩义市	489	351	489		484	482		2	14022	13664		358	28349
荥阳市	39	30	39		39	39			1989	1989			51000
新密市	482	306	482		488	488			18418	18418			37742
新郑市	443	282	441	2	468	466		2	19515	19416		99	41665
登封市	488	279	421	57	488	472	8	8	19070	18479	191	400	38896
经开区	110	78	110		107	107			5550	5550			51869
高新区	336	175	336		334	334			17154	17154			51359
郑东新区	7818	4591	7714	67	8040	7941	39	60	275720	269060	3017	3643	34095
航空港实验区	1464	731	818	6	1445	783	654	8	74293	42126	31992	175	51578
信息传输、软件和信息技术服务业	**52103**	**15952**	**35885**	**13303**	**49556**	**36020**	**3244**	**10292**	**3907824**	**3370434**	**220597**	**316793**	**91459**
中原区	186	69	186		186	186			12198	12198			65581
二七区	3691	1530	3680		3709	3698	11		560623	559783	840		151152
管城区	936	234	936		932	932			95652	95652			102631
金水区	36471	9673	21337	13240	33448	21211	2002	10235	2080742	1633306	134524	312912	76157
惠济区	55	20	55		55	55			2466	2466			44836
中牟县	284	115	284		295	295			20417	20417			69210
巩义市	271	122	228		268	225	43		13891	11982	1909		51832

2-12 续表4 （2018年底） 单位：人、元

类别	单位从业人员	#女性	在岗职工合计	其他从业人员	单位从业人员平均人数	在岗职工	劳务派遣人员	其他从业人员	单位从业人员工资总额（千元）	在岗职工工资总额	劳务派遣人员工资总额	其他从业人员工资总额	在岗职工平均工资（含劳务派遣人员）
新密市	60	27	60		60	60			1933	1933			32217
登封市	3	1	3		3	3			107	107			35667
经开区	1158	249	1113	45	1206	1166		40	117995	115670		2325	99202
高新区	5990	3084	5167	16	6446	5405	1025	16	604498	529626	73340	1532	93774
郑东新区	2998	828	2836	2	2948	2784	163	1	397302	387294	9984	24	134808
金融业	**75518**	**30385**	**56256**	**17607**	**63585**	**51683**	**1599**	**10303**	**12206482**	**11424941**	**134763**	**646778**	**216953**
中原区	175	89	175		173	173			15701	15701			90757
二七区	2018	1207	2018		2018	2018			221697	221697			109860
金水区	36266	9517	17869	17393	24843	13795	939	10109	3381086	2683537	71833	625716	187008
上街区	4	2	4		4	4			124	124			31000
惠济区	41	28	41		37	37			1382	1382			37351
中牟县	929	485	848	35	924	834	53	37	111248	106505	3245	1498	123732
巩义市	550	315	532	11	524	511	10	3	80917	79612	1195	110	155100
新密市	569	246	556		564	551	13		97402	97007	395		172699
新郑市	771	406	629		753	610	143		100046	85483	14563		132863
登封市	472	214	472		444	444			71741	71741			161579
经开区	13	9	13		13	13			1166	1166			89692
高新区	508	272	507		511	510	1		52626	52573	53		102986
郑东新区	33056	17527	32446	168	32637	32043	440	154	8056206	7993273	43479	19454	247414
航空港实验区	146	68	146		140	140			15140	15140			108143
房地产业	**56587**	**23190**	**52853**	**446**	**56837**	**52688**	**3641**	**508**	**4352581**	**4151802**	**166548**	**34231**	**76663**
中原区	5235	2193	4834	10	5045	4638	394	13	379679	367054	12013	612	75331
二七区	4652	1739	4515	71	4627	4492	67	68	338164	331998	2996	3170	73480
管城区	6756	3098	5836	42	6701	5761	906	34	535244	486686	46420	2138	79962
金水区	10936	4678	10637	112	10998	10710	163	125	734084	715654	8648	9782	66615
上街区	1289	535	1288	1	1368	1359		9	104307	103241		1066	75968
惠济区	2143	983	1835	7	1974	1732	233	9	165190	155025	9931	234	83947
中牟县	1451	578	1429	20	1459	1436	2	21	125609	124396	124	1089	86592
巩义市	803	309	780	23	763	740		23	36628	35093		1535	47423

2-12 续表 5　　（2018 年底）　　单位：人、元

类别	单位从业人员	#女性	在岗职工合计	其他从业人员	单位从业人员平均人数	在岗职工	劳务派遣人员	其他从业人员	单位从业人员工资总额（千元）	在岗职工工资总额	劳务派遣人员工资总额	其他从业人员工资总额	在岗职工平均工资（含劳务派遣人员）
荥阳市	1251	428	1235	5	1345	1329	11	5	94454	92978	750	726	69946
新密市	1880	625	1857	14	1776	1753	8	15	113155	111713	666	776	63815
新郑市	4049	1466	3847	58	4171	3885	160	126	308896	294231	6031	8634	74230
登封市	1165	476	1015	50	988	922	45	21	48184	43017	3579	1588	48186
经开区	2655	1112	2634	10	2601	2559	32	10	213750	210088	3050	612	82261
高新区	1178	432	997		1159	982	177		80995	75181	5814		69884
郑东新区	9305	3811	8315	23	9329	8632	668	29	854192	823749	28174	2269	91605
航空港实验区	1839	727	1799		2533	1758	775		220050	181698	38352		86873
租赁和商务服务业	**31768**	**11678**	**22974**	**1882**	**30987**	**22477**	**6930**	**1580**	**2113766**	**1720490**	**323329**	**69947**	**69501**
中原区	477	173	477		489	489			38012	38012			77734
二七区	636	233	429	15	652	426	211	15	33099	25015	7641	443	51265
管城区	6924	940	5124	16	6869	5109	1744	16	450856	366146	83709	1001	65644
金水区	9836	6451	9305	329	9730	9167	210	353	624106	597292	13396	13418	65126
上街区	114	79	71	2	122	79	41	2	4663	3318	1302	43	38500
惠济区	42	21	42		42	42			2171	2171			51690
中牟县	133	58	133		133	133			6098	6098			45850
巩义市	8	5	8		8	8			374	374			46750
新密市	512	110	512		480	480			41283	41283			86006
新郑市	652	273	622	30	578	548		30	39050	37702		1348	68799
登封市	72	17	72		75	75			4153	4153			55373
经开区	359	107	327		354	322	32		42095	41346	749		118912
高新区	1701	494	1602	16	1545	1464	68	13	121810	118137	3003	670	79073
郑东新区	7279	1488	3694	1472	6916	3609	2157	1150	507870	356140	98742	52988	78890
航空港实验区	3023	1229	556	2	2994	526	2467	1	198126	83303	114787	36	66184
科学研究和技术服务业	**39888**	**10203**	**33114**	**2023**	**40962**	**33212**	**5684**	**2066**	**3910227**	**3391411**	**371965**	**146851**	**96755**
中原区	13011	2246	11147	633	13151	11221	1208	722	1461127	1309864	83144	68119	112077
二七区	3218	818	1499	160	3279	1534	1568	177	255262	124622	123850	6790	80101
管城区	196	57	189	7	176	171		5	12080	11972		108	70012
金水区	15058	4058	13110	660	15922	13044	2237	641	1513935	1343641	128038	42256	96308

2-12 续表 6 （2018 年底） 单位：人、元

类　别	单位从业人员	#女性	在岗职工合计	其他从业人员	单位从业人员平均人数	在岗职工	劳务派遣人员	其他从业人员	单位从业人员工资总额（千元）	在岗职工工资总额	劳务派遣人员工资总额	其他从业人员工资总额	在岗职工平均工资（含劳务派遣人员）
上街区	95	32	95		95	95			10537	10537			110916
惠济区	376	112	301	2	364	289	70	5	30394	24263	5946	185	84148
中牟县	116	56	116		88	88			6413	6413			72875
巩义市	10	6	10		13	13			453	453			34846
新郑市	91	27	91		90	90			5375	5375			59722
登封市	94	16	94		89	89			3671	3671			41247
经开区	2076	784	1574	340	1931	1463	161	307	144616	119969	9662	14985	79822
高新区	2759	1258	2292	86	2689	2243	380	66	216683	192790	18638	5255	80605
郑东新区	2735	716	2543	135	3019	2816	60	143	247559	235719	2687	9153	82895
航空港实验区	53	17	53		56	56			2122	2122			37893
水利、环境和公共设施管理业	**19400**	**8279**	**10669**	**1548**	**17348**	**10357**	**5123**	**1868**	**645463**	**464262**	**110692**	**70509**	**37142**
中原区	214	71	214		216	216			21135	21135			97847
二七区	701	416	701		701	701			36920	36920			52668
管城区	54	31	54		46	46			3219	3219			69978
金水区	816	260	816		796	796			73198	73198			91957
上街区	123	83	123		113	113			4642	4642			41080
惠济区	29	7	29		29	29			1308	1308			45103
巩义市	189	91	189		189	189			6356	6356			33630
荥阳市	12	7	12		12	12			320	320			26667
新密市	218	55	218		184	184			26200	26200			142391
新郑市	3158	1497	3122		3148	3120	28		87791	85627	2164		27888
登封市	283	147	239	44	254	221		33	11721	10521		1200	47606
经开区	7947	3508	2368	67	5869	2252	3550	67	140642	79985	58465	2192	23862
高新区	1480	563	35		1420	35	1385		40200	2375	37825		28310
郑东新区	4143	1527	2537	1437	4331	2430	133	1768	188506	110296	11093	67117	47362
航空港实验区	33	16	12		40	13	27		3305	2160	1145		82625
居民服务、修理和其他服务业	**2283**	**957**	**2261**	**17**	**2568**	**2355**	**196**	**17**	**141212**	**131313**	**9528**	**371**	**55210**
中原区	11	2	11		11	11			1088	1088			98909
二七区	75	25	75		75	75			4938	4938			65840

2-12 续表 7　　（2018 年底）　　单位：人、元

类　别	单位从业人员	#女性	在岗职工合计	其他从业人员	单位从业人员平均人数	在岗职工	劳务派遣人员	其他从业人员	单位从业人员工资总额（千元）	在岗职工工资总额	劳务派遣人员工资总额	其他从业人员工资总额	在岗职工平均工资（含劳务派遣人员）
管城区	395	216	393		404	402	2		22248	22188	60		55069
金水区	1072	431	1072		1291	1100	191		69427	60155	9272		53778
惠济区	3	1	3		3	3			90	90			30000
巩义市	51	9	34	17	51	34		17	2440	2069		371	60853
新郑市	118	44	118		116	116			7129	7129			61457
登封市	29	5	29		29	29			1163	1163			40103
郑东新区	374	154	374		406	406			24536	24536			60433
航空港实验区	155	70	152		182	179	3		8153	7957	196		44797
教育	**32812**	**20837**	**28873**	**2564**	**31772**	**29471**	**67**	**2234**	**1968102**	**1822280**	**2408**	**143414**	**61774**
中原区	983	718	983		985	985			58224	58224			59111
二七区	5399	2927	4937	462	5245	4858		387	426152	371761		54391	76526
管城区	2337	1872	2187	125	2325	2167	23	135	156527	147862	756	7909	67862
金水区	3779	2952	3172	601	3761	3147	6	608	238453	207342	199	30912	65823
上街区	174	144	157	3	170	154	13	3	15579	15229	318	32	93096
惠济区	837	501	823		826	812	14		38719	38143	576		46875
中牟县	1506	929	1389	114	1407	1285	3	119	85320	79432	105	5783	61752
巩义市	2981	2199	2954	19	2877	2853	8	16	149668	148919	454	295	52210
荥阳市	247	172	247		248	248			16255	16255			65544
新密市	534	341	534		519	519			32820	32820			63237
新郑市	6583	3644	4231	1047	6290	5482		808	298872	263639		35233	48092
登封市	3516	1924	3516		3360	3360			143723	143723			42775
经开区	738	608	735	3	772	769		3	48652	48587		65	63182
高新区	588	432	588		515	515			26535	26535			51524
郑东新区	2326	1260	2136	190	2194	2039		155	210960	202166		8794	99150
航空港实验区	284	214	284		278	278			21643	21643			77853
卫生和社会工作	**15826**	**10847**	**14886**	**591**	**15501**	**14470**	**440**	**591**	**1194048**	**1149834**	**12889**	**31325**	**77983**
中原区	1071	767	1052	11	1070	1051	8	11	76223	75883	53	287	71705
二七区	486	311	455	17	485	452	16	17	36662	35502	538	622	77009
管城区	3183	2206	2974	11	3134	2840	285	9	289417	283090	5760	567	92432
金水区	1092	774	1092		1040	1040			102877	102877			98920
惠济区	46	34	46		46	46			1642	1642			35696

2-12　续表 8　　（2018 年底）　　单位：人、元

类　别	单位从业人员	#女性	在岗职工合计	其他从业人员	单位从业人员平均人数	在岗职工	劳务派遣人员	其他从业人员	单位从业人员工资总额（千元）	在岗职工工资总额	劳务派遣人员工资总额	其他从业人员工资总额	在岗职工平均工资（含劳务派遣人员）
中牟县	69	38	69		69	69			5039	5039			73029
巩义市	698	479	696	2	697	695		2	43935	43807		128	63032
新密市	2397	1460	2365	32	2302	2270		32	120255	119224		1031	52522
新郑市	2452	1759	1941	471	2416	1923	42	451	152565	127885	3659	21021	66944
登封市	1858	1300	1858		1837	1837			121980	121980			66402
经开区	553	318	553		494	494			43042	43042			87130
郑东新区	904	745	857	47	911	842		69	85606	77937		7669	92562
航空港实验区	1017	656	928		1000	911	89		114805	111926	2879		114805
文化、体育和娱乐业	**9491**	**4603**	**8827**	**233**	**9820**	**9192**	**402**	**226**	**910035**	**896932**	**6181**	**6922**	**94133**
中原区	1127	793	975	152	1036	895		141	52363	48846		3517	54577
二七区	164	72	164		164	164			8541	8541			52079
管城区	175	94	168	7	176	169		7	9530	9376		154	55479
金水区	5540	2709	5466	51	5948	5865	23	60	498245	495655	662	1928	84293
惠济区	245	139	241	4	246	242		4	40461	39783		678	164393
中牟县	135	79	135		146	146			5411	5411			37062
新郑市	30	17	17	13	30	29		1	1551	1491		60	51414
登封市	770	190	388		767	415	352		17937	13437	4500		23386
经开区	673	215	648		683	649	26	8	207701	206351	990	360	307172
高新区	19	19	19		19	19			1200	1200			63158
郑东新区	598	266	591	6	590	584	1	5	64314	64060	29	225	109554
航空港实验区	15	10	15		15	15			2781	2781			185400
公共管理、社会保障和社会组织	**5533**	**2711**	**5440**	**52**	**5523**	**5430**	**41**	**52**	**326902**	**324211**	**1358**	**1333**	**59508**
中原区	609	257	592		594	577	17		60313	59619	694		101537
二七区	4244	2196	4201	40	4244	4201	3	40	213242	212069	90	1083	50466
管城区	144	34	136	8	143	135		8	11309	11162		147	82681
金水区	257	114	257		263	263			18104	18104			68837
上街区	46	23	25		47	26	21		4029	3455	574		85723
巩义市	65	27	65		65	65			5124	5124			78831
登封市	28	11	28		28	28			1553	1553			55464
经开区	42	12	40	2	42	40		2	1865	1815		50	45375
郑东新区	98	37	96	2	97	95		2	11363	11310		53	119053

主要统计指标解释

从业人员年末人数 指期末最后一日 24 时在本单位中工作，并取得工资或其他形式劳动报酬的人员数。该指标为时点指标，不包括最后一日当天及以前已经与单位解除劳动合同关系的人员。是在岗职工、劳务派遣人员及其他从业人员之和。从业人员不包括：

(1)离开本单位仍保留劳动关系，并定期领取生活费的人员；

(2)利用课余时间打工的学生及在本单位实习的各类在校学生；

(3)本单位因劳务外包而使用的人员。

在岗职工 指在本单位工作且与本单位签订劳动合同，并由单位支付各项工资和社会保险、住房公积金的人员，以及上述人员中由于学习、病伤、产假等原因暂未工作仍由单位支付工资的人员。在岗职工还包括：

(1)应订立劳动合同而未订立劳动合同人员(如使用的农村户籍人员)；

(2)处于试用期人员；

(3)编制外招用的人员；

(4)派往外单位工作，但工资仍由本单位发放的人员(如挂职锻炼、外派工作等情况)。

在岗职工不包括：

(1)本单位使用的且由本单位直接支付工资的劳务派遣人员，应统计在本单位“劳务派遣人员”指标中；

(2)本单位因劳务外包而使用的人员，由承包劳务的单位统计为在岗职工。

劳务派遣人员 根据《中华人民共和国劳动合同法》规定，指与劳务派遣单位签订劳动合同，并被劳务派遣单位派遣到实际用工单位工作，且劳务派遣单位与实际用工单位签订《劳务派遣协议》的人员。

注意：无论用工单位是否直接支付劳动报酬，劳务派遣人员均由实际用工单位填报，而劳务派遣单位(派出单位)不填报这些人员。

其他从业人员 指本单位中不能归到在岗职工、劳务派遣人员中的人员。此类人员是实际参加本单位生产或工作并从本单位取得劳动报酬的人员。具体包括：非全日制人员、聘用的正式离退休人员、兼职人员和第二职业者等，以及在本单位中工作的外籍和港澳台方人员。

从业人员工资总额 指根据《关于工资总额组成的规定》(1990 年 1 月 1 日国家统计局发布的一号令)进行修订，本单位在报告期内(季度或年度)直接支付给本单位全部从业人员的劳动报酬总额。包括计时工资、计件工资、奖金、津贴和补贴、加班加点工资、特殊情况下支付的工资，是在岗职工工资总额、劳务派遣人员工资总额和其他从业人员工资总额之和。

工资总额是税前工资，包括单位从个人工资中直接为其代扣或代缴的房费、水费、电费、住房公积金和社会保险基金个人缴纳部分等。

工资总额不论是计入成本的还是不计入成本的，不论是以货币形式支付的还是以实物形式支付的，均应列入工资总额的计算范围。

在岗职工工资总额 指本单位在报告期内直接支付给本单位全部在岗职工的劳动报酬总额。在岗职工工资总额从构成角度分解为四部分：基本工资、绩效工资、工资性津贴和补贴、其他工资。工资总额不包括病假、事假等情况的扣款，单位在填报在岗职工工资总额四项构成时，应根据实际情况调整对应项目；如不能确定调整项，可扣减基本工资项。

劳务派遣人员工资总额 指实际用工单位(派遣人员的使用方)在一定时期内为使用劳务派遣人员而付出的劳动报酬总额，包括用工单位负担的基本工资、加班工资、绩效工资以及各种津贴、补贴等，但不包含因使用派遣人员而支付的管理费用和其他用工成本。

其他从业人员工资总额 指本单位在报告期内直接支付给本单位其他从业人员的全部劳动报酬。

三、固定资产投资及房地产开发

3-1 按登记注册类型分的固定资产投资增速及比重

（2018 年）

单位:%

指　标	增速	比重
总　计	10.9	100.0
内资	**10.7**	**97.8**
国有经济	54.4	11.1
集体经济	-76.0	
股份合作	-51.4	0.1
国有独资公司	43.7	6.4
其他有限责任公司	-5.0	57.7
股份有限公司	28.5	2.9
私营	57.5	16.9
私营独资企业	-4.2	0.8
私营合伙企业	-81.9	
私营有限责任公司	70.3	15.8
私营股份有限公司	-44.6	0.3
其他	4.2	2.6
港澳台商投资	**-2.7**	**1.6**
合资经营	28.2	0.2
独资	20.7	1.0
股份有限公司	2629.5	0.4
外商投资	**159.8**	**0.6**
合资经营	150.6	0.2
独资	27.7	0.2
股份有限公司	189.0	
其他	6429400.0	0.2
个体经营	**-70.7**	

3-2 全市固定资产投资增速

单位:%

项　目	2017 年增速	2018 年增速
投资完成额	**8.2**	**10.9**
#工业投资	-8.9	11.8
#房地产开发投资	20.9	-3.0
#基础设施投资	19.5	41.7
#民间投资	10.6	2.1
按产业分		
第一产业	1.6	33.3
第二产业	-8.9	9.8
第三产业	13.0	10.9
按隶属关系分		
中央项目	33.1	-29.1
地方项目	7.8	12.0
按建设性质分		
新建		31.1
扩建	-34.7	294.5
改建与技术改造	34.1	33.0
按构成分		
建筑安装工程	3.5	11.2
设备工器具购置	-5.6	43.9
其他费用	35.8	1.9
房屋面积		
施工面积	9.2	8.6
#住宅	14.7	12.5
竣工面积	-8.3	23.4
#住宅	-5.2	29.4
本年(不含 5000 万元以下项目)实际到位资金	**2.6**	**6.4**
国家预算资金	-4.4	68.9
国内贷款	15.8	-21.1
利用外资	-22.7	2.0
自筹资金	5.3	15.7
其他资金来源	-12.9	-89.8

3-3 按行业分固定资产投资增速及比重

（2018 年）

单位:%

指　　标	增速	比重
总　计	**10.9**	**100.0**
农、林、牧、渔业	**33.3**	**0.5**
畜牧业	127.5	
工业	**11.8**	**10.8**
采矿业	83.0	0.2
煤炭开采和洗选业	65.9	0.2
有色金属矿采选业	-100.0	
非金属矿采选业	1076.7	
制造业	8.8	8.5
农副食品加工业	-40.2	0.1
食品制造业	480.7	0.4
酒饮料和精致茶制造业	1069.5	0.1
烟草制品业	-65.8	
纺织业	-31.0	
纺织服装服饰业	122.0	0.1
皮革毛皮羽毛及其制品和制鞋业	740.0	
木材加工和木竹藤棕草制品业	7.3	
家具制造业	-32.8	0.1
造纸和纸制品业	170.4	0.1
印刷和记录媒介复制业	-78.6	
文教工美和体育娱乐用品制造业	-83.8	
石油煤炭及其它燃料加工业	535.6	
化学原料和化学制品制造业	15.8	0.2
医药制造业	204.7	0.3
化学纤维制造业	423.8	
橡胶和塑料制品业	-4.0	0.1
非金属矿物制品业	40.2	1.8
黑色金属冶炼和压延加工业	-12.2	0.1
有色金属冶炼和压延加工业	13.9	0.7
金属制品业	50.4	0.7
通用设备制造业	12.0	0.5
专用设备制造业	95.9	0.5
汽车制造业	76.1	1.1

3-3 续表 (2018年) 单位:%

指　标	增速	比重
铁路传播航空航天和其它运输设备制造业	-30.9	0.2
电气机械和器材制造业	-39.1	0.3
计算机通信和其它电子设备制造业	-50.8	1.2
仪器仪表制造业	18.9	0.1
其它制造业	294.1	0.1
废弃资源综合利用业	786.5	0.1
电力、燃气及水的生产和供应业	20.6	2.0
电力、热力生产和供应业	22.1	1.3
燃气生产和供应业	-56.8	
水的生产和供应业	20.6	0.6
建筑业	**-80.4**	
批发和零售业	**55.9**	**0.8**
交通运输、仓储和邮政业	**31.8**	**7.8**
铁路运输业	101.6	0.8
道路运输业	36.2	6.2
航空运输业	-7.6	0.4
仓储业	-54.9	0.2
住宿和餐饮业	**-20.3**	
信息传输、软件和信息技术服务业	**4.2**	**0.8**
金融业	**274.8**	**0.3**
房地产业	**2.6**	**62.8**
租赁和商务服务业	**73.6**	**1.1**
科学研究和技术服务业	**37.1**	**0.6**
水利、环境和公共设施管理业	**50.9**	**10.9**
水利管理业	-25.1	0.4
生态保护和环境治理业	167.7	0.4
公共设施管理业	54.0	10.1
居民服务业、修理和其他服务业	**35.8**	**0.4**
教育	**11.0**	**1.5**
卫生和社会工作	**-22.0**	**0.5**
卫生	-25.3	0.4
文化、体育和娱乐业	**27.2**	**1.0**
公共管理、社会保障和社会组织	**65.6**	**0.2**

3-4 各县(市)区固定资产投资增速

(2018年)

单位:%

县(市)区	固定资产投资	项目	#亿元及以上项目	房地产开发	建安工程
郑州市	**10.9**	**35.2**	**49.9**	**-3.0**	**11.2**
市辖区	137.4	137.4	137.4		156.3
中原区	14.6	71.2	71.8	-5.1	11.8
二七区	14.6	692.2	4647.8	-12.3	24.5
管城区	15.1	100.4	152.9	0.1	17.7
金水区	10.1	37.2	65.8	0.7	22.2
上街区	10.9	48.9	76.1	-13.7	3.7
惠济区	18.6	55.4	50.5	8.8	-2.6
中牟县	7.1	25.9	19.0	-5.7	8.8
巩义市	10.6	12.5	14.0	2.5	-4.3
荥阳市	-17.2	39.6	45.1	-41.9	-15.7
新密市	0.6	9.0	25.8	-34.5	-13.8
新郑市	4.5	8.2	6.6	4.6	3.5
登封市	4.8	-6.1	101.8	41.6	-3.4
经开区	12.0	22.1	26.0	1.8	1.1
高新区	0.7	-3.0	-5.9	0.9	41.0
郑东新区	16.5	65.1	70.6	0.2	21.7
航空港实验区	1.2	-24.5	9.8	21.3	-6.4

3-5 各县(市)区按三次产业分固定资产投资增速

(2018 年)

单位:%

县(市)区	固定资产投资	第一产业	第二产业	第三产业
郑州市	**10.9**	**33.3**	**9.8**	**10.9**
市辖区	137.4			137.4
中原区	14.6			15.6
二七区	14.6		1242.4	6.4
管城区	15.1		-1.6	15.1
金水区	10.1		-33.8	6.2
上街区	10.9		25.5	9.0
惠济区	18.6	-100.0	59.4	17.5
中牟县	7.1	-56.5	-28.1	10.7
巩义市	10.6	29.7	8.7	12.3
荥阳市	-17.2	118.8	42.6	-31.2
新密市	0.6	37.9	44.4	-26.6
新郑市	4.5	-1.6	15.4	5.3
登封市	4.8	-12.0	31.2	-2.5
经开区	12.0		32.6	8.5
高新区	0.7		1.0	0.1
郑东新区	16.5	-41.0	269.5	14.8
航空港实验区	1.2		-56.9	22.0

3-6 各县(市)区按构成性质分固定资产投资增速

(2018年)

单位:%

县(市)区	固定资产投资	建筑安装工程	设备工器具购置	其他费用
郑州市	**10.9**	**11.2**	**43.9**	**1.9**
市辖区	137.4	156.3		50.1
中原区	14.6	11.8	26.9	41.8
二七区	14.6	24.5	291.6	-17.4
管城区	15.1	17.7	-38.0	15.8
金水区	10.1	22.2	12.7	-19.3
上街区	10.9	3.7	63.4	32.5
惠济区	18.6	-2.6	234.5	47.1
中牟县	7.1	8.8	-20.0	11.0
巩义市	10.6	-4.3	38.8	103.7
荥阳市	-17.2	-15.7	19.7	-43.6
新密市	0.6	-13.8	48.2	-21.0
新郑市	4.5	3.5	95.5	8.9
登封市	4.8	-3.4	22.2	22.8
经开区	12.0	1.1	11.3	42.9
高新区	0.7	41.0	-3.2	-26.9
郑东新区	16.5	21.7	-3.8	7.0
航空港实验区	1.2	-6.4	35.2	-26.6

3-7 各县(市)区分行业

(2018 年)

县(市)区	合　计	农林牧渔业	工业	建筑业	批发和零售业	交通运输、仓储和邮政业	住宿和餐饮业	信息传输、软件和信息技术服务业	金融业
郑州市	**10.9**	**33.3**	**11.8**	**-80.4**	**55.9**	**31.8**	**-20.3**	**4.2**	**274.8**
市辖区	137.4					55.9			
中原区	14.6				221.0	63.5			
二七区	14.6		1242.4		912.5				10.5
管城区	15.1		25.5	-100.0	82.2	292.6			
金水区	10.1		-33.8		-100.0	10.9		177.5	
上街区	10.9		25.5		2388.4	89.5			
惠济区	18.6	-100.0	59.4			32.1			
中牟县	7.1	-56.5	-29.4		226.7	-21.8		12.7	
巩义市	10.6	29.7	8.7		48.9	12.1	-40.8		
荥阳市	-17.2	118.8	42.6		268.9	-5.2		-92.8	
新密市	0.6	37.9	44.4		-90.8	-54.9		-100.0	
新郑市	4.5	-1.6	9.7		-52.5	-1.9	84900.0		
登封市	4.8	-12.0	31.2		283.2	-8.0	-83.2		
经开区	12.0		32.6		418.6	-31.2		-64.0	
高新区	0.7		0.4		-89.7	-100.0		4.4	
郑东新区	16.5	-41.0	269.5		-52.4	-46.5		64.4	294.1
航空港实验区	1.2		-52.6	-100.0	-100.0	71.4		-78.5	

固定资产投资增速

单位:%

房地产业	租赁和商务服务业	科学研究和技术服务业	水利、环境和公共设施管理业	居民服务业、修理和其他服务业	教育	卫生和社会工作	文化、体育和娱乐业	公共管理、社会保障和社会组织
2.6	**73.6**	**37.1**	**50.9**	**35.8**	**11.0**	**-22.0**	**27.2**	**65.6**
			464.0					
-4.3	88.2	-0.9	42.4			-48.7	115.2	788.9
-8.3	30910.1		308.9		906.3	217.0	-100.0	
13.3	-67.6	3199.0	71.5		29.3	32.9	-100.0	-56.8
6.3	-96.1	393.4	-9.3	-100.0	-64.1	-100.0	96.9	
-18.2	358650.0	423.9	-80.3	49.3	351.9	-42.7		68.8
12.6	-81.8		5.6		180.1	84.3	-13.7	-14.2
8.5	216.5	-43.9	147.1			53.8	-90.7	
22.5			-28.4	-36.9	57.2	351.8	-25.8	
-34.6		-100.0	-19.8		36.5	290.1		
-31.8	-70.2	-100.0	21.8	-98.3	-14.4	-28.1	160.3	
3.4	174.5	-100.0	-30.3	-19.3	38.8	943.6		
22.7	-100.0	-100.0	-6.7		-41.9	-60.3	-100.0	
12.5	-57.0	-55.7	-9.1		-25.2	155.8	9.8	111.1
0.9	145.3	18.1	24.8		-75.6			-100.0
9.1		-19.2	85.6	172.6	20.4	-74.7	-54.5	231.4
21.3	65.8		-53.5					

3-8 工业主要产业投资增速及结构

（2018 年）

单位:%

行　业	2018 年增速	占工业投资比重
工业	**11.8**	**100.0**
战略性新兴产业	26.4	16.7
新一代信息技术产业	734.7	5.4
高端装备制造业	380.5	2.3
新材料产业	38.1	3.4
生物产业	6.8	0.7
新能源汽车	-59.4	0.7
新能源产业	-15.6	1.9
节能环保产业	-73.0	1.4
数字创意产业		0.1
相关服务业		0.8
五大主导产业	-4.9	47.1
装备制造	7.0	17.7
食品制造	154.5	4.8
新型材料产业	38.1	3.4
电子制造	-50.8	11.3
汽车制造	76.1	9.8
传统产业	25.8	41.0
化学	21.3	2.0
冶金	10.1	6.9
建材	42.7	16.4
轻纺	-18.7	1.5
能源	25.0	14.3
高载能行业	27.8	39.3
煤炭开采和洗选业	65.9	1.8
化学原料及化学制品制造业	15.8	1.8
非金属矿物制品业	40.2	16.4
黑色金属冶炼及压延加工业	-12.2	0.8
有色金属冶炼及压延加工业	13.9	6.1
电力热力燃气及水的生产和供应业	22.1	12.4
高技术产业(制造业)	-35.8	16.9
工业企业技术改造项目	35.4	41.3

3-9 各县(市)区工业固定资产投资增速

(2018年)

单位:%

县(市)区	工业投资比上年同期增长(%)	采矿业	制造业	电力热力燃气及水的生产和供应业力、燃气及水生产和供应业
郑州市	**11.8**	**83.0**	**8.8**	**20.6**
二七区	1242.4		706.1	14852.0
管城区	25.5		266.7	-100.0
金水区	-33.8		-100.0	
上街区	25.5		-13.7	671.9
惠济区	59.4			-29.6
中牟县	-29.4		-40.9	-17.7
巩义市	8.7	392.1	20.9	-62.6
荥阳市	42.6		55.2	27.2
新密市	44.4	22.8	42.0	88.7
新郑市	9.7		6.0	35.3
登封市	31.2	1265.7	38.0	-59.7
经开区	32.6		41.9	-43.6
高新区	0.4		-18.9	1524.4
郑东新区	269.5		-89.4	347.8
航空港实验区	-52.6		-51.0	-100.0

3-10 民间固定资产投资增速

（2018 年）

单位：%

指　　标	2018 年增速	2017 年增速
总计	**2.1**	**10.6**
按产业分		
第一产业	33.3	2.4
第二产业	6.8	-7.1
第三产业	1.3	17.0
按行业分		
农、林、牧、渔业	31.2	-0.3
工业	6.3	-7.1
采矿业	82.3	-10.3
制造业	8.5	-7.2
电力、燃气及水的生产和供应业	-26.0	-3.0
建筑业	381.0	-36.2
批发和零售业	65.6	-31.0
交通运输、仓储和邮政业	-21.7	-7.3
住宿和餐饮业	-63.3	-40.5
信息传输、软件和信息技术服务业	8.0	69.9
金融业	151.0	-87.2
房地产业	1.2	14.8
#房地产开发投资	-1.7	21.3
租赁和商务服务业	62.5	-33.0
科学研究和技术服务业	101.2	7.5
水利环境和公共设施管理业	-11.1	112.5
居民服务修理和其它服务业	-46.7	752.9
教育	-27.3	68.0
卫生和社会工作	-13.1	-20.7
文化体育和娱乐业	-33.4	-17.6
公共管理社会保障和社会组织	44.4	

3-11 房地产开发分地区企业个数和就业人数

（2018 年）

单位:个、人

县(市)区	企业个数	一级	二级	三级	四级	暂定	其他
郑州市	1457	35	162	167	23	888	182
中原区	62	3	13	6		38	2
二七区	98	2	19	11	1	61	4
管城区	84	4	10	5	2	57	6
金水区	242	8	39	45	8	113	29
上街区	37	2	4	7	1	19	4
惠济区	71	2	8	4	2	42	13
中牟县	112		5	10		81	16
巩义市	49	2	2	7	2	29	7
荥阳市	69		10	11	1	35	12
新密市	94	1	6	21		45	21
新郑市	144	1	9	17	1	100	16
登封市	46		1	2	1	38	4
经开区	71	1	8	7	2	52	1
高新区	63	2	9	4	1	43	4
郑东新区	172	5	19	9	1	111	27
航空港实验区	43	2		1		24	16

3-11 续表

（2018 年）

县(市)区	年末从业人员总计	一级	二级	三级	四级	暂定	其他
郑州市	48047	3346	7027	4977	602	28713	3382
中原区	3794	182	1112	163		2272	65
二七区	3462	253	653	249	26	2244	37
管城区	3621	480	425	116	35	2479	86
金水区	6811	875	1297	902	120	3156	461
上街区	1291	141	139	301	45	604	61
惠济区	2649	225	460	154	38	1611	161
中牟县	2999		261	380		2205	153
巩义市	1082	72	49	79	24	698	160
荥阳市	3017		834	275	150	1389	369
新密市	2582	40	221	862		1249	210
新郑市	4151	132	320	542	31	2866	260
登封市	913		28	65	1	770	49
经开区	2773	91	240	317	113	1987	25
高新区	1067	88	117	18		724	120
郑东新区	6383	358	871	554	19	4091	490
航空港实验区	1452	409				368	675

3-12 房地产开发企业(单位)财务情况

(2018 年)

单位:万元

类　别	数　值	类　别	数　值
年初存货	**67513711**	房屋出租收入	160497
期末资产负债		其他收入	1163776
流动资产合计	163490917	营业成本	13663154
#应收账款	5602905	主营业务成本	13068443
#存货	85957929	营业税金及附加	998090
固定资产原价	2843240	主营业务税金及附加	924212
#房屋和构筑物	1906297	其他业务利润	50261
机器设备	83927	销售费用	778497
运输工具	92577	管理费用	878281
累计折旧	711628	财务费用	733524
#本年折旧	129205	#利息收入	98626
在建工程	1763236	#利息支出	449496
资产总计	189022155	资产减值损失	17557
流动资产合计	125823581	公允价值变动收益(损失以"-"号记)	21997
#应付账款	8037173	投资收益(损失以"-"号记)	209927
非流动负债合计	32566976	其他收益	10211
负债合计	160412582	营业利润	2723091
所有者权益合计	28609572	营业外收入	78564
实收资本	14114158	营业外支出	159002
损益及分配		利润总额	2642809
营业收入	19627109	所得税费用	634575
主营业务收入	18332952	**人工成本**	
土地转让收入	162039	应付职工薪酬(本年贷方累计发生额)	565024
商品房屋销售收入	16756654	应交增值税	739470
自持物业收入	250482		

3-13 分县(市)区房地产开发企业财务状况

(2018 年)

单位:万元

县(市)区	固定资产原价	实收资本合计	资产总计	累计折旧	#本年折旧	负债合计	流动负债合计	非流动负债合计	所有者权益合计	资产负债率(%)
郑州市	2843240	14114158	189022155	711628	129205	160412582	125823581	32566976	28609572	84.9
中原区	36678	1055642	18013636	19136	3401	14527007	10017843	4491666	3486630	80.6
二七区	126643	1138813	15661967	43421	8271	13843422	10303287	2798665	1818545	88.4
管城区	535894	1525318	17330042	208523	29698	14891699	12120076	2666999	2438343	85.9
金水区	573993	2044514	26386209	191668	29420	22066338	17375935	4694054	4319871	83.6
上街区	23871	173899	2826663	7507	1826	2558394	2318495	169689	268269	90.5
惠济区	65685	1361131	13679424	24706	3395	11933061	9248142	2485532	1746362	87.2
中牟县	24866	871827	13041146	11266	2539	11052998	8238574	2787505	1988149	84.8
巩义市	38888	53526	763527	8018	3399	653136	629057	24078	110391	85.5
荥阳市	150141	429044	8554156	18163	7608	7753222	6819428	933794	800934	90.6
新密市	48053	270017	3009588	13857	5126	2615917	2380443	451986	393671	86.9
新郑市	41168	920582	13110904	24599	7002	11509075	10159757	1358035	1601829	87.8
登封市	26644	116084	1469257	3140	766	1318915	1094876	191758	150342	89.8
经开区	59120	647602	10825835	18850	4754	9659001	7793635	1731512	1166835	89.2
高新区	5343	438322	3303020	3033	547	2697754	2095152	582713	605266	81.7
郑东新区	1027665	2358162	30016076	109521	19559	24352566	18618783	4829010	5663510	81.1
航空港实验区	58590	709673	11030706	6221	1893	8980079	6610099	2369980	2050627	81.4

3-13　续表 1　　　　　　　　　（2018 年）　　　　　　　　　单位:万元

县(市)区	营业收入	主营业务收入	土地转让收入	商品房屋销售收入	自持物业收入	房屋出租收入	其他收入	营业税金及附加	主营业务税金及附加	利润总额
郑州市	19627109	18332952	162039	16756654	250482	160497	1163776	998090	924212	2642809
中原区	1048225	1047853		737494	6252	6044	304108	36946	33995	16952
二七区	1664446	1199080		1148111	33462	25050	17507	56518	43301	167356
管城区	2035530	1833867	142300	1596003	70160	7231	25405	95160	92146	243513
金水区	2288725	1882650	2688	1741278	46553	43407	92131	83815	76194	443981
上街区	241909	238367		236871	873	873	624	16487	14969	-5463
惠济区	1307687	1307445		1300284	3269	3269	3892	46477	44691	122260
中牟县	806543	794485		682256	4202	2421	108027	36152	24636	38600
巩义市	711480	711323		704256	3869	2583	3197	21574	21126	175502
荥阳市	1022679	981660		966639	6662	6662	8359	53970	52623	202129
新密市	925511	876459		828757	1741	1514	45961	36500	35791	264190
新郑市	1567219	1563214		1536793	4697	3976	21725	63950	59352	235546
登封市	419462	376444	17051	355753	2292	2232	1348	9041	7789	60111
经开区	916784	873806		850808	18688	18688	4310	94108	90887	36449
高新区	524314	523209		521591	694	694	925	19892	18925	90990
郑东新区	2942161	2929815		2739064	45407	34514	145344	294022	274317	258215
航空港实验区	1204436	1193275		810697	1664	1340	380914	33477	33470	292478

3-13　续表2　　（2018年）　　单位:万元

县(市)区	营业成本	主营业务成本	销售费用	管理费用	财务费用	营业外收入	资产减值损失	公允价值变动收益	投资收益
郑州市	13663154	13068443	778497	878281	733524	78564	17557	21997	2099265
中原区	843751	759155	50568	49862	71699	1708	342	20000	75974
二七区	1191710	1034637	53435	81613	109148	16087	546	-10241	125497
管城区	1492552	1481838	64719	78799	56019	2519	7462		53526
金水区	1501213	1478883	75109	167985	109461	21200	-652	3	1111136
上街区	189590	186556	17504	13613	6549	3125	21		2255
惠济区	1045299	1043372	51138	39768	30628	1460	90	4546	280878
中牟县	589265	589060	46964	32624	64130	2071	8		21663
巩义市	377455	377353	48796	46664	27570	165	1	1	4
荥阳市	663135	661934	51096	35949	20930	2326	-103		6163
新密市	533988	500547	26494	31407	30212	933	-1		177
新郑市	1002910	923514	77323	65693	46081	8273	5179		107246
登封市	321524	321082	9562	6638	5889	84			
经开区	632441	612725	56763	44269	39516	3355	3135	-12317	51165
高新区	383706	293593	11822	10539	4696	146			-6854
郑东新区	2063017	1988085	110228	156082	92035	6672	1153	20005	205549
航空港实验区	831599	816109	26978	16777	18960	8441	374		64886

3-13 续表 3 （2018 年） 单位:万元

县(市)区	其他收益	应付职工薪酬（贷方累计发生额）	本年折旧	税金及附加	主营业务税金及附加	所得税费用	应交增值税	利润总额	营业利润
郑州市	102114	565024	129205	998090	924212	634575	739470	2642809	2723091
中原区	569	43609	3401	36946	33995	26014	105691	16952	22712
二七区	-369	42365	8271	56518	43301	50424	29944	167356	173748
管城区	219	44580	29698	95160	92146	75068	63115	243513	246166
金水区	30	72338	29420	83815	76194	52095	73064	443981	462121
上街区	1000	12240	1826	16487	14969	1504	21148	-5463	-1281
惠济区	16939	32255	3395	46477	44691	25872	47092	122260	128614
中牟县		30711	2539	36152	24636	17725	26634	38600	39560
巩义市		6833	3399	21574	21126	1731	38340	175502	189420
荥阳市	41508	34433	7608	53970	52623	55197	47464	202129	202469
新密市	3568	16709	5126	36500	35791	13906	41376	264190	267285
新郑市	-2014	40302	7002	63950	59352	37785	77902	235546	240124
登封市		5078	766	9041	7789	8249	16396	60111	66807
经开区	98	38040	4754	94108	90887	42007	24755	36449	39365
高新区		10660	547	19892	18925	17450	20843	90990	92973
郑东新区	558	106365	19559	294022	274317	141766	94877	258215	266246
航空港实验区	40008	28507	1893	33477	33470	67783	10832	292478	286762

3-14 房地产开发企业(单位)投资、资金和土地情况

(2018 年)

单位:万元

类 别	数 值	类 别	数 值
计划总投资	**180071153**	住宅	23458180
自开始建设累计完成投资	**111583278**	#90 平方米以下	10945132
本年完成投资	**32584090**	#90-144 平方米	8085806
按照登记注册类型分		#144 平方米以上	4427242
内资	**32111373**	#别墅、高档公寓	557019
国有	51512	办公楼	1832829
有限责任公司	24231142	商业营业用房	2969826
国有独自公司	816372	其他	4323255
其他有限责任公司	23414770	本年新增固定资产	6706044
股份有限公司	428922	待开发土地面积	7758496
私营	7399797	本年土地购置面积	3015825
其他内资		本年土地成交价款	3126179
港澳台商投资	**353147**	#拆迁补偿费	74233
与港澳台商合资经营	102842	**契税**	
港澳台商独资	156433	**本年资金来源合计**	**32098995**
港澳台商投资股份有限公司	93872	上年末结余资金	11521550
外商投资	**119570**	#省外资金	482350
中外合资经营		国内贷款	3909535
外资企业	670	银行贷款	3266361
按构成分		非银行金融机构贷款	643174
建筑工程	19654113	自筹资金	18328393
安装工程	473529	定金及预收款	5942769
设备工器具购置	907045	个人按揭贷款	3431885
其他费用	11549403	其他资金来源	486413
旧建筑物购置费	111373	**本年各项应付款合计**	**7720469**
土地购置费	9014827	#工程款	4151100
按工程用途分			

3-15 房地产开发企业(单位)施工、销售和空置情况

(2018 年)

单位:万元、平方米

类别	合计	住宅	90 平米以下住房	144 平米以上住房	别墅、高档公寓	办公楼	商业营业用房	其他房屋
房屋施工面积	186431096	127148161	49891774	19337056	2167308	11752873	18206111	29323951
#新开工面积	43634692	30068453	10029817	5524466	1090258	2684980	4171194	6710065
房屋竣工面积	19460716	13571031	5217324	2060741	16130	1066752	1463679	3359254
#不可销售面积	1110243	425507	195219	52700		164	12555	672017
商品住宅竣工套数(套)		133923	69201	10338	63			
竣工房屋价值	5326328	3625709	1472204	567489	3973	319924	460142	920553
批准预售面积	9936326	8493987	1493474	1388566	17473	478888	742619	220832
批准预售套数(套)		74137	17777	7661	48			
商品房销售面积	37121143	33305664	13223505	4716707	200339	1478157	1828239	509083
#现房销售面积	8562099	7825648	2950634	709594	17836	218510	345129	172812
#期房销售面积	28559044	25480016	10272871	4007113	182503	1259647	1483110	336271
商品房销售额	31339953	27163914	8992740	5975344	334615	1784264	1954942	436833
#现房销售额	3766848	2989852	1112669	440406	16306	284771	315041	177184
#期房销售额	27573105	24174062	7880071	5534938	318309	1499493	1639901	259649
商品住宅销售套数(套)		334434	174034	27126	3057			
#现房销售套数		83206	42091	3948	66			
#期房销售套数		251228	131943	23178	2991			
待售面积	5707400	3459627	1184270	667589	93030	678749	1046915	522109
#待售 1-3 年面积	2161722	1289748	190284	291846	91409	173024	478908	220042

3-16 分县(市)区按工程用途分房地产开发投资情况

(2018 年)

单位:万元

县(市)区	本年完成投资	住宅	90 平方米以下	144 平米以上住房	办公楼	商业营业用房	其他房屋
郑州市	**32584090**	**23458180**	**10945132**	**4427242**	**1832829**	**2969826**	**4323255**
中原区	1850349	1363939	725077	145380	55712	150597	280101
二七区	2854393	1869810	753729	110184	200527	300740	483316
管城区	2213785	1623572	768991	110651	89334	210944	289935
金水区	3992377	2805315	1168300	422296	402256	498045	286761
上街区	220447	200684	36051	24276		6308	13455
惠济区	1666650	1345141	796826	68009	58209	93626	169674
中牟县	1393661	1010106	94529	514640	76595	65407	241553
巩义市	554684	462297	79497	119022	35757	2130	54500
荥阳市	1412393	1039513	301950	168284	62232	200280	110368
新密市	756687	566334	272101	105209	33086	100837	56430
新郑市	2532779	1986611	603324	262130	35840	333379	176949
登封市	389813	281480	10909	9178	32155	21284	54894
经开区	1935323	1411539	761929	122319	121554	145615	256615
高新区	2842786	2460587	2287654	3421	31854	54928	295417
郑东新区	4807013	3090270	395494	2238234	597718	446024	673001
航空港实验区	3160950	1940982	1888771	4009		339682	880286

3-17 分县(市)区房地产开发商品房屋施工面积

(2018 年)

单位:平方米

县(市)区	施工房屋面积	住宅	90 平方米以下	144 平方米以上住房	办公楼	商业营业用房	其他房屋
郑州市	**186431096**	**127148161**	**49891774**	**19337056**	**11752873**	**18206111**	**29323951**
中原区	15382585	10377816	5050235	721111	226929	1248572	3529268
二七区	21954811	15698138	5751369	1275953	1637985	2398176	2220512
管城区	10711362	7550675	3223951	592080	577892	683548	1899247
金水区	16524244	10164296	4928383	1327161	1910831	2072026	2377091
上街区	1938910	1473367	262954	134147	390	181710	283443
惠济区	9397564	7334780	3360119	471043	141873	436316	1484595
中牟县	8468950	6027983	605738	2837406	458251	635859	1346857
巩义市	2851038	2532831	514206	793221	93499	129930	94778
荥阳市	14645672	10683794	1695704	2440621	385509	1211677	2364692
新密市	6070672	4060914	1883165	740566	71210	1546288	392260
新郑市	15367643	12229935	3450000	1261445	217352	1457310	1463046
登封市	2057512	1341249	56756	175993	40468	376374	299421
经开区	8648385	5544947	1988626	690368	937039	704445	1461954
高新区	11265477	8555200	6296977	92873	302962	765594	1641721
郑东新区	29566940	14818200	2656296	5737552	4750683	3362684	6635373
航空港实验区	11579331	8754036	8167295	45516		995602	1829693

3-18 分县(市)区房地产开发商品房屋新开工面积

(2018年)

单位:平方米

县(市)区	新开工房屋面积	住宅	90平方米以下	144平米以上住房	办公楼	商业营业用房	其他房屋
郑州市	**43634692**	**30068453**	**10029817**	**5524466**	**2684980**	**4171194**	**6710065**
中原区	4607597	3281633	870698	379871	27314	212150	1086500
二七区	3978076	2415077	588112	408851	637950	396450	528599
管城区	3051085	2008877	1034701	83700	247204	243983	551021
金水区	2365927	1267298	466560	194717	592634	112453	393542
上街区	409562	363923	51621	72823		8482	37157
惠济区	3323584	2785792	1254739	171974	20510	73555	443727
中牟县	1949960	1529733	30801	1094747	125229	109668	185330
巩义市	897740	772508	137460	177927	93499	3169	28564
荥阳市	3388377	2481392	514818	555446	86693	119399	700893
新密市	1432613	1212977	695696	209590	3054	206582	10000
新郑市	5037418	4001446	1068989	477046	53170	401100	581702
登封市	913692	716639	14860	58984	2000	84708	110345
经开区	1428036	1050740	240140	95914	2000	208096	167200
高新区	2296153	1468976	965660		123293	60675	643209
郑东新区	6173277	2643108	261404	1542876	670430	1676914	1182825
航空港实验区	2381595	2068334	1833558			253810	59451

3-19 分县(市)区房地产开发商品房屋竣工面积

(2018 年)

单位:平方米

县(市)区	竣工房屋面积	住宅	90 平方米以下	144 平米以上住房	办公楼	商业营业用房	其他房屋
郑州市	**19460716**	**13571031**	**5217324**	**2060741**	**1066752**	**1463679**	**3359254**
中原区	924930	627113	346090	21504	3733	48318	245766
二七区	3138064	2643179	1093613	310645	15675	108727	370483
管城区	3781354	2538256	925915	145153	113014	328295	801789
金水区	1290186	877118	430593	187160	78461	152680	181927
上街区	71302	57852	7853			13450	
惠济区	934352	864856	750113	6656		9591	59905
中牟县	111598	81186	7200	65476	400	4529	25483
巩义市	172642	107642	14350	93292		40000	25000
荥阳市	579683	456375	15368	123177	16343	55675	51290
新密市	741995	449116	233451	70997	6500	216420	69959
新郑市	1713315	1433839	254376	138922	24605	111781	143090
登封市	54511					53256	1255
经开区	496744	272560	89545	4606	87500	22382	114302
高新区	716948	715383	715383		1565		
郑东新区	4733092	2446556	333474	893153	718956	298575	1269005

3-20 分县(市)区商品房屋销售面积

(2018 年)

单位:平方米

县(市)区	销售面积	住宅	90 平方米以下	144 平米以上住房	办公楼	商业营业用房	其他房屋
郑州市	**37121143**	**33305664**	**13223505**	**4716707**	**1478157**	**1828239**	**509083**
中原区	2192790	2013088	976691	168533	87420	61804	30478
二七区	3209762	2610915	1083612	294135	221550	265293	112004
管城区	2664527	2525863	1059966	135701	38627	69529	30508
金水区	2425033	1956350	895904	298293	293605	148697	26381
上街区	769392	683719	125846	33690		83933	1740
惠济区	2595711	2501660	1422442	52448		36263	57788
中牟县	2407329	2334443	237604	827084	47368	11135	14383
巩义市	1247466	1011789	203861	450083	76693	61479	97505
荥阳市	2974440	2759406	388444	229914	17303	163479	34252
新密市	1646972	1249589	698983	203152	8972	381414	6997
新郑市	3884277	3552196	762940	452469	15575	315682	824
登封市	815049	798691	12121	22902	2406	12633	1319
经开区	1279873	1045429	232405	209565	131902	102542	
高新区	3103090	2834432	2770232	48174	245729	22929	
郑东新区	4147872	3670534	640878	1285568	291007	91427	94904
航空港实验区	1757560	1757560	1711576	4996			

3-21 分县(市)区房地产开发商品房屋销售额

(2018 年)

单位:万元

县(市)区	商品房屋销售额	住宅			办公楼	商业营业用房	其他房屋
			90 平方米以下	144 平米以上住房			
郑州市	**31339953**	**27163914**	**8992740**	**5975344**	**1784264**	**1954942**	**436833**
中原区	1749888	1551491	802578	112995	74444	85575	38378
二七区	2900537	2286616	895671	307732	195231	304583	114107
管城区	2473180	2278428	1007583	151787	47985	118951	27816
金水区	3000654	2304939	802248	517132	442821	209353	43541
上街区	438307	401538	53135	38963		36225	544
惠济区	2395167	2325644	1117183	67094		48770	20753
中牟县	2044690	1992129	121696	1015094	29287	12821	10453
巩义市	839315	681771	142907	330555	55980	51976	49588
荥阳市	2339382	2175833	318776	209393	11259	143633	8657
新密市	1048562	756196	449133	118605	9717	277427	5222
新郑市	2912145	2590742	556657	412743	8594	312416	393
登封市	444284	431843	7126	9894	1721	10589	131
经开区	1777690	1450140	290585	305189	179875	147675	
高新区	2015237	1743273	1646960	72168	245991	25973	
郑东新区	4379668	3612084	244878	2302390	481359	168975	117250
航空港实验区	581247	581247	535624	3610			

3-22 分地区房地产开发资金来源

（2018 年）

单位:万元

县(市)区	本年资金来源小计	国内贷款	#银行贷款	自筹资金	定金及预收款	个人按揭贷款	其他资金来源
郑州市	**32098995**	**3909535**	**3266361**	**18328393**	**5942769**	**3431885**	**486413**
中原区	1815471	86616	86616	1017783	291282	298102	121688
二七区	2761465	331918	190221	1052743	863819	387046	125939
管城区	2136030	140458	140458	1035532	661081	288568	10391
金水区	3835470	471597	338032	2893324	255346	214505	698
上街区	254939	6200	6200	68818	101884	69414	8623
惠济区	2406001	413707	302885	777174	677176	450261	87683
中牟县	1210635	177850	177850	580248	219647	231858	1032
巩义市	530732			514350	9972	6410	
荥阳市	1565585	65560	64060	751204	506040	233061	9720
新密市	660365	23300	13800	558943	36938	21089	20095
新郑市	3109544	108542	107942	1617376	611462	719866	52298
登封市	404498	3380	3380	275235	111453	14430	
经开区	1659834	46597	46107	1108217	246768	236972	21280
高新区	1424234	470320	470320	917564	33382	1964	1004
郑东新区	5477845	893490	838490	2983535	1316519	258339	25962
航空港实验区	2846347	670000	480000	2176347			

3-23 分地区房地产土地购置和开发情况

（2018 年）

单位:万元

县(市)区	土地购置费	本年购置土地面积(平方米)	本年土地成交价款	拆迁补偿费
郑州市	**9014827**	**3015825**	**3126179**	**74233**
中原区	411091	255976	238728	6400
二七区	536842	221818	159876	13221
管城区	720992	539750	575717	42937
金水区	894873	15273	23964	
上街区	23338	86927	56516	
惠济区	610996	370260	281240	2200
中牟县	421370	92869	26557	
巩义市	83001	58955	5631	
荥阳市	189859	78522	18494	
新密市	199985	115612	48610	538
新郑市	475089	162233	38517	515
登封市	51518			
经开区	1129502	206647	419700	
高新区	1016029	192025	147946	6918
郑东新区	2021170	618958	1084683	1504
航空港实验区	229172			

主要统计指标解释

固定资产投资额 是以货币表现的建造和购置固定资产活动的工作量,它是反映固定资产投资规模、速度、比例关系和使用方向的综合性指标。全社会固定资产投资包括国有经济单位投资、城乡集体经济单位投资、各种经济类型的单位的投资和城乡居民个人投资。按照我国现行计划管理体制,国有经济单位固定资产投资总额分为基本建设、更新改造、商品房屋建设投资和其他固定资产投资四个部分;城乡集体经济单位投资包括城镇集体所有制单位投资和农村集体所有制单位投资;各种经济类型的单位投资包括联营经济、股份制经济、中外合资经营、中外合作经营、外资、与大陆合资经营、与大陆合作经营、港澳台独资及其他经济类型的单位投资。城镇居民个人投资包括城市、县城、镇、工矿区所辖范围内的个人建房和农村个人建房及购买生产性固定资产的投资。

固定资产投资的资金来源 根据固定资产投资的资金来源不同,分为国家预算内资金、国内贷款、利用外资、自筹资金和其他资金来源。

1. 国家预算内资金 指中央财政和地方财政中由国家统筹安排的基本建设拨款和更新改造拨款,以及中央财政安排的专项拨款中用于基本建设的资金和基本建设拨款改贷款的资金等。

2. 国内贷款 指报告期内企、事业单位向银行及非银行金融机构借入的用于固定资产投资的各种国内贷款。包括银行利用自有资金及吸收的存款发放的贷款、上级主管部门拨入的国内贷款、国家专项贷款(包括煤代油贷款、劳改煤矿专项贷款等)、地方财政专项资金安排的贷款、国内储备贷款、周转贷款等。

3. 利用外资 指报告期内收到的用于固定资产投资的国外资金,包括统借统还、自借自还的国外贷款,中外合资项目中的外资,以及对外发行债券和股票等。国家统借统还的外资指由我国政府出面同外国政府、团体或金融组织签订贷款协议、并负责偿还本息的国外贷款。

4. 自筹资金 指建设单位报告期内收到的,用于进行固定资产投资的上级主管部门、地方和企、事业单位自筹资金。

5. 其他资金来源 指报告期内收到的除以上各种拨款、借款、自筹资金以外,其他用于固定资产投资的资金。

固定资产投资按国民经济行业分 建设项目归哪个行业,按其建成投产后的主要产品或主要用途及社会经济活动性质来确定。基本建设按建设项目划分国民经济行业,更新改造、国有经济单位其他固定资产投资及城镇集体投资根据整个企业、事业单位所属的行业来划分。一般情况下,一个建设项目或一个企业、事业单位只能属于一种国民经济行业。为了更准确地反映国民经济各行业之间的比例关系,联合企业(总厂)所属分厂属于不同行业的,原则上按分厂划分行业。

固定资产投资按建设性质分 建设项目的性质一般分为新建、扩建、改建、迁建、恢复。基本建设按建设项目划分建设性质,更新改造、国有经济单位其他固定资产投资及城镇集体投资按整个企业、事业单位的建设情况确定建设性质。目前基本建设和更新改造是根据我国现行的计划管理体制区分的,所以基本建设和更新改造都可以分别按新建、扩建等划分。

固定资产投资按用途分 固定资产投资按工程的经济用途分为用于为农林牧渔业用、工业建筑业用商业、运输邮电业用、其他五部分的建设,是研究不同用途的固定资产投资之间比例关系的重要指标。基本建设投资、国有经济单位其他固定资产投资及城镇集体投资的用途按单项工程确定,现有企业、事业单位更新改造投资的用途按更新改造项目确定。

固定资产投资按构成分 固定资产投资活动按其工作内容和实现方式分为建筑安装工程,设备、工具、器具购置,其他费用三个部分。

1. 建筑安装工程(建筑工作量)指各种房屋、建筑物的建造工程和各种设备、装置的安装工程。包括各种房屋建造工程,各种用途设备基础和各种工业窑炉的砌筑工程;为施工而进行的各种准备工作和临时工程以及完工后的清理工作等;铁路、道路的铺设,矿井的开凿及石油管道的架设等;水利工程;防空地下建筑等特殊工程;以及各种机械设备的安装工程;为测定安装工程质量,对设备进行的试行工作。在安装工程中,不包括被安装设备本身价值。

2. 设备、工具、器具购置指购置或自制达到固定资产标准的设备、工具、器具的价值,固定资产的标准按财务部门规定。新建单位、扩建单位的新建车间按照设计和计划要求购置或自制的全部设备、工具、器具,不论是否达到固定资产标准均计入“设备、工具、器具购置”中。

3. 其他费用指除建筑安装工程和设备、工具、器具购置以外的投资完成额。它包括两种性质的费用,一种是属于增加固定资产的费用,主要有:建设单位管理费,土地、青苗等补偿费和安置补助费、勘察设计费、研究实验费、农林单位牲畜购置费、各种经济林木的营造费、办公和生活家具、器具购置费、引进技术和进口设备项目的其他费用、联合试运转费等;一种是属于不增加固定资产的费用,主要有:施工机械转移费、生产职工培训费、农业开荒费用及报废工程损失费等。

建筑业统计单位 指从事房屋、构筑物建造和设备安装活动的法人企业。建筑业法人企业应具有建筑业资质并能够独立核算,同时其应具备以下条件:1. 依法成立,有自己的名称、组织机构和场所,能够承担民事责任;2. 独立拥有和使用资产,承担负债,有权与其他单位签订合同;3. 独立核算盈亏,能够编制资产负债表。

施工项目 指报告期内曾进行建筑或安装工程施工活动的建设项目。包括报告期内新开工项目,报告期以前开工跨入报告期继续施工的项目以及报告期施过工并在报告期内全部建设投产或停缓建的项目。

全部建成投产项目工业项目 是指设计文件规定形成生产能力的主体工程及其相应配套的辅助设施全部建成,经负荷试运转,证明具备生产设计规定合格产品的条件,并经过验收鉴定合格或达到竣工验收标准,与生产性工程配套的生产福利设施可以满足近期正常生产的需要,正式移交生产的建设项目。

施工和竣工房屋建筑面积 房屋建筑面积是从房屋外墙线算起的各层平面面积的总和,包括房屋结构(如柱、墙)占用的面积和地下室面积。多层建筑按各自然层面积总和计算,包括房屋内的楼隔层,突出墙面的眺望间、门斗、有柱雨罩的面积。不包括突出墙面结构的构件、艺术装饰等所占的面积,如台阶等。凹阳台、挑阳台按其水平投影面积一半计算建筑面积。

住宅建筑面积 指施工和竣工房屋建筑面积中供居住用的施工和竣工房屋建筑面积。

竣工面积 指在报告期内房屋建筑按照设计要求已全部完工,达到住人和使用条件,经验收鉴定合格,正式移交使用单位的建筑面积。

房屋建筑面积竣工率 指一定时期内房屋竣工面积占同期房屋施工面积的比率。它是从房屋建筑施工速度的角度反映投资效果和建筑业经济效益的指标。

新增固定资产 指通过投资活动所形成的新的固定资产价值。包括已经建成投入生产或交付使用的工程价值和达到固定资产标准的设备、工具、器具的价值及有关应摊入的费用。它是以价值形式表示的固定资产投资成果的综合性指标,可以综合反映不同时期、不同部门、不同地区的固定资产投资成果。

建设项目投产率 指一定时期内全部建成投入生产项目个数占同期正式施工项目个数的比率。它是从项目建设速度的角度反映投资效果的指标。

固定资产交付使用率 指一定时期新增固定资产与同期完成投资额的比率。它是反映各个时期固定资产动用速度,衡量建设过程中投资效果的一个综合性指标。未完工程占用率指年末未完工程累计完成投资额占全年实际完成投资额的比率。它反映未完工程的相对规模,并可从资金占用的角度反映固定资产投资效果。由于未完工程是指已经开工,但尚未建成交付使用的工程,有个跨年度问题,因此未完工程占用率会出现大于 1 的情况。

实收资本 指企业实际吸收到的所有投资人投入的资金。该指标来源于会计“资产负债表”中“实收资本”项目的期末数。

资产总计 指企业拥有或控制的全部资产,包括活动资产、长期投资、固定资产、无形及递延资产、其他长期资产。该指标来源于会计“资产负债表”中“资产总计”项的期末数。

负债总计 指企业的流动负债和长期负债的合计。

本年施工规模 指报告期内施工的单项工程(或更新改造项目)的设计能力(或工程效益),包括报告期以前已开工跨入本年继续施工的工程的设计能力和报告期新开工工程的设计能力。也包括报告期内建成投产或报告期施工后又停缓建的单项工程设计能力。不包括在报告期以前建成投产或已经停、缓建的工程,以及报告期内尚未正式开工的工程的设计能力。

商品房销售面积 指报告期内出售商品房屋的合同总面积(即双方签署的正式买卖合同中所确定的建筑面积)。由现房销售面积和期房销售面积两部分组成。

商品房销售额 指报告期内出售商品房屋的合同总价款(即双方签署的正式买卖合同中所确定的合同总价)。该指标与商品房销售面积同口径,由现房销售额和期房销售额两部分组成。

四、价　格

4-1 市区居民消费价格指数(2018 年)

(以上年价格为 100)

类别	年度	月份											
		一	二	三	四	五	六	七	八	九	十	十一	十二
居民消费价格总指数	**102.4**	**102.2**	**103.3**	**103.1**	**103.0**	**103.0**	**103.0**	**102.6**	**102.2**	**101.3**	**101.8**	**101.8**	**101.4**
非食品烟酒价格指数	**102.5**	**103.3**	**103.9**	**103.7**	**103.5**	**103.8**	**103.8**	**102.8**	**102.2**	**100.5**	**101.0**	**101.0**	**100.6**
食品(原口径)指数	**101.9**	**99.3**	**101.6**	**101.4**	**101.4**	**100.7**	**100.8**	**101.8**	**101.9**	**103.1**	**104.0**	**103.9**	**103.3**
非食品(原口径)指数	**102.5**	**103.3**	**103.9**	**103.7**	**103.5**	**103.8**	**103.8**	**102.9**	**102.3**	**100.7**	**101.1**	**101.1**	**100.7**
服务价格指数	**101.9**	**103.4**	**104.7**	**104.2**	**104.1**	**104.3**	**104.3**	**102.6**	**101.8**	**98.1**	**98.7**	**98.9**	**98.7**
工业品价格指数	**103.1**	**103.2**	**103.1**	**103.1**	**102.9**	**103.4**	**103.4**	**103.1**	**102.6**	**103.1**	**103.4**	**103.3**	**102.6**
鲜活食品价格指数	**101.6**	**95.2**	**100.7**	**100.1**	**100.9**	**99.0**	**98.0**	**100.7**	**101.2**	**104.9**	**107.1**	**106.8**	**105.5**
消费品价格指数	**102.6**	**101.5**	**102.5**	**102.4**	**102.3**	**102.2**	**102.3**	**102.6**	**102.4**	**103.1**	**103.7**	**103.6**	**103.0**
能源价格指数	**106.9**	**105.4**	**105.5**	**104.6**	**105.8**	**107.2**	**108.6**	**109.9**	**108.4**	**108.8**	**109.6**	**106.6**	**102.2**
非食品价格指数	**102.6**	**103.2**	**103.8**	**103.6**	**103.5**	**103.7**	**103.9**	**103.0**	**102.4**	**100.9**	**101.3**	**101.3**	**100.9**
扣除食品和能源价格指数	**102.4**	**103.1**	**103.7**	**103.5**	**103.3**	**103.5**	**103.6**	**102.6**	**102.1**	**100.4**	**100.8**	**101.0**	**100.9**
扣除鲜菜鲜果价格指数	**102.3**	**102.9**	**103.6**	**103.2**	**103.0**	**103.1**	**103.2**	**102.5**	**102.1**	**100.8**	**101.2**	**101.2**	**100.8**
扣除自有住房价格指数	**102.8**	**102.3**	**103.5**	**103.3**	**103.2**	**103.2**	**103.3**	**103.0**	**102.8**	**102.0**	**102.6**	**102.7**	**102.2**
居住(扣自有住房)价格指数	**102.6**	**104.4**	**103.2**	**103.1**	**103.1**	**103.2**	**103.2**	**102.8**	**102.2**	**101.6**	**101.6**	**101.4**	**100.9**
食品烟酒	**102.1**	**99.6**	**101.8**	**101.6**	**101.6**	**100.9**	**101.1**	**102.1**	**102.2**	**103.1**	**104.0**	**103.9**	**103.5**
食品	101.4	98.0	101.3	100.9	100.9	99.9	99.5	100.8	101.0	102.9	104.2	104.1	103.4
粮食	98.7	103.5	103.4	100.1	98.7	97.5	97.5	97.6	97.3	97.1	97.1	97.2	97.4
大米	101.1	101.4	101.4	101.4	101.4	101.4	101.4	101.4	100.9	100.7	100.7	100.7	100.3
面粉	100.6	99.2	99.7	99.7	100.6	100.6	100.8	101.1	101.7	101.6	101.2	100.3	100.2
其他粮食	97.7	102.4	100.8	100.0	99.3	97.7	97.7	97.7	95.4	95.4	96.2	95.8	94.7
粮食制品	96.9	106.4	106.4	99.6	96.5	94.4	94.4	94.4	94.1	93.9	93.9	94.6	95.2
薯类	122.7	111.1	123.3	128.1	112.1	121.1	132.2	132.9	132.6	122.6	117.4	117.5	122.9
豆类	100.6	99.4	99.4	99.8	100.7	100.8	100.8	100.8	100.7	100.9	101.0	101.2	101.4
干豆	100.5	100.0	100.0	100.0	99.2	100.0	100.0	100.0	99.4	101.2	102.5	102.3	101.2
豆制品	100.6	99.3	99.3	99.8	100.8	100.8	100.8	100.8	100.8	100.8	100.8	101.1	101.4
食用油	96.7	101.2	100.8	100.8	98.7	94.7	95.4	94.1	94.0	94.3	95.6	95.9	95.3
食用植物油	96.9	101.5	101.0	100.9	98.8	94.9	95.6	94.3	94.2	94.6	95.8	96.1	95.4
食用动物油	85.8	88.4	93.4	96.2	92.3	83.3	82.1	79.5	79.5	80.8	83.3	83.3	86.8
菜	106.0	83.3	98.8	99.6	103.2	105.8	107.1	111.5	106.2	115.5	119.3	115.0	117.1
鲜菜	106.4	81.3	98.4	99.2	103.4	106.4	107.9	113.0	106.9	117.3	121.2	115.9	118.3
干菜及菜制品	103.4	102.9	102.7	103.0	101.9	101.9	101.9	101.9	100.5	101.5	105.3	108.5	108.7
畜肉类	95.7	95.2	97.5	95.5	95.3	94.2	93.4	94.3	95.8	96.7	97.1	96.7	97.3
猪肉	90.6	90.8	93.7	90.0	89.0	87.4	86.9	88.5	91.0	92.0	92.8	92.7	92.7
牛肉	103.6	101.4	102.5	103.3	103.7	103.7	103.9	102.8	102.7	103.7	104.7	104.3	105.9
羊肉	108.7	107.2	108.4	108.3	109.9	109.3	108.5	109.1	110.0	110.9	107.5	106.9	108.9
畜肉副产品	96.7	97.2	99.6	101.6	102.8	100.0	95.1	94.8	93.9	94.2	95.8	92.6	92.5

4-1 续表1

类 别	年 度	月份 一	二	三	四	五	六	七	八	九	十	十一	十二
其他畜肉及制品	101.3	99.9	100.5	100.6	100.6	101.6	101.6	101.6	101.1	100.9	100.9	102.7	103.6
禽肉类	104.6	104.6	104.4	106.2	104.5	105.0	104.5	103.5	103.6	105.1	104.3	104.8	104.4
鸡	105.8	105.6	105.5	108.4	105.9	106.8	105.9	104.2	104.3	106.2	105.4	106.2	105.1
鸭	100.7	101.7	101.7	100.8	100.0	100.0	100.0	100.9	101.1	101.1	101.4	100.0	100.0
其他禽肉及制品	102.9	103.1	102.7	102.4	102.4	102.4	102.4	102.6	103.0	103.7	102.4	103.0	104.3
水产品	103.0	103.3	108.0	106.7	104.1	100.8	99.5	98.8	99.6	100.9	102.5	105.2	106.4
淡水鱼	99.2	103.2	107.7	104.9	100.4	93.8	93.9	93.3	95.5	96.6	100.0	101.2	102.5
海水鱼	101.8	105.0	106.2	102.4	99.6	102.5	101.5	100.9	99.9	100.8	101.5	101.1	100.0
虾蟹类	107.1	98.4	109.2	110.0	107.9	105.1	103.8	102.5	102.2	105.1	105.5	115.6	119.8
其他水产品及制品	106.2	108.0	108.0	108.5	109.0	109.0	104.7	104.7	104.7	104.7	104.7	104.7	104.0
蛋类	111.0	118.8	125.8	113.8	114.7	120.1	107.4	109.6	108.1	106.6	109.2	106.2	98.1
鸡蛋	110.5	120.0	127.8	114.8	115.8	121.8	107.7	110.1	108.2	104.9	106.1	103.0	94.7
其他蛋及制品	116.8	104.0	104.0	104.0	104.0	104.0	104.0	104.0	107.0	128.6	147.3	146.2	143.3
奶类	99.8	98.5	97.7	98.5	99.3	100.0	100.2	100.0	99.8	100.3	100.7	101.1	100.9
鲜奶	98.8	98.8	97.9	98.1	99.1	99.1	99.1	99.1	99.1	99.1	99.1	99.1	98.3
酸奶	97.4	98.2	95.7	96.5	95.7	97.0	98.3	97.0	95.7	98.3	98.3	98.3	99.6
奶粉	101.9	97.2	97.3	99.8	102.1	102.1	102.1	102.1	102.1	102.2	104.0	105.8	105.8
其他奶制品	101.7	100.0	100.0	100.0	100.0	102.6	102.6	102.6	102.6	102.6	102.6	102.6	102.6
干鲜瓜果类	101.4	96.0	94.0	99.1	100.6	92.3	93.0	97.3	101.2	106.8	112.5	118.0	111.7
鲜瓜果	103.7	96.4	93.7	100.5	102.9	91.1	90.9	98.7	103.3	111.9	119.8	128.0	117.9
坚果	92.2	91.1	91.1	91.8	91.4	89.1	90.5	91.3	95.4	93.6	93.3	93.9	95.1
瓜果制品	104.6	104.9	104.9	104.9	102.4	115.5	122.3	102.2	99.7	99.7	102.2	102.2	97.5
糖果糕点类	102.7	102.5	101.7	102.4	103.0	103.7	103.7	103.6	104.1	102.3	102.3	101.4	101.8
食糖	103.7	100.0	100.0	100.0	103.8	103.8	103.8	103.8	103.8	106.4	106.4	106.4	106.4
糖果	100.4	102.4	101.5	101.5	101.5	99.2	101.5	101.5	101.5	98.0	98.6	98.5	99.6
糕点	103.1	103.2	101.9	103.6	103.0	105.2	104.1	104.1	105.6	102.9	102.1	100.7	100.7
其他糖果糕点	104.5	108.3	109.6	106.8	106.8	109.6	108.6	107.8	103.3	96.1	101.3	97.4	100.0
调味品	107.7	107.1	107.2	106.0	106.7	107.2	106.5	109.2	109.6	109.1	109.5	108.3	105.9
食用盐	81.1	100.0	100.0	83.3	87.0	87.0	83.3	83.3	83.3	66.7	66.7	66.7	66.7
酱油	111.4	118.0	117.0	115.9	113.4	115.9	114.1	114.1	112.3	114.1	103.8	102.4	99.4
食醋	121.9	103.4	109.6	117.0	117.7	117.7	117.7	135.3	135.1	134.9	131.5	126.4	117.1
调味酱	105.5	106.0	103.6	101.1	103.9	103.9	103.9	103.9	106.6	103.3	110.5	109.8	109.0
味精	98.6	100.0	100.0	100.0	98.1	98.1	98.1	98.1	98.1	98.1	98.1	98.1	98.1
其他调味品	109.6	105.5	105.5	105.5	105.5	105.5	105.5	105.5	105.5	113.3	118.8	118.8	118.8
其他食品类	101.8	100.5	100.5	101.1	101.2	101.9	102.6	102.6	100.8	103.1	102.4	102.4	102.2
方便食品	95.4	95.3	95.3	95.3	95.1	95.1	95.1	95.1	91.1	96.8	96.8	96.8	96.8
淀粉及制品	105.1	104.4	104.4	106.2	106.2	106.1	106.1	106.1	106.1	105.2	104.3	103.6	103.0

4-1 续表 2

类别	年度	月份											
		一	二	三	四	五	六	七	八	九	十	十一	十二
膨化食品	109.8	105.9	106.0	106.0	106.6	109.5	112.5	112.4	112.7	112.4	110.6	111.1	111.2
茶及饮料	101.1	104.4	101.3	102.0	103.3	102.2	102.2	102.1	101.9	98.9	98.9	98.2	98.3
茶叶	95.8	100.0	100.0	100.0	100.0	94.0	93.6	93.6	93.6	93.6	93.6	93.6	93.6
固体咖啡	94.3	101.0	101.0	101.0	101.0	101.0	94.1	86.7	86.7	88.7	89.8	91.0	89.5
其他固体饮料	104.1	108.1	108.1	105.7	105.7	104.0	104.1	106.5	100.3	101.8	101.8	101.8	101.8
饮用水	103.4	105.7	105.7	105.7	105.7	99.5	105.7	105.7	105.5	105.4	105.4	95.7	95.7
果汁饮料	104.6	110.5	107.4	102.1	104.0	109.9	104.0	104.0	104.3	104.6	102.3	102.3	101.1
其他液体饮料	104.7	106.1	99.3	103.4	106.0	107.4	109.6	109.6	109.3	101.2	101.8	101.1	101.9
烟酒	103.8	102.8	103.7	103.9	103.4	103.0	103.1	104.5	104.6	103.7	103.6	104.5	104.9
烟草	99.1	99.0	99.0	99.0	99.0	99.0	99.0	99.0	99.0	99.0	99.0	99.8	100.0
酒类	107.1	105.6	107.0	107.4	106.5	105.9	106.0	108.3	108.5	106.8	106.8	107.6	108.1
白酒	107.9	106.9	108.4	108.8	107.4	106.5	106.5	109.3	109.4	107.4	107.2	108.3	108.8
葡萄酒	105.8	100.0	105.8	105.8	105.8	105.8	105.8	105.8	105.8	105.8	107.5	107.8	108.2
啤酒	103.3	100.5	99.8	100.6	102.5	103.1	104.0	104.9	104.9	104.9	104.9	104.9	104.9
其他酒类	100.0	100.0	100.0	100.0	100.0	100.0	100.0	100.0	100.0	100.0	100.0	100.0	100.0
在外餐饮	103.5	102.6	102.6	102.7	102.7	102.7	104.4	104.6	104.3	104.1	104.1	104.1	103.7
正餐	102.5	101.0	100.9	100.8	100.8	100.8	103.4	103.7	103.5	103.7	103.7	103.7	103.6
快餐	101.9	101.5	101.8	102.0	102.0	102.0	102.0	102.0	102.0	102.0	102.0	102.0	101.0
地方小吃	109.8	108.8	108.8	109.4	110.0	110.0	111.9	111.9	110.6	109.2	109.0	109.0	109.0
其他在外餐饮	102.4	101.8	101.8	100.9	100.0	100.0	103.6	103.6	103.6	103.6	103.6	103.6	102.7
衣着	**101.1**	**101.2**	**101.2**	**101.1**	**101.2**	**101.2**	**101.2**	**100.9**	**100.9**	**100.9**	**100.8**	**101.0**	**101.2**
服装	101.1	101.4	101.5	101.3	101.2	101.2	101.2	100.9	100.8	101.0	100.8	101.0	101.2
男式服装	102.5	102.0	102.5	102.5	102.5	102.7	102.9	102.6	102.5	102.8	102.3	102.0	102.2
男式西服	98.0	100.3	100.3	100.3	98.6	97.3	97.1	97.1	97.1	97.1	97.1	97.1	97.1
男式冬衣	100.4	100.0	100.0	100.0	100.0	100.0	100.0	100.0	100.0	100.0	100.0	101.8	102.9
男式夹克衫	99.7	94.4	98.8	98.8	99.9	100.1	100.6	100.6	100.6	100.6	100.6	100.6	100.6
男式毛线衣	100.0	100.0	100.0	100.0	100.0	100.0	100.0	100.0	100.0	100.0	100.0	100.0	100.0
男式运动装	107.3	112.7	113.2	113.6	109.3	107.1	108.1	104.3	104.3	103.5	104.1	104.8	104.8
男式衬衫T恤	107.1	104.7	104.7	104.4	106.9	108.2	108.7	108.7	108.1	110.2	108.2	106.2	106.2
男式裤子	103.5	103.0	103.0	103.0	103.0	104.6	104.6	104.6	104.6	104.8	103.2	101.7	101.7
男式内衣	100.1	100.2	100.2	100.2	100.0	100.0	100.0	100.0	100.0	100.0	100.0	100.0	100.0
女式服装	100.1	100.6	100.6	100.6	100.5	100.5	100.3	99.8	99.8	99.7	99.5	99.7	100.0
女式外套	100.0	100.0	100.0	100.0	100.0	100.0	100.0	100.0	100.0	100.0	100.0	100.0	100.0
女式冬衣	100.0	100.0	100.0	100.0	100.0	100.0	100.0	100.0	100.0	100.0	98.9	99.5	101.1
女式毛线衣	101.6	101.5	101.5	101.5	101.5	101.5	101.5	101.5	101.5	101.5	101.5	102.1	102.1
女式运动装	100.4	104.2	104.2	104.2	104.2	104.2	102.4	98.3	97.9	96.5	96.5	96.5	96.5
女式衬衫T恤	99.4	99.9	99.9	99.7	99.4	99.4	99.2	98.9	98.9	99.4	99.4	99.4	99.4

4-1　续表 3

类　　别	年　度	月份											
		一	二	三	四	五	六	七	八	九	十	十一	十二
女式裤子	100.0	100.0	100.0	100.0	100.0	100.0	100.0	100.0	100.0	100.0	100.0	100.0	100.0
女式裙子	100.0	100.0	100.0	100.0	100.0	100.0	100.0	100.0	100.0	100.0	100.0	100.0	100.0
女式内衣	100.1	100.6	100.6	100.6	100.0	100.0	100.0	100.0	100.0	100.0	100.0	100.0	100.0
儿童服装	101.3	102.4	102.3	100.8	100.8	100.2	100.5	100.6	100.4	100.8	101.5	102.7	102.7
婴幼服装	101.8	103.8	103.8	99.7	99.7	99.7	99.7	100.0	100.0	102.3	104.5	104.5	104.5
儿童上衣	102.1	101.3	101.3	101.3	101.3	101.3	102.1	102.2	101.6	101.6	101.6	104.6	104.6
儿童裤子	101.6	102.0	102.7	101.4	101.4	101.4	101.4	101.4	101.4	101.4	101.4	101.4	101.4
儿童裙子	98.8	103.3	101.6	99.9	99.9	96.8	96.8	96.8	96.8	96.8	98.1	99.4	99.4
服装材料	100.0	100.0	100.0	100.0	100.0	100.0	100.0	100.0	100.0	100.0	100.0	100.0	100.0
其他衣着及配件	100.2	102.6	100.0	100.0	100.0	100.0	100.0	100.0	100.0	100.0	100.0	100.0	100.0
袜　　子	100.0	100.0	100.0	100.0	100.0	100.0	100.0	100.0	100.0	100.0	100.0	100.0	100.0
帽　　子	100.6	108.4	100.0	100.0	100.0	100.0	100.0	100.0	100.0	100.0	100.0	100.0	100.0
其他衣着配件	100.0	100.0	100.0	100.0	100.0	100.0	100.0	100.0	100.0	100.0	100.0	100.0	100.0
衣着加工服务费	102.6	103.5	103.5	103.5	103.5	103.5	103.5	103.5	103.5	100.0	100.0	101.6	101.6
衣着洗涤保养	100.0	100.0	100.0	100.0	100.0	100.0	100.0	100.0	100.0	100.0	100.0	100.0	100.0
衣着加工	106.9	109.5	109.5	109.5	109.5	109.5	109.5	109.5	109.5	100.0	100.0	104.1	104.1
鞋类	100.8	100.2	100.2	100.5	101.0	100.9	100.9	100.9	100.9	101.0	101.0	101.2	101.2
鞋	100.8	100.2	100.2	100.5	101.0	101.0	101.0	101.0	101.0	101.0	101.0	101.1	101.1
男　　鞋	100.6	100.0	100.0	100.0	100.7	100.7	100.7	100.7	100.7	100.7	100.7	100.7	100.7
女　　鞋	101.1	100.0	100.0	100.7	101.4	101.4	101.4	101.4	101.4	101.4	101.4	101.4	101.4
童　　鞋	100.6	101.8	101.4	101.0	100.5	100.0	100.0	100.0	100.0	100.0	100.0	101.4	101.4
鞋类加工服务	100.9	100.0	100.0	100.0	100.0	100.0	100.0	100.0	100.0	102.7	102.7	102.7	102.7
居住	**100.6**	**102.8**	**102.3**	**102.1**	**102.1**	**102.2**	**102.2**	**101.0**	**99.7**	**98.5**	**98.5**	**98.4**	**98.2**
租赁房房租	99.2	101.6	101.6	101.4	101.4	101.4	101.4	99.8	98.0	96.5	96.5	95.5	95.1
公房房租	100.0	100.0	100.0	100.0	100.0	100.0	100.0	100.0	100.0	100.0	100.0	100.0	100.0
私房房租	99.1	101.6	101.6	101.5	101.5	101.5	101.5	99.7	98.0	96.4	96.4	95.3	94.9
住房保养维修及管理	103.3	106.6	103.3	103.3	103.3	103.6	103.6	103.4	103.4	102.7	102.7	102.6	101.5
住房装潢材料	103.3	103.7	103.7	103.7	103.7	104.3	104.3	104.0	104.0	102.4	102.4	102.1	101.5
木 地 板	99.9	99.8	99.8	99.8	99.8	99.8	99.8	99.8	99.8	100.0	100.0	100.0	100.0
瓷　　砖	101.0	101.5	101.5	101.5	101.5	101.5	101.5	101.5	101.5	100.0	100.0	100.0	100.0
水　　泥	104.8	102.6	102.6	102.6	102.6	110.8	110.8	109.3	109.3	103.3	103.3	101.3	100.0
涂　　料	100.0	100.0	100.0	100.0	100.0	100.0	100.0	100.0	100.0	100.0	100.0	100.0	100.0
板　　材	103.8	105.0	105.0	105.0	105.0	105.0	105.0	105.0	105.0	101.9	101.9	101.4	100.9
管　　材	110.6	110.6	110.6	110.6	110.6	110.6	110.6	110.6	110.6	110.6	110.6	110.6	110.6
厨卫设备	106.7	107.0	107.0	107.0	107.0	107.0	107.0	107.0	107.0	107.0	107.0	107.0	103.9
门　　窗	103.4	104.2	104.2	104.2	104.2	104.2	104.2	104.2	104.2	101.8	101.8	101.8	101.8
其他住房装潢材料	104.1	106.9	106.9	106.9	106.9	106.9	106.9	104.4	104.4	100.0	100.0	100.0	100.0

4-1 续表4

类别	年度	月份											
		一	二	三	四	五	六	七	八	九	十	十一	十二
物业管理费	100.0	100.0	100.0	100.0	100.0	100.0	100.0	100.0	100.0	100.0	100.0	100.0	100.0
住房装潢维修	104.0	111.3	103.6	103.6	103.6	103.6	103.6	103.6	103.6	103.6	103.6	103.6	101.7
装潢维修费	106.1	106.4	106.4	106.4	106.4	106.4	106.4	106.4	106.4	106.4	106.4	106.4	103.0
其他住房费用	101.3	118.8	100.0	100.0	100.0	100.0	100.0	100.0	100.0	100.0	100.0	100.0	100.0
水电燃料	103.0	103.7	103.6	103.5	103.5	103.5	103.5	103.2	102.5	102.4	102.4	102.4	102.3
水	100.0	100.0	100.0	100.0	100.0	100.0	100.0	100.0	100.0	100.0	100.0	100.0	100.0
电	100.0	100.0	100.0	100.0	100.0	100.0	100.0	100.0	100.0	100.0	100.0	100.0	100.0
燃气	106.5	103.5	103.3	102.7	102.7	102.7	102.7	102.7	112.1	111.3	111.3	111.2	110.7
管道燃气	105.7	100.0	100.0	100.0	100.0	100.0	100.0	100.0	113.8	113.8	113.8	113.8	113.8
液化石油气	107.9	111.2	110.3	108.5	108.5	108.5	108.5	108.5	108.5	106.3	106.3	106.2	104.6
取暖费	100.0	100.0	100.0	100.0	100.0	100.0	100.0	100.0	100.0	100.0	100.0	100.0	100.0
其他燃料	116.3	132.3	132.3	132.3	132.3	132.3	132.3	128.1	100.0	100.0	100.0	100.0	100.0
自有住房	99.3	101.6	101.6	101.5	101.5	101.5	101.5	99.7	98.0	96.4	96.4	96.4	96.4
生活用品及服务	**101.6**	**101.2**	**101.5**	**101.7**	**102.0**	**102.3**	**102.3**	**101.5**	**100.9**	**100.6**	**101.4**	**102.3**	**101.6**
家具及室内装饰品	102.9	96.5	101.5	101.4	101.6	102.5	102.6	103.1	103.3	103.6	103.2	107.8	107.9
家具	102.7	95.4	100.9	100.8	101.0	102.0	102.1	102.7	102.9	103.5	103.5	108.7	108.7
柜	103.2	93.7	102.8	102.6	102.6	103.5	103.5	103.5	103.5	103.5	103.5	107.7	107.7
床	99.6	96.8	96.8	96.8	97.3	96.6	96.6	97.7	97.7	99.0	99.0	110.3	110.3
桌	97.2	94.2	96.4	96.1	96.6	97.2	97.2	97.2	97.2	97.2	97.2	100.0	100.0
椅	123.8	105.1	127.3	123.5	123.5	123.5	123.5	123.5	123.5	125.8	125.4	130.1	130.1
沙　发	100.2	94.0	96.5	96.7	96.9	99.6	99.9	101.5	102.2	102.2	102.2	105.7	105.7
其他家具	102.0	95.6	96.6	99.8	99.8	101.6	101.6	101.6	102.1	105.5	106.0	106.4	107.6
室内装饰品	105.2	107.3	107.3	107.3	107.3	107.3	107.3	107.3	107.5	104.6	100.4	100.2	100.2
灯　具	100.9	100.8	100.9	100.9	100.9	100.9	100.9	100.9	101.3	101.3	100.9	100.6	100.6
其他室内装饰品	108.2	111.9	111.9	111.9	111.9	111.9	111.9	111.9	111.9	106.7	100.0	100.0	100.0
家用器具	101.9	105.6	103.5	103.7	103.9	104.1	103.7	101.3	99.5	99.4	100.2	100.1	98.8
大型家用器具	102.3	106.2	103.8	104.3	104.5	104.7	104.3	101.7	99.6	99.5	100.4	100.4	98.8
洗衣机	98.2	103.4	100.5	101.5	107.4	105.9	95.2	95.2	96.7	97.7	96.9	90.5	88.2
电冰箱(柜)	100.7	106.4	105.0	105.0	100.3	102.0	101.9	99.1	100.9	100.5	101.4	94.8	92.2
抽油烟机	107.7	106.9	107.1	109.3	118.9	117.2	110.8	102.3	101.2	103.1	106.0	105.4	106.9
空调器	102.8	107.3	106.6	107.9	104.1	104.0	106.5	103.4	96.8	96.6	99.8	101.4	100.0
热水器	102.2	108.2	100.6	101.6	103.2	103.7	101.3	99.2	100.2	102.2	101.1	102.1	103.1
炉具灶具	100.4	104.3	100.2	98.0	99.0	100.7	101.2	101.7	101.7	100.9	97.8	99.0	100.0
微波炉	102.8	103.3	101.4	101.4	102.4	103.5	103.5	103.5	102.7	102.0	102.0	106.0	102.0
其他大型家用器具	105.6	106.3	103.2	102.8	107.7	107.7	111.7	107.2	104.2	102.2	102.2	108.5	104.6
小家电	99.6	101.4	101.5	100.2	100.2	100.2	100.2	98.6	98.6	98.6	98.6	98.4	98.7
厨房小家电	99.6	102.4	102.4	100.4	100.4	100.4	100.4	98.1	98.1	98.1	98.1	98.1	98.1

4-1 续表 5

类　别	年 度	月份 一	二	三	四	五	六	七	八	九	十	十一	十二
生活小家电	99.7	99.2	99.4	99.7	99.7	99.7	99.7	100.0	100.0	100.0	100.0	99.2	100.0
家用纺织品	100.7	99.9	99.9	99.9	101.2	101.2	101.2	101.2	101.2	101.2	100.8	100.5	100.5
床上用品	100.9	99.9	99.9	99.9	101.4	101.4	101.4	101.4	101.4	101.4	101.0	100.7	100.7
被　子	100.0	100.0	100.0	100.0	100.0	100.0	100.0	100.0	100.0	100.0	100.0	100.0	100.0
床单被套	99.5	97.9	97.9	97.9	100.0	100.0	100.0	100.0	100.0	100.0	100.0	100.0	100.0
其他床上用品	105.8	103.9	103.9	103.9	107.5	107.5	107.5	107.5	107.5	107.5	105.5	103.5	103.5
窗帘门帘	100.0	100.0	100.0	100.0	100.0	100.0	100.0	100.0	100.0	100.0	100.0	100.0	100.0
其他家用纺织品	99.8	100.0	100.0	100.0	100.0	100.0	100.0	100.0	100.0	100.0	99.2	99.2	99.2
家庭日用杂品	99.8	98.6	98.4	98.9	99.8	100.3	100.4	99.7	99.3	98.8	101.2	101.4	100.5
洗涤卫生用品	100.9	99.1	98.8	99.4	101.2	101.9	102.2	100.8	100.0	99.0	103.5	103.5	101.8
清洗用品	102.5	100.9	99.8	100.7	104.0	105.4	105.4	103.6	102.8	99.0	105.5	101.8	100.9
清洁用具	91.7	91.4	92.8	92.8	92.8	92.8	92.8	90.9	91.1	91.1	91.1	91.1	89.8
清洁用纸	102.2	99.6	99.6	99.9	100.2	100.4	101.1	100.4	99.4	102.0	105.3	110.8	107.8
厨具餐具茶具	97.8	97.2	97.2	97.7	97.7	97.7	97.7	97.7	97.8	97.8	97.8	98.5	98.5
厨　具	95.4	94.3	94.3	95.3	95.3	95.3	95.3	95.3	95.3	95.3	95.3	96.7	96.7
餐　具	100.0	100.0	100.0	100.0	100.0	100.0	100.0	100.0	100.0	100.0	100.0	100.0	100.0
茶　具	99.8	99.3	99.3	99.5	99.5	99.5	99.5	99.8	100.2	100.2	100.2	100.2	100.2
家用手工工具	100.1	100.9	100.5	100.0	100.0	100.0	100.0	100.0	100.0	100.0	100.0	100.0	100.0
其他家庭日用杂品	100.0	99.9	99.9	99.7	99.7	99.7	99.7	100.1	100.3	100.3	100.3	100.3	100.3
配电附件	99.7	99.7	99.7	99.7	99.7	99.7	99.7	99.7	99.7	99.7	99.7	99.7	99.7
雨　具	100.0	100.0	100.0	100.0	100.0	100.0	100.0	100.0	100.0	100.0	100.0	100.0	100.0
其他日用杂品	101.4	100.2	100.2	99.4	99.4	99.4	99.4	101.8	103.4	103.4	103.4	103.4	103.4
个人护理用品	102.5	103.3	103.7	103.6	102.5	103.0	103.0	102.3	102.2	101.9	101.9	101.8	100.6
化妆品	102.9	103.7	103.8	103.8	102.2	103.0	103.4	102.9	102.5	102.6	102.6	102.6	101.8
清洁化妆品	103.4	106.3	106.3	106.3	100.0	102.9	102.9	102.9	102.9	102.9	102.9	102.9	102.9
护肤化妆品	103.0	103.7	103.8	103.8	103.8	103.8	103.8	103.0	102.3	102.3	102.3	102.3	101.0
彩妆化妆品	102.3	99.6	100.4	100.4	100.4	100.4	103.6	103.6	103.6	103.8	104.0	104.0	104.0
化妆器具	100.0	100.0	100.0	100.0	100.0	100.0	100.0	100.0	100.0	100.0	100.0	100.0	100.0
其他护理用品类	101.7	102.5	103.3	103.3	103.0	102.9	102.3	101.0	101.7	100.8	100.6	100.4	98.3
清洁类护理用品	101.0	102.7	102.7	102.7	102.7	102.7	101.9	100.2	100.2	100.0	100.0	100.0	96.2
护发美发用品	99.4	99.3	99.4	99.2	97.3	100.3	99.5	99.5	99.5	99.6	99.8	99.9	99.9
护理器具	102.0	101.8	106.2	104.4	105.2	101.0	101.0	98.9	103.8	100.6	100.2	100.0	100.7
其他护理用品	123.6	122.8	124.7	133.1	133.1	133.1	133.8	133.8	126.0	119.4	115.6	109.4	106.9
家庭服务	104.2	103.7	104.4	104.4	104.4	104.4	104.4	104.4	104.4	101.9	103.0	105.7	105.7
家政服务	103.0	101.3	102.4	102.4	102.4	102.4	102.4	102.4	102.4	102.4	102.4	106.7	106.7
家庭维修服务	106.3	108.0	108.0	108.0	108.0	108.0	108.0	108.0	108.0	101.0	103.9	103.9	103.9
交通和通信	**100.0**	**100.3**	**101.2**	**100.6**	**101.4**	**102.7**	**102.7**	**98.2**	**97.8**	**99.0**	**100.0**	**98.7**	**97.3**

4-1　续表 6

类　　别	年　度	月　　　份											
		一	二	三	四	五	六	七	八	九	十	十一	十二
交通	105.4	103.3	104.8	104.2	104.5	106.1	107.0	106.6	106.5	106.4	108.1	105.2	102.3
交通工具	101.5	101.1	101.2	101.3	100.8	102.8	102.9	100.3	100.3	102.1	102.2	101.3	101.3
小型汽车	99.1	99.5	99.6	99.8	98.9	99.2	99.4	97.2	97.2	100.0	100.0	99.1	99.1
电动自行车	109.5	106.2	106.2	106.2	106.2	115.9	115.9	109.2	109.2	109.2	110.0	110.0	110.0
自　行　车	102.3	101.2	101.2	101.2	102.6	103.2	103.2	103.2	103.2	102.0	102.0	102.0	102.0
其他交通工具	103.1	104.0	104.0	104.0	104.0	104.0	104.0	103.9	103.9	102.9	102.9	100.0	100.0
交通工具用燃料	112.0	105.8	106.4	104.2	107.5	111.5	115.8	121.0	118.4	120.0	121.9	112.9	100.5
汽　　油	112.9	105.6	106.6	104.6	108.0	112.5	117.2	123.1	120.2	121.7	123.1	113.7	100.7
柴　　油	113.3	108.4	107.8	104.4	108.5	112.5	117.0	121.8	119.4	121.8	126.0	114.7	99.8
其他车用能源	100.0	100.0	100.0	100.0	100.0	100.0	100.0	100.0	100.0	100.0	100.0	100.0	100.0
交通工具使用和维修	112.5	113.0	113.0	113.0	113.0	113.2	113.2	113.3	113.3	110.1	111.6	111.6	111.6
停　车　费	100.0	100.0	100.0	100.0	100.0	100.0	100.0	100.0	100.0	100.0	100.0	100.0	100.0
车辆使用费	100.0	100.0	100.0	100.0	100.0	100.0	100.0	100.0	100.0	100.0	100.0	100.0	100.0
交通工具零配件	111.0	100.8	100.8	100.8	100.8	110.7	110.7	111.9	115.1	120.8	119.9	119.9	119.9
车辆修理与保养	113.3	114.2	114.2	114.2	114.2	114.2	114.2	114.2	114.2	110.5	112.1	112.1	112.1
交通费	101.4	98.1	105.6	104.5	103.6	102.0	101.4	100.1	102.1	97.8	102.3	99.6	100.0
市内公共交通	100.0	100.0	100.0	100.0	100.0	100.0	100.0	100.0	100.0	100.0	100.0	100.0	100.0
出租汽车	100.0	100.0	100.0	100.0	100.0	100.0	100.0	100.0	100.0	100.0	100.0	100.0	100.0
飞　机　票	103.2	93.8	138.1	124.0	107.5	106.5	102.7	94.5	107.3	80.6	109.2	91.4	94.0
火　车　票	100.0	100.0	100.0	100.0	100.0	100.0	100.0	100.0	100.0	100.0	100.0	100.0	100.0
长途汽车	101.0	92.4	98.5	100.0	105.6	100.0	100.0	100.0	100.0	105.0	103.9	103.9	103.9
其他交通费	106.5	110.0	110.0	110.0	110.0	110.0	110.0	110.0	110.0	100.0	100.0	100.0	100.0
通信	89.9	94.8	94.5	94.0	95.4	96.2	94.8	82.7	81.7	85.3	85.2	86.6	87.9
通信工具	108.4	109.1	108.2	106.7	112.0	110.4	104.5	101.4	97.5	109.7	106.6	111.2	122.3
固定电话机	102.7	104.3	104.3	104.3	104.3	104.3	101.6	101.6	101.6	101.6	101.6	101.6	101.6
移动电话机	108.9	109.7	108.7	107.1	112.8	111.0	104.8	101.4	97.3	110.4	107.1	111.9	123.8
通信工具零配件	100.0	100.0	100.0	100.0	100.0	100.0	100.0	100.0	100.0	100.0	100.0	100.0	100.0
通信服务	82.0	88.9	88.9	88.9	88.9	90.6	90.6	74.4	74.4	74.4	75.3	75.3	72.7
固定电话费	100.0	100.0	100.0	100.0	100.0	100.0	100.0	100.0	100.0	100.0	100.0	100.0	100.0
移动通信费	74.1	85.6	85.6	85.6	85.6	85.6	85.6	63.2	63.2	63.2	63.2	63.2	59.6
上　网　费	102.9	96.1	96.1	96.1	96.1	105.0	105.0	105.0	105.0	105.0	109.3	109.3	109.3
其他通信服务	100.0	100.0	100.0	100.0	100.0	100.0	100.0	100.0	100.0	100.0	100.0	100.0	100.0
邮递服务	100.0	100.0	100.0	100.0	100.0	100.0	100.0	100.0	100.0	100.0	100.0	100.0	100.0
邮政邮寄	100.0	100.0	100.0	100.0	100.0	100.0	100.0	100.0	100.0	100.0	100.0	100.0	100.0
快递服务	100.0	100.0	100.0	100.0	100.0	100.0	100.0	100.0	100.0	100.0	100.0	100.0	100.0
教育文化和娱乐	**103.0**	**99.7**	**103.6**	**102.2**	**102.3**	**102.2**	**102.3**	**103.1**	**102.9**	**103.0**	**104.1**	**105.0**	**105.2**
教育	104.7	103.1	103.1	103.8	103.8	103.8	103.8	103.5	103.3	104.1	106.5	108.1	109.5

4-1 续表 7

类 别	年 度	月份											
		一	二	三	四	五	六	七	八	九	十	十一	十二
教育用品	101.2	100.2	100.2	100.2	100.2	100.2	100.2	100.4	100.4	100.0	100.0	100.0	113.1
工具书	100.6	100.0	100.0	100.0	100.0	100.0	100.0	100.0	100.0	100.0	100.0	100.0	107.0
教 材	101.1	100.9	100.9	100.9	100.9	100.9	100.9	100.9	100.9	100.0	100.0	100.0	106.2
参考资料	101.8	100.0	100.0	100.0	100.0	100.0	100.0	100.0	100.0	100.0	100.0	100.0	121.2
其他教育用品	98.4	96.8	96.8	96.8	96.8	96.8	96.8	100.0	100.0	100.0	100.0	100.0	100.0
教育服务	105.0	103.4	103.4	104.1	104.1	104.1	104.1	103.8	103.6	104.5	107.1	108.9	109.2
学前教育	106.7	104.7	104.7	107.1	107.1	107.1	107.1	107.1	107.1	107.1	107.1	107.1	107.1
小学初中教育	112.9	100.0	100.0	100.0	100.0	100.0	100.0	100.0	100.0	138.2	138.2	138.2	140.1
高中中职教育	100.2	100.0	100.0	100.0	100.0	100.0	100.0	100.0	100.0	100.0	100.0	100.0	102.1
高等教育	100.0	100.0	100.0	100.0	100.0	100.0	100.0	100.0	100.0	100.0	100.0	100.0	100.0
课外教育	106.3	107.1	107.1	108.7	108.7	108.7	108.7	108.7	108.7	101.5	103.0	103.0	103.0
专业技能培训	108.5	106.0	106.0	106.0	106.0	106.0	106.0	104.6	103.2	101.1	112.7	121.4	121.4
文化娱乐	100.8	95.7	104.2	100.3	100.5	100.2	100.5	102.5	102.5	101.6	100.9	101.0	99.7
文娱耐用消费品	100.9	102.5	99.8	99.4	100.4	99.4	99.9	100.2	100.8	102.2	103.7	103.6	99.4
电 视 机	98.0	97.2	91.5	94.8	95.1	94.4	96.2	99.5	103.8	102.6	103.8	100.8	97.5
照 相 机	100.2	99.6	99.8	100.0	100.0	100.0	100.0	100.0	100.0	100.0	100.0	101.1	102.0
台式计算机	94.9	99.3	97.9	96.4	96.2	92.6	91.6	91.0	90.1	91.5	95.9	99.3	96.7
笔记本平板	105.4	113.4	110.0	102.9	106.8	104.1	105.2	103.0	101.3	107.3	108.3	107.8	96.3
乐 器	118.9	105.4	105.4	114.3	114.3	123.2	123.2	123.2	123.2	123.2	123.2	123.2	123.2
音 响	100.0	100.0	100.0	100.0	100.0	100.0	100.0	100.0	100.0	100.0	100.0	100.0	100.0
其他文娱耐用消费品	100.2	100.7	100.7	100.7	100.7	100.0	100.0	100.0	100.0	100.0	100.0	100.0	100.0
其他文娱用品	102.7	100.6	100.6	100.6	100.9	101.4	101.1	103.0	104.7	104.9	104.9	104.9	104.9
书报杂志	106.7	100.0	100.0	100.0	100.0	100.0	100.0	107.7	114.5	114.5	114.5	114.5	114.5
纸张文具	99.7	99.4	99.4	99.4	99.4	99.4	99.2	99.2	99.2	100.4	100.4	100.4	100.4
体育户外用品	100.5	100.5	100.5	100.5	100.5	100.5	100.6	100.6	100.6	100.6	100.4	100.4	100.4
游戏用品和玩具	103.2	102.7	102.7	102.7	101.4	105.2	103.4	103.4	103.4	103.4	103.2	103.2	103.2
园艺花卉及用品	100.0	100.0	100.0	100.0	100.0	100.0	100.0	100.0	100.0	100.0	100.0	100.0	100.0
宠物及用品	106.8	102.3	102.3	102.3	109.9	109.2	109.2	109.2	109.2	106.7	106.7	106.7	107.6
其他文化娱乐用品	101.4	100.0	100.0	100.0	100.0	100.0	100.0	100.0	100.0	104.3	104.3	104.3	104.3
文化娱乐服务	100.0	97.5	97.5	97.5	97.5	97.7	100.0	102.5	102.5	102.5	101.9	101.5	101.5
电影票	100.0	100.0	100.0	100.0	100.0	100.0	100.0	100.0	100.0	100.0	100.0	100.0	100.0
景点门票	97.6	92.4	92.4	92.4	92.4	92.4	99.1	105.6	105.6	105.6	99.8	98.5	98.5
有线电视	100.0	100.0	100.0	100.0	100.0	100.0	100.0	100.0	100.0	100.0	100.0	100.0	100.0
健身活动	110.2	100.0	100.0	100.0	100.0	103.5	103.5	111.8	111.8	111.8	126.7	126.7	126.7
其他文娱服务	100.0	100.0	100.0	100.0	100.0	100.0	100.0	100.0	100.0	100.0	100.0	100.0	100.0
旅游	99.9	83.7	121.5	105.0	104.2	103.3	101.6	104.9	102.8	96.9	92.6	93.7	93.5

4-1 续表 8

类别	年度	月份											
		一	二	三	四	五	六	七	八	九	十	十一	十二
旅行社收费	99.7	83.5	121.6	105.0	103.9	103.0	101.3	104.6	102.6	96.6	92.2	93.4	93.2
其他旅游	120.3	100.0	108.3	112.5	119.3	129.2	125.0	125.0	125.0	125.0	125.0	125.0	125.0
医疗保健	**113.0**	**119.9**	**120.2**	**121.1**	**118.0**	**118.0**	**118.0**	**118.0**	**117.3**	**103.4**	**103.4**	**103.4**	**102.1**
药品及医疗器具	110.1	113.4	114.1	116.4	109.6	109.6	109.6	109.6	108.1	108.7	108.7	108.7	105.4
中药	107.3	109.9	109.9	113.8	104.6	104.6	104.6	104.6	104.6	108.1	108.1	108.1	108.1
中 药 材	103.7	108.3	108.3	108.3	100.0	100.0	100.0	100.0	100.0	105.0	105.0	105.0	105.0
中 成 药	108.8	110.6	110.6	116.1	106.4	106.4	106.4	106.4	106.4	109.3	109.3	109.3	109.3
西药	108.9	115.3	115.3	119.6	108.2	108.2	108.2	108.2	105.4	105.8	105.8	105.8	104.1
抗微生物药	104.2	111.1	111.1	112.7	102.1	102.1	102.1	102.1	102.1	102.1	102.1	102.1	101.4
消化系统用药	120.2	122.3	122.3	136.8	120.6	120.6	120.6	120.6	117.4	117.6	117.6	117.6	112.1
呼吸系统用药	99.9	99.9	99.9	99.9	99.9	99.9	99.9	99.9	99.9	99.9	99.9	99.9	99.9
解热镇痛药	101.9	103.5	103.5	103.5	103.5	103.5	103.5	103.5	99.7	99.6	99.6	99.6	100.0
抗肿瘤药	96.4	93.4	93.4	94.7	94.7	94.7	94.7	94.7	94.7	100.4	100.4	100.4	101.9
激素及影响内分泌药	100.4	100.6	100.6	100.6	100.0	100.0	100.0	100.0	100.0	100.6	100.6	100.6	100.6
心血管系统用药	117.5	144.5	144.5	152.0	112.0	112.0	112.0	112.0	110.1	110.1	110.1	110.1	105.2
血液系统用药	108.7	116.9	116.9	116.9	116.9	116.9	116.9	116.9	98.8	98.8	98.8	98.8	100.0
治疗精神障碍药	100.1	100.1	100.1	100.1	100.1	100.1	100.1	100.1	100.1	100.1	100.1	100.1	100.0
神经系统用药	101.4	101.6	101.6	101.6	101.6	101.6	101.6	101.6	101.6	101.6	101.6	101.6	100.0
消毒防腐及创伤外科用药	106.1	124.6	124.6	124.6	101.2	101.2	101.2	101.2	100.0	100.5	100.5	100.5	104.0
泌尿系统用药	100.0	100.3	100.3	99.8	99.8	99.8	99.8	99.8	100.4	100.0	100.0	100.0	100.0
维生素、矿物质类药	114.3	105.7	105.7	118.9	118.9	118.9	118.9	118.9	112.5	113.3	113.3	113.3	113.3
调节水、电解质及酸碱平衡药	101.1	97.2	97.2	97.2	104.8	104.8	104.8	104.8	100.0	100.0	100.0	100.0	104.2
滋补保健品	115.3	114.0	116.6	113.6	116.5	116.5	116.5	116.5	116.5	116.7	116.7	116.7	107.8
医疗卫生器具	107.3	108.8	108.8	112.8	107.0	107.0	107.0	107.0	106.5	106.5	106.5	106.5	103.7
保健器具	100.3	99.0	99.0	99.9	100.9	100.9	100.0	100.0	100.0	100.0	100.0	101.7	101.7
医疗服务	115.1	124.5	124.5	124.5	124.5	124.5	124.5	124.5	124.5	100.0	100.0	100.0	100.0
综合医疗类	127.1	147.0	147.0	147.0	147.0	147.0	147.0	147.0	147.0	100.0	100.0	100.0	100.0
一般医疗服务	105.9	109.1	109.1	109.1	109.1	109.1	109.1	109.1	109.1	100.0	100.0	100.0	100.0
一般治疗操作	126.1	145.1	145.1	145.1	145.1	145.1	145.1	145.1	145.1	100.0	100.0	100.0	100.0
护 理	183.5	314.8	314.8	314.8	314.8	314.8	314.8	314.8	314.8	100.0	100.0	100.0	100.0
其他综合医疗服务	100.0	100.0	100.0	100.0	100.0	100.0	100.0	100.0	100.0	100.0	100.0	100.0	100.0
诊断类	102.8	104.2	104.2	104.2	104.2	104.2	104.2	104.2	104.2	100.0	100.0	100.0	100.0
病理学诊断	133.8	161.1	161.1	161.1	161.1	161.1	161.1	161.1	161.1	100.0	100.0	100.0	100.0
实验室诊断	95.3	93.1	93.1	93.1	93.1	93.1	93.1	93.1	93.1	100.0	100.0	100.0	100.0
影像学诊断	96.5	94.9	94.9	94.9	94.9	94.9	94.9	94.9	94.9	100.0	100.0	100.0	100.0
临床诊断	114.7	123.9	123.9	123.9	123.9	123.9	123.9	123.9	123.9	100.0	100.0	100.0	100.0

4-1 续表 9

类别	年度	月份											
		一	二	三	四	五	六	七	八	九	十	十一	十二
治疗类	118.2	130.0	130.0	130.0	130.0	130.0	130.0	130.0	130.0	100.0	100.0	100.0	100.0
临床手术治疗	119.5	132.4	132.4	132.4	132.4	132.4	132.4	132.4	132.4	100.0	100.0	100.0	100.0
临床非手术治疗	114.4	123.2	123.2	123.2	123.2	123.2	123.2	123.2	123.2	100.0	100.0	100.0	100.0
康复类	113.0	120.8	120.8	120.8	120.8	120.8	120.8	120.8	120.8	100.0	100.0	100.0	100.0
中医医疗服务类	109.0	114.2	114.2	114.2	114.2	114.2	114.2	114.2	114.2	100.0	100.0	100.0	100.0
其他医疗服务	108.7	113.7	113.7	113.7	113.7	113.7	113.7	113.7	113.7	100.0	100.0	100.0	100.0
其他用品和服务	**102.7**	**103.5**	**101.4**	**101.8**	**101.1**	**102.6**	**102.3**	**103.3**	**102.7**	**102.3**	**103.4**	**103.7**	**103.9**
其他用品类	99.3	103.5	99.2	99.9	98.1	99.0	98.6	100.1	99.4	97.4	97.9	98.8	99.5
首饰手表	99.0	104.0	98.6	99.7	97.4	98.6	98.3	100.1	99.3	96.7	97.4	98.6	99.7
金饰品	99.1	105.3	99.0	100.1	97.1	98.5	97.8	100.4	99.5	96.4	96.9	98.3	99.8
银饰品	99.7	97.7	96.0	98.2	101.1	99.7	99.7	100.0	100.8	101.1	101.1	101.1	100.0
铂金饰品	96.7	96.7	93.0	95.4	96.2	96.7	100.9	97.3	95.0	94.3	98.5	99.0	97.6
手表	99.8	100.0	100.0	100.0	100.0	100.0	100.0	99.6	99.6	99.6	99.6	99.6	99.6
其他杂项用品	100.3	101.6	101.6	100.5	100.8	100.8	99.9	100.0	100.0	100.0	100.0	100.1	98.7
箱包	100.5	99.8	99.8	99.8	100.6	100.6	100.6	100.8	100.8	100.8	100.8	100.8	100.8
母婴用品	100.0	103.1	103.1	100.9	100.9	100.9	99.1	99.1	99.1	99.1	99.1	98.8	96.2
眼镜	101.3	101.0	101.0	101.0	101.0	101.0	101.0	101.0	101.0	101.0	101.0	102.8	102.8
其他服务类	105.0	103.5	102.9	103.1	103.2	105.1	105.0	105.5	105.0	105.7	107.1	107.1	106.9
旅馆住宿	102.8	105.9	100.0	102.0	102.7	104.1	103.0	107.8	103.4	100.4	101.9	101.8	100.3
宾馆住宿	95.5	93.9	94.3	92.1	100.2	98.0	93.3	98.6	94.8	89.8	95.6	99.3	96.7
其他住宿	106.4	112.7	103.1	107.4	103.8	107.2	107.9	112.3	107.6	105.9	105.0	103.0	102.0
美容美发洗浴	103.6	100.0	100.0	100.0	100.0	100.0	100.0	100.0	100.0	108.8	111.6	111.6	111.6
美容	101.1	100.0	100.0	100.0	100.0	100.0	100.0	100.0	100.0	101.9	103.7	103.7	103.7
美发	107.7	100.0	100.0	100.0	100.0	100.0	100.0	100.0	100.0	123.1	123.1	123.1	123.1
洗浴	101.7	100.0	100.0	100.0	100.0	100.0	100.0	100.0	100.0	100.0	106.7	106.7	106.7
养老服务	111.5	102.3	102.3	102.3	102.3	117.4	117.4	117.4	117.4	114.8	114.8	114.8	114.8
金融保险	106.2	109.0	109.0	109.0	109.0	109.0	109.0	109.0	109.0	101.0	101.0	101.0	101.0
金融服务	126.8	146.4	146.4	146.4	146.4	146.4	146.4	146.4	146.4	100.0	100.0	100.0	100.0
车辆保险	100.0	100.0	100.0	100.0	100.0	100.0	100.0	100.0	100.0	100.0	100.0	100.0	100.0
旅行保险	100.0	100.0	100.0	100.0	100.0	100.0	100.0	100.0	100.0	100.0	100.0	100.0	100.0
其他保险	96.7	90.0	90.0	90.0	90.0	90.0	90.0	90.0	90.0	110.0	110.0	110.0	110.0
其他服务类	100.0	100.0	100.0	100.0	100.0	100.0	100.0	100.0	100.0	100.0	100.0	100.0	100.0
中介服务	100.0	100.0	100.0	100.0	100.0	100.0	100.0	100.0	100.0	100.0	100.0	100.0	100.0
其他服务	100.0	100.0	100.0	100.0	100.0	100.0	100.0	100.0	100.0	100.0	100.0	100.0	100.0

4-2 市区商品零售价格指数(2018年)

(以上年价格为100)

类别	年度	月份											
		一	二	三	四	五	六	七	八	九	十	十一	十二
商品零售价格指数	**103.6**	**102.8**	**103.3**	**103.3**	**103.1**	**103.2**	**103.4**	**103.6**	**103.0**	**104.2**	**104.6**	**104.4**	**103.8**
食品	**101.7**	**98.6**	**101.4**	**101.2**	**101.2**	**100.3**	**100.5**	**101.5**	**101.5**	**103.1**	**104.2**	**104.0**	**103.6**
粮食	98.7	103.5	103.4	100.1	98.7	97.5	97.5	97.6	97.3	97.1	97.1	97.2	97.4
大　米	101.1	101.4	101.4	101.4	101.4	101.4	101.4	101.4	100.9	100.7	100.7	100.7	100.3
面　粉	100.6	99.2	99.7	99.7	100.6	100.6	100.8	101.1	101.7	101.6	101.2	100.3	100.2
其他粮食	97.7	102.4	100.8	100.0	99.3	97.7	97.7	97.7	95.4	95.4	96.2	95.8	94.7
粮食制品	96.9	106.4	106.4	99.6	96.5	94.4	94.4	94.4	94.1	93.9	93.9	94.6	95.2
薯类	122.7	111.1	123.3	128.1	112.1	121.1	132.2	132.9	132.6	122.6	117.4	117.5	122.9
豆类	100.6	99.4	99.4	99.8	100.7	100.8	100.8	100.8	100.7	100.9	101.0	101.2	101.4
干　豆	100.5	100.0	100.0	100.0	99.2	100.0	100.0	100.0	99.4	101.2	102.5	102.3	101.2
豆制品	100.6	99.3	99.3	99.8	100.8	100.8	100.8	100.8	100.8	100.8	100.8	101.1	101.4
食用油	96.8	101.4	100.9	100.9	98.7	94.9	95.5	94.2	94.2	94.5	95.7	96.0	95.3
食用植物油	96.9	101.5	101.0	100.9	98.8	94.9	95.6	94.3	94.2	94.6	95.8	96.1	95.4
食用动物油	85.8	88.4	93.4	96.2	92.3	83.3	82.1	79.5	79.5	80.8	83.3	83.3	86.8
菜	106.0	83.3	98.8	99.6	103.2	105.8	107.1	111.5	106.2	115.5	119.3	115.0	117.1
鲜　菜	106.4	81.3	98.4	99.2	103.4	106.4	107.9	113.0	106.9	117.3	121.2	115.9	118.3
干菜及菜制品	103.4	102.9	102.7	103.0	101.9	101.9	101.9	101.9	100.5	101.5	105.3	108.5	108.7
畜肉类	95.7	95.2	97.5	95.5	95.3	94.2	93.4	94.3	95.8	96.7	97.1	96.7	97.3
猪　肉	90.6	90.8	93.7	90.0	89.0	87.4	86.9	88.5	91.0	92.0	92.8	92.7	92.7
牛　肉	103.6	101.4	102.5	103.3	103.7	103.7	103.9	102.8	102.7	103.7	104.7	104.3	105.9
羊　肉	108.7	107.2	108.4	108.3	109.9	109.3	108.5	109.1	110.0	110.9	107.5	106.9	108.9
畜肉副产品	96.7	97.2	99.6	101.6	102.8	100.0	95.1	94.8	93.9	94.2	95.8	92.6	92.5
其他畜肉及制品	101.3	99.9	100.5	100.6	100.6	101.6	101.6	101.6	101.1	100.9	100.9	102.7	103.6
禽肉类	104.6	104.6	104.4	106.2	104.5	105.0	104.5	103.5	103.6	105.1	104.3	104.8	104.4
鸡	105.8	105.6	105.5	108.4	105.9	106.8	105.9	104.2	104.3	106.2	105.4	106.2	105.1
鸭	100.7	101.7	101.7	100.8	100.0	100.0	100.0	100.9	101.1	101.1	101.4	100.0	100.0
其他禽肉及制品	102.9	103.1	102.7	102.4	102.4	102.4	102.4	102.6	103.0	103.7	102.4	103.0	104.3
水产品	103.0	103.3	108.0	106.7	104.1	100.8	99.5	98.8	99.6	100.9	102.5	105.2	106.4
淡水鱼	99.2	103.2	107.7	104.9	100.4	93.8	93.9	93.3	95.5	96.6	100.0	101.2	102.5
海水鱼	101.8	105.0	106.2	102.4	99.6	102.5	101.5	100.9	99.9	100.8	101.5	101.1	100.0
虾蟹类	107.1	98.4	109.2	110.0	107.9	105.1	103.8	102.5	102.2	105.1	105.5	115.6	119.8
其他水产品及制品	106.2	108.0	108.0	108.5	109.0	109.0	104.7	104.7	104.7	104.7	104.7	104.7	104.0
蛋类	111.0	118.8	125.8	113.8	114.7	120.1	107.4	109.6	108.1	106.6	109.2	106.2	98.1
鸡　蛋	110.5	120.0	127.8	114.8	115.8	121.8	107.7	110.1	108.2	104.9	106.1	103.0	94.7
其他蛋及制品	116.8	104.0	104.0	104.0	104.0	104.0	104.0	104.0	107.0	128.6	147.3	146.2	143.3
奶类	99.8	98.5	97.7	98.5	99.3	100.0	100.2	100.0	99.8	100.3	100.7	101.1	100.9

4-2 续表 1

类别	年度	月份											
		一	二	三	四	五	六	七	八	九	十	十一	十二
鲜奶	98.8	98.8	97.9	98.1	99.1	99.1	99.1	99.1	99.1	99.1	99.1	99.1	98.3
酸奶	97.4	98.2	95.7	96.5	95.7	97.0	98.3	97.0	95.7	98.3	98.3	98.3	99.6
奶粉	101.9	97.2	97.3	99.8	102.1	102.1	102.1	102.1	102.1	102.2	104.0	105.8	105.8
其他奶制品	101.7	100.0	100.0	100.0	100.0	102.6	102.6	102.6	102.6	102.6	102.6	102.6	102.6
干鲜瓜果类	101.4	96.0	94.0	99.1	100.6	92.3	93.0	97.3	101.2	106.8	112.5	118.0	111.7
鲜瓜果	103.7	96.4	93.7	100.5	102.9	91.1	90.9	98.7	103.3	111.9	119.8	128.0	117.9
坚果	92.2	91.1	91.1	91.8	91.4	89.1	90.5	91.3	95.4	93.6	93.3	93.9	95.1
瓜果制品	104.6	104.9	104.9	104.9	102.4	115.5	122.3	102.2	99.7	99.7	102.2	102.2	97.5
糖果糕点类	102.7	102.5	101.7	102.4	103.0	103.7	103.7	103.6	104.1	102.3	102.3	101.4	101.8
食糖	103.7	100.0	100.0	100.0	103.8	103.8	103.8	103.8	103.8	106.4	106.4	106.4	106.4
糖果	100.4	102.4	101.5	101.5	101.5	99.2	101.5	101.5	101.5	98.0	98.6	98.5	99.6
糕点	103.1	103.2	101.9	103.6	103.0	105.2	104.1	104.1	105.6	102.9	102.1	100.7	100.7
其他糖果糕点	104.5	108.3	109.6	106.8	106.8	109.6	108.6	107.8	103.3	96.1	101.3	97.4	100.0
调味品	107.7	107.1	107.2	106.0	106.7	107.2	106.5	109.2	109.6	109.1	109.5	108.3	105.9
食用盐	81.1	100.0	100.0	83.3	87.0	87.0	83.3	83.3	83.3	66.7	66.7	66.7	66.7
酱油	111.4	118.0	117.0	115.9	113.4	115.9	114.1	114.1	112.3	114.1	103.8	102.4	99.4
食醋	121.9	103.4	109.6	117.0	117.7	117.7	117.7	135.3	135.1	134.9	131.5	126.4	117.1
调味酱	105.5	106.0	103.6	101.1	103.9	103.9	103.9	103.9	106.6	103.3	110.5	109.8	109.0
味精	98.6	100.0	100.0	100.0	98.1	98.1	98.1	98.1	98.1	98.1	98.1	98.1	98.1
其他调味品	109.6	105.5	105.5	105.5	105.5	105.5	105.5	105.5	105.5	113.3	118.8	118.8	118.8
其他食品类	101.8	100.5	100.5	101.1	101.2	101.9	102.6	102.6	100.8	103.1	102.4	102.4	102.2
方便食品	95.4	95.3	95.3	95.3	95.1	95.1	95.1	95.1	91.1	96.8	96.8	96.8	96.8
淀粉及制品	105.1	104.4	104.4	106.2	106.2	106.1	106.1	106.1	106.1	105.2	104.3	103.6	103.0
膨化食品	109.8	105.9	106.0	106.0	106.6	109.5	112.5	112.4	112.7	112.4	110.6	111.1	111.2
在外餐饮	103.5	102.6	102.6	102.7	102.7	102.7	104.4	104.6	104.3	104.1	104.1	104.1	103.7
正餐	102.5	101.0	100.9	100.8	100.8	100.8	103.4	103.7	103.5	103.7	103.7	103.7	103.6
快餐	101.9	101.5	101.8	102.0	102.0	102.0	102.0	102.0	102.0	102.0	102.0	102.0	101.0
地方小吃	109.8	108.8	108.8	109.4	110.0	110.0	111.9	111.9	110.6	109.2	109.0	109.0	109.0
其他在外餐饮	102.4	101.8	101.8	100.9	100.0	100.0	103.6	103.6	103.6	103.6	103.6	103.6	102.7
饮料、烟酒	**102.8**	**103.2**	**102.8**	**103.2**	**103.3**	**102.7**	**102.7**	**103.6**	**103.6**	**102.0**	**102.0**	**102.3**	**102.6**
茶及饮料	101.1	104.4	101.3	102.0	103.3	102.2	102.2	102.1	101.9	98.9	98.9	98.2	98.3
茶叶	95.8	100.0	100.0	100.0	100.0	94.0	93.6	93.6	93.6	93.6	93.6	93.6	93.6
固体咖啡	94.3	101.0	101.0	101.0	101.0	101.0	94.1	86.7	86.7	88.7	89.8	91.0	89.5
其他固体饮料	104.1	108.1	108.1	105.7	105.7	104.0	104.1	106.5	100.3	101.8	101.8	101.8	101.8
饮用水	103.4	105.7	105.7	105.7	105.7	99.5	105.7	105.7	105.5	105.4	105.4	95.7	95.7
果汁饮料	104.6	110.5	107.4	102.1	104.0	109.9	104.0	104.0	104.3	104.6	102.3	102.3	101.1
其他液体饮料	104.7	106.1	99.3	103.4	106.0	107.4	109.6	109.6	109.3	101.2	101.8	101.1	101.9

4-2 续表2

类　别	年　度	月份											
		一	二	三	四	五	六	七	八	九	十	十一	十二
烟草	99.1	99.0	99.0	99.0	99.0	99.0	99.0	99.0	99.0	99.0	99.0	99.8	100.0
酒类	107.1	105.6	107.0	107.4	106.5	105.9	106.0	108.3	108.5	106.8	106.8	107.6	108.1
白　酒	107.9	106.9	108.4	108.8	107.4	106.5	106.5	109.3	109.4	107.4	107.2	108.3	108.8
葡萄酒	105.8	100.0	105.8	105.8	105.8	105.8	105.8	105.8	105.8	105.8	107.5	107.8	108.2
啤　酒	103.3	100.5	99.8	100.6	102.5	103.1	104.0	104.9	104.9	104.9	104.9	104.9	104.9
其他酒类	100.0	100.0	100.0	100.0	100.0	100.0	100.0	100.0	100.0	100.0	100.0	100.0	100.0
服装、鞋帽	**101.0**	**101.2**	**101.2**	**101.1**	**101.1**	**101.1**	**101.1**	**100.8**	**100.8**	**100.9**	**100.8**	**100.9**	**101.1**
服装	101.1	101.4	101.5	101.3	101.2	101.2	101.2	100.9	100.8	101.0	100.8	101.0	101.2
男士服装	102.5	102.0	102.5	102.5	102.5	102.7	102.9	102.6	102.5	102.8	102.3	102.0	102.2
男式西服	98.0	100.3	100.3	100.3	98.6	97.3	97.1	97.1	97.1	97.1	97.1	97.1	97.1
男式冬衣	100.4	100.0	100.0	100.0	100.0	100.0	100.0	100.0	100.0	100.0	100.0	101.8	102.9
男式夹克衫	99.7	94.4	98.8	98.8	99.9	100.1	100.6	100.6	100.6	100.6	100.6	100.6	100.6
男式毛线衣	100.0	100.0	100.0	100.0	100.0	100.0	100.0	100.0	100.0	100.0	100.0	100.0	100.0
男式运动装	107.3	112.7	113.2	113.6	109.3	107.1	108.1	104.3	104.3	103.5	104.1	104.8	104.8
男式衬衫T恤	107.1	104.7	104.7	104.4	106.9	108.2	108.7	108.7	108.1	110.2	108.2	106.2	106.2
男式裤子	103.5	103.0	103.0	103.0	103.0	104.6	104.6	104.6	104.6	104.8	103.2	101.7	101.7
男式内衣	100.1	100.2	100.2	100.2	100.0	100.0	100.0	100.0	100.0	100.0	100.0	100.0	100.0
女士服装	100.1	100.6	100.6	100.6	100.5	100.5	100.3	99.8	99.8	99.7	99.5	99.7	100.0
女式外套	100.0	100.0	100.0	100.0	100.0	100.0	100.0	100.0	100.0	100.0	100.0	100.0	100.0
女式冬衣	100.0	100.0	100.0	100.0	100.0	100.0	100.0	100.0	100.0	100.0	98.9	99.5	101.1
女式毛线衣	101.6	101.5	101.5	101.5	101.5	101.5	101.5	101.5	101.5	101.5	101.5	102.1	102.1
女式运动装	100.4	104.2	104.2	104.2	104.2	104.2	102.4	98.3	97.9	96.5	96.5	96.5	96.5
女式衬衫T恤	99.4	99.9	99.9	99.7	99.4	99.4	99.2	98.9	98.9	99.4	99.4	99.4	99.4
女式裤子	100.0	100.0	100.0	100.0	100.0	100.0	100.0	100.0	100.0	100.0	100.0	100.0	100.0
女式裙子	100.0	100.0	100.0	100.0	100.0	100.0	100.0	100.0	100.0	100.0	100.0	100.0	100.0
女式内衣	100.1	100.6	100.6	100.6	100.0	100.0	100.0	100.0	100.0	100.0	100.0	100.0	100.0
儿童服装	101.3	102.4	102.3	100.8	100.8	100.2	100.5	100.6	100.4	100.8	101.5	102.7	102.7
婴幼服装	101.8	103.8	103.8	99.7	99.7	99.7	99.7	100.0	100.0	102.3	104.5	104.5	104.5
儿童上衣	102.1	101.3	101.3	101.3	101.3	101.3	102.1	102.2	101.6	101.6	101.6	104.6	104.6
儿童裤子	101.6	102.0	102.7	101.4	101.4	101.4	101.4	101.4	101.4	101.4	101.4	101.4	101.4
儿童裙子	98.8	103.3	101.6	99.9	99.9	96.8	96.8	96.8	96.8	96.8	98.1	99.4	99.4
鞋帽袜	100.7	100.9	100.2	100.4	100.8	100.8	100.8	100.8	100.8	100.8	100.8	100.9	100.9
鞋	100.8	100.2	100.2	100.5	101.0	101.0	101.0	101.0	101.0	101.0	101.0	101.1	101.1
男鞋	100.6	100.0	100.0	100.0	100.7	100.7	100.7	100.7	100.7	100.7	100.7	100.7	100.7
女鞋	101.1	100.0	100.0	100.7	101.4	101.4	101.4	101.4	101.4	101.4	101.4	101.4	101.4
童鞋	100.6	101.8	101.4	101.0	100.5	100.0	100.0	100.0	100.0	100.0	100.0	101.4	101.4

4-2 续表 3

类别	年度	月份											
		一	二	三	四	五	六	七	八	九	十	十一	十二
袜子	100.0	100.0	100.0	100.0	100.0	100.0	100.0	100.0	100.0	100.0	100.0	100.0	100.0
帽子	100.6	108.4	100.0	100.0	100.0	100.0	100.0	100.0	100.0	100.0	100.0	100.0	100.0
其他衣着配件	100.0	100.0	100.0	100.0	100.0	100.0	100.0	100.0	100.0	100.0	100.0	100.0	100.0
纺织品	**100.7**	**99.9**	**99.9**	**99.9**	**101.1**	**101.1**	**101.1**	**101.1**	**101.1**	**101.1**	**100.8**	**100.5**	**100.5**
服装材料	100.0	100.0	100.0	100.0	100.0	100.0	100.0	100.0	100.0	100.0	100.0	100.0	100.0
床上用品	100.9	99.9	99.9	99.9	101.4	101.4	101.4	101.4	101.4	101.4	101.0	100.7	100.7
被子	100.0	100.0	100.0	100.0	100.0	100.0	100.0	100.0	100.0	100.0	100.0	100.0	100.0
床单被套	99.5	97.9	97.9	97.9	100.0	100.0	100.0	100.0	100.0	100.0	100.0	100.0	100.0
其他床上用品	105.8	103.9	103.9	103.9	107.5	107.5	107.5	107.5	107.5	107.5	105.5	103.5	103.5
家用电器及音像器材	**100.8**	**102.6**	**100.2**	**101.0**	**101.3**	**101.3**	**101.5**	**100.8**	**100.5**	**100.2**	**100.9**	**100.4**	**98.9**
家庭设备	102.0	105.6	103.6	103.8	103.9	104.1	103.8	101.3	99.4	99.4	100.2	100.1	98.7
洗衣机	98.2	103.4	100.5	101.5	107.4	105.9	95.2	95.2	96.7	97.7	96.9	90.5	88.2
电冰箱(柜)	100.7	106.4	105.0	105.0	100.3	102.0	101.9	99.1	100.9	100.5	101.4	94.8	92.2
抽油烟机	107.7	106.9	107.1	109.3	118.9	117.2	110.8	102.3	101.2	103.1	106.0	105.4	106.9
空调器	102.8	107.3	106.6	107.9	104.1	104.0	106.5	103.4	96.8	96.6	99.8	101.4	100.0
热水器	102.2	108.2	100.6	101.6	103.2	103.7	101.3	99.2	100.2	102.2	101.1	102.1	103.1
炉具灶具	100.4	104.3	100.2	98.0	99.0	100.7	101.2	101.7	101.7	100.9	97.8	99.0	100.0
微波炉	102.8	103.3	101.4	101.4	102.4	103.5	103.5	103.5	102.7	102.0	102.0	106.0	102.0
厨房小家电	99.6	102.4	102.4	100.4	100.4	100.4	100.4	98.1	98.1	98.1	98.1	98.1	98.1
生活小家电	99.7	99.2	99.4	99.7	99.7	99.7	99.7	100.0	100.0	100.0	100.0	99.2	100.0
其他大型家用器具	105.6	106.3	103.2	102.8	107.7	107.7	111.7	107.2	104.2	102.2	102.2	108.5	104.6
文娱用耐用消费品	98.8	98.1	94.3	96.6	96.8	96.3	97.5	99.7	102.5	101.7	102.5	100.7	98.7
电视机	98.0	97.2	91.5	94.8	95.1	94.4	96.2	99.5	103.8	102.6	103.8	100.8	97.5
照相机	100.2	99.6	99.8	100.0	100.0	100.0	100.0	100.0	100.0	100.0	100.0	101.1	102.0
音响	100.0	100.0	100.0	100.0	100.0	100.0	100.0	100.0	100.0	100.0	100.0	100.0	100.0
其他文娱耐用消费品	100.2	100.7	100.7	100.7	100.7	100.0	100.0	100.0	100.0	100.0	100.0	100.0	100.0
专业音像器材	100.5	99.3	99.3	99.3	100.5	101.2	101.2	101.2	101.2	100.7	100.7	100.7	100.7
专业音响器材	101.5	102.0	102.0	102.0	100.0	101.5	101.5	101.5	101.5	101.5	101.5	101.5	101.5
专业声像器材	99.5	96.7	96.7	96.7	100.9	100.9	100.9	100.9	100.9	100.0	100.0	100.0	100.0
文化办公用品	**100.6**	**105.0**	**103.3**	**100.3**	**101.7**	**99.6**	**99.7**	**98.5**	**97.6**	**99.9**	**101.6**	**102.4**	**97.3**
纸张文具	99.7	99.4	99.4	99.4	99.4	99.4	99.2	99.2	99.2	100.4	100.4	100.4	100.4
台式计算机	94.9	99.3	97.9	96.4	96.2	92.6	91.6	91.0	90.1	91.5	95.9	99.3	96.7
笔记本平板	105.4	113.4	110.0	102.9	106.8	104.1	105.2	103.0	101.3	107.3	108.3	107.8	96.3
电脑附件	99.3	98.0	98.0	98.0	98.0	100.0	100.0	100.0	100.0	100.0	100.0	100.0	100.0
打印复印机	102.7	105.1	105.1	105.1	105.1	105.2	105.2	105.2	105.2	98.0	98.0	98.0	97.6
教学设备	99.1	102.4	102.8	102.8	102.8	99.6	99.6	96.7	96.7	96.1	96.9	96.3	96.3

4-2 续表 4

类别	年度	月份											
		一	二	三	四	五	六	七	八	九	十	十一	十二
日用品	**102.3**	**101.0**	**100.7**	**101.1**	**102.2**	**104.0**	**103.9**	**102.5**	**102.2**	**101.1**	**103.4**	**102.7**	**102.1**
日用百货	105.0	102.8	103.0	103.0	103.3	107.4	107.5	104.5	104.5	104.8	105.9	107.1	106.5
电动自行车	109.5	106.2	106.2	106.2	106.2	115.9	115.9	109.2	109.2	109.2	110.0	110.0	110.0
自行车	102.3	101.2	101.2	101.2	102.6	103.2	103.2	103.2	103.2	102.0	102.0	102.0	102.0
雨具	100.0	100.0	100.0	100.0	100.0	100.0	100.0	100.0	100.0	100.0	100.0	100.0	100.0
护理器具	102.0	101.8	106.2	104.4	105.2	101.0	101.0	98.9	103.8	100.6	100.2	100.0	100.7
清洁用纸	102.2	99.6	99.6	99.9	100.2	100.4	101.1	100.4	99.4	102.0	105.3	110.8	107.8
化妆器具	100.0	100.0	100.0	100.0	100.0	100.0	100.0	100.0	100.0	100.0	100.0	100.0	100.0
厨具餐具茶具	97.8	97.2	97.2	97.7	97.7	97.7	97.7	97.7	97.8	97.8	97.8	98.5	98.5
厨具	95.4	94.3	94.3	95.3	95.3	95.3	95.3	95.3	95.3	95.3	95.3	96.7	96.7
餐具	100.0	100.0	100.0	100.0	100.0	100.0	100.0	100.0	100.0	100.0	100.0	100.0	100.0
茶具	99.8	99.3	99.3	99.5	99.5	99.5	99.5	99.8	100.2	100.2	100.2	100.2	100.2
清洗用品	102.5	100.9	99.8	100.7	104.0	105.4	105.4	103.6	102.8	99.0	105.5	101.8	100.9
其他日用品	101.7	102.0	102.1	102.0	102.2	102.2	101.8	102.0	101.9	101.6	101.3	101.2	100.4
灯具	100.9	100.8	100.9	100.9	100.9	100.9	100.9	100.9	101.3	101.3	100.9	100.6	100.6
箱包	100.5	99.8	99.8	99.8	100.6	100.6	100.6	100.8	100.8	100.8	100.8	100.8	100.8
母婴用品	100.0	103.1	103.1	100.9	100.9	100.9	99.1	99.1	99.1	99.1	99.1	98.8	96.2
眼镜	101.3	101.0	101.0	101.0	101.0	101.0	101.0	101.0	101.0	101.0	101.0	102.8	102.8
其他护理用品	123.6	122.8	124.7	133.1	133.1	133.1	133.8	133.8	126.0	119.4	115.6	109.4	106.9
其他日用杂品	101.4	100.2	100.2	99.4	99.4	99.4	99.4	101.8	103.4	103.4	103.4	103.4	103.4
体育娱乐用品	**103.7**	**101.5**	**101.5**	**102.6**	**103.0**	**104.7**	**104.5**	**104.5**	**104.5**	**104.4**	**104.3**	**104.3**	**104.4**
体育户外用品	100.5	100.5	100.5	100.5	100.5	100.5	100.6	100.6	100.6	100.6	100.4	100.4	100.4
娱乐用品	107.9	102.7	102.7	105.3	106.4	110.1	109.7	109.7	109.7	109.4	109.4	109.4	109.5
乐器	118.9	105.4	105.4	114.3	114.3	123.2	123.2	123.2	123.2	123.2	123.2	123.2	123.2
游戏用品和玩具	103.2	102.7	102.7	102.7	101.4	105.2	103.4	103.4	103.4	103.4	103.2	103.2	103.2
园艺花卉及用品	100.0	100.0	100.0	100.0	100.0	100.0	100.0	100.0	100.0	100.0	100.0	100.0	100.0
宠物及用品	106.8	102.3	102.3	102.3	109.9	109.2	109.2	109.2	109.2	106.7	106.7	106.7	107.6
其他文化娱乐用品	101.4	100.0	100.0	100.0	100.0	100.0	100.0	100.0	100.0	104.3	104.3	104.3	104.3
交通、通信用品	**102.8**	**102.8**	**102.6**	**102.2**	**103.5**	**103.4**	**101.8**	**99.7**	**98.5**	**104.1**	**103.0**	**104.1**	**107.7**
交通运输机械	100.2	99.7	99.9	100.0	99.6	100.3	100.5	98.8	98.9	101.5	101.4	100.8	100.8
小型汽车	99.1	99.5	99.6	99.8	98.9	99.2	99.4	97.2	97.2	100.0	100.0	99.1	99.1
大中型客车	102.2	100.8	101.2	101.2	102.4	102.4	102.4	102.4	102.4	102.5	102.5	103.3	103.3
交通工具零配件	111.0	100.8	100.8	100.8	100.8	110.7	110.7	111.9	115.1	120.8	119.9	119.9	119.9
通信器材	108.5	109.6	108.7	107.2	112.6	110.5	104.7	101.6	97.6	109.6	106.3	110.8	121.9
固定电话机	102.7	104.3	104.3	104.3	104.3	104.3	101.6	101.6	101.6	101.6	101.6	101.6	101.6
移动电话机	108.9	109.7	108.7	107.1	112.8	111.0	104.8	101.4	97.3	110.4	107.1	111.9	123.8

4-2 续表 5

类 别	年 度	月份 一	二	三	四	五	六	七	八	九	十	十一	十二
其他通信器材	102.9	110.2	110.2	110.2	110.2	103.5	103.5	103.5	102.3	98.0	95.2	95.2	95.2
家具	**102.7**	**95.4**	**100.9**	**100.8**	**101.0**	**102.0**	**102.1**	**102.7**	**102.9**	**103.5**	**103.5**	**108.7**	**108.7**
柜	103.2	93.7	102.8	102.6	102.6	103.5	103.5	103.5	103.5	103.5	103.5	107.7	107.7
床	99.6	96.8	96.8	96.8	97.3	96.6	96.6	97.7	97.7	99.0	99.0	110.3	110.3
桌	97.2	94.2	96.4	96.1	96.6	97.2	97.2	97.2	97.2	97.2	97.2	100.0	100.0
椅	123.8	105.1	127.3	123.5	123.5	123.5	123.5	123.5	123.5	125.8	125.4	130.1	130.1
沙 发	100.2	94.0	96.5	96.7	96.9	99.6	99.9	101.5	102.2	102.2	102.2	105.7	105.7
其他家具	102.0	95.6	96.6	99.8	99.8	101.6	101.6	101.6	102.1	105.5	106.0	106.4	107.6
化妆品	**102.2**	**103.1**	**103.2**	**103.2**	**101.9**	**102.7**	**102.7**	**102.1**	**101.8**	**101.7**	**101.8**	**101.8**	**100.4**
清洁化妆品	103.4	106.3	106.3	106.3	100.0	102.9	102.9	102.9	102.9	102.9	102.9	102.9	102.9
护肤化妆品	103.0	103.7	103.8	103.8	103.8	103.8	103.8	103.0	102.3	102.3	102.3	102.3	101.0
彩妆化妆品	102.3	99.6	100.4	100.4	100.4	100.4	103.6	103.6	103.6	103.8	104.0	104.0	104.0
清洁类护理用品	101.0	102.7	102.7	102.7	102.7	102.7	101.9	100.2	100.2	100.0	100.0	100.0	96.2
护发美发用品	99.4	99.3	99.4	99.2	97.3	100.3	99.5	99.5	99.5	99.6	99.8	99.9	99.9
金银饰品	**98.6**	**102.4**	**97.2**	**98.8**	**97.3**	**98.2**	**98.7**	**99.6**	**98.6**	**96.4**	**97.8**	**98.8**	**99.3**
金 饰 品	99.1	105.3	99.0	100.1	97.1	98.5	97.8	100.4	99.5	96.4	96.9	98.3	99.8
银 饰 品	99.7	97.7	96.0	98.2	101.1	99.7	99.7	100.0	100.8	101.1	101.1	101.1	100.0
铂金饰品	96.7	96.7	93.0	95.4	96.2	96.7	100.9	97.3	95.0	94.3	98.5	99.0	97.6
中西药品及医疗保健用品	**108.9**	**113.1**	**113.4**	**116.8**	**108.0**	**108.0**	**108.0**	**108.0**	**106.3**	**107.3**	**107.3**	**107.4**	**105.3**
医疗卫生器具	107.3	108.8	108.8	112.8	107.0	107.0	107.0	107.0	106.5	106.5	106.5	106.5	103.7
中药	107.3	109.9	109.9	113.8	104.6	104.6	104.6	104.6	104.6	108.1	108.1	108.1	108.1
中 药 材	103.7	108.3	108.3	108.3	100.0	100.0	100.0	100.0	100.0	105.0	105.0	105.0	105.0
中 成 药	108.8	110.6	110.6	116.1	106.4	106.4	106.4	106.4	106.4	109.3	109.3	109.3	109.3
西药	108.9	115.3	115.3	119.6	108.2	108.2	108.2	108.2	105.4	105.8	105.8	105.8	104.1
抗微生物药	104.2	111.1	111.1	112.7	102.1	102.1	102.1	102.1	102.1	102.1	102.1	102.1	101.4
消化系统用药	120.2	122.3	122.3	136.8	120.6	120.6	120.6	120.6	117.4	117.6	117.6	117.6	112.1
呼吸系统用药	99.9	99.9	99.9	99.9	99.9	99.9	99.9	99.9	99.9	99.9	99.9	99.9	99.9
解热镇痛药	101.9	103.5	103.5	103.5	103.5	103.5	103.5	103.5	99.7	99.6	99.6	99.6	100.0
抗肿瘤药	96.4	93.4	93.4	94.7	94.7	94.7	94.7	94.7	94.7	100.4	100.4	100.4	101.9
激素及影响内分泌药	100.4	100.6	100.6	100.6	100.0	100.0	100.0	100.0	100.0	100.6	100.6	100.6	100.6
心血管系统用药	117.5	144.5	144.5	152.0	112.0	112.0	112.0	112.0	110.1	110.1	110.1	110.1	105.2
血液系统用药	108.7	116.9	116.9	116.9	116.9	116.9	116.9	116.9	98.8	98.8	98.8	98.8	100.0
治疗精神障碍药	100.1	100.1	100.1	100.1	100.1	100.1	100.1	100.1	100.1	100.1	100.1	100.1	100.0
神经系统用药	101.4	101.6	101.6	101.6	101.6	101.6	101.6	101.6	101.6	101.6	101.6	101.6	100.0
消毒防腐及创伤外科用药	106.1	124.6	124.6	124.6	101.2	101.2	101.2	101.2	100.0	100.5	100.5	100.5	104.0
泌尿系统用药	100.0	100.3	100.3	99.8	99.8	99.8	99.8	99.8	100.4	100.0	100.0	100.0	100.0

4-2 续表 6

类别	年度	月份											
		一	二	三	四	五	六	七	八	九	十	十一	十二
维生素、矿物质类药	114.3	105.7	105.7	118.9	118.9	118.9	118.9	118.9	112.5	113.3	113.3	113.3	113.3
调节水、电解质及酸碱平衡药	101.1	97.2	97.2	97.2	104.8	104.8	104.8	104.8	100.0	100.0	100.0	100.0	104.2
保健器具及用品	113.3	111.9	114.2	111.8	114.4	114.4	114.3	114.3	114.3	114.5	114.5	114.7	107.0
保健器具	100.3	99.0	99.0	99.9	100.9	100.9	100.0	100.0	100.0	100.0	100.0	101.7	101.7
滋补保健品	115.3	114.0	116.6	113.6	116.5	116.5	116.5	116.5	116.5	116.7	116.7	116.7	107.8
书报杂志及电子出版物	**103.5**	**100.1**	**100.1**	**100.1**	**100.1**	**100.1**	**100.1**	**103.1**	**105.7**	**106.6**	**106.6**	**106.6**	**113.0**
教材及参考书	101.2	100.2	100.2	100.2	100.2	100.2	100.2	100.4	100.4	100.0	100.0	100.0	113.1
工具书	100.6	100.0	100.0	100.0	100.0	100.0	100.0	100.0	100.0	100.0	100.0	100.0	107.0
教材	101.1	100.9	100.9	100.9	100.9	100.9	100.9	100.9	100.9	100.0	100.0	100.0	106.2
参考资料	101.8	100.0	100.0	100.0	100.0	100.0	100.0	100.0	100.0	100.0	100.0	100.0	121.2
其他教育用品	98.4	96.8	96.8	96.8	96.8	96.8	96.8	100.0	100.0	100.0	100.0	100.0	100.0
书报杂志	106.7	100.0	100.0	100.0	100.0	100.0	100.0	107.7	114.5	114.5	114.5	114.5	114.5
计算机办公软件	102.7	100.0	100.0	100.0	100.0	100.0	100.0	100.0	100.0	108.2	108.2	108.2	108.2
燃料	**113.5**	**110.3**	**110.9**	**108.7**	**111.0**	**112.4**	**115.9**	**120.5**	**116.0**	**118.1**	**118.7**	**114.0**	**106.2**
煤炭及制品	122.3	130.1	131.3	127.8	128.7	123.1	127.4	133.9	110.0	115.9	113.8	116.9	116.5
原煤	102.6	100.8	101.1	102.8	102.4	105.9	112.4	110.3	105.7	101.7	97.1	96.9	96.2
煤制品	134.0	150.6	152.2	144.9	146.3	134.3	136.6	148.2	112.1	123.2	122.8	127.6	127.4
石油及制品	111.1	105.3	105.8	104.0	106.6	109.7	113.1	117.1	117.8	118.7	120.1	113.2	103.3
管道燃气	105.7	100.0	100.0	100.0	100.0	100.0	100.0	100.0	113.8	113.8	113.8	113.8	113.8
液化石油气	107.9	111.2	110.3	108.5	108.5	108.5	108.5	108.5	108.5	106.3	106.3	106.2	104.6
汽油	112.9	105.6	106.6	104.6	108.0	112.5	117.2	123.1	120.2	121.7	123.1	113.7	100.7
柴油	113.3	108.4	107.8	104.4	108.5	112.5	117.0	121.8	119.4	121.8	126.0	114.7	99.8
建筑材料及五金电料	**102.3**	**102.6**	**102.6**	**102.5**	**102.5**	**103.0**	**103.0**	**102.7**	**102.7**	**101.6**	**101.6**	**101.5**	**101.0**
建筑装璜材料	103.3	103.7	103.7	103.7	103.7	104.3	104.3	104.0	104.0	102.4	102.4	102.1	101.5
木地板	99.9	99.8	99.8	99.8	99.8	99.8	99.8	99.8	99.8	100.0	100.0	100.0	100.0
瓷砖	101.0	101.5	101.5	101.5	101.5	101.5	101.5	101.5	101.5	100.0	100.0	100.0	100.0
水泥	104.8	102.6	102.6	102.6	102.6	110.8	110.8	109.3	109.3	103.3	103.3	101.3	100.0
涂料	100.0	100.0	100.0	100.0	100.0	100.0	100.0	100.0	100.0	100.0	100.0	100.0	100.0
板材	103.8	105.0	105.0	105.0	105.0	105.0	105.0	105.0	105.0	101.9	101.9	101.4	100.9
管材	110.6	110.6	110.6	110.6	110.6	110.6	110.6	110.6	110.6	110.6	110.6	110.6	110.6
厨卫设备	106.7	107.0	107.0	107.0	107.0	107.0	107.0	107.0	107.0	107.0	107.0	107.0	103.9
门窗	103.4	104.2	104.2	104.2	104.2	104.2	104.2	104.2	104.2	101.8	101.8	101.8	101.8
其他住房装潢材料	104.1	106.9	106.9	106.9	106.9	106.9	106.9	104.4	104.4	100.0	100.0	100.0	100.0
五金水暖	100.0	100.3	100.1	99.9	99.9	99.9	99.9	99.9	99.9	99.9	99.9	99.9	99.9
家用手工工具	100.1	100.9	100.5	100.0	100.0	100.0	100.0	100.0	100.0	100.0	100.0	100.0	100.0
配电附件	99.7	99.7	99.7	99.7	99.7	99.7	99.7	99.7	99.7	99.7	99.7	99.7	99.7
水暖器材	100.0	100.0	100.0	100.0	100.0	100.0	100.0	100.0	100.0	100.0	100.0	100.0	100.0

主要统计指标解释

居民消费价格指数 居民消费价格指数是城乡居民购买并用于日常生活消费的商品和服务项目的价格。居民消费价格指数,反映一定时期内居民所消费商品及服务项目的价格水平变动趋势和变动程度。居民消费价格水平的变动率在一定程度上反映了通货膨胀(或紧缩)的程度。编制居民消费价格指数的目的,是了解全国各地价格变动的基本情况,分析研究价格变动对社会经济和居民生活的影响,满足各级政府制定政策和计划、进行宏观调控的需要,以及为国民经济核算提供参考依据。目前编制居民消费价格指数调查的商品和服务项目共 8 个大类,262 个基本分类。基期年份的权数根据居民家庭住户调查资料及相关统计资料整理得出,同时辅以典型调查数据或专家评估予以补充和完善。

商品零售价格指数 商品的零售价格是商品在流通过程中的最后一个环节的价格,是工业、商业、餐饮业和其他零售企业向城乡居民、机关团体出售生活消费品和办公用品的价格。商品零售价格指数,反映市场商品零售价格的变动趋势和变动程度。其目的在于掌握商品价格的变动趋势,为国家宏观调控和国民经济核算提供参考依据。目前调查的商品共 16 个大类,197 个基本分类。基期年份的权数根据基期年份的零售贸易统计资料及相关统计资料整理得出,同时辅以典型调查数据或专家评估予以补充和完善。

五、人民生活

5-1 城镇居民家庭基本情况

（2018 年）

指　　标	单位	郑州市	中原区	二七区	管城区	金水区	上街区	惠济区	中牟县
调查户数	户	**998**	**80**	**79**	**60**	**90**	**40**	**40**	**69**
期内住户常住成员数	人	**3308**	**225**	**245**	**180**	**276**	**106**	**126**	**281**
劳动力人数	人	**2285**	**162**	**148**	**120**	**190**	**75**	**91**	**179**
6 周岁及以上住户成员受教育程度	人	**2285**	**162**	**148**	**120**	**190**	**75**	**91**	**179**
未上过学	人	25	2			3		3	8
小学	人	119	3	9	2	5	2	5	8
初中	人	655	48	34	23	29	18	12	61
高中	人	635	33	44	27	38	23	25	44
大学专科	人	526	55	35	35	55	18	40	38
大学本科	人	303	17	24	30	57	14	6	20
研究生	人	22	4	2	3	3			
从事主要行业	人	**1754**	**111**	**93**	**91**	**137**	**47**	**63**	**138**
第一产业	人	119				4			20
第二产业	人	333	12	9	10	11	30	13	19
第三产业	人	1303	99	84	81	122	17	50	100
可支配收入	元/人	**39042.15**	**40506.65**	**41828.90**	**39589.23**	**46012.31**	**45133.12**	**33745.22**	**30709.09**
总收入	元/人	**41382.58**	**43311.57**	**46591.75**	**41606.79**	**48547.82**	**49030.54**	**36080.41**	**32189.56**
总支出	元/人	**33433.86**	**33549.66**	**35675.07**	**35666.33**	**38024.06**	**35766.59**	**31683.04**	**24015.48**
消费支出	元/人	**26255.53**	**26709.68**	**27604.08**	**30074.68**	**31958.42**	**27965.16**	**26625.60**	**17807.09**
年末人均居住面积	平方米/人	**39.50**	**27.06**	**30.39**	**37.74**	**27.33**	**43.60**	**31.17**	**66.22**

5-1　续表　　（2018 年）

指　　标	单位	巩义市	荥阳市	新密市	新郑市	登封市	经开区	高新区	郑东新区	航空港实验区
调查户数	户	**70**	**70**	**70**	**70**	**70**	**40**	**40**	**60**	**50**
期内住户常住成员数	人	**258**	**230**	**302**	**239**	**275**	**122**	**122**	**195**	**126**
劳动力人数	人	**186**	**164**	**194**	**165**	**205**	**89**	**85**	**136**	**96**
6 周岁及以上住户成员受教育程度	人	**185**	**164**	**194**	**165**	**205**	**89**	**85**	**137**	**96**
未上过学	人			2	4		1		2	
小学	人	11	7	10	20	10	6	1	12	8
初中	人	44	55	74	64	70	9	14	47	53
高中	人	62	56	57	40	69	22	35	36	24
大学专科	人	44	29	34	25	31	39	21	21	6
大学本科	人	24	17	17	11	24	11	13	16	2
研究生	人				1	1	1	1	3	3
从事主要行业	人	**148**	**128**	**176**	**131**	**178**	**62**	**68**	**99**	**84**
第一产业	人	3	5	8	47	11		6	3	12
第二产业	人	40	31	25	18	56	12	6	12	29
第三产业	人	105	92	143	66	111	50	56	84	43
可支配收入	元/人	**32911.23**	**33231.80**	**33221.21**	**33480.20**	**32295.56**	**40236.05**	**39616.77**	**42545.29**	**36589.71**
总收入	元/人	**34675.32**	**36375.38**	**37719.82**	**34302.98**	**36610.67**	**41589.96**	**40672.65**	**44618.56**	**37335.52**
总支出	元/人	**17962.39**	**29104.47**	**26013.34**	**31902.74**	**27044.65**	**47563.64**	**34070.53**	**44198.26**	**35571.07**
消费支出	元/人	**15729.83**	**21174.49**	**18557.44**	**29414.79**	**20812.10**	**23855.30**	**26896.76**	**31072.42**	**28788.70**
年末人均居住面积	平方米/人	**44.63**	**47.07**	**35.71**	**60.12**	**51.66**	**31.30**	**30.28**	**30.64**	**79.82**

5-2 城镇居民

（2018 年）

指　　标	郑州市	中原区	二七区	管城区	金水区	上街区	惠济区
可支配收入	**39042.15**	**40506.65**	**41828.90**	**39589.23**	**46012.31**	**45133.12**	**33745.22**
工资性收入	**23459.28**	**28702.96**	**18735.67**	**25383.76**	**29083.51**	**26213.23**	**22099.88**
工资	22277.15	27798.76	17785.35	24737.89	26361.80	24478.16	21433.40
实物福利	72.88	42.29	98.37	17.77	57.50	41.47	44.70
其他	1109.25	861.91	851.95	628.10	2664.22	1693.60	621.78
经营净收入	**3890.20**	**593.04**	**8124.49**	**2055.99**	**515.96**	**250.37**	**2662.07**
第一产业经营净收入	142.89	0.03	20.47	-7.59	-3.07	-0.11	-110.37
第二产业经营净收入	792.22		197.11		318.14	227.94	45.03
第三产业经营净收入	2955.09	593.01	7906.91	2063.57	200.90	22.53	2727.40
财产净收入	**6671.50**	**5497.51**	**6084.45**	**7659.36**	**7340.74**	**1381.66**	**6058.31**
利息净收入	-160.18	-131.22	-101.43	-630.46	-466.08	-1038.27	-195.88
红利收入	393.94	240.62	197.47	74.28	409.96	23.91	116.28
储蓄性保险净收益	41.42		7.81			2.75	49.94
转让承包土地经营权租金净收入	184.18		8.02		12.56	2.77	68.93
出租房屋财产性收入	2108.86	594.47	262.75	813.11	2168.55		1589.78
出租机械专利版权等资产的收入	52.84			6.34			
其他财产净收入	79.77	-2.46	-28.36	157.74	-36.39		-12.42
房屋虚拟租金	3970.67	4796.09	5738.19	7238.35	5252.14	2390.50	4441.68
转移净收入	**5021.17**	**5713.13**	**8884.29**	**4490.12**	**9072.10**	**17287.86**	**2924.96**
转移性收入	**6373.85**	**8381.20**	**10250.77**	**5850.03**	**10956.04**	**20146.91**	**4828.22**
养老金或离退休金	5238.53	7278.89	9718.35	4163.81	9930.93	18718.02	3421.82
社会救济和补助	27.97		4.81	11.55	26.80	3.77	47.06
政策性生活补贴	156.85	52.25	133.57	76.92	235.99	1.47	371.30
报销医疗费	338.53	850.92	261.66	422.81	171.05	1327.90	131.29
家庭外出从业人员寄回带回收入	105.48			6.34	58.25		2.66
从政府和组织得到的实物产品和服务折价	119.53	182.87	10.06	1038.09	106.18	13.85	43.82
转移性支出	**1352.68**	**2668.07**	**1366.48**	**1359.92**	**1883.94**	**2859.05**	**1903.26**
个人所得税	112.07	467.32	203.75	64.99	130.80	44.59	71.80
社会保障支出	1096.79	2084.67	1026.34	1229.75	1561.77	2768.94	1661.69
外来从业人员寄给家人的支出	1.42			0.19	4.22		
赡养支出	68.76	96.94	121.52	15.12	96.57	7.54	118.93
其他转移性支出	73.65	19.15	14.87	49.87	90.58	37.98	50.84

人均可支配收入

单位:元

中牟县	巩义市	荥阳市	新密市	新郑市	登封市	经开区	高新区	郑东新区	航空港实验区
30709.09	**32911.23**	**33231.80**	**33221.21**	**33480.20**	**32295.56**	**40236.05**	**39616.77**	**42545.29**	**36589.71**
14964.67	**20242.70**	**19377.58**	**21121.81**	**15943.27**	**19114.26**	**31060.08**	**34275.93**	**26139.23**	**14034.23**
13853.16	19449.90	18949.57	20277.62	15159.95	17501.42	31045.22	33563.33	25149.35	12969.88
114.74	13.04	79.02	278.14	3.93	16.04	3.75	2.97	149.19	124.61
996.77	779.76	348.99	566.06	779.39	1596.81	11.11	709.62	840.70	939.73
7735.16	**10025.37**	**3897.52**	**9508.64**	**7024.61**	**9268.07**	**167.90**	**226.90**	**671.68**	**555.97**
2235.80	703.75	-29.32	96.11	17.30	94.67	-0.01		-0.21	141.13
170.05	2760.49	570.50	1413.51	3399.50	3995.20			538.08	
5329.31	6561.13	3356.34	7999.02	3607.81	5178.21	167.91	226.90	133.81	414.84
5405.70	**1041.21**	**3810.06**	**1061.65**	**4640.39**	**3805.67**	**5669.10**	**4640.72**	**12602.44**	**21525.70**
-73.21	28.74	-582.40	29.75	-112.32	29.10	-338.85	-48.07	-114.81	936.88
350.30		1234.80	71.99		69.59	162.96	438.04	1783.64	889.29
			9.77		387.40				283.21
1.39	23.78	307.60	11.73	3072.14	71.28			30.52	14.48
421.25	226.37	472.22	256.80	673.36	2020.31	100.87	89.05	5106.46	15653.83
19.14					7.36			350.10	444.74
	39.96	300.46	36.55		765.79		266.73		156.58
4686.82	722.36	2077.38	645.07	1007.22	454.83	5744.12	3894.96	5446.52	3146.69
2603.57	**1601.96**	**6146.64**	**1529.11**	**5871.92**	**107.55**	**3338.96**	**473.22**	**3131.94**	**473.82**
3093.25	**1768.03**	**7308.31**	**2079.23**	**6500.59**	**674.16**	**4320.28**	**1464.15**	**4970.41**	**1100.14**
2645.82	1380.91	2776.81	1279.10	6197.00	208.98	413.71	1147.89	3568.86	620.59
13.64	13.20	22.43	27.38	34.64					227.26
22.96	12.66	1559.77	9.21		46.32	18.02		21.51	11.94
172.15	21.93	643.33	87.40	1.91	93.57	0.60	275.35	1125.52	9.04
	183.02	994.06	350.91	50.38	172.30	77.74			
	0.07	1.95	0.34	1.12	10.67	8.92	19.42	45.16	38.82
489.69	**166.07**	**1161.67**	**550.12**	**628.67**	**566.61**	**981.32**	**990.94**	**1838.47**	**626.32**
10.92	0.05	1.60	1.05	47.79	27.15	10.92	41.97	60.58	14.13
416.33	124.71	970.60	497.26	500.89	420.03	862.35	812.33	1397.08	377.75
									11.12
49.42	21.77	151.10	11.94	63.75	33.22	8.37	131.60	50.13	9.51
13.01	19.54	38.37	39.87	16.23	86.20	99.69	5.03	330.68	213.81

5-3 城镇居民

（2018 年）

指　　标	郑州市	中原区	二七区	管城区	金水区	上街区	惠济区
总收入	**41382.58**	**43311.57**	**46591.75**	**41606.79**	**48547.82**	**49030.54**	**36080.41**
工资性收入	23291.69	28702.96	18735.67	25383.76	29083.51	26213.23	22099.88
工资	22118.00	27798.76	17785.35	24737.89	26361.80	24478.16	21433.40
实物福利	72.36	42.29	98.37	17.77	57.50	41.47	44.70
其他	1101.33	861.91	851.95	628.10	2664.22	1693.60	621.78
经营性收入	4870.99	599.01	11356.80	2063.91	573.86	250.48	2881.38
第一产业经营收入	192.33	0.03	20.60	0.15			
第二产业经营收入	878.33		197.11		364.16	227.94	45.03
第三产业经营收入	3800.33	598.98	11139.09	2063.76	209.70	22.53	2836.34
财产性收入	6892.28	5634.84	6248.50	8309.08	7934.40	2419.93	6270.94
利息收入	93.03	3.65	33.75	9.21	58.51		
红利收入	391.13	240.62	197.47	74.28	409.96	23.91	116.28
储蓄性保险净收益	41.13		7.81			2.75	49.94
转让承包土地经营权租金净收入	182.86		8.02		12.56	2.77	68.93
出租房屋财产性净收入	2093.80	594.47	262.75	813.11	2168.55		1589.78
出租机械专利版权等资产的净收入	52.46			6.34			
其他财产净收入	95.58		0.51	167.79	32.68		4.34
房屋虚拟租金	3942.30	4796.09	5738.19	7238.35	5252.14	2390.50	4441.68
转移性收入	6327.62	8374.76	10250.77	5850.03	10956.04	20146.91	4828.22
养老金或离退休金	5201.11	7278.89	9718.35	4163.81	9930.93	18718.02	3421.82
社会救济和补助	27.77		4.81	11.55	26.80	3.77	47.06
政策性生活补贴	155.73	52.25	133.57	76.92	235.99	1.47	371.30
家庭外出从业人员寄回带回收入	104.73			6.34	58.25		2.66
赡养收入	351.58	4.02	117.85	122.03	416.69		771.70
报销医疗费	336.11	850.92	261.66	422.81	171.05	1327.90	131.29
从政府和组织得到的实物产品和服务折价	117.98	176.42	10.06	1038.09	106.18	13.85	43.82
其他转移性收入	26.93	12.26		7.65	8.89	81.90	20.76

人均总收入

单位:元

中牟县	巩义市	荥阳市	新密市	新郑市	登封市	经开区	高新区	郑东新区	航空港实验区
32189.56	**34675.32**	**36375.38**	**37719.82**	**34302.98**	**36610.67**	**41589.96**	**40672.65**	**44618.56**	**37335.52**
14964.67	20242.70	19377.58	21121.81	15943.27	19114.26	31060.08	34275.93	26139.23	14034.23
13853.16	19449.90	18949.57	20277.62	15159.95	17501.42	31045.22	33563.33	25149.35	12969.88
114.74	13.04	79.02	278.14	3.93	16.04	3.75	2.97	149.19	124.61
996.77	779.76	348.99	566.06	779.39	1596.81	11.11	709.62	840.70	939.73
8649.48	11605.31	5260.47	13436.67	7067.23	13001.28	168.23	230.76	731.02	655.22
2592.16	980.86	0.75	211.42	17.63	173.73				182.37
170.05	3084.16	1000.48	1917.45	3399.50	4152.85			591.28	
5887.27	7540.29	4259.24	11307.80	3650.09	8674.70	168.23	230.76	139.74	472.85
5482.16	1059.28	4429.02	1082.11	4791.89	3820.97	6041.37	4701.82	12777.90	21545.94
3.26	46.81	36.56	49.53	39.18	37.62	33.42		60.65	957.11
350.30		1234.80	71.99		69.59	162.96	438.04	1783.64	889.29
			9.77		387.40				283.21
1.39	23.78	307.60	11.73	3072.14	71.28			30.52	14.48
421.25	226.37	472.22	256.80	673.36	2020.31	100.87	89.05	5106.46	15653.83
19.14					7.36			350.10	444.74
	39.96	300.46	37.22		772.58		279.76		156.58
4686.82	722.36	2077.38	645.07	1007.22	454.83	5744.12	3894.96	5446.52	3146.69
3093.25	1768.03	7308.31	2079.23	6500.59	674.16	4320.28	1464.15	4970.41	1100.14
2645.82	1380.91	2776.81	1279.10	6197.00	208.98	413.71	1147.89	3568.86	620.59
13.64	13.20	22.43	27.38	34.64					227.26
22.96	12.66	1559.77	9.21		46.32	18.02		21.51	11.94
	183.02	994.06	350.91	50.38	172.30	77.74			
64.46	102.44	1251.62	188.44	211.87	91.40	3797.77		209.37	174.14
172.15	21.93	643.33	87.40	1.91	93.57	0.60	275.35	1125.52	9.04
	0.07	1.95	0.34	1.12	10.67	8.92	19.42	45.16	38.82
171.73	46.87	56.86	134.33	2.35	3.82	3.52	21.49		

5-4 城镇居民

（2018 年）

指　　标	郑州市	中原区	二七区	管城区	金水区	上街区	惠济区
总支出	**33433.86**	**33549.66**	**35675.07**	**35666.33**	**38024.06**	**35766.59**	**31683.04**
消费支出	26255.53	26709.68	27604.08	30074.68	31958.42	27965.16	26625.60
生产经营费用支出	885.49		3070.76	7.92	43.12	0.11	159.93
第一产业经营费用支出	35.84		0.13	7.73	3.07	0.11	110.37
第二产业经营费用支出	72.18				40.05		
第三产业经营费用支出	777.47		3070.63	0.19			49.56
财产性支出	268.44	137.33	164.05	649.72	593.66	1038.27	212.63
生活贷款利息支出	252.06	134.87	135.18	639.67	524.59	1038.27	195.88
其他财产性支出	16.38	2.46	28.87	10.05	69.07		16.75
转移性支出	1343.02	2668.07	1366.48	1359.92	1883.94	2859.05	1903.26
个人所得税	111.27	467.32	203.75	64.99	130.80	44.59	71.80
社会保障支出	1088.95	2084.67	1026.34	1229.75	1561.77	2768.94	1661.69
外来从业人员寄给家人的支出	1.41			0.19	4.22		
赡养支出	68.26	96.94	121.52	15.12	96.57	7.54	118.93
其他转移性支出	73.12	19.15	14.87	49.87	90.58	37.98	50.84
部分商业保险支出	223.87	127.96	104.95	190.95	128.43	79.97	357.38
意外伤害保险	12.84	11.62	16.18	10.05	26.18	0.59	7.04
商业医疗保险(含大病保险)	105.17	68.15	63.42	170.10	82.95	69.66	184.66
其他非储蓄性商业保险	13.79	0.33	25.34	10.80	13.08	0.13	47.21
其他储蓄性商业保险	92.08	47.85			6.22	9.58	118.47
购置资产及非经常性转移支出	2325.24	1579.37	2626.09	682.67	1496.43	1068.64	1304.81
购置资产支出	777.73	234.01	1051.45		1.24	110.81	
非经常性转移支出	1547.51	1345.36	1574.64	682.67	1495.20	957.83	1304.81
借贷性支出	2132.27	2327.26	738.66	2700.46	1920.05	2755.39	1119.43

人均总支出

单位:元

中牟县	巩义市	荥阳市	新密市	新郑市	登封市	经开区	高新区	郑东新区	航空港实验区
24015.48	**17962.39**	**29104.47**	**26013.34**	**31902.74**	**27044.65**	**47563.64**	**34070.53**	**44198.26**	**35571.07**
17807.09	15729.83	21174.49	18557.44	29414.79	20812.10	23855.30	26896.76	31072.42	28788.70
845.15	722.95	1028.31	3519.10	42.61	3710.75	0.01	3.85	59.34	99.25
353.87	58.66	29.85	115.31	0.34	74.21	0.01		0.21	41.24
	63.61	408.56	493.98		157.65			53.20	
491.28	600.68	589.90	2909.81	42.28	3478.88		3.85	5.93	58.01
76.46	18.07	618.96	20.45	151.50	15.30	372.26	61.09	175.47	20.24
76.46	18.07	618.96	19.78	151.50	8.52	372.26	48.07	175.47	20.24
			0.67		6.78		13.03		
489.69	166.07	1161.67	550.12	628.67	566.61	981.32	990.94	1838.47	626.32
10.92	0.05	1.60	1.05	47.79	27.15	10.92	41.97	60.58	14.13
416.33	124.71	970.60	497.26	500.89	420.03	862.35	812.33	1397.08	377.75
									11.12
49.42	21.77	151.10	11.94	63.75	33.22	8.37	131.60	50.13	9.51
13.01	19.54	38.37	39.87	16.23	86.20	99.69	5.03	330.68	213.81
161.94	78.83	150.79	148.29	10.58	27.99	461.77	97.15	470.72	1162.73
35.28		4.85	8.62			0.20	0.20	27.84	15.39
78.14	37.70	103.35	111.52	10.58	27.99		16.42	287.58	326.15
2.24	39.15	28.64	17.96						25.17
46.28	1.97	13.95	10.19			461.58	80.53	155.30	796.02
1964.75	1182.31	3015.36	2378.22	1284.19	1846.69	2689.33	5231.34	9086.44	1400.39
397.35	43.24	126.10	56.99	13.70	729.19	2112.11	3115.33	6276.32	46.25
1567.40	1139.07	2889.26	2321.22	1270.49	1117.50	577.21	2116.00	2810.11	1354.14
2670.39	64.33	1954.89	839.71	370.39	65.21	19203.65	789.40	1495.42	3473.44

5-5 城镇居民

（2018 年）

指　　标	郑州市	中原区	二七区	管城区	金水区	上街区	惠济区
消费支出	**26255.53**	**26709.68**	**27604.08**	**30074.68**	**31958.42**	**27965.16**	**26625.60**
食品烟酒	**5804.65**	**7114.34**	**5762.17**	**6638.92**	**6397.29**	**6948.82**	**5990.02**
食品	3831.18	5031.39	4032.68	4320.32	4078.37	4014.27	4105.15
谷物	458.80	528.51	527.67	456.37	497.77	468.94	569.43
薯类	68.71	72.51	80.11	90.63	82.79	81.38	72.65
豆类	63.32	64.80	67.09	59.73	70.99	64.26	73.72
食用油	169.42	164.71	134.81	206.56	145.28	117.09	133.62
蔬菜和食用菌	519.37	631.03	566.45	605.95	527.42	495.46	612.65
肉类	650.85	968.30	667.17	888.39	720.92	826.89	745.12
禽类	132.44	258.59	147.37	197.78	172.61	96.58	163.05
水产品	215.15	401.48	170.63	354.15	196.98	204.60	237.20
蛋类	135.16	137.37	147.46	142.68	145.56	163.64	159.62
奶类	495.63	701.69	538.72	430.92	512.67	396.33	384.89
干鲜瓜果类	566.17	799.61	580.61	545.94	663.83	862.64	626.14
糖果糕点类	160.16	157.10	171.87	206.62	195.75	129.21	165.59
其他食品	196.00	145.69	232.73	134.59	145.81	107.25	161.49
烟酒	455.94	394.59	423.50	776.77	364.60	847.82	398.37
烟草	224.49	161.17	253.40	306.83	118.22	307.73	163.22
酒类	231.45	233.42	170.10	469.95	246.38	540.09	235.15
饮料	152.35	125.17	106.29	233.91	206.06	155.74	92.95
饮食服务	1365.18	1563.19	1199.70	1307.91	1748.27	1930.98	1393.54
食堂用餐	96.80	11.73	9.90	55.19	33.21	24.25	19.92
其他在外饮食	1266.44	1551.19	1189.68	1251.56	1714.88	1906.14	1373.45
食品加工服务费	1.94	0.27	0.12	1.16	0.18	0.59	0.17
衣着	**1944.08**	**1874.69**	**1533.93**	**1430.23**	**2190.89**	**2124.12**	**2146.44**
衣类	1495.31	1410.96	1208.77	1060.90	1715.01	1592.77	1625.07
鞋类	448.77	463.74	325.16	369.33	475.88	531.35	521.37
居住	**7890.55**	**8181.98**	**10453.34**	**13995.30**	**10550.30**	**6240.49**	**7358.36**
租赁房房租	401.93	379.85	650.75	329.00	763.93	13.97	450.82
住房维修及管理	444.63	237.11	404.07	390.23	479.02	391.49	142.55
水电燃料及其他	1389.44	1295.93	1179.89	2177.68	2302.98	2292.41	1056.57
自有住房折算租金	5654.54	6269.09	8218.63	11098.39	7004.37	3542.62	5708.41
#租赁房房租中租赁公房房租	57.08	10.58	102.00	230.83	147.58	2.31	2.02
租赁房房租中租赁私房房租	344.85	369.28	548.76	98.17	616.35	11.66	448.81
住房维修及管理中物业管理费	196.09	204.81	254.95	288.43	354.87	305.41	130.74
生活用品及服务	**1864.98**	**1099.12**	**1660.96**	**1258.40**	**2584.65**	**3454.53**	**1048.72**

人均消费支出

单位:元

中牟县	巩义市	荥阳市	新密市	新郑市	登封市	经开区	高新区	郑东新区	航空港实验区
17807.09	**15729.83**	**21174.49**	**18557.44**	**29414.79**	**20812.10**	**23855.30**	**26896.76**	**31072.42**	**28788.70**
3727.10	**3373.24**	**5061.74**	**5206.76**	**7361.83**	**4594.21**	**3637.27**	**6590.15**	**6543.80**	**5263.44**
2364.23	2198.31	2983.14	3177.15	5924.49	3022.37	2537.22	3955.86	4212.93	3090.45
206.32	305.17	384.07	370.78	499.98	510.28	162.61	477.86	514.03	520.83
39.74	35.80	67.99	87.89	65.60	67.71	26.74	42.96	79.45	38.21
27.63	57.77	77.57	78.70	87.58	88.79	25.09	53.76	47.98	34.29
84.26	109.30	124.31	220.89	547.05	159.94	147.53	170.94	145.95	124.36
303.11	290.98	423.14	448.13	1090.44	425.15	248.33	534.17	557.99	312.34
409.55	352.92	490.99	405.08	542.67	468.44	494.65	684.61	723.39	570.63
95.11	48.54	61.92	52.83	68.32	56.62	104.93	114.79	140.13	84.33
80.21	35.62	88.55	47.42	835.44	57.77	163.37	183.51	166.01	108.53
79.49	66.50	126.26	110.08	278.38	124.02	59.25	139.03	139.30	116.05
295.43	231.67	281.32	458.41	1148.88	331.75	351.04	446.63	669.09	313.57
342.25	361.63	530.46	484.98	445.84	417.85	446.48	585.75	653.79	422.35
58.76	109.16	174.44	153.02	125.77	190.63	51.83	214.56	179.89	125.56
342.37	193.27	152.12	258.95	188.53	123.42	255.35	307.26	195.92	319.40
356.92	378.07	450.63	597.02	345.92	532.55	190.23	754.23	464.63	381.27
163.11	114.77	290.91	419.16	214.54	314.61	125.32	329.27	222.73	295.16
193.80	263.30	159.72	177.87	131.38	217.94	64.91	424.96	241.90	86.11
65.59	110.87	109.05	96.44	145.48	222.09	41.48	218.54	172.74	204.16
940.36	686.00	1518.92	1336.14	945.95	817.20	868.34	1661.51	1693.50	1587.56
83.70	40.44	52.23	259.10	139.63	164.41	8.49	132.81	153.99	460.56
852.81	639.09	1458.43	1072.52	805.25	649.48	859.64	1528.48	1538.90	1122.98
3.86	6.46	8.26	4.52	1.07	3.31	0.21	0.22	0.61	4.01
1505.92	**1721.70**	**1843.10**	**2090.66**	**2469.07**	**1962.85**	**2157.30**	**2338.87**	**2040.07**	**2088.51**
1194.40	1347.31	1412.02	1592.10	1533.77	1500.49	1797.68	1896.71	1615.07	1705.59
311.51	374.39	431.07	498.56	935.31	462.36	359.62	442.16	424.99	382.92
6956.59	**2978.46**	**4839.91**	**2442.99**	**4227.16**	**3055.39**	**10025.00**	**7426.73**	**9695.30**	**7908.87**
15.39	10.66	431.72	114.63	8.60	87.34	54.31	137.56	711.20	739.14
89.11	907.26	426.27	450.06	696.75	635.12	565.62	279.09	771.32	96.65
864.18	711.82	902.40	846.31	1264.81	1072.22	809.99	1097.77	1166.54	1532.14
5987.91	1348.72	3079.51	1031.99	2257.00	1260.71	8595.09	5912.31	7046.24	5540.93
3.13	8.01	49.74	15.67	1.66	9.01			0.15	13.78
12.26	2.66	381.99	98.97	6.93	78.33	54.31	137.56	711.05	725.36
62.09	66.01	98.72	23.63	48.83	35.69	553.56	202.25	211.84	82.80
1138.80	**2107.46**	**1319.69**	**1782.99**	**3066.78**	**2157.94**	**1373.10**	**1616.64**	**2091.02**	**1882.45**

5-5 续表 （2018 年）

指 标	郑州市	中原区	二七区	管城区	金水区	上街区	惠济区
家具及室内装饰品	469.85	81.70	196.32	263.02	915.77	1324.55	48.45
家用器具	462.95	202.16	474.90	220.52	591.77	818.11	150.94
家用纺织品	133.74	77.15	123.53	127.43	148.96	295.44	72.03
家庭日用杂品	348.33	278.18	368.80	225.73	328.08	552.71	422.22
个人用品	402.99	428.01	385.49	375.61	565.55	417.60	330.19
家庭服务	47.11	31.93	111.92	46.09	34.51	46.12	24.87
#家政服务	14.36	15.76	44.93	15.98	8.84	13.37	0.26
交通通信	**2968.24**	**2273.18**	**2239.08**	**3140.65**	**3296.07**	**1998.87**	**3406.12**
交通	2039.86	1215.53	1283.71	2342.52	2241.21	1497.03	2564.26
交通工具	731.34	77.37	254.08	1408.52	148.02	240.72	1419.40
交通费	269.63	236.77	271.99	196.58	680.70	145.81	171.68
交通工具用燃料	668.82	611.03	392.06	390.76	905.44	838.05	588.47
交通工具使用及维修	370.06	290.37	365.58	346.67	507.04	272.44	384.72
#车辆保险支出	89.37	56.06	62.18	75.42	176.03	3.63	101.24
通信	928.38	1057.65	955.37	798.13	1054.86	501.84	841.86
通信工具	330.01	287.42	397.70	173.04	362.54	33.65	219.59
通信服务	598.37	770.22	557.67	625.09	692.31	468.20	622.26
教育文化娱乐	**2917.08**	**2888.72**	**2989.60**	**2124.48**	**3944.32**	**2604.62**	**5071.87**
教育	1710.78	1714.42	1513.58	1478.57	2273.14	548.73	3847.28
学前教育	457.72	603.21	931.14	353.33	335.25	69.14	667.76
小学教育	391.77	377.69	186.15	410.23	1007.07	32.14	525.46
初中教育	125.89	139.57	68.87	141.49	87.21	62.59	295.48
高中教育	180.82	27.21	45.90	53.07	537.22	140.07	289.13
中专职高教育	15.79	41.01		1.39	15.08	8.20	
大专及以上教育	302.27	358.96	177.83	13.40	139.58	235.77	750.68
成人教育	236.52	166.77	103.70	505.67	151.73	0.83	1318.77
文化娱乐	1206.30	1174.30	1476.02	645.91	1671.17	2055.89	1224.59
文娱耐用消费品	217.76	89.49	196.94	29.78	180.30	48.34	81.61
其他文娱用品	233.96	205.80	323.81	89.73	283.07	226.33	221.09
文化娱乐服务	754.58	879.01	955.27	526.40	1207.81	1781.22	921.89
医疗保健	**2160.03**	**2663.47**	**2193.73**	**1100.97**	**1997.42**	**4260.21**	**1280.54**
医疗器具及药品	740.18	919.29	1075.06	343.90	1018.84	2166.98	477.46
医疗服务	1419.85	1744.18	1118.66	757.07	978.58	2093.23	803.08
门诊总费用	390.86	321.41	611.65	228.31	418.49	290.96	465.11
住院总费用	1028.99	1422.77	507.01	528.76	560.09	1802.27	337.97
其他用品和服务	**705.92**	**614.16**	**771.28**	**385.72**	**997.48**	**333.50**	**323.55**
其他用品	312.56	434.98	259.60	91.41	248.56	212.36	130.34
其他服务	393.36	179.18	511.67	294.31	748.92	121.13	193.21

单位:元

中牟县	巩义市	荥阳市	新密市	新郑市	登封市	经开区	高新区	郑东新区	航空港实验区
194.23	1051.99	219.12	234.87	2138.35	347.04	23.63	97.49	207.03	82.79
199.37	287.66	265.36	591.72	425.39	652.50	50.51	560.77	859.65	843.17
113.95	124.23	115.84	193.18	55.91	195.20	225.99	84.38	139.43	158.33
304.99	314.97	271.69	406.03	233.62	467.74	436.64	426.48	408.66	423.61
291.95	287.14	367.26	335.79	186.33	458.27	624.12	414.58	422.45	311.42
34.32	41.48	80.42	21.39	27.18	37.17	12.21	32.93	53.79	63.12
1.07	8.07	47.79	2.78	15.42	12.58	0.60	2.09	9.11	
1542.51	**2373.46**	**2471.30**	**2926.32**	**2798.08**	**2599.19**	**2846.24**	**2422.28**	**3379.80**	**6559.34**
797.79	1717.88	1719.34	2163.20	1885.04	1636.74	1539.00	1529.63	2346.99	5505.68
170.32	1014.70	513.23	1001.71	1226.60	303.13	63.16	177.99	668.32	3669.60
75.07	164.22	202.08	94.12	40.86	112.31	48.52	296.18	316.59	254.23
365.25	385.66	697.39	620.85	511.23	802.14	1030.02	636.04	993.08	943.58
187.15	153.31	306.63	446.52	106.35	419.16	397.30	419.42	369.01	638.26
30.38	22.98	89.79	167.47	28.67	51.25	21.69	21.11	141.02	132.69
744.72	655.58	751.96	763.12	913.04	962.45	1307.24	892.65	1032.81	1053.66
352.47	258.25	272.62	287.55	247.53	362.09	703.38	295.59	437.39	436.73
392.25	397.33	479.33	475.57	665.51	600.36	603.86	597.05	595.42	616.94
1740.77	**1591.20**	**2626.36**	**2086.06**	**3005.36**	**2516.63**	**2874.69**	**4227.32**	**3637.14**	**2095.86**
978.75	727.17	1669.73	1435.14	1491.29	1843.24	773.09	3021.48	2196.41	1264.80
123.49	102.93	500.42	321.38	329.23	212.83	554.03	322.53	717.83	575.67
170.04	100.65	466.98	433.21	266.44	380.82	3.35	272.67	217.56	119.53
16.56	130.93	157.50	123.86	113.08	125.04	2.93	71.42	468.86	14.82
46.44	204.66	98.71	151.82	88.91	88.09	2.16	341.00	170.00	172.79
0.76		3.21	16.76		124.84		6.25	6.00	8.66
452.84	155.10	400.44	85.15	119.91	736.87	21.39	1560.73	537.95	157.42
168.63	32.89	42.48	302.96	573.72	174.74	189.24	446.87	78.20	215.91
762.02	864.03	956.62	650.93	1514.07	673.39	2101.60	1205.84	1440.73	831.06
73.95	75.40	81.08	102.68	1059.83	204.02	1538.56	177.73	141.14	119.89
239.61	94.64	175.12	161.84	144.07	150.66	298.48	183.32	615.68	187.64
448.45	693.99	700.42	386.41	310.17	318.71	264.55	844.79	683.91	523.54
877.38	**750.68**	**2430.08**	**1619.77**	**5971.09**	**3093.58**	**326.70**	**1159.59**	**3112.58**	**1850.82**
270.30	289.88	567.95	725.68	837.24	458.95	211.02	320.43	623.45	915.15
607.08	460.80	1862.13	894.09	5133.85	2634.63	115.68	839.16	2489.14	935.67
337.17	241.17	413.09	452.37	197.97	84.36	98.58	294.59	743.47	591.94
269.91	219.63	1449.03	441.73	4935.88	2550.27	17.10	544.56	1745.67	343.73
318.02	**833.63**	**582.33**	**401.88**	**515.42**	**832.31**	**615.01**	**1115.19**	**572.71**	**1139.42**
202.31	701.18	241.41	187.76	437.11	581.49	163.47	237.69	285.37	381.70
115.72	132.45	340.92	214.12	78.31	250.83	451.54	877.50	287.34	757.71

5-6 城镇居民人均

（2018 年）

指标名称	单位	郑州市	中原区	二七区	管城区	金水区	上街区	惠济区
购买生活消费品	元	**20308.57**	**20166.95**	**19213.24**	**17844.60**	**24614.35**	**24363.60**	**20727.43**
食品烟酒	元	5736.90	7072.21	5731.09	6621.50	6343.57	6927.98	5944.45
食品	元	3792.67	4989.35	4001.61	4302.90	4034.64	3998.39	4063.70
谷物	元	446.63	517.32	497.65	450.68	492.93	461.70	538.08
小麦	公斤	0.36	0.09	0.30	0.33	1.00		0.01
金额	元	0.92	0.33	0.86	1.03	2.27		0.08
面粉	公斤	15.96	12.27	19.73	18.27	11.28	10.31	14.55
金额	元	60.33	51.63	75.41	78.75	53.68	43.39	47.62
稻谷	公斤	0.03	0.03		0.02	0.06	0.01	
金额	元	0.14	0.11		0.08	0.31	0.03	0.02
大米	公斤	15.37	17.20	21.67	20.83	15.80	17.30	20.97
金额	元	95.41	104.58	118.79	133.47	115.17	113.55	102.46
玉米	公斤	1.78	1.52	1.93	2.02	3.09	1.78	3.31
金额	元	8.42	7.79	10.94	10.68	15.24	10.12	12.70
小米	公斤	3.48	2.68	4.19	3.67	2.59	3.39	5.27
金额	元	28.57	23.99	31.77	33.15	25.44	41.51	29.43
其他谷物	公斤	1.07	1.05	0.60	1.83	1.13	0.28	0.80
金额	元	9.16	8.65	6.00	17.55	11.84	4.45	5.56
面粉制品	公斤	44.93	44.63	58.66	29.74	34.13	22.04	117.02
金额	元	213.96	227.95	226.17	163.69	235.84	190.88	317.87
其他谷物制品	公斤	2.35	3.09	2.99	1.27	2.27	3.76	3.50
金额	元	29.72	92.29	27.71	12.27	33.12	57.78	22.34
薯类	公斤	13.89	15.95	19.89	14.86	14.00	15.41	18.61
金额	元	68.36	72.51	80.11	90.63	82.79	81.38	72.65
红薯	公斤	5.43	5.16	8.14	5.84	5.51	8.25	7.25
金额	元	17.23	17.03	23.74	21.20	22.38	32.50	18.23
马铃薯	公斤	5.53	7.82	8.70	4.89	5.41	4.65	7.57
金额	元	18.36	25.41	26.12	18.63	20.73	16.17	19.30
其他薯类及制品	公斤	2.93	2.98	3.05	4.13	3.08	2.52	3.80
金额	元	32.77	30.07	30.25	50.80	39.69	32.71	35.11

购买生活消费品

中牟县	巩义市	荥阳市	新密市	新郑市	登封市	经开区	高新区	郑东新区	航空港实验区
11670.37	**14345.06**	**17919.32**	**17079.29**	**27124.08**	**19464.00**	**15225.86**	**20940.94**	**23691.11**	**22770.60**
3640.26	3364.22	4980.04	4935.81	7356.99	4577.93	3636.70	6569.25	6367.02	5095.60
2351.03	2189.28	2930.93	3162.29	5919.65	3006.09	2536.65	3937.12	4108.46	2965.68
206.08	304.38	368.33	368.30	497.30	507.52	162.61	477.86	479.63	488.72
0.83	0.10	0.09	0.80	0.06	0.72	0.01	0.15	0.05	0.02
1.94	0.33	0.35	2.00	0.22	1.45	0.07	0.83	0.15	0.07
9.03	15.15	12.85	12.37	32.52	36.17	10.40	8.45	13.52	18.09
34.25	54.43	46.65	47.62	103.54	94.22	33.04	44.31	51.12	71.06
0.04		0.04	0.04		0.18		0.05		
0.23		0.16	0.12		0.77		0.30	0.01	
9.07	8.73	9.80	12.99	14.51	13.96	9.81	19.51	13.89	11.93
51.97	53.14	59.88	88.94	76.52	69.56	45.90	132.11	90.34	85.87
0.69	0.50	1.09	1.26	0.13	2.63	0.80	2.56	2.37	0.70
2.59	2.02	4.26	5.11	0.50	8.76	4.43	12.91	11.95	1.50
1.19	3.51	3.24	5.03	5.99	7.36	2.10	4.63	1.69	1.57
11.55	27.92	31.16	44.96	46.10	46.26	11.19	37.43	14.60	11.25
0.96	0.58	1.17	1.63	0.21	2.51	0.01	3.46	0.44	0.62
7.77	3.85	9.87	15.66	1.17	17.90	0.09	23.12	3.70	3.60
21.76	27.94	39.41	33.54	53.49	80.88	12.25	43.51	44.02	65.96
92.73	151.91	193.61	150.01	237.11	244.40	62.53	193.29	281.33	311.21
0.47	1.16	2.15	1.63	4.04	4.39	0.95	3.41	2.46	0.57
3.06	10.79	22.38	13.88	32.15	24.19	5.38	33.56	26.43	4.17
8.55	7.27	15.27	15.48	10.99	17.63	6.85	10.27	13.70	8.62
39.66	35.80	66.79	87.89	65.60	67.28	26.74	42.96	79.45	34.01
3.27	2.30	6.07	7.35	7.08	6.13	0.71	4.98	3.79	3.44
7.75	6.35	17.65	21.30	17.33	16.60	3.89	15.33	12.76	8.98
3.37	3.46	7.43	2.66	0.65	6.89	5.54	3.53	6.21	4.56
10.89	10.49	23.66	10.45	1.58	19.54	17.43	12.22	23.50	14.70
1.92	1.52	1.78	5.46	3.26	4.61	0.60	1.76	3.70	0.61
21.02	18.95	25.48	56.15	46.69	31.14	5.43	15.41	43.19	10.33

5-6 续表 1 （2018 年）

指标名称	单位	郑州市	中原区	二七区	管城区	金水区	上街区	惠济区
豆类	公斤	11.17	10.76	14.24	8.62	10.26	9.34	15.93
金额	元	63.32	64.80	67.09	59.73	70.99	64.26	73.72
大豆	公斤	1.12	0.88	2.30	1.27	1.12	0.90	0.82
金额	元	6.99	6.47	13.43	8.61	8.70	5.99	4.26
其他豆类及制品	公斤	10.05	9.88	11.93	7.36	9.14	8.43	15.12
金额	元	56.33	58.32	53.67	51.12	62.30	58.27	69.46
食用油	公斤	9.45	8.78	10.13	9.79	7.62	5.86	7.86
金额	元	161.37	147.94	134.74	199.06	138.55	109.52	131.22
食用植物油	公斤	9.22	8.78	9.79	9.55	7.46	5.84	7.78
金额	元	153.47	147.94	129.01	195.04	134.95	108.48	130.70
食用动物油	公斤	0.23		0.33	0.23	0.16	0.02	0.08
金额	元	7.91		5.72	4.01	3.60	1.04	0.53
蔬菜和食用菌	公斤	107.97	145.28	136.06	110.82	96.38	109.43	177.32
金额	元	517.49	630.94	566.43	605.95	527.37	495.46	612.65
鲜菜	公斤	102.82	140.56	130.86	101.25	91.94	105.20	171.84
金额	元	413.76	564.12	510.42	475.71	425.20	418.00	557.55
干菜及菜制品	公斤	1.65	0.57	1.67	5.26	0.98	1.09	1.37
金额	元	24.83	10.95	20.89	60.28	17.44	19.15	14.56
鲜菌	公斤	2.78	3.60	3.24	3.90	2.79	2.76	2.77
金额	元	36.45	36.89	26.18	52.10	42.75	30.52	29.35
干菌及制品	公斤	0.72	0.55	0.29	0.40	0.68	0.39	1.34
金额	元	42.45	18.98	8.93	17.86	41.98	27.79	11.19
肉类	公斤	21.86	28.60	25.40	24.98	20.61	22.61	28.86
金额	元	648.55	963.83	667.11	887.34	715.95	826.89	744.57
猪肉	公斤	14.28	17.36	16.41	13.31	12.33	16.64	20.74
金额	元	317.03	414.87	326.86	319.20	332.77	409.87	403.94
牛肉	公斤	2.31	3.37	2.66	4.80	2.43	0.63	2.77
金额	元	117.31	178.26	117.16	248.34	133.00	39.12	112.28
羊肉	公斤	1.79	3.05	2.33	4.25	1.76	1.42	2.25
金额	元	87.84	163.75	97.94	223.70	97.93	80.66	97.27
其他肉类及制品	公斤	3.49	4.82	4.01	2.62	4.10	3.92	3.10
金额	元	126.37	206.96	125.15	96.10	152.25	297.25	131.08
禽类	公斤	6.49	11.19	7.75	8.92	7.12	4.01	9.29

中牟县	巩义市	荥阳市	新密市	新郑市	登封市	经开区	高新区	郑东新区	航空港实验区
5.44	9.23	13.23	11.92	13.89	21.91	5.28	10.18	7.64	9.22
27.58	57.77	77.57	78.70	87.58	88.79	25.09	53.76	47.98	34.29
0.26	0.19	0.43	1.91	1.98	2.31	0.54	1.08	0.40	0.18
1.47	1.37	3.00	11.19	11.09	11.20	3.10	6.23	2.41	0.76
5.18	9.05	12.80	10.01	11.91	19.60	4.73	9.10	7.23	9.04
26.11	56.40	74.57	67.51	76.49	77.59	22.00	47.53	45.57	33.54
5.49	7.80	6.58	12.90	18.72	15.02	12.26	11.42	7.22	6.27
83.73	108.23	106.50	216.95	545.42	155.74	147.36	170.94	120.33	103.97
5.47	7.78	6.56	12.79	16.40	14.84	12.10	11.42	7.09	6.25
83.44	107.60	105.94	215.43	429.32	153.55	142.85	170.94	118.20	103.77
0.02	0.02	0.02	0.11	2.32	0.18	0.16		0.14	0.02
0.29	0.64	0.56	1.52	116.10	2.19	4.51		2.13	0.20
73.03	69.23	104.14	83.42	130.41	111.93	54.88	124.15	108.79	72.22
302.82	290.86	421.87	447.71	1090.44	418.02	248.08	534.17	549.47	299.30
70.89	67.00	100.01	78.14	116.63	104.31	52.17	118.94	105.36	69.97
279.61	234.22	361.40	326.33	401.78	331.06	223.96	458.50	508.03	268.98
0.49	0.58	0.89	2.26	1.71	4.04	1.05	2.09	1.05	1.84
9.33	18.28	12.23	54.40	29.89	52.70	10.04	34.60	14.31	23.13
1.63	1.44	2.81	1.91	6.92	3.12	0.67	2.83	2.14	0.37
12.75	14.60	30.26	29.68	179.23	24.79	5.22	29.34	21.39	3.79
0.02	0.22	0.43	1.12	5.15	0.46	1.00	0.29	0.24	0.05
1.13	23.76	17.98	37.30	479.54	9.47	8.86	11.73	5.74	3.40
14.33	10.69	16.70	13.02	21.74	19.76	20.01	27.27	25.08	25.29
409.08	352.92	486.13	404.03	542.30	468.35	494.65	684.61	715.84	568.72
10.30	7.48	11.13	9.40	16.59	13.38	14.19	17.42	16.14	19.14
223.15	174.73	256.82	214.83	328.66	234.38	306.74	349.75	374.24	351.90
0.59	0.63	1.13	1.45	1.30	2.16	2.53	4.16	2.10	1.57
39.29	36.73	58.63	110.91	59.07	113.52	105.13	143.23	101.42	91.73
0.71	0.45	0.79	0.62	0.83	1.70	1.43	2.84	1.55	0.60
41.24	27.32	44.31	37.39	35.10	77.72	50.90	92.01	66.94	24.09
2.74	2.13	3.65	1.55	3.01	2.51	1.85	2.85	5.29	3.99
105.40	114.13	126.37	40.90	119.47	42.73	31.89	99.62	173.25	101.01
5.07	2.29	3.19	3.04	4.75	3.31	6.18	6.76	6.47	6.54

5-6 续表 2 （2018 年）

指标名称	单位	郑州市	中原区	二七区	管城区	金水区	上街区	惠济区
金额	元	132.44	258.59	147.37	197.78	172.61	96.58	163.05
鸡	公斤	4.45	6.43	5.36	7.43	4.50	2.75	7.68
金额	元	79.60	119.74	88.02	150.78	100.52	57.29	119.85
鸭	公斤	0.35	0.62	0.51	0.32	0.53	0.11	0.57
金额	元	5.36	8.20	9.04	5.84	8.76	1.25	6.88
鹅	公斤	0.03	0.05	0.02	0.09	0.05	0.01	
金额	元	0.62	0.35	0.19	3.08	1.31	0.20	0.03
其他禽类及制品	公斤	1.67	4.09	1.87	1.08	2.05	1.13	1.04
金额	元	46.86	130.29	50.11	38.08	62.01	37.83	36.28
水产品	公斤	7.57	13.55	8.61	11.75	7.75	7.75	17.21
金额	元	214.99	401.02	170.63	353.58	196.98	204.60	237.20
鱼类	公斤	4.92	9.55	5.54	6.37	5.31	5.99	11.44
金额	元	105.56	205.89	109.23	141.09	114.15	123.47	136.23
虾类	公斤	1.27	2.09	1.01	3.67	0.91	1.00	2.64
金额	元	76.05	120.31	44.40	166.95	48.23	55.28	74.79
蟹类	公斤	0.14	0.23	0.06	0.24	0.15	0.02	
金额	元	11.32	20.76	3.42	14.73	6.89	0.91	
贝类	公斤	0.16	0.42	0.09	0.64	0.15	0.03	0.28
金额	元	2.88	9.69	1.21	10.78	2.98	0.49	1.87
藻类	公斤	0.37	0.40	0.42	0.32	0.59	0.30	0.42
金额	元	3.57	2.85	3.46	3.70	5.20	6.54	3.49
其他水产品及制品	公斤	0.72	0.85	1.49	0.51	0.64	0.42	2.43
金额	元	15.61	41.52	8.90	16.33	19.52	17.91	20.82
蛋类	公斤	14.97	15.43	17.35	15.46	14.96	16.17	24.00
金额	元	135.16	137.37	147.46	142.68	145.56	163.64	159.62
鲜蛋	公斤	14.19	14.43	16.43	14.65	14.35	15.52	23.22
金额	元	124.08	127.33	139.06	132.31	140.17	151.61	151.77
蛋制品	公斤	0.78	1.00	0.92	0.81	0.61	0.65	0.77
金额	元	11.08	10.04	8.40	10.38	5.39	12.03	7.85
奶类	公斤	23.90	25.12	29.28	22.36	34.05	22.23	40.21
金额	元	495.63	701.66	538.72	430.92	512.67	396.33	384.89
鲜奶	公斤	13.20	12.79	17.27	11.35	20.32	11.92	22.02
金额	元	155.80	151.71	194.56	162.19	221.09	180.29	139.41

中牟县	巩义市	荥阳市	新密市	新郑市	登封市	经开区	高新区	郑东新区	航空港实验区
95.07	48.54	61.92	52.83	68.32	56.62	104.93	114.79	140.13	84.33
4.12	1.75	1.59	2.13	3.48	2.56	4.98	4.85	4.23	4.55
70.72	27.22	27.76	33.06	43.50	44.68	82.67	76.48	78.29	56.47
0.06	0.01	0.04	0.05	0.01	0.14	0.51	0.60	0.32	0.44
1.21	0.12	0.55	1.31	0.06	2.71	7.37	7.24	4.84	5.85
0.01					0.02			0.05	
0.19					0.43			1.67	
0.88	0.53	1.56	0.86	1.26	0.58	0.69	1.31	1.87	1.55
22.95	21.20	33.60	18.46	24.77	8.80	14.89	31.07	55.32	22.01
3.57	1.74	4.33	2.24	10.00	3.53	6.31	7.82	6.03	5.17
79.91	35.16	88.55	47.42	835.44	57.77	163.37	182.69	166.01	108.53
2.81	0.90	2.71	1.48	5.30	1.80	4.21	5.44	3.44	3.98
46.63	15.67	48.79	28.09	293.39	26.54	70.13	103.54	72.25	59.62
0.38	0.11	0.42	0.24	3.21	0.45	1.22	1.24	1.11	0.70
21.19	5.59	21.95	9.97	424.90	16.43	80.36	58.48	57.65	37.87
0.12		0.02	0.02	0.80	0.07	0.03		0.20	
7.79		1.37	0.99	106.68	3.95	1.51	0.40	8.87	
0.06	0.01	0.05	0.02	0.01	0.02	0.01	0.12	0.17	0.06
0.69	0.10	0.60	0.32	0.17	0.72	0.31	2.57	2.51	0.52
0.08	0.16	0.85	0.14	0.40	0.59	0.17	0.33	0.26	0.01
0.81	1.77	7.99	1.61	5.06	4.28	1.71	5.31	3.69	0.08
0.12	0.57	0.29	0.35	0.28	0.60	0.66	0.69	0.84	0.42
2.80	12.03	7.85	6.44	5.24	5.85	9.35	12.40	21.05	10.44
9.94	7.62	14.57	12.74	18.26	18.23	7.22	16.24	16.04	14.73
79.49	66.50	126.26	110.08	278.38	124.02	59.25	139.03	139.30	116.05
9.88	7.52	13.99	12.48	15.54	17.40	6.62	15.14	15.34	13.92
78.73	65.06	121.15	107.32	186.40	116.65	54.06	126.77	131.67	109.40
0.06	0.10	0.57	0.26	2.72	0.82	0.60	1.10	0.70	0.81
0.76	1.44	5.11	2.76	91.98	7.37	5.19	12.26	7.62	6.64
9.56	12.29	15.16	15.76	24.41	31.06	13.21	28.26	27.90	9.42
295.43	231.67	281.32	458.41	1148.88	331.75	351.04	446.63	669.09	313.57
5.10	8.46	7.58	8.33	10.08	16.83	6.99	11.97	18.01	4.57
76.91	108.72	118.53	108.91	170.96	87.68	65.86	129.76	289.21	65.75

5-6 续表 3 (2018 年)

指标名称	单位	郑州市	中原区	二七区	管城区	金水区	上街区	惠济区
酸奶	公斤	8.23	9.70	10.09	9.56	11.37	9.64	12.67
金额	元	94.78	123.61	96.21	118.40	123.11	161.32	100.05
奶粉	公斤	1.16	1.75	1.45	0.54	0.69	0.33	0.45
金额	元	218.18	402.24	236.58	132.84	138.47	46.34	56.94
其他奶制品	公斤	1.32	0.87	0.47	0.90	1.67	0.35	5.09
金额	元	26.86	24.09	11.38	17.49	29.99	8.38	88.49
干鲜瓜果类	公斤	75.46	101.73	82.13	66.17	74.14	81.87	101.86
金额	元	560.00	796.52	580.49	545.75	642.92	861.57	624.07
鲜瓜果	公斤	67.38	95.43	72.52	59.95	66.52	73.35	91.96
金额	元	422.87	662.73	448.09	399.82	494.33	585.19	483.70
瓜果制品	公斤	2.42	1.34	3.19	1.40	2.08	2.46	1.67
金额	元	34.82	26.12	36.97	20.61	42.75	71.96	33.85
坚果类	公斤	5.66	4.95	6.42	4.82	5.54	6.05	8.23
金额	元	102.32	107.66	95.43	125.32	105.84	204.42	106.53
糖果糕点类	公斤	8.73	7.04	9.98	8.57	8.69	4.42	10.55
金额	元	158.71	156.47	171.81	206.62	195.75	129.21	165.59
食糖	公斤	1.34	0.84	1.59	1.60	1.17	0.23	1.36
金额	元	10.66	7.51	12.98	14.64	11.39	2.02	7.42
糖果	公斤	1.01	1.13	1.17	0.64	0.96	1.00	0.80
金额	元	19.79	25.35	20.54	12.74	23.22	25.85	11.27
糕点	公斤	4.59	4.17	6.28	3.16	5.32	2.83	7.16
金额	元	97.10	104.17	121.27	79.60	138.11	88.65	118.20
其他糖果糕点	公斤	1.79	0.89	0.94	3.17	1.25	0.36	1.23
金额	元	31.16	19.44	17.03	99.64	23.02	12.69	28.70
其他食品	元	190.03	140.38	232.01	132.18	139.59	107.25	156.39
调味品	元	88.27	95.33	97.06	90.00	98.24	78.39	97.38
其他食品	元	101.77	45.05	134.95	42.17	41.35	28.86	59.01
饮料	元	152.35	125.17	106.29	233.91	206.06	155.74	92.95
茶叶	公斤	0.28	0.18	0.35	0.60	0.38	0.04	0.09
金额	元	55.84	38.78	40.33	129.94	110.64	5.14	13.93
咖啡	元	5.94	6.63	2.82	8.78	14.39	0.69	2.00
其他固体饮料	元	8.55	2.67	2.25	5.42	6.19	4.22	7.52
瓶装饮用水	元	14.34	7.21	10.47	7.96	16.54	65.02	13.27

中牟县	巩义市	荥阳市	新密市	新郑市	登封市	经开区	高新区	郑东新区	航空港实验区
3.10	3.18	6.62	3.63	7.85	11.41	5.20	9.88	7.93	3.26
39.26	46.46	103.86	51.45	99.99	91.32	58.20	110.86	104.53	39.25
0.76	0.26	0.41	1.20	5.89	0.67	0.92	0.53	1.22	0.80
168.38	61.28	46.80	255.78	868.28	107.84	225.05	88.53	264.17	179.41
0.60	0.39	0.54	2.59	0.58	2.15	0.10	5.88	0.74	0.80
10.88	15.22	12.14	42.28	9.65	44.91	1.94	117.48	11.19	29.16
59.63	53.99	72.11	73.22	79.82	80.21	51.26	73.55	74.70	61.04
341.35	355.97	527.32	481.61	445.69	417.23	446.39	585.75	630.05	420.76
55.39	48.34	64.40	65.91	72.54	71.22	44.78	66.90	67.78	42.22
277.00	246.25	389.28	328.19	342.01	307.19	328.35	467.16	504.46	223.94
0.60	1.17	2.85	1.24	1.88	2.16	1.85	0.68	2.20	10.34
8.18	23.05	48.18	22.17	19.87	20.50	23.80	15.35	40.21	92.58
3.65	4.49	4.86	6.07	5.41	6.83	4.63	5.97	4.72	8.48
56.18	86.67	89.86	131.25	83.80	89.54	94.24	103.25	85.37	104.24
2.97	5.66	9.47	9.46	9.56	17.95	3.92	10.62	7.43	9.93
58.76	109.00	171.30	151.54	125.77	189.65	51.83	196.70	177.91	120.69
0.98	0.83	0.73	1.45	2.32	3.82	1.23	1.47	0.95	0.90
8.32	7.61	7.17	11.95	15.93	20.65	8.13	14.18	7.13	6.79
0.24	0.47	1.56	0.69	1.08	2.78	0.64	1.09	0.85	0.91
4.45	10.06	21.85	15.03	18.30	35.05	17.52	33.48	23.90	10.83
1.63	3.17	6.64	5.36	3.18	6.62	1.96	5.08	5.15	2.37
43.49	67.68	129.20	95.60	51.78	83.79	24.93	105.89	134.49	33.05
0.13	1.19	0.54	1.95	2.98	4.73	0.08	2.99	0.48	5.75
2.50	23.65	13.07	28.95	39.76	50.16	1.25	43.16	12.38	70.02
332.08	192.48	147.08	256.80	188.53	123.34	255.30	307.20	193.27	272.75
61.44	73.77	86.28	81.32	106.12	100.60	65.55	91.87	78.56	66.92
270.64	118.71	60.79	175.48	82.41	22.73	189.75	215.33	114.71	205.83
65.59	110.87	109.05	96.44	145.48	222.09	41.48	218.54	172.74	204.16
0.03	0.07	0.14	0.09	0.23	0.59	0.10	0.39	0.26	0.35
13.20	30.59	21.56	13.87	45.57	108.69	9.47	113.34	37.05	21.52
0.97	1.96	0.43	3.14		10.84	0.36	17.27	5.63	0.80
0.92	4.05	11.42	3.20	3.62	2.82	1.22	2.23	8.09	66.84
8.18	11.40	22.40	12.64	10.96	16.45	6.16	9.52	25.42	17.83

5-6 续表 4 （2018 年）

指标名称	单位	郑州市	中原区	二七区	管城区	金水区	上街区	惠济区
果汁饮料	元	20.21	22.46	7.81	36.22	20.61	59.33	27.15
其他液体饮料	元	47.46	47.42	42.61	45.60	37.68	21.34	29.09
烟酒	元	455.16	394.59	423.50	776.77	364.60	847.82	398.37
烟草	元	223.71	161.17	253.40	306.83	118.22	307.73	163.22
卷烟	盒	15.01	12.07	17.50	15.67	5.71	20.68	12.03
金额	元	221.52	152.39	253.40	305.40	117.90	307.73	163.22
烟丝烟叶	公斤	0.15	0.54		0.08	0.03		
金额	元	2.19	8.78		1.42	0.32		
酒类	元	231.45	233.42	170.10	469.95	246.38	540.09	235.15
啤酒	公斤	3.85	2.87	3.47	5.32	2.96	0.72	12.18
金额	元	25.85	20.15	24.23	42.48	23.94	6.52	54.22
白酒	公斤	1.92	2.24	1.67	2.81	1.25	7.81	2.86
金额	元	183.26	182.21	129.67	378.80	176.84	499.75	173.56
果酒	公斤	0.21	0.23	0.19	0.24	0.38	0.41	0.11
金额	元	14.35	20.00	13.12	40.90	21.75	29.66	1.82
其他酒	元	7.99	11.06	3.07	7.76	23.85	4.16	5.55
饮食服务	元	1336.71	1563.09	1199.70	1307.91	1738.27	1926.03	1389.43
食堂用餐	元	69.03	11.63	9.90	55.19	23.21	19.30	15.82
其他在外饮食	元	1265.74	1551.19	1189.68	1251.56	1714.88	1906.14	1373.45
食品加工服务费	元	1.94	0.27	0.12	1.16	0.18	0.59	0.17
衣着	元	1940.91	1874.69	1533.28	1429.12	2190.18	2124.12	2146.44
衣类	元	1492.14	1410.96	1208.11	1059.80	1714.30	1592.77	1625.07
服装	元	1413.74	1344.71	1131.68	1008.82	1618.43	1512.15	1295.69
服装材料	元	7.45	5.37	9.25	8.28	10.19	3.39	8.25
其他衣类及配件	元	66.59	55.54	61.30	41.59	79.40	64.10	314.23
衣类加工服务费	元	4.36	5.33	5.89	1.11	6.29	13.14	6.90
鞋类	元	448.77	463.74	325.16	369.33	475.88	531.35	521.37
鞋	双	3.38	2.96	3.09	2.50	3.67	2.72	4.02
金额	元	444.49	457.05	318.89	367.57	473.14	530.56	513.66
鞋类配件及加工服务费	元	4.28	6.68	6.27	1.75	2.74	0.79	7.71
居住	元	2125.78	1738.62	2224.89	1875.37	3439.92	2683.70	1649.94
租赁房房租	元	401.93	379.85	650.75	329.00	763.93	13.97	450.82
租赁公房房租	元	57.08	10.58	102.00	230.83	147.58	2.31	2.02

中牟县	巩义市	荥阳市	新密市	新郑市	登封市	经开区	高新区	郑东新区	航空港实验区
0.67	4.08	19.47	11.96	22.94	42.01	0.89	39.78	8.97	29.08
41.65	58.79	33.75	51.62	62.39	41.29	23.39	36.41	87.59	68.09
356.92	378.07	450.63	597.02	345.92	532.55	190.23	754.23	464.63	369.30
163.11	114.77	290.91	419.16	214.54	314.61	125.32	329.27	222.73	283.19
12.26	10.59	20.09	28.10	17.08	23.12	7.36	16.63	15.31	21.71
163.11	114.77	290.91	407.79	214.54	312.11	125.32	329.27	222.06	279.79
			0.89		0.21			0.05	0.16
			11.37		2.50			0.67	3.40
193.80	263.30	159.72	177.87	131.38	217.94	64.91	424.96	241.90	86.11
1.82	1.94	5.15	2.82	2.91	9.52	4.20	5.03	2.36	3.63
9.45	14.04	27.88	31.30	17.70	43.09	19.24	45.75	22.59	19.75
2.27	1.04	1.57	1.56	2.01	1.53	0.48	3.50	2.03	1.57
182.69	244.32	111.13	142.43	112.76	159.06	26.60	366.03	185.36	65.49
	0.23	0.29	0.08		0.46	0.15	0.03	0.14	0.04
	4.10	16.41	2.70		8.07	18.58	0.92	25.25	0.21
1.67	0.84	4.30	1.44	0.92	7.73	0.49	12.25	8.70	0.66
866.72	686.00	1489.44	1080.06	945.95	817.20	868.34	1659.36	1621.20	1556.45
10.05	40.44	22.74	3.02	139.63	164.41	8.49	130.66	81.68	440.23
852.81	639.09	1458.43	1072.52	805.25	649.48	859.64	1528.48	1538.90	1112.21
3.86	6.46	8.26	4.52	1.07	3.31	0.21	0.22	0.61	4.01
1505.92	1721.70	1843.10	2090.66	2469.07	1959.33	2157.30	2338.87	2040.07	2046.55
1194.40	1347.31	1412.02	1592.10	1533.77	1496.97	1797.68	1896.71	1615.07	1663.62
1153.81	1283.85	1336.42	1546.98	1517.24	1400.01	1745.75	1805.90	1526.39	1595.87
2.04	3.11	4.38	2.81	3.33	36.17	0.00	5.11	3.41	4.75
37.09	58.05	67.61	41.10	12.87	58.85	47.46	80.43	79.64	57.37
1.46	2.30	3.60	1.21	0.33	1.94	4.47	5.27	5.64	5.64
311.51	374.39	431.07	498.56	935.31	462.36	359.62	442.16	424.99	382.92
2.54	3.58	3.64	3.68	3.09	4.76	2.47	2.87	3.26	4.37
309.68	371.50	426.86	494.01	934.70	454.35	351.91	438.15	422.24	377.58
1.83	2.89	4.22	4.55	0.61	8.01	7.70	4.01	2.75	5.34
968.68	1629.74	1760.39	1404.60	1970.16	1794.68	1429.92	1514.42	2649.06	2342.26
15.39	10.66	431.72	114.63	8.60	87.34	54.31	137.56	711.20	739.14
3.13	8.01	49.74	15.67	1.66	9.01			0.15	13.78

5-6　续表 5　　　　（2018 年）

指标名称	单位	郑州市	中原区	二七区	管城区	金水区	上街区	惠济区
租赁私房房租	元	344.85	369.28	548.76	98.17	616.35	11.66	448.81
住房维修及管理	元	444.63	237.11	404.07	390.23	479.02	391.49	142.55
住房装潢	元	155.59	5.93	139.75	72.48	53.59	78.15	0.13
住房维修	元	62.65	20.17	8.37	28.02	65.92	6.33	11.20
物业管理费	元	196.09	204.81	254.95	288.43	354.87	305.41	130.74
其他	元	30.29	6.19	0.99	1.29	4.65	1.60	0.48
水电燃料及其他	元	1279.22	1121.66	1170.08	1156.15	2196.98	2278.24	1056.57
水	吨	49.89	58.44	66.98	63.76	47.58	53.20	55.31
金额	元	161.96	237.90	212.59	232.05	187.75	125.30	171.50
电	度	878.61	798.48	827.61	867.74	810.55	852.00	781.33
金额	元	529.55	457.86	470.92	491.38	480.73	477.30	501.55
燃料	元	283.52	215.38	268.66	287.36	323.22	168.69	379.92
煤炭	公斤	9.02						
金额	元	7.86						
管道天然气	立方米	75.48	91.97	120.33	111.58	114.03	65.46	107.61
金额	元	172.79	212.97	256.76	253.19	276.09	143.44	248.59
管道煤气	立方米	0.24	0.03	0.24	0.04			0.03
金额	元	0.80	0.07	0.51	0.09			0.09
罐装液化石油气	公斤	11.03	0.79	1.28	0.30	12.19	4.06	1.75
金额	元	54.39	1.78	5.33	0.87	37.30	24.78	6.63
汽油	升	4.09		0.84	4.29	1.27	0.07	18.42
金额	元	29.78		5.75	33.14	9.51	0.42	124.60
柴油	升	0.05						
金额	元	0.35						
其他油	升	0.01	0.04					
金额	元	0.07	0.18					
其他生活燃料	元	0.26	0.39	0.32	0.08	0.10	0.05	
取暖费	元	108.69	201.64	201.27	144.16	113.77	749.93	
其他	元	195.51	8.87	16.63	1.20	1091.51	757.01	3.60
生活用品及服务	元	1861.19	1099.12	1660.84	1256.94	2583.38	3454.53	1020.49
家具及室内装饰品	元	469.85	81.70	196.32	263.02	915.77	1324.55	48.45
家具	元	443.85	42.26	190.17	249.27	892.56	1183.32	40.29
家具材料	元	7.72	5.31	4.50	7.83	10.09	0.79	1.92

中牟县	巩义市	荥阳市	新密市	新郑市	登封市	经开区	高新区	郑东新区	航空港实验区
12.26	2.66	381.99	98.97	6.93	78.33	54.31	137.56	711.05	725.36
89.11	907.26	426.27	450.06	696.75	635.12	565.62	279.09	771.32	96.65
26.33	613.36	183.37	4.60	596.08	535.09	2.85	34.87	262.78	
0.33	226.65	138.56	12.65	51.84	56.56	8.34	1.09	296.30	1.22
62.09	66.01	98.72	23.63	48.83	35.69	553.56	202.25	211.84	82.80
0.37	1.24	5.62	409.18		7.78	0.87	40.88	0.40	12.63
864.18	711.82	902.40	839.91	1264.81	1072.22	809.99	1097.77	1166.54	1506.47
46.64	33.44	37.07	41.55	43.29	58.01	69.97	57.12	38.02	27.25
100.31	67.26	101.11	119.53	107.57	152.51	245.62	131.39	149.18	73.75
834.48	581.68	949.58	843.45	726.33	808.09	535.75	813.89	1199.70	1693.79
483.68	327.57	589.84	493.46	415.76	493.71	314.88	483.68	673.16	1257.00
263.70	217.87	137.43	173.93	663.91	408.27	233.38	436.55	257.48	173.25
	90.05		0.90	1.48	56.37				2.21
	69.71		0.93	1.20	58.13				3.59
67.06	19.95	31.86	9.14	67.08	4.02	83.33	81.85	92.24	24.50
158.04	44.79	75.74	22.11	156.11	8.75	201.40	177.23	199.43	54.71
	0.13	0.17	0.21		2.12	0.54	1.51		0.04
	0.78	0.43	1.80		6.85	0.66	4.50		0.31
17.08	25.24	10.28	21.47	15.51	38.03	2.63	2.94	9.44	17.58
105.67	81.75	58.74	143.79	105.74	195.11	31.31	21.10	43.25	98.90
	2.82		0.71	7.33	18.80		31.99	1.92	1.98
	19.56		4.61	67.48	128.79		230.45	14.06	15.08
		0.14			0.54		0.46		
		1.03			3.70		3.26		
	0.04		0.04						
	0.38		0.39						
	0.06	0.06			3.10				
13.00	93.72	64.68	18.06	77.54	8.40	16.08	42.55	85.20	
3.49	5.39	9.34	34.93	0.03	9.33	0.03	3.61	1.51	2.46
1138.80	2106.11	1318.76	1782.94	3066.63	2157.89	1361.00	1616.64	2089.18	1852.34
194.23	1051.99	219.12	234.87	2138.35	347.04	23.63	97.49	207.03	82.79
181.48	1005.96	213.81	228.35	2137.48	243.43	15.78	72.06	194.85	51.10
	31.77	0.10	0.23		40.35	1.54		4.10	

5-6　续表 6　　　　　　　　　　　　　（2018 年）

指标名称	单位	郑州市	中原区	二七区	管城区	金水区	上街区	惠济区
室内装饰品	元	18.28	34.14	1.65	5.92	13.12	140.44	6.24
家用器具	元	462.22	202.16	474.90	220.52	591.77	818.11	150.94
耐用消费品	元	394.56	140.21	356.69	167.47	480.84	810.73	83.18
洗衣机	台	0.03		0.02	0.01	0.05	0.03	0.01
金额	元	44.10	2.71	30.92	23.63	54.38	33.79	14.72
电冰箱(柜)	台	0.03	0.03	0.01	0.02	0.09	0.08	0.01
金额	元	68.46	74.45	27.32	44.49	143.00	235.94	9.29
空调器	台	0.05		0.04	0.01	0.06	0.14	
金额	元	146.21		139.24	17.05	112.94	298.28	0.41
吸尘器	台	0.01	0.01	0.01	0.03	0.02		
金额	元	4.22	4.08	4.49	16.31	6.37		
抽油烟机	台	0.01		0.02		0.01		0.02
金额	元	13.20		28.21	1.31	22.97		19.33
微波炉	台			0.01			0.04	
金额	元	1.86		2.51	3.47	2.17	8.89	
非太阳能热水器	台	0.01		0.01	0.01	0.02		0.05
金额	元	15.81		19.42	29.62	23.25		13.40
太阳能热水器	台	0.01						
金额	元	11.90						
燃气炉具	套	0.03	0.01	0.01	0.01	0.09	0.04	0.03
金额	元	13.30	3.71	3.61	8.31	35.77	24.56	10.23
洗碗机	台				0.01	0.01		
金额	元	3.20		15.74	2.01	6.41		
其他	元	69.14	55.26	85.21	20.00	67.07	209.28	15.81
小家电	元	67.66	61.95	118.21	53.05	110.93	7.38	67.77
家用纺织品	元	133.74	77.15	123.53	127.43	148.96	295.44	72.03
床上用品	元	104.42	59.13	108.76	70.30	122.39	255.79	61.12
窗帘门帘	元	10.95	0.67	4.04	49.05	5.51		0.23
其他家用纺织品	元	18.37	17.35	10.73	8.08	21.06	39.65	10.69
家庭日用杂品	元	345.28	278.18	368.68	224.28	326.81	552.71	394.00
洗涤及卫生用品	元	111.79	82.63	88.56	126.70	84.32	70.20	69.62
厨具餐具茶具	元	61.53	60.35	45.39	32.02	89.24	205.78	46.40
家用手工工具	元	6.27	2.42	4.39	2.21	8.43	1.57	17.05

中牟县	巩义市	荥阳市	新密市	新郑市	登封市	经开区	高新区	郑东新区	航空港实验区
12.75	14.25	5.20	6.29	0.87	63.26	6.31	25.44	8.07	31.69
199.37	287.66	265.36	591.72	425.39	652.50	50.51	560.77	859.65	831.89
168.82	269.82	227.03	514.88	363.81	608.33	22.44	488.65	798.82	779.98
	0.03	0.01	0.04	0.03	0.06		0.02	0.06	0.02
0.49	32.83	27.97	136.73	52.15	115.41		57.44	92.38	11.63
0.01			0.01		0.03		0.05	0.04	
31.21	12.36	3.66	16.94	13.34	157.40		206.29	121.43	
0.03	0.02	0.03	0.04	0.03	0.04		0.04	0.09	0.28
74.14	111.50	52.11	145.36	160.75	167.97	9.62	130.46	403.03	583.28
					0.01			0.01	0.01
	0.30	1.04		10.67	6.69	1.39		2.08	0.52
0.01	0.01	0.01	0.01			0.01	0.02	0.03	
3.92	15.34	12.79	8.34		7.42	2.60	49.73	21.91	
					0.01		0.02		
				0.68	10.71		7.11		
0.01		0.05	0.01					0.06	0.01
7.53	7.19	60.95	7.87		8.74			44.23	3.29
	0.02		0.01	0.01	0.04			0.02	0.06
	35.72	6.14	21.82	43.30	88.26			10.02	9.72
0.01	0.01		0.01		0.01			0.06	0.02
5.02	5.16	0.32	14.81	0.74	1.23			54.96	6.73
		0.01	0.01		0.02			0.01	
		1.20	1.43		3.78			0.51	
46.51	49.42	56.98	155.85	68.84	35.57	8.83	28.92	44.36	164.81
30.55	17.84	38.33	76.84	61.58	44.17	28.07	72.12	60.83	51.91
113.95	124.23	115.84	193.18	55.91	195.20	225.99	84.38	139.43	158.33
100.98	99.92	85.62	158.29	53.39	142.82	181.71	68.86	101.28	101.78
8.54	1.56	17.03	18.74	1.75	30.77	2.44	8.75	17.96	9.21
4.43	22.75	13.20	16.15	0.76	21.61	41.84	6.77	20.19	47.34
304.99	313.62	270.76	405.99	233.48	467.70	424.53	426.48	406.83	404.79
67.71	80.08	79.10	155.14	93.86	218.78	195.94	155.25	83.11	213.43
50.51	47.45	54.15	43.59	36.09	85.72	100.67	34.58	78.40	39.62
	3.52	17.79	1.29	0.64	5.47	14.04	0.97	0.88	22.95

5-6 续表 7 （2018 年）

指标名称	单位	郑州市	中原区	二七区	管城区	金水区	上街区	惠济区
其他	元	165.69	132.78	230.34	63.35	144.82	275.16	260.93
个人用品	元	402.99	428.01	385.49	375.61	565.55	417.60	330.19
化妆品	元	236.89	149.55	166.78	299.96	367.51	281.50	205.63
其他个人用品	元	166.10	278.46	218.71	75.65	198.03	136.11	124.56
家庭服务	元	47.11	31.93	111.92	46.09	34.51	46.12	24.87
家政服务	元	14.36	15.76	44.93	15.98	8.84	13.37	0.26
家庭设备修理费	元	32.74	16.18	66.99	30.10	25.67	32.75	24.61
交通通信	元	2875.98	2217.12	2176.47	3065.15	3120.04	1974.96	3304.88
交通	元	1948.05	1159.48	1221.10	2267.02	2065.18	1473.12	2463.02
交通工具	元	731.34	77.37	254.08	1408.52	148.02	240.72	1419.40
汽车	辆	0.01			0.01			0.02
金额	元	605.96		165.20	1348.60			1401.03
摩托车	辆							
金额	元	6.08				17.30		
自行车	辆	0.02			0.02	0.06	0.08	
金额	元	13.20			14.00	35.80	72.40	0.50
电动自行车	辆	0.04	0.02	0.03	0.02	0.06	0.04	0.01
金额	元	92.02	71.77	88.88	42.66	89.22	168.32	17.81
其他交通工具	元	14.08	5.59		3.25	5.70		0.05
交通费	元	267.19	236.77	271.56	196.50	680.70	125.53	171.68
飞机	元	68.66	10.92	76.37	32.12	287.54	13.85	8.79
火车	元	96.90	156.31	112.12	80.15	208.17	49.14	63.08
长途汽车	元	24.34	11.62	10.94	19.80	73.26	4.94	6.47
市内公共交通	元	29.70	31.34	34.90	21.46	35.28	29.84	17.15
出租汽车费	元	34.27	22.61	31.21	26.92	66.22	26.91	19.73
其他交通费	元	13.33	3.96	6.02	16.06	10.24	0.86	56.45
交通工具用燃料	元	668.82	611.03	392.06	390.76	905.44	838.05	588.47
汽油	升	93.23	83.83	53.82	54.06	127.05	105.96	82.24
金额	元	661.49	605.32	391.51	389.19	901.47	794.54	588.08
柴油	升	0.28	0.34			0.28		
金额	元	1.97	2.32			2.33		
其他燃料和润滑剂	元	5.36	3.39	0.55	1.57	1.64	43.51	0.39
交通工具使用及维修	元	280.69	234.31	303.41	271.25	331.01	268.82	283.48

中牟县	巩义市	荥阳市	新密市	新郑市	登封市	经开区	高新区	郑东新区	航空港实验区
186.76	182.58	119.72	205.97	102.88	157.74	113.88	235.67	244.44	128.78
291.95	287.14	367.26	335.79	186.33	458.27	624.12	414.58	422.45	311.42
234.87	154.62	134.39	245.48	133.39	373.83	463.31	350.61	139.93	156.28
57.07	132.51	232.87	90.31	52.94	84.44	160.81	63.97	282.52	155.15
34.32	41.48	80.42	21.39	27.18	37.17	12.21	32.93	53.79	63.12
1.07	8.07	47.79	2.78	15.42	12.58	0.60	2.09	9.11	
33.25	33.40	32.62	18.60	11.76	24.60	11.61	30.84	44.68	63.12
1512.14	2350.48	2381.51	2758.42	2769.41	2545.46	2824.55	2401.17	3238.77	6391.76
767.41	1694.90	1629.55	1995.30	1856.37	1583.01	1517.31	1508.52	2205.97	5344.91
170.32	1014.70	513.23	1001.71	1226.60	303.13	63.16	177.99	668.32	3669.60
0.01	0.01	0.01	0.01	0.01				0.01	0.03
38.89	943.68	364.78	890.73	1066.81	155.66			557.95	3354.62
			0.01		0.01				
1.63			33.22		23.47	0.09			
0.01	0.01	0.02			0.02	0.11	0.05	0.01	0.01
2.43	6.28	10.54			14.73	63.07	10.38	5.29	9.74
0.03	0.02	0.05	0.03	0.05	0.02		0.06	0.06	0.08
100.93	46.15	137.66	76.26	159.79	76.55		167.61	94.94	185.55
26.44	18.59	0.26	1.50		32.72			10.13	119.69
75.07	164.22	202.08	93.68	40.86	109.83	48.52	296.18	316.59	226.16
5.70	19.18	75.04	21.74		8.72		29.99	45.24	1.98
2.43	16.46	42.52	10.54	2.85	4.29	11.37	180.39	174.23	71.33
2.57	17.49	13.19	14.27	31.05	30.00	18.54	6.58	10.24	20.02
2.33	30.54	18.69	25.65	6.49	20.09	3.45	17.15	22.06	97.78
21.03	45.89	26.69	18.91	0.47	27.55	13.78	53.26	56.45	22.79
41.02	34.66	25.95	2.57		19.16	1.37	8.82	8.37	12.25
365.25	385.66	697.39	620.85	511.23	802.14	1030.02	636.04	993.08	943.58
48.35	53.50	97.56	90.47	71.54	112.59	141.41	86.12	133.84	140.43
352.19	376.06	694.25	613.31	498.33	780.31	1021.91	632.38	979.05	938.79
0.96	0.05	0.11	0.64		1.49	0.32		0.24	0.22
6.84	0.31	0.71	4.56		9.80	2.47		1.77	1.36
6.22	9.29	2.43	2.98	12.89	12.03	5.64	3.66	12.26	3.43
156.77	130.33	216.84	279.06	77.68	367.91	375.62	398.31	227.98	505.57

5-6 续表 8 （2018 年）

指标名称	单位	郑州市	中原区	二七区	管城区	金水区	上街区	惠济区
交通工具零配件和维修	元	149.15	95.38	168.66	55.67	160.61	74.52	108.45
停车费	元	23.61	32.61	59.31	37.43	43.58	1.22	39.05
车辆使用税费(含过桥过路费)	元	75.45	74.36	65.70	156.54	107.04	167.68	39.53
其他	元	32.48	31.96	9.73	21.61	19.79	25.40	96.45
通信	元	927.94	1057.65	955.37	798.13	1054.86	501.84	841.86
通信工具	元	330.01	287.42	397.70	173.04	362.54	33.65	219.59
电话机	部	0.01		0.01	0.01	0.02		0.02
金额	元	1.32		5.25	1.17	0.43		2.18
移动电话机	部	0.17	0.11	0.17	0.14	0.16	0.02	0.12
金额	元	308.41	268.69	356.29	166.16	342.48	28.35	175.29
其他通信工具及零配件	元	20.29	18.74	36.16	5.72	19.63	5.30	42.13
通信服务	元	597.92	770.22	557.67	625.09	692.31	468.20	622.26
固定电话费	元	16.43	16.75	27.82	13.41	7.21	11.41	16.10
移动电话费	元	485.76	617.73	418.64	420.73	592.32	350.48	517.88
上网费	元	86.12	113.15	104.59	184.03	73.96	90.37	81.01
邮费	元	4.68	9.88	3.95	1.33	11.46	0.44	2.73
其他通信服务费	元	4.93	12.71	2.67	5.58	7.36	15.49	4.54
教育文化娱乐	元	2915.64	2888.53	2989.23	2124.30	3944.32	2604.60	5071.87
教育	元	1709.98	1714.42	1513.58	1478.57	2273.14	548.73	3847.28
学前教育	元	457.72	603.21	931.14	353.33	335.25	69.14	667.76
教育用品	元	6.83	3.58	7.49	15.58	2.87	0.68	17.04
学杂费	元	188.97	361.91	443.80	171.13	143.05	10.02	195.23
培训费	元	138.86	202.65	322.85	109.97	133.12	43.89	264.56
赞助费	元	1.95	1.23		0.19			0.26
一揽子教育服务(含食宿)	元	107.20	33.71	144.15	18.80	45.13	14.37	187.87
其他费用	元	13.92	0.14	12.85	37.66	11.08	0.17	2.79
小学教育	元	391.77	377.69	186.15	410.23	1007.07	32.14	525.46
教育用品	元	22.48	7.11	3.50	54.73	59.58	3.66	15.05
学杂费	元	22.51		18.35	16.69	28.90	1.30	0.46
培训费	元	237.89	342.25	147.59	211.83	720.92	18.54	280.19
赞助费	元	1.25	7.34					
一揽子教育服务(含食宿)	元	72.45	6.03	9.66	104.28	136.06	5.33	85.35
其他费用	元	35.19	14.97	7.04	22.70	61.60	3.31	144.41

中牟县	巩义市	荥阳市	新密市	新郑市	登封市	经开区	高新区	郑东新区	航空港实验区
128.07	103.70	125.06	176.81	64.48	241.17	111.19	246.84	126.11	349.75
1.71	1.08	7.03	1.49		0.49	5.86	9.71	26.54	3.72
18.91	12.63	54.89	54.26	2.77	59.99	249.18	56.69	56.30	59.47
8.08	12.93	29.86	46.50	10.43	66.26	9.39	85.07	19.03	92.63
744.72	655.58	751.96	763.12	913.04	962.45	1307.24	892.65	1032.81	1046.84
352.47	258.25	272.62	287.55	247.53	362.09	703.38	295.59	437.39	436.73
		0.01			0.03		0.06		
		0.82			1.20		1.45	5.99	0.26
0.17	0.17	0.19	0.13	0.13	0.30	0.46	0.21	0.17	0.19
344.89	245.61	243.87	284.32	227.34	357.78	691.59	283.88	395.73	394.63
7.58	12.64	27.94	3.23	20.19	3.11	11.79	10.27	35.66	41.84
392.25	397.33	479.33	475.57	665.51	600.36	603.86	597.05	595.42	610.12
10.14	8.44	13.96	7.03	19.75	62.32	0.32	10.37	0.41	35.24
344.16	339.17	414.95	414.69	551.49	459.13	582.92	432.07	492.12	502.51
32.61	42.10	47.17	51.77	92.28	74.33	10.95	148.07	97.37	68.27
0.62	1.16	1.64	0.94		1.26	9.47	3.20	4.17	3.25
4.73	6.45	1.62	1.15	1.99	3.32	0.20	3.33	1.36	0.85
1730.41	1591.20	2626.36	2085.82	3005.30	2516.12	2874.69	4227.32	3637.14	2081.15
978.75	727.17	1669.73	1435.14	1491.29	1843.24	773.09	3021.48	2196.41	1252.50
123.49	102.93	500.42	321.38	329.23	212.83	554.03	322.53	717.83	575.67
2.46	0.93	1.06	4.84	3.18	12.17	3.46	1.64	1.18	31.39
40.04	4.33	187.97	71.31	150.84	128.16	4.85	120.31	84.04	353.71
50.44	9.01	50.33	133.82	99.37	31.25	532.41	8.37	104.78	22.06
		0.06		1.49	1.23				25.41
0.43	87.78	250.44	56.10	43.09	32.24	12.94	188.23	514.09	142.96
30.13	0.89	10.57	55.32	31.27	7.78	0.37	3.98	13.74	0.13
170.04	100.65	466.98	433.21	266.44	380.82	3.35	272.67	217.56	119.53
6.65	4.39	19.45	30.89	8.63	37.38	0.98	4.73	3.75	21.14
	5.25	8.27	48.82	29.87	166.70	0.01	10.65	10.20	
87.64	53.17	243.70	137.62	12.47	59.49	1.56	173.48	68.23	93.44
		0.96	0.03		8.12				
30.38	21.84	157.59	143.17	213.36	17.91	0.79	6.72	131.68	0.34
45.37	16.01	37.01	72.68	2.11	91.23		77.09	3.70	4.60

5-6 续表 9 （2018 年）

指标名称	单位	郑州市	中原区	二七区	管城区	金水区	上街区	惠济区
初中教育	元	125.89	139.57	68.87	141.49	87.21	62.59	295.48
教育用品	元	7.20	1.85	3.12	2.12	13.08	6.17	9.34
学杂费	元	16.42	78.61	0.21	2.54	10.55	1.73	24.11
培训费	元	35.80	29.35	60.41	33.56	41.23	31.91	
赞助费	元	1.75	15.55				1.63	
一揽子教育服务（含食宿）	元	51.24	14.21	2.57	7.28	18.81	20.53	236.54
其他费用	元	13.48		2.57	95.99	3.54	0.63	25.49
高中教育	元	180.82	27.21	45.90	53.07	537.22	140.07	289.13
教育用品	元	4.89	2.09	0.61	5.96	3.15	2.79	49.38
学杂费	元	21.24	1.85	21.08	8.05	1.91	0.47	87.52
培训费	元	70.50	11.84		1.27	348.30	92.54	1.39
一揽子教育服务（含食宿）	元	75.47	11.44	24.21	18.06	171.91	36.43	135.87
其他费用	元	8.73			19.73	11.94	7.84	14.97
中专职高教育	元	15.79	41.01		1.39	15.08	8.20	
教育用品	元	0.06	0.46					
学杂费	元	3.78	3.24					
一揽子教育服务（含食宿）	元	9.38	27.57			15.08	8.20	
其他费用	元	2.56	9.75		1.39			
大专及以上教育	元	301.47	358.96	177.83	13.40	139.58	235.77	750.68
教育用品	元	1.68	0.36	1.49	3.35		4.57	
学杂费	元	78.32	63.78	141.62	3.47	5.82		39.33
培训费	元	15.67			3.47			159.34
一揽子教育服务（含食宿）	元	152.81	294.52	34.72	1.39	103.08	185.02	527.76
其他费用	元	53.00	0.31		1.73	30.67	46.17	24.25
成人教育	元	236.52	166.77	103.70	505.67	151.73	0.83	1318.77
教育用品	元	3.99	3.03	0.05	0.64	1.51	0.17	0.15
培训费	元	187.83	161.52	77.59	503.34	96.21	0.49	1292.22
其他费用	元	44.70	2.22	26.05	1.69	54.01	0.17	26.39
文化娱乐	元	1205.66	1174.11	1475.65	645.73	1671.17	2055.87	1224.59
文娱耐用消费品	元	217.76	89.49	196.94	29.78	180.30	48.34	81.61
组合音响	台				0.01			
金额	元	0.77			0.65	0.40		
彩色电视机	台	0.01	0.01			0.04		0.01

中牟县	巩义市	荥阳市	新密市	新郑市	登封市	经开区	高新区	郑东新区	航空港实验区
16.56	130.93	157.50	123.86	113.08	125.04	2.93	71.42	468.86	14.82
3.62	6.56	7.15	22.63	2.67	22.19	0.23	8.99	1.36	0.77
	32.17	1.03	10.13	8.53	38.29	2.40	0.36	1.05	
1.72	6.32	92.29	40.17	8.53	16.55	0.31	7.51	123.46	
									0.64
6.98	82.00	56.51	29.23	80.01	29.81		25.07	338.39	6.61
4.24	3.89	0.53	21.70	13.34	18.20		29.49	4.60	6.81
46.44	204.66	98.71	151.82	88.91	88.09	2.16	341.00	170.00	172.79
10.84	4.54	1.43	7.90	1.33	4.16		0.30	0.87	8.00
	0.23	8.79	13.66	9.60	19.72	2.16	95.49		138.29
	57.77	61.66	56.40	27.48	3.22			1.45	
28.12	137.62	24.41	65.04	26.67	45.52		229.32	166.83	10.86
7.48	4.50	2.42	8.82	23.83	15.47		15.89	0.85	15.65
0.76		3.21	16.76		124.84		6.25	6.00	8.66
					0.21				
0.76			1.05		65.93				
		3.21	13.66		44.41		6.25	6.00	
			2.05		14.29				8.66
452.84	155.10	400.44	85.15	119.91	736.87	21.39	1560.73	537.95	145.11
	1.15	1.09	0.05	5.14	8.87	0.33		4.64	0.25
233.11	6.17	110.76	24.63	21.69	204.43		351.59	161.54	69.91
11.85	5.74			16.00	75.90			2.99	74.94
106.23	139.24	285.51	54.67	77.08	357.15	17.54	278.23	298.28	
101.65	2.80	3.08	5.80		90.52	3.52	930.91	70.49	
168.63	32.89	42.48	302.96	573.72	174.74	189.24	446.87	78.20	215.91
3.68		0.33	3.26	2.47	36.61	0.26	16.62	6.96	
145.50	31.89	23.01	132.75	571.25	35.95	188.98	21.04	64.59	215.65
19.45	1.00	19.14	166.95		102.19		409.22	6.65	0.26
751.66	864.03	956.62	650.68	1514.00	672.87	2101.60	1205.84	1440.73	828.65
73.95	75.40	81.08	102.68	1059.83	204.02	1538.56	177.73	141.14	119.89
0.36		4.01			7.06				1.57
0.01	0.02	0.03	0.01		0.01		0.02	0.02	

5-6 续表 10 （2018 年）

指标名称	单位	郑州市	中原区	二七区	管城区	金水区	上街区	惠济区
金额	元	35.19	47.08	9.32		79.07	4.26	7.14
照相机	台				0.01			
金额	元	10.02		50.39	13.38			
家用台式电脑	台			0.01				
金额	元	6.74	9.71	40.92				
家用笔记本电脑	台	0.01				0.02		0.02
金额	元	51.80	16.19	32.91	10.91	60.33	5.10	51.28
中高档乐器	元	61.12		24.23			2.53	15.76
健身器材	元	23.11	7.75		0.41	0.64		
其他文娱耐用消费品	元	14.80	4.28	6.11	1.97	29.70	0.38	5.83
文娱耐用消费品的零配件及维修	元	14.03	4.48	33.06	1.66	9.36	36.08	1.61
其他文娱用品	元	233.89	205.61	323.81	89.56	283.07	226.30	221.09
书报杂志及音像制品	元	55.24	14.52	78.21	23.68	43.88	25.28	88.37
文具纸张	元	30.77	11.01	25.20	12.27	52.18	21.16	56.28
体育户外用品	元	15.35	26.09	24.13	5.20	25.53	20.34	5.29
游戏用品和玩具	元	74.51	81.30	97.05	29.03	80.76	9.18	40.13
园艺花卉及有关产品	元	19.59	26.39	13.03	15.47	27.89	49.98	9.80
宠物及有关产品	元	14.76	1.08	31.38	1.41	29.57	92.99	9.30
其他文娱用品及维修	元	23.68	45.23	54.81	2.49	23.25	7.38	11.92
文化娱乐服务	元	754.01	879.01	954.89	526.40	1207.81	1781.22	921.89
团体旅游	元	525.99	612.55	700.97	330.86	871.74	1543.65	712.12
景点门票	元	64.43	69.47	88.62	45.04	93.80	28.27	42.40
体育健身活动	元	29.53	62.62	32.06	32.38	27.83	80.90	55.46
电影话剧演出票	元	31.19	38.34	11.85	24.91	62.90	23.94	28.07
有线电视费	元	50.76	49.22	64.36	44.67	108.85	93.32	35.33
其他文化娱乐服务	元	52.10	46.81	57.03	48.54	42.68	11.14	48.51
医疗保健	元	2154.55	2664.39	2162.54	1090.57	1996.23	4260.21	1267.54
医疗器具及药品	元	735.32	919.04	1045.48	333.50	1017.64	2166.98	464.46
药品	元	515.81	319.70	907.47	261.24	653.34	1021.96	398.45
滋补保健品	元	165.33	573.27	125.37	47.18	168.88	1112.63	51.21
医疗卫生器具	元	12.46	9.16	7.00	10.87	15.54	6.86	5.92
保健器具	元	41.73	16.91	5.65	14.21	179.89	25.52	8.88
医疗服务	元	1419.23	1745.36	1117.06	757.07	978.58	2093.23	803.08
门诊医疗总费用	元	390.85	322.58	611.21	228.31	418.49	290.96	465.11
住院医疗总费用	元	1028.38	1422.77	505.85	528.76	560.09	1802.27	337.97
其他用品和服务	元	697.61	612.27	734.90	381.64	996.73	333.50	321.81
其他用品	元	307.54	433.09	223.23	87.33	247.85	212.36	128.61
首饰及手表	元	178.92	326.63	107.84	45.06	117.44	146.29	87.10
其他杂项用品	元	128.62	106.46	115.39	42.27	130.41	66.08	41.50
其他服务	元	390.07	179.18	511.67	294.31	748.88	121.13	193.21
旅馆住宿费	元	84.84	51.65	105.21	124.94	246.82	67.14	20.06
美容美发洗浴	元	117.68	84.59	130.01	93.70	146.47	32.35	128.85
其他杂项服务	元	187.56	42.94	276.46	75.67	355.58	21.64	44.30

中牟县	巩义市	荥阳市	新密市	新郑市	登封市	经开区	高新区	郑东新区	航空港实验区
26.21	70.59	46.77	34.75		34.13		41.43	49.80	
			0.01	0.01					
			16.29	42.67	10.56	1.06			
								0.01	
				9.02	11.23	3.52		1.09	2.10
			0.01	0.03	0.01		0.01		0.01
4.89		4.73	24.40	378.72	59.28		109.45	16.77	86.56
0.94			0.67	229.36	28.20	1422.90	1.20		
0.18		3.29	0.99	400.05	28.05		11.10		
36.63	0.96	4.96	13.60		24.31	30.80	4.47	60.62	0.47
4.74	3.85	17.31	11.97		1.19	80.30	10.07	12.86	29.19
239.61	94.64	175.12	161.84	144.01	150.15	298.48	183.32	615.68	187.58
79.01	23.66	30.30	41.82	29.56	13.04	59.78	38.96	308.84	4.55
30.67	21.09	30.71	32.92	20.01	32.89	39.52	18.80	41.98	36.77
20.50	3.12	13.09	19.87	1.45	8.64	4.51	18.15	11.63	2.60
79.31	24.48	69.14	46.88	87.61	47.45	158.80	76.67	98.93	119.53
9.76	10.92	20.78	5.39	1.73	29.58	24.26	13.93	47.65	4.99
12.29	0.83	2.26	6.16		15.32	0.78	1.88	22.21	17.16
8.06	10.54	8.85	8.80	3.65	3.22	10.85	14.93	84.45	1.99
438.10	693.99	700.42	386.17	310.17	318.71	264.55	844.79	683.91	521.19
280.41	602.28	352.72	268.95	204.47	206.18	199.68	560.67	334.02	313.40
64.65	13.20	147.25	38.76	43.30	29.84	34.44	67.73	95.52	28.45
27.73	6.45	5.43	9.50	21.40	14.93	1.94	91.51	26.81	4.84
10.47	17.57	23.03	11.75		21.85	16.40	20.40	67.72	42.64
29.31	22.02	18.24	17.35	30.05	33.09	4.80	54.38	54.92	32.36
25.53	32.48	153.75	39.86	10.95	12.82	7.29	50.10	104.92	99.51
874.20	749.50	2430.08	1619.73	5971.09	3093.17	326.70	1159.59	3112.88	1839.30
270.30	288.66	567.95	725.64	837.24	458.54	211.02	320.43	623.45	911.14
246.87	218.80	495.29	627.81	704.92	290.75	188.59	264.29	488.70	738.85
20.91	63.05	55.09	67.36	43.16	122.32	22.30	52.10	95.72	119.21
1.05	1.61	8.82	5.46	53.24	3.48	0.03	3.91	28.98	22.47
1.48	5.21	8.76	25.01	35.93	41.99	0.10	0.12	10.04	30.61
603.90	460.84	1862.13	894.09	5133.85	2634.63	115.68	839.16	2489.44	928.16
333.99	241.21	413.09	452.37	197.97	84.36	98.58	294.59	743.77	591.94
269.91	219.63	1449.03	441.73	4935.88	2550.27	17.10	544.56	1745.67	336.22
299.96	832.11	579.08	401.29	515.42	819.43	615.01	1113.69	556.98	1121.66
198.65	699.66	238.16	187.17	437.11	581.49	163.47	236.19	285.03	381.70
120.02	612.63	105.42	117.60	38.26	513.09	46.66	37.84	126.84	146.24
78.63	87.03	132.74	69.57	398.85	68.40	116.81	198.35	158.18	235.47
101.31	132.45	340.92	214.12	78.31	237.95	451.54	877.50	271.96	739.95
5.68	9.75	102.01	18.28	1.89	24.77	4.41	96.59	97.60	4.63
82.86	100.68	157.23	148.15	76.42	173.08	43.15	162.39	98.08	125.60
12.76	22.02	81.68	47.68		40.10	403.97	618.52	76.27	609.72

5-7 城镇居民

（2018 年）

指 标	单位	郑州市	中原区	二七区	管城区	金水区	上街区	惠济区
住户居住空间样式								
单栋楼房	%	11.2	3.1		7.1	6.6		
单栋平房	%	7.0				1.4		
四居室及以上单元房	%	4.2		8.0	15.9	3.3	11.8	4.6
三居室单元房	%	34.3	28.2	33.1	28.8	49.4	54.4	39.7
二居室单元房	%	29.7	57.9	57.9	27.4	32.6	32.6	36.1
一居室单元房	%	13.0	9.5	1.0	20.8	5.8	1.2	19.7
筒子楼或连片平房	%	0.5	1.3			0.8		
其他	%	0.1						
主要建筑材料								
钢筋混凝土	%	73.0	73.9	55.4	94.2	90.5	92.2	57.8
砖混材料	%	26.8	24.7	44.6	5.8	9.5	7.8	42.2
砖瓦砖木	%							
其他	%	0.2	1.5					
现住房房屋来源								
租赁公房	%	2.7	3.7		18.7	0.8	0.6	
租赁私房	%	9.4	7.8	9.6	1.2	17.9	0.8	20.1
自建住房	%	18.8			3.6			
购买商品房	%	37.7	39.5	35.1	54.7	44.0	50.5	56.4
购买房改住房	%	17.0	35.9	42.3	13.4	29.9	47.1	16.4
购买保障性住房	%	2.0	4.9	1.1	1.1	1.5		
拆迁安置房	%	10.2	3.9	11.8	7.2		0.4	
继承或获赠住房	%	0.2						2.8
免费借用房	%	1.6	3.0			5.2	0.5	2.1
雇主提供免费住房	%	0.3	1.2			0.8		2.2
其他来源	%							
现住房建筑面积	**平方米/人**	**39.5**	**27.1**	**30.4**	**37.7**	**27.3**	**43.6**	**31.2**

家庭现住房情况

中牟县	巩义市	荥阳市	新密市	新郑市	登封市	经开区	高新区	郑东新区	航空港实验区
31.5	17.3	20.4	38.4	24.2	51.3				18.3
20.5	50.6	13.4	30.4	18.9	24.8				1.4
4.2	2.6	7.3	3.4	3.5	0.9	1.4		3.0	0.1
34.4	27.5	53.5	24.2	37.7	20.6	61.6	46.0	45.8	
9.4	2.0	3.9	3.6	11.9	1.7	36.2	32.5	46.9	8.5
		1.6				0.8	19.0	4.4	71.7
				3.8					
					0.7		2.5		
61.0	33.6	77.0	52.8	52.7	23.3	98.4	100.0	77.1	83.2
39.0	66.4	23.0	47.2	47.3	76.0	1.6		22.9	16.8
									0.1
					0.7				
	0.7			3.8				2.2	3.4
2.1		12.1		2.1	0.7	0.8	5.7	6.0	23.7
49.0	67.3	27.4	37.5	39.0	76.0				62.5
42.7	31.4	51.0	25.2	13.8	21.7	97.5	70.7	29.6	
	0.6		0.6	13.4					
5.3							23.6		
1.0		9.5	35.0	27.8	0.8	1.2		60.0	8.5
			1.6						
						0.5		2.2	1.9
					0.8				
66.2	**44.6**	**47.1**	**35.7**	**60.1**	**51.7**	**31.3**	**30.3**	**30.6**	**79.8**

5-8 城镇居民家庭

（2018 年）

指　　标	单位	郑州市	中原区	二七区	管城区	金水区	上街区	惠济区
家用汽车	辆	57	46	49	40	54	44	45
摩托车	辆	12		8	6		3	
助力车	台	81	87	102	88	91	59	104
洗衣机	台	93	100	99	90	100	100	104
电冰箱(柜)	台	91	99	99	88	98	100	102
微波炉	台	50	69	62	59	48	40	69
彩色电视机	台	108	100	107	112	109	101	106
#接入有线电视	台	64	63	65	58	93	79	75
空调	台	178	157	192	196	192	214	192
热水器	台	92	100	100	88	100	115	87
#太阳能热水器	台	16	8	18	8	3	50	7
洗碗机	台	2	3			1	6	4
排油烟机	台	80	100	92	99	97	99	87
固定电话	线	21	19	20	9	20	41	20
移动电话	部	229	199	228	219	223	199	208
#接入互联网	部	164	154	180	102	174	151	203
计算机	台	62	65	78	73	72	67	65
#接入互联网	台	50	58	68	51	55	55	53
照相机	台	18	24	20	25	39	8	11
中高档乐器	架	11	6	10	4	17	1	
健身器材	台	10	15	7	51	4		4

每百户耐用消费品拥有量

中牟县	巩义市	荥阳市	新密市	新郑市	登封市	经开区	高新区	郑东新区	航空港实验区
65	67	61	58	41	80	47	69	76	84
8	54	8	53	45	58	1	3		9
127	46	127	64	78	66	24	110	101	20
112	107	105	101	98	103	100	103	100	27
122	93	102	98	95	98	99	103	100	26
45	31	37	52	65	72	10	62	48	19
129	140	132	120	111	126	99	120	110	70
70	85	22	18	33	82	63	82	57	51
223	217	211	190	163	188	200	243	179	61
109	91	104	94	95	93	98	107	97	44
33	36	45	37	34	34	2	10	2	10
		2	6		4		7	2	1
105	52	66	77	63	47	70	100	92	20
13	8	10	17	24	51		7		57
305	294	277	292	240	311	213	208	241	173
271	189	244	164	148	189	161	151	154	121
65	68	76	65	39	69	41	84	73	7
56	48	66	39	34	57	39	74	58	5
5	5	10	5	7	9	2	28	26	1
2	4	7	5	8	6		77	28	
15	10	10	5	12	2		7	2	2

5-9 城镇居民

（2018 年）

指标名称	郑州市	中原区	二七区	管城区	金水区	上街区	惠济区
粮食消费量	**126.33**	**122.82**	**163.77**	**114.54**	**106.34**	**89.49**	**237.95**
谷物消费量	**112.37**	**108.88**	**145.55**	**102.95**	**93.29**	**77.07**	**218.29**
小麦	81.61	75.93	104.86	64.35	61.56	43.14	175.44
稻谷	22.00	24.60	31.00	29.81	22.64	24.72	29.96
玉米	1.84	1.52	1.92	2.02	3.09	1.78	3.31
其他谷物	6.93	6.83	7.77	6.77	5.99	7.43	9.58
薯类消费量	**2.79**	**3.19**	**3.98**	**2.97**	**2.80**	**3.08**	**3.72**
红薯	1.10	1.03	1.63	1.17	1.10	1.65	1.45
马铃薯	1.10	1.56	1.74	0.98	1.08	0.93	1.51
其他薯类	0.59	0.60	0.61	0.83	0.62	0.50	0.76
豆类消费量	**11.17**	**10.75**	**14.24**	**8.62**	**10.26**	**9.34**	**15.93**
大豆	1.12	0.88	2.30	1.27	1.12	0.90	0.82
其他豆类	10.05	9.88	11.94	7.36	9.14	8.43	15.12
油脂类消费量	**9.49**	**8.77**	**10.14**	**9.80**	**7.62**	**5.86**	**7.86**
植物油	9.26	8.77	9.81	9.57	7.46	5.84	7.78
动物油	0.23		0.33	0.23	0.16	0.02	0.08
蔬菜及菜制品消费量	**108.63**	**145.26**	**136.12**	**110.82**	**96.37**	**109.43**	**177.32**
鲜菜	103.49	140.54	130.91	101.25	91.94	105.20	171.84
干菜及菜制品	1.65	0.57	1.67	5.26	0.97	1.09	1.37
鲜菌	2.78	3.60	3.24	3.90	2.79	2.76	2.77
干菌及菌制品	0.72	0.55	0.29	0.40	0.68	0.39	1.34
肉类	**21.85**	**28.60**	**25.40**	**24.98**	**20.61**	**22.61**	**28.86**
猪肉	14.27	17.36	16.42	13.31	12.33	16.64	20.74
牛肉	2.30	3.37	2.65	4.80	2.43	0.63	2.77
羊肉	1.79	3.05	2.33	4.25	1.76	1.42	2.25
其他肉类及制品	3.49	4.82	4.00	2.62	4.09	3.92	3.10
禽类	**6.50**	**11.19**	**7.76**	**8.92**	**7.12**	**4.01**	**9.29**
鸡	4.45	6.43	5.36	7.43	4.50	2.75	7.68

人均食品消费量

单位:公斤

中牟县	巩义市	荥阳市	新密市	新郑市	登封市	经开区	高新区	郑东新区	航空港实验区
65.56	**86.37**	**108.67**	**105.23**	**161.94**	**220.79**	**54.74**	**123.66**	**114.15**	**143.76**
58.33	**75.68**	**92.36**	**90.22**	**145.85**	**195.33**	**48.09**	**111.42**	**103.78**	**132.68**
41.91	57.52	70.01	62.08	114.74	157.22	30.22	69.44	76.93	112.17
13.11	12.43	14.04	18.61	20.73	20.11	14.01	27.92	19.87	17.05
0.68	0.50	1.25	1.26	0.13	3.75	0.80	2.56	2.38	0.70
2.63	5.23	7.07	8.29	10.25	14.26	3.06	11.50	4.59	2.76
1.72	**1.46**	**3.09**	**3.10**	**2.20**	**3.54**	**1.37**	**2.05**	**2.72**	**1.86**
0.66	0.46	1.25	1.47	1.42	1.24	0.14	1.00	0.76	0.83
0.68	0.69	1.48	0.53	0.13	1.38	1.11	0.71	1.22	0.91
0.39	0.30	0.36	1.09	0.65	0.92	0.12	0.35	0.74	0.12
5.52	**9.23**	**13.21**	**11.92**	**13.89**	**21.92**	**5.28**	**10.18**	**7.64**	**9.22**
0.27	0.19	0.43	1.91	1.98	2.31	0.54	1.08	0.40	0.18
5.24	9.04	12.78	10.01	11.91	19.61	4.73	9.10	7.24	9.04
5.49	**7.79**	**6.58**	**12.90**	**18.72**	**15.04**	**12.26**	**11.42**	**7.20**	**6.82**
5.46	7.77	6.56	12.79	16.40	14.86	12.10	11.42	7.06	6.80
0.04	0.02	0.02	0.11	2.32	0.18	0.16		0.14	0.02
73.38	**69.19**	**104.50**	**83.48**	**130.41**	**115.69**	**54.88**	**124.15**	**108.80**	**78.97**
71.28	66.96	100.36	78.19	116.63	108.07	52.17	118.94	105.36	76.71
0.49	0.58	0.89	2.26	1.71	4.04	1.05	2.09	1.05	1.84
1.58	1.43	2.81	1.91	6.92	3.12	0.67	2.83	2.14	0.37
0.02	0.22	0.43	1.12	5.15	0.46	1.00	0.29	0.24	0.05
14.37	**10.69**	**16.70**	**13.02**	**21.74**	**19.78**	**20.01**	**27.27**	**24.85**	**25.29**
10.32	7.48	11.14	9.40	16.59	13.40	14.19	17.42	15.98	19.14
0.59	0.63	1.13	1.45	1.30	2.17	2.53	4.16	2.06	1.57
0.71	0.45	0.79	0.62	0.83	1.70	1.43	2.84	1.50	0.60
2.75	2.13	3.65	1.55	3.01	2.51	1.85	2.85	5.31	3.99
5.09	**2.29**	**3.19**	**3.04**	**4.75**	**3.31**	**6.18**	**6.76**	**6.51**	**6.54**
4.15	1.75	1.59	2.13	3.48	2.56	4.98	4.85	4.24	4.55

5-9 续表 （2018 年）

指标名称	郑州市	中原区	二七区	管城区	金水区	上街区	惠济区
鸭	0.35	0.62	0.51	0.32	0.53	0.11	0.57
鹅	0.03	0.05	0.02	0.09	0.05	0.01	
其他禽类及制品	1.67	4.09	1.87	1.08	2.05	1.13	1.04
水产品	**7.57**	**13.55**	**8.60**	**11.75**	**7.75**	**7.75**	**17.21**
鱼类	4.92	9.56	5.54	6.37	5.31	5.99	11.44
虾贝蟹类	1.57	2.74	1.15	4.55	1.21	1.05	2.92
藻类	0.37	0.40	0.42	0.32	0.59	0.30	0.42
其他	0.72	0.85	1.48	0.51	0.64	0.42	2.43
蛋类及蛋制品	**14.97**	**15.43**	**17.34**	**15.46**	**14.96**	**16.17**	**24.00**
鲜蛋	14.19	14.43	16.42	14.65	14.35	15.52	23.22
蛋制品	0.78	1.00	0.92	0.81	0.61	0.65	0.77
奶和奶制品	**23.91**	**25.12**	**29.27**	**22.36**	**34.05**	**22.23**	**40.21**
鲜奶	13.20	12.81	17.26	11.35	20.32	11.92	22.02
酸奶	8.23	9.69	10.09	9.56	11.37	9.64	12.67
奶粉	1.16	1.75	1.46	0.54	0.69	0.33	0.45
其他奶制品	1.32	0.87	0.47	0.90	1.67	0.35	5.09
干鲜瓜果类	**75.46**	**101.71**	**81.94**	**66.17**	**74.14**	**81.87**	**101.86**
鲜瓜果	67.38	95.42	72.33	59.95	66.52	73.35	91.96
瓜果制品	2.42	1.34	3.19	1.40	2.08	2.46	1.67
坚果类	5.66	4.96	6.42	4.82	5.54	6.05	8.23
糖果糕点类	**8.73**	**7.04**	**9.96**	**8.57**	**8.70**	**4.42**	**10.55**
食糖	1.34	0.84	1.59	1.60	1.17	0.23	1.36
糖果	1.01	1.13	1.16	0.64	0.96	1.00	0.80
糕点	4.59	4.17	6.26	3.16	5.33	2.83	7.16
其他糖果糕点	1.79	0.89	0.94	3.17	1.25	0.36	1.23
饮料	**0.28**	**0.18**	**0.35**	**0.60**	**0.38**	**0.04**	**0.09**
茶叶	0.28	0.18	0.35	0.60	0.38	0.04	0.09
烟叶消费量	15.14	12.59	17.43	15.74	5.73	20.68	12.03
酒	**5.98**	**5.33**	**5.32**	**8.38**	**4.58**	**8.94**	**15.15**
白酒	1.92	2.24	1.66	2.81	1.25	7.81	2.86
啤酒	3.85	2.87	3.47	5.32	2.96	0.72	12.18
果酒	0.21	0.23	0.19	0.24	0.38	0.41	0.11

中牟县	巩义市	荥阳市	新密市	新郑市	登封市	经开区	高新区	郑东新区	航空港实验区
0.06	0.01	0.04	0.05	0.01	0.14	0.51	0.60	0.32	0.44
0.01					0.02			0.05	
0.88	0.53	1.56	0.86	1.26	0.58	0.69	1.31	1.89	1.55
3.60	**1.75**	**4.33**	**2.24**	**10.00**	**3.53**	**6.31**	**7.82**	**6.03**	**5.17**
2.83	0.90	2.71	1.48	5.30	1.80	4.21	5.44	3.41	3.98
0.56	0.11	0.48	0.28	4.02	0.54	1.26	1.36	1.51	0.76
0.08	0.16	0.85	0.14	0.40	0.59	0.17	0.33	0.26	0.01
0.12	0.57	0.29	0.35	0.28	0.60	0.66	0.69	0.85	0.42
10.03	**7.62**	**14.56**	**12.74**	**18.26**	**18.24**	**7.22**	**16.24**	**15.95**	**14.73**
9.96	7.52	13.98	12.48	15.54	17.41	6.62	15.14	15.25	13.92
0.06	0.10	0.57	0.26	2.72	0.82	0.60	1.10	0.71	0.81
9.59	**12.30**	**15.15**	**15.76**	**24.41**	**31.06**	**13.21**	**28.26**	**27.93**	**9.42**
5.14	8.46	7.58	8.33	10.08	16.83	6.99	11.97	18.02	4.57
3.08	3.19	6.61	3.63	7.85	11.41	5.20	9.88	7.94	3.26
0.76	0.26	0.41	1.20	5.89	0.67	0.92	0.53	1.22	0.80
0.60	0.39	0.54	2.59	0.58	2.15	0.10	5.88	0.75	0.80
59.60	**54.09**	**72.09**	**73.22**	**79.82**	**80.28**	**51.26**	**73.55**	**74.94**	**61.04**
55.32	48.43	64.39	65.91	72.54	71.29	44.78	66.90	68.04	42.22
0.63	1.17	2.85	1.24	1.88	2.16	1.85	0.68	2.21	10.34
3.66	4.49	4.86	6.07	5.41	6.83	4.63	5.97	4.69	8.48
3.01	**5.66**	**9.47**	**9.46**	**9.56**	**17.95**	**3.92**	**10.62**	**7.45**	**9.93**
0.98	0.83	0.73	1.45	2.32	3.82	1.23	1.47	0.96	0.90
0.24	0.47	1.56	0.69	1.08	2.78	0.64	1.09	0.86	0.91
1.66	3.17	6.64	5.36	3.18	6.62	1.96	5.08	5.16	2.37
0.13	1.19	0.54	1.95	2.98	4.73	0.08	2.99	0.48	5.75
0.03	**0.07**	**0.14**	**0.09**	**0.23**	**0.59**	**0.10**	**0.39**	**0.26**	**0.35**
0.03	0.07	0.14	0.09	0.23	0.59	0.10	0.39	0.26	0.35
12.37	10.54	20.09	29.00	17.08	23.30	7.36	16.63	15.36	21.86
4.12	**3.21**	**7.01**	**4.46**	**4.92**	**11.52**	**4.84**	**8.56**	**4.55**	**5.24**
2.29	1.04	1.57	1.56	2.01	1.53	0.48	3.50	2.03	1.57
1.83	1.94	5.15	2.82	2.91	9.52	4.20	5.03	2.38	3.63
	0.23	0.29	0.08		0.46	0.15	0.03	0.14	0.04

5-10　城镇居民按五等份分组人均可支配收入

（2018 年）

单位:元

指　　标	城镇低收入户	城镇中低收入户	城镇中等收入户	城镇中高收入户	城镇高收入户
可支配收入	**17091.76**	**27002.74**	**36474.66**	**47697.79**	**86756.67**
工资性收入	13461.08	19961.96	23006.11	25881.08	42499.08
工资	12653.25	19397.03	21627.97	24910.83	39830.13
实物福利	33.67	54.56	79.16	77.64	149.43
其他	774.16	510.36	1298.97	892.61	2519.52
经营净收入	**734.14**	**916.02**	**2031.41**	**5199.42**	**14813.88**
第一产业经营净收入	223.89	50.38	51.15	393.60	-3.85
第二产业经营净收入	12.08	-1.56	197.42	1029.49	3880.07
第三产业经营净收入	498.17	867.20	1782.84	3776.33	10937.66
财产净收入	**1936.46**	**4248.24**	**6010.23**	**8153.41**	**17359.03**
利息净收入	-98.53	-209.98	-258.87	-245.85	57.01
红利收入	191.69	273.84	392.86	440.30	851.13
储蓄性保险净收益	0.00	22.16	2.75	38.17	197.51
转让承包土地经营权租金净收入	23.66	33.71	38.81	14.77	1073.41
出租房屋财产性收入	307.49	1018.10	1073.05	3250.88	6932.01
出租机械专利版权等资产的收入	2.14	89.86	0.68	10.95	198.52
其他财产净收入	-31.73	37.96	16.18	132.91	359.52
房屋虚拟租金	1541.74	2982.59	4744.77	4511.29	7689.91
转移净收入	**960.08**	**1876.53**	**5426.92**	**8463.88**	**12084.67**
转移性收入	1522.83	3024.72	6594.96	9990.59	15085.13
养老金或离退休金	1145.27	2167.97	5752.08	8397.20	12392.25
社会救济和补助	41.81	47.54	21.75	0.37	12.44
政策性生活补贴	86.73	130.61	172.17	50.34	404.13
报销医疗费	25.06	239.60	265.48	731.95	669.39
家庭外出从业人员寄回带回收入	62.87	137.33	33.20	215.01	103.69
从政府和组织得到的实物产品和服务折价	25.69	133.65	20.23	447.92	26.12
转移性支出	**562.75**	**1148.19**	**1168.05**	**1526.70**	**3000.45**
个人所得税	9.23	27.25	30.97	102.91	536.62
社会保障支出	477.95	960.04	1035.27	1320.93	2133.73
外来从业人员寄给家人的支出	2.58	0.43		3.93	0.18
赡养支出	51.88	43.13	61.93	72.19	139.49
其他转移性支出	21.11	117.35	39.87	26.75	190.43

5-11 城镇居民按五等份分组人均消费支出

（2018 年）

单位:元

指　　标	城镇低收入户	城镇中低收入户	城镇中等收入户	城镇中高收入户	城镇高收入户
消费支出	**16599.05**	**20074.94**	**25129.73**	**30617.48**	**48830.65**
食品烟酒	**3877.84**	**5088.79**	**6053.91**	**6896.29**	**8585.13**
食品	**2859.09**	**3622.08**	**3925.52**	**4383.32**	**5040.71**
谷物	400.55	440.03	475.94	482.71	534.83
薯类	49.66	64.24	70.88	78.87	93.28
豆类	57.43	59.19	59.60	68.11	79.62
食用油	156.45	178.53	159.73	153.52	208.47
蔬菜和食用菌	408.37	500.99	521.60	573.00	671.50
肉类	409.99	605.49	677.32	820.50	899.67
禽类	84.16	122.92	143.69	164.05	177.17
水产品	180.24	193.13	198.09	254.63	288.44
蛋类	137.85	118.11	137.69	144.60	143.05
奶类	369.06	546.89	491.58	481.68	649.60
干鲜瓜果类	359.28	475.17	615.22	725.93	807.80
糖果糕点类	100.34	132.68	173.13	197.40	243.50
其他食品	145.73	184.71	201.05	238.31	243.78
烟酒	**233.95**	**378.66**	**429.30**	**600.57**	**826.05**
烟草	138.36	203.29	192.70	317.52	344.01
酒类	95.59	175.37	236.61	283.05	482.04
饮料	**94.23**	**117.46**	**159.81**	**166.94**	**277.31**
饮食服务	**690.57**	**970.59**	**1539.28**	**1745.46**	**2441.05**
食堂用餐	59.06	29.73	61.50	161.74	242.52
其他在外饮食	629.90	939.12	1475.50	1580.51	2197.61
食品加工服务费	1.60	1.73	2.28	3.21	0.92
衣着	**1430.29**	**1588.87**	**1949.72**	**2334.67**	**2917.08**
衣类	1040.20	1225.46	1510.03	1839.36	2275.85
鞋类	390.08	363.41	439.69	495.31	641.23
居住	**3899.79**	**6203.99**	**7848.58**	**9324.49**	**15678.35**
租赁房房租	534.00	186.56	204.43	504.65	682.05
住房维修及管理	166.71	200.00	436.08	699.30	1020.87
水电燃料及其他	812.46	999.93	1041.46	1837.57	2961.03
自有住房折算租金	2386.62	4817.49	6166.60	6282.97	11014.40
租赁房房租中租赁公房房租	88.46	47.00	18.30	106.25	20.70
租赁房房租中租赁私房房租	445.54	139.57	186.14	398.40	661.35
住房维修及管理中物业管理费	72.23	101.72	182.07	303.09	451.87
生活用品及服务	**854.79**	**1380.46**	**1444.41**	**1949.04**	**4818.59**

5-11 续表 (2018 年)

指　　标	城镇低收入户	城镇中低收入户	城镇中等收入户	城镇中高收入户	城镇高收入户
家具及室内装饰品	120.36	325.63	262.50	311.83	1750.98
家用器具	275.40	311.04	304.57	412.52	1295.17
家用纺织品	61.81	84.89	127.86	161.24	308.26
家庭日用杂品	194.92	297.15	285.42	456.68	654.63
个人用品	176.91	325.71	425.28	525.53	734.85
家庭服务	25.39	36.04	38.79	81.24	74.70
#家政服务	11.83	5.46	19.48	6.28	34.15
交通通信	**2071.94**	**1681.50**	**2461.21**	**3322.07**	**6801.41**
交通	**1498.58**	**955.06**	**1467.71**	**2108.69**	**5372.20**
交通工具	576.50	159.97	256.68	513.76	2796.17
交通费	94.10	123.60	184.15	390.99	778.18
交通工具用燃料	504.21	447.40	688.92	792.08	1123.94
交通工具使用及维修	323.78	224.09	337.97	411.87	673.92
#车辆保险支出	146.88	45.01	73.44	75.43	99.98
通信	**573.36**	**726.44**	**993.50**	**1213.38**	**1429.21**
通信工具	168.34	222.41	358.26	488.23	552.83
通信服务	405.02	504.03	635.24	725.14	876.37
教育文化娱乐	**2222.73**	**2149.36**	**3166.35**	**3273.38**	**4525.84**
教育	**1695.78**	**1338.68**	**1795.31**	**1781.25**	**2115.96**
学前教育	410.91	387.51	438.99	570.10	547.36
小学教育	243.27	260.86	659.85	557.27	279.45
初中教育	110.27	138.05	196.95	95.99	65.28
高中教育	346.77	101.87	94.67	185.28	142.67
中专职高教育	40.64	17.46	4.89	0.48	3.99
大专及以上教育	366.22	341.05	222.86	239.43	317.39
成人教育	177.71	91.87	177.11	132.71	759.82
文化娱乐	**526.95**	**810.68**	**1371.04**	**1492.13**	**2409.87**
文娱耐用消费品	192.64	95.90	122.86	459.66	315.89
其他文娱用品	114.95	148.08	217.25	265.28	556.19
文化娱乐服务	219.35	566.70	1030.93	767.19	1537.79
医疗保健	**1940.76**	**1465.96**	**1532.14**	**2549.64**	**4067.85**
医疗器具及药品	382.50	435.92	541.41	953.87	1859.04
医疗服务	1558.25	1030.04	990.73	1595.77	2208.81
门诊总费用	350.91	277.45	433.41	461.59	495.17
住院总费用	1207.34	752.59	557.31	1134.18	1713.65
其他用品和服务	**300.92**	**516.02**	**673.40**	**967.89**	**1436.40**
其他用品	112.17	268.74	300.34	402.31	634.78
其他服务	188.74	247.27	373.06	565.58	801.62

5-12 农村居民家庭基本情况

（2018 年）

指　标	单位	郑州市	中原区	二七区	管城区	金水区	上街区	惠济区	中牟县
调查户数	户	788	30	39	30	30	20	30	80
期内住户常住成员数	人	3242	101	179	124	125	67	125	356
劳动力人数	人	2248	76	126	89	87	44	84	221
6 周岁及以上住户成员受教育程度	人	2248	76	126	89	87	44	84	221
未上过学	人	35		2	1	1		1	5
小学	人	311	8	7	11	12	7	6	47
初中	人	1111	27	52	40	29	21	35	117
高中	人	511	24	45	22	16	9	26	36
大学专科	人	223	11	16	15	27	6	10	12
大学本科	人	50	5	4		2	1	6	4
研究生	人	7	1						
从事主要行业	人	1890	40	102	81	72	36	66	207
第一产业	人	708		20	43	5	1	12	135
第二产业	人	410	7	11	7	12	14	7	28
第三产业	人	772	33	71	31	55	21	47	44
可支配收入	元/人	**21651.82**	**23050.47**	**24429.85**	**26055.61**	**26012.72**	**22327.57**	**25411.43**	**19585.94**
总收入	元/人	**25173.36**	**24664.14**	**24793.09**	**26255.82**	**28060.28**	**22582.47**	**26409.41**	**24343.51**
总支出	元/人	**20856.89**	**23817.52**	**14406.46**	**29311.41**	**27961.04**	**14410.34**	**32990.50**	**21069.04**
消费支出	元/人	**15104.57**	**20998.19**	**13235.63**	**27940.35**	**22749.49**	**12497.02**	**22129.17**	**11868.91**
年末人均居住面积	平方米/人	**76.50**	**41.06**	**116.98**	**262.56**	**149.50**	**44.58**	**258.40**	**61.50**

5-12　续表　（2018 年）

指　标	单位	巩义市	荥阳市	新密市	新郑市	登封市	经开区	高新区	郑东新区	航空港实验区
调查户数	户	80	80	80	79	80	30	30	30	40
期内住户常住成员数	人	332	272	329	311	361	146	115	129	170
劳动力人数	人	249	200	232	218	246	102	80	77	117
6 周岁及以上住户成员受教育程度	人	249	200	232	218	246	102	80	77	117
未上过学	人	7	4	3	1	2	4		1	3
小学	人	41	24	38	33	28	21	8	7	13
初中	人	121	109	132	115	124	47	33	24	85
高中	人	46	49	45	38	59	17	31	35	13
大学专科	人	26	10	9	28	28	12	7	5	1
大学本科	人	6	4	5	3	3		1	5	1
研究生	人	2				2	1			1
从事主要行业	人	197	174	187	185	235	69	55	72	112
第一产业	人	38	58	34	118	110	24		50	60
第二产业	人	93	51	62	28	27	2	22	3	36
第三产业	人	66	65	91	39	98	43	33	19	16
可支配收入	元/人	**23068.76**	**20589.26**	**20581.96**	**21641.60**	**18598.65**	**24342.00**	**23015.61**	**24997.61**	**21627.28**
总收入	元/人	**25703.29**	**23379.93**	**23349.56**	**21947.14**	**22916.64**	**24576.36**	**23203.71**	**38683.89**	**23195.68**
总支出	元/人	**14258.19**	**18222.16**	**20079.22**	**19979.93**	**19486.47**	**22611.09**	**22121.73**	**30911.23**	**18119.54**
消费支出	元/人	**10791.64**	**11755.51**	**14219.40**	**18833.48**	**13552.56**	**16001.34**	**19249.96**	**14921.07**	**13054.69**
年末人均居住面积	平方米/人	**45.50**	**65.09**	**52.76**	**46.11**	**58.70**	**119.20**	**27.80**	**116.12**	**17.05**

5-13 农村居民

（2018 年）

指　　标	郑州市	中原区	二七区	管城区	金水区	上街区	惠济区
可支配收入	**21651.82**	**23050.47**	**24429.85**	**26055.61**	**26012.72**	**22327.57**	**25411.43**
工资性收入	**14237.34**	**15837.46**	**20117.99**	**18705.18**	**20990.83**	**9218.01**	**18711.73**
工资	13008.60	15293.11	20010.06	18449.05	19495.71	8638.80	18117.71
实物福利	24.20	19.09	1.79	105.16	25.55	0.58	146.45
其他	1204.55	525.26	106.14	150.97	1469.58	578.64	447.58
经营净收入	**4465.65**	**65.51**	**2547.70**	**182.85**	**927.08**	**-0.89**	**1381.85**
第一产业经营净收入	1852.18	0.01	17.58	182.85	325.59	-0.57	692.96
第二产业经营净收入	336.36				219.68		64.50
第三产业经营净收入	2277.11	65.50	2530.12		381.81	-0.32	624.39
财产净收入	**1518.88**	**3793.76**	**1838.57**	**7046.45**	**2539.12**	**10563.90**	**5185.74**
利息净收入	13.62	331.93	-14.37	-27.50		4.58	-64.52
红利收入	275.43	1182.90		304.39	301.87	3786.31	590.93
储蓄性保险净收益	1.00						
转让承包土地经营权租金净收入	415.06			108.36	1187.24	2531.24	779.08
出租房屋财产性收入	661.70	2278.93	1900.56	6479.02	812.41	453.00	3878.34
出租机械专利版权等资产的收入	34.63					3788.76	
其他财产净收入	117.44		-47.62	182.19	237.61		1.91
转移净收入	**1429.95**	**3353.75**	**-74.42**	**121.13**	**1555.69**	**2546.55**	**132.12**
转移性收入	1837.43	4935.62	216.05	240.89	2313.90	2800.45	656.70
养老金或离退休金	771.04	4495.53	8.75	31.96	544.77	1908.73	117.03
社会救济和补助	103.23			0.70	78.27		90.99
政策性生活补贴	271.73		53.22	49.86	1426.55		22.03
报销医疗费	161.25	16.80		67.89	171.24	4.96	275.76
家庭外出从业人员寄回带回收入	180.47	8.40	116.64	19.79	74.09		96.75
赡养收入	231.20	339.28	5.51			864.38	
其他经常转移收入	54.99	75.61	11.56	63.78	8.27	21.30	0.80
从政府和组织得到的实物产品和服务折价	8.62		20.37	4.35	7.88	1.09	53.35
现金政策性惠农补贴	54.90			2.58	2.83		
转移性支出	**407.49**	**1581.87**	**290.47**	**119.77**	**758.21**	**253.90**	**524.59**
个人所得税	2.74		0.19		15.98	0.11	0.62
社会保障支出	324.01	1578.88	237.40	33.47	715.05	242.24	491.59
赡养支出	24.32		49.37	70.65	4.03	11.01	
其他转移性支出	53.49	2.99	3.50	15.64	23.14	0.54	32.37

人均可支配收入

单位:元

中牟县	巩义市	荥阳市	新密市	新郑市	登封市	经开区	高新区	郑东新区	航空港实验区
19585.94	**23068.76**	**20589.26**	**20581.96**	**21641.60**	**18598.65**	**24342.00**	**23015.61**	**24997.61**	**21627.28**
8644.96	**15224.58**	**11561.41**	**14409.29**	**14428.32**	**12345.21**	**15752.68**	**16831.42**	**11516.28**	**18747.67**
3018.73	14025.84	11496.23	14093.70	13990.16	12092.31	15454.78	16777.75	11505.61	13677.94
1.23	3.74	37.32	79.21	0.46	2.39				4.76
5624.99	1195.00	27.86	236.37	437.70	250.51	297.90	53.66	10.67	5064.97
9438.05	**7008.05**	**5121.88**	**3266.09**	**3309.64**	**4932.47**	**1366.02**	**30.42**	**10521.99**	**1526.17**
7459.25	2138.43	2965.50	695.88	551.42	589.72	15.62	0.15	5594.86	49.38
	1788.89	90.84	171.91	775.14	10.86				
1978.81	3080.73	2065.54	2398.31	1983.08	4331.90	1350.40	30.27	4927.13	1476.79
374.27	**52.31**	**769.19**	**786.11**	**2755.16**	**788.17**	**5655.10**	**6089.62**	**264.89**	**143.07**
48.41	42.13	-13.10	-14.52		0.96	263.37		-69.65	3.58
	5.74	66.16	151.68	971.61		901.15	2528.25	31.04	0.66
			8.20						
91.22	44.22	350.43	447.53	1783.54	108.05	37.63		303.49	113.64
234.65		41.82	75.29			4452.95	3561.38		
		108.57			2.27				
	-39.77	215.30	117.93		676.89				25.18
1128.66	**783.82**	**3136.78**	**2120.47**	**1148.47**	**532.80**	**1568.20**	**64.16**	**2694.46**	**1210.37**
1300.98	1196.92	3586.96	2689.82	1329.61	765.36	1582.72	252.20	2827.42	1951.43
158.40	537.19	1630.32	1435.80	814.26	291.80	602.81	76.78	506.87	25.29
8.26	25.56	84.48	42.54	7.33	19.37			1096.71	0.60
127.35	75.54	352.01	47.90	7.45	7.44	828.76	70.41	2.43	1876.17
476.36	24.13	70.41	141.35	161.35	49.63	0.75	105.01	714.67	0.94
18.99	124.80	601.18	418.86	154.51	162.68			153.65	
43.59	349.08	762.43	502.87	122.09	172.62	150.40		8.47	
401.63	1.30	39.88	52.78		26.43				
0.41	5.09	6.08	22.24	1.16	15.98				0.21
65.98	54.24	40.16	25.47	61.47	19.41			344.62	48.21
172.32	**413.10**	**450.18**	**569.35**	**181.13**	**232.56**	**14.52**	**188.05**	**132.97**	**741.06**
		0.19		1.86	1.63				23.61
165.45	295.52	378.58	277.81	152.01	189.42	3.13	143.54	109.25	616.89
0.78	87.71	32.07	13.17	21.69	6.42			18.71	4.22
6.08	29.87	39.35	278.37	5.56	35.09	11.39	44.51	5.01	51.64

5-14 农村居民

（2018 年）

指　　标	郑州市	中原区	二七区	管城区	金水区	上街区	惠济区
总收入	**25173.36**	**24664.14**	**24793.09**	**26255.82**	**28060.28**	**22582.47**	**26409.41**
工资性收入	**14477.13**	**15837.46**	**20117.99**	**18705.18**	**20990.83**	**9218.01**	**18711.73**
工资	13227.69	15293.11	20010.06	18449.05	19495.71	8638.80	18117.71
实物福利	24.60	19.09	1.79	105.16	25.55	0.58	146.45
其他	1224.83	525.26	106.14	150.97	1469.58	578.64	447.58
经营性收入	**7256.66**	**97.31**	**2558.48**	**235.80**	**2216.43**	**0.11**	**1790.93**
第一产业经营收入	3835.55	0.01	28.36	235.80	1175.55	0.11	988.19
第二产业经营收入	384.61				338.14		65.43
第三产业经营收入	3036.50	97.30	2530.12		702.74		737.30
财产性收入	**1571.19**	**3793.76**	**1900.56**	**7073.95**	**2539.12**	**10563.90**	**5250.26**
利息收入	30.78	331.93				4.58	
红利收入	280.07	1182.90		304.39	301.87	3786.31	590.93
储蓄性保险净收益	1.02						
转让承包土地经营权租金净收入	422.05			108.36	1187.24	2531.24	779.08
出租房屋财产性净收入	672.85	2278.93	1900.56	6479.02	812.41	453.00	3878.34
出租机械专利版权等资产的净收入	35.22					3788.76	
其他财产净收入	129.22			182.19	237.61		1.91
转移性收入	**1868.37**	**4935.62**	**216.05**	**240.89**	**2313.90**	**2800.45**	**656.49**
养老金或离退休金	784.02	4495.53	8.75	31.96	544.77	1908.73	117.03
社会救济和补助	104.96			0.70	78.27		90.99
政策性生活补贴	276.31		53.22	49.86	1426.55		22.03
家庭外出从业人员寄回带回收入	183.51	8.40	116.64	19.79	74.09		96.75
赡养收入	235.10	339.28	5.51			864.38	
报销医疗费	163.97	16.80		67.89	171.24	4.96	275.76
从政府和组织得到的实物产品和服务折价	8.76		20.37	4.35	7.88	1.09	53.14
现金政策性惠农补贴	55.83			2.58	2.83		
其他转移性收入	55.92	75.61	11.56	63.78	8.27	21.30	0.80

人均总收入

单位:元

中牟县	巩义市	荥阳市	新密市	新郑市	登封市	经开区	高新区	郑东新区	航空港实验区
24343.51	**25703.29**	**23379.93**	**23349.56**	**21947.14**	**22916.64**	**24576.36**	**23203.71**	**38683.89**	**23195.68**
8644.96	**15224.58**	**11561.41**	**14409.29**	**14428.32**	**12345.21**	**15752.68**	**16831.42**	**11516.28**	**18747.67**
3018.73	14025.84	11496.23	14093.70	13990.16	12092.31	15454.78	16777.75	11505.61	13677.94
1.23	3.74	37.32	79.21	0.46	2.39				4.76
5624.99	1195.00	27.86	236.37	437.70	250.51	297.90	53.66	10.67	5064.97
14023.31	**9145.78**	**7427.74**	**5444.61**	**3434.05**	**9016.10**	**1585.86**	**30.47**	**24005.66**	**2352.69**
11885.74	3963.45	4368.98	1264.08	663.17	4014.42	141.71	0.20	15233.48	121.80
	1880.61	196.71	280.13	775.14	23.52				
2137.56	3301.71	2862.05	3900.39	1995.73	4978.16	1444.15	30.27	8772.18	2230.89
374.27	**136.02**	**803.83**	**805.85**	**2755.16**	**789.96**	**5655.10**	**6089.62**	**334.53**	**143.89**
48.41	64.08	21.53	4.73		0.96	263.37			4.41
	5.74	66.16	151.68	971.61		901.15	2528.25	31.04	0.66
			8.20						
91.22	44.22	350.43	447.53	1783.54	108.05	37.63		303.49	113.64
234.65		41.82	75.29			4452.95	3561.38		
		108.57			2.27				
	21.98	215.30	118.42		678.68				25.18
1300.98	**1196.92**	**3586.96**	**2689.82**	**1329.61**	**765.36**	**1582.72**	**252.20**	**2827.42**	**1951.43**
158.40	537.19	1630.32	1435.80	814.26	291.80	602.81	76.78	506.87	25.29
8.26	25.56	84.48	42.54	7.33	19.37			1096.71	0.60
127.35	75.54	352.01	47.90	7.45	7.44	828.76	70.41	2.43	1876.17
18.99	124.80	601.18	418.86	154.51	162.68			153.65	
43.59	349.08	762.43	502.87	122.09	172.62	150.40		8.47	
476.36	24.13	70.41	141.35	161.35	49.63	0.75	105.01	714.67	0.94
0.41	5.09	6.08	22.24	1.16	15.98				0.21
65.98	54.24	40.16	25.47	61.47	19.41			344.62	48.21
401.63	1.30	39.88	52.78		26.43				

5-15 农民居民

(2018 年)

指　　标	郑州市	中原区	二七区	管城区	金水区	上街区	惠济区
总支出	**20856.89**	**23817.52**	**14406.46**	**29311.41**	**27961.04**	**14410.34**	**32990.50**
消费支出	**15104.57**	**20998.19**	**13235.63**	**27940.35**	**22749.49**	**12497.02**	**22129.17**
生产经营费用支出	**2437.86**		**10.78**	**52.94**	**1270.45**	**1.00**	**297.15**
第一产业经营费用支出	1908.84		10.78	52.94	849.96	0.68	295.24
第二产业经营费用支出	31.73				99.56		
第三产业经营费用支出	497.30				320.93	0.32	1.91
财产性支出	**26.73**		**61.99**	**27.50**			**64.52**
生活贷款利息支出	16.93		14.37	27.50			64.52
转移性支出	**414.35**	**1581.87**	**290.47**	**119.77**	**758.21**	**253.90**	**524.59**
个人所得税	2.78		0.19		15.98	0.11	0.62
社会保障支出	329.47	1578.88	237.40	33.47	715.05	242.24	491.59
赡养支出	24.73		49.37	70.65	4.03	11.01	
其他转移性支出	54.39	2.99	3.50	15.64	23.14	0.54	32.37
部分商业保险支出	**108.70**		**49.92**	**53.14**	**45.07**	**319.41**	**352.24**
意外伤害保险	9.37					0.05	8.74
商业医疗保险(含大病保险)	46.19		0.10	53.14	45.07	13.27	295.96
其他非储蓄性商业保险	23.80		47.62			306.09	40.21
其他储蓄性商业保险	29.34		2.20				7.33
购置资产及非经常性转移支出	**2147.10**	**1184.24**	**622.65**	**996.71**	**1960.95**	**1201.05**	**4554.84**
购置资产支出	355.48		86.47		45.36	29.54	1407.46
非经常性转移支出	1791.62	1184.24	536.18	996.71	1915.59	1171.50	3147.38
借贷性支出	**617.58**	**53.23**	**135.02**	**121.01**	**1176.88**	**137.97**	**5068.00**

人均总支出

单位:元

中牟县	巩义市	荥阳市	新密市	新郑市	登封市	经开区	高新区	郑东新区	航空港实验区
21069.04	**14258.19**	**18222.16**	**20079.22**	**19979.93**	**19486.47**	**22611.09**	**22121.73**	**30911.23**	**18119.54**
11868.91	**10791.64**	**11755.51**	**14219.40**	**18833.48**	**13552.56**	**16001.34**	**19249.96**	**14921.07**	**13054.69**
4329.36	**1921.76**	**2145.87**	**2036.57**	**124.40**	**3900.27**	**156.59**	**0.05**	**11794.05**	**91.84**
4229.79	1764.65	1363.54	554.60	111.75	3387.52	126.09	0.05	9520.14	72.42
	31.58	88.58	102.47		12.66				
99.58	125.53	693.75	1379.50	12.65	500.09	30.49		2273.91	19.42
	83.70	34.63	19.74		1.79			69.65	0.82
	21.95	34.63	19.25					69.65	0.82
172.32	**413.10**	**450.18**	**569.35**	**181.13**	**232.56**	**14.52**	**188.05**	**132.97**	**741.06**
		0.19		1.86	1.63				23.61
165.45	295.52	378.58	277.81	152.01	189.42	3.13	143.54	109.25	616.89
0.78	87.71	32.07	13.17	21.69	6.42			18.71	4.22
6.08	29.87	39.35	278.37	5.56	35.09	11.39	44.51	5.01	51.64
419.64	**99.08**	**193.58**	**39.09**		**38.70**	**29.16**	**483.44**	**47.28**	**17.80**
41.67	8.13	1.44	1.29		22.74			20.15	2.95
88.69		131.52	21.30		5.03	29.16	483.44	27.13	
38.51	70.98	37.42	16.50		0.29				10.15
250.76	19.97	23.20			10.65				4.70
3679.16	**781.56**	**3366.20**	**2272.38**	**587.68**	**1585.90**	**2051.93**	**2200.24**	**2860.77**	**4141.58**
1060.51	33.71	1115.22	227.70	11.86	596.48	8.19		78.63	1.44
2618.65	747.86	2250.98	2044.68	575.82	989.42	2043.74	2200.24	2782.14	4140.13
599.66	**167.34**	**276.19**	**922.70**	**253.24**	**174.69**	**4357.55**		**1085.45**	**71.73**

5-16 农村居民

（2018 年）

指　　标	郑州市	中原区	二七区	管城区	金水区	上街区	惠济区
消费支出	**15104. 57**	**20998. 19**	**13235. 63**	**27940. 35**	**22749. 49**	**12497. 02**	**22129. 17**
食品烟酒	**3619. 75**	**5017. 14**	**2464. 16**	**3782. 78**	**4329. 15**	**3899. 70**	**4380. 18**
食品	2346. 26	4111. 63	1625. 42	2443. 52	2822. 01	3225. 25	2684. 97
谷物	366. 57	444. 70	250. 34	462. 47	268. 00	733. 39	443. 83
薯类	49. 78	55. 93	49. 13	60. 72	38. 40	42. 43	43. 77
豆类	46. 07	40. 59	25. 10	21. 14	27. 92	136. 37	30. 99
食用油	128. 67	149. 81	78. 85	103. 35	92. 77	141. 12	94. 19
蔬菜和食用菌	293. 88	528. 28	274. 00	299. 03	317. 13	566. 10	301. 63
肉类	406. 96	984. 80	260. 72	550. 24	506. 74	419. 29	420. 52
禽类	66. 93	233. 09	49. 31	88. 14	124. 80	40. 90	78. 85
水产品	111. 59	297. 79	48. 51	90. 17	111. 79	87. 83	75. 97
蛋类	98. 63	118. 07	55. 09	115. 45	114. 47	168. 07	167. 85
奶类	256. 46	297. 52	203. 06	196. 86	537. 81	252. 92	376. 07
干鲜瓜果类	289. 56	771. 96	195. 91	268. 46	378. 37	453. 73	340. 47
糖果糕点类	89. 44	93. 46	45. 73	60. 84	119. 34	103. 14	187. 18
其他食品	141. 71	95. 64	89. 66	126. 67	184. 47	79. 96	123. 65
烟酒	462. 11	524. 39	225. 58	335. 31	368. 21	145. 96	633. 54
烟草	260. 53	321. 02	150. 99	264. 98	184. 64	74. 41	365. 84
酒类	201. 58	203. 37	74. 59	70. 33	183. 56	71. 55	267. 70
饮料	160. 80	57. 93	58. 58	118. 44	125. 72	109. 93	73. 39
饮食服务	650. 58	323. 19	554. 58	885. 52	1013. 21	418. 55	988. 29
食堂用餐	49. 47	24. 79	3. 66	48. 03		18. 40	32. 19
其他在外饮食	595. 60	298. 40	550. 36	834. 46	1013. 21	400. 15	955. 73
食品加工服务费	5. 51		0. 56	3. 02			0. 36

人均消费支出

单位:元

中牟县	巩义市	荥阳市	新密市	新郑市	登封市	经开区	高新区	郑东新区	航空港实验区
11868.91	**10791.64**	**11755.51**	**14219.40**	**18833.48**	**13552.56**	**16001.34**	**19249.96**	**14921.07**	**13054.69**
2606.85	**2504.02**	**2839.34**	**3480.34**	**5437.07**	**3668.91**	**2837.31**	**3730.13**	**3115.57**	**5350.82**
1529.64	1870.06	2154.73	2276.07	2959.63	2776.46	1713.49	2502.09	2137.50	2317.69
227.57	363.73	447.57	252.11	410.11	465.39	284.02	260.23	364.56	461.66
23.86	39.88	54.23	66.89	36.43	56.58	22.90	33.33	61.08	74.02
11.73	48.54	61.80	55.87	80.77	49.36	23.33	26.33	31.95	54.32
53.36	116.52	98.10	167.06	202.62	189.15	83.75	48.32	91.94	161.60
166.57	253.11	304.74	264.48	325.59	400.40	177.04	347.05	239.53	271.79
251.85	288.36	336.08	382.55	504.48	503.93	343.52	444.85	333.51	394.43
47.20	59.42	43.45	63.87	50.12	46.70	79.64	115.72	62.54	58.81
36.33	22.81	41.53	65.30	584.12	53.37	98.12	103.60	39.77	13.98
62.05	65.18	121.42	120.11	100.05	120.34	78.94	119.71	87.01	70.30
284.34	209.77	173.63	248.27	213.09	337.70	162.96	311.57	329.01	79.08
157.69	215.73	253.31	289.29	302.23	272.57	164.12	438.99	292.76	354.24
31.78	70.47	101.98	110.63	76.61	114.25	48.00	139.37	69.15	114.96
175.31	116.52	116.89	189.63	73.41	166.72	147.14	113.02	134.69	208.52
349.03	245.25	273.88	320.78	1243.56	474.92	468.38	278.42	424.22	671.36
208.86	115.84	223.87	233.93	348.37	351.57	308.98	135.40	237.57	534.07
140.17	129.41	50.01	86.85	895.19	123.36	159.41	143.02	186.65	137.29
36.09	50.93	46.18	96.62	813.05	121.40	44.32	85.02	97.54	244.61
692.08	337.78	364.54	786.88	420.82	296.13	611.13	864.60	456.31	2117.16
7.56	57.68	35.03	94.43	114.93	35.66	590.06	0.08	6.71	1.82
677.10	267.12	319.72	680.75	305.37	256.70	17.33	864.52	447.86	2114.48
7.42	12.98	9.80	11.70	0.52	3.77	3.73		1.74	0.87

5-16 续表1 (2018年)

指 标	郑州市	中原区	二七区	管城区	金水区	上街区	惠济区
衣着	**1080.48**	**588.86**	**839.69**	**1321.15**	**1283.83**	**880.90**	**1243.56**
衣类	826.02	480.72	670.71	983.71	1009.19	598.35	987.35
鞋类	254.45	108.15	168.97	337.44	274.64	282.55	256.21
居住	**4449.08**	**11574.75**	**6798.78**	**17745.62**	**9321.11**	**2754.01**	**9237.20**
租赁房房租	162.62	890.09	27.65		326.09		853.87
住房维修及管理	468.16	179.14	39.90	7.43	109.79	72.74	475.98
水电燃料及其他	794.86	1036.90	692.76	1740.49	1006.03	831.90	1252.06
自有住房折算租金	3023.45	9468.61	6038.47	15997.71	7879.20	1849.37	6655.30
#租赁房房租中租赁公房房租	13.80		6.01		29.45		15.99
租赁房房租中租赁私房房租	148.82	890.09	21.64		296.64		837.87
住房维修及管理中物业管理费	25.21	162.40	14.96	6.71	75.53	57.56	32.39
生活用品及服务	**966.71**	**440.24**	**596.04**	**509.97**	**1251.91**	**1292.21**	**1093.97**
家具及室内装饰品	175.90	46.29	63.94		117.81	215.12	157.45
家用器具	329.12	18.73	158.48	185.64	464.86	219.52	424.36
家用纺织品	74.32	31.35	34.13	36.19	60.99	102.98	63.44
家庭日用杂品	222.07	149.41	122.98	111.38	278.46	418.82	254.44
个人用品	135.72	182.86	210.32	147.79	253.26	237.87	175.76
家庭服务	29.56	11.60	6.21	28.97	76.52	97.90	18.52
#家政服务	2.30	10.22	0.02		14.36	39.83	0.06
交通通信	**2077.26**	**1527.94**	**1283.36**	**2920.42**	**2714.63**	**1279.17**	**2536.78**
交通	1414.09	931.40	746.55	2235.34	1908.21	718.24	1843.67
交通工具	510.07		41.47	1328.08	108.06	45.74	731.31
交通费	75.10	16.31	45.12	6.01	136.22	51.25	28.78
交通工具用燃料	549.82	716.63	444.14	686.82	1259.79	472.02	647.50
交通工具使用及维修	279.10	198.47	215.81	214.43	404.13	149.23	436.08

单位:元

中牟县	巩义市	荥阳市	新密市	新郑市	登封市	经开区	高新区	郑东新区	航空港实验区
788.51	**817.22**	**921.53**	**1421.09**	**1242.37**	**1095.26**	**915.64**	**1346.21**	**854.48**	**1607.29**
621.56	637.26	700.22	1108.56	1033.72	762.02	663.01	1022.09	672.09	1077.18
166.95	179.96	221.32	312.53	208.65	333.24	252.63	324.12	182.39	530.11
2774.97	**2276.22**	**2881.98**	**2674.12**	**4279.47**	**3630.07**	**6108.78**	**5296.53**	**3206.13**	**1159.92**
102.65	73.97	294.03	180.55	32.32	91.66			40.91	26.77
367.28	493.95	256.07	282.27	2200.82	162.19	67.79	90.60	558.25	167.43
536.78	606.19	521.01	851.82	556.33	1087.29	1134.75	574.79	901.33	647.56
1768.26	1102.10	1810.88	1359.49	1489.99	2288.93	4906.24	4631.14	1705.65	318.14
2.98	0.29	53.79	39.68	1.24	3.29				9.14
99.67	73.68	240.24	140.87	31.09	88.36			40.91	17.63
19.22	11.26	34.93	15.70	9.67	23.10	19.69	28.03	8.13	3.30
888.33	**857.55**	**999.35**	**1501.01**	**1045.50**	**941.82**	**793.69**	**1335.52**	**936.68**	**574.14**
177.89	286.74	86.55	288.72	347.02	126.57	5.60	34.56	219.89	3.35
341.86	217.02	639.07	607.70	360.26	198.91	220.19	709.40	157.27	33.31
67.12	42.45	62.85	141.98	64.08	103.77	27.73	56.19	124.43	40.94
210.22	184.72	126.16	299.32	178.06	249.60	230.32	387.64	249.64	338.41
60.04	112.45	70.32	117.50	72.99	203.67	270.01	133.56	166.60	147.70
31.20	14.17	14.40	45.79	23.10	59.30	39.85	14.17	18.85	10.44
0.09	1.64	1.59	0.96		1.47	18.87		1.02	
1829.12	**1565.48**	**1418.13**	**1971.53**	**3341.23**	**1913.12**	**3299.40**	**2327.71**	**2798.83**	**1637.03**
1310.72	1095.81	867.48	996.52	2726.00	1280.88	2601.60	1254.58	2095.38	860.60
471.33	538.35	285.94	135.41	2190.83	494.25	1044.17	97.77	35.01	2.09
12.18	115.05	47.23	160.75	18.59	46.76	37.02	98.14	68.53	165.14
515.99	353.35	344.70	491.51	346.89	328.11	918.23	822.75	1412.25	298.17
311.21	89.07	189.61	208.85	169.69	411.76	602.17	235.93	579.59	395.19

5-16 续表 2

（2018 年）

指　标	郑州市	中原区	二七区	管城区	金水区	上街区	惠济区
#车辆保险支出	65.03	179.54	104.42	55.25	82.94	3.92	189.39
通信	663.16	596.54	536.81	685.07	806.42	560.93	693.11
通信工具	243.24	37.70	130.57	151.66	205.85	218.16	243.64
通信服务	419.92	558.84	406.24	533.41	600.56	342.77	449.47
教育文化娱乐	**1304.87**	**1585.85**	**676.35**	**896.95**	**1669.95**	**998.18**	**1911.18**
教育	953.28	956.90	356.01	818.31	1262.86	714.08	1525.90
学前教育	262.93	186.17	143.22	488.35	813.49	589.23	630.25
小学教育	153.47	92.25	89.85	41.91	144.71	46.96	97.13
初中教育	116.26	66.97	44.52	130.06	54.71	8.20	234.90
高中教育	116.69	226.13	25.75	23.27	13.26	23.78	7.54
中专职高教育	21.53	105.82	4.19	28.70		7.26	98.79
大专及以上教育	208.89	226.12	48.05	2.90	183.24	38.65	316.58
成人教育	73.51	53.45	0.42	103.12	53.45		140.71
文化娱乐	351.59	628.95	320.35	78.64	407.09	284.10	385.28
文娱耐用消费品	102.21	23.83	20.27	0.44	56.54	35.32	53.30
其他文娱用品	85.83	12.65	138.54	21.35	97.73	82.58	118.38
文化娱乐服务	163.54	592.47	161.54	56.85	252.82	166.20	213.60
医疗保健	**1292.39**	**215.37**	**331.42**	**595.38**	**1850.88**	**1172.96**	**1442.14**
医疗器具及药品	371.66	133.79	100.09	189.79	362.43	464.85	573.02
医疗服务	920.73	81.58	231.33	405.59	1488.45	708.11	869.12
门诊总费用	258.41	44.71	149.32	297.77	300.43	466.79	285.24
住院总费用	662.31	36.86	82.01	107.81	1188.02	241.32	583.88
其他用品和服务	**314.04**	**48.04**	**245.83**	**168.08**	**328.03**	**219.90**	**284.15**
其他用品	170.36	12.61	38.60	86.32	92.09	101.70	98.98
其他服务	143.68	35.43	207.23	81.77	235.94	118.20	185.17

单位:元

中牟县	巩义市	荥阳市	新密市	新郑市	登封市	经开区	高新区	郑东新区	航空港实验区
104.44	4.08	15.89	33.00	10.10	15.66	74.53	107.89	158.70	159.28
518.40	469.67	550.65	975.01	615.23	632.24	697.80	1073.13	703.45	776.43
237.67	197.45	170.46	506.37	234.51	155.42	128.48	535.57	183.08	382.30
280.73	272.22	380.19	468.64	380.72	476.82	569.32	537.56	520.37	394.14
1035.36	**1220.17**	**1700.67**	**984.11**	**1307.87**	**1234.35**	**1071.92**	**2848.78**	**962.69**	**1940.57**
824.17	779.71	1338.36	754.73	672.10	1013.33	725.44	2247.72	681.42	1586.17
149.80	96.07	290.52	96.29	531.07	205.25	74.76	71.13	137.48	291.05
187.85	117.68	166.66	133.04	0.75	274.18	122.74	1115.71	282.43	60.37
51.75	102.77	165.15	151.60	1.45	228.17	15.90	507.44	120.48	83.42
99.72	106.68	148.31	108.28	72.45	43.53	3.65	521.37	53.12	487.34
1.91	1.46	8.11	3.61		56.45	289.62		1.73	36.58
217.46	248.83	519.78	171.26		99.98	99.46		46.37	626.09
115.67	106.23	39.84	90.66	66.37	105.77	119.32	32.06	39.80	1.33
211.18	440.45	362.31	229.38	635.77	221.02	346.48	601.06	281.27	354.40
50.54	72.57	119.97	51.61	445.87	55.41	40.52	218.66	73.86	88.77
111.18	56.93	63.55	69.86	88.91	89.94	75.75	230.45	106.44	123.29
49.47	310.96	178.78	107.91	101.00	75.67	230.22	151.95	100.97	142.33
1797.21	**905.00**	**836.04**	**1878.67**	**1705.65**	**828.37**	**573.33**	**2083.14**	**2829.34**	**378.21**
196.46	293.08	459.57	723.81	243.15	265.52	134.33	260.42	751.02	279.52
1600.75	611.92	376.48	1154.86	1462.50	562.85	439.00	1822.73	2078.32	98.69
472.09	304.30	171.06	339.81	182.13	76.61	232.68	275.49	526.90	66.84
1128.66	307.62	205.42	815.05	1280.37	486.25	206.32	1547.24	1551.42	31.85
148.56	**645.99**	**158.46**	**308.52**	**474.31**	**240.66**	**401.26**	**281.92**	**217.35**	**406.71**
97.19	365.01	72.68	150.82	415.88	94.86	270.40	70.86	135.68	191.73
51.37	280.98	85.78	157.70	58.43	145.80	130.86	211.06	81.66	214.98

5-17 农村居民人均

（2018 年）

指标名称	单位	郑州市	中原区	二七区	管城区	金水区	上街区	惠济区
购买生活消费品	**元**	**11945.90**	**11330.93**	**7070.33**	**11772.64**	**14753.92**	**10641.88**	**15079.02**
食品烟酒	**元**	**3557.24**	**5001.71**	**2442.28**	**3668.03**	**4300.52**	**3898.03**	**4189.35**
食品	**元**	**2295.38**	**4096.20**	**1603.54**	**2350.68**	**2793.38**	**3223.58**	**2523.64**
谷物	元	346.23	442.71	242.38	386.65	263.22	732.30	429.46
小麦	公斤	0.74	0.12	0.06	0.01			0.04
金额	元	1.74	0.39	0.17	0.03			0.08
面粉	公斤	17.72	12.93	13.80	16.28	12.00	30.05	20.40
金额	元	61.67	57.07	46.48	60.49	52.82	103.60	74.76
稻谷								
金额	元	0.01						
大米	公斤	11.82	19.52	14.44	25.10	11.49	8.50	11.11
金额	元	66.91	138.06	68.44	130.75	71.12	49.20	63.66
玉米	公斤	3.73	0.74	0.73	2.13	1.13	1.12	0.58
金额	元	9.23	6.34	2.42	9.46	3.49	4.39	3.11
小米	公斤	2.96	1.28	3.02	4.09	1.99	10.92	3.02
金额	元	24.23	11.30	17.18	30.76	19.44	91.65	25.56
其他谷物	公斤	0.50	0.78	0.38	0.10	1.06	0.22	0.44
金额	元	3.97	6.44	1.58	0.46	10.18	1.50	3.44
面粉制品	公斤	38.85	46.44	32.57	75.81	21.55	74.14	53.03
金额	元	167.52	202.73	100.38	153.68	101.72	446.94	239.75
其他谷物制品	公斤	1.51	1.67	0.71	0.48	0.45	6.73	2.36
金额	元	10.93	20.39	5.72	1.02	4.45	35.03	19.10
薯类	**公斤**	**10.33**	**11.18**	**8.66**	**16.33**	**6.55**	**12.98**	**8.53**
金额	元	45.04	55.93	49.13	60.72	38.40	42.43	43.77
红薯	公斤	4.15	3.31	1.86	5.50	2.79	5.84	3.81
金额	元	10.34	12.78	4.79	12.44	11.75	10.53	10.41
马铃薯	公斤	4.29	6.31	4.32	9.73	2.71	6.44	2.15
金额	元	12.77	23.41	14.05	34.00	11.61	23.50	6.75
其他薯类及制品	公斤	1.90	1.56	2.47	1.09	1.05	0.71	2.57
金额	元	21.93	19.74	30.28	14.28	15.03	8.39	26.62
豆类	**公斤**	**8.38**	**5.99**	**5.68**	**5.61**	**5.56**	**31.09**	**6.08**
金额	元	46.01	40.59	25.10	21.14	27.92	136.37	30.99
大豆	公斤	0.76	1.03	0.33	0.37	2.71	0.22	0.91

购买生活消费品

中牟县	巩义市	荥阳市	新密市	新郑市	登封市	经开区	高新区	郑东新区	航空港实验区
9981.46	**9635.48**	**9747.71**	**12667.96**	**17326.79**	**11178.81**	**11020.57**	**14510.73**	**13004.86**	**12571.81**
2592.21	**2458.37**	**2667.10**	**3347.19**	**5434.66**	**3612.73**	**2837.31**	**3729.93**	**3070.17**	**5345.37**
1515.01	**1824.41**	**1987.19**	**2219.99**	**2957.23**	**2720.28**	**1713.49**	**2501.89**	**2092.11**	**2312.24**
220.16	347.49	373.61	225.79	408.95	447.09	284.02	260.23	344.08	460.91
0.36	1.28	0.82	2.41	1.01	0.59		0.01		
0.68	2.47	1.97	6.37	2.37	1.29		0.03		
20.82	21.03	13.09	6.74	34.82	22.88	16.16	10.71	11.51	17.51
75.21	68.56	44.99	19.41	115.61	75.78	72.01	46.67	41.37	64.71
0.01	0.02	0.03		0.02	0.03				
5.57	9.18	9.94	12.63	11.85	16.35	13.49	5.60	12.05	8.68
29.85	54.07	55.31	64.39	75.77	97.68	74.61	34.24	64.18	38.92
1.51	23.39	0.39	0.79	0.27	1.29	0.04	1.18	2.02	0.35
3.48	48.05	1.57	2.24	4.22	4.58	0.19	5.45	7.23	1.48
0.28	2.92	4.51	2.92	4.22	5.06	0.33	1.82	2.22	1.20
2.45	25.31	37.94	23.69	37.16	42.16	2.07	15.05	13.58	7.83
0.21	0.28	0.68	0.87	0.23	0.92		1.37	0.30	0.01
1.75	2.44	5.21	6.17	1.73	8.44	0.04	9.59	1.33	0.09
25.35	24.04	43.21	20.83	34.22	44.96	49.46	30.35	33.71	99.16
105.51	138.73	214.18	95.18	146.25	205.46	121.35	130.61	205.76	338.20
0.31	1.60	1.25	1.51	2.15	2.11	1.91	1.78	1.41	2.27
1.22	7.83	12.42	8.35	25.84	11.69	13.75	18.60	10.63	9.69
4.18	**7.27**	**12.86**	**14.04**	**7.78**	**7.06**	**7.54**	**9.22**	**12.25**	**22.35**
20.88	32.97	51.04	59.69	36.43	35.96	22.90	33.33	57.64	73.96
0.97	1.49	4.84	4.24	6.06	3.08	3.57	3.32	3.76	13.94
2.31	3.53	11.60	10.84	14.98	8.53	8.45	11.00	9.51	28.09
2.36	4.26	5.82	7.42	0.02	2.13	3.85	5.10	4.36	6.42
6.86	11.94	16.20	17.39	0.05	7.15	13.42	16.29	13.44	19.96
0.84	1.53	2.20	2.37	1.69	1.85	0.12	0.80	4.13	1.99
11.71	17.50	23.24	31.47	21.40	20.29	1.03	6.03	34.69	25.91
2.44	**8.42**	**11.84**	**10.71**	**9.02**	**8.58**	**5.19**	**5.49**	**5.31**	**15.47**
11.73	48.54	61.55	55.84	80.77	49.01	23.33	26.33	31.95	54.32
0.06	0.21	0.42	1.80	1.60	0.46	0.82	0.41	0.09	0.05

5-17 续表 1 （2018 年）

指标名称	单位	郑州市	中原区	二七区	管城区	金水区	上街区	惠济区
金额	元	4.00	8.40	1.86	1.75	10.91	1.14	5.69
其他豆类及制品	公斤	7.62	4.96	5.36	5.24	2.85	30.87	5.17
金额	元	42.01	32.18	23.23	19.39	17.01	135.23	25.30
食用油	**公斤**	**9.31**	**7.88**	**7.71**	**9.81**	**5.92**	**8.55**	**6.01**
金额	元	123.90	142.98	71.17	100.89	84.71	140.54	74.33
食用植物油	公斤	9.15	7.86	7.34	9.65	5.87	8.55	6.01
金额	元	118.21	142.04	66.90	99.33	83.56	140.54	74.33
食用动物油	公斤	0.16	0.02	0.37	0.16	0.05		
金额	元	5.69	0.94	4.27	1.56	1.15		
蔬菜和食用菌	公斤	74.42	109.80	73.19	80.17	54.62	172.47	65.44
金额	元	282.86	528.27	274.00	295.43	316.37	566.10	291.65
鲜菜	公斤	71.27	104.79	60.74	77.36	51.57	170.00	64.41
金额	元	239.72	461.30	203.52	258.36	260.17	535.88	278.72
干菜及菜制品	公斤	1.05	0.45	0.53	1.69	1.09	1.14	0.29
金额	元	16.37	7.37	4.53	27.92	20.72	13.41	3.08
鲜菌	公斤	1.83	4.30	11.86	1.03	1.68	1.25	0.69
金额	元	17.66	50.41	64.64	8.57	26.01	15.12	6.76
干菌及制品	公斤	0.27	0.25	0.05	0.08	0.28	0.07	0.05
金额	元	9.11	9.20	1.32	0.58	9.48	1.70	3.09
肉类	**公斤**	**15.29**	**32.05**	**11.35**	**23.85**	**15.69**	**18.13**	**17.07**
金额	元	404.52	980.16	260.72	550.24	501.64	419.29	379.38
猪肉	公斤	11.46	25.28	8.00	20.52	10.10	15.10	10.06
金额	元	243.79	622.70	156.59	398.09	249.49	298.33	206.01
牛肉	公斤	1.12	2.45	0.91	1.06	1.74	0.71	0.89
金额	元	65.55	137.92	39.89	60.01	94.19	26.15	42.33
羊肉	公斤	0.70	2.19	0.79	1.12	1.12	0.45	0.43
金额	元	38.42	125.06	30.37	60.42	65.22	19.94	21.67
其他肉类及制品	公斤	2.00	2.12	1.66	1.15	2.72	1.86	5.68
金额	元	56.76	94.49	33.86	31.72	92.73	74.87	109.37
禽类	**公斤**	**3.51**	**10.74**	**2.59**	**6.36**	**5.90**	**1.64**	**4.44**
金额	元	66.72	233.09	49.31	88.14	124.80	40.90	78.85
鸡	公斤	2.79	9.27	1.81	6.31	4.71	1.19	2.71
金额	元	51.02	181.88	29.64	87.14	93.64	24.52	45.91
鸭	公斤	0.08	0.31	0.08	0.01	0.29	0.01	0.34

中牟县	巩义市	荥阳市	新密市	新郑市	登封市	经开区	高新区	郑东新区	航空港实验区
0.35	1.47	2.93	8.20	8.81	2.73	5.64	2.59	0.57	0.27
2.38	8.21	11.42	8.91	7.43	8.11	4.37	5.08	5.21	15.43
11.38	47.07	58.62	47.64	71.96	46.28	17.69	23.74	31.38	54.04
3.50	**9.24**	**7.15**	**14.09**	**9.20**	**14.58**	**7.83**	**3.89**	**6.57**	**13.49**
52.55	110.51	86.76	166.48	202.16	183.43	83.75	48.32	85.17	161.58
3.49	9.22	7.15	13.86	8.20	14.56	7.83	3.83	6.49	13.47
52.54	110.20	86.75	163.46	152.49	183.20	83.75	47.68	84.31	161.35
	0.02		0.23	0.99	0.02		0.06	0.07	0.01
0.01	0.31	0.01	3.02	49.67	0.22		0.64	0.86	0.23
44.50	77.06	77.28	65.52	67.74	95.08	35.09	77.16	60.57	109.80
164.38	244.34	242.39	247.99	325.04	396.11	177.04	347.05	231.13	271.69
43.72	75.11	75.72	63.96	62.19	88.38	32.36	73.67	58.99	108.63
151.52	206.94	221.60	221.89	229.99	302.51	136.41	303.34	213.03	261.20
0.48	0.60	0.26	0.72	2.13	3.09	1.75	1.12	0.49	0.73
9.53	12.30	3.11	15.39	27.04	47.78	31.46	19.37	6.05	6.65
0.29	1.21	1.12	0.75	2.83	2.46	0.89	2.21	1.01	0.37
2.63	11.01	10.80	7.98	40.63	23.81	8.30	20.54	10.19	1.86
0.01	0.15	0.18	0.09	0.59	1.15	0.08	0.16	0.08	0.06
0.70	14.09	6.88	2.73	27.38	22.01	0.88	3.79	1.86	1.98
10.33	**9.72**	**13.30**	**15.33**	**15.49**	**19.01**	**13.07**	**16.97**	**14.03**	**18.07**
251.56	284.62	335.69	381.64	504.48	503.26	343.52	444.73	333.51	393.29
8.67	7.27	10.25	11.20	10.52	14.72	10.82	11.48	9.65	14.98
182.67	166.87	219.06	228.73	210.09	293.32	252.26	235.23	209.11	319.52
0.09	0.42	0.36	1.76	1.94	2.04	0.55	1.41	0.99	0.43
5.88	26.66	22.12	96.93	141.28	130.17	39.14	73.03	29.78	25.41
0.46	0.49	0.45	0.40	1.06	1.02	0.65	0.89	0.52	0.29
17.27	28.22	23.77	18.82	82.00	53.51	37.00	45.86	18.41	12.49
1.12	1.53	2.24	1.97	1.97	1.23	1.06	3.20	2.86	2.37
45.74	62.86	70.73	37.17	71.11	26.25	15.12	90.61	76.22	35.87
2.75	**1.94**	**1.94**	**3.71**	**3.02**	**2.74**	**4.87**	**6.50**	**3.62**	**3.45**
47.20	59.42	42.51	63.11	50.12	46.52	79.64	115.63	62.54	58.81
2.55	1.62	1.25	2.93	1.92	2.36	4.64	4.52	2.61	2.78
42.57	50.29	21.57	47.97	37.69	39.78	76.60	68.54	43.50	45.33
0.01	0.01	0.02	0.06		0.15	0.16	0.14	0.13	

5-17 续表 2 （2018 年）

指标名称	单位	郑州市	中原区	二七区	管城区	金水区	上街区	惠济区
金额	元	1.43	7.00	1.78	0.10	4.69	0.17	5.33
鹅	公斤	0.01					0.02	
金额	元	0.17				0.12	1.15	
其他禽类及制品	公斤	0.63	1.16	0.69	0.05	0.90	0.42	1.39
金额	元	14.11	44.21	17.89	0.90	26.34	15.06	27.61
水产品	**公斤**	**3.21**	**8.80**	**2.99**	**4.12**	**4.22**	**3.78**	**2.95**
金额	元	110.92	296.74	48.51	90.17	111.36	87.83	73.84
鱼类	公斤	2.00	6.06	1.82	3.30	2.67	2.03	1.78
金额	元	49.93	155.46	24.82	58.95	42.10	49.82	31.27
虾类	公斤	0.48	1.64	0.62	0.66	0.86	0.44	0.62
金额	元	33.97	98.29	17.14	27.10	46.93	18.46	26.06
蟹类	公斤	0.01			0.01	0.12	0.04	0.11
金额	元	1.08	0.32		0.61	12.12	1.63	6.46
贝类	公斤	0.10	0.02	0.14	0.08	0.13		0.08
金额	元	6.16	0.57	1.47	3.07	1.72	0.02	3.38
藻类	公斤	0.32	0.38	0.17	0.03	0.01	0.53	0.14
金额	元	10.23	6.96	1.28	0.22	0.42	6.54	1.77
其他水产品及制品	公斤	0.29	0.70	0.25	0.04	0.43	0.73	0.21
金额	元	9.55	35.14	3.80	0.22	8.07	11.35	4.89
蛋类	**公斤**	**11.49**	**12.08**	**7.41**	**13.62**	**12.16**	**17.80**	**18.67**
金额	元	96.80	118.07	55.09	115.45	114.47	168.07	167.85
鲜蛋	公斤	10.90	11.75	7.11	13.43	11.19	17.36	18.16
金额	元	90.72	115.34	52.68	111.89	104.08	164.07	162.49
蛋制品	公斤	0.59	0.33	0.30	0.20	0.97	0.43	0.52
金额	元	6.08	2.73	2.41	3.55	10.39	3.99	5.37
奶类	**公斤**	**13.37**	**19.42**	**8.77**	**11.29**	**50.72**	**18.42**	**24.13**
金额	元	256.46	297.52	203.06	196.86	537.81	252.92	376.07
鲜奶	公斤	6.33	13.46	5.12	3.30	14.70	13.04	13.03
金额	元	62.76	138.64	53.16	10.33	58.20	67.52	101.81
酸奶	公斤	4.63	5.38	2.49	1.60	30.38	1.66	9.51
金额	元	42.87	68.06	24.75	9.42	114.58	25.37	103.61
奶粉	公斤	0.74	0.51	0.90	0.47	2.20	0.64	0.91
金额	元	122.62	87.41	122.37	67.88	333.17	119.43	157.10
其他奶制品	公斤	1.67	0.07	0.26	5.92	3.44	3.08	0.68

中牟县	巩义市	荥阳市	新密市	新郑市	登封市	经开区	高新区	郑东新区	航空港实验区
0.28	0.17	0.52	1.51		2.66	2.03	1.76	1.25	0.02
					0.01		0.02	0.05	
		0.04			0.15		0.06	1.88	
0.19	0.31	0.67	0.72	1.10	0.22	0.07	1.82	0.83	0.67
4.34	8.96	20.38	13.64	12.43	3.93	1.01	45.27	15.91	13.45
2.07	**1.51**	**2.37**	**2.99**	**7.29**	**2.89**	**4.70**	**4.33**	**2.13**	**0.68**
36.33	22.81	41.15	65.30	584.12	53.15	98.12	103.60	34.36	12.45
1.82	0.74	1.47	2.25	3.25	1.87	3.39	3.22	1.11	0.57
29.07	11.14	25.79	44.88	202.69	27.10	53.54	57.00	15.99	8.85
0.17	0.03	0.14	0.12	1.74	0.40	1.20	0.84	0.28	0.02
4.77	1.42	5.44	4.70	205.64	18.06	43.39	40.47	9.48	1.24
0.01			0.02			0.02			0.01
1.13	0.06		0.79			0.68			0.24
			0.07	0.52	0.21			0.04	
		0.01	3.09	51.61	2.92			0.87	
0.01	0.43	0.65	0.05	1.28	0.05	0.04	0.08	0.50	0.02
0.10	5.14	7.13	0.44	81.10	0.38	0.34	0.86	5.86	0.22
0.06	0.31	0.11	0.48	0.50	0.36	0.05	0.19	0.20	0.06
1.26	5.04	2.79	11.39	43.08	4.68	0.18	5.27	2.17	1.90
7.20	**7.10**	**13.42**	**14.94**	**11.62**	**14.24**	**9.75**	**13.29**	**10.51**	**9.45**
61.14	61.22	114.41	117.75	99.81	118.48	78.94	119.71	86.13	70.30
7.15	7.06	13.26	14.74	8.55	13.56	9.62	12.45	10.05	9.15
60.53	60.62	112.55	115.82	68.29	110.37	76.87	112.21	82.47	67.50
0.05	0.04	0.16	0.20	3.07	0.68	0.13	0.84	0.47	0.31
0.61	0.60	1.87	1.93	31.51	8.11	2.07	7.51	3.67	2.80
4.46	**8.62**	**9.98**	**10.45**	**11.21**	**16.93**	**11.25**	**27.47**	**15.51**	**4.29**
284.34	209.77	173.63	248.27	213.09	337.70	162.96	311.57	329.01	79.08
2.11	6.51	7.05	5.78	5.08	2.97	4.19	16.97	10.89	0.43
30.26	79.07	74.12	50.47	61.76	35.05	36.25	116.98	151.58	2.65
0.75	1.23	2.08	2.43	5.25	6.14	6.22	9.29	3.13	1.98
9.31	18.04	33.25	37.50	71.00	62.05	44.12	110.40	32.29	18.52
1.23	0.54	0.32	0.74	0.69	0.87	0.68	0.33	0.76	0.05
240.89	103.64	58.04	124.67	77.52	137.46	78.40	68.48	137.92	4.84
0.37	0.34	0.53	1.49	0.20	6.96	0.16	0.87	0.73	1.83

5-17 续表3 （2018年）

指标名称	单位	郑州市	中原区	二七区	管城区	金水区	上街区	惠济区
金额	元	28.21	3.42	2.79	109.23	31.86	40.61	13.55
干鲜瓜果类	**公斤**	**53.19**	**90.33**	**32.47**	**56.60**	**44.66**	**59.80**	**51.87**
金额	元	288.11	771.04	190.72	268.46	372.09	453.73	331.67
鲜瓜果	公斤	48.38	84.38	29.99	54.16	39.37	54.13	48.26
金额	元	217.83	612.39	148.95	239.07	282.34	373.56	267.94
瓜果制品	公斤	1.25	1.32	0.75	0.65	2.80	1.37	1.07
金额	元	16.32	32.85	8.17	4.94	23.18	21.32	15.34
坚果类	公斤	3.57	4.63	1.73	1.79	2.49	4.30	2.54
金额	元	53.96	125.80	33.60	24.44	66.57	58.85	48.39
糖果糕点类	**公斤**	**6.37**	**5.10**	**5.28**	**4.01**	**4.34**	**4.57**	**7.10**
金额	元	87.13	93.46	45.73	60.84	118.10	103.14	124.72
食糖	公斤	1.47	0.99	0.48	0.49	0.59	0.87	0.77
金额	元	10.91	8.94	2.93	3.72	5.08	6.89	6.67
糖果	公斤	0.80	0.64	1.17	0.13	0.44	0.42	0.62
金额	元	12.59	26.55	9.88	2.38	11.63	12.92	10.47
糕点	公斤	2.88	3.36	2.91	1.98	2.75	3.03	4.60
金额	元	47.70	55.17	30.20	33.71	88.37	77.15	93.08
其他糖果糕点	公斤	1.23	0.11	0.72	1.40	0.56	0.26	1.10
金额	元	15.92	2.81	2.72	21.03	13.02	6.18	14.50
其他食品	**元**	**140.68**	**95.64**	**88.61**	**115.71**	**182.50**	**79.96**	**121.06**
调味品	元	64.48	62.67	39.98	50.14	63.56	77.12	57.79
其他食品	元	76.20	32.97	48.63	65.56	118.94	2.84	63.27
饮料	**元**	**160.80**	**57.93**	**58.58**	**118.44**	**125.72**	**109.93**	**73.39**
茶叶	公斤	0.22	0.07	0.16	0.10	0.19	0.07	0.25
金额	元	85.75	8.11	16.41	5.92	39.01	24.69	21.04
咖啡	元	0.47	1.61		0.15	3.26	0.06	0.83
其他固体饮料	元	3.33	7.55	0.97	3.03	3.67	0.33	2.16
瓶装饮用水	元	18.17	7.49	8.61	3.29	23.25	8.62	11.75
果汁饮料	元	15.06	11.05	6.88	2.17	28.18	17.02	15.18
其他液体饮料	元	38.03	22.12	25.72	103.88	28.36	59.21	22.43
烟酒	**元**	**462.11**	**524.39**	**225.58**	**335.31**	**368.21**	**145.96**	**633.54**
烟草	元	260.53	321.02	150.99	264.98	184.64	74.41	365.84
卷烟	盒	23.59	21.69	12.60	22.71	12.38	6.20	33.27
金额	元	259.31	321.02	150.61	264.98	184.64	74.41	365.05

中牟县	巩义市	荥阳市	新密市	新郑市	登封市	经开区	高新区	郑东新区	航空港实验区
3.88	9.02	8.22	35.63	2.82	103.14	4.20	15.70	7.22	53.07
38.28	**45.15**	**48.40**	**59.98**	**47.20**	**59.69**	**24.54**	**62.12**	**51.06**	**84.03**
157.69	215.73	249.51	288.57	302.23	270.96	164.12	438.99	292.76	354.24
36.24	38.86	43.39	55.50	42.38	55.02	22.61	58.36	45.01	76.17
127.01	150.22	172.31	217.26	217.28	211.14	128.24	372.16	217.44	260.16
0.17	1.20	1.61	0.61	1.70	1.19	0.10	0.23	1.58	2.37
2.11	16.58	25.09	7.16	20.86	14.39	2.07	5.46	22.14	30.73
1.87	5.09	3.40	3.87	3.11	3.49	1.83	3.53	4.46	5.49
28.57	48.93	52.11	64.15	64.10	45.43	33.81	61.36	53.18	63.35
2.80	**4.67**	**6.49**	**9.01**	**6.27**	**9.01**	**4.77**	**7.17**	**6.06**	**9.76**
31.73	70.45	100.25	110.63	76.61	112.79	48.00	139.37	69.15	113.85
1.65	1.48	1.38	1.87	1.22	2.84	2.41	0.02	1.43	1.34
10.63	12.61	10.90	14.82	9.12	17.91	20.51	0.15	10.71	9.40
0.29	0.24	0.26	0.93	1.07	1.39	0.04	0.99	1.74	1.47
5.15	5.74	5.70	17.77	16.70	22.35	0.59	17.20	18.08	10.86
0.84	2.46	4.40	2.97	2.10	3.38	1.71	6.13	2.64	3.64
15.47	43.75	71.62	41.83	26.29	52.30	21.49	121.46	37.72	58.21
0.01	0.49	0.46	3.24	1.89	1.40	0.62	0.03	0.25	3.30
0.48	8.36	12.03	36.20	24.49	20.23	5.41	0.57	2.64	35.38
175.31	**116.52**	**114.70**	**188.92**	**73.41**	**165.82**	**147.14**	**113.02**	**134.69**	**207.77**
36.78	67.66	66.32	71.72	45.29	109.47	55.25	46.27	65.89	67.32
138.53	48.86	48.38	117.20	28.12	56.36	91.89	66.75	68.80	140.46
36.09	**50.93**	**46.18**	**96.62**	**813.05**	**121.40**	**44.32**	**85.02**	**97.54**	**244.61**
0.01	0.04	0.05	0.20	1.08	0.24	0.18	0.11	0.20	0.14
0.64	5.64	5.56	25.05	740.86	27.04	13.49	11.49	18.67	9.55
			0.29		1.74				
0.76	1.35	5.70	0.81	4.22	3.50	0.13	0.34	4.12	10.33
13.16	10.35	7.33	9.65	9.66	12.82	7.49	6.20	13.59	120.44
0.80	7.06	4.76	13.99	22.43	35.09	7.94	28.16	9.75	31.92
20.73	26.53	22.83	46.82	35.88	41.21	15.26	38.83	51.41	72.37
349.03	**245.25**	**273.88**	**320.78**	**1243.56**	**474.92**	**468.38**	**278.42**	**424.22**	**671.36**
208.86	115.84	223.87	233.93	348.37	351.57	308.98	135.40	237.57	534.07
17.91	12.20	29.61	21.72	19.78	41.16	19.27	8.68	17.00	50.23
208.86	115.70	223.87	233.72	338.44	349.93	308.98	135.40	237.57	534.06

5-17 续表 4 （2018 年）

指标名称	单位	郑州市	中原区	二七区	管城区	金水区	上街区	惠济区
烟丝烟叶	公斤	0.06		0.03				0.08
金额	元	1.22		0.38				0.79
酒类	**元**	**201.58**	**203.37**	**74.59**	**70.33**	**183.56**	**71.55**	**267.70**
啤酒	公斤	4.10	1.42	1.69	4.99	8.70	3.01	1.45
金额	元	24.44	7.79	10.52	16.31	41.95	25.06	10.22
白酒	公斤	1.45	2.54	1.30	0.60	1.28	1.39	2.47
金额	元	173.33	179.35	64.07	52.08	125.43	39.42	250.51
果酒	公斤	0.16	0.48		0.01	0.14	0.09	0.11
金额	元	1.97	14.99		0.49	2.23	6.05	6.85
其他酒	元	1.84	1.24		1.45	13.96	1.01	0.11
饮食服务	**元**	**638.94**	**323.19**	**554.58**	**863.61**	**1013.21**	**418.55**	**958.79**
食堂用餐	元	37.83	24.79	3.66	26.12		18.40	2.69
其他在外饮食	元	595.60	298.40	550.36	834.46	1013.21	400.15	955.73
食品加工服务费	元	5.51		0.56	3.02			0.36
衣着	**元**	**1080.38**	**588.86**	**839.69**	**1321.15**	**1283.83**	**880.90**	**1243.56**
衣类	**元**	**825.93**	**480.72**	**670.71**	**983.71**	**1009.19**	**598.35**	**987.35**
服装	元	795.74	465.76	651.19	969.07	958.70	523.91	919.91
服装材料	元	1.58	0.55	0.12	2.30		0.08	
其他衣类及配件	元	27.81	14.37	19.33	11.65	50.36	72.96	67.25
衣类加工服务费	元	0.80	0.03	0.08	0.70	0.14	1.40	0.18
鞋类	**元**	**254.45**	**108.15**	**168.97**	**337.44**	**274.64**	**282.55**	**256.21**
鞋	双	3.25	1.39	1.69	3.03	2.51	3.47	2.69
金额	元	251.58	107.75	168.61	335.71	273.19	269.72	255.83
鞋类配件及加工服务费	元	2.87	0.39	0.36	1.73	1.46	12.83	0.38
居住	**元**	**1424.52**	**2106.13**	**760.31**	**1747.91**	**1441.91**	**904.64**	**2577.58**
租赁房房租	**元**	**162.62**	**890.09**	**27.65**		**326.09**		**853.87**
租赁公房房租	元	13.80		6.01		29.45		15.99
租赁私房房租	元	148.82	890.09	21.64		296.64		837.87
住房维修及管理	**元**	**468.16**	**179.14**	**39.90**	**7.43**	**109.79**	**72.74**	**475.98**
住房装潢	元	265.57		5.81			7.50	316.81
住房维修	元	142.20	16.74	19.13		33.52	7.41	73.60
物业管理费	元	25.21	162.40	14.96	6.71	75.53	57.56	32.39
其他	元	35.17			0.72	0.75	0.27	53.18
水电燃料及其他	**元**	**793.75**	**1036.90**	**692.76**	**1740.49**	**1006.03**	**831.90**	**1247.74**

中牟县	巩义市	荥阳市	新密市	新郑市	登封市	经开区	高新区	郑东新区	航空港实验区
	0.01		0.02	0.25	0.23				
	0.14		0.22	9.93	1.64				0.01
140.17	**129.41**	**50.01**	**86.85**	**895.19**	**123.36**	**159.41**	**143.02**	**186.65**	**137.29**
3.65	1.36	2.15	2.51	2.54	12.73	8.14	3.44	3.07	5.19
13.28	10.04	14.57	19.18	15.78	81.36	29.33	27.63	23.52	28.34
1.97	0.58	0.61	0.73	2.76	1.07	3.77	1.14	2.57	1.61
126.87	117.60	31.92	59.71	879.10	37.46	130.07	114.42	163.10	108.87
	0.26	0.25	0.31		0.30				
	1.77	1.85	2.70		2.99				0.04
0.02		1.67	5.26	0.31	1.54		0.97	0.03	0.04
692.08	**337.78**	**359.84**	**709.81**	**420.82**	**296.13**	**611.13**	**864.60**	**456.31**	**2117.16**
7.56	57.68	30.33	17.36	114.93	35.66	590.06	0.08	6.71	1.82
677.10	267.12	319.72	680.75	305.37	256.70	17.33	864.52	447.86	2114.48
7.42	12.98	9.80	11.70	0.52	3.77	3.73		1.74	0.87
788.51	**817.22**	**921.12**	**1421.09**	**1241.90**	**1095.20**	**915.64**	**1346.21**	**854.48**	**1607.29**
621.56	**637.26**	**699.80**	**1108.56**	**1033.24**	**761.96**	**663.01**	**1022.09**	**672.09**	**1077.18**
606.60	616.72	676.54	1084.77	1025.76	733.69	646.54	986.87	630.94	973.96
3.55	2.39	1.71	0.81		2.97	0.35	0.36	3.49	0.38
11.35	16.72	21.18	21.83	7.49	23.22	16.04	34.86	36.23	101.80
0.05	1.42	0.37	1.14		2.08	0.08		1.43	1.03
166.95	**179.96**	**221.32**	**312.53**	**208.65**	**333.24**	**252.63**	**324.12**	**182.39**	**530.11**
2.96	2.77	3.02	3.83	2.25	4.18	2.26	1.77	3.51	6.86
166.32	178.92	220.33	308.31	208.65	327.37	251.89	324.12	180.84	513.98
0.63	1.05	0.99	4.22		5.87	0.74		1.55	16.13
1006.61	**1171.74**	**1068.89**	**1310.93**	**2789.48**	**1341.14**	**1202.54**	**665.39**	**1500.49**	**841.77**
102.65	**73.97**	**294.03**	**180.55**	**32.32**	**91.66**			**40.91**	**26.77**
2.98	0.29	53.79	39.68	1.24	3.29				9.14
99.67	73.68	240.24	140.87	31.09	88.36			40.91	17.63
367.28	**493.95**	**256.07**	**282.27**	**2200.82**	**162.19**	**67.79**	**90.60**	**558.25**	**167.43**
256.10	221.91	28.19	33.77	1931.70	60.08	4.91	56.27	34.03	
91.06	257.34	187.70	197.95	259.46	12.34	43.19	6.30	371.62	
19.22	11.26	34.93	15.70	9.67	23.10	19.69	28.03	8.13	3.30
0.90	3.44	5.24	34.85		66.68			144.48	164.13
536.68	**603.81**	**518.80**	**848.12**	**556.33**	**1087.29**	**1134.75**	**574.79**	**901.33**	**647.56**

5-17 续表 5 （2018 年）

指标名称	单位	郑州市	中原区	二七区	管城区	金水区	上街区	惠济区
水	吨	27.26	48.38	24.94	0.39	18.38	47.85	14.45
金额	元	60.45	196.52	55.73	1.05	50.39	102.82	14.95
电	度	741.51	800.10	896.97	1814.56	1114.00	720.89	1429.86
金额	元	445.83	449.21	525.94	1255.47	629.93	415.71	921.59
燃料	元	254.44	201.71	111.09	483.77	211.15	313.36	199.77
煤炭	公斤	37.50						
金额	元	27.61						
管道天然气	立方米	17.72	64.75	3.26	0.25	107.09	134.13	2.18
金额	元	35.65	147.98	11.43	0.63	120.21	310.33	8.05
管道煤气	立方米	0.10		1.34				0.16
金额	元	0.50		4.47				0.83
管道液化石油气	立方米	0.17			0.14			
金额	元	0.86			1.07			
罐装液化石油气	公斤	19.93	6.28	19.54	28.73	12.66		26.47
金额	元	122.16	53.73	94.97	187.04	52.86		154.14
汽油	升	9.82			44.28	5.25	0.44	5.59
金额	元	66.87			295.03	37.26	2.93	36.75
柴油	升	0.04						
金额	元	0.29						
其他油	升	0.04				0.16		
金额	元	0.18				0.82		
取暖费	元	18.32	189.46			114.56		31.98
其他	元	14.71			0.20			79.45
生活用品及服务	元	**965.29**	**440.24**	**595.77**	**509.97**	**1251.91**	**1292.21**	**1083.78**
家具及室内装饰品	元	**175.90**	**46.29**	**63.94**		**117.81**	**215.12**	**157.45**
家具	元	162.81	45.81	47.43		102.46	151.40	132.77
家具材料	元	1.90				1.42		17.77
室内装饰品	元	11.19	0.48	16.50		13.93	63.73	6.91
家用器具	元	**329.12**	**18.73**	**158.48**	**185.64**	**464.86**	**219.52**	**424.36**
耐用消费品	元	292.67		125.56	166.85	314.35	178.14	373.49
洗衣机	台	0.02		0.01	0.02	0.04		0.03
金额	元	33.34		22.72	14.34	63.85	2.00	81.46
电冰箱(柜)	台	0.02		0.01	0.02	0.02		0.01

中牟县	巩义市	荥阳市	新密市	新郑市	登封市	经开区	高新区	郑东新区	航空港实验区
23.24	23.28	19.38	44.07	26.87	20.24	1.18	24.34	62.57	13.51
36.03	46.56	36.19	140.52	41.52	54.00	1.86	63.65	70.96	24.96
545.44	532.66	584.81	764.08	567.51	536.36	1327.09	361.83	938.13	677.19
309.95	299.95	328.32	454.46	325.53	329.84	975.23	209.05	627.35	374.10
126.98	208.91	149.23	233.85	188.54	701.47	157.19	164.63	202.05	248.36
	188.17	17.56	14.96	15.35	85.96			1.59	0.01
	125.93	10.86	11.86	11.24	78.30			2.60	0.02
18.11	0.58	8.82	12.59	17.71	6.34		66.06	19.41	0.08
40.99	1.99	20.45	29.51	41.21	22.60		153.57	45.53	0.23
0.15	0.01	0.04	0.04		0.15			0.07	
1.38	0.03	0.30	0.26		0.69			0.43	
0.08		1.26	0.07	0.03	0.05			0.27	0.01
0.56		4.60	0.56	0.22	0.54			2.33	0.06
12.96	13.46	23.70	28.02	20.22	27.07	34.89	3.20	20.79	17.04
80.21	80.67	112.79	186.49	135.21	188.63	157.19	7.75	142.50	95.13
0.39	0.02		0.53	0.10	60.07		0.44	1.02	21.82
2.75	0.14		3.84	0.65	407.26		3.30	7.44	152.92
0.17					0.26				
1.09					1.85				
		0.04	0.05		0.02			0.24	
		0.24	0.14		0.20			1.08	
	11.36	4.61	4.92	0.74	1.00		137.46	0.96	
63.72	37.03	0.45	14.37		0.98	0.47			0.15
888.33	**857.47**	**998.77**	**1495.28**	**1045.50**	**938.66**	**793.69**	**1335.52**	**936.68**	**574.14**
177.89	**286.74**	**86.55**	**288.72**	**347.02**	**126.57**	**5.60**	**34.56**	**219.89**	**3.35**
169.97	285.21	74.99	262.14	338.60	87.93	5.25	25.60	219.52	1.30
2.30	0.26	2.36	1.23		6.03	0.22		0.29	0.35
5.61	1.27	9.19	25.35	8.42	32.61	0.13	8.96	0.08	1.70
341.86	**217.02**	**639.07**	**607.70**	**360.26**	**198.91**	**220.19**	**709.40**	**157.27**	**33.31**
323.65	194.62	622.07	567.05	319.98	164.06	148.20	677.09	122.07	5.53
0.02	0.02	0.02	0.03	0.03	0.03		0.01	0.01	
28.93	43.56	31.20	44.70	52.19	29.22	2.62	13.81	17.26	0.47
0.01	0.03	0.02	0.03	0.02	0.01		0.01		

5-17 续表6 （2018 年）

指标名称	单位	郑州市	中原区	二七区	管城区	金水区	上街区	惠济区
金额	元	38.49		13.08	69.39	62.42	6.15	12.47
空调器	台	0.04		0.02	0.01	0.03	0.01	0.09
金额	元	145.84		39.83	17.77	115.67	44.64	230.15
吸尘器								
金额	元	1.07					0.65	
抽油烟机	台	0.01		0.02	0.01			
金额	元	12.10		38.85	3.30			
微波炉	台	0.01			0.01	0.01		
金额	元	3.69			1.16	7.64	1.33	
非太阳能热水器	台	0.01				0.02		0.02
金额	元	8.37				9.96	1.56	10.77
太阳能热水器	台	0.01						0.01
金额	元	8.11						3.44
燃气炉具	套	0.01		0.01	0.01			
金额	元	7.76		5.24	0.30			
其他	元	33.90		5.84	60.59	54.83	121.81	35.21
小家电	元	36.45	18.73	32.92	18.79	150.51	41.38	50.87
家用纺织品	**元**	**74.32**	**31.35**	**34.13**	**36.19**	**60.99**	**102.98**	**63.44**
床上用品	元	61.06	24.63	26.84	27.59	59.16	98.73	36.07
窗帘门帘	元	9.29	2.00	1.70		1.55	1.79	16.28
其他家用纺织品	元	3.98	4.72	5.59	8.59	0.28	2.46	11.09
家庭日用杂品	**元**	**220.65**	**149.41**	**122.71**	**111.38**	**278.46**	**418.82**	**244.25**
洗涤及卫生用品	元	83.24	57.82	30.89	62.13	184.28	80.58	63.47
厨具餐具茶具	元	23.00	27.73	16.09	12.35	36.54	31.02	33.41
家用手工工具	元	2.53	0.37	0.32	0.07	2.48		2.82
其他	元	111.89	63.49	75.41	36.84	55.16	307.22	144.55
个人用品	元	135.72	182.86	210.32	147.79	253.26	237.87	175.76
化妆品	元	73.55	45.70	115.83	107.12	165.33	88.83	64.02
其他个人用品	元	62.17	137.16	94.49	40.68	87.93	149.04	111.75
家庭服务	**元**	**29.56**	**11.60**	**6.21**	**28.97**	**76.52**	**97.90**	**18.52**
家政服务	元	2.30	10.22	0.02		14.36	39.83	0.06

中牟县	巩义市	荥阳市	新密市	新郑市	登封市	经开区	高新区	郑东新区	航空港实验区
28.47	46.83	32.27	91.17	73.00	13.63	8.10	25.49	0.06	2.52
0.04	0.01	0.13	0.05	0.05	0.02	0.05	0.15	0.02	
168.76	52.60	493.11	201.74	152.83	63.36	133.90	567.67	57.93	
	0.40	10.30							
0.02		0.01	0.02		0.01		0.01		
47.14	2.25	9.52	20.40	18.44	4.84	1.13	5.45	0.04	
			0.03		0.02				
		0.98	11.85	7.37	9.09				0.34
		0.01	0.02		0.02		0.01		
4.79		15.79	31.91		14.37		5.99		
	0.01	0.01		0.02				0.04	
	21.32	10.00	9.61	16.15	2.94			18.35	
0.01	0.02		0.03				0.01	0.03	0.01
2.12	5.36	2.95	46.49		0.26		2.18	6.19	1.76
43.45	22.30	15.95	109.19		26.36	2.45	56.50	22.24	0.44
18.21	22.40	17.00	40.65	40.28	34.85	71.99	32.31	35.20	27.78
67.12	**42.45**	**62.85**	**141.98**	**64.08**	**103.77**	**27.73**	**56.19**	**124.43**	**40.94**
59.22	36.07	60.06	111.83	56.91	73.12	26.92	56.19	107.37	28.03
7.70	2.25	2.10	28.32	7.17	25.92	0.64		5.64	0.84
0.21	4.13	0.68	1.83		4.72	0.17		11.42	12.08
210.22	**184.63**	**125.58**	**293.59**	**178.06**	**246.44**	**230.32**	**387.64**	**249.64**	**338.41**
36.05	47.88	32.89	134.57	68.76	148.41	72.33	43.38	49.77	145.17
19.57	23.31	16.01	29.42	20.10	31.12	6.96	4.73	24.00	13.86
1.29	12.70	1.10	0.43		1.58			3.41	0.38
153.30	100.74	75.57	129.17	89.20	65.34	151.03	339.54	172.47	179.00
60.04	112.45	70.32	117.50	72.99	203.67	270.01	133.56	166.60	147.70
34.22	42.70	13.23	82.30	52.48	158.86	267.79	81.01	63.65	34.07
25.82	69.75	57.09	35.20	20.50	44.81	2.22	52.55	102.95	113.63
31.20	**14.17**	**14.40**	**45.79**	**23.10**	**59.30**	**39.85**	**14.17**	**18.85**	**10.44**
0.09	1.64	1.59	0.96		1.47	18.87		1.02	

5-17 续表 7 （2018 年）

指标名称	单位	郑州市	中原区	二七区	管城区	金水区	上街区	惠济区
家庭设备修理费	元	27.26	1.39	6.19	28.97	62.16	58.07	18.46
交通通信	**元**	**2011.98**	**1348.40**	**1178.94**	**2865.16**	**2626.91**	**1275.25**	**2347.40**
交通	**元**	**1348.81**	**751.86**	**642.13**	**2180.09**	**1820.50**	**714.32**	**1654.29**
交通工具	元	510.07		41.47	1328.08	108.06	45.74	731.31
汽车	辆				0.01			0.01
金额	元	400.87			1287.13			423.18
摩托车	辆							
金额	元	11.89					19.61	
自行车	辆	0.01			0.03			0.01
金额	元	3.12			9.05	0.50		1.64
电动自行车	辆	0.02		0.02	0.01	0.02	0.01	0.09
金额	元	69.34		41.47	30.83	43.15	26.13	306.45
其他交通工具	元	24.85			1.07	64.41		0.04
交通费	**元**	**74.85**	**16.31**	**45.12**	**6.01**	**131.45**	**51.25**	**28.78**
飞机	元	14.83		7.94		29.56	10.89	10.82
火车	元	12.82		24.27	0.99	35.05	24.41	1.73
长途汽车	元	7.69	4.77	1.19		17.45	0.03	2.22
市内公共交通	元	14.05	6.51	1.68	0.75	14.74	1.01	5.21
出租汽车费	元	8.73	5.02	7.07	0.54	23.75	7.23	4.01
其他交通费	元	16.73	0.01	2.98	3.75	10.90	7.67	4.79
交通工具用燃料	**元**	**549.82**	**716.63**	**444.14**	**686.82**	**1259.79**	**472.02**	**647.50**
汽油	升	72.73	102.15	61.92	99.34	174.77	67.40	91.49
金额	元	509.05	714.32	441.15	680.15	1259.79	469.75	642.47
柴油	升	5.38						0.15
金额	元	37.69						0.80
其他燃料和润滑剂	元	3.09	2.31	3.00	6.67		2.27	4.24
交通工具使用及维修	**元**	**214.07**	**18.93**	**111.39**	**159.18**	**321.19**	**145.31**	**246.69**
交通工具零配件和维修	元	156.83	13.29	77.91	129.29	146.61	54.73	183.15
停车费	元	8.44	1.98	5.76	24.25	93.38	0.62	5.07
车辆使用税费(含过桥过路费)	元	33.24	2.39	9.76	3.62	70.80	25.91	41.62
其他	元	15.56	1.27	17.96	2.01	10.41	64.05	16.85
通信	**元**	**663.16**	**596.54**	**536.81**	**685.07**	**806.42**	**560.93**	**693.11**
通信工具	**元**	**243.24**	**37.70**	**130.57**	**151.66**	**205.85**	**218.16**	**243.64**
电话机	部							0.01

中牟县	巩义市	荥阳市	新密市	新郑市	登封市	经开区	高新区	郑东新区	航空港实验区
31.11	12.53	12.81	44.83	23.10	57.84	20.98	14.17	17.83	10.44
1724.67	**1561.40**	**1402.24**	**1938.53**	**3331.13**	**1897.38**	**3224.87**	**2219.83**	**2640.13**	**1477.75**
1206.27	**1091.73**	**851.59**	**963.52**	**2715.90**	**1265.13**	**2527.07**	**1146.69**	**1936.68**	**701.32**
471.33	538.35	285.94	135.41	2190.83	494.25	1044.17	97.77	35.01	2.09
0.01		0.01		0.01	0.01				
249.19	482.28	209.33	68.93	2041.36	216.92	981.22			
	0.01		0.01		0.01				
4.70	35.40	8.67	19.92		34.69				
0.01			0.01	0.01	0.03	0.01			
2.61		1.43	3.32	2.34	15.87	5.19			0.19
0.04		0.03	0.01	0.06	0.04	0.03	0.04		
161.35	20.22	66.52	19.23	147.13	97.59	57.76	97.77	33.71	0.94
53.49	0.45		24.01		129.18			1.29	0.96
12.18	**115.05**	**47.23**	**160.75**	**18.59**	**46.68**	**37.02**	**98.14**	**68.53**	**165.14**
	12.99		85.02		2.66	13.98			
	23.53	21.27	3.05	13.29	6.44	1.82	38.83	2.60	25.79
1.30	11.58	3.24	8.64	1.04	14.25	0.23	0.15	11.68	17.21
1.30	38.49	13.12	29.97	3.18	7.49	0.76	19.83	16.08	5.76
5.90	15.17	3.14	6.91	1.08	4.95	17.78	39.34	19.45	7.62
3.68	13.30	6.46	27.15		10.89	2.46		18.72	108.75
515.99	**353.35**	**344.70**	**491.51**	**346.89**	**328.11**	**918.23**	**822.75**	**1412.25**	**298.17**
63.06	47.39	48.46	71.33	50.24	41.52	131.59	111.96	150.88	42.33
457.15	329.12	337.53	487.79	343.90	289.53	910.94	822.75	1043.47	297.80
8.75	2.82	0.70	0.08		5.73	0.87		49.82	
57.57	17.84	4.79	0.51		36.02	4.91		363.58	
1.27	6.39	2.37	3.21	2.98	2.56	2.38		5.20	0.37
206.77	**84.99**	**173.72**	**175.85**	**159.60**	**396.10**	**527.64**	**128.04**	**420.89**	**235.91**
182.37	63.95	141.43	121.00	157.99	337.94	490.31	115.75	151.28	197.91
0.25	0.15	0.47	6.35	0.22	1.70	0.02	1.18	15.39	3.78
16.65	7.89	26.86	13.66	1.39	26.69	37.24	11.11	214.65	30.28
7.50	13.00	4.96	34.85		29.76	0.08		39.58	3.95
518.40	**469.67**	**550.65**	**975.01**	**615.23**	**632.24**	**697.80**	**1073.13**	**703.45**	**776.43**
237.67	**197.45**	**170.46**	**506.37**	**234.51**	**155.42**	**128.48**	**535.57**	**183.08**	**382.30**
					0.01			0.01	

5-17 续表 8 （2018 年）

指标名称	单位	郑州市	中原区	二七区	管城区	金水区	上街区	惠济区
金额	元	0.70						2.08
移动电话机	部	0.16	0.02	0.09	0.10	0.16	0.22	0.14
金额	元	233.89	35.93	123.24	150.09	202.36	198.31	222.13
其他通信工具及零配件	元	8.65	1.77	7.33	1.57	3.49	19.86	19.43
通信服务	**元**	**419.92**	**558.84**	**406.24**	**533.41**	**600.56**	**342.77**	**449.47**
固定电话费	元	8.27	7.42	10.03	4.73	0.95		14.61
移动电话费	元	342.07	332.62	297.85	406.55	499.14	218.57	353.10
上网费	元	63.61	217.85	96.08	120.76	93.70	63.47	79.70
邮费	元	3.52		0.59	0.99	4.08	0.15	0.37
其他通信服务费	元	2.45	0.95	1.70	0.38	2.69	60.59	1.69
教育文化娱乐	**元**	**1304.69**	**1582.18**	**676.35**	**896.95**	**1669.95**	**998.18**	**1911.18**
教育	**元**	**953.28**	**956.90**	**356.01**	**818.31**	**1262.86**	**714.08**	**1525.90**
学前教育	元	262.93	186.17	143.22	488.35	813.49	589.23	630.25
教育用品	元	6.09	2.30	2.30	0.65	15.20	205.70	26.04
学杂费	元	127.48	145.51	35.17	162.25	636.13	25.68	480.53
培训费	元	30.46	6.92	91.87	99.11	36.31	233.92	13.30
赞助费	元	2.31				6.03		
一揽子教育服务（含食宿）	元	83.48	31.45	13.88	209.68	99.02	121.79	105.69
其他费用	元	13.12			16.66	20.79	2.15	4.70
小学教育	**元**	**153.47**	**92.25**	**89.85**	**41.91**	**144.71**	**46.96**	**97.13**
教育用品	元	10.14		2.38	7.05	22.42	3.87	2.67
学杂费	元	5.17	0.42	32.95	9.85			0.80
培训费	元	41.83		38.89	13.10	93.81	11.23	71.82
赞助费	元	1.68				0.14		
一揽子教育服务（含食宿）	元	68.30	91.83	5.84	5.42	17.86	28.02	10.00
其他费用	**元**	**26.34**		**9.79**	**6.49**	**10.48**	**3.84**	**11.85**
初中教育	元	116.26	66.97	44.52	130.06	54.71	8.20	234.90
教育用品	元	4.72	0.07	4.39	30.29	0.04	0.65	5.17
学杂费	元	4.67		2.64	5.88		0.54	70.77
培训费	元	15.47		35.71	11.60	7.08		27.97
赞助费	元	1.17						
一揽子教育服务（含食宿）	元	66.47	66.89	1.78	54.97	19.81	3.88	84.32
其他费用	元	23.76			27.33	27.78	3.14	46.67
高中教育	**元**	**116.69**	**226.13**	**25.75**	**23.27**	**13.26**	**23.78**	**7.54**

中牟县	巩义市	荥阳市	新密市	新郑市	登封市	经开区	高新区	郑东新区	航空港实验区
			2.76	0.44	1.64			0.96	0.19
0.17	0.14	0.16	0.27	0.16	0.13	0.13	0.14	0.13	0.19
231.70	191.53	166.26	496.22	225.76	149.88	126.14	530.30	167.18	346.60
5.97	5.92	4.20	7.39	8.31	3.90	2.34	5.28	14.93	35.51
280.73	**272.22**	**380.19**	**468.64**	**380.72**	**476.82**	**569.32**	**537.56**	**520.37**	**394.14**
5.19	3.54	2.05	5.78	13.39	31.04	4.75	4.38		6.98
241.69	223.77	305.45	426.50	319.58	372.26	476.90	287.91	491.56	295.79
28.34	39.33	68.44	33.84	46.51	71.33	79.83	87.18	27.09	87.10
0.13	2.88	3.33	0.61	0.18	0.47	7.85	157.78		1.30
5.39	2.71	0.92	1.91	1.07	1.72		0.31	1.72	2.97
1035.36	**1220.13**	**1700.67**	**984.11**	**1307.87**	**1233.98**	**1071.92**	**2848.78**	**962.69**	**1940.57**
824.17	**779.71**	**1338.36**	**754.73**	**672.10**	**1013.33**	**725.44**	**2247.72**	**681.42**	**1586.17**
149.80	96.07	290.52	96.29	531.07	205.25	74.76	71.13	137.48	291.05
2.15	1.55	0.26	1.71	15.68	5.86	0.13			3.83
91.10	30.28	35.62	50.87	196.90	71.30	20.50	71.13		282.97
5.15	2.56	1.25		172.40	14.74			3.24	
			0.46	19.91					
19.87	61.50	250.91	28.08	103.96	76.50	54.13		130.33	3.60
31.52	0.17	2.48	15.16	22.22	36.85			3.91	0.65
187.85	**117.68**	**166.66**	**133.04**	**0.75**	**274.18**	**122.74**	**1115.71**	**282.43**	**60.37**
2.45	10.37	6.40	14.33	0.75	16.39	0.55		5.89	36.63
8.84	2.50	1.37	12.49		5.23	0.52	7.40	0.42	
26.47	46.92	48.40	17.14		18.23		991.71	26.68	
		0.05	12.59			1.77		1.08	0.09
32.61	57.86	102.99	27.30		193.19	113.66	81.77	235.84	0.80
117.49	0.04	7.44	49.19		41.13	6.23	34.83	12.51	22.85
51.75	**102.77**	**165.15**	**151.60**	**1.45**	**228.17**	**15.90**	**507.44**	**120.48**	**83.42**
1.23	5.96	3.42	6.31	0.08	9.47		4.67	4.78	0.05
1.78	6.32	0.43	0.09		1.63	12.43	58.00	1.42	0.37
1.60	6.84	4.79	2.57		48.47		372.26	2.70	3.06
	1.58		7.84						
12.76	76.45	143.39	55.96	0.99	146.33	3.47	61.97	110.81	41.62
34.38	5.61	13.10	78.83	0.37	22.28		10.53	0.77	38.32
99.72	**106.68**	**148.31**	**108.28**	**72.45**	**43.53**	**3.65**	**521.37**	**53.12**	**487.34**

5-17　续表 9　　（2018 年）

指标名称	单位	郑州市	中原区	二七区	管城区	金水区	上街区	惠济区
教育用品	元	2.82			8.46		0.93	
学杂费	元	42.11				1.77		
培训费	元	3.15		10.47	3.85			
赞助费	元	0.06						
一揽子教育服务（含食宿）	元	54.89	226.13	15.08	4.64		22.85	7.54
其他费用	元	13.66		0.20	6.33	11.49		
中专职高教育	**元**	**21.53**	**105.82**	**4.19**	**28.70**		**7.26**	**98.79**
教育用品	元	0.36			10.89			
学杂费	元	5.36						20.14
一揽子教育服务（含食宿）	元	6.42	12.49		17.81		7.26	51.36
大专及以上教育	**元**	**208.89**	**226.12**	**48.05**	**2.90**	**183.24**	**38.65**	**316.58**
教育用品	元	1.92		0.33	2.90			6.86
学杂费	元	45.90				91.14	1.34	42.38
培训费	元	0.68						
一揽子教育服务（含食宿）	元	140.83	226.12	47.72		54.58	37.31	267.06
其他费用	元	19.56				37.53		0.28
成人教育	**元**	**73.51**	**53.45**	**0.42**	**103.12**	**53.45**		**140.71**
教育用品	元	4.12		0.42	2.28	0.31		0.02
培训费	元	45.93	42.00		5.85	30.05		128.15
其他费用	元	23.46	11.45		94.99	23.09		12.53
文化娱乐	**元**	**351.41**	**625.27**	**320.35**	**78.64**	**407.09**	**284.10**	**385.28**
文娱耐用消费品	**元**	**102.21**	**23.83**	**20.27**	**0.44**	**56.54**	**35.32**	**53.30**
彩色电视机	台	0.02	0.01			0.02	0.01	
金额	元	34.85	23.83			44.65	18.11	4.36
家用台式电脑	台			0.01				
金额	元	9.54		18.31				
家用笔记本电脑	台							0.01
金额	元	17.28						27.98
中高档乐器	元	10.47						
健身器材	元	20.12					0.01	

中牟县	巩义市	荥阳市	新密市	新郑市	登封市	经开区	高新区	郑东新区	航空港实验区
2.64	1.81	6.01	2.69	2.04	3.44		25.19	1.36	1.97
19.32	9.57		5.87	14.67	5.59		480.09		443.29
0.69	3.65	1.59		14.67	4.40				0.71
									0.87
42.02	89.13	138.47	58.28	41.07	16.67	1.65	16.02	51.76	2.10
35.04	2.52	2.23	41.43		13.43	2.00	0.09		38.39
1.91	**1.46**	**8.11**	**3.61**		**56.45**	**289.62**		**1.73**	**36.58**
	0.13				30.08			1.73	22.36
	1.33	7.61	1.51		23.18				4.24
217.46	**248.83**	**519.78**	**171.26**		**99.98**	**99.46**		**46.37**	**626.09**
	0.07		2.51		11.85			0.72	
66.42	16.61	124.18	42.28		12.06				197.63
	2.35							5.44	
68.36	226.48	393.52	65.16		60.49	84.36		39.25	428.46
82.68	3.32	2.08	61.32		15.57	15.10		0.96	
115.67	**106.23**	**39.84**	**90.66**	**66.37**	**105.77**	**119.32**	**32.06**	**39.80**	**1.33**
	0.06		3.86	22.12	5.74			10.83	
56.22	92.42	21.07	67.70	44.25	48.82	0.87	32.06	25.99	1.33
59.45	13.75	18.77	19.09		51.21	118.46		2.99	
211.18	**440.42**	**362.31**	**229.38**	**635.77**	**220.65**	**346.48**	**601.06**	**281.27**	**354.40**
50.54	**72.57**	**119.97**	**51.61**	**445.87**	**55.41**	**40.52**	**218.66**	**73.86**	**88.77**
0.01	0.02	0.02	0.01	0.02	0.01	0.01	0.07	0.05	
48.96	59.27	41.91	26.03	38.88	10.79	16.23	191.26	63.13	
			0.01	0.01		0.01	0.01		
	1.60		22.63	52.44		24.29	27.40		
		0.02		0.01	0.01				
		76.38		47.98	40.92				
	4.39			101.30	0.33				
				205.08					1.58

5-17 续表 10 （2018 年）

指标名称	单位	郑州市	中原区	二七区	管城区	金水区	上街区	惠济区
其他文娱耐用消费品	元	5.36				5.17	6.55	
文娱耐用消费品的零配件及维修	元	3.07		1.96	0.44	6.72	10.65	20.96
其他文娱用品	**元**	**85.77**	**12.13**	**138.54**	**21.35**	**97.73**	**82.58**	**118.38**
书报杂志及音像制品	元	14.17	1.05	23.51	2.91	16.35	4.97	11.02
文具纸张	元	19.77	0.30	10.09	0.66	14.39	4.00	33.27
体育户外用品	元	4.02	0.90	4.05	0.80	1.67	1.65	2.76
游戏用品和玩具	元	30.12	4.93	46.97	14.04	40.27	43.43	45.57
园艺花卉及有关产品	元	5.16	1.28	10.72		19.11	26.69	5.76
宠物及有关产品	元	1.57		3.90		4.85	0.21	1.73
其他文娱用品及维修	元	10.94	3.66	39.30	2.95	1.09	1.63	18.27
文化娱乐服务	**元**	**163.43**	**589.32**	**161.54**	**56.85**	**252.82**	**166.20**	**213.60**
团体旅游	元	97.84	496.23	61.30	28.16	100.84	60.56	128.74
景点门票	元	20.58	1.29	39.72	4.92	62.79	22.47	32.59
体育健身活动	元	1.66		1.77		14.39	1.17	0.77
电影话剧演出票	元	7.99	6.94	13.58	0.32	30.38	21.90	11.99
有线电视费	元	14.34	81.63	7.39	1.32	7.32	39.99	14.47
其他文化娱乐服务	元	21.02	3.23	37.78	22.13	37.09	20.12	25.04
医疗保健	**元**	**1291.38**	**215.37**	**331.16**	**595.38**	**1850.86**	**1172.78**	**1443.02**
医疗器具及药品	**元**	**371.46**	**133.79**	**100.09**	**189.79**	**362.41**	**464.85**	**573.02**
药品	元	337.00	73.33	92.83	183.76	319.18	270.04	372.36
滋补保健品	元	24.84	60.21	6.69	5.45	40.75	194.58	27.53
医疗卫生器具	元	1.50	0.25	0.57	0.58	0.34	0.22	16.40
保健器具	元	8.13				2.14		156.73
医疗服务	**元**	**919.92**	**81.58**	**231.06**	**405.59**	**1488.45**	**707.94**	**870.00**
门诊医疗总费用	元	258.08	44.71	149.06	297.77	300.43	466.61	286.12
住院医疗总费用	元	661.83	36.86	82.01	107.81	1188.02	241.32	583.88
其他用品和服务	**元**	**310.43**	**48.04**	**245.83**	**168.08**	**328.03**	**219.90**	**283.15**
其他用品	**元**	**169.68**	**12.61**	**38.60**	**86.32**	**92.09**	**101.70**	**97.98**
首饰及手表	元	108.97		19.57	40.32	12.66	82.07	47.44
其他杂项用品	元	60.70	12.61	19.03	45.99	79.43	19.63	50.53
其他服务	**元**	**140.75**	**35.43**	**207.23**	**81.77**	**235.94**	**118.20**	**185.17**
旅馆住宿费	元	14.61		11.91		135.53	1.83	9.88
美容美发洗浴	元	70.81	35.02	43.39	76.48	93.32	112.62	71.51
其他杂项服务	元	55.33	0.41	151.94	5.29	7.10	3.75	103.79

中牟县	巩义市	荥阳市	新密市	新郑市	登封市	经开区	高新区	郑东新区	航空港实验区
0.86	4.32	0.16	1.88	0.04	2.67			1.50	57.01
0.72	2.99	1.52	1.06	0.15	0.20			9.22	7.98
111.18	**56.90**	**63.55**	**69.86**	**88.91**	**89.57**	**75.75**	**230.45**	**106.44**	**123.29**
44.55	4.79	10.83	13.09	13.59	6.64	1.42	43.99	18.98	8.35
14.64	7.92	23.88	16.58	13.77	32.23	10.62	46.11	20.76	58.67
0.83	4.76	1.81	2.92	12.20	8.09	1.13	12.57	1.48	1.35
35.64	14.79	15.66	24.88	35.66	29.09	62.24	117.39	26.39	51.21
2.54	2.46	3.19	3.77	0.35	11.16	0.11	0.35	11.99	
6.41	1.57	0.04			0.93		5.94	2.16	
6.57	20.59	8.15	8.62	13.34	1.42	0.23	4.10	24.67	3.72
49.47	**310.96**	**178.78**	**107.91**	**101.00**	**75.67**	**230.22**	**151.95**	**100.97**	**142.33**
23.24	271.21	143.99	33.47	60.88	14.60	225.36	39.19	29.00	2.85
11.37	12.94	9.72	26.07	8.20	15.42	0.28	85.14	42.62	15.15
0.47	1.89	1.00	0.08	2.67	0.79		2.83		0.89
0.29	1.57	1.80	4.27	2.67	1.72	1.23	13.89	2.38	51.01
5.36	13.89	4.76	5.69	14.71	39.06		10.55	12.99	0.12
8.74	9.46	17.51	38.34	11.88	4.10	3.34	0.35	13.98	72.30
1797.21	**905.00**	**836.04**	**1878.67**	**1701.93**	**826.43**	**573.33**	**2083.14**	**2822.87**	**378.21**
196.46	**293.08**	**459.57**	**723.81**	**243.15**	**263.58**	**134.33**	**260.42**	**751.02**	**279.52**
184.65	271.48	429.44	681.26	242.36	199.33	131.42	258.84	706.69	273.67
9.06	14.65	13.43	37.68	0.53	59.05	2.53	0.76	42.01	2.71
0.26	0.44	5.49	0.20		1.55	0.37	0.82	1.65	0.10
2.50	6.51	11.20	4.67	0.27	3.65			0.68	3.03
1600.75	**611.92**	**376.48**	**1154.86**	**1458.78**	**562.85**	**439.00**	**1822.73**	**2071.85**	**98.69**
472.09	304.30	171.06	339.81	180.07	76.61	232.68	275.49	524.90	66.84
1128.66	307.62	205.42	815.05	1278.72	486.25	206.32	1547.24	1546.95	31.85
148.56	**644.16**	**152.88**	**292.15**	**474.31**	**233.28**	**401.26**	**281.92**	**217.35**	**406.71**
97.19	**363.19**	**72.20**	**150.82**	**415.88**	**91.19**	**270.40**	**70.86**	**135.68**	**191.73**
23.53	305.49	17.03	80.20	349.33	22.13	270.40	43.02	107.16	70.07
73.66	57.70	55.17	70.62	66.55	69.06		27.84	28.52	121.66
51.37	**280.98**	**80.67**	**141.32**	**58.43**	**142.10**	**130.86**	**211.06**	**81.66**	**214.97**
1.35	5.15	4.32	16.25	1.69	7.57	39.35	11.35	7.48	24.25
33.46	48.57	50.69	93.37	43.01	102.44	47.77	152.15	69.55	141.98
16.56	227.25	25.66	31.71	13.72	32.08	43.75	47.56	4.63	48.75

5-18　农村居民

（2018 年）

指标名称	单位	郑州市	中原区	二七区	管城区	金水区	上街区	惠济区
住户居住空间样式								
单栋楼房	%	48.6	6.4	100.0	97.7	65.8		90.1
单栋平房	%	35.2			2.3			9.9
四居室及以上单元房	%	0.5						
三居室单元房	%	10.4	45.0			17.7	56.5	
二居室单元房	%	5.1	48.7			16.5	43.5	
一居室单元房	%	0.1						
其他	%	0.1						
主要建筑材料								
钢筋混凝土	%	35.9	97.1	13.3	70.8	49.3	13.3	50.2
砖混材料	%	61.3	2.9	86.7	29.2	50.7	86.7	46.3
砖瓦砖木	%	2.5						
其他	%	0.2						3.5
现住房房屋来源								
租赁私房	%	0.5				8.1		
自建住房	%	74.6		100.0	100.0	34.3		100.0
购买商品房	%	4.0	34.7			26.1		
拆迁安置房	%	13.8	65.3			31.5	100.0	
其他来源	%	7.1						
现住房建筑面积	**平方米/人**	**76.5**	**41.1**	**117.0**	**262.6**	**149.5**	**44.6**	**258.4**

家庭现住房情况

单位:平方米/人

中牟县	巩义市	荥阳市	新密市	新郑市	登封市	经开区	高新区	郑东新区	航空港实验区
79.6	29.7	34.9	25.1	43.1	36.7	100.0		100.0	53.9
5.0	68.5	53.1	57.6	43.9	52.4				45.3
1.3							29.9		
9.9	1.9	6.5	16.3	13.0	10.8		32.4		0.8
2.8		5.5					37.7		
1.4									
			1.0						
74.6	18.8	76.6	1.1	4.7	14.1	2.3	100.0	4.5	49.6
22.8	79.9	23.4	83.0	94.3	84.8	97.7		95.5	49.7
2.6	1.3		14.9	1.1	1.1				0.7
			1.0						
		1.0							
85.9	93.0	88.0	83.7	88.0	89.2	100.0		100.0	5.1
					10.8				0.8
14.1	7.0	11.0	16.3	12.0			100.0		0.3
									93.8
61.5	**45.5**	**65.1**	**52.8**	**46.1**	**58.7**	**119.2**	**27.8**	**116.1**	**17.1**

5-19 农村居民家庭

（2018 年）

指标名称	单位	郑州市	中原区	二七区	管城区	金水区	上街区	惠济区
家用汽车	辆	62	71	79	99	101	13	72
摩托车	辆	39	8	9	2	4	1	1
助力车	台	90	134	154	142	122	96	139
洗衣机	台	99	101	105	102	104	100	113
电冰箱(柜)	台	94	100	100	100	104	100	89
微波炉	台	27	64	46	49	27	10	34
彩色电视机	台	129	108	128	135	133	109	124
#接入有线电视	台	56	108	62	20	76	108	45
空调	台	153	263	131	152	205	120	161
热水器	台	85	107	100	102	92	100	82
#太阳能热水器	台	47	15	79	44	4	42	52
洗碗机	台		1					
排油烟机	台	43	103	84	49	66	99	66
固定电话	线	14		25	13	4		8
移动电话	部	276	252	278	311	280	161	293
#接入互联网	部	200	240	240	169	221	49	276
计算机	台	45	97	67	61	41	13	57
#接入互联网	台	38	94	65	48	41	11	57
照相机	台	4	4	10	5	7	1	10
中高档乐器	架	2				7		8
健身器材	台	2	6		2			10

每百户耐用消费品用有量

中牟县	巩义市	荥阳市	新密市	新郑市	登封市	经开区	高新区	郑东新区	航空港实验区
71	34	44	48	55	72	103	86	116	49
44	77	26	86	31	84	4		10	2
152	20	157	47	71	45	141	82	76	73
110	98	104	107	98	98	115	100	103	52
106	89	98	91	95	102	113	95	100	51
17	17	17	35	20	35	16	14	17	23
128	124	126	142	112	203	116	116	146	52
81	66	5	21	26	160	4	94	17	49
146	118	184	167	105	191	157	222	158	54
106	55	100	72	89	95	100	100	85	52
92	25	74	41	49	20	22		78	48
			1						
30	20	45	51	17	21	64	100	29	47
9	8		11	30	43	5	3		24
278	275	304	311	246	297	318	238	337	153
162	227	243	163	132	229	209	212	265	144
26	31	60	57	30	45	83	43	54	6
26	18	56	41	20	34	77	43	51	6
	4	2	5	1			2	24	2
	3	1	1	4	1				
			3	7			2		

5-20 农村居民

（2018 年）

指标名称	郑州市	中原区	二七区	管城区	金水区	上街区	惠济区
粮食消费量	**120.29**	**119.86**	**95.11**	**174.60**	**72.64**	**203.74**	**128.13**
谷物消费量	**109.67**	**111.64**	**87.66**	**165.72**	**65.77**	**170.05**	**120.34**
小麦	82.56	79.28	62.09	123.06	44.73	138.91	98.06
稻谷	16.97	27.89	20.66	35.85	16.41	12.15	15.77
玉米	5.00	0.74	0.74	2.13	1.13	1.12	0.69
其他谷物	5.15	3.72	4.16	4.67	3.50	17.88	5.81
薯类消费量	**2.22**	**2.24**	**1.75**	**3.27**	**1.31**	**2.60**	**1.70**
红薯	0.96	0.66	0.38	1.10	0.56	1.17	0.76
马铃薯	0.88	1.26	0.86	1.95	0.54	1.29	0.43
其他薯类	0.38	0.31	0.50	0.22	0.21	0.14	0.50
豆类消费量	**8.40**	**5.99**	**5.70**	**5.61**	**5.56**	**31.09**	**6.10**
大豆	0.78	1.03	0.33	0.37	2.71	0.22	0.92
其他豆类	7.62	4.96	5.37	5.24	2.85	30.88	5.18
油脂类消费量	**9.48**	**7.88**	**7.83**	**9.90**	**5.92**	**8.55**	**5.97**
植物油	9.32	7.86	7.46	9.74	5.87	8.55	5.97
动物油	0.16	0.02	0.37	0.16	0.05		
蔬菜及菜制品消费量	**80.19**	**109.80**	**73.53**	**82.06**	**54.62**	**172.48**	**69.15**
鲜菜	77.04	104.80	61.08	79.26	51.57	170.02	68.12
干菜及菜制品	1.05	0.45	0.53	1.69	1.09	1.14	0.29
鲜菌	1.83	4.30	11.87	1.03	1.68	1.25	0.69
干菌及菌制品	0.27	0.25	0.05	0.08	0.28	0.07	0.05
肉类	**15.29**	**32.05**	**11.44**	**23.85**	**15.69**	**18.13**	**16.96**
猪肉	11.47	25.28	8.06	20.52	10.10	15.10	10.03
牛肉	1.12	2.45	0.92	1.06	1.74	0.71	0.89
羊肉	0.70	2.19	0.79	1.12	1.12	0.45	0.43
其他肉类及制品	2.00	2.12	1.67	1.15	2.72	1.86	5.60
禽类	**3.53**	**10.74**	**2.58**	**6.36**	**5.90**	**1.64**	**4.42**
鸡	2.81	9.27	1.82	6.31	4.71	1.19	2.69
鸭	0.08	0.31	0.08	0.01	0.29	0.01	0.34
鹅	0.01					0.02	

人均食品消费量

单位:公斤

中牟县	巩义市	荥阳市	新密市	新郑市	登封市	经开区	高新区	郑东新区	航空港实验区
79.08	**121.38**	**141.65**	**91.20**	**127.15**	**144.48**	**115.76**	**76.24**	**102.14**	**191.94**
75.70	**111.28**	**127.06**	**77.49**	**116.55**	**133.69**	**109.06**	**68.90**	**94.29**	**172.00**
64.25	68.64	100.22	51.00	92.89	97.28	87.50	54.75	71.12	155.58
7.97	13.12	14.22	18.19	16.96	23.76	19.28	8.01	17.21	12.58
2.69	24.71	4.44	2.98	0.27	4.37	0.04	1.18	2.02	0.35
0.79	4.80	8.18	5.31	6.43	8.28	2.25	4.97	3.93	3.48
0.94	**1.69**	**2.68**	**2.99**	**1.57**	**2.11**	**1.51**	**1.84**	**2.56**	**4.47**
0.29	0.53	1.07	0.87	1.22	1.31	0.71	0.66	0.87	2.79
0.47	0.85	1.17	1.64	0.00	0.43	0.77	1.02	0.87	1.28
0.17	0.31	0.44	0.49	0.34	0.37	0.02	0.16	0.83	0.40
2.44	**8.42**	**11.92**	**10.72**	**9.03**	**8.68**	**5.19**	**5.49**	**5.29**	**15.47**
0.06	0.21	0.50	1.81	1.60	0.57	0.82	0.41	0.09	0.05
2.38	8.21	11.42	8.91	7.43	8.11	4.37	5.08	5.20	15.43
3.54	**9.77**	**7.25**	**14.10**	**9.16**	**15.16**	**7.83**	**3.89**	**6.94**	**13.49**
3.54	9.75	7.25	13.87	8.17	15.14	7.83	3.83	6.87	13.47
0.00	0.02	0.00	0.23	0.99	0.02		0.06	0.07	0.01
45.65	**81.70**	**110.24**	**74.23**	**68.25**	**97.25**	**35.09**	**77.16**	**64.93**	**109.80**
44.87	79.75	108.68	72.68	62.68	90.54	32.36	73.67	63.30	108.63
0.48	0.60	0.26	0.72	2.14	3.09	1.75	1.12	0.49	0.73
0.29	1.21	1.12	0.75	2.84	2.47	0.89	2.21	1.06	0.37
0.01	0.15	0.18	0.09	0.59	1.14	0.08	0.16	0.08	0.06
10.33	**9.72**	**13.30**	**15.36**	**15.52**	**19.00**	**13.07**	**16.98**	**14.05**	**18.07**
8.67	7.27	10.25	11.23	10.53	14.72	10.82	11.48	9.67	14.98
0.09	0.42	0.36	1.76	1.95	2.04	0.55	1.41	1.00	0.43
0.46	0.49	0.45	0.40	1.06	1.02	0.65	0.89	0.52	0.29
1.12	1.53	2.24	1.97	1.98	1.23	1.06	3.20	2.87	2.37
2.75	**1.94**	**2.04**	**3.79**	**3.03**	**2.76**	**4.87**	**6.51**	**3.62**	**3.45**
2.55	1.62	1.32	2.99	1.94	2.38	4.64	4.53	2.61	2.78
0.01	0.01	0.02	0.06		0.15	0.16	0.14	0.13	
		0.03	0.02		0.01		0.02	0.05	

5-20 续表 （2018 年）

指标名称	郑州市	中原区	二七区	管城区	金水区	上街区	惠济区
其他禽类及制品	0.63	1.16	0.69	0.05	0.90	0.42	1.39
水产品	**3.21**	**8.80**	**3.03**	**4.12**	**4.22**	**3.79**	**2.89**
鱼类	2.00	6.06	1.85	3.30	2.67	2.04	1.75
虾贝蟹类	0.59	1.67	0.76	0.74	1.11	0.49	0.78
藻类	0.32	0.38	0.17	0.03	0.01	0.54	0.14
其他	0.29	0.70	0.25	0.04	0.43	0.73	0.21
蛋类及蛋制品	**11.73**	**12.08**	**7.42**	**13.62**	**12.16**	**17.79**	**18.67**
鲜蛋	11.15	11.75	7.16	13.43	11.19	17.36	18.15
蛋制品	0.58	0.33	0.26	0.20	0.97	0.43	0.52
奶和奶制品	**13.36**	**19.42**	**8.81**	**11.29**	**50.72**	**18.41**	**24.17**
鲜奶	6.32	13.46	5.16	3.30	14.70	13.03	13.16
酸奶	4.62	5.38	2.49	1.60	30.38	1.66	9.41
奶粉	0.74	0.51	0.90	0.47	2.20	0.64	0.91
其他奶制品	1.67	0.07	0.26	5.92	3.44	3.08	0.68
干鲜瓜果类	**53.22**	**90.33**	**32.75**	**56.60**	**44.66**	**59.82**	**51.78**
鲜瓜果	48.40	84.38	30.26	54.16	39.37	54.14	48.21
瓜果制品	1.25	1.32	0.74	0.65	2.80	1.37	1.07
坚果类	3.57	4.63	1.75	1.79	2.49	4.30	2.51
糖果糕点类	**6.37**	**5.10**	**5.28**	**4.01**	**4.34**	**4.57**	**7.07**
食糖	1.46	0.99	0.48	0.49	0.59	0.87	0.77
糖果	0.80	0.64	1.18	0.13	0.44	0.42	0.62
糕点	2.88	3.36	2.90	1.98	2.75	3.03	4.58
其他糖果糕点	1.23	0.11	0.72	1.40	0.56	0.26	1.09
饮料	**0.22**	**0.07**	**0.16**	**0.10**	**0.19**	**0.07**	**0.25**
茶叶	0.22	0.07	0.16	0.10	0.19	0.07	0.25
烟叶消费量	**23.63**	**21.69**	**12.55**	**22.71**	**12.38**	**6.20**	**33.05**
酒	**5.70**	**4.44**	**3.02**	**5.61**	**10.12**	**4.48**	**3.87**
白酒	1.44	2.54	1.31	0.60	1.28	1.39	2.36
啤酒	4.10	1.42	1.72	4.99	8.70	3.01	1.40
果酒	0.16	0.48		0.01	0.14	0.09	0.11

单位:公斤

中牟县	巩义市	荥阳市	新密市	新郑市	登封市	经开区	高新区	郑东新区	航空港实验区
0.19	0.31	0.67	0.72	1.10	0.22	0.07	1.82	0.83	0.67
2.07	**1.51**	**2.37**	**2.99**	**7.32**	**2.89**	**4.70**	**4.33**	**2.13**	**0.68**
1.82	0.74	1.47	2.25	3.28	1.87	3.39	3.22	1.11	0.57
0.19	0.03	0.14	0.21	2.26	0.61	1.22	0.84	0.32	0.02
0.01	0.43	0.65	0.05	1.28	0.05	0.04	0.08	0.50	0.02
0.06	0.31	0.11	0.48	0.50	0.36	0.05	0.19	0.20	0.06
7.32	**7.65**	**14.27**	**15.25**	**11.69**	**14.48**	**9.75**	**13.29**	**10.64**	**9.45**
7.27	7.61	14.11	15.05	8.63	13.80	9.62	12.45	10.17	9.15
0.05	0.04	0.16	0.20	3.06	0.68	0.13	0.84	0.47	0.31
4.46	**8.62**	**9.98**	**10.45**	**11.11**	**16.93**	**11.25**	**27.47**	**15.46**	**4.29**
2.11	6.51	7.05	5.78	5.00	2.97	4.19	16.97	10.84	0.43
0.75	1.23	2.08	2.43	5.23	6.14	6.22	9.29	3.13	1.98
1.23	0.54	0.32	0.74	0.69	0.87	0.68	0.33	0.76	0.05
0.37	0.34	0.53	1.49	0.20	6.95	0.16	0.87	0.73	1.83
38.28	**45.15**	**48.41**	**60.00**	**47.32**	**59.70**	**24.54**	**62.12**	**51.07**	**84.03**
36.24	38.86	43.40	55.50	42.45	55.03	22.61	58.36	45.02	76.17
0.17	1.20	1.61	0.61	1.71	1.18	0.10	0.23	1.58	2.37
1.87	5.09	3.40	3.88	3.16	3.49	1.83	3.53	4.47	5.49
2.80	**4.67**	**6.49**	**9.01**	**6.24**	**9.00**	**4.77**	**7.17**	**6.05**	**9.76**
1.65	1.48	1.38	1.87	1.18	2.83	2.41	0.02	1.43	1.34
0.29	0.24	0.26	0.93	1.07	1.39	0.04	0.99	1.74	1.47
0.84	2.46	4.40	2.97	2.11	3.38	1.71	6.13	2.63	3.64
0.01	0.49	0.46	3.24	1.88	1.40	0.62	0.03	0.25	3.30
0.01	**0.04**	**0.05**	**0.20**	**1.08**	**0.24**	**0.18**	**0.11**	**0.20**	**0.14**
0.01	0.04	0.05	0.20	1.08	0.24	0.18	0.11	0.20	0.14
17.91	**12.22**	**29.61**	**21.74**	**19.94**	**41.35**	**19.27**	**8.68**	**17.02**	**50.24**
5.63	**2.20**	**3.01**	**3.55**	**5.31**	**14.08**	**11.91**	**4.58**	**5.64**	**6.80**
1.97	0.58	0.61	0.73	2.76	1.06	3.77	1.14	2.57	1.61
3.65	1.36	2.15	2.51	2.55	12.72	8.14	3.44	3.07	5.19
	0.26	0.25	0.31		0.30				

5-21 农村居民按五等份分组人均可支配收入

（2018 年）

单位:元

指标名称	农村低收入户	农村中低收入户	农村中等收入户	农村中高收入户	农村高收入户
可支配收入	**10429.35**	**16198.46**	**20340.56**	**25929.78**	**45490.65**
工资性收入	**7859.38**	**12517.09**	**15077.95**	**17351.45**	**22916.51**
工资	7135.84	11751.92	12578.92	16255.97	21717.49
实物福利	4.41	13.39	22.44	39.21	56.37
其他	719.13	751.78	2476.59	1056.26	1142.65
经营净收入	**1281.08**	**1829.62**	**2822.51**	**4626.94**	**15721.71**
第一产业经营净收入	1158.41	1267.01	1000.02	2446.76	4413.09
第二产业经营净收入	69.45	46.23	6.16	82.10	1978.41
第三产业经营净收入	53.22	516.38	1816.33	2098.08	9330.21
财产净收入	**440.12**	**926.72**	**564.81**	**2298.93**	**4545.07**
利息净收入	5.16	23.46	-6.78	46.80	0.72
红利收入	35.32	185.57	68.30	215.75	1163.08
储蓄性保险净收益		4.31	0.30		
转让承包土地经营权租金净收入	255.12	426.73	183.48	560.23	828.16
出租房屋财产性收入	80.07	248.83	265.88	1331.42	1937.96
出租机械专利版权等资产的收入	27.56	0.01		24.55	160.78
其他财产净收入	36.89	37.80	53.63	120.18	454.37
转移净收入	**848.76**	**925.03**	**1875.29**	**1652.46**	**2307.36**
转移性收入	**1112.18**	**1298.17**	**2183.91**	**2099.58**	**3116.55**
养老金或离退休金	517.39	686.01	694.80	1005.51	1179.02
社会救济和补助	74.69	8.29	67.88	2.19	471.80
政策性生活补贴	38.03	58.51	629.88	196.80	559.99
报销医疗费	84.80	106.16	253.66	139.81	272.85
家庭外出从业人员寄回带回收入	108.27	169.58	100.04	390.37	176.88
从政府和组织得到的实物产品和服务折价	3.22	14.69	2.48	14.73	9.81
现金政策性惠农补贴	55.57	51.11	77.23	66.74	19.69
转移性支出	**263.42**	**373.14**	**308.62**	**447.12**	**809.19**
个人所得税	0.80	0.23	0.09	1.58	14.78
社会保障支出	221.24	289.34	223.38	344.21	681.22
赡养支出	14.70	21.42	34.69	29.07	25.40
其他转移性支出	26.68	62.15	50.45	66.65	75.04

5-22 农村居民按五等份分组人均消费支出

（2018 年）

单位:元

指 标	农村低收入户	农村中低收入户	农村中等收入户	农村中高收入户	农村高收入户
消费支出	**10886.97**	**13629.15**	**14255.99**	**16123.69**	**23543.84**
食品烟酒	**2648.68**	**3068.71**	**3669.41**	**3672.36**	**5756.80**
食品	**1826.65**	**2120.50**	**2241.26**	**2639.97**	**3242.17**
谷物	344.38	318.56	390.31	370.41	432.46
薯类	30.18	49.14	59.04	59.03	55.84
豆类	38.44	44.42	51.84	52.49	43.99
食用油	96.88	133.18	132.57	132.55	159.70
蔬菜和食用菌	250.05	263.91	296.55	315.72	373.06
肉类	301.22	359.21	360.76	459.89	635.08
禽类	36.42	49.34	55.78	96.84	117.10
水产品	92.57	119.00	39.82	171.10	155.64
蛋类	82.80	93.40	92.96	111.43	122.20
奶类	185.85	230.32	223.37	290.93	404.59
干鲜瓜果类	191.44	255.46	292.89	339.22	421.12
糖果糕点类	63.99	82.39	99.00	90.46	123.54
其他食品	112.43	122.17	146.36	149.89	197.86
烟酒	**463.70**	**337.36**	**534.36**	**340.99**	**692.27**
烟草	178.58	186.11	350.71	227.57	408.23
酒类	285.12	151.24	183.66	113.42	284.04
饮料	**59.20**	**151.77**	**108.81**	**81.50**	**498.29**
饮食服务	**299.14**	**459.08**	**784.97**	**609.90**	**1324.06**
食堂用餐	35.20	42.65	53.69	53.25	70.41
其他在外饮食	257.99	409.90	726.74	550.70	1249.50
食品加工服务费	5.95	6.52	4.54	5.95	4.14

5-22 续表 1 单位:元

指 标	农村低收入户	农村中低收入户	农村中等收入户	农村中高收入户	农村高收入户
衣着	**711.89**	**948.54**	**1088.78**	**1196.01**	**1674.39**
衣类	530.03	722.78	783.37	946.84	1333.01
鞋类	181.86	225.76	305.41	249.17	341.37
居住	**3387.85**	**3778.78**	**3349.24**	**5538.04**	**7213.97**
租赁房房租	41.89	216.96	96.10	153.48	369.16
住房维修及管理	180.86	406.93	365.67	665.29	889.14
水电燃料及其他	632.74	679.77	765.79	897.27	1121.30
自有住房折算租金	2532.36	2475.13	2121.68	3822.00	4834.37
租赁房房租中租赁公房房租	2.02	21.81	4.95	22.15	21.83
租赁房房租中租赁私房房租	39.86	195.15	91.16	131.33	347.33
住房维修及管理中物业管理费	12.82	14.17	9.72	32.05	73.20
生活用品及服务	**687.82**	**991.01**	**883.98**	**1007.78**	**1415.93**
家具及室内装饰品	152.35	179.21	137.77	162.59	276.34
家用器具	188.92	376.21	247.80	416.08	476.91
家用纺织品	71.19	64.50	88.31	82.81	63.40
家庭日用杂品	168.08	225.25	241.80	204.56	293.03
个人用品	76.01	117.17	139.26	112.24	277.14
家庭服务	31.28	28.67	29.03	29.50	29.11
#家政服务	1.88	1.54	1.19	2.59	5.26
交通通信	**1217.78**	**1918.99**	**2018.17**	**1922.33**	**3879.85**
交通	**811.14**	**1308.22**	**1375.24**	**1200.61**	**2797.71**
交通工具	308.57	587.96	135.54	294.98	1489.73
交通费	36.09	52.84	95.15	71.49	143.02
交通工具用燃料	271.51	435.20	742.95	594.39	812.40
交通工具使用及维修	194.96	232.22	401.61	239.75	352.55

5-22 续表 2

单位:元

指 标	农村低收入户	农村中低收入户	农村中等收入户	农村中高收入户	农村高收入户
#车辆保险支出	41.23	56.24	106.33	37.97	89.75
通信	**406.65**	**610.77**	**642.93**	**721.71**	**1082.14**
通信工具	126.21	245.03	265.51	245.45	383.19
通信服务	280.44	365.74	377.42	476.27	698.94
教育文化娱乐	**1171.10**	**1276.31**	**1390.63**	**1175.11**	**1589.87**
教育	**902.95**	**969.63**	**1093.30**	**796.64**	**1004.34**
学前教育	243.67	236.08	295.53	258.01	291.92
小学教育	186.02	174.50	112.43	80.96	220.92
初中教育	96.93	207.10	79.02	64.37	128.69
高中教育	100.02	74.46	203.13	118.84	80.41
中专职高教育	41.81	11.79	13.33	10.97	29.82
大专及以上教育	181.67	212.97	339.76	177.62	100.07
成人教育	52.82	52.73	50.10	85.87	152.50
文化娱乐	**268.15**	**306.68**	**297.33**	**378.47**	**585.53**
文娱耐用消费品	132.77	43.07	108.51	116.94	115.76
其他文娱用品	65.00	89.06	95.07	64.16	126.52
文化娱乐服务	70.39	174.55	93.75	197.37	343.25
医疗保健	**906.23**	**1377.26**	**1547.50**	**1130.06**	**1595.62**
医疗器具及药品	215.28	394.12	461.12	393.85	422.02
医疗服务	690.94	983.14	1086.38	736.21	1173.60
门诊总费用	171.66	381.07	261.62	237.29	231.12
住院总费用	519.28	602.06	824.76	498.92	942.48
其他用品和服务	**155.62**	**269.56**	**308.28**	**482.01**	**417.41**
其他用品	83.06	163.01	203.01	241.72	178.49
其他服务	72.56	106.55	105.26	240.28	238.91

主要统计指标解释

住户 指居住在一个住宅内,共同分享生活开支或收入的一群人。居住在同一房间内、不共同分享生活开支的人群,每个人都视为一个住户。住家保姆、住家家庭帮工视为单独的住户。

常住成员 指住户成员中,经常在家居住、或者调查期内居住时间超过一半的人员,以及本住户供养的学生。

可支配收入 指调查户在调查期内获得的、可用于最终消费支出和储蓄的总和,即调查户可以用来自由支配的收入。可支配收入既包括现金,也包括实物收入。按照收入的来源,可支配收入包含四项,分别为:工资性收入、经营净收入、财产净收入和转移净收入。可支配收入=工资性收入+经营净收入+财产净收入+转移净收入

工资性收入 指就业人员通过各种途径得到的全部劳动报酬和各种福利,包括受雇于单位或个人、从事各种自由职业、兼职和零星劳动得到的全部劳动报酬和福利。

经营净收入 指住户或住户成员从事生产经营活动所获得的净收入,是全部经营收入中扣除经营费用、生产性固定资产折旧和生产税之后得到的净收入。经营净收入=经营收入-经营费用-生产性固定资产折旧-生产税

财产净收入 指住户或住户成员将其所拥有的金融资产、住房等非金融资产和自然资源交由其他机构单位、住户或个人支配而获得的回报并扣除相关的费用之后得到的净收入。财产净收入包括利息净收入、红利收入、储蓄性保险净收益、转让承包土地经营权租金净收入、出租房屋净收入、出租其他资产净收入和自有住房折算净租金等。财产净收入=财产性收入-财产性支出

转移性收入 指国家、单位、社会团体对住户的各种经营性转移支付和住户之间的经常性收入转移。包括养老金或退休金、社会救济和补助、政策性生产补贴、政策性生活补贴、救灾款、经营性捐赠和赔偿、报销医疗费、住户之间的赡养收入,以及本住户非常住成员寄回带回的收入等。转移净收入=转移性收入-转移性支出

消费支出 指出户用于满足家庭日常生活消费需要的全部支出,包括用于消费品的支出和用于服务性消费的支出。根据用途不同,消费支出可划分为食品烟酒、衣着、居住、生活用品及服务、交通通信、教育文化娱乐、医疗保健、其他用品及服务八大类。根据来源不同,消费支出可划分为现金消费支出、实物消费支出(含自产自用、来自单位、来自政府和其他社会组织)。

六、城市公用事业和环保

6-1 城市设施水平

指　　标	计量单位	2017 年	2018 年
人口密度	人/平方公里	11140	10937
人均日生活用水量	升	130.5	140.4
用水普及率	%	100.0	100.0
燃气普及率	%	95.5	95.1
人均拥有道路面积	平方米	9.2	9.8
排水管道密度	公里/平方公里	8.9	8.4
污水处理率	%	98.0	98.1
人均公园绿地面积	平方米	13.0	14.3
建成区绿地率	%	35.5	35.8
建成区绿化覆盖率	%	40.4	40.8
垃圾粪便无害化处理率	%	100.0	100.0

6-2 城市建设用地情况

指　　标	计量单位	2017 年	2018 年
城市市区面积	平方公里	1010.3	1010.3
建成区面积	平方公里	500.8	543.9
#城市建设用地面积	平方公里	486.5	528.8
#工业	平方公里	43.5	45.6
物流仓储	平方公里	19.5	20.2
交通设施	平方公里	89.9	97.6
居住	平方公里	124.6	232.3
公共管理与公共服务	平方公里	71.1	76.2
公用设施	平方公里	19.5	21.2
绿地	平方公里	100.5	116.1
商业服务业设施	平方公里	18.0	19.5
本年征用土地面积	平方公里	12.5	9.6

6-3　城市供水、供电、燃气及供热

指　　标	单位	2017 年	2018 年
供　水			
水厂数	个	9	9
自来水综合生产能力	万立方米/日	193	195
#地下水	万立方米/日	45	47
供水管道长度	公里	4420	4836
全年供水总量	万立方米	39635	42098
#生产用水	万立方米	3001	3377
生活用水	万立方米	21164	22141
#家庭用量	万立方米	20964	21982
用水人口	万人	638	626
节约用水			
取水量	万立方米	9442	8647
生产用水重复利用量	万立方米	108963	99440
节约用水量	万立方米	5301	6056
供　电			
公用配电线路长度	公里	20082	19732
全年销售总量	亿千瓦时	401	420
#生活用电	亿千瓦时	94	106
售给居民每千度电售价	元	544	546
天然气			
储气能力	万立方米	240	243
供气总量	万立方米	130025	156187
#家庭用量	万立方米	31327	39573
用气家庭户数	户	1933390	2266744
用气人口数	万人	517	515
输送管道长度	公里	6051	6183
供热能力			
蒸汽	吨/小时	390	390
热水	兆瓦	4099	4389
供热总量			
蒸汽	万吉焦	28	23
热水	万吉焦	1999	2628
管道长度	公里	1306	1549
集中供热面积	万平方米	11726	14724
#住宅	万平方米	9381	12047

6-4 市政设施及公共交通

指　　标	计量单位	2017 年	2018 年
实有铺装道路长度	公里	2101	2202
实有铺装道路面积	万平方米	5821	6118
人行道面积	万平方米	1203	1293
实有桥梁数	座	276	282
#立交桥	座	68	68
路灯盏数	盏	106020	108757
排水管道长度	公里	4461	4676
污水年排放量	万立方米	38494	40880
污水处理厂	座	8	9
处理能力	万立方米/日	177	197
污水年处理量	万立方米	63623	40082
公共汽、电车运营车数	辆	6180	6373
标准运营车数	标台	8058	8355
运营线路网长度	公里	1796	2019
全年客运总量	万人次	85569	93660
实有出租汽车数	辆	10908	10908

6-5 园林绿化及环境卫生

名　　称	单位	2017 年	2018 年
绿化覆盖面积	公顷	22885	25065
#建成区	公顷	20229	22209
园林绿地面积	公顷	19643	21544
#建成区	公顷	17775	19495
公园绿地面积	公顷	8207	8928
公园个数	个	107	144
公园面积	公顷	3928	4328
实际清扫面积	万平方米	5821	6118
生活垃圾清运量	万吨	237	253
垃圾无害化处理厂（场）	座	2	2
无害化处理能力	吨/日	4700	4700
公厕数量	座	987	1755
市容环卫专用车辆总数	台	6408	7694

6-6 房产市场交易

名　　称	单位	2017 年	2018 年
房产买卖			
成交面积	万平方米	1985.2	2380.8
#住宅	万平方米	1704.1	2128.8
办公用房	万平方米	146.9	134.4
商服用房	万平方米	119.5	98.0
成交金额	万元	18382937.56	22633700
#住宅	万元	14750998.99	19180900
办公用房	万元	1709088	1712445
商服用房	万元	1808657	1548917
房产租赁			
出租面积	万平方米	1270.9	574.2
#住宅	万平方米	976.8	489.8
办公用房	万平方米	40.4	19.1
商服用房	万平方米	253.7	65.3
向个人出售住宅			
新建住宅出售			
面积	万平方米	1593.2	1705.2
销售额	万元	14427833	13829000
旧住宅出售			
面积	万平方米	475.9	423.6
销售额	万元	5809689	5351854

6-7 全市工业污染排放及处理利用情况

（2018年）

指　标	单位	数量
工业废水		
废水治理设施数	套	305
废水治理处理能力	万吨/日	69.3
废水治理设施运行费用	万元	20845.1
工业废水处理量	万吨	6948.5
工业废水排放量	万吨	6856.2
化学需氧量产生量	吨	43977.2
化学需氧量排放量	吨	4095.3
氨氮产生量	吨	6352.1
氨氮排放量	吨	156.0
工业废气		
工业废气排放量	亿立方米	2997.8
废气治理设施数	套	2815
废气治理设施处理能力	万立方米/时	10510.7
废气治理设施运行费用	万元	109361.3
二氧化硫产生量	吨	206284.3
二氧化硫排放量	吨	12973.4
烟（粉）尘产生量	吨	7513173.8
烟（粉）尘排放量	吨	10468.1
工业固体废物		
一般工业固体废物产生量	万吨	1281.9
一般工业固体废物综合利用量	万吨	898.6
一般工业固体废物处置量	万吨	383.4
危险废物产生量	万吨	8.6
危险废物综合利用量	万吨	0.9
危险废物处置量	万吨	7.7
企业基本情况		
工业企业数	个	892
工业企业工业总产值	万元	28092076.9
工业锅炉	台/蒸吨	366/30988.6
工业炉窑数	座	1085

注：此数据为环统初步数据，尚未经生态环境部正式审定。

6-8 全市工业污染防治投资情况

（2018 年）

指　　标	单位	数量	指　　标	单位	数量
工业企业数	**个**	**45**	**施工项目本年投资来源**		
施工项目总数	**个**	**55**	政府其他补助	万元	157.9
废水治理项目	个	2	企业自筹	万元	21297
废气治理项目	个	38	**竣工项目数**	**个**	**44**
固体废物治理项目	个	3	废水治理项目	个	2
噪声治理项目	个	1	废气治理项目	个	28
其他治理项目	个	5	固体废物治理项目	个	3
施工项目本年完成投资	**万元**	**21455**	噪声治理项目	个	1
废水治理项目	万元	110	其他治理项目	个	5
废气治理项目	万元	13340	**竣工项目新增设计处理能力**		
固体废物治理项目	万元	29	治理废水	吨/日	174
噪声治理项目	万元	2	治理废气	万标立方米/时	7.2
其他治理项目	万元	7375			

6-9 城镇生活污染排放情况及污水处理厂运行情况

（2018 年）

指　　标	单位	数量
污染排放		
城镇生活污水排放系数	升/人·日	
城镇生活污水排放量	万吨	82446.1
生活化学需氧量产生量	吨	249768.0
生活化学需氧量排放量	吨	24638.1
生活氨氮产生量	吨	29863.6
生活氨氮排放量	吨	7944.6
二氧化硫排放量	吨	9965.4
烟尘排放量	吨	8083.6
污水处理厂运行情况		
污水处理厂数	个	38
本年运行费用	万元	66521.4
污水设计处理能力	万吨/日	317.4
污水实际处理量	万吨	87675.2
生活污水处理量	万吨	84424.9
工业废水处理量	万吨	3250.3

注：此数据为环统初步数据，尚未经生态环境部正式审定。

主要统计指标解释

建成区面积 城市行政区内实际已成片开发建设、市政公用设施和公共设施基本具备的区域。对核心城市,它包括集中连片的部分以及分散的若干个已经成片建设起来,市政公用设施和公共设施基本具备的地区;对一城多镇来说,它包括由几个连片开发建设起来的,市政公用设施和公共设施基本具备的地区组成。因此建成区范围,一般是指建成区外轮廓线所能包括的地区,也就是这个城市实际建设用地所达到的范围。

供水综合生产能力 指按供水设施取水、净化、送水、出厂输水干管等环节设计能力计算的综合生产能力。包括在原设计能力的基础上,经挖、革、改增加的生产能力。计算时,以四个环节中最薄弱的环节为主确定能力。原则上按设计能力填报,对于经过更新改造后,实际生产能力与设计能力相差很大的,按实际能力填报。

年底供水管道长度 指从送水泵至用户水表之间所有管道的长度。不包括新安装尚未使用、水厂内以及用户建筑物内的管道。在同一条街道埋设两条或两条以上管道时,应按每条管道的长度计算。

供水总量 指各种水源为用水户提供的包括输水损失在内的毛水量。

生活用水 指城镇生活用水。城镇生活用水由居民用水和公共用水(含第三产业及建筑业等用水)组成。

城市人口用水普及率 指报告期末城市用水人口数与城区人口总数的比率。计算公式:

$$用水普及率=\frac{城区用水人口(含暂住人口)}{城区人口+城区暂住人口}\times 100\%$$

全年供气总量 指报告期燃气企业(单位)向用户供应的燃气数量。包括销售量和损失量。

城市供热管道长度 指从各类热源到热用户建筑物接入口之间的全部蒸汽和热水的管道长度。不包括各类热源厂内部的管道长度。可按管沟敷设方式(管沟、直埋、架空等)分类统计。

集中供热面积 指从一个或多个热源通过热网向城市的热用户供给生产和生活热能,供热企业(单位)向城市各类房屋建筑物、构筑物及其附属设施供热的全部建筑面积。

道路长度 指道路长度和与道路相通的桥梁、隧道的长度,按车行道中心线计算。

桥梁 指为跨越天然或人工障碍物而修建的构筑物。包括跨河桥、立交桥、人行天桥以及人行地下通道等。

排水管道长度 指所有排水总管、干管、支管、检查井及连接井进出口等长度之和。计算时应按单管计算,即在同一条街道上如有两条或两条以上并排的排水管道时,应按每条排水管道的长度相加计算。

无营运线路长度 指设置的固定营运线路长度,包括郊区营运线路长度。不包括临时行驶的线路长度。

绿地面积 指报告期末用作园林和绿化的各种绿地面积。包括公园绿地、生产绿地、防护绿地、附属绿地和其他绿地的面积。

公园绿地 城市中向公众开放的、以游憩为主要功能,有一定的游憩设施和服务设施,同时兼有健全生态、美化景观、防灾减灾等综合作用的绿化用地。

污水排放总量 指生活污水、工业废水的排放总量,包括从排水管道和排水沟(渠)排出的污水量。

污水处理量 指污水处理厂(或污水处理装置)实际处理的污水量。包括物理处理、生物处理量和化学处理量。

其中处理本市(县)外,指污水处理厂作用区域设施,不仅处理本市(县)的污水,还处理本市(县)以外其他市、县或乡镇等的污水。这部分污水处理单独统计,并在计算本市(县)的污水处理率时扣除。

工业废气排放量 指报告期内企业厂区内燃料燃烧和生产工艺过程中产生的各种排入空气中含有污染物的气体的总量,以标准状态(273K,101325Pa)计算。

工业固体废物产生量 指未被列入《国家危险废物名录》或者根据国家规定的危险废物鉴别标准(GB5085)、固体废物浸出毒性浸出方法(GB5086)及固体废物浸出毒性测定方法(GB/T 15555)鉴别方法判定不具有危险特性的工业固体废物。计算公式是:

一般工业固体废物产生量=(一般工业固体废物综合利用量-其中:综合利用往年贮存量)+一般工

业固体废物贮存量+(一般工业固体废物处置量-其中:处置往年贮存量)+一般工业固体废物倾倒丢弃量

工业固体废物处置量 指报告期内企业将工业固体废物焚烧和用其他改变工业固体废物的物理、化学、生物特性的方法,达到减少或者消除其危险成分的活动,或者将工业固体废物最终置于符合环境保护规定要求的填埋场的活动中,所消纳固体废物的量。

工业废水排放量 指报告期内经过企业厂区所有排放口排到企业外部的工业废水量。包括生产废水、外排的直接冷却水、废气治理设施废水、超标排放的矿井地下水和与工业废水混排的厂区生活污水,不包括独立外排的间接冷却水(清浊不分流的间接冷却水应计算在内)。

生活垃圾清运量 指报告期内收集和运送到各生活垃圾处理厂(场)和生活垃圾最终消纳点的生活垃圾数量。生活垃圾指城市日常生活或为城市日常生活提供服务的活动中产生的固体废物以及法律行政规定的视为城市生活垃圾的固体废物。包括:居民生活垃圾、商业垃圾、集市贸易市场垃圾、街道清扫垃圾、公共场所垃圾和机关、学校、厂矿等单位的生活垃圾。

七、农　业

7-1 农村基本情况及从业人员

（2018年）

指　标	单位	总计	中原区	二七区	管城区	金水区	上街区	惠济区	中牟县
乡村人口从业人员									
乡村户数	万户	106.05	2.23	2.11	1.14	0.34	0.92	4.44	10.61
乡村人口数	万人	426.74	7.39	9.49	4.50	1.62	3.61	17.85	45.21
乡村从业人员数	万人	229.50	3.11	4.30	1.99	0.46	1.46	9.51	24.97
按性别分									
#男劳动力	万人	125.82	1.63	2.33	1.11	0.33	0.80	5.35	13.30
女劳动力	万人	103.68	1.48	1.98	0.88	0.13	0.66	4.16	11.66
按行业分									
农业从业人员	万人	87.71		0.83	0.67	0.13	0.32	3.49	16.10

7-1 续表 （2018年）

指　标	单位	巩义市	荥阳市	新密市	新郑市	登封市	经开区	高新区	郑东新区	航空港实验区
乡村人口从业人员										
乡村户数	万户	16.96	13.30	16.38	10.83	14.35	2.25	1.15	2.40	6.63
乡村人口数	万人	66.01	50.18	64.56	41.38	57.48	9.20	4.93	10.89	32.44
乡村从业人员数	万人	29.03	31.23	34.20	25.19	34.01	4.16	2.03	4.97	18.88
按性别分										
#男劳动力	万人	16.51	16.76	18.65	13.44	19.02	2.29	1.17	2.87	10.27
女劳动力	万人	12.52	14.48	15.56	11.75	15.00	1.87	0.86	2.09	8.61
按行业分										
农业从业人员	万人	11.92	7.69	8.73	8.44	14.16	2.08	0.52	3.17	9.45

注：乡镇数不包括县（市）所在地的城关镇。

7-2 农业机械、电气、化学、水利情况

（2018 年）

指　　标	单位	合计	中原区	二七区	管城区	金水区	上街区	惠济区	中牟县
农业机械化情况									
实际机耕面积	千公顷	163.85		0.06	0.54	0.20	0.35	6.57	25.06
当年机播面积	千公顷	276.79		0.10	0.81	0.36	0.62	6.30	41.04
当年机收面积	千公顷	257.29		0.09	0.71	0.33	0.59	4.81	34.67
农村用电量	**万千瓦时**	**433180**	**9972**	**1350**	**203**	**585**	**2952**	**7544**	**21766**
农用化肥施用量									
按折纯量计算	吨	196714		385	110	323		2455	35694
氮肥	吨	55221		120	4	201		723	8896
磷肥	吨	29645		44	13	38		367	5671
钾肥	吨	14883		33	5	6		235	3273
复合肥	吨	96965		188	89	78		1130	17855
农田水利化情况									
有效灌溉面积	千公顷	176	5		6	1	1	8	59
机电井数量	眼	52720	447	60	2748	195	312	4442	20683

7-2 续表 （2018 年）

指　　标	单位	巩义市	荥阳市	新密市	新郑市	登封市	经开区	高新区	郑东新区	航空港实验区
农业机械化情况										
实际机耕面积	千公顷		28.59	27.27	25.69	23.12	3.07	1.09	5.24	17.02
当年机播面积	千公顷		48.01	52.75	49.20	45.78	4.11	1.90	6.79	19.02
当年机收面积	千公顷		45.95	50.48	47.46	43.03	3.92	1.81	6.46	16.98
农村用电量	**万千瓦时**	**207636**	**31160**	**45819**	**41894**	**45820**	**1103**	**232**	**3966**	**11180**
农用化肥施用量										
按折纯量计算	吨	26559	27494	26281	31052	23499	2638	647	7475	12101
氮肥	吨	9068	275	9	2967	10541	6077	9108	6097	1136
磷肥	吨	3329	229	8	1980	5704	4357	2308	4891	707
钾肥	吨	1565	41	3	1734	1694	755	2128	2756	656
复合肥	吨	12598	2093	627	5421	9556	15092	17508	9755	4976
农田水利化情况										
有效灌溉面积	千公顷		32	16	37	13				
机电井数量	眼		6296	2219	12803	2515				

7-3 水果产量

（2018 年）

单位:吨

指　标	总计	二七区	管城区	金水区	上街区	惠济区	中牟县
水果产量	**251263**	**8120**	**905**	**29**	**282.5**	**2024**	**15522**
苹果	38555				2.5	83	7509
#红富士	19021					75	6609
国光	2365.5						900
梨	21015			25	50	992	444
#雪花梨	3811						285
鸭梨	3530					440	30
其它	191692	8120	905	4	230	949	7569
#桃子	33402		620	1.5		338	3632
猕猴桃	333						
葡萄	45017	5120		2.5	230	166	2804
红枣	46348		285			81	334
柿子	9926					350	799

7-3 续表

（2018 年）

单位:吨

指　标	巩义市	荥阳市	新密市	新郑市	登封市	经开区	高新区	郑东新区	航空港实验区
水果产量	**27453**	**54626.7**	**19572**	**81655**	**25259**	**4471**	**94**	**804**	**10446**
苹果	6163	4008.5	3424	4072	10537		6	247	2503
#红富士	3706	1554.1	338	46	6673			20	
国光	119	48.9	446		852				
梨	3295	7130.4	1666	1560	1953	24	4	89	3783
#雪花梨	173	422.6	230	46	1074			64	1516
鸭梨	113	1363.8	163	518	879	24			
其它	17994	43487.8	14482	76023	12769	4447	84	468	4160
#桃子	2597	8990	3333	4467	2402	3884		344	2793
猕猴桃	41	70		120	102				
葡萄	9249	3986.3	7488	13309	1678	219	84	124	557
红枣	69	440.6	218	44274	302	344			
柿子	1570	5256.3	459	37	720				735

7-4 农业机械主要

（2018 年）

指　　标	单位	总计	中原区	二七区	管城区	金水区	上街区	惠济区	中牟县
农业机械总动力	**千瓦**	**4408008**	**8144**	**15116**	**41464**	**21311**	**22510**	**61260**	**671520**
拖拉机及配套机械									
拖拉机	台	116681	51	202	282	70	555	238	37499
	千瓦	2004207	2090	3701	6080	1554	11981	7266	514146
大中型拖拉机	台	15968	21	42	48	34	208	148	2795
	千瓦	916422	1370	1811	3056	1302	8028	6380	184027
小型拖拉机	台	100713	30	160	234	36	347	90	34704
	千瓦	1087785	720	1890	3024	252	3953	886	330119
拖拉机配套农具	部	185435	120	366	521	90	725	866	52747
种植业机械									
耕整地及种植业机械									
机引犁	台	77181	31	467	218	10	120	218	26087
机引耙	台	65982	19	107	138	17	114		25807
化肥深施机	台	2						2	
秸杆粉碎还田机	台	10868		16	45	29	90	146	1705
农用水泵	台	95803	120		1755	985	325	1960	31700
节水喷灌机械	套	11653					82	27	730

生产情况

巩义市	荥阳市	新密市	新郑市	登封市	经开区	高新区	郑东新区	航空港实验区
499830	**450600**	**928135**	**615666**	**689698**	**75934**	**13447**	**110032**	**183341**
13009	5340	10498	9529	19273	5168	80	6004	8883
179057	226750	269184	232287	293147	82705	2725	69111	102423
1295	2858	3053	2580	1123	648	73	329	713
61203	127550	174271	157861	93497	39929	2645	17349	36143
11714	2482	7445	6949	18150	4520	7	5675	8170
117854	99200	94912	74426	199650	42776	80	51762	66280
20701	6950	13700	16112	45241	7250	261	8620	11165
8611	4628	2800	6300	15254	3172	59	4768	4438
4293	4310	2001	3801	13949	3175	34	4291	3926
680	1875	2120	2331	937	128	68	202	496
	6010	16721	10718	13569	990	382	7217	3351
	1010	382	4990	3806	3	3		620

7-4 续表

指　　标	单位	总计	中原区	二七区	管城区	金水区	上街区	惠济区	中牟县
收获机械									
联合收获机	台	9866		18	41	31	44	110	1258
	千瓦	723619		1022	2665	1716	2585	7164	77688
脱粒烘干机械									
机动脱粒机	台	27780		172		69	91	12	780
农副产品加工机械									
动力机械	台	45185		182	405		340	162	6113
	千瓦	364653		1871	3167		2125	1414	23280
#柴油机	台	805							
	千瓦	10321							
电动机	台	44380		182	405		340	162	6113
	千瓦	354123		1871	3167		2125	1414	23280
加工作业机械									
粮食加工机械	台	22796		120	396		252	100	2111
棉花加工机械	台	1916					160	5	186
油料加工机械	台	3441		60			85	15	331

（2018 年）

巩义市	荥阳市	新密市	新郑市	登封市	经开区	高新区	郑东新区	航空港实验区
944	1869	2709	1750	1383	80	63	162	348
43918	112760	212822	149301	103506	6358	4630	12018	29384
10057	3100	4336	719	7567	101	59	327	390
10467	8091	10005	2679	4040	330	85	1011	1275
60745	55080	150550	22930	28904	2800	297	4823	6667
9	521	275						
80	4741	5500						
10458	7570	9730	2679	4040	330	85	1011	1275
60665	50330	145050	22930	28904	2600	297	4823	6667
4715	3277	5136	2098	3000	270	51	670	600
113	380	411	104	410	25		63	59
100	470	688	370	920	55	17	155	175

7-5 果园面积

（2018 年）

单位:公顷

指　　标	总　计	二七区	管城区	金水区	上街区	惠济区	中牟县	巩义市
果园面积	**19001**	**370**	**331**	**13**	**41**	**155**	**978**	**1500**
苹果园	2175				3	7	469	230
梨园	1217			11	4	34	31	150
桃园	2337		247	2		24	188	130
猕猴桃园	23							3
葡萄园	2359	171		1	33	22	193	330
枣园	5432		84			23	53	9
柿园	728					41	44	74

7-5 续表

（2018 年）

单位:公顷

指　　标	荥阳市	新密市	新郑市	登封市	经开区	高新区	郑东新区	航空港实验区
果园面积	**3784**	**1279**	**7018**	**2477**	**270**	**8**	**54**	**723**
苹果园	186	320	181	625		1	6	147
梨园	381	100	55	171	1	1	10	269
桃园	588	285	187	267	235		22	162
猕猴桃园	9		5	6				
葡萄园	259	310	618	335	15	5	16	51
枣园	29	50	4999	166	19			
柿园	148	108	3	268				42

7-6 林业生产情况

（2018 年）

单位:公顷

县(市)区	当年造林面积	经济林	四旁植树(万株)	育苗面积	森林抚育实际面积
总计	**4266**	**1380**	**355**	**5341**	**7208**
中原区			45	320	33
二七区				3	13
管城区			14	1	33
金水区				50	33
上街区				25	13
惠济区				33	67
中牟县	652	472		3310	334
巩义市	726	433		86	2403
荥阳市	273			124	557
新密市	1311	475	36	743	333
新郑市	268		60	233	210
登封市	1036		200	413	1312
经开区					187
航空港实验区					1120
郑东新区					560

7-7 渔业生产情况

（2018 年）

指　　标	单位	合计	金水区	惠济区	中牟县	巩义市	荥阳市	新密市	新郑市	登封市	郑东新区
水产品总产量	**吨**	**113155**	**4178**	**10000**	**50000**	**5392**	**18000**	**600**	**255**	**730**	**24000**
#鱼类产量	吨	112882	4178	10000	49739	5387	17993	600	255	730	24000
虾蟹类产量	吨	47			40	5	2				
#养殖产量	吨	107363	4178	10000	50000		18000	600	255	330	24000
养殖面积	**公顷**	**4753**	**329**	**480**		**261**	**1467**	**386**	**220**	**410**	**1200**
池塘	公顷	6092	329	480	2508	261	1196	98	20		1200
水库	公顷	1265				96	271	288	200	410	

7-8 牧业主要产品产量

（2018 年）

指　　标	单位	合计	二七区	上待区	惠济区	中牟县
猪当年出栏头数	万头	170. 97		0. 37		11. 77
牛当年出栏头数	万头	4. 87				0. 66
羊当年出栏只数	万只	36. 21	0. 02	0. 03	0. 02	3. 97
禽当年出栏只数	万只	2205. 06	1. 00	3. 60	0. 20	129. 44
肉类总产量	吨	177279	16	328	5	11535
#猪肉产量	吨	130935		281		8573
牛肉产量	吨	7075	3			906
羊肉产量	吨	4560	3	4	3	489
禽肉产量	吨	32967	10	43	2	1567
兔肉产量	吨	1543				
奶类总产量	吨	103908				14562
#生牛奶产量	吨	100519				14562
山羊毛产量	公斤	2748				
绵羊毛产量	公斤	18509				
蜂蜜产量	公斤	116222				
禽蛋产量	吨	119322		122		1487

7-8　续表　　（2018 年）

指　　标	单位	巩义市	荥阳市	新密市	新郑市	登封市	航空港实验区
猪当年出栏头数	万头	30. 46	27. 49	11. 13	54. 90	17. 65	17. 19
牛当年出栏头数	万头	0. 17	0. 94	0. 20	0. 40	0. 50	1. 99
羊当年出栏只数	万只	4. 95	4. 04	3. 04	4. 67	8. 02	7. 46
禽当年出栏只数	万只	142. 98	250. 94	353. 85	756. 88	323. 37	242. 80
肉类总产量	吨	27157	27541	15349	56639	18969	19740
#猪肉产量	吨	24103	22185	8125	41177	13734	12757
牛肉产量	吨	255	1314	275	550	735	3037
羊肉产量	吨	747	561	330	557	965	901
禽肉产量	吨	1991	3455	5617	14089	3148	3045
兔肉产量	吨	47	12	944	259	281	
奶类总产量	吨	3134	53668	4440	18248		9856
#生牛奶产量	吨	3132	51091	3630	18248		9856
山羊毛产量	公斤			1330	485	933	
绵羊毛产量	公斤			8670	4940	2770	2129
蜂蜜产量	公斤	72394	22825	8200	8963	3840	
禽蛋产量	吨	9471	30047	25197	29920	16129	6949

7-9 全市粮经比

单位:%

县(市)区	1995 年	2000 年	2005 年	2010 年	2011 年	2012 年
全　市	**79.8:20.2**	**74.9:25.1**	**69.0:31.0**	**70.9:29.1**	**71.2:28.8**	**71.5:28.5**
中原区		59.0:41.0	51.3:48.7	53.8:46.2	55.0:45.0	55.1:44.9
二七区		73.4:26.6	59.9:40.1	63.0:37.0	69.9:30.1	73.1:26.9
管城区	79.0:21.0	76.4:23.6	55.2:44.8	60.9:39.1	62.2:37.8	62.0:38.0
金水区		87.9:12.1	83.5:16.5	94.1:5.9	89.1:10.9	91.4:8.6
上街区	46.1:53.9	66.7:33.3	86.8:13.2	91.2:8.8	91.1:8.9	90.5:9.5
惠济区		48.8:51.2	36.9:63.1	37.4:62.6	37.8:62.2	38.7:61.3
中牟县	65.9:34.1	56.6:43.4	47.3:52.7	46.4:53.6	46.0:54.0	45.8:54.2
巩义市	89.0:11.0	90.0:10.0	86.6;13.4	88.4:11.6	88.4:11.6	88.7:11.3
荥阳市	84.9:15.1	82.3:17.7	74.8:25.2	79.0:21.0	79.4:20.6	80.1:19.9
新密市	88.7:11.3	86.6:13.4	86.2:13.8	85.1:14.9	84.9:15.1	84.4:15.6
新郑市	78.6:21.4	71.8:28.2	71.0:29.0	72.2:27.8	73.8:26.2	74.4:25.6
登封市	86.1:13.9	84.8:15.2	81.4:18.6	86.5:13.5	86.7:13.3	87.4:12.6
经开区			64.2:35.8	72.8:27.2	74.0:26.0	78.7:21.3
高新区			76.2:23.8	86.2:13.8	86.9:13.1	89.6:10.4
郑东新区					93.4:6.6	98.9:1.1
航空港实验区					67.0:33.0	69.3:30.7

7-9 续表

县(市)区	2013 年	2014 年	2015 年	2016 年	2017 年	2018 年
全　市	**72.1:27.9**	**73.2:26.8**	**74.0:26.0**	**74.6:25.4**	**74.3:25.7**	**77.2:22.8**
中原区	56.3:43.7	65.7:34.3	68.0:32.0	71.6:28.4	100	
二七区	77.5:22.5	74.5:25.5	72.9:27.1	81.8:18.2	77.1:22.9	81.4:18.6
管城区	58.7:41.3	56.9:43.1	60.2:39.8	59.1:40.9	83.9:16.1	53.2:46.8
金水区	92.7:7.3	90.8:9.2	90.3:9.7	90.4:9.6	93.4:6.6	89.1:10.9
上街区	90.6:9.4	94.0:6.0	94.3:5.7	95.0:5.0	93.6:6.4	93.5:6.5
惠济区	38.8:61.2	39.9:60.1	40.2:59.8	42.0:58.0	37.8:62.2	31.6:68.4
中牟县	45.1:54.9	44.5:55.5	44.2:55.8	44.1:55.9	42.9:57.1	45.8:54.2
巩义市	88.4:11.6	89.6:10.4	89.1:10.9	88.2:11.8	89.3:10.7	90.1:9.1
荥阳市	80.0:20.0	80.6:19.4	81.6:18.4	82.2:17.8	81.7:18.3	83.2:16.8
新密市	84.4:15.6	85.4:14.6	85.6:14.4	86.0:14.0	85.6:14.4	87.8:12.2
新郑市	74.9:25.1	77.9:22.1	78.7:21.3	80.7:19.3	79.3:20.7	81.7:18.3
登封市	87.4:12.6	86.6:13.4	86.8:13.2	86.7:13.3	86.5:13.5	89.1:10.9
经开区	65.0:35.0	65.6:34.4	67.6:32.4	69.1:30.9	66.4:33.6	80.7:19.3
高新区	89.5:10.5	90.7:9.3	91.4:8.6	92.3:7.7	99.8:0.2	98.4:1.6
郑东新区	73.6:26.4	77.9:22.1	76.0:24.0	78.9:21.1	77.1:22.9	85.7:14.3
航空港实验区	49.2:50.8	52.0:48.0	53.8:46.2	55.3:44.7	55.7:44.3	60.1:39.9

7-10 农作物主要

（2018 年）

指　　标	总计	二七区	管城区	金水区	上街区	惠济区	中牟县
农作物总播种面积	**398.85**	**0.11**	**1.08**	**0.42**	**0.66**	**8.18**	**54.72**
粮食作物播种面积	**324.75**	**0.12**	**0.55**	**0.41**	**0.63**	**2.58**	**30.21**
总产量	1573536	460	2934	2211	3477	16012	187162
夏收粮食播种面积	**165.61**	**0.06**	**0.25**	**0.19**	**0.36**	**1.45**	**12.51**
总产量	787546	265	1244	1121	1989	9015	72673
秋收粮食播种面积	**159.14**	**0.06**	**0.30**	**0.22**	**0.27**	**1.13**	**17.70**
总产量	785990	195	1690	1090	1488	6997	114489
谷物合计播种面积	**296.21**	**0.10**	**0.55**	**0.30**	**0.63**	**2.53**	**27.17**
总产量	763149	149	1532	832	1351	6238	94326
小麦播种面积	165.61	0.06	0.25	0.19	0.36	1.45	12.51
总产量	787546	265	1244	1121	1989	9015	72673
玉米播种面积	136.41	0.05	0.30	0.15	0.27	1.09	15.15
总产量	673076	149	1532	832	1351	6238	94326
谷子播种面积	1.22						
总产量	4273						
高粱播种面积	0.01						
总产量	19						
其它谷物播种面积	0.05						
总产量	188						
豆类合计播种面积	**7.37**			**0.07**		**0.05**	**0.93**
总产量	13636			192		108	2300

产品生产情况

单位：千公顷、吨

巩义市	荥阳市	新密市	新郑市	登封市	经开区	高新区	郑东新区	航空港实验区
47.67	**62.00**	**64.28**	**60.57**	**58.02**	**4.78**	**2.05**	**8.32**	**26.00**
43.60	**56.68**	**55.94**	**49.53**	**52.40**	**5.12**	**3.93**	**7.08**	**15.96**
171083	317959	217629	267691	214509	27292	21203	28935	94979
22.67	**30.54**	**28.16**	**25.99**	**25.86**	**2.62**	**2.43**	**3.67**	**8.83**
85612	166959	116737	139696	98839	12908	14353	15850	50285
20.93	**26.13**	**27.77**	**23.53**	**26.55**	**2.49**	**1.50**	**3.41**	**7.13**
85471	151000	100892	127995	115670	14384	6850	13085	44694
41.44	**50.18**	**52.29**	**47.28**	**46.06**	**3.85**	**1.94**	**6.87**	**15.02**
164950	135419	86484	115451	88311	11260	6258	14074	36514
22.67	30.54	28.16	25.99	25.86	2.62	2.43	3.67	8.83
85612	166959	116737	139696	98839	12908	14353	15850	50285
18.87	22.77	24.01	21.36	20.33	1.71	0.92	3.27	6.18
78643	133401	85799	114500	88199	11260	6258	14074	36514
0.26	0.55	0.10	0.25	0.06				
694	2018	529	951	81				
0.01								
19								
		0.02		0.02				
1		156		31				
0.48	**0.38**	**1.86**	**0.83**	**2.63**			**0.10**	**0.04**
790	491	2560	2204	4603			291	97

7-10 续表 (2018 年)

指　　标	总计	二七区	管城区	金水区	上街区	惠济区	中牟县
大豆播种面积	6.11			0.07		0.03	0.93
总产量	12025			192		73	2300
绿豆播种面积	1.22						
总产量	1553						
红小豆播种面积	0.03					0.01	
总产量	58					35	
红薯播种面积	9.47						1.24
总产量	69355			5	9	24	10460
油料合计播种面积	**30.61**		**0.25**	**0.02**	**0.01**	**0.18**	**9.20**
总产量	116235	4	684	28	7	650	46096
花生播种面积	26.89		0.22			0.18	9.05
总产量	111536		634	5		639	45761
油菜籽播种面积	2.87		0.03	0.01	0.01	0.01	0.15
总产量	3860	4	45	18	7	10	335
芝麻播种面积	0.85						
总产量	824		5	5		1	
向日葵播种面积	0.01						
总产量	15						
棉花播种面积	**1.21**						**0.50**
总产量	811			2			539
烟叶播种面积	**0.75**						
总产量	1454						
蔬菜(含菜用瓜)播种面积	**58.07**	**0.02**	**0.19**	**0.03**	**0.04**	**5.30**	**23.01**
总产量	2275294	245	5551	468	1144	226926	819582
瓜类(果用瓜)播种面积	**5.48**		**0.05**			**0.12**	**3.06**
总产量	298357		1163			4149	200617
#西瓜播种面积	6.12		0.03			0.07	4.18
总产量	265083		684			2822	178645

单位:千公顷、吨

巩义市	荥阳市	新密市	新郑市	登封市	经开区	高新区	郑东新区	航空港实验区
0.26	0.32	1.45	0.73	2.18			0.10	0.03
534	406	2097	2036	4012			291	84
0.21	0.06	0.41	0.09	0.44				0.01
252	85	460	168	575				13
				0.01				
4		3		16				
1	0.82	1.78	0.89	2.78	0.31		0.01	0.91
4337	7553	11186	5076	20487	2940		74	7204
2.28	**2.02**	**2.37**	**5.69**	**2.40**	**0.66**	**0.03**	**0.09**	**5.41**
5007	6306	7385	21142	3725	2935	102	199	26975
1.53	1.67	1.55	5.15	1.43	0.66	0.03	0.04	5.38
3949	5680	5758	20287	2695	2935	98	119	26925
0.48	0.26	0.56	0.46	0.85			0.02	0.02
755	496	1241	757	871		4	40	35
0.27	0.09	0.26	0.07	0.11			0.03	0.01
297	130	385	98	145			40	15
0.01				0.01				
5		1		14				
0.47	**0.02**	**0.03**	**0.01**	**0.18**			**0.02**	
345	17	32	10	194			16	
				0.75				
				1454				
1.59	**9.35**	**5.13**	**5.12**	**2.18**	**0.55**	**0.03**	**1.01**	**4.52**
49963	408456	214980	204478	96697	20152	988	32048	193616
	0.07	**0.23**	**0.26**	**0.89**	**0.01**		**0.07**	**0.68**
1200	2859	5645	8935	30082	12295	675	2001	28736
0.16	0.04	0.10	0.17	0.60	0.22	0.02	0.04	0.66
5572	2244	4064	5705	25619	9600	675	1676	27777

7-11 农林牧

（2018 年）

指　　标	全市	中原区	二七区	管城区	金水区	上街区	惠济区	中牟县
农林牧渔业总产值	**2413020**	**411**	**1014**	**10510**	**10542**	**5152**	**85453**	**461316**
农业	**1555617**		**294**	**6552**	**791**	**4482**	**68999**	**374605**
谷物及其他作物	437397		203	2034	559	717	3791	69031
谷物	305358		201	830	317	711	3254	44526
#小麦	180708		136	386	163	457	2073	24791
玉米	120786		65	444	154	254	1181	19735
薯类	11455				1	1		2178
油料	59419		2	1142	18	5	298	20964
#花生	54306			1010	3		289	20707
油菜籽	3801		2	122	15	5	8	257
豆类	6760				70		27	842
棉花	3265							521
其他农作物	42047			62	153		212	
蔬菜园艺作物	815949		91	3567	162	2501	62290	175591
蔬菜（含菜用瓜）	659413		91	3567	162	257	57847	175591
花卉	146333						3456	
水果、坚果、饮料和香料作物	290099			951	70	1264	2918	129983
水果（含果用瓜）	237431			821	70	123	2803	129983
#苹果	18077				70	2	46	51556
梨	9450					22	427	
坚果	36403			130		1141	115	
香料作物	15926							
中草药材	12172							
林业	**63101**	**328**		**2802**	**576**	**2**	**2488**	**5048**
林木的培育和种植	52705	292		2784	510	2	2395	2196
竹木采运	1756	36		18	66		93	2852
牧业	**544448**		**414**			**668**	**1264**	**32115**
牲畜饲养	82973		16			28	1260	13963
牛的饲养	23174		6					6170
羊的饲养	17323		10			28	22	2973
其他牲畜饲养	3561							
奶产品	36323						1238	4820
猪的饲养	239595					485		14819
家禽饲养	139983		398			155	4	3333
肉禽	38036		23			59	4	2164
禽蛋	100946		375			96		1169
其他畜牧业	81897							
渔业	**154503**				**9175**		**10102**	**43488**
鱼类	154503				9175		10102	43488
虾蟹类	180							
其他	775						1150	
农林牧渔服务业	**94342**	**83**	**306**	**1156**			**1450**	**6060**

渔业总产值

单位:万元

巩义市	荥阳市	新密市	新郑市	登封市	经开区	高新区	郑东新区	航空港实验区
249837	**513706**	**350261**	**420750**	**329202**	**53312**	**4366**	**77846**	**163545**
85639	**320618**	**160359**	**253339**	**145233**	**32044**	**4366**	**30229**	**88073**
42446	80778	62066	68036	45504	7452	4104	10147	36952
35142	63741	41627	52626	39504	4879	4104	9242	18586
19263	40070	26885	32590	24117	2987	3053	4407	12316
15571	22945	14552	19694	15352	1892	1051	3835	6270
727	4894	1560	751	2243	400		12	4820
2806	7807	4055	9924	1358	2173		250	11802
1801	6509	2618	9190	1175	1997			11756
634	1048	1008	624	111	176		250	29
344	327	1908	900	2399			127	37
787	10	14	36					
2641	3999	12902	3799				515	1707
11605	144619	51826	143006	57241	5094	262	13797	40422
10636	121539	48147	45569	43223	5094	262	11118	40422
690	17556	1038		10747			2480	
30788	95136	32152	42297	42488	19498		6286	10699
13128	88915	11926	41143	18161	19498		6276	10699
3347	2578	2296	2211	5479			4505	1359
1421	3287	970	672	317	10		893	1630
17273	6221	20024	1154	23181			10	
	388	202		1146				
	800	14315						85
14100	**11694**	**40077**	**13274**	**55194**	**15775**		**8000**	**2792**
	7410	36639	7914	54413	15775		8000	11294
	1050	2240	2360	781				400
108954	**121967**	**126816**	**147623**	**112813**				**70908**
37956	9216	40275	13210	47405				34196
22987	1782	2103	3766	41272				11118
6384	5128	2063	3386	5915				3972
	1250	12699	9					
3262	1052	1865	6040	218				19106
22051	37683	33867	91023	25482				44687
10901	11023	27526	43344	29942				31781
4847	2971	7563	19491	3779				5160
6054	8051	19963	23853	26163				26621
	51032	15593	46	9984				11303
6300	**50972**	**1909**	**1214**	**5366**			**32000**	
	6300	1909	1214	5366			32000	50972
				1890				
		905		1650				
34844	**8455**	**20195**	**5300**	**6880**	**5493**		**7617**	**1772**

7-12 农林牧

（2018 年）

指　　标	全市	中原区	二七区	管城区	金水区	上街区	惠济区
合计							
农林牧渔业总产值	2413020	411	1014	10510	10542	5152	85453
中间消耗	889314	153	418	3990	4119	2267	46626
增加值	1523706	258	596	6520	6423	2885	38827
农业							
总产值	1555617		294	6552	791	4482	68999
中间消耗	572831		188	2995	396	1972	38847
中间物质消耗	493349		133	2941	340	1687	36716
生产服务支出	79480			523	57	285	2131
增加值	982786		106	3557	395	2510	30152
林业							
总产值	63101	328		2802	576	2	2488
中间消耗	31451	128		2274	209	1	1071
中间物质消耗	26735	100	29	494	182		1045
生产服务支出	4716		3	15	25		26
增加值	31650	200		528	367	1	1417
牧业							
总产值	544448		414			668	1264
中间消耗	166613		102			294	625
中间物质消耗	149114		163			256	598
生产服务支出	17499		24			35	27
增加值	377835		312			374	639
渔业							
总产值	154503				9175		10102
中间消耗	76279				3514		4229
中间物质消耗	70074				3190		5135
生产服务支出	7214				324		244
增加值	78224				5661		5873
农林牧渔服务业							
总产值	94342	83	306	1156			1450
中间消耗	41131	25	202	236			704
增加值	53211	58	104	920			746

渔业增加值

单位:万元

中牟县	巩义市	荥阳市	新密市	新郑市	登封市	经开区	高新区	郑东新区	航空港实验区
461316	249837	513706	350261	420750	329202	53312	4366	77846	163545
197298	110904	215767	152142	170948	134844	20901	1762	37362	163545
264018	138933	297939	198119	249802	194358	32411	2604	40484	
374605	85639	320618	160359	253339	145233	32044	4366	30229	88073
162833	40844	134671	48016	98045	53736	12933	1762	12036	36277
102611	37997	128562	41103	75034	45997	11069	1509	10303	34483
60222	2847	6107	6915	23010	7741	1863	254	1733	5078
211772	44795	185947	112343	155294	91497	19111	2604	18193	51796
5048	14100	11694	40077	13274	55194	15775		8000	2792
1597	7261	4911	11021	4265	22288	5908		4234	956
1180	5485	4464	9681	3880	19578	5190		3721	729
418	1776	447	1339	387	2709	718		515	229
3451	6839	6783	29056	9009	32906	9867		3766	1836
32115	108954	121967	126816	147623	112813				70908
14382	43784	51226	74983	65898	52027				33568
10160	41294	40268	65821	64160	45669				29621
4223	2490	10959	9162	1738	6358				3947
17733	65170	70741	51833	81725	60786				37340
43488	6300	50972	1909	1214	5366			32000	
16946	2403	21408	131	615	550			17323	
13943	2099	20098	939	454	3872			15725	
3003	304	1310	96	161	393			1598	
26542	3897	29564	1778	599	4816			14677	
6060	34844	8455	20195	5300	6880	5493		7617	1772
1540	16612	3551	17086	2125	2527	2060		3769	647
4520	18232	4904	3109	3175	4353	3433		3848	1125

7-13 主要牲畜年末存栏情况

（2018 年）

单位:头(只)

指 标	合计	中牟县	巩义市	荥阳市	新密市	新郑市	登封市	航空港实验区
大牲畜年末总头数	**53611**	**6360**	**3927**	**9973**	**5831**	**5054**	**9358**	**13108**
牛年末总头数	52143	6360	3755	9973	5015	5004	8928	13108
肉牛年末总头数	33034	660	2951	2769	4041	2474	8928	11211
奶牛年末总头数	19109	5700	804	7204	974	2530		1897
马年末存栏数	497				198		260	
驴年末存栏数	786				489		150	
骡年末存栏数	185				129			
猪年末总头数	**824671**	**22756**	**212059**	**120891**	**110641**	**161232**	**155764**	**41328**
能繁殖母猪	77228	1725	16696	9082	9231	19885	14212	6397
羊年末总只数	**287276**	**7896**	**37701**	**28973**	**55274**	**28648**	**82082**	**46702**
山羊年末总只数	185831	6318	24115	24957	37979	15096	37760	39606
绵羊年末总只数	101445	1578	13586	4016	17295	13552	44322	7096
家禽期末存栏数	**13044130**	**149218**	**949700**	**1861247**	**3737786**	**2818326**	**2597860**	**909993**
兔期末总只数	**372428**		**13530**	**4188**	**127507**	**42253**	**184950**	

主要统计指标解释

农林牧渔业总产值 是以货币表现的农林牧渔业全部产品的总量和对农林牧渔业生产活动进行的各种支持性服务活动的价值,它反映一定时期内农业生产的总规模和总成果。

农林牧渔五业统计范围是:1. 种植业:包括粮、棉、油、糖料、麻类、烟叶、蔬菜、药材、瓜类、采集野生植物和其他农作物的种植以及茶园、桑园、果园的生产经营。

2. 林业:包括林木的栽培、林产品的采集和竹木采伐。

3. 牧业:包括除渔业以外的一切动物饲养和放牧及捕猎野兽。

4. 渔业:包括水生动物和海藻类植物养殖和捕捞。

5. 农林牧渔服务业:包括农林牧渔服务业营业收入。

农业总产值的计算方法通常是以农林牧渔业产品的产量乘以该项单位价格而得该项产品产值。少数生产周期较长,当年没有产品或产品不易统计的则采用间接方法匡算产值。五业产品产值之和即为农业总产值。

农业增加值 指各单位生产经营或劳务活动提供最终产品的货币表现,即本单位或本行业对社会所做的贡献。农业增加值是社会各经济单位,即企业、事业单位和行政单位及个体经营户在报告期内生产经营和业务活动最终成果的货币表现。

农业增加值主要采用生产法和分配法(收入法)两种方法计算。

农作物种植业 包括谷物、豆类、薯类、棉、油料、糖料、麻类、烟叶、蔬菜、药材、瓜类和其他农作物的种植,以及茶园、桑园、果园的生产经营。

其他农业 包括采集野生植物的果实、纤维、树胶、树脂、油料以及柴草、野生药材、菌类等。

粮食产量 指全社会的产量。包括国有经济经营的、集体统一经营的和农民家庭经营的粮食产量,还包括工矿企业家属办的农场和其他生产单位的产量。粮食除包括稻谷、小麦、玉米、高粱、谷子及其他杂粮外,还包括薯类和大豆。其产量计算方法,豆类按去豆荚后的干豆计算;薯类(包括甘薯和马铃薯,不包括芋头和木薯)1963 年以前按每 4 公斤鲜薯折 1 公斤粮食计算,从 1964 年开始及以后改为按 5 公斤鲜薯折 1 公斤粮食计算。郑州辖区作为蔬菜的薯类(如:马铃薯等)按鲜品计算,并且不做为粮食统计。其他粮食一律按脱粒后的原粮计算。

油料产量 指全部油料作物的生产量。包括花生、油菜籽、芝麻、向日葵籽、胡麻籽(亚麻籽)和其他油料。不包括大豆,也不包括木本油料和野生油料。花生以带壳干花生计算。

水产品产量 指人工养殖的水产品和天然生长的水产品的捕捞量。包括海水的鱼类、虾蟹类、贝类和藻类以及内陆水域的鱼类、虾蟹类和贝类,不包括淡水生植物。

猪、牛、羊肉产量 指当年出栏并已屠宰后除去头蹄下水 后带骨肉(即胴体重)的重量。

耕地面积 指年初可以用来种植农作物、经常进行耕锄的田地,除包括熟地、当年新开荒地、连续撩荒未满三年的耕地和当年的休闲地(轮歇地)外,还包括以种植农作物为主并附带种植桑树、茶树、果树和其他林木的土地,以及沿海、沿湖地区已围垦利用的"海涂"、"湖田"等面积。但不包括属于专业性的桑园、茶园、果园、果木苗圃、林地、芦苇地、天然或人工草地面积。

农作物播种面积 指实际播种或移植有农作物的面积,凡是实际种植有农作物的面积,不论种植在耕地上还是种植在非耕地上,均包括在农作物播种面积中,同时还包括因遭灾而重新改种和补种的农作物面积,种一公顷算一公顷。

农用化肥施用量 指本年内实际用于农业生产的化肥数量。包括氮肥、磷肥、钾肥和复合肥。化肥施用量要求按折纯量计算数量。折纯法化肥施用量是把氮肥、磷肥和钾肥分别按含氮、含五氧化二磷、含氧化钾的百分之百有效成份计算。复合肥按其所含主要成分折算。

农业机械总动力 指主要用于农、林、牧、渔业的各种动力机械的动力总和。包括耕作机械、排灌机械、收获机械、农产品加工机械、运输机械、植物保护机械、牧业机械、林业机械、渔业机械和其他农业机械〔内燃机按引擎马力折成瓦(特)计算,电动机按功率折成瓦(特)计算〕。不包括专门用于乡、镇、村、组办工业、基本建设、非农业运输、科学试验和教学等非农业生产方面用的动力机械与作业机械。

八、工　业

8-1 规模以上工业总产值、增加值及销售产值

（2018 年）

上年＝100

项　　目	单位数(个)	工业总产值指数	工业增加值指数	工业销售产值指数
总　　计	**2691.0**	**106.3**	**106.8**	**105.3**
按轻重工业分				
轻工业	557.0	104.1	104.0	105.0
重工业	2134.0	108.2	108.8	104.8
按三大门类分				
采矿业	65.0	112.6	115.3	101.1
制造业	2566.0	106.7	107.0	105.7
电力燃气及水的生产和供应业	60.0	99.8	99.8	102.8
按登记注册类型分				
国有企业	14.0	103.8	103.8	103.6
集体企业	31.0	65.3	67.7	79.2
股份合作企业	8.0	96.8	90.4	88.3
股份制企业	132.0	106.5	107.6	102.6
外商和港澳台商投资企业	85.0	106.0	105.9	106.9
其他	2421.0	110.6	107.8	99.1
按所有制类型分				
公有制	163.0	111.3	109.7	108.9
非公有制	2528.0	105.6	105.9	104.8
按企业规模分				
大型企业	60.0	111.2	111.7	111.7
中型企业	246.0	101.6	104.0	97.8
小型企业	1947.0	88.4	94.4	85.7
微型企业	438.0	110.6	115.5	124.0

8-2 各种分组的规模以上工业增加值指数

上年=100

项 目	2012 年	2013 年	2014 年	2015 年	2016 年	2017 年	2018 年
指 数	**117.2**	**111.3**	**111.2**	**110.2**	**106.0**	**107.8**	**106.8**
按注册类型分							
内资企业	112.4	108.8	109.5	108.6	105.9	107.7	107.2
国有	108.8	107.8	101.9	102.3	108.4	114.2	103.8
集体	124.4	101.0	111.7	104.2	111.4	109.8	67.7
股份合作	115.1	112.2	96.8	121.4	97.9	109.7	90.4
联营	92.1	116.5	96.6	7.0	114.5	108.8	120.4
有限责任公司	115.1	112.7	112.8	108.5	105.6	110.2	104.8
股份有限公司	114.1	105.4	104.1	113.1	109.3	103.4	117.5
私营	112.3	106.4	110.3	108.1	104.8	103.2	108.6
其他	94.4	144.5	117.2	122.3	125.2	104.6	202.1
港澳台商投资	213.8	134.6	122.2	122.4	105.6	107.5	107.0
外商投资	100.4	105.6	109.3	99.6	109.4	110.6	104.0
按控股类型分							
国有控股	107.0	105.6	102.1	100.1	97.4	110.6	110.2
集体控股	129.0	104.0	111.6	109.2	108.8	104.8	90.5
私人控股	112.7	109.4	111.8	110.3	106.2	104.5	95.0
港澳台控股	212.1	137.0	122.7	121.7	106.3	108.0	107.1
外商控股	105.5	100.7	102.5	101.5	111.7	113.8	94.0
按所有制分							
公有制	109.1	105.4	103.1	101.2	98.9	109.9	109.7
非公有制	119.6	112.7	113.0	111.7	107.1	107.5	105.9
按轻重工业分							
轻工业	108.4	105.5	106.6	106.4	102.8	111.3	104.0
重工业	119.5	112.7	112.3	111.1	106.8	106.9	108.8
按企业规模份							
大型企业	125.4	116.3	110.9	110.5	101.8	108.8	111.7
中型企业	109.7	109.8	109.3	107.5	102.9	101.8	104.0
小型企业	117.7	109.1	113.1	112.0	112.9	111.3	94.4
微型企业	161.1	71.9	142.5	100.7	121.7	109.1	115.5

8-3 分行业规模以上工业增加值指数

上年=100

行 业	2012 年	2013 年	2014 年	2015 年	2016 年	2017 年	2018 年
总 计	**117.2**	**111.3**	**111.2**	**110.2**	**106.0**	**107.8**	**106.8**
煤炭开采和洗选业	100.0	102.1	102.0	93.3	90.9	94.7	118.1
黑色金属矿采选业	85.8	81.2	154.2	199.3	119.5	95.4	84.4
有色金属矿采选业	115.1	84.7	117.8	119.0	100.5	97.4	95.3
非金属矿采选业	111.3	120.0	111.0	114.5	107.9	79.1	51.1
农副食品加工业	123.6	100.8	110.3	110.1	107.6	108.7	93.0
食品制造业	101.8	112.1	107.0	105.1	105.2	113.5	99.7
酒、饮料和精制茶制造业	109.2	124.2	102.0	111.0	111.8	104.5	99.0
烟草制品业	118.5	107.4	100.6	99.8	85.9	110.9	105.5
纺织业	108.2	97.6	77.9	80.9	96.2	93.9	88.1
纺织服装、服饰业	100.3	105.6	124.8	112.9	111.2	115.3	107.0
皮革、毛皮、羽毛及其制品和制鞋业	113.9	67.0	98.9	67.7	103.1	67.9	63.3
木材加工和木、竹、藤、棕、草制品业	113.1	99.0	104.3	67.7	89.2	83.9	49.1
家具制造业	132.3	77.3	98.7	112.7	116.7	95.5	72.2
造纸和纸制品业	94.9	111.3	103.2	106.3	97.0	106.0	102.8
印刷和记录媒介复制业	104.7	94.7	101.9	93.4	85.8	109.7	103.6
文教、工美、体育和娱乐用品制造业	106.4	100.3	111.8	115.3	106.9	99.6	88.9
石油加工、炼焦和核燃料加工业	98.8	78.8	100.5	107.1	107.8	73.9	97.5
化学原料和化学制品制造业	125.1	109.4	108.7	111.4	100.1	96.2	99.0
医药制造业	89.0	92.9	117.5	113.5	106.2	114.6	116.2
化学纤维制造业	115.0	105.2	135.8	100.2	115.2	120.7	95.9
橡胶和塑料制品业	112.4	112.3	121.1	107.2	114.8	92.9	90.1
非金属矿物制品业	114.2	109.8	110.4	107.9	104.6	106.9	108.4
黑色金属冶炼和压延加工业	118.3	114.1	115.8	107.1	81.8	75.9	110.1
有色金属冶炼和压延加工业	112.3	109.9	107.1	115.3	107.8	103.8	112.9
金属制品业	102.6	111.0	116.6	105.0	114.0	107.6	85.5
通用设备制造业	132.8	115.7	113.1	108.3	108.5	113.1	97.1
专用设备制造业	110.7	103.9	109.8	110.6	106.7	113.2	123.2
汽车制造业	106.1	115.1	116.6	113.1	113.3	103.2	104.3
铁路、船舶、航空航天和其他运输设备制造业	119.3	99.1	134.6	150.3	105.8	105.5	140.1
电气机械和器材制造业	112.9	111.6	116.8	110.1	116.2	142.3	134.9
计算机、通信和其他电子设备制造业	273.4	137.9	124.5	126.3	113.5	117.5	110.8
仪器仪表制造业	118.5	147.7	118.1	119.2	110.7	106.3	92.7
废弃资源综合利用业			213.7	118.0	120.7	379.4	132.2
金属制品、机械和设备修理业	64.9	70.9	32.0	60.1	264.6	171.1	177.6
电力、热力生产和供应业	103.6	108.2	94.9	96.3	104.3	107.7	97.6
燃气生产和供应业	115.3	113.0	123.7	98.1	106.7	116.9	118.4
水的生产和供应业	103.0	108.9	111.5	97.8	150.1	109.8	104.4

8-4 各县(市)区规模以上工业企业单位数

(2018 年底)

单位:个

县(市)区	合计	#国有控股	#集体	#港澳台投资	#外商投资	轻工业	重工业	#大型	#中型
全 市	**2691**	**112**	**31**	**38**	**47**	**557**	**2134**	**60**	**246**
中原区	22	6		2	2	8	14	3	6
二七区	91	4		1	5	38	53	5	5
管城区	16	2	2	2		10	6	1	4
金水区	17	2	1			9	8	1	2
上街区	100	12	1		2	7	93	2	3
惠济区	24	2	1		4	10	14	4	1
中牟县	90	4		1	4	22	68	3	15
巩义市	541	3	6		4	25	516	6	37
荥阳市	418	8	11	2		71	347		23
新密市	406	7	3	1	4	94	312	1	35
新郑市	259	10	5	4	2	133	126	3	14
登封市	299	10	1	2	1	24	275	3	36
经开区	148	16		11	12	45	103	12	24
高新区	169	17		7	6	42	127	9	28
郑东新区	19	3		1	1	1	18	1	2
航空港实验区	69	4		4		18	51	3	11

8-5 各县(市)区规模以上工业总产值指数

(2018 年)

上年=100

县(市)区	合计	#国有控股	#集体	#港澳台投资	#外商投资	轻工业	重工业	#大型	#中型
全 市	**106.3**	**113.2**	**65.3**	**107.1**	**100.2**	**104.1**	**108.8**	**111.2**	**101.6**
中原区	104.5	103.4		116.4	68.3	119.0	100.8	105.4	111.1
二七区	106.3	115.5	79.8	8.3	83.8	104.4	107.8	113.9	100.8
管城区	97.3	152.3	138.9	124.9		122.8	94.6	93.2	130.1
金水区	105.2	117.0	127.2			102.1	121.6	105.1	97.8
上街区	119.9	144.4		62.7	90.6	71.0	120.9	101.2	76.0
惠济区	105.1	66.1	135.0		107.8	106.4	86.0	107.8	66.1
中牟县	128.9	141.1	1.9	54.6	142.9	169.9	109.4	183.4	88.0
巩义市	109.4	104.5	98.7		90.8	108.0	109.4	110.0	118.7
荥阳市	96.7	123.5	98.2	206.3	5.0	76.0	102.4	65.6	95.9
新密市	111.3	98.4	33.5	161.7	94.0	79.9	116.4	128.2	112.5
新郑市	105.9	114.9	71.9	75.2	132.6	106.7	104.7	95.9	109.8
登封市	99.3	99.2	134.0	48.8	93.1	73.3	101.3	100.0	106.9
经开区	108.2	123.8		112.9	105.0	104.7	109.3	110.0	110.1
高新区	116.7	99.9		115.9	116.0	125.0	110.8	128.9	107.7
郑东新区	94.5	108.0		88.2	74.7	67.6	98.9	88.2	84.2
航空港实验区	106.9	104.9		107.1		103.4	175.5	111.1	63.4

8-6 各县(市)区规模以上工业销售产值指数

(2018 年)

上年=100

县(市)区	合计	#国有控股	#集体	#港澳台投资	#外商投资	轻工业	重工业	#大型	#中型
全市	**105.3**	**111.0**	**63.6**	**108.1**	**99.7**	**105.0**	**105.7**	**111.7**	**97.8**
中原区	104.6	103.4		116.2	69.3	109.3	104.2	105.4	114.7
二七区	103.8	115.5	95.9	8.3	85.7	102.8	104.6	112.7	97.2
管城区	100.3	131.9	133.7	118.5		121.8	98.0	96.8	124.0
金水区	104.9	114.5	127.2			100.4	121.1	105.1	95.9
上街区	121.9	148.3		62.7	85.5	71.1	122.8	101.0	80.0
惠济区	104.4	66.1	135.0		107.3	105.9	80.9	107.3	66.1
中牟县	111.6	140.1	1.9	67.5	141.3	136.5	100.6	171.5	62.2
巩义市	107.2	100.2	97.0		90.0	110.1	107.1	111.7	115.6
荥阳市	93.8	126.1	100.0		5.1	74.2	99.1	67.1	96.5
新密市	102.0	98.3	31.3	145.1	100.5	80.1	105.3	126.0	107.9
新郑市	105.5	115.0	71.9	78.3	130.5	108.6	101.4	94.9	111.2
登封市	93.2	99.4	122.6	8.3	93.1	81.7	94.1	100.2	80.5
经开区	106.6	116.3		105.9	104.8	104.1	107.5	109.2	102.5
高新区	115.9	94.3		109.1	111.0	130.6	107.8	131.3	104.4
郑东新区	94.2	112.3		87.7	74.7	73.7	96.6	87.7	85.5
航空港实验区	108.2	106.9		109.1		105.3	158.3	112.3	65.2

8-7 各县(市)区规模以上工业增加值指数

(2018 年)

上年=100

县(市)区	合计	#国有控股	#集体	#港澳台投资	#外商投资	轻工业	重工业	#大型	#中型
全市	**106.8**	**110.2**	**67.7**	**107.0**	**102.6**	**104.0**	**108.8**	**111.7**	**104.0**
中原区	105.0	104.1		115.3	68.3	117.6	101.1	105.6	111.0
二七区	107.3	116.8	79.8	8.3	83.1	103.4	110.5	114.1	100.8
管城区	96.1	151.6	138.4	124.9		122.8	93.8	92.7	129.1
金水区	104.5	117.0	127.2			102.8	113.7	105.1	99.0
上街区	112.5	129.2		62.7	89.3	70.9	113.4	101.1	71.2
惠济区	104.3	66.1	135.0		107.0	105.7	84.6	107.8	66.1
中牟县	128.3	143.8	1.9	55.4	144.6	164.7	113.5	176.7	89.4
巩义市	107.9	100.6	98.7		90.8	110.4	107.9	108.2	115.5
荥阳市	95.4	117.2	98.1	206.3	7.4	75.6	100.6	64.6	95.0
新密市	106.6	97.4	34.5	154.6	93.9	81.5	110.4	112.6	109.7
新郑市	105.7	110.8	82.5	75.6	131.7	107.7	103.4	97.0	111.4
登封市	106.0	106.5	134.4	48.8	93.1	75.1	108.2	108.3	112.8
经开区	107.1	112.3		112.5	105.0	105.0	108.2	108.0	110.3
高新区	114.0	99.8		114.9	114.9	120.3	110.3	125.2	106.4
郑东新区	95.9	108.7		88.2	74.7	70.3	99.2	88.2	84.2
航空港实验区	111.7	109.9		107.0		103.2	178.5	116.3	67.6

8-8 历年主要

（2018 年）

产品名称	计量单位	1978 年	1980 年	1985 年	1990 年	1995 年	1998 年	1999 年	2000 年	2001 年	2002 年	2003 年	2004 年
原煤	万吨	868	897	1352	1628	2220	2613	1724	1830	2039	2581	3297	4096
饲料	万吨		0.5	3.3	5.3	6.6	11.5	16.3	21.6	27.3	38.8	57.4	62.8
速冻米面食品	万吨											21.5	23.8
方便面	万吨							5.5	6.9	14.7	18.7	22.3	17.9
啤酒	万千升			0.7	6.9	14.2	34.4	36.7	38.1	37.2	36.0	32.0	39.1
饮料	万吨		0.2	1.4	1.6	4.5	2.0	6.8	6.4	8.2	21.1	19.2	22.1
卷烟	亿支	243.0	350.4	443.2	456.1	476.3	412.2	423.0	428.7	393.1	403.7	404.6	419.0
纱	万吨	7.7	8.5	7.9	8.8	8.8	7.6	8.4	6.9	7.3	7.4	7.5	7.7
布	万米	41876	44804	38904	40510	40981	32762	30530	23391	21735	21239	20442	24063
印染布	万米	15086	19188	13210	8758	20321	10321	9884	14620	14833	16258	23138	22574
服装	万件		1529	1730	2260	1619	939	912	1132	1240	1306	1483	1784
人造板	立方米		1548	5622	3788	196849	46744	75312	51276	47750	34895	46920	99406
家具	万件		23.2	66.0	72.1	49.4	8.6	8.2	9.9	6.0	4.7	5.4	5.5
机制纸机制纸板	万吨	2.7	3.6	9.2	6.7	35.4	59.9	90.9	92.3	101.3	101.9	123.3	143.2
硫酸	万吨	0.5	0.9	1.3	2.8	13.3	11.5	9.7	9.4	7.3	6.2	8.8	8.5
化学农药原药	吨			435	768	1976	3264	4772	2684	5390	5126	2770	3861
中成药	吨	422	895	1851	1322	1763	2774	2634	3276	4618	2822	3664	2208
化学肥料	万吨	8.9	3.8	3.4	8.0	11.7	18.2	15.9	15.7	15.1	13.8	13.4	13.8
塑料制品	万吨			1.5	1.9	5.6	4.2	5.0	5.8	6.3	6.4	5.9	5.7
水泥	万吨	38	55	119	227	737	881	966	932	1006	1030	1134	1278
工业陶瓷	万件												7397
耐火材料制品	万吨											265.5	406.3
日用玻璃制品	万吨		1.7	3.2	2.6	7.3	4.3	3.5	2.1	1.1	0.8	1.1	1.0
石墨及炭素制品	万吨												
磨具	万吨	1.3	1.6	1.8	1.9	4.2	9.4	7.1	5.2	4.1	3.8	3.7	4.8
粗钢	万吨	2.2	3.7	4.5	5.9	13.0	16.3	11.8	1.6	1.1	1.2	1.3	7.6
钢材	万吨		1.9	4.5	7.4	15.5	25.1	27.6	14.1	14.7	17.6	46.1	103.8
原铝(电解铝)	万吨	1.8	2.9	3.4	4.0	5.9	13.0	15.5	15.8	26.5	35.5	37.3	42.2
氧化铝	万吨	40.0	40.6	53.3	60.1	66.6	73.1	87.5	96.6	107.1	127.1	138.3	148.1
阀门	万吨		0.1	0.2	1.0	3.9	3.5	3.0	3.2	3.7	3.9	5.6	7.4
汽车	辆	695	1577	1625	1043	16187	10118	7698	7689	9129	15650	27327	29806
新能源汽车	辆												
变压器	万千伏安	54.9	36.9	62.5	50.1	94.2	98.3	128.7	169.9	168.4	177.1	174.7	112.4
电力电缆	千米	2513	3533	6318	7853	5732	4633	11810	7801	6970	5823	9062	3103
移动通信手持机(手机)	万台												
发电量	亿千瓦小时	13.3	11.1	10.6	18.3	65.7	87.8	77.0	85.1	95.1	108.0	119.0	159.8
供热量	万百万千焦		451	468	464	1901	2297	2040	2862	1166	3060	3440	3369
自来水生产量	万立方米		13127	17570	19435	30119	26427	27766	26079	25465	31013	31622	32772

注:2010 年始卷烟产量含河南中烟工业有限责任公司。从 2010 年至 2018 年郑州地区卷烟产量分别为 572.4 亿支，581.3

工业产品产量

2005年	2006年	2007年	2008年	2009年	2010年	2011年	2012年	2013年	2014年	2015年	2016年	2017年	2018年
6217	6699	6707	6629	6660	5963	6914	4568	4084	3554	3223	2512	2129	2313
65.1	114.1	126.5	150.8	106.2	148.1	178.4	210.7	266.5	239.3	192.9	176.0	182.8	126.8
32.3	59.6	70.2	87.1	90.9	100.6	125.3	100.6	109.5	125.0	122.4	128.1	125.5	125.3
20.5	25.5	32.8	24.0	30.4	44.5	28.2	26.4	29.0	30.2	37.9	38.5	33.4	18.1
41.6	25.1	28.7	45.3	49.0	56.0	48.4	58.6	63.6	54.3	60.6	83.1	102.1	63.4
25.5	46.0	70.2	108.1	163.4	216.6	236.3	251.1	344.7	300.4	328.5	367.3	306.6	197.2
408.4	436.7	477.1	487.6	559.6	1650.4	1676.1	1691.0	1713.0	1733.25	1674.3	1528.1	1517.0	1525.4
8.4	7.8	11.1	11.4	3.3	4.1	4.5	6.7	5.3	4.7	4.8	5.2	3.6	0.5
24647	22513	26034	27388	86063	81715	75968	87995	96156	6053	3505	3323	3496	3333
23949	36615	59217	67429	67446	62277	53171	60895	66909	64582	12557	6804	3862	2418
2974	4804	5681	7377	10117	10950	11708	12987	15590	20820	20410	21743	16691	3132
104698	111770	101649	76398	118077	155128	170786	200844	259772	200494	152393	146812	148294	6303
7.2	26.2	97.1	81.9	249.6	196.6	233.5	284.7	223.4	236.8	283	227.0	154.6	42.5
183.4	237.5	273.4	280.8	266.9	260.2	275.1	209.4	218.3	206.8	216.9	212.8	243.2	79.1
9.0	10.2	10.3	10.7	10.0	17.1	29.4	33.4	41.6	13.5	19.2	33.3	0.8	1.5
5016	4615	12361	3097	18255	14048	20244	22171	13881	37476	42505	49373	53357	3125
3972	11334	13973	65055	106412	3941	3290	5957	7772	8773	9003	9810	12272	6797
13.8	13.4	18.7	40.3	25.6	8.3	1.5	5.8	10.6	1.6	6.1	4.5	6.8	1.7
7.5	8.0	11.7	14.3	16.6	112.6	17.6	20.7	20.8	28.7	33.1	40.0	45.4	11.5
1538	1592	2109	1898	2198	2096	2153	2322	2518	2428	2184	2168	2311	1437
8844	10100	11211	42277	37670	47209	36348	49585	192593	524363	555763	632299	672139	17026
544.1	810.4	1267.7	1368.3	1533.4	1807.7	2080.6	2417.1	2897.6	3235.8	3375.5	3249.5	3409.2	868.5
0.6			4.3	3.2	3.6	4.3				3	3.4	89.7	0.9
				280.5	311.6	439.7	514.2	581.4	590.4	601.2	617.0	577.1	147.9
4.8	4.4	6.1	8.0	20.4	9.4	14.6	45.4	69.4	75.8	73	68.6	63.3	12.4
9.8	13.0	12.2	24.1	19.5	17.3	4.8	4.8	2.2	2.95	0.2	20.9	9.9	70.5
159.7	215.8	326.1	358.7	339.7	377.0	424.7	481.1	525.6	657.2	627.4	536.1	305.8	189.2
49.3	49.1	67.0	66.4	60.1	58.4	56.8	69.7	65.2	53.2	55.7	57.2	55.8	42.8
171.4	234.3	237.8	219.7	167.3	221.8	246.0	253.0	264.9	238.3	260.6	174.4	248.9	218.9
9.9	18.3	29.0	52.4	65.3	79.9	102.5	126.7	144.4	156.3	160.5	172.0	157.8	8.6
35855	47688	62261	74044	112874	225196	354985	367597	461479	507047	513908	584702	471084	582801
										20569	26554	31085	39184
126.3	202.2	168.9	138.9	218.9	247.3	357.9	377.9	350.6	240.2	241.7	192.9	123.5	235.1
5758	6855	41031	60818	91775	83450	296201	321918.7	401496	401579	313043	222943	140054	399525
						2445	6846	9645	11890	19672	25754	29506	21304
204.6	206.1	254.3	285.2	266.8	292.8	386.3	447.4	518.0	494.98	444.2	445.6	432.3	411.1
3355	3186	3050	2982	2229	2851	3464	4015	3928	3604	3867	3850	4334	5488
24936	25754	26044	27595	27744	29368	26900	29265	44281	58599	61722	71471	59182	67403

亿支,586.4亿支,594.1亿支,601.09亿支,514.7亿支,469.7亿支,466.3亿支,468.9亿支。

8-9 各县(市)区

(2018 年)

产 品 名 称	计量单位	全 市	市直	中原区	二七区	管城区	金水区	上街区	惠济区
小麦粉	吨	1487415				132636	51975		
饲料	吨	1267652				19219	18893		10033
精制食用植物油	吨	260041							
速冻米面食品	吨	1252830			13422		125883		1045217
方便面	吨	180998			100104				
饮料酒	千升	634280			40	164278			
白酒	千升	529			40				
啤酒	千升	633751				164278			
软饮料	吨	1972310			622064				
卷烟	万支	15253641							
纱	吨	5116							
布	万米	3333		1205					
印染布	万米	2418		2418					
服装	万件	3132		842					
人造板	立方米	6303							
家具	件	425462			26130	49712		30306	
机制纸及机制纸板	吨	791078							
硫酸(折 100%)	吨	15118							
农用氮、磷、钾化学肥料总计	吨	17240							
化学农药原药	吨	3125				1838			
涂料	吨	53297			4000		16288		
中成药	吨	6797							395
塑料制品	吨	115044			6187				3663

主要工业产品产量

中牟县	巩义市	荥阳市	新密市	新郑市	登封市	经开区	高新区	郑东新区	航空港实验区
		79206		205165	7547	868589	142298		
191957		267479		449716		36526	225270		48560
2853		85318		158171					13699
				5627			62681		
				64693					16201
			489	469473					
			489						
				469473					
5819	304099	13648		130826	22857	288651	427224		157122
						15253641			
				298		2580		2238	
								2128	
6	25	917	1091	12	9	36	194		
					415		5888		
				14130	1375	300809			3000
			772741		18337				
			15118						
		230	17010						
631					496				160
716		121	13212	350	5414	13196			
		253		3352			2798		
3078	9432	4378		61402		10019	7190		9694

8-9 续表 （2018 年）

产品名称	计量单位	全市	市直	中原区	二七区	管城区	金水区	上街区	惠济区
水泥	万吨	1437						77	
工业陶瓷	万件	17026						647	
耐火材料制品	万吨	868			4			22	
磨具	吨	124009			174				4611
钢材	吨	1892027			749275				
焊接钢管	吨	821780			749275				
铁合金	吨	91608							
氧化铝	吨	2189260						1742895	
原铝（电解铝）	吨	427745							
铝材	吨	4446827						71347	
工业锅炉	蒸发量吨	1649							
泵	台	85397				264		11425	
阀门	吨	86156						22128	
矿山专用设备	吨	684557	420373		382			14810	
水泥专用设备	吨	3459					2452		
汽车	辆	582801				62796			
基本型乘用车（轿车）	辆	113517							
客车	辆	63042				62796			
载货汽车	辆	48627							
改装汽车	辆	12640							
电动自行车	辆	21927							
变压器	千伏安	2351119				1463			
电力电缆	千米	399525			103428			948	
电线	公里	902435							
太阳能电池	千瓦	177067							
移动通信手持机（手机）	台	213040864							
发电量	万千瓦小时	4110561	24967	257030				69877	
自来水生产量	万立方米	67403		40683				742	8471

中牟县	巩义市	荥阳市	新密市	新郑市	登封市	经开区	高新区	郑东新区	航空港实验区
	130	269	83	34	774			70	
	3526				12853				
	284	2	493	12	50		2		
	4319	29748	16817				68340		
	274391	50722		458752		336292	22594		
				72505					
					91608				
					446365				
	363933				63812				
	3242782	517161		7120	279077		321528		7813
							1649		
	2954	65624				5130			
		61955		700			1373		
	4432	131189	2780	1135	10253	6857	92346		
	230	68					709		
80087		246				439672			
773						112744			
		246							
48627									
3464		1526		78		7564	8		
							21927		
		316263		15503		333840			1684050
	186381	6765		70583			31406		14
	828072	950					73413		
	172000	5067							
									213040864
	672834	489890	1065981	58	1088751		267673	173501	
	1817		1587	4346		3117	2659		3982

8-10 规模以上工业

（2018 年）

指　　标	合　计	#国有控股	#集体	#股份制工　业
企业单位数(个)	2691	112	31	2439
#亏损企业	290	18	5	255
资产总计	107435648	23321431	187239	60221574
应收帐款	21572213	1631308	46147	9249289
存货	11404258	2906443	37667	6890745
#产成品	4559721	473284	15073	2245267
负债合计	74340122	15077537	104255	35256334
主营业务收入	88980472	12703455	150311	46254680
主营业务成本	76644405	10110241	118226	36194582
营业费用	1961678	237587	3871	1458353
主营业务税金及附加	1230337	877768	876	1097616
管理费用	2970191	692620	14635	2409302
财务费用	818438	318527	201	680431
#利息支出	1110072	314411	193	681341
利润总额	6232348	742302	13994	5177667
亏损企业亏损额	412633	87026	364	302027
利税总额	11142901	2184817	20808	7789374
本年应交增值税	3625071	548692	5928	1459909
全部从业人员年平均人数(人)	796332	110633	3031	503528

企业主要经济指标

单位:万元

#外商及港澳台投资	按轻重工业分		按企业规模分			
	轻工业	重工业	大型企业	中型企业	小型企业	微型企业
85	557	2134	60	246	1947	438
22	82	208	6	32	187	65
4150	13291962	94143685	69959267	16801015	17271422	3403944
1200	1387885	20184329	15871684	1818086	3413442	469002
414	2308842	9095416	7578517	1388148	1995530	442063
226	669546	3890174	3063617	567446	862173	66485
3520	7573830	66766292	52082484	10018650	10258577	1980411
3924	11771018	77209454	58374003	10664028	18588084	1354358
3725	8502845	68141561	52130323	8371926	15039191	1102965
48	770020	1191658	943633	478292	516239	23515
12	792311	438027	997050	97513	128885	6890
46	614977	2355215	1512563	625679	735189	96760
9	124374	694064	386182	232539	185587	14130
38	142825	967247	683968	267134	149110	9861
91	1084972	5147376	2892118	1075811	2150793	113626
11	142195	270438	97309	192363	106215	16746
310	2350691	8792210	6612178	1504339	2884467	141917
208	471048	3154022	2681517	325586	596703	21266
25	130261	666071	439337	131977	206115	18903

8-11 规模以上工业企业

（2018 年）

项　　目	企　业 单位数 （个）	资产总计	应收帐款	存货	#产成品
总　　计	**2691**	**107435648**	**21572213**	**11404258**	**4559721**
按轻重工业分					
轻工业	557	13291962	1387885	2308842	669546
重工业	2134	94143685	20184329	9095416	3890174
按企业规模分					
大型企业	60	69959267	15871684	7578517	3063617
中型企业	246	16801015	1818086	1388148	567446
小型企业	1947	17271422	3413442	1995530	862173
微型企业	438	3403944	469002	442063	66485
按行业分					
煤炭开采和洗选业	34	7829121	397421	476905	71440
黑色金属矿采选业	1	157	18	26	14
有色金属矿采选业	8	37499	5949	4390	1817
非金属矿采选业	21	107192	9892	3179	1471
开采专业及辅助性活动	1	5816	190	265	265
农副食品加工业	85	2478082	152852	253970	91860
食品制造业	76	3002918	375022	291357	125098
酒、饮料和精制茶制造业	21	737430	117528	52480	19197
烟草制品业	3	1284526	59633	759438	32957
纺织业	14	346786	33586	27134	7752
纺织服装、服饰业	37	467625	32607	81451	35469
皮革、毛皮、羽毛及其制品和制鞋业	1	25425	59	18478	16464

分行业主要经济指标

单位:万元

负债合计	主营业务收　入	营业费用	主营业务税金及附加	利润总额	利税总额	全部从业人员年平均人数(人)
74340122	**88980472**	**1961678**	**1230337**	**6232348**	**11142901**	**796332**
7573830	11771018	770020	792311	1084972	2350691	130261
66766292	77209454	1191658	438027	5147376	8792210	666071
52082484	58374003	943633	997050	2892118	6612178	439337
10018650	10664028	478292	97513	1075811	1504339	131977
10258577	18588084	516239	128885	2150793	2884467	206115
1980411	1354358	23515	6890	113626	141917	18903
5863245	3438962	32505	67966	179615	443116	62235
75	98	3	3	4	7	65
16480	21832	1534	852	1836	3886	880
60141	173485	1046	2028	22528	27117	1098
2866	25213		1235	3650	6820	20
1773526	1994016	60399	6056	148059	178409	12164
1870347	2207192	174137	11906	118307	196239	28243
406025	1144788	210650	20795	122678	191824	12620
400501	1390553	36031	714364	77584	952358	4120
256180	115425	2937	763	4128	7058	3209
291096	274890	30943	2777	19526	32079	16262
19994	13238	1625	35	459	785	440

8-11 续表 （2018 年）

项目	企业单位数（个）	资产总计	应收帐款	存货	#产成品
木材加工和木、竹、藤、棕、草制品业	12	38993	7098	4508	3227
家具制造业	16	113930	13821	11726	4983
造纸和纸制品业	75	359025	70386	53138	24248
印刷和记录媒介复制业	45	351951	45160	54121	24641
文教、工美、体育和娱乐用品制造业	23	100939	16503	25551	9919
石油加工、炼焦和核燃料加工业	17	52535	7566	9829	5030
化学原料和化学制品制造业	149	1171154	145659	132460	65237
医药制造业	34	1112894	89470	121215	49413
化学纤维制造业	2	6111	977	1849	734
橡胶和塑料制品业	67	424934	64501	31606	18689
非金属矿物制品业	885	9652884	1934337	864405	430158
黑色金属冶炼和压延加工业	28	848403	36720	139195	34949
有色金属冶炼和压延加工业	146	6676429	399284	858431	236438
金属制品业	120	1318588	225205	140177	37570
通用设备制造业	141	2339463	424798	553226	237516
专用设备制造业	241	4990474	721748	1075509	259756
汽车制造业	97	8503290	2328148	504882	177991
铁路、船舶、航空航天和其他运输设备制造业	19	966735	182640	104882	50007
电气机械和器材制造业	110	3089585	493501	652395	259297
计算机、通信和其他电子制造业	60	36544203	12530147	3903593	2185080
仪器仪表制造业	34	1270127	233703	97320	35835
废弃资源综合利用业	4	32504	18272	1489	1168
金属制品、机械和设备修理业	4	154056	70152	14974	8
电力、热力生产和供应业	25	7290310	130429	45333	
燃气生产和供应业	20	1994265	110429	28259	3140
水的生产和供应业	15	1709289	86801	5114	880

单位:万元

负债合计	主营业务收入	营业费用	主营业务税金及附加	利润总额	利税总额	全部从业人员年平均人数(人)
15631	50009	780	1021	5713	7784	1239
60808	116984	3012	904	14467	20024	3090
192009	688939	14967	3055	127806	147314	6802
140037	230830	4754	1393	17096	27783	4611
54772	149405	10230	1397	19632	26138	5180
29979	74635	2178	364	6659	8203	721
655584	922879	35203	4611	108845	136984	13449
488279	590915	163380	7601	86971	138281	7641
2794	5573	97	11	250	696	72
220887	314538	9407	3233	32110	41836	5511
4818109	9044923	318131	85567	1354657	1822765	109035
727322	1263389	5266	3724	144977	166035	4421
4702150	7952989	108329	23445	607036	748589	42079
684896	867388	29809	9396	66499	102186	15102
1421272	1615138	49308	9616	153647	207823	18259
2652438	2690521	133041	22386	340277	458347	41587
5563973	10041152	293464	110916	1031675	1534496	51531
328645	388103	8111	2805	54001	68380	2292
1692124	3208726	53753	18546	362385	467488	28461
30614939	32453720	49146	42241	662139	2445545	252818
481935	399508	38627	4646	79747	102699	6265
28863	29033	125	125	-760	-562	264
96675	185752	3213	1358	21009	31285	1531
5655502	3272649	161	18806	-17987	88914	24680
1326417	1313538	61884	5794	170323	184037	3655
723608	309544	13495	18598	84801	120135	4680

8-12 国有控股工业

（2018 年）

项　　目	企业单位数（个）	资产总计	应收帐款	存货	#产成品
总　计	**112**	**23321431**	**1631308**	**2906443**	**473284**
按轻重工业分					
轻工业	16	2092071	112373	854374	76417
重工业	96	21229359	1518935	2052069	396867
按企业规模分					
大型企业	17	17037171	917325	2216482	281416
中型企业	32	2809598	273249	248527	90306
小型企业	52	2226794	258851	163063	84738
微型企业	11	1247868	181883	278372	16824
按行业分					
煤炭开采和洗选业	8	6662423	346038	455332	59015
农副食品加工业	3	117303	501	43848	18631
食品制造业	2	98683	33694	12253	9526
酒、饮料和精制茶制造业	1	111720	2007	8777	594
烟草制品业	2	1265340	54414	752394	28223
纺织业	1	136053	1070	7019	2486
纺织服装、服饰业	1	5715	152		
印刷和记录媒介复制业	3	104075	11525	14868	8706
化学原料和化学制品制造业	4	231983	16813	17375	11211

企业主要经济指标

单位:万元

负债合计	主营业务收　　入	营业费用	主营业务税金及附加	利润总额	利税总额	全部从业人员年平均人数(人)
15077537	**12703455**	**237587**	**877768**	**742302**	**2184817**	**110633**
864987	1947242	64516	729446	175484	1088582	8688
14212550	10756214	173070	148321	566817	1096236	101945
11281968	9464298	150883	838815	444978	1751249	86685
1421969	1246340	57059	26352	210301	298052	16780
1587922	1524473	25051	11454	49772	94989	7143
785677	468346	4594	1147	37250	40528	25
5187039	2986054	26094	55843	97404	306791	45194
101095	226519	5511	389	89755	99268	584
63302	70455	992	699	7797	8945	757
48087	125407	14995	13005	17344	37321	603
391609	1372517	35774	714169	77121	950485	3823
113927	30340	416	20	-924	208	508
956	4324	7	87	1	753	326
21269	71183	1782	618	5564	10771	1319
212452	81532	2189	397	1231	2824	676

8-12 续表 （2018 年）

项目	企业单位数（个）	资产总计	应收帐款	存货	#产成品
医药制造业	1	226867	1658	7208	4915
橡胶和塑料制品业	2	15129	1696	1305	106
非金属矿物制品业	22	994679	124267	90681	56600
黑色金属冶炼和压延加工业	1	49070	5498	20202	6781
有色金属冶炼和压延加工业	4	1009478	43545	244966	56567
金属制品业	3	104121	19381	11237	3951
通用设备制造业	7	770543	91589	212589	20342
专用设备制造业	11	3414652	425153	765946	130179
汽车制造业	7	800324	111473	85107	23170
铁路、船舶、航空航天和其他运输设备制造业	2	345466	123355	41994	13281
电气机械和器材制造业	2	109204	22924	17967	6578
计算机、通信和其他电子设备制造业	3	384770	60488	66610	7539
仪器仪表制造业	1	17039	6659	3907	2413
电力、热力生产和供应业	8	4170659	54314	16776	
燃气生产和供应业	4	614674	10579	5913	2195
水的生产和供应业	9	1561462	62516	2170	275

单位:万元

负债合计	主营业务收入	营业费用	主营业务税金及附加	利润总额	利税总额	全部从业人员年平均人数(人)
103234	24213	4571	367	-21893	-21196	550
11189	37467	1202	775	7982	9319	358
545555	477251	23967	6347	69782	106297	8857
29339	152218	959	303	4088	5375	65
327105	548782	8554	592	7625	32236	4060
59168	73888	1956	862	9779	13792	784
501733	340196	6862	1682	45799	53302	1097
1796289	1247857	42780	12268	168634	229117	8577
732750	954645	37195	35266	62870	116594	4603
203491	200668	2292	599	25931	29647	255
47602	28773	1267	81	-1123	-362	694
195923	129139	2016	259	7913	9332	292
7333	13098	1578	37	490	847	115
3239970	2710916	20	13181	-19016	67995	22237
510075	541880	1631	1550	7110	10348	363
627048	254132	12981	18373	71036	104810	3936

8-13 规模以上公有制

(2018 年)

项　　目	企业单位数(个)	资产总计	应收帐款	存货	#产成品
总　　计	**163**	**24566273**	**1811326**	**3094016**	**599743**
按轻重工业分					
轻工业	28	2421343	140615	911874	96609
重工业	135	22144931	1670711	2182143	503133
按企业规模分					
大型企业	19	17422935	988618	2340965	384169
中型企业	38	3129829	293791	262008	99584
小型企业	86	2722839	343515	211196	98306
微型企业	20	1290670	185402	279848	17684
按行业分					
煤炭开采和洗选业	11	6933469	356007	460048	61963
农副食品加工业	4	287738	2318	72494	27665
食品制造业	2	98683	33694	12253	9526
酒、饮料和精制茶制造业	1	111720	2007	8777	594
烟草制品业	3	1284526	59633	759438	32957
纺织业	3	181920	1082	7909	3096
纺织服装、服饰业	1	5715	152		
造纸和纸制品业	1	634	176	29	22

工业企业主要经济指标

单位:万元

负债合计	主营业务收入	营业费用	主营业务税金及附加	利润总额	利税总额	全部从业人员年平均人数(人)
15791261	**13751767**	**257836**	**884019**	**861365**	**2348758**	**122928**
1031370	2459860	75488	732842	225499	1159049	13556
14759892	11291906	182348	151177	635867	1189709	109372
11425558	10152306	162076	842479	524643	1855195	91160
1619451	1329710	58515	27230	217098	315005	20605
1930910	1793700	32480	13134	81181	136672	10663
815343	476051	4765	1175	38444	41886	500
5354773	3035048	27029	56220	105392	322592	47804
165817	653918	14761	3107	139909	166230	3673
63302	70455	992	699	7797	8945	757
48087	125407	14995	13005	17344	37321	603
400501	1390553	36031	714364	77584	952358	4120
144426	41723	551	215	-2789	-1022	923
956	4324	7	87	1	753	326
137	1820		1	556	580	13

8-13 续表 （2018 年）

项目	企业单位数（个）	资产总计	应收帐款	存货	#产成品
印刷和记录媒介复制业	8	181952	29425	26789	14073
化学原料和化学制品制造业	8	242377	17425	19014	11666
医药制造业	2	240527	4008	16095	5258
橡胶和塑料制品业	3	16742	2464	1389	189
非金属矿物制品业	33	1029109	131973	94992	59326
黑色金属冶炼和压延加工业	1	49070	5498	20202	6781
有色金属冶炼和压延加工业	5	1009718	43581	244976	56575
金属制品业	7	127779	28674	13822	4074
通用设备制造业	13	1020386	175349	313822	116118
专用设备制造业	15	3431917	426760	767510	131185
汽车制造业	7	800324	111473	85107	23170
铁路、船舶、航空航天和其他运输设备制造业	2	345466	123355	41994	13281
电气机械和器材制造业	4	187740	59534	31355	9748
计算机、通信和其他电子设备制造业	3	384770	60488	66610	7539
仪器仪表制造业	1	17039	6659	3907	2413
电力、热力生产和供应业	9	4294886	54886	17104	
燃气生产和供应业	4	614674	10579	5913	2195
水的生产和供应业	12	1667394	64127	2468	329

单位:万元

负债合计	主营业务收入	营业费用	主营业务税金及附加	利润总额	利税总额	全部从业人员年平均人数(人)
67405	116453	2095	874	6283	12823	2184
216910	102198	2452	439	5816	8288	998
117672	30688	5586	391	-21910	-20982	660
12749	39703	1202	780	7987	9334	437
566774	502975	24839	6589	72316	110026	9935
29339	152218	959	303	4088	5375	65
327134	549847	8556	593	7695	32312	4305
67631	92229	2536	979	10368	15406	1174
602231	620599	9479	2790	78184	94017	2691
1800824	1264930	43456	12378	170889	232333	8921
732750	954645	37195	35266	62870	116594	4603
203491	200668	2292	599	25931	29647	255
110904	108970	4600	724	1319	5760	1202
195923	129139	2016	259	7913	9332	292
7333	13098	1578	37	490	847	115
3343486	2729845	20	13258	-9914	77174	22372
510075	541880	1631	1550	7110	10348	363
700634	278435	12981	18513	78139	112366	4137

8-14 规模以上非公有制

（2018 年）

项　　目	企　业单位数（个）	资产总计	应收帐款	存货	#产成品
总　　计	**2528**	**82869375**	**19760888**	**8310241**	**3959978**
按轻重工业分					
轻工业	529	10870620	1247270	1396968	572937
重工业	1999	71998755	18513618	6913273	3387041
按企业规模分					
大型企业	41	52536332	14883065	5237552	2679448
中型企业	208	13671186	1524296	1126139	467862
小型企业	1861	14548583	3069927	1784334	763868
微型企业	418	2113274	283599	162216	48801
按行业分					
煤炭开采和洗选业	23	895652	41414	16857	9477
黑色金属矿采选业	1	157	18	26	14
有色金属矿采选业	8	37499	5949	4390	1817
非金属矿采选业	21	107192	9892	3179	1471
开采专业及辅助性活动	1	5816	190	265	265
农副食品加工业	81	2190345	150535	181477	64195
食品制造业	74	2904235	341329	279104	115572
酒、饮料和精制茶制造业	20	625711	115521	43703	18604
纺织业	11	164866	32505	19225	4657
纺织服装、服饰业	36	461910	32455	81451	35469
皮革、毛皮、羽毛及其制品和制鞋业	1	25425	59	18478	16464
木材加工和木、竹、藤、棕、草制品业	12	38993	7098	4508	3227
家具制造业	16	113930	13821	11726	4983

工业企业主要经济指标

单位:万元

负债合计	主营业务收　　入	营业费用	主营业务税金及附加	利润总额	利税总额	全部从业人员年平均人数(人)
58548861	**75228705**	**1703843**	**346319**	**5370983**	**8794142**	**673404**
6542461	9311158	694532	59469	859473	1191642	116705
52006400	65917547	1009310	286850	4511510	7602501	556699
40656927	48221697	781557	154570	2367475	4756983	348177
8399199	9334318	419777	70283	858713	1189334	111372
8327667	16794384	483759	115750	2069613	2747795	195452
1165068	878307	18750	5715	75182	100031	18403
508471	403914	5476	11747	74224	120524	14431
75	98	3	3	4	7	65
16480	21832	1534	852	1836	3886	880
60141	173485	1046	2028	22528	27117	1098
2866	25213		1235	3650	6820	20
1607709	1340098	45638	2948	8150	12179	8491
1807046	2136737	173145	11207	110511	187293	27486
357938	1019380	195655	7790	105335	154503	12017
111754	73702	2386	549	6918	8081	2286
290140	270566	30936	2691	19525	31326	15936
19994	13238	1625	35	459	785	440
15631	50009	780	1021	5713	7784	1239
60808	116984	3012	904	14467	20024	3090

8-14　续表　　　　（2018 年）

项　　目	企　业 单位数 （个）	资产总计	应收帐款	存货	#产成品
造纸和纸制品业	74	358391	70210	53109	24226
印刷和记录媒介复制业	37	169999	15734	27331	10569
文教、工美、体育和娱乐用品制造业	23	100939	16503	25551	9919
石油、煤炭及其他燃料加工业	17	52535	7566	9829	5030
化学原料和化学制品制造业	141	928777	128235	113446	53571
医药制造业	32	872367	85462	105120	44156
化学纤维制造业	2	6111	977	1849	734
橡胶和塑料制品业	64	408192	62037	30217	18500
非金属矿物制品业	852	8623776	1802364	769413	370833
黑色金属冶炼和压延加工业	27	799333	31222	118993	28168
有色金属冶炼和压延加工业	141	5666711	355703	613455	179863
金属制品业	113	1190810	196531	126355	33496
通用设备制造业	128	1319077	249449	239404	121398
专用设备制造业	226	1558558	294988	307999	128572
汽车制造业	90	7702966	2216676	419775	154821
铁路、船舶、航空航天和其他运输设备制造业	17	621269	59285	62888	36726
电气机械和器材制造业	106	2901845	433967	621039	249549
计算机、通信和其他电子设备制造业	57	36159434	12469660	3836984	2177542
仪器仪表制造业	33	1253088	227044	93413	33422
废弃资源综合利用业	4	32504	18272	1489	1168
金属制品、机械和设备修理业	4	154056	70152	14974	8
电力、热力生产和供应业	16	2995424	75543	28230	
燃气生产和供应业	16	1379591	99850	22345	945
水的生产和供应业	3	41895	22674	2645	551

单位:万元

负债合计	主营业务收入	营业费用	主营业务税金及附加	利润总额	利税总额	全部从业人员年平均人数(人)
191872	687119	14967	3054	127250	146734	6789
72632	114377	2659	519	10812	14960	2427
54772	149405	10230	1397	19632	26138	5180
29979	74635	2178	364	6659	8203	721
438674	820682	32751	4172	103028	128696	12451
370607	560227	157794	7209	108881	159263	6981
2794	5573	97	11	250	696	72
208139	274835	8206	2453	24124	32502	5074
4251335	8541948	293292	78978	1282341	1712739	99100
697984	1111171	4307	3421	140889	160660	4356
4375016	7403142	99773	22852	599341	716277	37774
617265	775159	27273	8417	56132	86780	13928
819042	994539	39829	6827	75463	113806	15568
851614	1425591	89584	10008	169389	226014	32666
4831224	9086507	256269	75650	968805	1417902	46928
125154	187435	5819	2206	28071	38733	2037
1581220	3099756	49153	17822	361066	461728	27259
30419016	32324581	47131	41982	654226	2436213	252526
474602	386409	37049	4609	79258	101852	6150
28863	29033	125	125	-760	-562	264
96675	185752	3213	1358	21009	31285	1531
2312016	542805	141	5548	-8073	11740	2308
816341	771657	60253	4244	163214	173689	3292
22975	31109	515	84	6663	7769	543

8-15　各县(市)区规模以上工业企业主要经济指标

(2018 年)　　单位:万元

县(市)区	企　业单位数(个)	资产总计	应收帐款	存　货	#产成品	负债合计
全　市	**2691**	**107435648**	**21572213**	**11404258**	**4559721**	**74340122**
中原区	22	5035339	176150	123070	27064	3129156
二七区	91	2725987	336458	313812	35676	1957323
管城区	16	2135844	740876	131291	62058	1291821
金水区	17	324116	103170	39198	8652	141231
上街区	100	2565350	212902	378811	111377	1353493
惠济区	24	1361297	207281	190061	101151	964295
中牟县	90	2668862	541728	513907	145336	2007866
巩义市	541	8981879	954236	887248	264122	6141552
荥阳市	418	3612413	465136	394259	154739	2126696
新密市	406	6836458	635491	470441	173912	4608036
新郑市	259	6412014	517300	493807	144710	3924721
登封市	299	6211899	532368	390134	132801	4045046
经开区	148	13874837	2928704	2138544	396613	7067621
高新区	169	8890960	1186094	1073841	596591	4451175
郑东新区	19	1172629	176767	80665	5365	883110
航空港实验区	69	34625765	11857551	3785171	2199556	30246980

8-15　续表　　(2018 年)　　单位:万元

县(市)区	主营业务收入	营业费用	主营业务税金及附加	利润总额	利税总额	全部从业人员年平均人数(人)
全　市	88980472	1961678	1230337	6232348	11142901	796332
中原区	2793346	87051	29806	165824	270176	27302
二七区	1859670	97794	6956	189268	249607	15643
管城区	1474967	102351	4568	139888	165253	11208
金水区	234881	11386	906	9990	17857	3969
上街区	1724691	33849	5794	64131	135489	17012
惠济区	1247550	108999	5418	19990	51547	11146
中牟县	2369171	78819	39700	185523	275784	27396
巩义市	9217194	191154	37229	925619	1132687	94938
荥阳市	2921972	77320	21351	251489	368317	46835
新密市	5025853	161519	62566	895162	1193578	67870
新郑市	2969046	217289	39116	327022	480296	35388
登封市	5272124	73143	74054	497916	794899	74683
经开区	13937256	357705	815131	1456957	2919413	81809
高新区	5786390	271203	41707	531605	735383	44593
郑东新区	527822	7213	3130	21129	33766	5714
航空港实验区	31618537	84882	42905	550837	2318847	230825

8-16 各县(市)区国有控股工业企业主要经济指标

(2018 年)

单位:万元

县(市)区	企业单位数(个)	资产总计	应收帐款	存货	#产成品	负债合计
全市	**112**	**23321431**	**1631308**	**2906443**	**473284**	**15077537**
中原区	6	3688877	77285	50894	2128	2346708
二七区	4	1679437	119639	210746	6782	1199632
管城区	2	261753	32662	21739	13498	239145
金水区	2	86475	8975	8957	3756	14789
上街区	12	1924363	61581	268142	69818	979366
惠济区	2	45680	8745	47		17674
中牟县	4	742084	115417	75468	20514	690777
巩义市	3	94930	3042	11501	4459	78145
荥阳市	8	736558	92473	54125	30228	520865
新密市	7	2138943	132495	195174	27832	1781525
新郑市	10	1417632	84142	167275	48975	1042019
登封市	10	3769885	215581	189818	32403	2742367
经开区	16	4293368	486991	1444542	157607	1871164
高新区	17	1834489	131109	144324	51239	1196757
郑东新区	3	484613	45353	57442	2486	288977
航空港实验区	4	122344	15819	6249	1559	67627

8-16 续表

(2018 年)

单位:万元

县(市)区	主营业务收入	营业费用	主营业务税金及附加	利润总额	利税总额	全部从业人员年平均人数(人)
全市	**12703455**	**237587**	**877768**	**742302**	**2184817**	**110633**
中原区	2054266	11356	24959	56491	147687	19725
二七区	437183	444	1619	27484	30398	1459
管城区	70060	3059	716	4874	5853	939
金水区	58210	1542	431	4687	8981	1070
上街区	1136234	10680	2783	24095	71395	10040
惠济区	16827		196	1321	1814	373
中牟县	943735	37220	34532	64359	118465	4215
巩义市	70254	1740	1135	5484	11059	2453
荥阳市	366689	11479	4024	766	15014	2406
新密市	707799	15212	20832	25264	101787	14496
新郑市	845913	30711	25472	154542	225634	9668
登封市	2166330	19166	26716	75233	185500	26621
经开区	2679885	72574	725256	247539	1179192	9937
高新区	977700	21392	7086	39952	67732	6039
郑东新区	132570	416	418	5730	7932	630
航空港实验区	39801	595	1593	4481	6377	561

8-17 各县(市)区规模以上公有制工业企业主要经济指标

(2018 年)　　单位:万元

县(市)区	企业单位数(个)	资产总计	应收帐款	存货	#产成品	负债合计
全　市	**163**	**24566273**	**1811326**	**3094016**	**599743**	**15791261**
中原区	7	3733992	77285	51783	2738	2376507
二七区	4	1679437	119639	210746	6782	1199632
管城区	4	315266	44553	32887	18865	264779
金水区	3	89632	9469	9030	3756	16437
上街区	14	1986676	90912	274145	72122	1032987
惠济区	4	66053	15729	10231	342	35378
中牟县	5	744971	115597	75766	20544	691600
巩义市	13	359059	14123	18254	8617	232793
荥阳市	19	771350	103911	59493	32492	540921
新密市	11	2178265	133907	196009	27914	1809168
新郑市	16	1460863	95036	176522	53982	1061234
登封市	14	3790456	222786	193815	35024	2754524
经开区	18	4494706	500321	1480574	167507	1959169
高新区	22	2288590	206884	241072	145012	1459529
郑东新区	3	484613	45353	57442	2486	288977
航空港实验区	4	122344	15819	6249	1559	67627

8-17 续表　　(2018 年)　　单位:万元

县(市)区	主营业务收入	营业费用	主营业务税金及附加	利润总额	利税总额	全部从业人员年平均人数(人)
全　市	**13751767**	**257836**	**884019**	**861365**	**2348758**	**122928**
中原区	2065056	11481	25153	54581	146399	20129
二七区	437183	444	1619	27484	30398	1459
管城区	105638	3284	872	5345	7206	1270
金水区	62413	1550	449	4704	9107	1185
上街区	1182176	12316	3105	24320	73371	10590
惠济区	30060	1015	278	1425	2475	656
中牟县	946150	37329	34533	64388	118584	4241
巩义市	140626	3621	1623	16790	31279	6094
荥阳市	390012	12323	4201	3703	18980	2771
新密市	731761	15408	20862	31535	108953	14716
新郑市	879430	31251	25751	155706	228825	10367
登封市	2180355	19633	26933	75432	186480	27224
经开区	3143539	83602	728362	299723	1250312	13318
高新区	1284998	23569	8267	86021	122080	7716
郑东新区	132570	416	418	5730	7932	630
航空港实验区	39801	595	1593	4481	6377	561

8-18 各县(市)区规模以上非公有制工业企业主要经济指标

(2018 年)

单位:万元

县(市)区	企业单位数(个)	资产总计	应收帐款	存货	#产成品	负债合计
全市	**2528**	**82869375**	**19760888**	**8310241**	**3959978**	**58548861**
中原区	15	1301347	98865	71287	24326	752649
二七区	87	1046550	216819	103065	28894	757691
管城区	12	1820577	696322	98404	43193	1027042
金水区	14	234484	93701	30168	4896	124795
上街区	86	578673	121990	104665	39255	320505
惠济区	20	1295244	191552	179830	100808	928917
中牟县	85	1923891	426131	438141	124792	1316266
巩义市	528	8622820	940113	868993	255504	5908759
荥阳市	399	2841063	361226	334766	122247	1585775
新密市	395	4658194	501584	274432	145998	2798868
新郑市	243	4951151	422265	317285	90728	2863487
登封市	285	2421443	309581	196319	97777	1290522
经开区	130	9380131	2428383	657971	229106	5108452
高新区	147	6602370	979211	832770	451579	2991646
郑东新区	16	688017	131414	23223	2879	594134
航空港实验区	65	34503421	11841731	3778922	2197997	30179354

8-18 续表

(2018 年)

单位:万元

县(市)区	主营业务收入	营业费用	主营业务税金及附加	利润总额	利税总额	全部从业人员年平均人数(人)
全市	**75228705**	**1703843**	**346319**	**5370983**	**8794142**	**673404**
中原区	728290	75570	4654	111243	123777	7173
二七区	1422488	97350	5337	161784	219210	14184
管城区	1369328	99067	3697	134543	158047	9938
金水区	172468	9835	457	5286	8750	2784
上街区	542514	21534	2689	39811	62118	6422
惠济区	1217490	107984	5140	18565	49072	10490
中牟县	1423021	41490	5167	121135	157200	23155
巩义市	9076568	187533	35606	908829	1101409	88844
荥阳市	2531959	64998	17150	247786	349337	44064
新密市	4294092	146111	41704	863627	1084625	53154
新郑市	2089617	186038	13365	171316	251471	25021
登封市	3091769	53510	47121	422484	608418	47459
经开区	10793718	274103	86769	1157235	1669102	68491
高新区	4501393	247634	33440	445584	613303	36877
郑东新区	395252	6798	2712	15399	25834	5084
航空港实验区	31578736	84287	41311	546356	2312469	230264

8-19 规模以上工业企业主要经济效益指标

（2018 年）

单位：%

项目	总资产贡献率	成本费用利润率	资产负债率	产品销售率	全员劳动生产率（元/人·年）
总计	**11.03**	**7.44**	**69.20**	**99.35**	**187023**
按轻重工业分					
轻工业	18.89	10.52	56.98	98.82	456251
重工业	9.92	7.01	70.92	99.43	134371
按企业规模分					
大型企业	9.90	5.17	74.45	99.78	233853
中型企业	10.44	10.89	59.63	97.63	148969
小型企业	17.52	12.97	59.40	99.12	125612
微型企业	4.40	9.00	58.18	98.07	33897
按行业分					
煤炭开采和洗选业	7.61	5.48	74.89	99.52	84229
黑色金属矿采选业	5.68	3.81	47.99	97.90	1416062
有色金属矿采选业	12.35	8.97	43.95	115.37	60464
非金属矿采选业	25.98	15.18	56.11	98.28	258604
开采专业及辅助性活动	117.29	17.96	49.28	98.51	
农副食品加工业	9.93	7.70	71.57	99.47	333721
食品制造业	8.00	5.51	62.28	101.22	152024
酒、饮料和精制茶制造业	26.88	11.88	55.06	101.73	130186
烟草制品业	74.41	12.85	31.18	99.47	2659440
纺织业	2.77	3.20	73.87	98.87	72575
纺织服装、服饰业	7.58	7.73	62.25	99.26	32138
皮革、毛皮、羽毛及其制品和制鞋业	4.30	3.55	78.64	107.25	60659
木材加工和木、竹、藤、棕、草制品业	20.89	13.15	40.09	96.43	86482
家具制造业	17.69	14.14	53.37	94.72	50372
造纸和纸制品业	42.01	22.51	53.48	98.79	169714
印刷和记录媒介复制业	8.16	7.79	39.79	97.68	96423
文教、工美、体育和娱乐用品制造业	27.56	15.14	54.26	99.62	40724
石油、煤炭及其他燃料加工业	16.26	9.84	57.06	94.43	75587
化学原料和化学制品制造业	12.20	12.94	55.98	97.61	111486
医药制造业	13.31	17.79	43.87	94.41	187256
化学纤维制造业	13.26	4.39	45.72	88.46	64264
橡胶和塑料制品业	10.44	11.30	51.98	101.21	121937
非金属矿物制品业	19.78	17.60	49.91	100.21	118182
黑色金属冶炼和压延加工业	20.35	12.52	85.73	91.86	428661
有色金属冶炼和压延加工业	11.70	8.15	70.43	93.90	228572
金属制品业	8.78	8.32	51.94	98.18	121892
通用设备制造业	9.42	9.93	60.75	98.67	125755
专用设备制造业	9.67	13.54	53.15	89.87	144532
汽车制造业	18.30	10.70	65.43	98.68	484288
铁路、船舶、航空航天和其他运输设备制造业	7.28	15.56	34.00	98.67	105730
电气机械和器材制造业	15.59	11.95	54.77	96.42	181134
计算机、通信和其他电子设备制造业	6.72	2.08	83.78	102.70	147188
仪器仪表制造业	8.73	21.74	37.94	95.67	189704
废弃资源综合利用业	-1.81	-2.56	88.80	99.52	142288
金属制品、机械和设备修理业	20.39	13.03	62.75	100.41	320062
电力、热力生产和供应业	2.90	-0.52	77.58	96.79	390791
燃气生产和供应业	10.89	14.73	66.51	100.12	323832
水的生产和供应业	7.94	32.05	42.33	99.24	228629

8-20 国有控股工业企业主要经济效益指标

（2018 年）

单位：%

项　　目	总资产贡献率	成本费用利润率	资　产负债率	产　品销售率	全员劳动生产率（元/人·年）
总　计	**10.61**	**6.33**	**64.65**	**97.08**	**304135**
按轻重工业分					
轻工业	52.68	16.71	41.35	97.99	1484724
重工业	6.46	5.31	66.95	96.90	203522
按企业规模分					
大型企业	11.55	5.13	66.22	96.80	331722
中型企业	11.50	18.91	50.61	98.61	157709
小型企业	6.30	3.31	71.31	98.04	314361
微型企业	3.49	8.49	62.96	95.86	7920
按行业分					
煤炭开采和洗选业	6.71	3.34	77.86	99.52	90308
农副食品加工业	84.81	65.83	86.18	95.74	720394
食品制造业	10.04	12.45	64.15	77.79	236033
酒、饮料和精制茶制造业	32.88	16.32	43.04	101.66	434730
烟草制品业	75.39	13.24	30.95	99.50	2847173
纺织业	2.24	-2.26	83.74	100.00	74555
纺织服装、服饰业	12.13	0.02	16.73	100.00	34512
印刷和记录媒介复制业	10.26	8.16	20.44	97.22	117619
化学原料和化学制品制造业	1.86	1.51	91.58	132.67	185143
医药制造业	-6.50	-82.17	45.50	85.28	222369
橡胶和塑料制品业	63.56	26.92	73.96	99.95	53777
非金属矿物制品业	11.42	15.34	54.85	98.32	106452
黑色金属冶炼和压延加工业	11.36	2.77	59.79	100.00	5530892
有色金属冶炼和压延加工业	3.74	1.33	32.40	111.31	286038
金属制品业	13.53	15.14	56.83	98.89	260093
通用设备制造业	6.93	15.13	65.11	97.46	309780
专用设备制造业	7.19	13.84	52.61	84.26	386892
汽车制造业	14.47	6.45	91.56	96.44	513209
铁路、船舶、航空航天和其他运输设备制造业	8.87	14.78	58.90	96.65	380502
电气机械和器材制造业	0.62	-3.55	43.59	85.85	353899
计算机、通信和其他电子设备制造业	3.19	6.61	50.92	102.63	210219
仪器仪表制造业	4.82	3.93	43.03	92.67	
电力、热力生产和供应业	3.17	-0.67	77.68	99.71	323046
燃气生产和供应业	5.19	1.33	82.98	100.00	148862
水的生产和供应业	7.67	32.53	40.16	99.47	258891

8-21　公有制工业企业主要经济效益指标

（2018 年）　　单位：%

项　　目	总资产贡献率	成本费用利润率	资　产负债率	产　品销售率	全员劳动生产率（元/人·年）
总　　计	**10.77**	**6.78**	**64.28**	**97.10**	**287890**
按轻重工业分					
轻工业	48.47	14.88	42.59	98.17	1038547
重工业	6.65	5.68	66.65	96.85	194851
按企业规模分					
大型企业	11.90	5.63	65.58	96.82	325592
中型企业	11.01	18.17	51.74	98.48	139493
小型企业	6.73	4.62	70.92	98.16	263179
微型企业	3.48	8.63	63.17	95.81	56532
按行业分					
煤炭开采和洗选业	6.74	3.56	77.23	99.44	86712
农副食品加工业	58.17	27.36	57.63	97.93	366809
食品制造业	10.04	12.45	64.15	77.79	236033
酒、饮料和精制茶制造业	32.88	16.32	43.04	101.66	434730
烟草制品业	74.41	12.85	31.18	99.47	2659440
纺织业	1.03	-5.06	79.39	98.81	65354
纺织服装、服饰业	12.13	0.02	16.73	100.00	34512
造纸和纸制品业	91.56	44.06	21.65	98.52	1133769
印刷和记录媒介复制业	7.07	5.54	37.05	97.01	101708
化学原料和化学制品制造业	4.06	5.97	89.49	120.72	136591
医药制造业	-6.04	-66.18	48.92	87.68	233674
橡胶和塑料制品业	57.53	25.06	76.15	99.79	54776
非金属矿物制品业	11.41	15.14	55.07	98.33	111999
黑色金属冶炼和压延加工业	11.36	2.77	59.79	100.00	5530892
有色金属冶炼和压延加工业	3.75	1.34	32.40	111.26	270422
金属制品业	12.35	12.62	52.93	99.12	231659
通用设备制造业	9.28	13.30	59.02	95.36	133149
专用设备制造业	7.25	13.86	52.47	84.03	377757
汽车制造业	14.47	6.45	91.56	96.44	513209
铁路、船舶、航空航天和其他运输设备制造业	8.87	14.78	58.90	96.65	380502
电气机械和器材制造业	3.81	1.20	59.07	103.57	283186
计算机、通信和其他电子设备制造业	3.19	6.61	50.92	102.63	213079
仪器仪表制造业	4.82	3.93	43.03	92.67	
电力、热力生产和供应业	3.29	-0.35	77.85	99.53	323533
燃气生产和供应业	5.19	1.33	82.98	100.00	148862
水的生产和供应业	7.65	32.52	42.02	99.50	257055

8-22　非公有制工业企业主要经济效益指标

（2018 年）

单位:%

项　　目	总资产贡献率	成本费用利润率	资　产负债率	产　品销售率	全员劳动生产率（元/人·年）
总　　计	**11.11**	**7.56**	**70.65**	**99.74**	**168610**
按轻重工业分					
轻工业	12.31	9.76	60.18	98.99	388614
重工业	10.93	7.25	72.23	99.84	122488
按企业规模分					
大型企业	9.24	5.07	77.39	100.42	209834
中型企业	10.31	9.89	61.44	97.52	150722
小型企业	19.54	13.96	57.24	99.2	118107
微型企业	4.96	9.2	55.13	98.77	33282
按行业分					
煤炭开采和洗选业	14.35	23.37	56.77	99.98	76002
黑色金属矿采选业	5.68	3.81	47.99	97.9	1416062
有色金属矿采选业	12.35	8.97	43.95	115.37	60464
非金属矿采选业	25.98	15.18	56.11	98.28	258073
开采专业及辅助性活动	117.29	17.96	49.28	98.51	
农副食品加工业	3.6	0.58	73.4	100.19	319408
食品制造业	7.93	5.3	62.22	102.22	149710
酒、饮料和精制茶制造业	25.81	11.38	57.21	101.74	114904
纺织业	4.7	9.37	67.78	98.89	75490
纺织服装、服饰业	7.53	7.85	62.81	99.24	32089
皮革、毛皮、羽毛及其制品和制鞋业	4.3	3.55	78.64	107.25	60659
木材加工和木、竹、藤、棕、草制品业	20.89	13.15	40.09	96.43	86482
家具制造业	17.69	14.14	53.37	94.72	50372

8-22 续表 (2018年)

项目	总资产贡献率	成本费用利润率	资产负债率	产品销售率	全员劳动生产率（元/人·年）
造纸和纸制品业	41.92	22.47	53.54	98.79	167868
印刷和记录媒介复制业	9.32	10.2	42.73	98.31	91667
文教、工美、体育和娱乐用品制造业	27.56	15.14	54.26	99.62	40724
石油、煤炭及其他燃料加工业	16.26	9.84	57.06	94.43	45122
化学原料和化学制品制造业	14.32	13.86	47.23	96.08	109473
医药制造业	18.65	23.89	42.48	94.86	182868
化学纤维制造业	13.26	4.39	45.72	88.46	64264
橡胶和塑料制品业	8.51	9.57	50.99	101.42	127721
非金属矿物制品业	20.78	17.76	49.3	100.32	118802
黑色金属冶炼和压延加工业	20.91	13.95	87.32	90.57	352526
有色金属冶炼和压延加工业	13.11	8.72	77.21	92.85	223803
金属制品业	8.39	7.83	51.84	98.09	112640
通用设备制造业	9.54	7.87	62.09	100.28	124477
专用设备制造业	15	13.23	54.64	97.44	80839
汽车制造业	18.7	11.18	62.72	98.91	481451
铁路、船舶、航空航天和其他运输设备制造业	6.4	16.35	20.14	100.79	71333
电气机械和器材制造业	16.36	12.35	54.49	96.17	176634
计算机、通信和其他电子设备制造业	6.76	2.06	84.12	102.7	147112
仪器仪表制造业	8.79	22.36	37.87	95.77	193251
废弃资源综合利用业	-1.81	-2.56	88.8	99.52	142288
金属制品、机械和设备修理业	20.39	13.03	62.75	100.41	320062
电力、热力生产和供应业	2.34	-1.42	77.18	85.97	1042736
燃气生产和供应业	13.43	26.33	59.17	100.14	343125
水的生产和供应业	19.45	27.41	54.84	97.04	12063

8-23 各县(市)区规模以上工业企业主要经济效益指标

(2018 年)

单位:%

项　　　目	总资产贡献率	成本费用利润率	资　产负债率	产　品销售率	全员劳动生产率(元/人·年)
全　　市	**11.03**	**7.44**	**69.2**	**99.35**	**187023**
中原区	7.66	15.69	52.63	100.99	223161
二七区	9.72	10.5	71.72	98.89	197971
管城区	6.23	7.76	70.99	102.14	312343
金水区	5.79	4.28	43.57	96.19	120988
上街区	6.31	4.71	46.02	106.25	161855
惠济区	4.61	1.6	70.84	103.09	196358
中牟县	10.62	8.06	75.23	90.49	197596
巩义市	13.21	11.1	68.38	92.57	138238
荥阳市	11.35	9.33	58.87	98.03	86554
新密市	24.28	24.83	60.78	96.27	117920
新郑市	9.58	12.78	57.61	99.41	174533
登封市	15.54	10.75	61.37	98.51	104888
经开区	23.81	11.99	49.94	94.66	513193
高新区	9.19	9.5	50.06	100.38	198708
郑东新区	3.98	3.97	75.31	145.18	134144
航空港实验区	6.71	1.77	87.35	103.33	149914

8-24 各县(市)区国有控股工业企业主要经济效益指标

(2018 年)

单位:%

项　　　目	总资产贡献率	成本费用利润率	资　产负债率	产　品销售率	全员劳动生产率(元/人·年)
全　　市	**10.61**	**6.33**	**64.65**	**97.08**	**304135**
中原区	5.73	12.35	48.14	100.05	233610
二七区	1.85	5.32	71.29	97.69	286201
管城区	3.16	7.46	91.36	133.79	72897
金水区	10.29	8.38	17.1	101.21	112966
上街区	4.22	2.73	40.16	109.82	186622
惠济区	4.01	8.61	38.69	100	119700
中牟县	15.78	6.7	93.09	96.67	535137
巩义市	14.41	8.48	82.32	98.97	123862
荥阳市	4.12	0.2	70.72	99.45	283339
新密市	5.82	0.91	76.02	88.4	103066
新郑市	34.46	34.04	56.63	97.83	181967
登封市	6.24	3.44	68.52	98.77	155607
经开区	27.78	13.54	43.58	91.31	1457726
高新区	5.83	4.2	65.24	90.63	204652
郑东新区	2.74	4.15	59.63	100	91819
航空港实验区	6.02	12.2	55.28	99.86	174599

8-25　各县(市)区公有制工业企业主要经济效益指标

(2018 年)

单位:%

项　　　目	总资产贡献率	成本费用利润率	资　产负债率	产　品销售率	全员劳动生产率(元/人・年)
全　　市	**10.77**	**6.78**	**64.28**	**97.1**	**287890**
中原区	5.5	11.25	48.61	99.94	230019
二七区	1.85	5.32	71.29	97.69	288411
管城区	3.1	5.33	83.99	115.49	113599
金水区	10.07	7.82	18.34	101.11	110917
上街区	4.2	2.59	42.19	111.78	182134
惠济区	3.89	5.02	53.56	100	107741
中牟县	15.75	6.69	92.84	96.68	533311
巩义市	10.7	13.39	64.83	91.92	79602
荥阳市	4.46	0.9	70.13	99.44	274066
新密市	7.97	6.67	75.03	90.38	105491
新郑市	32.47	31.57	55.73	97.86	176371
登封市	6.24	3.43	68.45	98.75	154111
经开区	28.14	13.4	43.59	92.29	1162062
高新区	7.08	6.8	63.77	91.38	174802
郑东新区	2.74	4.15	59.63	100	91819
航空港实验区	6.02	12.2	55.28	99.86	174599

8-26　各县(市)区非公有制工业企业主要经济效益指标

(2018 年)

单位:%

项　　　目	总资产贡献率	成本费用利润率	资　产负债率	产　品销售率	全员劳动生产率(元/人・年)
全　市	**11.11**	**7.56**	**70.65**	**99.74**	**168610**
中原区	10.46	18.04	57.84	101.57	203916
二七区	22.19	12.57	72.4	99.13	188667
管城区	9.26	8.92	58.42	98	337742
金水区	4.15	3.05	53.22	94.54	125275
上街区	11.47	7.8	55.39	100.33	128417
惠济区	4.65	1.52	71.72	103.18	201899
中牟县	8.63	9.05	68.42	86.9	136108
巩义市	13.32	11.07	68.52	92.58	142260
荥阳市	13.23	10.84	55.82	97.82	74762
新密市	25.07	25.4	60.08	96.42	121361
新郑市	6.87	8.51	57.83	99.86	173772
登封市	26.16	15.72	53.3	98.35	76653
经开区	21.05	11.62	53.97	95.59	387021
高新区	9.93	10.29	45.31	102.18	203710
郑东新区	4.86	3.91	86.35	149.43	139388
航空港实验区	6.72	1.76	87.47	103.33	149854

8-27 各县(市)区规模以上工业企业全员劳动生产率

(2018 年)

单位:元/人·年

县(市)区	合计	#国有及国有控股	#集体	#港澳台投资	#外商投资	轻工业	重工业	大型	中型	小型
全　市	**187023**	**304135**	**105319**	**150133**	**277854**	**456251**	**134371**	**233853**	**148969**	**125612**
中原区	223161	233610		258083	160764	379860	193755	261189	109269	96463
二七区	197971	286201		81412	125332	142034	281388	214114	238674	157539
管城区	312343	72897	229066	162730		143637	346651	384985	78748	201764
金水区	120988	112966	91861			116199	148914	90847	141254	147579
上街区	161855	186622			204556	41878	168542	200188	107582	121404
惠济区	196358	119700	121136		240348	211431	97991	212095	138229	119670
中牟县	197596	535137		1463733	452759	153342	236794	267952	107549	145334
巩义市	138238	123862	38099		457800	61814	141724	275348	147320	93933
荥阳市	86554	283339	99318	467622		76053	88849		118094	79283
新密市	117920	103066	607092	3496797	66317	48355	141966	115130	134341	111824
新郑市	174533	181967	111585	114661	299349	180785	167686	133484	351474	143951
登封市	104888	155607	235391	269532	312070	152517	103256	164633	90122	67251
经开区	513193	1457726		149987	236882	884884	418373	632246	131511	369741
高新区	198708	204652		229597	302983	234297	181460	187251	229264	185597
郑东新区	134144	91819		2219846	19290	120402	135485	65058	103790	279976
航空港实验区	149914	174599		144412		5374484	28839	147889	164481	202638

8-28 工业企业能源购进、消费与库存情况

（2018 年）

指标	计量单位	年初库存量	购进量		消费量					年末库存量
				购自省外	合计	工业生产消费	用于原材料	非工业生产消费	合计中：运输工具消费	
原煤	**吨**	**1095242**	**22091875**	**8558437**	**22700095**	**22698424**	**17155**	**1671**		**1112065**
采矿业	吨	20229	710139	259533	1349771	1349652		119		33293
煤炭开采和洗选业	吨	17719	375854	259533	1015486	1015367		119		30783
开采辅助活动	吨	2510	334285		334285	334285				2510
制造业	吨	274336	5729565	1977440	5765141	5765098	17155	42		237281
农副食品加工业	吨	1018	20800	4039	21818	21818				
食品制造业	吨	10869	83112	73051	90582	90582				3180
酒、饮料和精制茶制造业	吨	399	6617	6617	7016	7016				
造纸和纸制品业	吨	5	4445	4445	4445	4445				
石油加工、炼焦和核燃料加工业	吨	70	7630		7600	7600	7600			100
化学原料和化学制品制造业	吨	2342	26093	16410	26645	26645	9555			1760
非金属矿物制品业	吨	40857	972469	783946	925013	924970		42		86823
黑色金属冶炼和压延加工业	吨	4096	78850		75546	75546				7399
有色金属冶炼和压延加工业	吨	214504	4506344	1088932	4583270	4583270				138019
金属制品业	吨		23206		23206	23206				
通用设备制造业	吨	62								
汽车制造业	吨	114								
电力、热力、燃气及水生产和供应业	吨	800678	15652171	6321464	15585184	15583674		1510		841491
电力、热力生产和供应业	吨	800678	15652171	6321464	15585184	15583674		1510		841491
其他洗煤	**吨**	**78**	**14028**	**14028**	**13626**	**13626**	**15**			**480**
制造业	吨	8	2649	2649	2656	2656	15			
非金属矿物制品业	吨	8	2649	2649	2656	2656	15			
电力、热力、燃气及水生产和供应业	吨	70	11380	11380	10970	10970				480
电力、热力生产和供应业	吨	70	11380	11380	10970	10970				480
煤制品	**吨**		**70**		**70**	**70**				
制造业	吨		70		70	70				
汽车制造业	吨		70		70	70				
焦炭	**吨**	**2614**	**341053**	**202019**	**315224**	**315211**	**18289**	**13**		**28443**
制造业	吨	2614	341053	202019	315224	315211	18289	13		28443
化学原料和化学制品制造业	吨		8298	4590	8298	8298	6984			
非金属矿物制品业	吨	118	81368	73608	81486	81486	6873			
黑色金属冶炼和压延加工业	吨	2496	246955	121141	221008	220995		13		28443
有色金属冶炼和压延加工业	吨		4432	2680	4432	4432	4432			

8-28 续表 1 （2018 年）

指标	计量单位	年初库存量	购进量	购自省外	消费量 合计	工业生产消费	用于原材料	非工业生产消费	合计中：运输工具消费	年末库存量
其他焦化产品	**吨**		**7792**	**7627**	**7610**	**7610**	**7445**			**182**
制造业	吨		165		165	165				
非金属矿物制品业	吨		165		165	165				
电力、热力、燃气及水生产和供应业	吨		7627	7627	7445	7445	7445			182
电力、热力生产和供应业	吨		7627	7627	7445	7445	7445			182
发生炉煤气	**万立方米**				**53424**	**53424**				
制造业	万立方米				53424	53424				
有色金属冶炼和压延加工业	万立方米				53424	53424				
天然气	**万立方米**	**27**	**155522**		**155707**	**154887**	**573**	**819**		**12**
采矿业	万立方米		751		751	741	39	10		
煤炭开采和洗选业	万立方米		751		751	741	39	10		
制造业	万立方米	27	109224		109408	108599	534	809		12
农副食品加工业	万立方米	12	2350		2350	2339		10		
食品制造业	万立方米	2	3761		3943	3924		19		
酒、饮料和精制茶制造业	万立方米		2274		2274	2270		4		
烟草制品业	万立方米	1	563		563	523		40		
纺织业	万立方米		135		135	135				
纺织服装、服饰业	万立方米		214		214	214				
家具制造业	万立方米		3		3	3				
造纸和纸制品业	万立方米	3	3061		3064	3063		1		
印刷和记录媒介复制业	万立方米		103		103	102		2		
文教、工美、体育和娱乐用品制造业	万立方米		172		172	172				
化学原料和化学制品制造业	万立方米		9847		9847	9847				
医药制造业	万立方米		1096		1096	1095		1		
橡胶和塑料制品业	万立方米		1197		1197	1197				
非金属矿物制品业	万立方米	8	43538		43534	43530	69	4		12
黑色金属冶炼和压延加工业	万立方米		75		75	75				
有色金属冶炼和压延加工业	万立方米		31696		31699	31649	465	50		
金属制品业	万立方米		2178		2178	2177		1		
通用设备制造业	万立方米		292		292	290		2		
专用设备制造业	万立方米	1	709		710	613		97		
汽车制造业	万立方米		5022		5022	4456		567		
铁路、船舶、航空航天和其他运输设备制造业	万立方米		26		26	15		11		
电气机械和器材制造业	万立方米		438		438	438		1		
计算机、通信和其他电子设备制造业	万立方米		422		423	423				

8-28 续表 2 （2018 年）

指标	计量单位	年初库存量	购进量	购自省外	消费量					年末库存量
					合计	工业生产消费	用于原材料	非工业生产消费	合计中：运输工具消费	
仪器仪表制造业	万立方米		2		2	2				
其他制造业	万立方米		50		50	50				
电力、热力、燃气及水生产和供应业	万立方米		45547		45547	45547				
电力、热力生产和供应业	万立方米		45547		45547	45547				
液化天然气	**吨**	**14**	**36532**	**16044**	**35868**	**35851**	**853**	**17**		**652**
制造业	吨	14	36532	16044	35868	35851	853	17		652
农副食品加工业	吨		241		241	241				
食品制造业	吨		344		344	344				
酒、饮料和精制茶制造业	吨		294		294	294				
家具制造业	吨		1		1			1		
造纸和纸制品业	吨		3293		2775	2775				519
化学原料和化学制品制造业	吨		3825	1597	3825	3825				
医药制造业	吨		21		21	21				
非金属矿物制品业	吨	13	11469	1045	11338	11336	853	2		133
黑色金属冶炼和压延加工业	吨		2457		2457	2457				
有色金属冶炼和压延加工业	吨		13678	13403	13678	13678				
金属制品业	吨	1	343		344	343		1		
通用设备制造业	吨		22		22	22				
专用设备制造业	吨		38		38	38				
汽车制造业	吨		467		452	446		6		
电气机械和器材制造业	吨		30		30	30				
仪器仪表制造业	吨		7		7			7		
汽油	**吨**	**220**	**17868**	**78**	**17912**	**12863**	**141**	**4992**	**13060**	**216**
采矿业	吨		773	4	766	440		326	641	
煤炭开采和洗选业	吨		591		584	297		287	488	
有色金属矿采选业	吨		65		65	65			54	
非金属矿采选业	吨		118	4	118	78		40	99	
制造业	吨	220	15528	74	15583	10982	141	4544	11070	216
农副食品加工业	吨	16	790		813	790		23	627	8
食品制造业	吨		288		288	246		42	272	
酒、饮料和精制茶制造业	吨		223		223	223			223	
烟草制品业	吨		57		57				57	
纺织业	吨		32		32	32			32	
纺织服装、服饰业	吨		262		262	82		179	250	

8-28 续表3 （2018年）

指标	计量单位	年初库存量	购进量	购自省外	消费量合计	工业生产消费	用于原材料	非工业生产消费	合计中：运输工具消费	年末库存量
皮革、毛皮、羽毛及其制品和制鞋业	吨		33	33	33	33	33		33	
木材加工和木、竹、藤、棕、草制品业	吨		15		15	13		2	7	
家具制造业	吨		140		140	101		39	97	
造纸和纸制品业	吨		229	1	219	117		102	177	
印刷和记录媒介复制业	吨		146		146	94		51	125	
文教、工美、体育和娱乐用品制造业	吨		69		69	47		22	62	
石油加工、炼焦和核燃料加工业	吨		1		1	1			1	
化学原料和化学制品制造业	吨		1012	28	1021	867		154	993	
医药制造业	吨	6	482		482	258		224	443	
橡胶和塑料制品业	吨		155		156	82		73	132	
非金属矿物制品业	吨	1	3599	8	3628	2757	6	871	3181	11
黑色金属冶炼和压延加工业	吨		97	3	97	89		8	85	
有色金属冶炼和压延加工业	吨	162	1164		1165	1064	19	101	876	156
金属制品业	吨		871		871	572	12	299	599	
通用设备制造业	吨		373	1	375	311		64	337	
专用设备制造业	吨	1	1231		1231	720	36	511	934	
汽车制造业	吨	35	2836		2852	1883	17	969	465	42
铁路、船舶、航空航天和其他运输设备制造业	吨		34		33	30		3	24	
电气机械和器材制造业	吨		590		590	347	6	242	480	
计算机、通信和其他电子设备制造业	吨		403		410	87		323	360	
仪器仪表制造业	吨		275		254	127	12	128	186	
废弃资源综合利用业	吨		11		11	9		3	11	
金属制品、机械和设备修理业	吨		112		112			112		
电力、热力、燃气及水生产和供应业	吨		1567		1563	1441		122	1348	
电力、热力生产和供应业	吨		926		926	840		86	806	
燃气生产和供应业	吨		366		362	327		36	305	
水的生产和供应业	吨		275		275	275			237	
煤油	**吨**	**5**	**33**	**2**	**33**	**33**				
制造业	吨	5	33	2	33	33				
通用设备制造业	吨		25		25	25				
专用设备制造业	吨		1		1	1				
汽车制造业	吨	5	7	2	7	7				
柴油	**吨**	**1562**	**28996**	**337**	**28906**	**26905**	**1416**	**1996**	**10670**	**1510**
采矿业	吨		3953	15	3829	3725		104	2005	121
煤炭开采和洗选业	吨		2199		2199	2198		1	1634	

8-28 续表 4 （2018 年）

指标	计量单位	年初库存量	购进量	购自省外	消费量 合计	工业生产消费	用于原材料	非工业生产消费	合计中：运输工具消费	年末库存量
黑色金属矿采选业	吨		0.05		0.05	0.05			0.05	
有色金属矿采选业	吨		1025		901	901			220	121
非金属矿采选业	吨		729	15	729	626		103	151	
制造业	吨	407	21872	322	21670	19776	1416	1891	8478	478
农副食品加工业	吨	1	203		199	197	8	2	104	
食品制造业	吨		224		224	160		64	188	
酒、饮料和精制茶制造业	吨		1099		1099	1099			349	
烟草制品业	吨		4		4				4	
纺织业	吨		1050		1050	1050				
纺织服装、服饰业	吨		13		13			13		
木材加工和木、竹、藤、棕、草制品业	吨		3		3	3			3	
家具制造业	吨		85		85	85				
造纸和纸制品业	吨	16	1091		1098	915		183	610	9
印刷和记录媒介复制业	吨		43		43	43			26	
文教、工美、体育和娱乐用品制造业	吨		19		19	19			19	
石油加工、炼焦和核燃料加工业	吨		16		16	16				
化学原料和化学制品制造业	吨	8	570		570	460	314	110	217	1
医药制造业	吨		247		247	219		28	243	
橡胶和塑料制品业	吨		64		64	52		12	39	
非金属矿物制品业	吨	94	7043	315	7025	6433	811	592	2677	46
黑色金属冶炼和压延加工业	吨	2	730		720	665		55		12
有色金属冶炼和压延加工业	吨	240	4588		4481	3918	8	563	3653	344
金属制品业	吨	8	359		354	354			41	13
通用设备制造业	吨		87		88	72		15	50	
专用设备制造业	吨		358		353	235	15	119	37	5
汽车制造业	吨	18	3641	7	3576	3467	228	109	183	35
铁路、船舶、航空航天和其他运输设备制造业	吨		3		3	3				
电气机械和器材制造业	吨	19	262		267	263		4	16	14
计算机、通信和其他电子设备制造业	吨		17		17			17	17	
仪器仪表制造业	吨		15		15	11		4	2	
废弃资源综合利用业	吨		34		34	34	32			
电力、热力、燃气及水生产和供应业	吨	1156	3171		3406	3404		1	187	910
电力、热力生产和供应业	吨	1156	3069		3304	3303		1	165	910
燃气生产和供应业	吨		41		41	41			22	
水的生产和供应业	吨		61		61	61				

8-28 续表 5 （2018 年）

指标	计量单位	年初库存量	购进量	购自省外	消费量					年末库存量
					合计	工业生产消费	用于原材料	非工业生产消费	合计中：运输工具消费	
燃料油	**吨**	**1235**	**7474**	**971**	**7409**	**7395**		**14**		**1299**
制造业	吨	848	6379	971	6501	6487		14		725
化学原料和化学制品制造业	吨		36		36	36				
非金属矿物制品业	吨	418	5156	971	5042	5042				533
有色金属冶炼和压延加工业	吨	429	1172		1409	1409				193
电气机械和器材制造业	吨		14		14			14		
电力、热力、燃气及水生产和供应业	吨	388	1095		908	908				574
电力、热力生产和供应业	吨	388	1095		908	908				574
液化石油气	**吨**	**14**	**1268**		**1269**	**1267**	**88**	**2**	**3**	**2**
制造业	吨	14	1268		1269	1267	88	2	3	2
食品制造业	吨		31		31	31			2	
造纸和纸制品业	吨		10		10	10				
印刷和记录媒介复制业	吨		18		18	18				
非金属矿物制品业	吨	6	629		629	629			1	
金属制品业	吨		365		365	365	80			
通用设备制造业	吨		134		134	134				
专用设备制造业	吨	2	39		34	32		2		2
汽车制造业	吨		41		41	41				
仪器仪表制造业	吨	6	3		8	8	8			
润滑油	**吨**	**3**	**82**	**3**	**83**	**83**				
制造业	吨	3	82	3	83	83				
非金属矿物制品业	吨	2	12		12	12				
有色金属冶炼和压延加工业	吨		19		19	19				
通用设备制造业	吨	1	6		7	7				
汽车制造业	吨		45	3	45	45				
石蜡	**吨**		**721**		**721**	**721**				
制造业	吨		721		721	721				
电气机械和器材制造业	吨		721		721	721				
溶剂油	**吨**		**6**	**3**	**6**	**6**	**6**			
制造业	吨		6	3	6	6	6			
非金属矿物制品业	吨		6	3	6	6	6			
石油焦	**吨**	**25454**	**605037**	**514653**	**608916**	**608916**	**600960**			**21574**
制造业	吨	20667	467721	377337	467178	467178	459222			21209
非金属矿物制品业	吨	7219	242171	163911	241077	241077	233121			8313

8-28 续表 6 （2018 年）

指标	计量单位	年初库存量	购进量	购自省外	消费量 合计	工业生产消费	用于原材料	非工业生产消费	合计中：运输工具消费	年末库存量
有色金属冶炼和压延加工业	吨	13448	187270	175146	187822	187822	187822			12896
通用设备制造业	吨		38280	38280	38280	38280	38280			
电力、热力、燃气及水生产和供应业	吨	4787	137316	137316	141738	141738	141738			365
电力、热力生产和供应业	吨	4787	137316	137316	141738	141738	141738			365
石油沥青	**吨**	**1654**	**81998**	**58123**	**82452**	**82452**	**82235**			**1481**
制造业	吨	1574	49569	25693	49942	49942	49725			1481
非金属矿物制品业	吨	1118	30861	17060	30910	30910	30693			1349
有色金属冶炼和压延加工业	吨	457	18707	8633	19032	19032	19032			132
电力、热力、燃气及水生产和供应业	吨	80	32430	32430	32510	32510	32510			
电力、热力生产和供应业	吨	80	32430	32430	32510	32510	32510			
其他石油制品	**吨**	**172**	**6012**	**4795**	**6003**	**6003**	**4744**			**164**
制造业	吨	172	5770	4795	5761	5761	4744			164
橡胶和塑料制品业	吨		228		228	228				
非金属矿物制品业	吨		4767	4744	4767	4767	4744			
有色金属冶炼和压延加工业	吨	172	407	51	404	404				158
专用设备制造业	吨		365		359	359				6
电气机械和器材制造业	吨		2		2	2				
电力、热力、燃气及水生产和供应业	吨		242		242	242				
电力、热力生产和供应业	吨		242		242	242				
热力	**百万千焦**		**7564787**		**16152755**	**16141319**		**11436**		
制造业	百万千焦		6101347		14689315	14677879		11436		
农副食品加工业	百万千焦		275798		275798	275798				
食品制造业	百万千焦		1562669		1562669	1558515		4154		
酒、饮料和精制茶制造业	百万千焦		221441		221441	221441				
烟草制品业	百万千焦		3888		3888			3888		
纺织业	百万千焦		246509		246509	246509				
纺织服装、服饰业	百万千焦		197116		197116	197116				
造纸和纸制品业	百万千焦		3071853		3071853	3071853				
印刷和记录媒介复制业	百万千焦		5133		5133	5133				
化学原料和化学制品制造业	百万千焦		97864		97864	97864				
医药制造业	百万千焦		20691		20691	20691				
橡胶和塑料制品业	百万千焦		20683		20683	20683				
非金属矿物制品业	百万千焦		136275		136275	136275				
有色金属冶炼和压延加工业	百万千焦				8587968	8587968				
金属制品业	百万千焦		77324		77324	77324				

8-28 续表 7　　　　(2018 年)

指　　标	计量单位	年初库存量	购进量	购自省外	消费量 合计	工业生产消费	用于原材料	非工业生产消费	合计中:运输工具消费	年末库存量
通用设备制造业	百万千焦		2452		2452	2452				
专用设备制造业	百万千焦		36218		36218	32823		3395		
汽车制造业	百万千焦		125433		125433	125433				
电力、热力、燃气及水生产和供应业	百万千焦		1463440		1463440	1463440				
电力、热力生产和供应业	百万千焦		1463440		1463440	1463440				
电力	**万千瓦时**		**1982294**		**2916860**	**2889464**		**27396**	**2180**	
采矿业	万千瓦时		78480		107329	100489		6840		
煤炭开采和洗选业	万千瓦时		68321		97170	90330		6840		
黑色金属矿采选业	万千瓦时		127		127	127				
有色金属矿采选业	万千瓦时		2844		2844	2844				
非金属矿采选业	万千瓦时		7086		7086	7086				
开采辅助活动	万千瓦时		103		103	103				
制造业	万千瓦时		1379889		2035566	2023126		12440	2173	
农副食品加工业	万千瓦时		34371		34370	33342		1028	4	
食品制造业	万千瓦时		46744		46744	46161		583		
酒、饮料和精制茶制造业	万千瓦时		18914		18914	18863		51		
烟草制品业	万千瓦时		5689		5689	4966		723		
纺织业	万千瓦时		8207		8207	8207				
纺织服装、服饰业	万千瓦时		3072		3072	3064		7		
皮革、毛皮、羽毛及其制品和制鞋业	万千瓦时		74		74	74				
木材加工和木、竹、藤、棕、草制品业	万千瓦时		1933		1933	1933				
家具制造业	万千瓦时		2048		2048	2048				
造纸和纸制品业	万千瓦时		33630		33630	33621		9		
印刷和记录媒介复制业	万千瓦时		7167		7167	6612		554	1053	
文教、工美、体育和娱乐用品制造业	万千瓦时		4878		4878	4859		19		
石油加工、炼焦和核燃料加工业	万千瓦时		184		184	181		4		
化学原料和化学制品制造业	万千瓦时		53377		53377	53313		64		
医药制造业	万千瓦时		17133		17133	16668		465		
化学纤维制造业	万千瓦时		696		696	696				
橡胶和塑料制品业	万千瓦时		20345		20345	20303		42		
非金属矿物制品业	万千瓦时		509070		516404	515926		478	250	
黑色金属冶炼和压延加工业	万千瓦时		101425		101425	100683		743		
有色金属冶炼和压延加工业	万千瓦时		161883		810227	809471		756	3	
金属制品业	万千瓦时		59429		59429	59306		123	7	
通用设备制造业	万千瓦时		19271		19271	19195		76	685	

8-28　续表 8　　　　　　　　　　　　　　　　　（2018 年）

指　　标	计量单位	年初库存量	购进量	购自省外	消费量 合计	工业生产消费	用于原材料	非工业生产消费	合计中：运输工具消费	年末库存量
专用设备制造业	万千瓦时		33931		33931	31019		2911	34	
汽车制造业	万千瓦时		62980		62980	60862		2118	126	
铁路、船舶、航空航天和其他运输设备制造业	万千瓦时		2959		2959	2881		78	10	
电气机械和器材制造业	万千瓦时		35172		35172	34923		249		
计算机、通信和其他电子设备制造业	万千瓦时		130777		130777	129717		1060		
仪器仪表制造业	万千瓦时		3274		3273	2976		298	2	
其他制造业	万千瓦时		125		125	125				
废弃资源综合利用业	万千瓦时		152		152	152				
金属制品、机械和设备修理业	万千瓦时		979		979	979				
电力、热力、燃气及水生产和供应业	万千瓦时		523924		773965	765849		8116	7	
电力、热力生产和供应业	万千瓦时		493218		743258	735359		7900		
燃气生产和供应业	万千瓦时		3092		3092	3085		8	7	
水的生产和供应业	万千瓦时		27615		27614	27406		209		
煤矸石（用于燃料）	**吨**		**186**		**186**	**186**				
制造业	吨		186		186	186				
非金属矿物制品业	吨		186		186	186				
城市生活垃圾（用于燃料）	**吨**		**346358**		**346358**	**346358**				
电力、热力、燃气及水生产和供应业	吨		346358		346358	346358				
电力、热力生产和供应业	吨		346358		346358	346358				
生物燃料	**吨标准煤**	**5156**	**44538**		**70616**	**70616**				**3700**
制造业	吨标准煤	356	27		27	27				
非金属矿物制品业	吨标准煤	356	27		27	27				
电力、热力、燃气及水生产和供应业	吨标准煤	4800	44511		70589	70589				3700
电力、热力生产和供应业	吨标准煤	4800	44511		70589	70589				3700
余热余压	**百万千焦**				**1696692**	**1696692**				
采矿业	百万千焦				466371	466371				
煤炭开采和洗选业	百万千焦				466371	466371				
制造业	百万千焦				1230321	1230321				
非金属矿物制品业	百万千焦				1230321	1230321				
其它燃料	**吨标准煤**		**4428**		**4428**	**4428**				
制造业	吨标准煤		4428		4428	4428				
农副食品加工业	吨标准煤		129		129	129				
非金属矿物制品业	吨标准煤		4299		4299	4299				

8-29 规模以上工业企业分行业能耗情况

(2018 年)

行业	企业数	综合能源消费量（吨标准煤）	同比增速(%)
全市	**2836**	**15542422**	**-8.98**
采矿业	95	387529	0.81
煤炭开采和洗选业	28	341746	-0.42
黑色金属矿采选业	2	156	-29.53
有色金属矿采选业	9	4902	-0.52
非金属矿采选业	55	9736	-69.44
开采专业及辅助性活动	1	30989	632.07
制造业	2696	7890260	-10.07
农副食品加工业	95	97976	-9.60
食品制造业	85	192767	-3.94
酒、饮料及精制茶制造业	28	68241	-10.89
烟草制品业	2	13063	-9.69
纺织业	15	21836	-13.86
纺织服装、服饰业	43	13449	-38.01
皮革、毛皮、羽毛及其制品和制鞋业	1	139	-10.73
木材加工和木、竹、藤、棕、草制品业	11	2400	-3.18
家具制造业	19	2835	-35.47
造纸和纸制品业	86	194382	-15.25
印刷和记录媒介复制业	40	9792	-11.14
文教、工美、体育和娱乐用品制造业	24	8353	-32.48
石油、煤炭及其他燃料加工业	5	3183	2888.29
化学原料和化学制品制造业	161	228843	-26.26
医药制造业	47	36270	-12.12
化学纤维制造业	1	856	117.60
橡胶和塑料制品业	72	41650	4.55
非金属矿物制品业	946	2327206	-25.47
黑色金属冶炼和压延加工业	35	414690	196.79
有色金属冶炼和压延加工业	141	3603716	-3.66
金属制品业	131	116942	-13.28
通用设备制造业	148	70138	58.94
专用设备制造业	248	49329	-36.00
汽车制造业	96	146443	6.91
铁路、船舶、航空航天和其他运输设备制造业	17	3784	3.11
电气机械和器材制造业	103	50637	2.79
计算机、通信和其他电子设备制造业	52	165172	-24.64
仪器仪表制造业	36	3894	-16.11
其他制造业	1	821	-24.52
废弃资源综合利用业	3	250	-77.41
金属制品、机械和设备修理业	4	1204	61.31
电力、热力、燃气及水生产和供应业	45	7264632	-8.25
电力、热力生产和供应业	19	7226126	-8.29
燃气生产和供应业	14	4331	-11.42
水的生产和供应业	12	34174	3.00

主要统计指标解释

因统计制度规定的口径调整、剔除重复数据、企业改革剥离、四经普单位清查等因素影响，规模以上工业企业利润总额、营业收入等财务指标和工业产品产量报告期数据与上年所公布的同指标数据不可比。

按照国家统计方法制度规定，1998 年独立核算工业统计范围由原乡及乡以上调整为全部国有及年销售收入 500 万元及以上非国有工业企业（即新口径）。2007 年起为规模以上工业企业，即年主营业务收入为 500 万元及以上的法人工业企业。2011 年起为年主营业务收入为 2000 万元及以上的法人工业企业。同时，统计分类中的原经济组织类型分组相应地调整为按企业登记注册类型分组。

工业 指从事自然资源的开采，对采掘品和农产品进行加工和再加工的物质生产部门。具体包括：1. 对自然资源的开采，如采矿、晒盐、森林采伐等（但不包括禽兽捕猎和水产捕捞）；2. 对农副产品的加工、再加工，如粮油加工、食品加工、轧花、缫丝、纺织、制革等；3. 对采掘品的加工、再加工，如炼铁、炼钢、化工生产、石油加工、机器制造、木材加工等，以及电力、自来水、煤气的生产和供应等；4. 对工业品的修理、翻新，如机器设备的修理，交通运输工具（包括小卧车）的修理等。1984 年以前农村的村及村以下办工业归属农业，1984 年以后划归工业。

工业统计调查单位工业统计调查单位分为两类：独立核算法人工业企业和工业活动单位。

1. 独立核算法人工业企业是指从事工业生产经营活动的单位。独立核算法人工业企业应同时具备以下条件：（1）依法成立，有自己的名称、组织机构和场所，能够承担民事责任；（2）独立拥有和使用资产，承担负债，有权与其他单位签订合同；（3）独立核算盈亏，并能够编制资产负债表。

2. 工业活动单位是指在一个场所从事一种或主要从事一种工业生产活动的经济单位。它包括独立核算工业企业按主营业务活动（即工业生产活动）划分的主营业务活动单位和非工业企业所属的工业生产活动单位（即原非独立核算工业生产单位）。工业活动单位，一般应同时具备以下三个条件：（1）具有一个场所，从事一种或主要从事一种工业活动；（2）单独组织工业生产、经营或业务活动；（3）单独核算收入和支出。

轻工业 主要是指生产消费资料的工业部门。如：食品、纺织、皮革、造纸、日用化工、文教艺术体育用品工业等。

轻工业主要指提供生活消费品的工业部门，包括：①以农产品为原料的。如棉、毛、麻、丝的纺织及缝纫，皮革及其制品，纸浆及造纸，食品制造等工业；②以非农产品为原料的。如日用金属、日用化工、日用玻璃、日用陶瓷、化学纤维及其织品、火柴、生活用木制品等工业。轻工业产品大部门是生产消费品，一部分作为原料和半成品用于生产，如化学纤维、工业用布、纸张、盐等。

重工业 指为国民经济各部门提供物质技术基础的主要生产资料的工业。按其生产性质和产品用途，可以分为下列三类：1. 采掘（伐）工业，是指对自然资源的开采，包括石油开采、煤炭开采、金属矿开采、非金属矿开采和木材采伐等工业；2. 原材料工业，指向国民经济各部门提供基本材料、动力和燃料的工业。包括金属冶炼及加工、炼焦及焦炭化学、化工原料、水泥、人造板以及电力、石油和煤炭加工业等工业；3. 加工工业，是指对工业原材料进行再加工制造的工业。包括装备国民经济各部门的机械设备制造工业、金属结构、水泥制品等工业，以及为农业提供的生产资料如化肥、农药等工业。

根据上述划分原则，修理业中以重工业产品为修理作业对象的划为重工业，反之划为轻工业。

工业增加值 指工业行业在报告期内以货币表现的工业生产活动的最终成果。

成本费用利润率 指在一定时期内实现的利润与成本费用之比，是反映工业生产成本及费用投入的经济效益指标，同时也是反映降低成本的经济效益的指标。计算公式：工业成本费用

$$\text{利润率}(\%)=\frac{\text{利润总额}}{\text{成本费用总额}}\times 100\%$$

全员劳动生产率 指根据产品的价值量指标计算的平均每个职工在单位时间内的产品生产量。是考核企业经济活动的重要指标，是企业生产技术水平、经营管理水平、职工技术熟练程度和劳动积极性的综合表现。目前我国的全员劳动生产率是将工业企业的工业增加值除以同一时期全部职工的平均人数来计算的。计算公式：

$$全员劳动生产率=\frac{工业增加值}{全部职工平均人数}\times 100\%$$

总资产贡献率　该指标反映企业全部资产的获利能力，是企业经营业绩和管理水平的集中体现，是评价和考核企业盈利能力的核心指标。计算公式为：

$$总资产贡献率=(利润总额+税金总额+利息支出)/平均资产总额\times\frac{12}{累计月数}$$

#税金总额为产品销售税金及附加与应交增值税之和；平均资产总额为期初期末资产总计的算术平均值。

资产负债率　该指标既反映企业经营风险的大小，也反映企业利用债权人提供的资金从事经营活动的能力。计算公式为：

资产负债率=负债总额/资产总额

产品销售率　该指标反映工业产品已实现销售的程度，是分析工业产销衔接情况、研究工业产品满足社会需求的指标。计算公式为：

产品销售率=工业销售产值/工业总产值(现价)

主营业务收入　指企业销售产品的销售收入和提供劳务等主要经营业务取得的业务收入总额。

主营业务成本　指企业销售产品和提供劳务等主要经营业务的实际成本。

营业费用　指企业在报告期内在产品销售和提供工业性劳务等主要经营业务过程中所发生的各项费用，包括运输费、装卸费、包装费、保险费、展览费、广告费，以及为销售本企业产品而专设的销售机构的职工工资、福利费、业务费等经常费用。

主营业务税金及附加指企业在报告期销售产品和提供工业性劳务等应负担的销售税金及附加，包括产品税、增值税、营业税、城市维护建设税、资源税和教育费附加。

利润总额　指企业在报告期内实现的利润，反映企业最终的财务成果。亏损以"—"表示，计算公式为：

利润总额=营业利润+投资收益+补贴收入+营业外收入-营业外支出+以前年度损益调整

利税总额　指企业产品销售税金及附加和利润总额之和。

总资产　指企业拥有或控制的全部资产。包括流动资产、长期投资、固定资产、无形及递延资产、其他资产等，即为企业资产负债表的资产总计项。

1. 流动资产指企业可以在一年内或者超过一年的一个生产周期内变现或耗用的资产合计。包括现金及各种存款、短期投资、应收及预付款项、存货等。

2. 固定资产指企业固定资产净值、固定资产清理、在建工程、待处理固定资产损失所占用的资金合计。

3. 无形资产指企业长期使用而没有实物形态的资产。包括专利权、非专利技术、商标权、著作权、土地使用权、商誉等。

总负债　指企业承担并需要偿还的全部债务。包括流动负债和长期负债等。即为企业资产负债表的负债合计项。

1. 流动负债指企业在一年内或者超过一年的一个营业周期内需要偿还的债务合计，其中包括短期借款、应付及预收款项、应付工资、应交税金和应交利润等。

2. 长期负债指企业在一年以上或者超过一年的一个生产周期以上需要偿还的债务合计，其中包括长期借款、应付债务、长期应付款项等。

所有者权益　指企业投资人对企业净资产的所有权。企业净资产等于企业全部资产减去全部负债后的余额，其中包括投资者对企业的最初投入，以及公积金、盈余公积金和未分配利润，对股份制企业即为股东权益。

从业人员平均人数　是指报告期内平均拥有的从业人员人数。

成本费用利润率　反映企业投入的生产成本及费用的经济效益，同时也反映企业降低成本所取得的经济效益。

流动资产周转次数　指一定时期内流动资产完成的周转次数，反映投入工业企业流动资金的周转速度。

应交增值税　指企业按税法规定，从事货物销售或提供加工、修理修配劳务等增加货物价值的活动本期应交纳的税金。计算公式为：

应交增值税=销项税额-(进项税额-进项税额转出)-出口抵减内销产品应纳税额-减免税款+出口退税

进项税额指工业企业在报告期内购入货物或接受应税劳务而支付的、准予从销项税额中抵扣的增值税额。

销项税额指工业企业在报告期内销售货物或提供应税劳务应收取的增值税额。

能源生产总量 指一定时期内,全国一次能源生产量的总和。该指标是观察全国能源生产水平、规模、构成和发展速度的总量指标。一次能源生产量包括原煤、原油、天然气、水电、核能及其他动力能(如风能、地热能等)发电量,不包括低热值燃料生产量、生物质能、太阳能等的利用和由一次能源加工转换而成的二次能源产量。

能源消费总量 指一定时期内,全国各行业和居民生活消费的各种能源的总和。该指标是观察能源消费水平、构成和增长速度的总量指标。能源消费总量包括原煤和原油及其制品、天然气、电力,不包括低热值燃料、生物质能和太阳能等的利用。能源消费总量分为终端能源消费量、能源加工转换损失量和能源损失量三部分。

九、建　筑　业

9-1 建筑业生产情况

（2018 年）

指　标	合　计	内资企业	国有企业	集体企业	港、澳、台商投资企业	外商投资企业
全部建筑业企业个数(个)	1760	1756	12	13	2	2
有工作量的建筑业企业个数(个)	1594	1590	12	12	2	2
签订的合同额(千元)	1061158262	1060659112	278681014	523834	457794	41356
上年结转合同额	504310765	503850329	165955089	329983	451644	8792
本年新签合同额	556847497	556808783	112725925	193851	6150	32564
承包工程完成情况(千元)						
直接从建设单位承揽工程完成的产值	412377988	412223892	67092940	269545	124716	29380
自行完成施工产值	407249128	407095032	66792965	269545	124716	29380
分包出去工程的产值	5128860	5128860	299975			
从建设单位以外承揽工程完成的产值	15276599	15276599	825440	21000		
建筑业总产值(千元)	422525727	422371631	67618405	290545	124716	29380
#装饰装修产值	18101515	18083712	460760			17803
#在外省完成的产值	138909528	138888005	31517495		9946	11577
建筑工程产值	356589732	356453329	47330131	244592	118600	17803
安装工程产值	33293401	33275708	4648862	33961	6116	11577
其他产值	32642594	32642594	15639412	11992		
建筑业竣工产值(千元)	124194572	124176879	4038567	122499	6116	11577
从事生产建筑业活动的从业人员平均人数(人)	839910	839386	110880	1714	433	91
年末从业人数	846074	845801	111102	1519	182	91
#工程技术人员	110238	110166	9294	194	27	45
房屋建筑施工面积(平方米)	320467333	320467333	80030661	156304		
#本年新开工面积	99650370	99650370	26750174	46450		
房屋建筑竣工面积(平方米)	49501957	49501957	1177287	59904		

9-1 续表 （2018 年）

指 标	合 计	房屋建筑业	土木工程建筑业	建筑安装业	建筑装饰、装修和其他建筑业	建筑装饰和装修业
全部建筑业企业个数(个)	1760	446	446	327	541	439
有工作量的建筑业企业个数(个)	1594	405	404	301	484	392
签订的合同额(千元)	1061158262	655967695	311142893	72831291	21216383	15398133
上年结转合同额	504310765	346729184	124918706	28679459	3983416	2618784
本年新签合同额	556847497	309238511	186224187	44151832	17232967	12779349
承包工程完成情况(千元)						
直接从建设单位承揽工程完成的产值	412377988	228136072	140183530	32219401	11838985	8204111
自行完成施工产值	407249128	227095871	138164812	30487308	11501137	8105611
分包出去工程的产值	5128860	1040201	2018718	1732093	337848	98500
从建设单位以外承揽工程完成的产值	15276599	2059950	5210608	5073910	2932131	2297470
建筑业总产值(千元)	422525727	229155821	143375420	35561218	14433268	10403081
#装饰装修产值	18101515	7692250	162827	1694511	8551927	8404794
#在外省完成的产值	138909528	60605506	66291005	9692900	2320117	1565011
建筑工程产值	356589732	203057020	128070031	14329762	11132919	8071048
安装工程产值	33293401	7313585	12702506	11703907	1573403	1149356
其他产值	32642594	18785216	2602883	9527549	1726946	1182677
建筑业竣工产值(千元)	124194572	75821814	25854171	15296820	7221767	5568412
从事生产建筑业活动的从业人员平均人数(人)	839910	506808	237762	57879	37461	28684
年末从业人数	846074	518867	223827	69508	33872	25348
#工程技术人员	110238	57817	33504	12800	6117	4456
房屋建筑施工面积(平方米)	320467333	308445171	3847700	5105990	3068472	256271
#本年新开工面积	99650370	92807161	1837083	2352966	2653160	91156
房屋建筑竣工面积(平方米)	49501957	45254485	2639053	1429313	179106	131942

9-2 建筑业主要经济指标

（2018 年）

单位:千元

指标	合计	内资企业	国有	集体	港澳台投资企业	外商投资企业
年初存货	**52574716**	**52094628**	**1623490**	**37064**	**473487**	**6601**
流动资产合计	353161360	351195151	9685879	440510	1885288	80921
货币资金	52476194	52450624	2176946	79145	22270	3300
应收工程款	106370620	106356717	2227368	216453	4783	9120
#存货	60506261	59964452	1640143	61218	541806	3
可供出售的金融资产	604825	604825				
持有至到期投资	22800	22800				
长期股权投资	14621330	14621330	353847			
固定资产减值准备	28068	28068	898			
固定资产原价	35443248	35422226	1147984	152990	13124	7898
房屋和构筑物	5864008	5857008	247956	2843		7000
机器设备	14966971	14966965	512256	51374		6
运输工具	1943586	1942984	68739	8793		602
电子设备	441455	428041	7969	368	13124	290
累计折旧	16510323	16502334	566220	58397	352	7637
#本年折旧	3424404	3424000	146219	16294	40	364
固定资产净值	18848925	18835892	581764	106439	12772	261
在建工程	3656091	3656091	61532	15182		
无形资产	3629606	3629573	246206	6324	33	
土地使用权	2155848	2155848	55843			
软件使用权	254847	254814			33	
商誉	116934	116934				
资产总计	411863606	409879498	11024207	565037	1900525	83583
流动负债合计	269498804	267684937	8945930	226655	1794287	19580
应付账款	119099380	118566001	2929552	102364	525477	7902
非流动负债合计	15993500	15992600	802091	899	900	
负债合计	292886763	291071995	9752231	229867	1795187	19581
所有者权益合计	118971814	118802474	1271976	335170	105338	64002
#实收资本	70496835	70405849	903198	162545	30409	60577

9-2 续表 1 （2018 年）

指 标	合 计	内资企业	国有	集体	港澳台投资企业	外商投资企业
#国家资本	18069356	18069356	903198	20000		
#集体资本	866662	866662		142469		
#法人资本	20499557	20477087			21880	590
#个人资本	30955404	30890039		76	5971	59394
#港澳台资本	86921	86921				
#外商资本	17986	14835			2558	593
损益及分配						
营业收入	382672966	382518351	8763910	322938	124715	29900
主营业务收入	376088702	375934087	8705459	245967	124715	29900
营业成本	351026205	350887402	7998932	259464	112636	26167
主营业务成本	344661423	344522620	7981002	218339	112636	26167
营业税金及附加	2243438	2243296	68196	3105	15	127
主营业务税金及附加	1912543	1912401	68196	3007	15	127
其他业务利润	278229	278229	37561	870		
销售费用	816084	816005		1186	79	
管理费用	11879252	11873570	463320	30661	2340	3342
财务费用	3038318	3038418	141943	5103	-74	-26
#利息收入	1281404	1281511	19767	-9	-75	-32
#利息支出	3287410	3287409	140715	91	1	
资产减值损失	357242	357242				
公允价值变动收益	5996	5996				
投资收益	452876	452876	4900			
资产处置收益	10640	10640				
其他收益	1856	1856				
营业利润	13138089	13128080	96419	23750	9719	290
营业外收入	308914	308914	12156	3267		
营业外支出	398559	398505	4216	9648	54	
利润总额	13033611	13023656	104359	17370	9665	290
所得税费用	3308059	3305591	34995	4698	2328	140
应付职工薪酬(本年贷方累计发生额)	83730279	83688899	2289581	110409	38776	2604
应交增值税	9524467	9522165	175524	14879	1907	395
建筑业企业在境外完成的营业收入	11793554	11793554	210922			

9-2 续表 2

（2018 年）

指 标	合 计	房屋建筑业	土木工程建筑业	建筑安装业	建筑装饰、装修和其他建筑业	建筑装饰和装修业
年初存货	**52574716**	**32793073**	**14337066**	**3038216**	**2406361**	**1585063**
流动资产合计	353161360	184422066	116424237	33023903	19291154	13612375
货币资金	52476194	26506253	18947712	4173954	2848275	2307388
应收工程款	106370620	52829805	31530478	14790696	7219641	4357636
#存货	60506261	35448424	18643577	4175748	2238512	1698046
可供出售的金融资产	604825	466054	79605	59018	148	148
持有至到期投资	22800	10200		12100	500	500
长期股权投资	14621330	12076103	1930867	147576	466784	428464
固定资产减值准备	28068	5562	14058	3872	4576	4471
固定资产原价	35443248	14046816	16839481	2502826	2054125	1103499
房屋和构筑物	5864008	3089090	2042126	473361	259431	207808
机器设备	14966971	4685991	8819429	758359	703192	162651
运输工具	1943586	682439	1002394	130734	128019	82783
电子设备	441455	128658	209359	68018	35420	21324
累计折旧	16510323	5749799	8669156	1197225	894143	401550
#本年折旧	3424404	1339114	1682785	225568	176937	103745
固定资产净值	18848925	8246379	8195804	1250978	1155764	698328
在建工程	3656091	1079739	2122138	213450	240764	180462
无形资产	3629606	1703306	1388711	474260	63329	56129
土地使用权	2155848	1190619	748779	184116	32334	30468
软件使用权	254847	194168	49588	8849	2242	1796
商誉	116934	56153	50950	9711	120	
资产总计	411863606	216188936	136452027	36777984	22444659	15750400
流动负债合计	269498804	142183969	90530399	24953433	11831003	8032336
应付账款	119099380	63758706	38810118	12070439	4460117	2840332
非流动负债合计	15993500	11122769	4319983	242369	308379	73120
负债合计	292886763	157345337	97459806	25624065	12457555	8343685
所有者权益合计	118971814	58843599	38987624	11153919	9986672	7406283
#实收资本	70496835	34089108	22622877	7150123	6634727	4893116

9-2 续表 3

（2018 年）

指　　标	合　计	房屋建筑业	土木工程建筑业	建筑安装业	建筑装饰、装修和其他建筑业	建筑装饰和装修业
#国家资本	18069356	10335093	7026583	508678	199002	5188
#集体资本	866662	157054	477428	162475	69705	36010
#法人资本	20499557	8460042	7668896	2260733	2109886	1816683
#个人资本	30955404	15034490	7449377	4215679	4255858	3034959
#港澳台资本	86921	86921				
#外商资本	17986	14835	593	2558		
损益及分配						
营业收入	382672966	198817215	135669975	31184747	17001029	12002425
主营业务收入	376088702	195177755	134429173	30164550	16317224	11384437
营业成本	351026205	184750881	123687537	27830539	14757248	10362434
主营业务成本	344661423	181326481	122631149	26687339	14016454	9670576
营业税金及附加	2243438	1185064	744958	188619	124797	91789
主营业务税金及附加	1912543	1026442	602286	165634	118181	85584
其他业务利润	278229	126423	83734	57023	11049	3092
销售费用	816084	111999	260178	322924	120983	79606
管理费用	11879252	4569938	4966870	1337836	1004608	769970
财务费用	3038318	1985753	851574	117418	83573	66543
#利息收入	1281404	1009945	218177	33034	20248	19504
#利息支出	3287410	2446712	696720	87095	56883	47396
资产减值损失	357242	217841	81396	7427	50578	26324
公允价值变动收益	5996	-3057		-696	9749	9749
投资收益	452876	399975	30348	21806	747	722
资产处置收益	10640	6769	1892	125	1854	683
其他收益	1856	14579	-15883	411	2749	2732
营业利润	13138089	6526053	4250779	1446818	914439	661715
营业外收入	308914	111014	102464	75982	19454	6640
营业外支出	398559	172856	127152	67597	30954	19386
利润总额	13033611	6463013	4223638	1447023	899937	645969
所得税费用	3308059	1863057	958247	303798	182957	138198
应付职工薪酬(本年贷方累计发生额)	83730279	45774580	27762975	7074422	3118302	2637954
应交增值税	9524467	4674824	3658387	768103	423153	267178
建筑业企业在境外完成的营业收入	11793554	4970961	5911134	596615	314844	310310

9-3 劳务分包建筑企业生产经营情况

（2018 年）

单位：千元、人

指标名称	总计	内资企业	私营企业
法人单位数（个）	467	467	304
有工作量法人单位数（个）	376	376	245
建筑业总产值	8075507	8075507	4989446
#装饰装修产值	588287	588287	513023
从业人员期末人数	31663	31663	18254
#工程技术人员	3607	3607	2126
#现场施工工人	25311	25311	14138
从事建筑业活动的平均人数	31789	31789	16787
资产负债			
固定资产原价	430839	430839	358171
本年折旧	197790	197790	188436
资产总计	4919969	4919969	2616176
负债合计	2619121	2619121	1273231
实收资本	1292270	1292270	849583
损益及分配			
营业收入	8654891	8654891	4969269
#主营业务收入	8636297	8636297	4965427
营业成本	7883840	7883840	4510661
#主营业务成本	7728043	7728043	4463167
营业税金及附加	66300	66300	36802
#主营业务税金及附加	59127	59127	35133
销售费用	20331	20331	8453
管理费用	364819	364819	245731
财务费用	11108	11108	8116
营业利润	399891	399891	192507
利润总额	387046	387046	185181
应付职工薪酬	2061111	2061111	1351716
应交增值税	267237	267237	151189

9-4　建筑业企业房屋建筑工程完成情况

单位:万平方米

指　　标	房屋建筑竣工面积	
	2017 年	2018 年
合计	**4409.32**	**4950.20**
住宅房屋	3262.52	3454.97
商业及服务用房屋	242.13	281.23
商厦房屋(批发和零售用房)	94.74	136.54
宾馆用房屋(住宿用房)	3.49	4.19
餐饮用房屋(餐饮用房)	3.20	3.61
商务会展用房屋	12.01	5.76
其他商业及服务用房屋(居民服务业用房)	128.69	131.12
办公用房屋	234.76	296.15
科研、教育、医疗用房屋	106.45	214.70
科学研究用房屋	8.63	21.47
教育用房屋	78.13	133.00
医疗用房屋(卫生医疗用房)	19.69	60.24
文化、体育、娱乐用房屋	41.84	41.26
厂房及建筑物	354.20	475.48
厂房	180.28	199.16
仓库	110.96	127.08
其他未列明的房屋建筑物	56.48	59.33

9-5　各县(市)区建筑业企业个数

(2018 年)

县(市)区	企业个数(个)	国有控股	集体控股	年末从业人数(人)	从事生产建筑业活动的从业人员平均人数	国有控股	集体控股
郑州市	**1760**	**88**	**36**	**846074**	**839910**	**298827**	**13589**
中原区	118	13	7	101216	108874	30395	4080
二七区	128	17	5	44551	43510	17622	497
管城区	124	6		49073	61161	11812	
金水区	559	21	3	279801	283334	120100	556
上街区	29	4	3	5876	10720	3468	99
惠济区	66	1	1	33480	36553	238	180
中牟县	35	1	3	22231	22794	2800	1967
巩义市	35		2	7250	7408		821
荥阳市	36	1	1	29864	31068	114	69
新密市	62	2	1	25134	25007	4030	177
新郑市	54	1	5	12576	12647	56	4434
登封市	27	1	3	6017	6426		424
经开区	102	7	1	149939	116906	97204	152
高新区	114	8	1	35890	26817	7145	133
郑东新区	266	5		42324	46072	3843	
航空港实验区	5			852	613		

9-6 各县(市)区建筑业合同及承包工程完成情况

(2018 年)

单位:千元

县(市)区	签订的合同额			直接从建设单位承揽工程完成的产值			从建设单位以外承揽工程完成的产值
		上年结转合同额	本年新签合同额		自行完成施工产值	分包出去工程的产值	
郑州市	**1061158262**	**504310765**	**556847497**	**412377988**	**407249128**	**5128860**	**15276599**
中原区	111009487	38541891	72467596	45670067	44516668	1153399	2145248
二七区	90173752	57770157	32403595	34762141	34646066	116075	178688
管城区	60744389	32295460	28448929	25482095	25421434	60661	27550
金水区	502079364	278874952	223204412	152542334	150012223	2530111	8470152
上街区	6062001	1872157	4189844	3341266	3327142	14124	187230
惠济区	26671462	9665467	17005995	15402758	15287229	115529	135133
中牟县	25115928	12275506	12840422	8475089	8452828	22261	189055
巩义市	4785687	1756050	3029637	2202770	2157320	45450	156196
荥阳市	22565002	10267698	12297304	11621126	11621121	5	46502
新密市	8901784	1922162	6979622	5946342	5909582	36760	53643
新郑市	4477197	1737432	2739765	3365115	3031452	333663	371583
登封市	5528294	1060310	4467984	1515103	1515103		
经开区	94914601	9052400	85862201	56494783	56450033	44750	45271
高新区	66992518	33407635	33584883	28622497	28363942	258555	2742646
郑东新区	30641807	13643076	16998731	16797174	16399657	397517	527702
航空港实验区	494989	168412	326577	137328	137328		

9-7 各县(市)区企业总产值

(2018 年)

单位:千元

县(市)区	建筑业总产值			建筑工程产值		
		国有控股	集体控股		国有控股	集体控股
郑州市	**422525727**	**218851656**	**5310966**	**356589732**	**185896210**	**2353380**
中原区	46661916	20189211	3160721	35511065	13577405	804865
二七区	34824754	27369277	34743	30326556	24468880	30541
管城区	25448984	11149263		24284794	11055528	
金水区	158482375	85205358	108465	123737549	64595868	86439
上街区	3514372	864055	28703	3211361	743690	
惠济区	15422362	351501	12620	12828372		12620
中牟县	8641883	3268458	759911	7037988	2404410	473227
巩义市	2313516		134749	2039570		131232
荥阳市	11667623	35498	754	11435946		
新密市	5963225	1130945	1300	5842128	1130052	
新郑市	3403035	53808	779309	2976689		670420
登封市	1515103		226740	910471		88932
经开区	56495304	50832757	42831	54832994	50716570	42831
高新区	31106588	16508330	20120	27953950	15632571	12273
郑东新区	16927359	1893195		13560271	1571236	
航空港实验区	137328			100028		

9-8 各县(市)区建筑业竣工产值

(2018 年)

单位:千元

县(市)区	竣工产值	国有控股	集体控股
郑州市	**124194572**	**25361417**	**1498453**
中原区	15505684	2762547	230995
二七区	5865074	3243515	23676
管城区	9620612	2587330	
金水区	44655476	8868769	45129
上街区	2221451	372676	28006
惠济区	7241882	307563	
中牟县	2009319		619446
巩义市	946610		1970
荥阳市	5995013	35498	754
新密市	4361398	756954	
新郑市	1755079	53808	375648
登封市	743399		141464
经开区	4542071	1075252	22642
高新区	8853089	4112304	8723
郑东新区	9783428	1185201	
航空港实验区	94987		

9-9 各县(市)区建筑业全员劳动生产率

(2018 年)

单位:元/人

县(市)区	劳动生产率	国有控股	集体控股
郑州市	**503061**	**732369**	**390828**
中原区	428586	664228	774687
二七区	800385	1553131	69905
管城区	416098	943893	
金水区	559348	709453	195081
上街区	327833	249151	289929
惠济区	421918	1476895	70111
中牟县	379130	1167306	386330
巩义市	312300		164128
荥阳市	375551	311386	10928
新密市	238462	280632	7345
新郑市	269078	960857	175758
登封市	235777		534764
经开区	483254	522949	281783
高新区	1159958	2310473	151278
郑东新区	367411	492635	
航空港实验区	224026		

9-10 各县(市)区建筑业施工、竣工面积

(2018 年)

单位:平方米

县(市)区	施工面积	国有控股	集体控股	竣工面积	国有控股	集体控股
郑州市	**320467333**	**130363255**	**1006847**	**49501957**	**7221881**	**390234**
中原区	73589146	3185344	100000	10283536	649127	12000
二七区	9327089	1656335	6400	1895774	492539	
管城区	26373321	9356477		2778175	1567695	
金水区	146182447	105118341	25858	17389981	3286942	22858
上街区	2352082	287916		852642	222567	
惠济区	16480029			3386462		
中牟县	1552362		171158	437519		140322
巩义市	1429038		77790	486486		
荥阳市	11753819			3395186		
新密市	3964985	358920		2568677	234876	
新郑市	1743415		569922	871566		185512
登封市	1644214		30446	440702		25046
经开区	4688751	3157075		1025232	301142	
高新区	4295745	692932	25273	782073	268141	4496
郑东新区	15052390	6549915		2900966	198852	
航空港实验区	38500			6980		

9-11 各县(市)区建筑业自有机械设备情况

(2018 年)

单位:千瓦、千元

县(市)区	总功率	国有控股	集体控股	设备净值	国有控股	集体控股
郑州市	**4908202**	**2494141**	**47501**	**8283447**	**4454174**	**144385**
中原区	273673	85390	6625	515357	134432	52585
二七区	295978	242963	2441	782442	503590	4275
管城区	798998	689133		972027	688903	
金水区	1770889	298250	852	1625635	511469	2323
上街区	39603	28638	2	60320	24624	75
惠济区	153873	575		295134	2804	
中牟县	43463	4736	5548	92232	2811	2659
巩义市	31032		10056	121797		49700
荥阳市	28321		1463	63087		103
新密市	56758	11970		177675	10285	
新郑市	38028		16114	73645		21622
登封市	31914		3831	54251		10250
经开区	845585	814685	485	1424912	1267671	260
高新区	351403	289186	84	1559455	1232354	533
郑东新区	146773	28615		464463	75231	
航空港实验区	1911			1015		

9-12 各县(市)区建筑业实收资本及资产合计

(2018 年)

单位:千元

县(市)区	实收资本	国有控股	集体控股	资产合计	国有控股	集体控股
郑州市	**70496835**	**21355651**	**1206646**	**411863606**	**229170441**	**7065300**
中原区	7136573	3139810	467388	45580706	27142157	4389026
二七区	5570297	3399066	81775	40427381	30458510	188563
管城区	3445165	437600		28959398	7687618	
金水区	22956031	8625892	44001	155910192	103768316	226021
上街区	882448	478629	4000	5006575	2769359	26764
惠济区	3223560	23800	5000	12872702	1334410	21917
中牟县	1520591	101180	172230	6793704	3100059	782317
巩义市	985106		222160	2323053		741776
荥阳市	2238067	17407		7703627	55046	
新密市	1593048	176000	29500	5668171	1789138	66970
新郑市	1587287	20000	75000	4058729	72282	232877
登封市	999360	24000	59095	2260223	39421	332319
经开区	5944197	3127580	46497	42667131	34991200	56750
高新区	4587251	1419079		28061760	13088346	
郑东新区	7552181	365608		22800316	2874579	
航空港实验区	275673			769938		

9-13 各县(市)区建筑业流动资产及固定资产

(2018 年)

单位:千元

县(市)区	流动资产合计	国有控股	集体控股	固定资产合计	国有控股	集体控股
郑州市	**353161360**	**196142628**	**5942679**	**18848925**	**8483615**	**931754**
中原区	38800942	23136998	3983546	1960359	779356	311359
二七区	37466188	28392577	157759	1429550	1096251	23940
管城区	23457352	6335624		1718183	332086	
金水区	134425547	88048498	212307	4585181	1910050	13673
上街区	4668131	2587375	25423	162905	72814	403
惠济区	11219315	1333311	18172	531046	1072	3745
中牟县	5209132	2052646	622254	490868	138235	124879
巩义市	1538200		352992	532001		346837
荥阳市	6761959	22566		550564	31866	
新密市	5003238	1705197	57328	362895	74366	9640
新郑市	3266644	71876	172287	204211	183	52109
登封市	1759856	7998	288592	311967	28088	40438
经开区	35567986	29701250	52019	2674015	2218992	4731
高新区	23396047	10085561		2121568	1633466	
郑东新区	19923816	2661151		1192407	166790	
航空港实验区	697007			21205		

9-14 各县(市)区建筑业工程结算收入及负债合计

(2018 年)

单位:千元

县(市)区	负债合计	国有控股	集体控股	主营业务收入	国有控股	集体控股
郑州市	**292886763**	**189242733**	**5056664**	**376088702**	**187799201**	**5208430**
中原区	32760524	21009932	3450221	43253282	20661255	2935437
二七区	32514727	25530074	74859	35071331	26774489	48336
管城区	22031196	6937624		21666806	3012046	
金水区	115685836	86344151	143184	124969392	67271874	226995
上街区	3684600	2200712	21235	3291917	846878	31214
惠济区	7044898	1036045	41	13976303	236769	12620
中牟县	4397087	2623272	599812	7877083	3098459	1293784
巩义市	1056786		441405	2408664		224665
荥阳市	4669928	5558		9274500	93114	
新密市	2692274	1507033	28035	6495502	1203472	43222
新郑市	1827289	40353	62856	4498724	53808	136376
登封市	836026	11513	226241	2004418	7280	215122
经开区	31699499	28595740	8775	54022927	48340041	40659
高新区	20031361	11369249		27159816	13809065	
郑东新区	11542059	2031477		19630188	2390651	
航空港实验区	412673			487849		

9-15 县(市)区建筑业利润、利税总额

(2018 年)

单位:千元

县(市)区	利润总额	国有控股	集体控股	利税总额	国有控股	集体控股
郑州市	**13033611**	**3669006**	**191402**	**24470621**	**7441916**	**501498**
中原区	1395909	809296	123693	2628484	1145582	296782
二七区	790928	519653	-4405	1507926	969799	-2747
管城区	992170	72378		1610848	161305	
金水区	3910774	1233302	9345	6881849	1934811	15783
上街区	154432	-2725	874	255288	2278	2713
惠济区	708393	96614	1012	1278683	111451	1436
中牟县	275545	39391	26636	777923	259382	119612
巩义市	215174		15309	373992		24084
荥阳市	518058	38172		953808	40652	
新密市	559091	24770	1098	913131	123692	9570
新郑市	259191	-3563	3948	437251	-3423	12408
登封市	135376	1622	12648	246978	1822	18770
经开区	1133348	779652	1244	3038992	2404198	3087
高新区	1016312	41727		1805874	195260	
郑东新区	912871	18717		1691596	95107	
航空港实验区	56039			67998		

主要统计指标解释

建筑业统计单位 指从事房屋、构筑物建造和设备安装活动的法人企业。建筑业法人企业应同时具备的条件是:①依法成立,有自己的名称、组织机构和场所,能够承担民事责任;②独立拥有和使用资产,承担负债,有权与其他单位签订合同;③独立核算盈亏,能够编制资产负债表。

建筑业总产值(即自行完成施工产值) 是以货币表现的建筑安装企业在一定时期内生产的建筑业产品的总和。建筑业总产值包括:

(1)建筑工程产值:指列入建筑工程预算内的各种工程价值。

(2)设备安装工程产值:指设备安装工程价值,不包括被安装设备本身价值。

(3)房屋、构筑物修理产值:指房屋、构筑物修理所完成的价值,但不包括被修理房屋、构筑物本身的价值和生产设备的修理价值。

(4)非标准设备制造产值:指加工制造没有定型的、非标准的生产设备的加工费和原材料价值,以及附属加工厂为本企业承建工程制作的非标准设备的价值。

建筑业增加值 指建筑业企业在报告期内以货币表现的建筑业生产经营活动的最终成果。目前建筑业增加值采用分配法(收入法)计算,即从收入的角度出发,根据生产要素在生产过程中应得的收入份额计算。具体计算公式为:

建筑业增加值=本年提取的固定资产折旧+应付工资+应付福利费+管理费用中的劳动待业保险金、税金+工程结算税金及附加+工程结算利润

房屋建筑施工面积 指在报告期内施工的全部房屋建筑面积,包括本期新开工的房屋面积、上期施工跨入本期继续施工的房屋面积、上期停缓建在本期恢复施工的房屋面积、本期竣工的房屋面积及本期施工后又停缓建的房屋面积。

房屋建筑竣工面积 指在报告期内房屋建筑按照设计要求全部完工,达到了住人和使用条件,经验收鉴定合格,正式移交使用单位的房屋建筑面积。

自有机械设备年末总台数 指归本企业所有,属于本企业固定资产的生产性机械设备年末总台数。包括施工机械、生产设备、运输设备以及其他设备。

自有机械设备年末总功率 指本企业自有施工机械、生产设备、运输设备以及其他设备等列为在册固定资产的生产性机械设备年末总功率,按设定能力或查定能力计算。包括机械本身的动力和为该机械服务的单独动力设备,如电动机等。计算单位用千瓦,动力换算可按 1 马力=0. 735 千瓦折合成千瓦数。电焊机、变压器、锅炉不计算动力。

工程结算收入 指企业承包工程实现的工程价款结算收入,以及向发包单位收取的除工程价款以外的按规定列作营业收入的各种款项,如临时设施费、劳动保险费、施工机械调迁费等以及向发包单位收取的各种索赔款。

工程结算利润 指已结算工程实现的利润,如亏损以“-”号表示。计算公式为:

工程结算利润=工程结算收入-工程结算成本-工程结算税金及附加

企业总收入 指与企业生产经营直接有关的各项收入,包括工程结算收入和其他业务收入。计算公式为:

企业总收入=工程结算收入+其他业务收入

十、交通运输和邮电通讯

10-1 公路里程、桥梁、涵洞年报

（2018 年）

指　　标	单位	合计	干线	国道	省道	县道	乡道	专用道	村道
公路里程合计	**公里**	**13861**	**2201**	**804**	**1397**	**1548**	**3355**		**6758**
高速公路	公里	631	631	294	337				
一级公路	公里	588	588	236	352				
二级公路	公里	1950	656	210	446	635	435		224
三级公路	公里	1553	170	30	141	452	690		241
四级公路	公里	8261	144	29	115	439	2151		5527
等外公路	公里	879	11	5	6	21	80		766
按路面等级分	**公里**	**13861**	**2201**	**804**	**1398**	**1547**	**3355**		**6758**
有铺装路面里程合计	公里	12125	2101	767	1334	1477	3084		5463
沥青混凝土	公里	4711	1938	743	1195	975	1139		659
水泥混凝土	公里	7415	163	24	140	502	1945		4804
简易铺装路面里程	公里	747	89	32	57	45	187		426
未铺装路面里程	公里	989	11	5	6	25	83		869
可绿化里程	**公里**	**13280**	**2168**	**801**	**1368**	**1517**	**3313**		**6281**
绿化里程	**公里**	**7783**	**2053**	**774**	**1279**	**1174**	**1820**		**2735**
养护里程	**公里**	**13861**	**2201**	**804**	**1397**	**1547**	**3355**		**6758**
涵洞									
	道	4626	2399	1181	1218	547	760		920
	米	62613	44027	16630	27397	7068	6015		5503
公路桥梁合计	**座**	**1085**	**392**	**119**	**273**	**199**	**272**		**222**
	延米	94111	68008	25774	42234	9411	9516		7176
#危桥	座	75	12	3	9	13	23		27
	延米	2100	382	96	286	472	586		660
互通式立交桥	座	2	2	1	1				
	延米	1842	1842	1732	110				
按建筑材料和使用性质分									
永久性	座	1084	392	119	273	199	272		221
	延米	94098	68008	25774	42234	9411	9516		7163
半永久性	座	1							1
	延米	13							13
按跨径分									
特大桥	座	7	6	3	3	1			
	延米	22347	21297	14018	7279	1050			
大桥	座	170	132	31	101	12	17		9
	延米	42390	36768	8155	28614	2436	2026		1160
中桥	座	328	129	46	83	68	80		51
	延米	18207	7609	2799	4810	3585	4097		2916
小桥	座	580	125	39	86	118	175		162
	延米	11167	2334	802	1532	2340	3393		3100

10-2　民用车辆拥有量

（2018 年）

单位：辆

指　标	总　计	营运	非营运	校车	进口	个人	新注册	报废
合　计	**4144436**	**250690**	**3788787**	**1288**	**187286**	**3669222**	**486322**	**513197**
汽车	3477534	208551	3267695	1288	183962	3158372	470625	380784
载客汽车	3244751	52573	3190890	1288	183499	3020924	437212	163505
#大型	20503	15513	4152	838	161	119	1780	15302
中型	5241	826	3965	450	230	1202	196	10083
小型	3185688	36030	3149658		182199	2989289	431327	94299
微型	33319	204	33115		909	30314	3909	43821
#轿车	1985307	34774	1950533		63086	1862891	266162	55744
载货汽车	205688	145169	60519		462	112012	33413	132034
#重型	56967	54029	2938		39	19784	10643	37384
中型	7036	5599	1437		3	4149	481	20809
轻型	141430	85467	55963		420	87895	22289	51257
微型	255	74	181			184		22584
#普通载货	74370	34300	40070		405	57297	9346	50231
其它汽车	27095	10809	16286		1	25436		85245
#三轮汽车	15634	5173	10461		1	14692		64425
低速货车	11461	5636	5825			10744		20820
摩托车	**501529**	**15**	**501514**		**2643**	**497835**	**4954**	**116497**
普通	485567	15	485552		2630	481980	4929	106403
轻便	15962		15962		13	15855	25	10094
拖拉机	**103672**		**1**			**1**		**21**
挂车	**21948**	**20625**	**1323**		**29**	**3272**	**4061**	**8088**
其他类型车	**39753**	**21499**	**18254**		**652**	**9742**	**6682**	**7807**

补充资料：机动车驾驶员 4251609 人。

10-3　邮电通信行业基本情况

（2018 年）

指标名称	计量单位	本年实际	指标名称	计量单位	本年实际
邮政业网点及邮递线路			#期刊数	万份	614
营业网点	处	245	国定本地电话通话时长	万分钟	77343
#邮政局所	处	245	国定长途电话通话时长	万分钟	17540
邮政信筒信箱	个	357	移动电话通话时长合计	万分钟	4458331
邮路条数	条	833	#去话通话时长	万分钟	2344958
邮路总长度	公里	392406	非漫游	万分钟	3333353
#汽车邮路	公里	103659	国内漫游	万分钟	645443
铁路邮路	公里	6998	国际及港澳台漫游	万分钟	725
航空邮路	公里	281749	移动短信业务量	亿条	53
农村投递线路总长度	公里	19098	移动电话年末用户	万户	1592
城市投递线路总长度	公里	11639	#4G 移动电话用户	万户	1375
通信业务量			本年移动电话新增用户	万户	85
邮电业务总量（2010 年不变价）	万元	10530222	固定本地电话年末用户	万户	164
邮政业务总量	万元	1598926	#公用电话用户	万户	21
电信业务总量	万元	8931296	城市电话用户	万户	142
函件	万件	5030	#住宅电话用户	万户	66
包裹	万件	25	农村电话用户	万户	22
汇票	万笔	38	#住宅电话用户	万户	17
快递	万件	68246	互联网宽带接入用户	万户	430
#国内同城快递	万件	14947	**电信主要通信能力**		
国内异地快递	万件	51672	光缆线路长度	公里	90618
国际及港澳台快递	万件	1627	#长途光缆线路长度	公里	180
快递业务收入	亿元	75	固定长途电话交换机容量	万门	200
订销报刊期发数	万份	91	局用电话交换机容量	万门	55
#期刊数	万份	39	移动电话交换机容量	万门	2149
订销报刊累计数	万份	11814	移动电话基站	万个	14372

10-4 电话用户情况

（2018 年）

县(市)区	计量单位	移动电话用户期末数	本地电话用户期末数
市区	户	11456355	1068800
上街区	户	198658	34380
中牟县	户	978157	61478
巩义市	户	697278	84358
荥阳市	户	710542	92676
新密市	户	907854	72716
新郑市	户	825764	92678
登封市	户	682795	85701
航空港实验区	户	201452	30140

10-5 社会客货运输量

（2018 年）

指　　标	单位	总　计	铁路	航空	公路	天然气管道
货运量	万吨	27631	1920	32	25679	102
货运周转量	万吨公里	8643580	2138167	291232	6214181	102
客运量	万人	14830	5781	813	8236	
客运周转量	万人公里	3415285	1570825	873238	971223	
换算周转量	万吨公里	10374350	3708991	354055	6311303	102

注:1. 天然气管道外购量:146202 万立方;2. 换算货运量周转量 102. 3 万吨;3. 换算比例 0. 7 千克。

10-6 新郑国际机场运输生产情况

（2018 年）

指　　标	单位	工作量	增长%	份额%
旅客吞吐量	**人次**	**27334730**	**12.5**	**100.0**
航线				
国内航线	人次	25620070	11.3	93.7
国际地区航线	人次	1714660	33.0	6.3
流向				
出港人数	人次	14448889	10.6	52.9
进港人数	人次	12885841	14.7	47.1
货邮吞吐量	**吨**	**514922.4**	**2.4**	**100.0**
航线				
国内航线	吨	185705.8	11.9	36.1
国际地区航线	吨	329216.6	-2.2	63.9
流向				
出港货邮	吨	301262.7	5.4	58.5
进港货邮	吨	213659.7	-1.4	41.5
总起降架次	**架次**	**209646**	**7.1**	**-**
其中运输飞行架次	**架次**	**208850**	**7.1**	**100.0**
航线				
国内航线	架次	191181	7.1	91.5
国际地区航线	架次	17669	6.5	8.5
流向				
出港架次	架次	104425	7.1	50.0
进港架次	架次	104425	7.1	50.0

主要统计指标解释

公路里程　指在一定时期内实际达到《公路工程技术标准 JTJ01—88》规定的等级公路，并经公路主管部门正式验收交付使用的公路里程数。其计算单位为：km。它包括大中城市的郊区公路以及通过小城镇街道部分的公路里程，也包括桥梁、渡口的长度，但不包括大中城市的街道、厂矿、林区生产用道和农业生产用道的里程。两条或多条公路共同经由同一路段，只计算一次，不得重复计算里程长度。公路里程是反映公路建设发展规模的重要指标，也是计算运输网密度等指标的基础资料。

货(客)运量　指在一定时期内，各运输部门实际运送的货物(旅客)数量。是反映运输业为国民经济和人民生活服务的数量指标，也是制定和检查运输生产计划，研究运输发展规模和速度的重要指标。货运按吨计算，客运按人计算。货物不论运输距离长短，货物类别，均按实际重量统计；旅客不论里程远近或票价多少，均按一人一次作为客运量统计。半价票、小孩票也按一人统计。

货物(旅客)周转量　指在一定时期内，由各种运输工具运送的货物(旅客)数量与其相应运输距离的乘积之总和，是反映运输业生产总成果的重要指标，也是编制和检查运输生产计划，计算运输效率、劳动生产率以及核算运输单位成本的主要基础资料。通常以吨公里和人公里为计算单位。计算货物周转量通常按发出站到达站之间的最短距离，也就是计费距离计算。

邮电业务总量　指以货币表现的邮电部门用于传递信息和提供其他邮电服务的总数量。它综合反映了一定时期邮电工作的总成果，是研究邮电业务量构成和发展趋势的重要指标。根据邮电管理体制不同，分为中央国营业务总量和地方国营业务总量。它用各种邮电分类业务量，如函件件数、电报份数、长话张数、市内电话和农村电话的年均户数、订销报刊累计份数等，分别乘以相应的平均单价(不变价)，加总后再加上出租电路和设备的收入、代用户维护电话交换机和线路等设备的收入、其他业务收入求得。

十一、国内贸易

11-1 社会消费品零售总额

（2018 年）

单位：万元

类别	合计	限额以上单位	限额以下单位
社会消费品零售总额	**42680914**	**19408410**	**23272504**
按销售单位所在地分			
城镇	38618249	18042058	20576191
乡村	4062665	1366352	2696313
按行业分			
批发业	4670370	1329435	3340935
零售业	30569362	17286498	13282864
住宿业	263773	180046	83727
餐饮业	7177409	612431	6564978

11-2 分县（市）区社会消费品零售总额

（2018 年）

单位：万元

县（市）区	合计	批发零售业	住宿餐饮业
中原区	1921097	1474248	446849
二七区	4993323	4503319	490004
管城区	3392692	3005544	387148
金水区	7309261	6465517	843744
上街区	629234	531665	97569
惠济区	1455281	1305889	149392
中牟县	1300106	1257317	42789
巩义市	3403118	2578457	824661
荥阳市	3076725	2323991	752734
新密市	3257260	2661293	595967
新郑市	3007723	2565305	442418
登封市	2485001	2121780	363221
经开区	2549630	2517145	32485
高新区	851492	840225	11267
郑东新区	1860284	1770547	89737
航空港实验区	1233948	1016677	217271

11-3 限额以上批发和零售业商品

（2018 年）

指标名称	法人企业数（个）	个体（产业）单位数（个）	从业人员期末人数（人）	商品购进额	进口
总计	**1816**	**298**	**121085**	**53190877**	**966096**
批发业	**869**	**20**	**40993**	**39983554**	**674181**
按批发行业小类分					
农、林、牧、渔产品批发	**33**	**2**	**2235**	**1066365**	**239239**
谷物、豆及薯类批发	4		144	162044	
种子批发	11		680	47682	
畜牧渔业饲料批发	4	1	37	59622	1897
棉、麻批发	6		198	402175	
牲畜批发	2	1	1111	28248	
其他农牧产品批发	6		65	366594	237342
食品、饮料及烟草制品批发	**79**	**18**	**4645**	**1752366**	**6402**
米、面制品及食用油批发	18	1	1009	206552	
糕点、糖果及糖批发	2	1	172	27056	
果品、蔬菜批发	14	1	539	41812	2937
肉、禽、蛋、奶及水产品批发	10	11	397	71727	
盐及调味品批发	4	3	272	17930	
营养和保健品批发	2		142	40687	373
酒、饮料及茶叶批发	16	1	1201	264812	
烟草制品批发	2		572	990005	
其他食品批发	11		341	91785	3092
纺织、服装及家庭用品批发	**63**		**3127**	**2826428**	**508**
纺织品、针织品及原料批发	15		326	77603	
服装批发	18		1001	124487	
化妆品及卫生用品批发	4		334	90853	
厨具卫具及日用杂品批发	4		150	18916	
灯具、装饰物品批发	1				
家用视听设备批发	5		277	99655	
日用家电批发	13		986	2396110	
其他家庭用品批发	3		53	18804	508
文化、体育用品及器材批发	**27**		**1810**	**1425914**	**11845**
文具用品批发	5		92	192009	
体育用品及器材批发	2		319	99306	
图书批发	5		923	641657	
首饰、工艺品及收藏品批发	7		229	203702	
其他文化用品批发	8		247	289240	11845
医药及医疗器材批发	**115**		**11722**	**6836639**	**55273**
西药批发	28		4752	2229727	
中药批发	24		3889	2334835	
动物用药品批发	5		504	347255	
医疗用品及器材批发	58		2577	1924821	55273
矿产品、建材及化工产品批发	**312**		**8588**	**17465952**	**273252**
煤炭及制品批发	51		866	3363167	218811
石油及制品批发	26		2366	5067247	2285
非金属矿及制品批发	16		332	226303	

购进、销售、库存总额

单位:万元

商品销售额	批发额	出口	零售额	期末商品库存额	年末零售营业面积(万平方米)
59980998	**41365066**	**901325**	**18615932**	**3648387**	**405.83**
41485823	**40156389**	**898556**	**1329435**	**2014104**	**82.53**
1134216	**1133917**	**56391**	**299**	**105778**	**2.65**
156625	156625			44804	0.10
73054	72755		298	17663	0.62
64569	64569			1313	0.03
400943	400943	7673		17731	0.05
77032	77032	45892		43	1.66
361994	361994	2825		24224	0.18
2363358	**2184375**	**16268**	**178983**	**170481**	**13.92**
259162	191679		67483	47729	5.39
29811	29811			3184	0.02
66791	64447		2344	5408	1.19
90760	82096	5009	8663	5863	0.26
20057	19753		304	2477	0.06
40242	40232	7715	10	3263	0.10
290542	227578		62964	62499	6.73
1461138	1441078		20060	30372	0.01
104856	87701	3544	17155	9686	0.17
2830948	**2783362**	**84654**	**47586**	**293337**	**1.33**
83591	80590	50942	3001	2847	0.14
148187	131516	32737	16671	29380	0.65
91996	91996			9737	0.05
20800	20065	918	735	2799	0.08
					0.06
102381	84703		17679	6118	0.04
2364056	2355062		8995	241454	0.26
19936	19430	57	505	1002	0.05
1298039	**1221508**	**5185**	**76532**	**171826**	**1.35**
214237	211648		2589	10915	0.02
116501	86376		30126	6090	
452131	421658	5160	30474	47755	0.81
212789	203749	26	9040	87226	0.37
302381	298078		4304	19840	0.15
7722416	**7586754**	**918**	**135662**	**573081**	**3.34**
2654849	2596220		58628	205001	0.51
2509425	2484355	891	25070	154939	0.96
360820	358366		2454	50795	0.65
2197322	2147813	27	49509	162346	1.22
17005136	**16436599**	**144158**	**568537**	**478714**	**48.22**
3542839	3542374		465	30707	1.55
3989680	3512070		477611	231945	37.38
227205	224301	6275	2904	22408	1.25

11-3 续表1 （2018年）

指标名称	法人企业数（个）	个体（产业）单位数（个）	从业人员期末人数（人）	商品购进额	进口
金属及金属矿批发	129		2365	5277278	46246
建材批发	44		1314	2069429	585
化肥批发	5		99	419049	
农药批发	5		647	38766	3824
其他化工产品批发	36		599	1004714	1501
机械设备、五金产品及电子产品批发	**207**		**8016**	**8156059**	**87663**
农业机械批发	3		83	13383	
汽车及零配件批发	45		1727	1590638	14841
摩托车及零配件批发	2		45	19457	
五金产品批发	19		541	104091	
电气设备批发	10		322	84826	
计算机、软件及辅助设备批发	23		507	128522	110
通讯设备批发	29		1358	1886457	66859
广播影视设备批发	3		50	14640	
其他机械设备及电子产品批发	73		3383	4314044	5852
贸易经纪与代理	**6**		**79**	**93110**	
贸易代理	3		48	71487	
其他贸易经纪与代理	3		31	21623	
其他批发业	**27**		**771**	**360722**	
再生物资回收与批发	10		99	85411	
宠物食品用品批发	1		68	8743	
互联网批发	2		77	75407	
其他未列明批发业	14		527	191162	
按登记注册类型分					
内资企业	**863**	**2**	**40553**	**39804636**	**673808**
国有企业	10		992	1021154	
股份合作企业	1		145	6735	
有限责任公司	394		22427	28347332	662244
国有独资公司	16		1515	4546525	508
其他有限责任公司	378		20912	23800807	661736
股份有限公司	18	1	3302	4291989	
私营企业	440		12681	6109277	11564
私营独资企业	1		3	7645	
私营有限责任公司	433		12292	6027310	11564
私营股份有限公司	6		386	74322	
其他企业		1	1006	28150	
港、澳、台商投资企业	**2**	**1**	**209**	**10749**	
港澳台商独资企业	2	1	209	10749	
外商投资企业	**4**	**1**	**139**	**135873**	**373**
中外合资经营企业	1	1	32	1368	
外资企业	2		79	10177	373
其他外商投资企业	1		28	124329	
按控股情况分					
国有控股	85		9120	19812012	99406
集体控股	8		259	97549	
私人控股	663		23040	11572094	354729
港澳台商控股	2		94	839	

单位:万元

商品销售额	批发额	出口	零售额	期末商品库存额	年末零售营业面积（万平方米）
5517948	5451659	101894	66289	110239	3.98
2187800	2170165	2209	17635	43467	1.14
424396	423369		1027	1444	0.03
64248	61914	1346	2335	8893	0.06
1051021	1050750	32434	271	29612	2.82
8641873	**8327877**	**579596**	**313996**	**192207**	**11.33**
18428	8945		9483	2015	0.04
1667716	1479707	20822	188009	48774	4.66
20255	17797		2458	4611	0.02
117490	112967	16963	4523	4295	0.66
91340	88150	4685	3191	3001	0.07
150984	141798		9186	12532	0.21
2016890	2002199	467978	14691	26187	0.26
16500	15800		701	98	0.01
4542270	4460516	69148	81755	90695	5.41
93290	**93290**	**10111**		**558**	**0.09**
71716	71716	6758		40	0.01
21574	21574	3353		518	0.09
396547	**388706**	**1276**	**7841**	**28123**	**0.30**
102699	102699			1305	0.16
7530	7530			3493	0.03
77412	77412			2047	0.02
208907	201066	1276	7841	21278	0.10
41241566	**39915607**	**841778**	**1325959**	**2005545**	**82.20**
1459989	1459839		151	25305	0.16
6736	6736			115	
29623913	29010127	691206	613786	1155294	40.55
4421958	4364578	13756	57380	99254	6.15
25201956	24645549	677450	556407	1056040	34.40
3233167	2890678	276	342488	321313	20.16
6887110	6517577	150297	369533	503518	21.34
7435	7435			212	0.03
6794548	6445500	149133	349048	477084	21.18
85127	64642	1164	20485	26221	0.13
30651	30651				
58665	**58665**	**45892**		**1784**	
58665	58665	45892		1784	
145178	**145168**	**10886**	**10**	**537**	**0.20**
3075	3075			17	0.10
11135	11125	10886	10	520	0.10
130968	130968				
19351749	18762111	524443	589638	690550	44.61
105838	104537		1301	10239	0.10
13103912	12430505	245960	673407	868916	33.21
46921	46921	45892		879	

11-3　续表 2　（2018 年）

指标名称	法人企业数（个）	个体（产业）单位数（个）	从业人员期末人数（人）	商品购进额	进口
外商控股	2		79	10177	373
其他	109		7133	8381598	219674
按经营形式分					
独立门店	443	19	16081	10124334	68891
连锁总店（总部）	2		342	2316524	
其他	424	1	24570	27542696	605291
按单位规模分					
大型	28		12282	12080311	
中型	281		19497	18806810	326128
小型	415		7110	7528802	346615
微型	145		836	1458346	1438
零售业	**947**	**278**	**80092**	**13207323**	**291915**
按零售行业小类分					
综合零售	**75**	**98**	**26961**	**2106273**	**1213**
百货零售	41	35	16419	1449387	1201
超级市场零售	24	22	9014	497407	
便利店零售		1	8	463	
其他综合零售	10	40	1520	159016	12
食品、饮料及烟草制品专门零售	**42**	**15**	**3557**	**255976**	
粮油零售	3	1	55	16605	
糕点、面包零售	2	2	131	2179	
果品、蔬菜零售	2	1	198	2138	
肉、禽、蛋、奶及水产品零售	7	1	282	80614	
营养和保健品零售	1		48	630	
酒、饮料及茶叶零售	15		860	67109	
烟草制品零售	1	1	641	47079	
其他食品零售	11	9	1342	39622	
纺织、服装及日用品专门零售	**54**	**63**	**3613**	**340059**	**1225**
纺织品及针织品零售	4	7	118	12168	
服装零售	29	34	2275	244874	674
鞋帽零售	5	4	252	12085	
化妆品及卫生用品零售	8	7	586	38864	551
钟表、眼镜零售	1	2	198	2925	
自行车等代步设备零售	1	6	74	11755	
其他日用品零售	6	3	110	17389	
文化、体育用品及器材专门零售	**58**	**29**	**3573**	**241675**	
文具用品零售	7	2	90	21910	
体育用品及器材零售	8	3	1302	63164	
图书、报刊零售	18		1387	45990	
珠宝首饰零售	6	23	454	74389	
工艺美术品及收藏品零售	2		152	8943	
乐器零售	8		84	7981	
照相器材零售	6		78	13536	

单位:万元

商　品 销售额	批发额	出口	零售额	期末商品 库存额	年末零售 营业面积 （万平方米）
11135	11125	10886	10	520	0.10
8739167	8677554	71375	61613	435771	4.38
11095942	10200531	126879	895411	739483	42.70
2320477	2278544		41933	9646	15.76
28069404	27677313	771677	392090	1264975	24.07
11864411	11287974		576437	792944	21.88
19857505	19281359	687454	576146	919454	39.69
8078663	7932121	204368	146542	266735	16.79
1558143	1531299	6733	26844	27741	4.04
18495175	**1208677**	**2769**	**17286498**	**1634283**	**323.30**
3553921	**62969**		**3490953**	**165634**	**166.00**
2695480	24813		2670666	101654	101.34
688865	14771		674094	56732	56.70
653			653	6	0.02
168925	23385		145540	7243	7.94
332684	**71272**		**261412**	**41033**	**2.49**
16343	3325		13019	4259	0.36
4118	362		3755	84	0.21
5052			5052	220	0.07
81458	44222		37237	4272	0.46
903			903	83	0.01
87444	9330		78114	21858	0.47
60943			60943	6189	0.35
76423	14033		62389	4068	0.57
540449	**22015**		**518434**	**54087**	**14.06**
18271	101		18170	1029	0.34
397785	1017		396768	37944	12.07
14410			14410	1679	0.44
48613	20897		27716	8413	0.68
26918			26918	723	0.14
12038			12038	224	0.24
22414			22414	4075	0.15
390217	**39190**	**62**	**351027**	**71444**	**5.49**
23166	3805	62	19361	4067	0.09
80061	1122		78939	15742	0.61
116352	11855		104497	32586	2.94
84902	8014		76888	10681	1.27
43730			43730	3645	0.05
21376	11374		10002	2168	0.30
14287	1907		12379	1743	0.10

11-3 续表 3 （2018 年）

指标名称	法人企业数（个）	个体（产业）单位数（个）	从业人员期末人数（人）	商品购进额	进口
其他文化用品零售	3	1	26	5762	
医药及医疗器材专门零售	**34**	**4**	**9652**	**410423**	
西药零售	27	4	9433	325423	
中药零售	3		174	79241	
医疗用品及器材零售	2		9	1419	
保健辅助治疗器材零售	2		36	4340	
汽车、摩托车、零配件和燃料及其他动力销售	**357**	**9**	**22874**	**7630979**	**289127**
汽车新车零售	270	1	17753	5399216	275343
汽车旧车零售	35		2880	1012044	13254
汽车零配件零售	9	1	147	17795	
摩托车及零配件零售		3	98	4793	
机动车燃油零售	36	4	1888	1170784	530
机动车燃气零售	7		108	26349	
家用电器及电子产品专门零售	**264**	**23**	**7455**	**1330935**	**220**
家用视听设备零售	17	3	371	42588	
日用家电零售	31	12	3390	634655	
计算机、软件及辅助设备零售	165		2257	334544	30
通信设备零售	15	8	897	282733	
其他电子产品零售	36		540	36415	190
五金、家具及室内装饰材料专门零售	**35**	**35**	**1315**	**186560**	**10**
五金零售	22	7	473	70101	
灯具零售	1	4	45	15794	
家具零售	3	14	497	44978	10
涂料零售	1	1	19	3966	
卫生洁具零售	1		46	2305	
陶瓷、石材装饰材料零售	2	7	113	33354	
其他室内装饰材料零售	5	2	122	16063	
货摊、无店铺及其他零售业	**28**	**2**	**1092**	**704445**	**120**
流动货摊零售		1	51	28265	
互联网零售	11		481	556525	120
邮购及电视、电话零售	1		111	1494	
自动售货机零售	1		38	2072	
生活用燃料零售	10		152	108744	
宠物食品用品零售	1		160		
其他未列明零售业	4	1	99	7346	
按登记注册类型分					
内资企业	**929**	**4**	**64733**	**11095900**	**291915**
国有企业	1	1	29		
集体企业	4		70	10844	
有限责任公司	459	1	39152	7231590	185799
国有独资公司	4		176	108961	
其他有限责任公司	455	1	38976	7122629	185799
股份有限公司	12		8763	1235884	551
私营企业	453	2	16719	2617581	105565
私营独资企业	5		50	6677	
私营合伙企业	1	1	91	3337	
私营有限责任公司	441		15983	2604628	105535
私营股份有限公司	6	1	595	2939	30

单位:万元

商品销售额	批发额	出口	零售额	期末商品库存额	年末零售营业面积（万平方米）
6344	1113		5231	813	0.13
557897	**12557**		**545340**	**74880**	**7.68**
470561	12557		458004	63437	7.42
80440			80440	10509	0.22
1899			1899	227	0.01
4996			4996	708	0.04
9676170	**527948**		**9148221**	**944068**	**83.09**
6707253	127955		6579298	740592	65.10
1334612			1334612	126971	10.75
19402	7279		12123	3245	0.31
7631			7631	924	0.46
1572341	389037		1183304	70900	5.67
34931	3677		31253	1435	0.80
1775388	**349509**	**633**	**1425879**	**208304**	**31.93**
46099	596		45503	6333	1.74
917870	84759		833111	130156	22.37
420513	87290		333224	32629	6.11
334330	168774		165556	35045	1.24
56577	8091	633	48486	4141	0.47
214337	**10866**	**2013**	**203471**	**12593**	**6.76**
80474	6165	2013	74309	7693	0.70
16233	620		15613	418	0.32
47315	230		47085	982	5.15
3948			3948	18	0.04
3532			3532	316	0.02
36791	2839		33952	834	0.20
26044	1012		25031	2333	0.34
1454114	**112353**	**62**	**1341760**	**62239**	**5.80**
27951	8418		19533	53	0.02
1279072	5818		1273254	59669	4.06
2270			2270	241	0.01
2762	946		1816	76	
112321	96204		16117	382	1.28
19672			19672	515	0.19
10065	967	62	9099	1303	0.24
15340818	**1154286**	**2769**	**14186532**	**1456426**	**265.50**
					0.23
13034	5978		7056	4380	0.55
10397740	614976	2708	9782764	952531	195.47
116099	96204		19895	1115	0.47
10281641	518772	2708	9762869	951415	195.00
1672047	391666		1280382	118140	12.31
3257998	141667	62	3116331	381375	56.95
7328			7328	52	0.32
6273			6273	926	0.36
3214818	139481	62	3075337	373339	54.03
29579	2186		27393	7057	2.24

11-3 续表 4 （2018 年）

指标名称	法人企业数（个）	个体（产业）单位数（个）	从业人员期末人数（人）	商品购进额	进口
港、澳、台商投资企业	**10**	**1**	**9240**	**1229678**	
与港澳台商合资经营企业	3		334	180467	
港澳台商独资企业	6		6767	888053	
港澳台商投资股份有限公司	1	1	2139	161159	
外商投资企业	**8**		**941**	**239481**	
中外合资经营企业	3		386	79667	
外资企业	1		147	248	
外商投资股份有限公司	3		347	149057	
其他外商投资企业	1		61	10509	
按控股情况分					
国有控股	28		4518	1448013	1201
集体控股	11		676	84163	
私人控股	727		43848	6760997	215041
港澳台商控股	8		9207	1069480	5292
外商控股	12		1876	316085	
其他	161		14652	2881626	70381
按经营形式分					
独立门店	742	263	54510	10446207	264705
连锁总店（总部）	34	1	15930	1220403	
连锁直营店	9	3	3622	122964	
连锁加盟店		3	115	5177	
其他	162	8	5915	1412572	27210
按单位规模分					
大型	23		29274	3417294	5292
中型	296		34976	6633909	232033
小型	403		9262	1661858	48550
微型	225		1265	847302	6040
按零售业态分					
有店铺零售	**755**	**278**	**73286**	**11576433**	**284532**
食杂店	2	3	150	11125	
便利店	14	28	1105	276552	
折扣店	4	1	124	11298	
超市	21	53	2314	106385	
大型超市	19	3	18249	1585682	1201
仓储会员店	3		126	26691	30
百货店	50	42	5506	394163	686
专业店	297	82	22706	4707016	100435
专卖店	285	55	18919	3912781	181990
家居建材商店	6	7	625	52943	
购物中心	15	2	1665	56377	
厂家直销中心	39	2	1797	435422	190
无店铺零售	**187**		**5796**	**1586465**	**7383**
电视购物	2		131	6025	
邮购	2		86	11513	
网上商店	16		615	602397	120
自动售货亭	1		38	2072	
电话购物	3		54	6508	
其他	163		4872	957950	7263

单位:万元

商品销售额	批发额	出口	零售额	期末商品库存额	年末零售营业面积（万平方米）
2165425			**2165425**	**120488**	**23.47**
169327			169327	18858	0.29
1781520			1781520	94549	20.78
214578			214578	7081	2.40
264075			**264075**	**31508**	**11.57**
91557			91557	13218	7.46
20827			20827	33	2.00
141334			141334	17387	1.97
10357			10357	871	0.14
2192356	500531		1691825	146596	31.18
266477	49367		217110	12157	3.61
8414637	317934	2769	8096703	943642	155.38
2204777			2204777	122798	23.43
343027	655		342372	41623	16.53
4341104	285799		4055304	340400	69.41
14299440	903541	62	13395899	1242510	237.63
1465437	45631		1419806	197468	49.28
372824	1756		371068	46880	19.13
5440			5440	349	0.37
2352034	257750	2708	2094284	147075	16.89
5116962	393294		4723668	397621	88.53
9149379	380053		8769327	910108	160.23
2237804	295172	2769	1942632	209937	41.40
1258233	85768		1172465	89550	9.37
15837644	**948801**	**62**	**14888843**	**1453185**	**307.14**
14558			14558	792	1.26
397923	28590		369334	9461	3.71
13762			13762	7265	0.16
121005	1452		119553	8036	9.47
2421813	403		2421410	105119	102.42
34195	460		33735	2048	0.64
990855	56028		934827	64675	46.14
5719005	682338	62	5036667	595128	58.63
5211844	106714		5105131	591074	60.53
59364	3027		56337	4727	3.89
214179	2218		211961	22350	14.97
639141	67571		571570	42513	5.32
2607418	**250858**	**2708**	**2356560**	**177734**	**13.98**
7430			7430	248	0.36
12705			12705	1481	0.03
1324804	34987	633	1289817	60717	2.06
2762	946		1816	76	
18199	1701		16498	1295	0.33
1241518	213223	2075	1028295	113917	11.20

11-4 分县(市)区限额以上批发和零售业商品购销存总额

(2018 年)

单位:万元

县(市)区	商品购进总额	#进口	商品销售额	批发额	#出口	零售额	期末商品库存额
中原区	809930	14613	1176572	314007	9059	862565	85960
二七区	2239210	4019	2703549	821352	5523	1882198	243686
管城区	3986567	26153	4836998	2494495	9330	2342503	445979
金水区	6508674	278679	8833435	3801226	209350	5032209	804593
上街区	356278		383127	374593	57	8534	26845
惠济区	3291801	79683	3429797	2228691	276	1201106	339434
中牟县	1157566	3283	1280133	1057820	1346	222313	27967
巩义市	1280758	3158	1574096	1248450	13269	325646	31718
荥阳市	798040		893875	576422		317453	58048
新密市	287329		360849	212729		148120	26579
新郑市	3541455	530	3628421	2958952		669468	76117
登封市	485716	585	588584	476170		112415	13435
经开区	10917014	87573	12641519	10320213	21955	2321306	704892
高新区	3707450	6153	2781310	2022666	31237	758645	293548
郑东新区	9024398	156140	9856602	7497274	133676	2359328	433545
航空港实验区	4798689	305529	5012129	4960006	466248	52123	36042

11-5 分县(市)区限额以上批发和零售业法人企业财务状况

(2018年)

单位:万元

县(市)区	流动资产合计	#存货	固定资产原价	资产总计	所有者权益	#实收资本	营业收入
中原区	510570	122181	36221	593412	74467	54150	1015382
二七区	572847	123858	49111	694656	-3577	131818	2199318
管城区	2721716	392939	134019	3175815	568636	1236092	4194952
金水区	3767203	709802	466415	4581182	1101001	914478	7810605
上街区	81507	28206	5109	92893	17150	12806	331753
惠济区	1584569	293402	27706	1651493	143198	92123	2930907
中牟县	179617	30238	37380	280654	67819	51135	1083835
巩义市	453132	24909	14010	597774	114348	179097	1262863
荥阳市	550258	49813	13079	605302	64736	57648	620667
新密市	163761	27679	14637	195569	52393	51562	261556
新郑市	418392	77760	34516	474383	69079	81282	2973127
登封市	249681	13097	33643	351486	106435	75948	524412
经开区	5347397	577790	116246	6152922	1350699	1587784	10449610
高新区	624615	201011	94725	1482123	751745	640068	2415281
郑东新区	2846350	426524	103564	3579858	885512	1636096	8786146
航空港实验区	3192111	38013	15795	3482592	1272292	827774	4433865

11-5 续表

(2018年)

单位:万元

县(市)区	营业成本	税金及附加	销售费用	管理费用	营业利润	利润总额	应付职工薪酬	应交增值税
中原区	926103	2121	31345	25480	22882	22949	22101	7918
二七区	1960904	5554	168669	67501	-15631	-13073	72002	18179
管城区	3538357	8965	219956	62997	314808	313079	110362	80726
金水区	6750124	19778	334480	308417	259730	257844	178601	106881
上街区	305291	422	10043	3290	11074	11149	4150	7628
惠济区	2756971	3717	61269	26918	63813	63275	35761	60048
中牟县	1001466	2654	41914	8360	24337	24842	18830	13705
巩义市	1107437	1705	10246	9437	82262	78187	10345	16356
荥阳市	557666	1238	26175	11994	7939	7183	18868	8075
新密市	196568	1683	15985	10308	34226	32388	5738	3902
新郑市	2679854	1943	74027	62182	124940	126076	31362	4978
登封市	450194	4855	23526	11002	28780	28709	10921	5684
经开区	9435605	183724	309488	156711	269840	273901	167290	151857
高新区	2140468	2777	91115	28460	153545	153122	40632	9313
郑东新区	8441362	10878	153852	87141	53490	58410	78816	63574
航空港实验区	4298678	5007	37395	15382	61272	63221	13433	18119

11-6　限额以上批发和零售业法人企业财务状况

（2018 年）

单位:万元

指标	法人企业数（个）	执行《2006年企业会计准则》企业数（个）	年初存货	流动资产合计	货币资金	应收帐款	存货	固定资产合计
总计	**1816**	**1462**	**2848657**	**23263725**	**4560972**	**4720636**	**3137223**	**1196175**
批发业	**869**	**716**	**1658799**	**16152669**	**3546143**	**4283822**	**1830727**	**393038**
按批发行业小类分								
农、林、牧、渔产品批发	**33**	**28**	**81398**	**839583**	**219981**	**139065**	**103474**	**53959**
谷物、豆及薯类批发	4	4	36701	401162	101165	27456	44799	18300
种子批发	11	10	23533	101445	14420	6818	25924	25859
畜牧渔业饲料批发	4	3	1341	2833	612	1117	760	10
棉、麻批发	6	5	9455	127250	59648	4804	9916	5376
牲畜批发	2	2	42	25478	67	845	22	1583
其他农牧产品批发	6	4	10326	181415	44069	98025	22054	2831
食品、饮料及烟草制品批发	**79**	**60**	**149534**	**799245**	**423524**	**36439**	**158271**	**76053**
米、面制品及食用油批发	18	13	45171	117516	15698	11539	48665	17672
糕点、糖果及糖批发	2	2	1664	4600	33	1115	1976	7
果品、蔬菜批发	14	11	4125	10651	879	3320	4993	19079
肉、禽、蛋、奶及水产品批发	10	9	1235	6769	239	1623	2010	3071
盐及调味品批发	4	2	882	12723	927	504	1361	6705
营养和保健品批发	2	2	2079	9482	243	4395	3389	166
酒、饮料及茶叶批发	16	12	47479	233993	81406	7037	56678	6608
烟草制品批发	2	1	36254	368151	313823	2990	27685	21015
其他食品批发	11	8	10644	35360	10276	3918	11513	1730
纺织、服装及家庭用品批发	**63**	**51**	**226270**	**1459637**	**464062**	**80059**	**258079**	**3641**
纺织品、针织品及原料批发	15	10	2574	25053	4000	8397	2584	1032
服装批发	18	14	30614	82093	8597	20366	31975	1472
化妆品及卫生用品批发	4	3	8660	16550	376	5846	8781	111
厨具卫具及日用杂品批发	4	4	2534	9529	1130	3927	2260	41
灯具、装饰物品批发	1	1						
家用视听设备批发	5	5	3320	32338	14146	2751	5251	404
日用家电批发	13	12	177175	1282862	433006	33327	206227	548
其他家庭用品批发	3	2	1393	11213	2809	5447	1002	33
文化、体育用品及器材批发	**27**	**22**	**135072**	**482963**	**163946**	**59721**	**131822**	**30879**
文具用品批发	5	4	15052	59901	18104	17893	9570	384
体育用品及器材批发	2	1	10961	8593	123	1816	5250	274
图书批发	5	4	10585	223517	123810	19480	19082	24352
首饰、工艺品及收藏品批发	7	5	83284	128603	4807	7947	79073	4443
其他文化用品批发	8	8	15190	62349	17103	12585	18847	1425
医药及医疗器材批发	**115**	**96**	**477447**	**4851069**	**665689**	**2330027**	**530035**	**56082**
西药批发	28	25	209096	1947010	249389	945544	180886	22492
中药批发	24	20	133686	1390768	217224	784493	144488	18958
动物用药品批发	5	4	34185	240823	57045	112698	47252	4582
医疗用品及器材批发	58	47	100480	1272469	142030	487293	157409	10050
矿产品、建材及化工产品批发	**312**	**267**	**344364**	**5817709**	**1218621**	**951777**	**413144**	**132927**
煤炭及制品批发	51	47	69496	1268170	491184	251816	30376	12447
石油及制品批发	26	22	99654	483521	101868	23885	135727	78981
非金属矿及制品批发	16	12	16182	68344	4826	24540	23064	3816
金属及金属矿批发	129	114	72948	2720240	376359	202899	143072	16648

11-6 续表1 （2018年） 单位:万元

指标	法人企业数（个）	执行《2006年企业会计准则》企业数（个）	年初存货	流动资产合计	货币资金	应收帐款	存货	固定资产合计
建材批发	44	37	38353	1074685	216312	438552	41697	6800
化肥批发	5	4	4036	57017	8130	2905	1438	2669
农药批发	5	4	8886	41242	8230	1753	8934	5081
其他化工产品批发	36	27	34810	104491	11714	5427	28837	6485
机械设备、五金产品及电子产品批发	**207**	**167**	**211408**	**1776709**	**375897**	**654559**	**201909**	**34142**
农业机械批发	3	3	6236	8514	107	3296	3688	20
汽车及零配件批发	45	39	58932	257267	74354	67888	52362	5105
摩托车及零配件批发	2	1	4617	9854	117	1236	4611	20
五金产品批发	19	15	5395	51254	4020	26068	3904	3744
电气设备批发	10	9	2480	43155	7652	23722	2803	14329
计算机、软件及辅助设备批发	23	18	14620	58233	6077	16566	13739	1027
通讯设备批发	29	25	35532	584349	206495	206865	25241	1357
广播影视设备批发	3	2	941	7874	1203	6324	32	212
其他机械设备及电子产品批发	73	55	82656	756209	75872	302593	95529	8328
贸易经纪与代理	**6**	**5**	**203**	**17486**	**1793**	**13822**		**627**
贸易代理	3	3		14568	1153	12450		13
其他贸易经纪与代理	3	2	203	2918	640	1372		614
其他批发业	**27**	**20**	**33102**	**108267**	**12630**	**18354**	**33994**	**4729**
再生物资回收与批发	10	6	1872	19252	328	11247	1837	1157
宠物食品用品批发	1	1	1648	9797		2902	2631	
互联网批发	2	1	3342	21850	156	3437	11048	107
其他未列明批发业	14	12	26240	57368	12146	767	18479	3466
按登记注册类型分								
内资企业	**863**	**710**	**1657793**	**16042406**	**3513809**	**4267758**	**1829328**	**392219**
国有企业	10	6	31148	364448	303062	4472	23252	29445
股份合作企业	1	1	116	646	255	101	94	61
有限责任公司	394	340	931951	11551439	2224838	2994827	1047075	206851
国有独资公司	16	15	71735	657529	161773	148087	74743	39650
其他有限责任公司	378	325	860216	10893910	2063065	2846740	972332	167202
股份有限公司	18	17	182052	1063036	176681	369461	221574	81299
私营企业	440	346	512527	3062838	808974	898897	537333	74563
私营独资企业	1	1	203	456	456			180
私营有限责任公司	433	340	488590	2977331	804566	880350	508570	72859
私营股份有限公司	6	5	23734	85052	3952	18548	28763	1523
港、澳、台商投资企业	**2**	**2**	**808**	**82174**	**28685**	**844**	**879**	**645**
港、澳、台商独资经营企业	2	2	808	82174	28685	844	879	645
外商投资企业	**4**	**4**	**198**	**28088**	**3650**	**15220**	**520**	**174**
中外合资经营企业	1	1						
外资企业	2	2	53	3574	90	1476	520	165
其他外商投资企业	1	1	145	24514	3560	13745		9
按控股情况分								
国有控股	85	77	446551	5121093	1238395	1332163	533588	172648
集体控股	8	7	8705	119235	17417	32153	10785	16792
私人控股	663	531	837492	6665883	1321269	1633201	884396	160507
港澳台商控股	2	2	808	82174	28685	844	879	645
外商控股	2	2	53	3574	90	1476	520	165

11-6 续表2 （2018年） 单位:万元

指标	法人企业数（个）	执行《2006年企业会计准则》企业数(个)	年初存货	流动资产合计	货币资金	应收帐款	存货	固定资产合计
其他	109	97	365190	4160710	940289	1283986	400559	42280
按经营形式分								
独立门店	443	362	596116	4560852	1125414	810932	696360	155176
连锁总店(总部)	2	2	4837	64694	1109	124	9647	8738
其他	424	352	1057847	11527122	2419621	3472767	1124720	229124
按单位规模分								
大型	28	26	509492	4644637	1093711	1612147	607963	132205
中型	281	246	801967	6628993	1645796	1735977	904031	180061
小型	415	330	252079	3885664	444656	849595	290970	70312
微型	145	114	95261	993375	361980	86103	27762	10459
零售业	**947**	**746**	**1189858**	**7111056**	**1014828**	**436814**	**1306496**	**803137**
按零售行业小类分								
综合零售	**75**	**60**	**91132**	**1568173**	**91109**	**-164613**	**120197**	**411555**
百货零售	41	34	52108	1087399	33065	-218302	64949	381874
超级市场零售	24	19	37440	243323	19103	10759	53628	28931
其他综合零售	10	7	1584	237451	38941	42930	1620	751
食品、饮料及烟草制品专门零售	**42**	**35**	**30381**	**121385**	**17078**	**30400**	**40532**	**14162**
粮油零售	3	2	3303	4815	724	-152	4229	1489
糕点、面包零售	2	1	116	775	41	482	135	46
果品、蔬菜零售	2	2	582	2412	588	305	877	3486
肉、禽、蛋、奶及水产品零售	7	7	987	16284	586	2588	4243	5297
营养和保健品零售	1	1	87	313	28	83	85	
酒、饮料及茶叶零售	15	12	17188	58686	8423	19614	20622	3145
烟草制品零售	1	1	4221	21576	6052	3653	6169	308
其他食品零售	11	9	3897	16525	634	3827	4172	392
纺织、服装及日用品专门零售	**54**	**39**	**50649**	**171685**	**18732**	**27482**	**52971**	**36635**
纺织品及针织品零售	4	3	1809	2954	89	349	1319	34
服装零售	29	20	34737	129811	13898	18685	34812	34495
鞋帽零售	5	5	549	4794	627	1651	1359	151
化妆品及卫生用品零售	8	6	9172	18486	3515	2064	11282	559
钟表、眼镜零售	1	1	785	10446	155	3742	675	210
自行车等代步设备零售	1	1						
其他日用品零售	6	3	3597	5195	447	992	3524	1186
文化、体育用品及器材专门零售	**58**	**42**	**53256**	**154223**	**31217**	**28562**	**61961**	**15061**
文具用品零售	7	6	2749	6437	580	1007	3560	100
体育用品及器材零售	8	5	13243	29603	5696	4433	16522	693
图书、报刊零售	18	16	17822	68633	17700	16363	22529	9880
珠宝首饰零售	6	3	11336	21536	2079	2142	9433	1258
工艺美术品及收藏品零售	2	1	2939	10366	1788	337	4772	3015
乐器零售	8	6	2502	8618	653	2921	2751	88
照相器材零售	6	3	2130	7630	2624	858	1896	6
其他文化用品零售	3	2	535	1401	97	501	499	20
医药及医疗器材专门零售	**34**	**25**	**44965**	**326792**	**65570**	**112583**	**70448**	**29149**
西药零售	27	20	41092	250035	59938	57216	60855	28622
中药零售	3	3	3071	65867	1790	52320	9149	398
医疗用品及器材零售	2	1	323	2790	481	1739	114	13

11-6 续表 3 （2018 年） 单位:万元

指标	法人企业数（个）	执行《2006年企业会计准则》企业数（个）	年初存货	流动资产合计	货币资金	应收帐款	存货	固定资产合计
保健辅助治疗器材零售	2	1	479	8099	3361	1308	331	116
汽车、摩托车、零配件和燃料及其他动力销售	**357**	**283**	**794952**	**3854391**	**691518**	**233364**	**846438**	**260553**
汽车新车零售	270	218	569133	2069234	562144	174463	694105	156189
汽车旧车零售	35	28	110032	621721	106965	47452	125359	30945
汽车零配件零售	9	5	3132	7234	1082	2572	2894	679
机动车燃油零售	36	25	111348	1146099	18457	7201	22785	69160
机动车燃气零售	7	7	1308	10103	2870	1677	1295	3580
家用电器及电子产品专门零售	**264**	**210**	**109566**	**617992**	**87461**	**131980**	**98021**	**16220**
家用视听设备零售	17	10	9665	17287	2329	1339	7944	549
日用家电零售	31	23	35156	293462	33305	42538	29861	9939
计算机、软件及辅助设备零售	165	135	35565	185787	34408	63353	35520	2845
通信设备零售	15	13	23851	89604	12835	12925	20696	2205
其他电子产品零售	36	29	5328	31853	4585	11826	4000	683
五金、家具及室内装饰材料专门零售	**35**	**28**	**11087**	**99199**	**2364**	**16503**	**11886**	**2977**
五金零售	22	18	8045	27517	1264	10914	7661	1594
灯具零售	1	1	6	56	1	7	6	
家具零售	3	2	687	55803	543	131	1165	138
涂料零售	1	1	11	1182		505	35	
卫生洁具零售	1		264	741	95	106	316	13
陶瓷、石材装饰材料零售	2	2	720	3525	36	749	1524	868
其他室内装饰材料零售	5	4	1353	10375	425	4091	1180	365
货摊、无店铺及其他零售业	**28**	**24**	**3871**	**197217**	**9781**	**20551**	**4043**	**16824**
互联网零售	11	10	1125	163507	7052	6009	993	1660
邮购及电视、电话零售	1	1	161	668	6	154	241	3
自动售货机零售	1	1	100	2521	4	2440	78	52
生活用燃料零售	10	8	830	21264	1671	9365	694	2453
宠物食品用品零售	1	1	415	4548		1130	583	12305
其他未列明零售业	4	3	1242	4709	1048	1453	1454	352
按登记注册类型分								
内资企业	**929**	**729**	**1127624**	**6169383**	**975669**	**653346**	**1227939**	**425946**
国有企业	1	1	20	312				29
集体企业	4	3	4217	7791	1126	1385	4345	85
有限责任公司	459	357	646851	3513609	654524	459557	752374	250495
国有独资公司	4	4	286	18737	2315	9437	316	1140
其他有限责任公司	455	353	646565	3494872	652209	450121	752057	249355
股份有限公司	12	10	139895	1294767	53753	23536	69433	103043
私营企业	453	358	336642	1352903	266266	168868	401788	72295
私营独资企业	5	3	106	2047	667	782	400	774
私营合伙企业	1	1	27	17	14		3	79
私营有限责任公司	441	348	329494	1331066	259565	164964	393926	70666
私营股份有限公司	6	6	7016	19773	6020	3121	7459	776
港、澳、台商投资企业	**10**	**10**	**35240**	**869013**	**18821**	**-218265**	**48910**	**373770**
合资经营企业（港或澳、台资）	3	3	11212	25449	3022	2095	16271	14003
港、澳、台商独资经营企业	6	6	20599	715646	1572	-111347	25212	356330

11-6 续表 4 （2018 年） 单位：万元

指标	法人企业数（个）	执行《2006年企业会计准则》企业数（个）	年初存货	流动资产合计	货币资金	应收帐款	存货	固定资产合计
港、澳、台商投资股份有限公司	1	1	3429	127918	14228	-109012	7427	3437
外商投资企业	**8**	**7**	**26994**	**72661**	**20338**	**1733**	**29647**	**3422**
中外合资经营企业	3	3	11387	26184	6777	586	11448	989
外资企业	1	1	56	901	608		57	14
外商投资股份有限公司	3	2	15051	43326	12620	1103	17387	2017
其他外商投资企业	1	1	501	2250	333	44	755	401
按控股情况分								
国有控股	28	25	157837	1376919	57228	78610	80173	100665
集体控股	11	10	10407	55498	2901	2170	11869	5562
私人控股	727	563	742628	3413199	697964	398286	875569	213170
港澳台商控股	8	7	40176	875523	24506	-217511	52429	364349
外商控股	12	11	36328	93620	23021	2627	38654	4360
其他	161	130	202482	1296298	209210	172632	247802	115031
按经营形式分								
独立门店	742	584	985293	5979167	840384	241651	1073227	724455
连锁总店（总部）	34	28	84603	437128	87086	70491	114789	54095
连锁直营店	9	7	24931	133035	7555	12159	26327	1186
其他	162	127	95031	561726	79804	112513	92153	23402
按单位规模分								
大型	23	20	263560	2666449	135402	-121380	235520	465757
中型	296	247	668166	3276699	702511	334088	815372	277392
小型	403	309	227061	877400	145906	177796	224636	53786
微型	225	170	31071	290509	31010	46310	30967	6203
按零售业态分								
有店铺零售	**755**	**602**	**1082537**	**6417618**	**919830**	**245457**	**1182138**	**769951**
食杂店	2		1553	8357	75	1076	1853	859
便利店	14	12	5749	26789	3154	1081	6235	2969
折扣店	4	4	7036	8996	750	606	7261	502
超市	21	15	4312	27952	4304	4230	4122	2919
大型超市	19	17	70387	1098854	35757	-218944	98722	378143
仓储会员店	3	2	1115	8385	5636	65	2086	684
百货店	50	39	27583	244250	21483	18009	29238	30582
专业店	297	241	464172	2594327	360905	165181	419483	191038
专卖店	285	222	441116	1819088	388611	181319	534981	120322
家居建材商店	6	4	4448	65314	672	3252	4780	497
购物中心	15	13	10843	324549	56404	54065	13985	33399
厂家直销中心	39	33	44225	190757	42082	35516	59392	8037
无店铺零售	**187**	**139**	**101318**	**677520**	**94767**	**188583**	**118191**	**31977**
电视购物	2	1	3054	964	35	154	508	70
邮购	2	2	1787	4043	871	1179	1626	36
网上商店	16	14	3562	168578	11831	7581	1835	1048
自动售货亭	1	1	100	2521	4	2440	78	52
电话购物	3	3	3350	3849	1963	1088	763	116
其他	163	118	89465	497565	80064	176141	113382	30657

11-6　续表5　　　　（2018年）　　　　单位:万元

指标	可供出售金融资产	持有至到期投资	长期股权投资	固定资产原价	房屋和构筑物	机器设备	运输工具	电子设备
总计	**163672**	**2676**	**1309145**	**2020461**	**518232**	**211863**	**118374**	**67199**
批发业	**163432**	**243**	**1061614**	**738733**	**236030**	**74201**	**56047**	**27695**
按批发行业小类分								
农、林、牧、渔产品批发	**32238**		**263496**	**99415**	**69371**	**10452**	**5436**	**1896**
谷物、豆及薯类批发	31013		193503	21963	15040	730	132	44
种子批发	1225		28172	40090	24153	8382	2645	755
畜牧渔业饲料批发				145				1
棉、麻批发			41089	30642	26424	985	2268	955
牲畜批发				2749	1856	356	340	35
其他农牧产品批发			731	3827	1897		51	107
食品、饮料及烟草制品批发	**632**		**19440**	**126225**	**54978**	**8359**	**8046**	**7145**
米、面制品及食用油批发	632		130	22399	11672	968	312	97
糕点、糖果及糖批发				44				18
果品、蔬菜批发				27259		2	14	2
肉、禽、蛋、奶及水产品批发			200	3875	2077	922	130	
盐及调味品批发				8148	6909	173	460	6
营养和保健品批发			450	448		131	92	85
酒、饮料及茶叶批发			3417	10312		355	550	290
烟草制品批发			13332	51655	34319	5785	6046	5308
其他食品批发			1910	2085		23	443	1340
纺织、服装及家庭用品批发	**2806**		**850**	**8604**	**3183**	**520**	**1762**	**1948**
纺织品、针织品及原料批发	2546		260	2802	1609	175	582	278
服装批发			60	3000	1245	314	297	507
化妆品及卫生用品批发				781		31	303	220
厨具卫具及日用杂品批发			7	102				12
灯具、装饰物品批发								
家用视听设备批发				553	272		152	81
日用家电批发			77	1112	57	1	256	768
其他家庭用品批发	260		446	254			173	81
文化、体育用品及器材批发	**1477**		**179101**	**51467**	**5160**	**898**	**1006**	**421**
文具用品批发				842			104	35
体育用品及器材批发				842			102	155
图书批发	1422		168341	39726	2182	10	336	101
首饰、工艺品及收藏品批发	34			5740	707	709	63	37
其他文化用品批发	22		10760	4318	2271	179	401	93
医药及医疗器材批发	**382**		**282764**	**103055**	**26947**	**14699**	**8507**	**6627**
西药批发	382		167594	39200	6927	2932	2478	1407
中药批发			78289	39101	14464	5491	3199	1911
动物用药品批发			51	6109	2533	2228	463	411
医疗用品及器材批发			36830	18646	3022	4048	2366	2898
矿产品、建材及化工产品批发	**39898**	**223**	**260968**	**274511**	**53034**	**24304**	**17174**	**5180**
煤炭及制品批发	9722		71588	27488	12039	3891	4441	666
石油及制品批发	450		1936	145383	15523	4093	2273	1715
非金属矿及制品批发				5386	858	2252	1395	15
金属及金属矿批发	22078		161334	35022	7470	9703	3529	1553

11-6 续表 6 （2018 年） 单位:万元

指标	可供出售金融资产	持有至到期投资	长期股权投资	固定资产原价	房屋和构筑物	机器设备	运输工具	电子设备
建材批发	7648	223	11935	15223	1910	2070	1717	687
化肥批发			5008	4284	2291	1207	681	1
农药批发			330	8998	6514	482	752	333
其他化工产品批发			8837	32727	6429	606	2384	211
机械设备、五金产品及电子产品批发	**20**	**51274**	**64491**	**19974**	**12128**	**11992**	**4252**	
农业机械批发				267			217	4
汽车及零配件批发			1113	11841	2724	1040	3343	950
摩托车及零配件批发				386		2		
五金产品批发			34800	6802		4935	608	440
电气设备批发				15873	13527	561	731	159
计算机、软件及辅助设备批发			2488	2177	89	117	256	111
通讯设备批发	86000		3971	2645	964	52	497	499
广播影视设备批发				285			37	
其他机械设备及电子产品批发		20	8902	24215	2670	5422	6302	2089
贸易经纪与代理				**781**			**267**	
贸易代理				59			58	
其他贸易经纪与代理				723			209	
其他批发业			**3722**	**10184**	**3385**	**2842**	**1858**	**226**
再生物资回收与批发			1371	3883	1247	2091	155	101
宠物食品用品批发				292				
互联网批发				203			110	92
其他未列明批发业			2351	5807	2138	751	1593	33
按登记注册类型分								
内资企业	**163432**	**243**	**1061614**	**736917**	**235302**	**74037**	**55598**	**27534**
国有企业			480	62742	42350	6831	6680	5350
股份合作企业				467	287	154	26	
有限责任公司	137806	243	864363	377942	133472	27560	23208	13518
国有独资公司	2763		207852	66434	15994	760	797	367
其他有限责任公司	135043	243	656512	311507	117478	26800	22411	13151
股份有限公司	1125		99697	145967	25630	12785	3729	1088
私营企业	24501		97073	149799	33563	26707	21955	7578
私营独资企业				180			180	
私营有限责任公司	24501		96404	145306	32934	25090	21263	7334
私营股份有限公司			669	4313	629	1617	512	244
港、澳、台商投资企业				**1286**	**728**	**34**	**313**	**47**
港、澳、台商独资经营企业				1286	728	34	313	47
外商投资企业				**530**		**131**	**136**	**114**
中外合资经营企业								
外资企业				450		131	90	80
其他外商投资企业				81			46	35
按控股情况分								
国有控股	138368		616538	313031	99262	15688	12498	10617
集体控股			9396	18699	15491	289	303	225
私人控股	24964	20	382972	291869	74897	47465	34857	13412
港澳台商控股				1286	728	34	313	47
外商控股				450		131	90	80

11-6 续表 7　　（2018 年）　　单位:万元

指标	可供出售金融资产	持有至到期投资	长期股权投资	固定资产原价	房屋和构筑物	机器设备	运输工具	电子设备
其他	100	223	52707	113398	45652	10595	7986	3316
按经营形式分								
独立门店	17297	223	364467	305908	91133	32175	20904	7711
连锁总店(总部)			200	14650	1973		370	
其他	146136	20	696946	418176	142924	42026	34774	19984
按单位规模分								
大型	7028		433531	252348	48199	13574	10560	10787
中型	45443	243	442440	341961	143749	32036	26375	11362
小型	2783		180435	125988	39171	24966	16465	4904
微型	108178		5207	18436	4912	3626	2648	643
零售业	**240**	**2433**	**247532**	**1281728**	**282202**	**137661**	**62327**	**39504**
按零售行业小类分								
综合零售	**150**	**-67**	**2781**	**643184**	**39744**	**31875**	**2701**	**8349**
百货零售	150		2731	565325	14841	10353	993	4922
超级市场零售		-67	50	76733	24376	21404	1531	3426
其他综合零售				1126	526	119	177	1
食品、饮料及烟草制品专门零售			**21304**	**25059**	**4747**	**3558**	**1056**	**1766**
粮油零售			264	1529	417	939	2	31
糕点、面包零售				192		192		
果品、蔬菜零售			1251	5418	3300	1436	191	330
肉、禽、蛋、奶及水产品零售				9500		244	11	2
营养和保健品零售								
酒、饮料及茶叶零售			215	5855	978	426	714	179
烟草制品零售			14958	901	52	10	13	827
其他食品零售			4616	1664		312	125	397
纺织、服装及日用品专门零售			**3324**	**47285**	**26527**	**402**	**727**	**1489**
纺织品及针织品零售				180		14	91	15
服装零售			165	43604	26527	378	393	1208
鞋帽零售			150	404		10	38	68
化妆品及卫生用品零售			3009	843			205	198
钟表、眼镜零售				582				
自行车等代步设备零售								
其他日用品零售				1673				
文化、体育用品及器材专门零售	**90**		**9322**	**24946**	**6004**	**652**	**1393**	**2229**
文具用品零售				277		59	90	11
体育用品及器材零售				1467		82	159	538
图书、报刊零售			1465	17198	5443	42	693	1272
珠宝首饰零售			5039	2518	560	469	241	305
工艺美术品及收藏品零售			2818	3066				
乐器零售	90			301			205	96
照相器材零售				49	1		6	6
其他文化用品零售				69				
医药及医疗器材专门零售			**10343**	**46741**	**22811**	**239**	**2381**	**8210**
西药零售			9002	45924	22811	239	2329	8210
中药零售			1341	514			21	
医疗用品及器材零售				30			30	

11-6 续表 8 （2018 年） 单位:万元

指标	可供出售金融资产	持有至到期投资	长期股权投资	固定资产原价	房屋和构筑物	机器设备	运输工具	电子设备
保健辅助治疗器材零售				272				
汽车、摩托车、零配件和燃料及其他动力销售		**2500**	**147826**	**440287**	**169067**	**97335**	**50384**	**13138**
汽车新车零售			47668	254935	96081	28894	40996	9873
汽车旧车零售		2500	98778	58036	18445	4599	8744	2778
汽车零配件零售				1457	6	223	15	
机动车燃油零售			110	120854	53664	60389	319	477
机动车燃气零售			1270	5006	870	3231	309	10
家用电器及电子产品专门零售			**26235**	**24779**	**9202**	**1455**	**2283**	**2790**
家用视听设备零售			10	819	4	2	305	63
日用家电零售			1250	12914	9088	807	691	816
计算机、软件及辅助设备零售			24528	6005	110	555	1065	1385
通信设备零售				3737		11	135	461
其他电子产品零售			447	1305		80	87	65
五金、家具及室内装饰材料专门零售			**26298**	**6783**	**70**	**189**	**661**	**1122**
五金零售			4118	3455		172	393	966
灯具零售								
家具零售			22180	1742	70	10	30	32
涂料零售				1				
卫生洁具零售				56		7	49	
陶瓷、石材装饰材料零售				1090			190	125
其他室内装饰材料零售				439				
货摊、无店铺及其他零售业			**100**	**22665**	**4031**	**1956**	**742**	**411**
互联网零售			100	2216	6	649	545	361
邮购及电视、电话零售				15				8
自动售货机零售				239				
生活用燃料零售				3671	1600	1299	167	43
宠物食品用品零售				15855	2425			
其他未列明零售业				670		8	30	
按登记注册类型分								
内资企业	**240**		**240829**	**725661**	**238714**	**123835**	**60789**	**33854**
国有企业				44				
集体企业				385	72	29		3
有限责任公司	90		168161	415606	130164	54120	39918	22317
国有独资公司				2269	924	12	50	109
其他有限责任公司	90		168161	413337	129239	54108	39868	22208
股份有限公司	150		17969	187242	73520	56997	2257	6170
私营企业			54699	122385	34959	12690	18614	5364
私营独资企业				1100	380	220	40	56
私营合伙企业				79	60	19		
私营有限责任公司			53584	120243	34289	12451	18479	5155
私营股份有限公司			1115	963	231		95	152
港、澳、台商投资企业		**2500**		**529913**	**27708**	**10009**	**863**	**4340**
合资经营企业(港或澳、台资)		2500		21688	17328	1096	745	1375
港、澳、台商独资经营企业				502468	10380	5613	114	512

11-6 续表 9　　（2018 年）　　单位：万元

指标	可供出售金融资产	持有至到期投资	长期股权投资	固定资产原价	房屋和构筑物	机器设备	运输工具	电子设备
港、澳、台商投资股份有限公司				5758		3300	4	2453
外商投资企业		**-67**	**6703**	**26154**	**15779**	**3817**	**675**	**1309**
中外合资经营企业		-67		20204	13832	3486	187	1028
外资企业				68		9	27	
外商投资股份有限公司			6703	4884	1215	176	369	253
其他外商投资企业				998	732	146	92	28
按控股情况分								
国有控股			1820	174458	64228	68415	2650	2031
集体控股				13873	7546	1909	185	120
私人控股	90		124181	360115	109188	39965	45254	22186
港澳台商控股				516665	10380	8913	118	2966
外商控股		-67	6703	37195	17865	4088	934	1621
其他	150	2500	114828	179422	72994	14370	13186	10580
按经营形式分								
独立门店	240	2500	203468	1132693	223284	116751	53962	21863
连锁总店（总部）			9512	91129	38451	9948	3467	12376
连锁直营店		-67	14958	19658	12850	3315	102	2552
其他			19593	38247	7616	7647	4796	2712
按单位规模分								
大型			25075	708016	86647	74398	5723	14228
中型	150	2433	198145	474500	167677	43685	43679	19409
小型	90		23329	90145	26126	17930	11458	5471
微型			982	9067	1752	1648	1467	396
按零售业态分								
有店铺零售	**240**	**2433**	**230528**	**1223005**	**270161**	**126414**	**54468**	**36886**
食杂店				931	56	565	302	9
便利店				4668	1256	2226	218	37
折扣店				994	186		177	72
超市			50	5398	1392	390	290	151
大型超市		-67	500	575141	24726	27412	1770	7038
仓储会员店				1042	105	605	204	121
百货店	150		22231	60339	13960	3591	504	1331
专业店	90	2500	50869	311935	129229	73391	20866	12877
专卖店			125016	199848	68283	16438	27571	12227
家居建材商店			25295	2899		12	223	1063
购物中心			4616	42582	22832	28	357	974
厂家直销中心			1951	17229	8135	1756	1987	988
无店铺零售			**17004**	**53665**	**11572**	**10429**	**7598**	**2157**
电视购物				92			77	8
邮购				81		35		
网上商店			511	1896	47	296	527	506
自动售货亭				239				
电话购物				170				20
其他			16493	51188	11525	10097	6994	1624

11-6 续表 10 （2018 年） 单位:万元

指标	期末资产负债							
	累计折旧	本年折旧	固定资产净值	固定资产减值准备	在建工程	无形资产	土地使用权	软件使用权
总计	**801971**	**182790**	**1209454**	**13279**	**199709**	**3592965**	**2665590**	**62366**
批发业	**337147**	**76989**	**395445**	**2407**	**120825**	**1393792**	**727852**	**29475**
按批发行业小类分								
农、林、牧、渔产品批发	**44914**	**4858**	**53959**		**3317**	**148096**	**81984**	**879**
谷物、豆及薯类批发	3663	1249	18300		170	23968	17383	
种子批发	14231	2914	25859		2047	119280	60110	788
畜牧渔业饲料批发	135		10					
棉、麻批发	24729	548	5376		916			
牲畜批发	1166	87	1583			4582	4491	91
其他农牧产品批发	991	60	2831		185	266		
食品、饮料及烟草制品批发	**50073**	**6918**	**76170**	**117**	**1677**	**109134**	**86269**	**1656**
米、面制品及食用油批发	4690	972	17689	17	657	52215	44643	6
糕点、糖果及糖批发	37	3	7			3		
果品、蔬菜批发	8080	1515	19179	100				
肉、禽、蛋、奶及水产品批发	805	518	3071		19			
盐及调味品批发	1443	365	6705		154	366	336	
营养和保健品批发	282	48	166			75		
酒、饮料及茶叶批发	3742	595	6608			13350		
烟草制品批发	30640	2782	21015		846	42940	41290	1650
其他食品批发	355	119	1730			185		
纺织、服装及家庭用品批发	**4963**	**645**	**3641**			**16071**	**11443**	**697**
纺织品、针织品及原料批发	1770	116	1032			14158	11443	12
服装批发	1528	211	1472			1626		497
化妆品及卫生用品批发	670	39	111			99		
厨具卫具及日用杂品批发	61	14	41			123		123
灯具、装饰物品批发								
家用视听设备批发	149	28	404					
日用家电批发	564	169	548			54		54
其他家庭用品批发	221	67	33			11		11
文化、体育用品及器材批发	**20588**	**2866**	**30879**		**16979**	**364622**	**35637**	**133**
文具用品批发	458	131	384					
体育用品及器材批发	568	73	274			36		36
图书批发	15373	1994	24352		16930	328549		6
首饰、工艺品及收藏品批发	1296	180	4443			7		7
其他文化用品批发	2893	489	1425		49	36030	35637	84
医药及医疗器材批发	**46973**	**16093**	**56082**		**21497**	**224368**	**71130**	**9550**
西药批发	16707	3413	22492		114	118567	2813	824
中药批发	20143	9928	18958		7726	67487	43399	4931
动物用药品批发	1527	647	4582			365		357
医疗用品及器材批发	8595	2105	10050		13658	37949	24918	3438
矿产品、建材及化工产品批发	**134749**	**35894**	**134984**	**2057**	**60688**	**421709**	**392043**	**11009**
煤炭及制品批发	13704	5997	12484	37	1311	33362	30173	227
石油及制品批发	64867	7645	80515	1534	51255	308244	297536	4141
非金属矿及制品批发	1458	472	3816					
金属及金属矿批发	17967	1901	16648		1783	8686	7168	247

11-6 续表11 （2018年） 单位：万元

指标	期末资产负债							
	累计折旧	本年折旧	固定资产净值	固定资产减值准备	在建工程	无形资产	土地使用权	软件使用权
建材批发	5001	1081	7286	486		1770		57
化肥批发	1615	207	2669			9291	3030	6049
农药批发	3896	388	5081		4245	13731	13443	288
其他化工产品批发	26241	18202	6485		2095	46625	40693	
机械设备、五金产品及电子产品批发	**29277**	**9227**	**34375**	**233**	**14380**	**92722**	**32611**	**5247**
农业机械批发	247	30	20			184		
汽车及零配件批发	5678	1805	5334	228		35683	4823	2639
摩托车及零配件批发	366	366	20					
五金产品批发	3059	772	3744		399	73		67
电气设备批发	1545	525	14329			9121		
计算机、软件及辅助设备批发	1146	269	1032	5	762	162		
通讯设备批发	1288	356	1357		128	275		275
广播影视设备批发	64	32	212					
其他机械设备及电子产品批发	15886	5071	8328		13091	47224	27788	2266
贸易经纪与代理	**154**	**80**	**627**					
贸易代理	45	3	13					
其他贸易经纪与代理	109	77	614					
其他批发业	**5455**	**409**	**4729**		**2287**	**17070**	**16735**	**304**
再生物资回收与批发	2726	137	1157		87	10346	10164	182
宠物食品用品批发	292							
互联网批发	96	25	107					
其他未列明批发业	2341	246	3466		2200	6724	6571	122
按登记注册类型分								
内资企业	**336149**	**76880**	**394627**	**2407**	**120825**	**1393626**	**727852**	**29384**
国有企业	33296	3191	29445		1016	44133	42453	1650
股份合作企业	406	24	61			2813	2813	
有限责任公司	169194	44609	206906	55	44865	856740	298197	10464
国有独资公司	26785	5685	39650		19658	379530	42347	114
其他有限责任公司	142409	38924	167256	55	25208	477210	255850	10350
股份有限公司	63134	7754	82833	1534	53303	351848	294194	5519
私营企业	70119	21303	75381	819	21641	138092	90195	11751
私营独资企业			180					
私营有限责任公司	67329	21122	73678	819	12527	109952	63317	11699
私营股份有限公司	2790	181	1523		9114	28140	26878	52
港、澳、台商投资企业	**641**	**62**	**645**			**91**		**91**
港、澳、台商独资经营企业	641	62	645			91		91
外商投资企业	**356**	**47**	**174**			**75**		
中外合资经营企业								
外资企业	284	46	165			75		
其他外商投资企业	72	2	9					
按控股情况分								
国有控股	138818	18859	174213	1565	84246	851493	436951	9543
集体控股	1370	568	16792			15694	6571	2
私人控股	126237	33882	161333	825	26413	337128	211851	16635
港澳台商控股	641	62	645			91		91
外商控股	284	46	165			75		

11-6　续表 12　　　　(2018 年)　　　　单位:万元

指标	期末资产负债							
	累计折旧	本年折旧	固定资产净值	固定资产减值准备	在建工程	无形资产	土地使用权	软件使用权
其他	69796	23572	42297	17	10167	189311	72479	3204
按经营形式分								
独立门店	143631	43977	157093	1917	41045	732088	322036	11071
连锁总店(总部)	5911	991	8738		23	9315	9315	
其他	187605	32022	229614	491	79758	652389	396501	18404
按单位规模分								
大型	118592	14424	133756	1551	89118	847511	333003	9189
中型	160873	50378	180321	259	25465	442991	318879	13120
小型	49763	10033	70904	592	5513	71987	49105	7135
微型	7919	2154	10464	5	729	31303	26865	31
零售业	**464824**	**105801**	**814009**	**10872**	**78884**	**2199173**	**1937738**	**32891**
按零售行业小类分								
综合零售	**223739**	**36748**	**417451**	**5896**	**24376**	**169741**	**84222**	**9124**
百货零售	179333	31691	383998	2124	23414	91235	59716	428
超级市场零售	44031	5012	32703	3772	392	78506	24506	8696
其他综合零售	375	46	751		569			
食品、饮料及烟草制品专门零售	**10086**	**2375**	**14973**	**810**	**321**	**18607**		**13831**
粮油零售	40	11	1489					
糕点、面包零售	147		46					
果品、蔬菜零售	1121	221	4296	810	127	5		
肉、禽、蛋、奶及水产品零售	4203	777	5297		160	147		2
营养和保健品零售								
酒、饮料及茶叶零售	2710	599	3145		3	5156		530
烟草制品零售	594	27	308			13299		13299
其他食品零售	1271	740	392		31			
纺织、服装及日用品专门零售	**10644**	**3114**	**36642**	**7**	**318**	**370104**	**368638**	**1337**
纺织品及针织品零售	146	16	34			15		15
服装零售	9103	2546	34500	6	318	369430	368638	792
鞋帽零售	252	63	153	1				
化妆品及卫生用品零售	284	77	559			659		530
钟表、眼镜零售	371	95	210					
自行车等代步设备零售								
其他日用品零售	487	318	1186					
文化、体育用品及器材专门零售	**9883**	**1608**	**15061**		**13719**	**69051**	**16038**	**1225**
文具用品零售	177	17	100					
体育用品及器材零售	774	391	693			26		
图书、报刊零售	7318	1005	9880		13719	68807	16038	1225
珠宝首饰零售	1260	109	1258					
工艺美术品及收藏品零售	51	51	3015			218		
乐器零售	214	10	88					
照相器材零售	43	15	6					
其他文化用品零售	47	11	20					
医药及医疗器材专门零售	**17591**	**14115**	**29149**		**3046**	**8921**	**8391**	**278**
西药零售	17301	13861	28622		3046	8841	8391	198
中药零售	116	95	398			80		80

11-6 续表 13 （2018 年） 单位:万元

指标	期末资产负债							
	累计折旧	本年折旧	固定资产净值	固定资产减值准备	在建工程	无形资产	土地使用权	软件使用权
医疗用品及器材零售	18	3	13					
保健辅助治疗器材零售	156	156	116					
汽车、摩托车、零配件和燃料及其他动力销售	**174891**	**43240**	**264512**	**3960**	**33671**	**1492878**	**1395555**	**5804**
汽车新车零售	97868	27378	156191	2	6948	131357	68301	4897
汽车旧车零售	27091	8102	30945		1335	21238	5778	800
汽车零配件零售	769	21	679					
机动车燃油零售	47738	6645	73117	3957	22342	1315354	1296547	107
机动车燃气零售	1426	1095	3580		3046	24929	24929	
家用电器及电子产品专门零售	**8214**	**2677**	**16337**	**117**	**170**	**56433**	**56075**	**325**
家用视听设备零售	270	54	549					
日用家电零售	2860	780	9996	57	137	56356	56075	281
计算机、软件及辅助设备零售	3052	1100	2904	59	33	31		17
通信设备零售	1532	424	2205					
其他电子产品零售	499	319	683			46		27
五金、家具及室内装饰材料专门零售	**3659**	**467**	**3060**	**83**	**100**	**1756**		**20**
五金零售	1718	318	1673	79		1748		20
灯具零售								
家具零售	1601	8	141	4	100	8		
涂料零售								
卫生洁具零售	44	7	13					
陶瓷、石材装饰材料零售	223	99	868					
其他室内装饰材料零售	74	35	365					
货摊、无店铺及其他零售业	**6117**	**1457**	**16824**		**3164**	**11682**	**8819**	**947**
互联网零售	840	240	1660		103	947		947
邮购及电视、电话零售	11	4	3			32		
自动售货机零售	187	67	52			1714		
生活用燃料零售	1210	259	2453		636	1197	1027	
宠物食品用品零售	3551	811	12305		2425	7792	7792	
其他未列明零售业	318	76	352					
按登记注册类型分								
内资企业	**290215**	**76940**	**433389**	**7443**	**55220**	**2171807**	**1913232**	**32098**
国有企业	15		29					
集体企业	300	13	85		569	5		
有限责任公司	163029	46398	251765	1270	27488	772710	615737	14415
国有独资公司	1129	377	1140		11	26042	6585	
其他有限责任公司	161900	46022	250625	1270	27477	746668	609152	14415
股份有限公司	76966	18564	108903	5861	22803	1318720	1277223	13819
私营企业	49905	11965	72607	312	4359	80372	20272	3864
私营独资企业	126	34	974	200				
私营合伙企业			79					
私营有限责任公司	49307	11822	70778	112	4359	79147	20272	2639
私营股份有限公司	471	109	776			1225		1225
港、澳、台商投资企业	**156143**	**28040**	**373770**		**23626**	**25284**	**24506**	**778**
合资经营企业(港或澳、台资)	7685	1312	14003		180	778		778
港、澳、台商独资经营企业	146138	25771	356330		540	24506	24506	

11-6　续表 14　　　　　　（2018 年）　　　　　　单位:万元

指标	期末资产负债							
	累计折旧	本年折旧	固定资产净值	固定资产减值准备	在建工程	无形资产	土地使用权	软件使用权
港、澳、台商投资股份有限公司	2321	957	3437		22907			
外商投资企业	**18466**	**821**	**6850**	**3429**	**38**	**2082**		**15**
中外合资经营企业	14948	561	4418	3429	38	15		15
外资企业	54	4	14					
外商投资股份有限公司	2867	187	2017			2067		
其他外商投资企业	597	70	401					
按控股情况分								
国有控股	70036	8681	104422	3757	36506	1480792	1393067	9681
集体控股	7689	291	5562		658	51698	51691	2
私人控股	145396	47115	214693	1523	10276	116910	36787	20479
港澳台商控股	152316	30586	364349		23447	39164	24506	
外商控股	25114	1387	9892	5532	38	2082		15
其他	64272	17742	115090	59	7960	508527	431687	2714
按经营形式分								
独立门店	397799	79635	731820	7364	73515	2046925	1853923	16529
连锁总店（总部）	36920	19959	54152	57	3593	102298	56075	730
连锁直营店	15044	1236	4614	3429	38	13314		13314
其他	15061	4972	23423	21	1738	36636	27740	2318
按单位规模分								
大型	234590	52771	472018	6261	62314	1475624	1341689	24681
中型	192160	42487	280822	3430	10573	637707	524960	7124
小型	35433	9729	54745	959	5190	61248	46521	1060
微型	2641	815	6424	221	807	24594	24568	26
按零售业态分								
有店铺零售	**439850**	**97964**	**779986**	**10035**	**74191**	**2147134**	**1936350**	**30859**
食杂店	72	22	859			72		72
便利店	1699	674	2969		5	16850	16824	
折扣店	492	306	502					
超市	2428	397	2970	50		14474	14000	
大型超市	189773	33976	384018	5876	22970	36644	24506	8933
仓储会员店	358	145	684			530		530
百货店	29113	2462	30582		1076	79475	51716	172
专业店	116590	34792	195057	4019	27482	1437000	1346399	17306
专卖店	78678	19987	120332	10	7521	148255	120267	2420
家居建材商店	2402	117	497			28		20
购物中心	9183	2102	33399		13878	413074	362638	792
厂家直销中心	9064	2986	8117	80	1258	732		614
无店铺零售	**21127**	**7638**	**32813**	**836**	**4365**	**6742**	**1388**	**1986**
电视购物	22	16	70			32		
邮购	46	13	36					
网上商店	849	234	1048		103	921		902
自动售货亭	187	67	52			1714		
电话购物	54	11	116					
其他	19969	7298	31493	836	4262	4075	1388	1084

11-6 续表 15 （2018 年） 单位:万元

指标	商誉	非流动资产合计	资产总计	流动负债合计	应付账款	非流动负债合计	负债合计
总计	**80451**	**4726598**	**27992115**	**20079342**	**4192475**	**1252062**	**21928771**
批发业	**7122**	**2966992**	**19121702**	**13400411**	**3446016**	**744702**	**14755070**
按批发行业小类分							
农、林、牧、渔产品批发		**400638**	**1240221**	**626119**	**20485**	**79929**	**706048**
谷物、豆及薯类批发		254474	655636	305363	7939	73631	378994
种子批发		71540	172985	47168	10643	5189	52358
畜牧渔业饲料批发		62	2895	1377	314		1377
棉、麻批发		48403	175653	115859	1819	1107	116967
牲畜批发		21801	47278	384	122		384
其他农牧产品批发		4360	185775	155968	-352	1	155969
食品、饮料及烟草制品批发		**139947**	**939776**	**512391**	**84794**	**46474**	**561491**
米、面制品及食用油批发		26005	144105	130756	20160	28392	161774
糕点、糖果及糖批发		16	4616	3922	1177		3922
果品、蔬菜批发		20632	31284	11625	6294	6658	18283
肉、禽、蛋、奶及水产品批发		7205	13974	6304	2530	243	6547
盐及调味品批发		15514	28237	4004	603	8720	12724
营养和保健品批发		663	10145	2690	2553		2690
酒、饮料及茶叶批发		11380	245372	220038	13093		220038
烟草制品批发		54712	422863	92007	33309	2000	94007
其他食品批发		3819	39179	41047	5075	460	41507
纺织、服装及家庭用品批发		**25266**	**1484904**	**1396535**	**97684**	**14352**	**1410887**
纺织品、针织品及原料批发		6154	31207	16355	7396	208	16563
服装批发		2488	84581	68656	28484	3495	72150
化妆品及卫生用品批发		466	17016	11652	5038	2505	14157
厨具卫具及日用杂品批发		125	9654	8863	2351		8863
灯具、装饰物品批发							
家用视听设备批发		438	32776	39487	12747		39487
日用家电批发		7912	1290774	1234363	37060	8145	1242508
其他家庭用品批发		7684	18897	17159	4608		17159
文化、体育用品及器材批发		**285062**	**768025**	**409605**	**208868**	**9743**	**419348**
文具用品批发		384	60285	52131	34279		52131
体育用品及器材批发		319	8911	3212	-663		3212
图书批发		253637	477153	211364	126452	6309	217673
首饰、工艺品及收藏品批发		7868	136471	86674	37798	3422	90096
其他文化用品批发		22856	85205	56223	11002	13	56236
医药及医疗器材批发	**7122**	**488865**	**5339934**	**4425593**	**1818349**	**25460**	**4449983**
西药批发	77	235281	2182291	1821132	684487	3949	1825081
中药批发	7045	147501	1538269	1255075	620246	8302	1263377
动物用药品批发		4753	245575	227641	93441	100	227741
医疗用品及器材批发		101330	1373800	1121745	420175	13108	1133783
矿产品、建材及化工产品批发		**1349243**	**7167919**	**4428687**	**591436**	**479346**	**5518251**
煤炭及制品批发		115013	1383183	1049290	159431	27196	1076486
石油及制品批发		796469	1279990	596226	74278	48098	1254446
非金属矿及制品批发		18009	86353	62700	22015	16421	79103
金属及金属矿批发		297127	3017367	1613146	199974	308831	1922107

11-6 续表 16　　（2018 年）　　单位:万元

指标	商誉	非流动资产合计	资产总计	流动负债合计	应付账款	非流动负债合计	负债合计
建材批发		79873	1154745	926179	102669	71825	997987
化肥批发		8668	65685	52074	20527	5741	57815
农药批发		11143	53165	39686	521	1218	40904
其他化工产品批发		22941	127432	89387	12020	15	89402
机械设备、五金产品及电子产品批发		**261917**	**2039118**	**1513063**	**592338**	**85436**	**1596683**
农业机械批发		141	8655	5509	3376	860	6369
汽车及零配件批发		38720	295987	303473	90430	17316	315736
摩托车及零配件批发		20	9874	7877	-1955		7877
五金产品批发		39643	90897	30589	14588	377	33254
电气设备批发		19264	62419	39863	32415		39863
计算机、软件及辅助设备批发		4549	62782	37206	11641	1018	38223
通讯设备批发		94612	678966	447636	113359	43679	491360
广播影视设备批发		214	8088	7363	3733	8	7372
其他机械设备及电子产品批发		64755	821450	633547	324753	22179	656629
贸易经纪与代理		**636**	**18122**	**5239**	**2837**		**5239**
贸易代理		23	14590	2434	1258		2434
其他贸易经纪与代理		614	3532	2805	1579		2805
其他批发业		**15416**	**123684**	**83179**	**29225**	**3963**	**87142**
再生物资回收与批发		3650	22901	21030	14374		21030
宠物食品用品批发			9797	8507	671		8507
互联网批发		194	22044	9426	3057		9426
其他未列明批发业		11573	68941	44217	11124	3963	48179
按登记注册类型分							
内资企业	**7122**	**2947254**	**18991702**	**13346237**	**3431104**	**744702**	**14700896**
国有企业		58945	423976	93677	32466	12375	108679
股份合作企业		343	988	1630	130	1	1631
有限责任公司	77	1627824	13179750	9338632	2248400	661297	9999874
国有独资公司		336400	993929	549382	225156	47710	597092
其他有限责任公司	77	1291424	12185821	8789250	2023244	613587	9402782
股份有限公司	7045	917247	1980283	1138709	364453	7674	1756506
私营企业		342896	3406705	2773589	785655	63354	2834206
私营独资企业		180	636	611	175		611
私营有限责任公司		319683	3297985	2677700	760666	60132	2735095
私营股份有限公司		23033	108084	95278	24814	3222	98500
港、澳、台商投资企业		**19515**	**101690**	**30715**	**541**		**30715**
港、澳、台商独资经营企业		19515	101690	30715	541		30715
外商投资企业		**223**	**28310**	**23460**	**14372**		**23460**
中外合资经营企业							
外资企业		214	3788	866	638		866
其他外商投资企业		9	24523	22594	13733		22594
按控股情况分							
国有控股	7045	1857414	6979577	4296807	1273307	319530	5229971
集体控股		28772	148007	133184	76062	1728	134913
私人控股		825574	7492429	5344753	1437477	256127	5597203
港澳台商控股		19515	101690	30715	541		30715
外商控股		214	3788	866	638		866

11-6 续表 17 （2018 年） 单位:万元

指标	商誉	非流动资产合计	资产总计	流动负债合计	应付账款	非流动负债合计	负债合计
其他	77	235501	4396211	3594086	657992	167317	3761403
按经营形式分							
独立门店		859339	5421555	4096542	908724	276754	4988492
连锁总店(总部)		12943	77637	50709	886		50709
其他	7122	2094710	13622511	9253159	2536407	467948	9715870
按单位规模分							
大型	7122	1511574	6156211	4443639	1608478	36851	5090612
中型		945772	7575252	5593624	1346850	345192	5933597
小型		379718	4266745	2435881	409862	346432	2784967
微型		129928	1123495	927266	80826	16227	945894
零售业	**73329**	**1759606**	**8870413**	**6678932**	**746459**	**507360**	**7173701**
按零售行业小类分							
综合零售		**626407**	**2194333**	**1667712**	**108913**	**270598**	**1938000**
百货零售		491505	1578904	1423363	33284	34725	1457777
超级市场零售		70275	313598	241069	74149	4684	245754
其他综合零售		64626	301831	3280	1480	231190	234470
食品、饮料及烟草制品专门零售		**43202**	**164587**	**81474**	**10693**	**559**	**82034**
粮油零售		1753	6568	4196	1050		4196
糕点、面包零售		46	821	579	493		579
果品、蔬菜零售		5447	7859	2188	267	12	2199
肉、禽、蛋、奶及水产品零售		6547	22831	9220	2801	21	9242
营养和保健品零售			313	29	29		29
酒、饮料及茶叶零售		6646	65332	45759	4761	407	46166
烟草制品零售		16822	38397	4507	-5921		4507
其他食品零售		5942	22467	14996	7212	119	15116
纺织、服装及日用品专门零售		**91333**	**263018**	**127458**	**25322**	**40338**	**167849**
纺织品及针织品零售		40	2994	2352	1186	200	2552
服装零售		78886	208696	99311	15492	33597	132907
鞋帽零售		477	5270	3450	653	50	3552
化妆品及卫生用品零售		3879	22365	15939	2923		15939
钟表、眼镜零售		589	11035	4430	4024		4430
自行车等代步设备零售							
其他日用品零售		7462	12657	1977	1043	6492	8469
文化、体育用品及器材专门零售		**50933**	**205156**	**141551**	**52199**	**2149**	**143700**
文具用品零售		102	6539	4755	681		4755
体育用品及器材零售		3183	32786	24140	8372	178	24318
图书、报刊零售		34355	102988	58095	29992	1777	59872
珠宝首饰零售		6869	28405	36686	9030		36686
工艺美术品及收藏品零售		6164	16530	10091	1906	90	10181
乐器零售		207	8824	3223	1718		3223
照相器材零售		19	7649	3803	355		3803
其他文化用品零售		34	1434	758	145	103	862
医药及医疗器材专门零售	**73329**	**60939**	**387731**	**326832**	**76357**	**3557**	**330530**
西药零售	73329	58537	308572	254514	71538	3557	258211
中药零售		2227	68094	62445	2577		62445

11-6 续表 18 （2018 年） 单位:万元

指标	商誉	非流动资产合计	资产总计	流动负债合计	应付账款	非流动负债合计	负债合计
医疗用品及器材零售		13	2803	2568	586		2568
保健辅助治疗器材零售		163	8262	7306	1657		7306
汽车、摩托车、零配件和燃料及其他动力销售		**759558**	**4613946**	**3531651**	**269611**	**184352**	**3704819**
汽车新车零售		302266	2371501	1844250	205360	123088	1962292
汽车旧车零售		170511	792232	598502	44657	4372	596432
汽车零配件零售		695	7929	4675	2171		4675
机动车燃油零售		275681	1421777	1073767	16109	56892	1130964
机动车燃气零售		10404	20507	10457	1314		10457
家用电器及电子产品专门零售		**63356**	**681348**	**488038**	**158024**	**2608**	**489485**
家用视听设备零售		787	18074	9568	2340	117	9685
日用家电零售		21051	314513	263139	87026	483	262690
计算机、软件及辅助设备零售		29822	215608	99067	37277	1989	100867
通信设备零售		6642	96246	102249	24352		102249
其他电子产品零售		5053	36906	14015	7029	19	13993
五金、家具及室内装饰材料专门零售		**35981**	**135180**	**124505**	**21003**	**973**	**125479**
五金零售		11301	38818	29997	14623	893	30890
灯具零售			56	45	39		45
家具零售		23177	78981	81932	240	45	81977
涂料零售		53	1235	600			600
卫生洁具零售		13	753	24			24
陶瓷、石材装饰材料零售		872	4397	1983	764		1983
其他室内装饰材料零售		565	10940	9924	5337	35	9959
货摊、无店铺及其他零售业		**27898**	**225115**	**189710**	**24338**	**2225**	**191807**
互联网零售		4628	168134	155500	10492	998	156373
邮购及电视、电话零售		91	759	2103	1336		2103
自动售货机零售		410	2932	1725	1356		1725
生活用燃料零售		6551	27815	16299	6390	843	17138
宠物食品用品零售		15561	20109	11422	3034		11422
其他未列明零售业		657	5366	2661	1731	384	3045
按登记注册类型分							
内资企业	**73329**	**1282121**	**7451254**	**5498676**	**753418**	**506197**	**5992282**
国有企业		120	433	61		83	144
集体企业		654	8445	7748	4311		7748
有限责任公司	73329	769444	4283053	3104181	522650	356643	3457481
国有独资公司		4854	23590	12384	6525	417	12801
其他有限责任公司	73329	764590	4259463	3091798	516126	356226	3444681
股份有限公司		317117	1611885	1267654	36695	75945	1343598
私营企业		194785	1547439	1119032	189762	73525	1183310
私营独资企业		1161	3205	1248	1209	303	1855
私营合伙企业		79	96	68			68
私营有限责任公司		191160	1521980	1110963	184860	72416	1173952
私营股份有限公司		2385	22158	6754	3693	806	7435
港、澳、台商投资企业		**461675**	**1330687**	**1075479**	**-14290**		**1075479**
合资经营企业(港或澳、台资)		18354	43803	32166	8102		32166
港、澳、台商独资经营企业		415099	1130744	903389	4257		903389

11-6 续表 19 （2018 年） 单位:万元

指标	商誉	非流动资产合计	资产总计	流动负债合计	应付账款	非流动负债合计	负债合计
港、澳、台商投资股份有限公司		28222	156140	139923	-26648		139923
外商投资企业		**15811**	**88472**	**104777**	**7330**	**1163**	**105940**
中外合资经营企业		2004	28188	53219	1694	453	53673
外资企业		4255	5156	16569	4976		16569
外商投资股份有限公司		8968	52294	33476	610	675	34152
其他外商投资企业		584	2834	1513	51	35	1548
按控股情况分							
国有控股		353747	1730666	1319948	55725	57479	1377428
集体控股		12528	68026	60817	16351	8670	67177
私人控股	23629	577041	3989990	2739026	501199	360864	3089609
港澳台商控股		450173	1325697	1071833	-7586		1071833
外商控股		19763	113384	152675	13465	3326	156001
其他	49700	346354	1642652	1334632	167306	77021	1411653
按经营形式分							
独立门店		1552466	7531384	5573028	476558	494040	6055658
连锁总店(总部)	73329	121370	558498	532958	163696	8353	541312
连锁直营店		21768	154804	146078	27786	93	145239
其他		64002	625728	426868	78418	4874	431493
按单位规模分							
大型	73329	835551	3502000	2771136	231485	63850	2834054
中型		769437	4046135	3034417	300167	368682	3391287
小型		140346	1017499	647037	173903	73000	720015
微型		14273	304779	226342	40904	1828	228345
按零售业态分							
有店铺零售	**73329**	**1682450**	**8099820**	**6078283**	**619674**	**491966**	**6557383**
食杂店		2581	10938	5003	673	898	5901
便利店		20248	47037	16623	1144	578	17201
折扣店		509	9504	8337	799	95	8432
超市		7484	35189	23064	10570	906	23970
大型超市		489375	1588230	1302034	46497	7555	1311589
仓储会员店		2564	10949	9272	2894		9272
百货店		76880	321130	355756	54606	30163	383610
专业店		502337	3096664	2380644	259395	89087	2462293
专卖店	73329	365791	2184879	1655646	172181	68527	1719135
家居建材商店		30371	95684	98081	7712		98081
购物中心		159236	483786	64676	21193	265445	330121
厂家直销中心		25075	215831	159147	42013	28712	187779
无店铺零售		**64581**	**742098**	**544817**	**118187**	**14387**	**559478**
电视购物		157	1121	2174	1359		2174
邮购		46	4089	1143	1072		1143
网上商店		2967	171545	160815	10147	100	160915
自动售货亭		410	2932	1725	1356		1725
电话购物		118	3966	2345	249	4	2346
其他		60883	558445	376615	104005	14282	391176

11-6　续表 20　　　　（2018 年）　　　　单位：万元

指标	所有者权益合计	实收资本						
			国家资本	集体资本	法人资本	个人资本	港澳台资本	外商资本
总计	**6635932**	**7629861**	**1833467**	**12910**	**3251490**	**2364678**	**131109**	**36207**
批发业	**4939219**	**4312624**	**1793203**	**8490**	**1498716**	**935020**	**65000**	**12194**
按批发行业小类分								
农、林、牧、渔产品批发	**534173**	**322966**	**123739**		**98244**	**65982**	**35000**	
谷物、豆及薯类批发	276642	119803	109403		10000	400		
种子批发	120627	67198	14337		12797	40064		
畜牧渔业饲料批发	1518	1620				1620		
棉、麻批发	58686	44935			24755	20180		
牲畜批发	46894	35600			600		35000	
其他农牧产品批发	29806	53810			50092	3718		
食品、饮料及烟草制品批发	**378286**	**1105366**	**742728**	**1280**	**27353**	**333883**		**122**
米、面制品及食用油批发	−17668	33831	25580	530	6302	1418		
糕点、糖果及糖批发	695	1000600	700000			300600		
果品、蔬菜批发	13001	18716			2468	16248		
肉、禽、蛋、奶及水产品批发	7427	6390			4000	2390		
盐及调味品批发	15513	9282	9162		120			
营养和保健品批发	7456	4788				4666		122
酒、饮料及茶叶批发	25335	14157			7542	6615		
烟草制品批发	328856	7886	7886					
其他食品批发	−2328	9717	100	750	6921	1946		
纺织、服装及家庭用品批发	**74017**	**41249**	**3403**		**16302**	**21544**		
纺织品、针织品及原料批发	14644	9885	380		7855	1651		
服装批发	12431	9501			486	9016		
化妆品及卫生用品批发	2859	1250	255			995		
厨具卫具及日用杂品批发	791	540			260	280		
灯具、装饰物品批发								
家用视听设备批发	−6712	1022			200	822		
日用家电批发	48266	14281			7501	6780		
其他家庭用品批发	1738	4769	2768			2001		
文化、体育用品及器材批发	**348678**	**72398**	**31900**		**13000**	**25426**		**2072**
文具用品批发	8154	8222			450	5700		2072
体育用品及器材批发	5699	1000			750	250		
图书批发	259480	18200	16700		400	1100		
首饰、工艺品及收藏品批发	46375	26505			8730	17775		
其他文化用品批发	28969	18471	15200		2670	601		
医药及医疗器材批发	**889952**	**579495**	**86449**	**202**	**357709**	**135134**		
西药批发	357209	267010	15072		202921	49018		
中药批发	274891	188017	963		130543	56511		
动物用药品批发	17834	11688			2346	9342		
医疗用品及器材批发	240017	112779	70415	202	21899	20264		
矿产品、建材及化工产品批发	**2222256**	**1758151**	**703931**	**3540**	**756392**	**264288**	**30000**	
煤炭及制品批发	306697	260537	61684		158258	40596		
石油及制品批发	598131	605319	547533		33332	24454		
非金属矿及制品批发	7250	7083			2926	4157		
金属及金属矿批发	1095259	676600	69355	300	473203	133742		

11-6 续表 21 （2018 年） 单位:万元

指标	所有者权益合计	实收资本	国家资本	集体资本	法人资本	个人资本	港澳台资本	外商资本
建材批发	156758	144139	20300		77184	16655	30000	
化肥批发	7870	13400	5000	3000	400	5000		
农药批发	12262	9115			2180	6935		
其他化工产品批发	38029	41959	60	240	8910	32749		
机械设备、五金产品及电子产品批发	**442435**	**386405**	**79876**	**3418**	**210755**	**82357**		**10000**
农业机械批发	2286	1641			1110	531		
汽车及零配件批发	-19749	36154		150	23520	12484		
摩托车及零配件批发	1997	1800			1000	800		
五金产品批发	57644	48282	34750		4606	8926		
电气设备批发	22556	17732			6150	11582		
计算机、软件及辅助设备批发	24559	18957	960	80	6758	11160		
通讯设备批发	187605	159936	2700	3001	141320	12916		
广播影视设备批发	717	705			205	500		
其他机械设备及电子产品批发	164821	101197	41466	188	26087	23457		10000
贸易经纪与代理	**12883**	**11842**			**11321**	**521**		
贸易代理	12157	11302			11001	301		
其他贸易经纪与代理	726	540			320	220		
其他批发业	**36542**	**34753**	**21176**	**50**	**7641**	**5886**		
再生物资回收与批发	1871	1980			1420	560		
宠物食品用品批发	1291	1000			1000			
互联网批发	12618	3504			3504			
其他未列明批发业	20762	28269	21176	50	1717	5326		
按登记注册类型分								
内资企业	**4863393**	**4245366**	**1793203**	**8490**	**1498652**	**935020**		**10000**
国有企业	315297	18383	15252		3130			
股份合作企业	-643	92	72			20		
有限责任公司	3179875	3092015	1231975	7378	1274711	567950		10000
国有独资公司	396837	163705	163645		60			
其他有限责任公司	2783039	2928309	1068330	7378	1274651	567950		10000
股份有限公司	796364	660889	545904	202	85945	28839		
私营企业	572500	473988		910	134866	338212		
私营独资企业	25	30				30		
私营有限责任公司	562890	460886		910	124604	335372		
私营股份有限公司	9584	13072			10262	2810		
港、澳、台商投资企业	**70975**	**65000**					**65000**	
港、澳、台商独资经营企业	70975	65000					65000	
外商投资企业	**4851**	**2258**			**64**			**2194**
中外合资经营企业								
外资企业	2922	186			64			122
其他外商投资企业	1929	2072						2072
按控股情况分								
国有控股	2322193	2335833	1770504		254283	311045		
集体控股	13094	9340		3200	4540	1600		
私人控股	1895226	1342465		1848	771798	568819		
港澳台商控股	70975	65000					65000	
外商控股	2922	186			64			122

11-6 续表 22 （2018 年） 单位:万元

指标	所有者权益合计							
		实收资本						
			国家资本	集体资本	法人资本	个人资本	港澳台资本	外商资本
其他	634808	559800	22699	3442	468031	53556		12072
按经营形式分								
独立门店	1005651	577200	77637	4218	248322	247023		
连锁总店(总部)	26928	7500			7500			
其他	3906641	3727924	1715566	4272	1242895	687997	65000	12194
按单位规模分								
大型	1638186	948891	616932		290423	41536		
中型	1641655	1200243	364229	750	418871	379199	35000	2194
小型	1481778	1971892	808131	6733	674216	472812		10000
微型	177601	191598	3911	1008	115206	41474	30000	
零售业	**1696712**	**3317237**	**40264**	**4420**	**1752773**	**1429658**	**66109**	**24013**
按零售行业小类分								
综合零售	**256333**	**433786**	**1896**	**1588**	**330111**	**19242**	**64706**	**16243**
百货零售	121127	127120	1846	1488	41790	14800	55670	11526
超级市场零售	67845	239460			221801	3906	9036	4717
其他综合零售	67361	67207	50	100	66520	537		
食品、饮料及烟草制品专门零售	**82554**	**38446**	**800**	**1001**	**24251**	**12393**		
粮油零售	2372	2300	800		1000	500		
糕点、面包零售	242	142				142		
果品、蔬菜零售	5660	4627			1627	3000		
肉、禽、蛋、奶及水产品零售	13589	2010			1910	100		
营养和保健品零售	284	100			100			
酒、饮料及茶叶零售	19166	14111			7081	7030		
烟草制品零售	33891	7513			7127	385		
其他食品零售	7351	7643		1001	5406	1236		
纺织、服装及日用品专门零售	**95169**	**42606**	**15**		**31762**	**10636**	**193**	
纺织品及针织品零售	442	165	15		85	65		
服装零售	75789	31721			23777	7752	193	
鞋帽零售	1718	934			384	550		
化妆品及卫生用品零售	6426	6071			3802	2270		
钟表、眼镜零售	6605	3000			3000			
自行车等代步设备零售								
其他日用品零售	4189	715			715			
文化、体育用品及器材专门零售	**61457**	**53031**	**5100**	**132**	**31037**	**16762**		
文具用品零售	1784	1520			209	1311		
体育用品及器材零售	8468	6021			4321	1700		
图书、报刊零售	43116	13945	5100	132	600	8113		
珠宝首饰零售	-8281	17175			17166	10		
工艺美术品及收藏品零售	6350	5000			3000	2000		
乐器零售	5601	4649			2324	2325		
照相器材零售	3847	3191			2088	1103		
其他文化用品零售	573	1530			1329	201		
医药及医疗器材专门零售	**57201**	**31550**	**1273**		**18082**	**12195**		
西药零售	50362	28777	500		17977	10300		
中药零售	5649	2273	773			1500		

11-6 续表 23 （2018 年） 单位:万元

指标	所有者权益合计	实收资本	国家资本	集体资本	法人资本	个人资本	港澳台资本	外商资本
医疗用品及器材零售	235	150			100	50		
保健辅助治疗器材零售	956	350			5	345		
汽车、摩托车、零配件和燃料及其他动力销售	**909127**	**2517344**	**26690**	**1608**	**1214591**	**1266486**	**1200**	**6770**
汽车新车零售	409209	1329820	6821	1350	166648	1148231		6770
汽车旧车零售	195801	1152213			1039607	111407	1200	
汽车零配件零售	3254	2265			1054	1211		
机动车燃油零售	290814	27259	17570	20	6101	3568		
机动车燃气零售	10050	5788	2300	238	1181	2069		
家用电器及电子产品专门零售	**191863**	**158734**		**36**	**92777**	**64921**		**1000**
家用视听设备零售	8389	8430			5628	2803		
日用家电零售	51823	26457			24590	1866		
计算机、软件及辅助设备零售	114741	97928			50371	47557		
通信设备零售	-6003	9178			5915	2263		1000
其他电子产品零售	22913	16742		36	6274	10432		
五金、家具及室内装饰材料专门零售	**9701**	**16851**	**10**	**56**	**3721**	**13064**		
五金零售	7928	6706			1136	5569		
灯具零售	10	10			10			
家具零售	-2996	6223	10	56	73	6084		
涂料零售	635	100				100		
卫生洁具零售	729	500				500		
陶瓷、石材装饰材料零售	2414	2500			2000	500		
其他室内装饰材料零售	981	812			501	311		
货摊、无店铺及其他零售业	**33308**	**24889**	**4480**		**6442**	**13957**	**10**	
互联网零售	11761	8756	1280		2442	5024	10	
邮购及电视、电话零售	-1345	200	200					
自动售货机零售	1206							
生活用燃料零售	10677	10633	3000		510	7123		
宠物食品用品零售	8688	3000			3000			
其他未列明零售业	2321	2300			490	1810		
按登记注册类型分								
内资企业	**1458972**	**3225430**	**40264**	**4420**	**1736018**	**1428902**	**1200**	**14626**
国有企业	289	20			20			
集体企业	697	410		410				
有限责任公司	825572	1871304	38368	3401	572858	1252378	1200	3100
国有独资公司	10790	3600	3600					
其他有限责任公司	814782	1867704	34768	3401	572858	1252378	1200	3100
股份有限公司	268286	38630	1846		17918	7340		11526
私营企业	364129	1315067	50	610	1145223	169184		
私营独资企业	1350	1331			639	692		
私营合伙企业	28	75				75		
私营有限责任公司	348027	1304007	50	610	1140583	162764		
私营股份有限公司	14723	9654			4001	5653		
港、澳、台商投资企业	**255209**	**77379**			**8470**		**64909**	**4000**
合资经营企业(港或澳、台资)	11636	7590			3470		120	4000
港、澳、台商独资经营企业	227355	66789			5000		61789	

11-6　续表 24　　　　(2018 年)　　　　单位:万元

指标	所有者权益合计	实收资本						
			国家资本	集体资本	法人资本	个人资本	港澳台资本	外商资本
港、澳、台商投资股份有限公司	16217	3000					3000	
外商投资企业	-17468	14428			8285	756		5387
中外合资经营企业	-25485	10362			4975			5387
外资企业	-11413							
外商投资股份有限公司	18143	3566			2810	756		
其他外商投资企业	1287	500			500			
按控股情况分								
国有控股	353238	59045	39389		17240	2417		
集体控股	848	2448		2218	210	20		
私人控股	900381	2867662	661	702	1572832	1293467		
港澳台商控股	253863	71789			5000	800	65989	
外商控股	-42618	28319			8550	756		19013
其他	230999	287975	215	1501	148941	132198	120	5000
按经营形式分								
独立门店	1475727	3094070	26515	2884	1622130	1358268	65979	18296
连锁总店(总部)	17187	64772	500		52473	11679	120	
连锁直营店	9565	17255		1001	11151	385		4717
其他	194235	141140	13250	536	67019	59326	10	1000
按单位规模分								
大型	667946	344524	4300		256320	15508	56870	11526
中型	654849	2616798	16040	2489	1317976	1259578	9228	11487
小型	297484	288720	17610	1931	143836	125343		
微型	76434	67196	2315		34642	29229	10	1000
按零售业态分								
有店铺零售	**1542437**	**3165997**	**33542**	**4365**	**1680257**	**1363723**	**66099**	**18013**
食杂店	5036	4824				4824		
便利店	29836	12721	10100		1848	774		
折扣店	1072	1801			500	1301		
超市	11219	7694	300		2257	5137		
大型超市	276640	309352			224398	4005	64706	16243
仓储会员店	1677	6049			1049	5000		
百货店	-62479	59838	1896	1588	47193	9161		
专业店	634371	259883	11800	1420	144663	102000		
专卖店	465744	2370423	5846	1357	1154655	1205403	1393	1770
家居建材商店	-2397	9560			2000	7560		
购物中心	153665	97293	3600		90180	3514		
厂家直销中心	28053	26558			11515	15044		
无店铺零售	**182619**	**141140**	**6723**	**56**	**64516**	**64835**	**10**	**5000**
电视购物	-1053	400	200		200			
邮购	2946	2006				2006		
网上商店	10630	7651	1280	36	4035	2290	10	
自动售货亭	1206							
电话购物	1620	1461			60	1401		
其他	167270	129622	5243	20	60221	59138		5000

11-6 续表 25 （2018 年） 单位:万元

指标	营业收入	主营业务收入	营业成本	主营业务成本	税金及附加	主营业务税金及附加	其他业务利润	销售费用
总计	**51294277**	**50665353**	**46547047**	**46312932**	**257021**	**250094**	**174728**	**1609485**
批发业	**36368584**	**36167691**	**33678352**	**33540717**	**215912**	**210808**	**43620**	**745514**
按批发行业小类分								
农、林、牧、渔产品批发	**1015806**	**1006843**	**921620**	**921164**	**1207**	**1092**	**7991**	**16796**
谷物、豆及薯类批发	153804	150321	131212	131212	81	81	2935	2317
种子批发	74715	72662	53227	52977	424	353	468	7782
畜牧渔业饲料批发	21097	21097	20760	20760	8	8		22
棉、麻批发	389549	386581	348637	348495	242	242	4257	5323
牲畜批发	46754	46359	44579	44514	49	5	331	966
其他农牧产品批发	329887	329822	323206	323206	403	403		386
食品、饮料及烟草制品批发	**2029517**	**2022782**	**1543782**	**1542377**	**171010**	**169425**	**3441**	**72771**
米、面制品及食用油批发	240793	237847	196501	196465	295	295	65	13717
糕点、糖果及糖批发	15525	15525	14664	14664	31	31		196
果品、蔬菜批发	60069	59652	54072	54013	78	78	526	380
肉、禽、蛋、奶及水产品批发	64428	64428	58556	58556	49	31		2645
盐及调味品批发	5133	4383	3417	3328	41	36	662	1260
营养和保健品批发	35883	35883	32452	32452	39	39	1389	1519
酒、饮料及茶叶批发	250032	248590	210884	210509	675	663	596	9263
烟草制品批发	1262242	1261732	889589	888742	169632	168082	190	39730
其他食品批发	95412	94742	83648	83648	170	170	14	4061
纺织、服装及家庭用品批发	**2458666**	**2423081**	**2297990**	**2264903**	**2601**	**2544**	**810**	**49205**
纺织品、针织品及原料批发	78430	78128	72337	72230	95	95	481	3995
服装批发	129236	129163	110228	110228	283	283		8856
化妆品及卫生用品批发	81078	79746	67731	67607	45	38		2979
厨具卫具及日用杂品批发	18665	18624	16522	16522	34	34	65	1425
灯具、装饰物品批发								
家用视听设备批发	88829	88060	82311	82054	127	127	261	5878
日用家电批发	2043784	2011030	1931206	1898607	1948	1948	3	25755
其他家庭用品批发	18643	18331	17656	17656	69	18		318
文化、体育用品及器材批发	**1184929**	**1179810**	**1097941**	**1096251**	**1868**	**1719**	**3653**	**35424**
文具用品批发	184237	184237	176642	176642	172	24		4524
体育用品及器材批发	100643	100432	90704	90469	163	163		8021
图书批发	449801	446396	404898	403713	928	928	2614	16958
首饰、工艺品及收藏品批发	189977	189781	173572	173571	100	98		3031
其他文化用品批发	260271	258964	252125	251857	505	505	1039	2891
医药及医疗器材批发	**6647748**	**6629716**	**6066319**	**6061616**	**15741**	**15361**	**9316**	**187694**
西药批发	2315798	2307462	2100993	2100546	5853	5853	5150	78671
中药批发	2183726	2177400	2016589	2013617	5053	4965	2594	60931
动物用药品批发	311481	311481	271812	271812	604	604		14215
医疗用品及器材批发	1836743	1833373	1676926	1675641	4231	3939	1572	33877
矿产品、建材及化工产品批发	**14960613**	**14881254**	**14090032**	**14038960**	**13580**	**11787**	**17393**	**206532**
煤炭及制品批发	3224777	3209751	3103924	3070792	5381	5205	3376	25539
石油及制品批发	3434438	3410681	3173130	3159142	2205	1480	10184	59614
非金属矿及制品批发	196711	196711	183519	183519	203	203		2606
金属及金属矿批发	4845435	4807108	4582188	4578344	3604	2795	3821	53358

11-6 续表 26 （2018 年） 单位:万元

指标	营业收入	主营业务收入	营业成本	主营业务成本	税金及附加	主营业务税金及附加	其他业务利润	销售费用
建材批发	1896903	1895825	1801004	1800928	1411	1411		15016
化肥批发	385198	385186	352927	352927	228	165		597
农药批发	61835	61438	46748	46714	72	52		8110
其他化工产品批发	915317	914556	846593	846593	476	476	12	41691
机械设备、五金产品及电子产品批发	**7625818**	**7579683**	**7261156**	**7216210**	**8682**	**8060**	**883**	**169929**
农业机械批发	17128	16527	13028	13028	32	32		1161
汽车及零配件批发	1462500	1426773	1359410	1325921	1829	1806	-208	64509
摩托车及零配件批发	17443	17443	16592	16592	17	17		392
五金产品批发	113459	112608	97299	97299	227	146	863	3094
电气设备批发	87600	87412	81642	81564	249	137	94	3020
计算机、软件及辅助设备批发	128680	128535	120282	120264	180	180	749	2463
通讯设备批发	1828943	1827587	1739323	1739091	2315	2142	62	24924
广播影视设备批发	15804	15230	13823	12732	77	77		560
其他机械设备及电子产品批发	3954261	3947568	3819757	3809719	3757	3524	-677	69807
贸易经纪与代理	**86469**	**86469**	**80949**	**80949**	**56**	**44**		**1094**
贸易代理	65930	65930	61225	61225	35	35		676
其他贸易经纪与代理	20540	20540	19725	19725	21	10		418
其他批发业	**359018**	**358053**	**318563**	**318287**	**1167**	**775**	**133**	**6070**
再生物资回收与批发	90959	90959	72594	72594	978	585	-183	1703
宠物食品用品批发	14372	14372	13172	13172	11	11		210
互联网批发	67777	67777	57676	57676	9	9		170
其他未列明批发业	185910	184946	175120	174844	170	170	316	3986
按登记注册类型分								
内资企业	**36197700**	**35997202**	**33517397**	**33379826**	**215718**	**210805**	**43289**	**739620**
国有企业	1261409	1258694	892578	891586	169555	168000	1182	39317
股份合作企业	5806	5757	5488	5488	6	6	48	250
有限责任公司	26062913	25942252	24625416	24545743	32225	30428	32029	450595
国有独资公司	3887058	3876679	3811257	3809853	2968	2768	3838	24013
其他有限责任公司	22175855	22065573	20814158	20735889	29257	27660	28191	426582
股份有限公司	2745577	2726365	2463785	2446949	3893	3009	568	70055
私营企业	6121995	6064134	5530130	5490061	10040	9361	9463	179404
私营独资企业	6439	6439	6163	6163	10	10		250
私营有限责任公司	6041248	5983644	5460561	5420493	9793	9114	9463	174783
私营股份有限公司	74308	74050	63406	63406	238	238		4372
港、澳、台商投资企业	**47174**	**46779**	**45071**	**45007**	**46**	**2**	**331**	**964**
港、澳、台商独资经营企业	47174	46779	45071	45007	46	2	331	964
外商投资企业	**123710**	**123710**	**115885**	**115885**	**149**			**4930**
中外合资经营企业								
外资企业	11100	11100	8989	8989				876
其他外商投资企业	112610	112610	106896	106896	148			4054
按控股情况分								
国有控股	16977762	16887769	15953678	15903186	185413	182058	24641	204275
集体控股	96062	95653	81770	81549	489	377	94	3674
私人控股	11633014	11541816	10517133	10461273	21280	19987	15318	396086
港澳台商控股	47174	46779	45071	45007	46	2	331	964
外商控股	11100	11100	8989	8989				876

11-6 续表 27　　　　(2018 年)　　　　单位:万元

指标	营业收入	主营业务收入	营业成本	主营业务成本	税金及附加	主营业务税金及附加	其他业务利润	销售费用
其他	7603472	7584573	7071712	7040713	8684	8384	3236	139639
按经营形式分								
独立门店	9809578	9724184	8844168	8793689	17109	16489	18370	295219
连锁总店(总部)	1994958	1993566	1945516	1945466	994	960	1341	2148
其他	24564049	24449941	22888668	22801562	197809	193359	23909	448148
按单位规模分								
大型	10278232	10212057	9196880	9144875	183051	180639	15364	265988
中型	17585704	17499917	16582197	16506221	20835	19594	18338	365932
小型	7146867	7100230	6637648	6628211	9559	8591	9605	102269
微型	1357780	1355487	1261627	1261410	2468	1985	314	11326
零售业	**14925693**	**14497662**	**12868695**	**12772215**	**41109**	**39286**	**131108**	**863971**
按零售行业小类分								
综合零售	**2488932**	**2253094**	**1929466**	**1923525**	**12667**	**11890**	**64382**	**215880**
百货零售	1922262	1739955	1489311	1487717	10339	10033	37720	113238
超级市场零售	545959	492535	423197	418930	2236	1780	26639	101844
其他综合零售	20711	20604	16958	16878	92	76	22	799
食品、饮料及烟草制品专门零售	**281666**	**281308**	**199432**	**199047**	**640**	**589**	**1448**	**30076**
粮油零售	14214	14176	12861	12860	3	3	39	602
糕点、面包零售	1097	1097	738	738	2	2		201
果品、蔬菜零售	4037	3972	2007	2007	2	2		1205
肉、禽、蛋、奶及水产品零售	75425	75310	39595	39490	37	37	11	1040
营养和保健品零售	845	845	630	630				70
酒、饮料及茶叶零售	82532	82518	61622	61446	260	260	963	10588
烟草制品零售	51652	51614	43524	43524	133	133		4565
其他食品零售	51864	51778	38454	38353	203	152	436	11805
纺织、服装及日用品专门零售	**399029**	**391093**	**319795**	**316744**	**2014**	**1988**	**2643**	**47842**
纺织品及针织品零售	9281	9281	7503	7503	22	22	-0	550
服装零售	310422	303780	248057	246135	1717	1710	2344	38919
鞋帽零售	7878	6958	6140	5635	32	26	128	1054
化妆品及卫生用品零售	32411	32043	26537	25914	91	84	171	2982
钟表、眼镜零售	20035	20028	16890	16890	77	71		2824
自行车等代步设备零售								
其他日用品零售	19002	19002	14667	14667	74	74		1515
文化、体育用品及器材专门零售	**310371**	**305724**	**241925**	**239824**	**1951**	**1950**	**1320**	**36027**
文具用品零售	18327	18327	16757	16757	20	20	204	534
体育用品及器材零售	65685	65218	49533	49519	196	196		10834
图书、报刊零售	111600	108009	84421	82361	418	418	252	11286
珠宝首饰零售	39569	39009	33449	33426	1139	1139	537	2969
工艺美术品及收藏品零售	39305	39305	26217	26217	125	125		9638
乐器零售	18587	18558	16243	16239	25	25		150
照相器材零售	13031	13031	11921	11921	23	22	88	389
其他文化用品零售	4268	4268	3385	3385	6	6	239	227
医药及医疗器材专门零售	**502354**	**481451**	**357345**	**347865**	**2408**	**2382**	**1320**	**96018**
西药零售	426897	405995	290251	280781	2274	2250	1247	94464
中药零售	69582	69581	62038	62028	94	92		1423

11-6 续表 28　　　　(2018 年)　　　　单位:万元

指标	营业收入	主营业务收入	营业成本	主营业务成本	税金及附加	主营业务税金及附加	其他业务利润	销售费用
医疗用品及器材零售	1569	1569	1257	1257	11	11	74	5
保健辅助治疗器材零售	4306	4306	3799	3799	29	29		126
汽车、摩托车、零配件和燃料及其他动力销售	**8563009**	**8409230**	**7723043**	**7650612**	**17313**	**16638**	**48405**	**293229**
汽车新车零售	5975240	5878334	5415511	5390199	9893	9331	35171	197063
汽车旧车零售	1198109	1168016	1104704	1094074	4721	4716	8433	38107
汽车零配件零售	14109	14109	11825	11825	22	22		599
机动车燃油零售	1343551	1316773	1166374	1129884	2636	2533	4801	57352
机动车燃气零售	32000	31999	24630	24630	41	36		109
家用电器及电子产品专门零售	**1516908**	**1513496**	**1310865**	**1308553**	**3143**	**2914**	**10741**	**89532**
家用视听设备零售	38292	38281	31637	31615	112	48		2076
日用家电零售	771845	770953	660807	660424	1663	1650	9487	57432
计算机、软件及辅助设备零售	371117	369799	320422	318941	874	765	127	10078
通信设备零售	285823	284953	262517	262274	253	241	870	18198
其他电子产品零售	49832	49511	35483	35299	242	211	258	1747
五金、家具及室内装饰材料专门零售	**105569**	**105060**	**87688**	**87415**	**185**	**168**	**824**	**6005**
五金零售	49985	49938	38921	38921	99	99	636	3620
灯具零售	563	563	495	495				1
家具零售	25938	25477	23830	23557	33	32	188	777
涂料零售	517	517	281	281				131
卫生洁具零售	3040	3040	2253	2253	5	5		645
陶瓷、石材装饰材料零售	5335	5335	4404	4404	31	15		603
其他室内装饰材料零售	20189	20189	17504	17504	17	17		228
货摊、无店铺及其他零售业	**757855**	**757206**	**699134**	**698631**	**789**	**767**	**25**	**49363**
互联网零售	626445	626407	579993	579988	497	497	25	43655
邮购及电视、电话零售	2156	2156	1564	1564	5	5		745
自动售货机零售	5162	5162	2991	2991	21			1639
生活用燃料零售	98143	97532	95196	94697	167	165		446
宠物食品用品零售	19072	19072	14359	14359	81	81		1952
其他未列明零售业	6876	6876	5032	5032	18	18		925
按登记注册类型分								
内资企业	**13045532**	**12763760**	**11360909**	**11266529**	**33350**	**31642**	**103617**	**767580**
国有企业	693	691	566	566	20	20		2
集体企业	11922	11922	11001	11001	9	9		450
有限责任公司	8647985	8444510	7523751	7476711	23752	22641	83687	533530
国有独资公司	101098	100282	96259	95725	237	237	208	1662
其他有限责任公司	8546887	8344228	7427491	7380986	23514	22404	83479	531868
股份有限公司	1461338	1427523	1221196	1189516	3864	3832	4908	118199
私营企业	2923594	2879115	2604396	2588736	5706	5141	15021	115399
私营独资企业	5409	5409	4418	4418	85	57		96
私营合伙企业	283	283	206	206				
私营有限责任公司	2888729	2844250	2580027	2564367	5578	5041	15021	111207
私营股份有限公司	29173	29173	19745	19745	43	43		4096
港、澳、台商投资企业	**1650123**	**1508819**	**1309532**	**1307580**	**7391**	**7391**	**23545**	**78190**
合资经营企业(港或澳、台资)	148786	144110	134185	132733	414	414	1635	6304
港、澳、台商独资经营企业	1340715	1225262	1060444	1060444	6297	6297	1235	55405

11-6 续表 29　　(2018 年)　　单位:万元

指标	营业收入	主营业务收入	营业成本	主营业务成本	税金及附加	主营业务税金及附加	其他业务利润	销售费用
港、澳、台商投资股份有限公司	160623	139448	114903	114404	680	680	20676	16481
外商投资企业	**230038**	**225083**	**198254**	**198106**	**368**	**253**	**3946**	**18201**
中外合资经营企业	82668	81842	73103	72977	138	104	342	8721
外资企业	16060	12994	11559	11559	81		3066	6786
外商投资股份有限公司	121997	121024	105058	105057	132	132	538	2380
其他外商投资企业	9313	9224	8534	8513	17	17		315
按控股情况分								
国有控股	1805008	1747676	1562838	1521848	4108	3618	28137	93328
集体控股	184575	165905	116421	116368	952	787		3710
私人控股	7505562	7367897	6542188	6508427	19323	18463	37780	439302
港澳台商控股	1692583	1545381	1347314	1343686	7692	7692	21911	78947
外商控股	299743	293945	256784	256636	551	433	4766	27871
其他	3438221	3376859	3043149	3025251	8482	8294	38515	220813
按经营形式分								
独立门店	11729177	11361435	10223824	10132466	32621	31021	108950	540442
连锁总店(总部)	1259309	1219697	1000739	997910	4064	3942	17009	195695
连锁直营店	317397	316705	238649	238132	735	735		39017
其他	1619810	1599825	1405483	1403707	3689	3588	5149	88818
按单位规模分								
大型	4460630	4232492	3646178	3602634	14737	14525	62868	343968
中型	7689866	7514560	6846434	6814203	18406	17223	60754	367676
小型	1903713	1879734	1616856	1597050	6682	6367	6802	101071
微型	871484	870876	759227	758328	1284	1171	683	51256
按零售业态分								
有店铺零售	**13044785**	**12638225**	**11224811**	**11140422**	**37865**	**36206**	**125941**	**768330**
食杂店	5316	5315	4757	4757	8	8		427
便利店	208909	203770	171154	166633	645	594	629	22606
折扣店	13401	13401	11393	11393	14	14		1343
超市	44049	42046	34191	33646	527	268	172	2881
大型超市	2034411	1848435	1593396	1588968	8659	8515	56213	165418
仓储会员店	29659	29659	25609	25609	29	29		3014
百货店	442214	399550	330644	328587	3640	3357	8268	45182
专业店	4934506	4854735	4328258	4286779	10739	10462	27367	270226
专卖店	4537904	4464283	4034838	4013795	11412	10888	24796	218501
家居建材商店	37697	37236	31930	31656	60	59	188	2960
购物中心	186130	176936	150677	147132	1485	1469	1568	20430
厂家直销中心	570589	562859	507965	501466	647	542	6741	15343
无店铺零售	**1835577**	**1817656**	**1608540**	**1596451**	**3125**	**3050**	**5167**	**87415**
电视购物	7292	7292	6073	6073	10	10		1113
邮购	11122	11122	8968	8968	26	26		642
网上商店	672309	672272	621340	621335	529	529	25	45901
自动售货亭	5162	5162	2991	2991	21			1639
电话购物	15968	15968	15398	15398	21	19		145
其他	1123723	1105840	953771	941686	2519	2466	5142	37975

11-6 续表 30 （2018 年） 单位:万元

指标	损益及分配							
	管理费用	财务费用	利息收入	利息支出	资产减值损失	公允价值变动收益	投资收益	资产处置收益
总计	**895578**	**328824**	**46085**	**222116**	**27360**	**−2388**	**81806**	**150**
批发业	**388627**	**248403**	**43693**	**173494**	**22148**	**−2423**	**76303**	**−303**
按批发行业小类分								
农、林、牧、渔产品批发	**23952**	**25606**	**8618**	**22309**	**1232**	**381**	**10085**	**1**
谷物、豆及薯类批发	3702	8983	8584	17401	49		7523	
种子批发	13076	−189	−196	108	959	302	800	1
畜牧渔业饲料批发	181	2		1				
棉、麻批发	4282	4435	23	772	221	79	−390	
牲畜批发	1620	−224	80	5	2		2139	
其他农牧产品批发	1092	12599	128	4022			13	
食品、饮料及烟草制品批发	**55684**	**−2459**	**6634**	**3492**	**−53**	**40**	**241**	**−36**
米、面制品及食用油批发	4709	2225	697	2141	2		182	
糕点、糖果及糖批发	102	40		40				
果品、蔬菜批发	2955	406	1	139				
肉、禽、蛋、奶及水产品批发	1055	483		34	27	40		
盐及调味品批发	1923	−75	80	4			5	
营养和保健品批发	1127	169						
酒、饮料及茶叶批发	4998	414	−38	985				
烟草制品批发	35977	−6474	5886		2		54	−36
其他食品批发	2839	353	7	149	−83			
纺织、服装及家庭用品批发	**17912**	**−1418**	**4035**	**2932**			**1920**	**−1**
纺织品、针织品及原料批发	1718	304	27	36	25		1845	−1
服装批发	6628	1330	3	1247				
化妆品及卫生用品批发	1056	96	107	199			−5	
厨具卫具及日用杂品批发	450	76	6	57	5			
灯具、装饰物品批发								
家用视听设备批发	434	−8	64	20	−5			
日用家电批发	6793	−3629	3833	1372	−25		78	
其他家庭用品批发	832	413	−4				2	
文化、体育用品及器材批发	**19576**	**2279**	**−158**	**3057**	**7794**		**5177**	**−2**
文具用品批发	911	132	30	112	1197			−2
体育用品及器材批发	1637	5		1			170	
图书批发	13357	512	−819	1219	4794		4546	
首饰、工艺品及收藏品批发	1113	877	612	1212			3	
其他文化用品批发	2559	754	18	513	1804		459	
医药及医疗器材批发	**112201**	**109519**	**12690**	**88110**	**3552**		**45088**	**14**
西药批发	44808	44753	2012	22934	579		13206	17
中药批发	28540	33815	4855	34371	951		26557	−0
动物用药品批发	10004	3941	−104	931				
医疗用品及器材批发	28848	27010	5927	29874	2022		5325	−3
矿产品、建材及化工产品批发	**97662**	**101900**	**9119**	**43545**	**176**	**−1691**	**11382**	**−272**
煤炭及制品批发	18578	35275	1120	17023	−610	−1697	1381	9
石油及制品批发	14378	2102	1617	2414	36		9763	−281
非金属矿及制品批发	2185	255	44	43	69	1		
金属及金属矿批发	20826	20488	7153	17210	−5	2	20	

11-6 续表 31 （2018 年） 单位:万元

指标	损益及分配							
	管理费用	财务费用			资产减值损失	公允价值变动收益	投资收益	资产处置收益
			利息收入	利息支出				
建材批发	12891	39859	−1215	5035	635	3	214	
化肥批发	1042	253	269	505	−9			
农药批发	4247	710	100	314	60			
其他化工产品批发	23515	2958	31	1002	1		4	
机械设备、五金产品及电子产品批发	**54075**	**10139**	**2692**	**9285**	**9410**	**12**	**1614**	**−7**
农业机械批发	821	35						
汽车及零配件批发	12000	637	725	368	7508			−7
摩托车及零配件批发	344	66		65				
五金产品批发	3368	626	4	293	143		−69	
电气设备批发	2257	−20	24	20	−52	−0		
计算机、软件及辅助设备批发	4363	463	33	241	12	11	946	
通讯设备批发	6608	1362	400	4458	5		737	
广播影视设备批发	440	117	91	3				
其他机械设备及电子产品批发	23874	6853	1416	3837	1793			
贸易经纪与代理	**2770**	**471**	**7**	**396**	**37**		**12**	
贸易代理	2588	397		396	37		12	
其他贸易经纪与代理	182	74	7					
其他批发业	**4796**	**2368**	**54**	**367**		**−1166**	**785**	
再生物资回收与批发	1038	940		356			144	
宠物食品用品批发	167	660						
互联网批发	811	47		33				
其他未列明批发业	2779	721	54	−22		−1166	641	
按登记注册类型分								
内资企业	**385971**	**247831**	**43582**	**172731**	**20950**	**−2423**	**74164**	**−301**
国有企业	36521	−5650	5682	14	3		5	−36
股份合作企业	114	29	29					
有限责任公司	219506	180430	25285	122691	18678	−2859	35844	−268
国有独资公司	23048	6128	962	7364	5155	−1166	4645	−281
其他有限责任公司	196459	174303	24323	115327	13523	−1693	31199	13
股份有限公司	25007	29267	5976	31724	421	302	36980	1
私营企业	104822	43756	6610	18303	1849	134	1336	2
私营独资企业	34							
私营有限责任公司	102068	41990	6598	17534	1849	134	1336	2
私营股份有限公司	2720	1765	12	769				
港、澳、台商投资企业	**1632**	**534**	**85**	**762**	**2**		**2139**	
港、澳、台商独资经营企业	1632	534	85	762	2		2139	
外商投资企业	**1024**	**38**	**26**		**1197**			**−2**
中外合资经营企业								
外资企业	762	15	2					
其他外商投资企业	263	23	24		1197			−2
按控股情况分								
国有控股	123455	87746	28248	97382	10903	−1167	57948	−311
集体控股	2534	948	−61	266	−52			
私人控股	193349	85360	12200	42088	9561	441	14998	−13
港澳台商控股	1632	534	85	762	2		2139	
外商控股	762	15	2					

11-6 续表 32　　(2018 年)　　单位:万元

指标	损益及分配							
	管理费用	财务费用	利息收入	利息支出	资产减值损失	公允价值变动收益	投资收益	资产处置收益
其他	66895	73800	3219	32994	1735	-1697	1218	22
按经营形式分								
独立门店	135798	33911	5719	27867	10333	122	8228	-275
连锁总店(总部)	3251	303	129	411	-1			
其他	249577	214189	37845	145216	11816	-2546	68074	-27
按单位规模分								
大型	115765	87740	20004	77539	13472	-1	60506	-25
中型	192879	83952	14637	67903	7401	-1316	13890	-274
小型	71052	73593	7039	22418	202	-1129	1902	-3
微型	8931	3118	2012	5633	1073	23	5	
零售业	**506952**	**80421**	**2392**	**48622**	**5212**	**36**	**5503**	**453**
按零售行业小类分								
综合零售	**239943**	**5595**	**1337**	**4014**	**383**	**14**	**352**	**134**
百货零售	219132	6248	1167	3853	496	-1	352	35
超级市场零售	18968	-769	170	146	-161	9		99
其他综合零售	1844	116		15	48	6		
食品、饮料及烟草制品专门零售	**11089**	**866**	**62**	**540**	**827**	**7**	**62**	
粮油零售	509	46		46				
糕点、面包零售	144							
果品、蔬菜零售	770	209		142			70	
肉、禽、蛋、奶及水产品零售	2126	40	9		72			
营养和保健品零售	65							
酒、饮料及茶叶零售	4050	176	65	99	760	6	33	
烟草制品零售	1907	354	-13	252			-41	
其他食品零售	1519	42			-5			
纺织、服装及日用品专门零售	**12066**	**109**	**-3168**	**2158**	**43**	**2**	**4**	**2**
纺织品及针织品零售	279							
服装零售	9118	-347	-3168	2004	16			
鞋帽零售	627	63		46				
化妆品及卫生用品零售	1420	256			37	2	4	2
钟表、眼镜零售	119	-13						
自行车等代步设备零售								
其他日用品零售	504	148	-1	107	-11			
文化、体育用品及器材专门零售	**17287**	**1315**	**-45**	**982**	**250**		**35**	
文具用品零售	644	21	2	6				
体育用品及器材零售	1423	-171	-6	14	16			
图书、报刊零售	9359	91	-54	32	221		17	
珠宝首饰零售	1086	1023	12	910	14		9	
工艺美术品及收藏品零售	2644	278					9	
乐器零售	1623	29		20				
照相器材零售	391	41						
其他文化用品零售	116	1						
医药及医疗器材专门零售	**27856**	**8862**	**563**	**6590**	**518**		**4**	
西药零售	26153	5992	422	3571	19		4	
中药零售	1225	2886	125	3019	499			

11-6 续表 33 （2018 年） 单位:万元

指标	损益及分配							
	管理费用	财务费用			资产减值损失	公允价值变动收益	投资收益	资产处置收益
			利息收入	利息支出				
医疗用品及器材零售	56							
保健辅助治疗器材零售	423	−17	16					
汽车、摩托车、零配件和燃料及其他动力销售	**138738**	**57752**	**2667**	**30368**	**2798**	**3**	**5155**	**309**
汽车新车零售	104951	44421	2365	22481	374	−0	3367	322
汽车旧车零售	19370	11308	403	7723	198		1625	−13
汽车零配件零售	809	165						
机动车燃油零售	8362	1500	−124	91	2134	3	162	
机动车燃气零售	5247	358	22	73	93			
家用电器及电子产品专门零售	**47659**	**3415**	**961**	**2185**	**430**	**10**	**−618**	**30**
家用视听设备零售	1194	250	123	102	11	7		
日用家电零售	22213	1335	114	1198	406		−998	37
计算机、软件及辅助设备零售	18073	1482	5	599	10	3	379	
通信设备零售	2703	153	716	250	26			−7
其他电子产品零售	3476	195	3	37	−22			
五金、家具及室内装饰材料专门零售	**5082**	**1329**		**1105**			**510**	
五金零售	2638	227		174				
灯具零售	66							
家具零售	1353	875		871			510	
涂料零售	104							
卫生洁具零售	65							
陶瓷、石材装饰材料零售	284	47		47				
其他室内装饰材料零售	572	180		14				
货摊、无店铺及其他零售业	**7231**	**1180**	**15**	**680**	**−38**			**−22**
互联网零售	3098	398	−1	430				−22
邮购及电视、电话零售	505	1						
自动售货机零售	51				−52			
生活用燃料零售	2250	769	15	250	14			
宠物食品用品零售	647	1						
其他未列明零售业	681	10	1					
按登记注册类型分								
内资企业	**335472**	**78271**	**1297**	**47738**	**5026**	**36**	**5027**	**428**
国有企业	36	3			2	1		
集体企业	360	16						
有限责任公司	231097	52006	496	36404	2636	7	1479	398
国有独资公司	1353	232	−39	229	14			
其他有限责任公司	229744	51775	536	36175	2622	7	1479	398
股份有限公司	20727	6785	257	2074	2115		−18	35
私营企业	83253	19462	544	9260	274	28	3565	−6
私营独资企业	250	49			6			
私营合伙企业	88							
私营有限责任公司	79643	19408	544	9256	158	27	3564	−6
私营股份有限公司	3271	5		4	110			
港、澳、台商投资企业	**168738**	**567**	**1007**	**602**	**186**		**−232**	
合资经营企业(港或澳、台资)	4060	316	108	334	186		−232	
港、澳、台商独资经营企业	148625	290	255	269				

11-6 续表 34　　（2018 年）　　单位:万元

指标	损益及分配							
	管理费用	财务费用	利息收入	利息支出	资产减值损失	公允价值变动收益	投资收益	资产处置收益
港、澳、台商投资股份有限公司	16053	-39	644					
外商投资企业	**2742**	**1583**	**88**	**282**			**708**	**25**
中外合资经营企业	1191	1432	70	224				5
外资企业		84	2	2				
外商投资股份有限公司	1379	81	40	54			708	20
其他外商投资企业	171	-13	-25	3				
按控股情况分								
国有控股	21368	6814	78	5518	2738	1	51	4
集体控股	10789	462	149	523	246		454	
私人控股	207376	51617	1464	27636	888	29	2661	291
港澳台商控股	167047	170	898	189				
外商控股	4115	2395	65	-166	3	2	711	58
其他	96256	18964	-262	14922	1336	4	1626	100
按经营形式分								
独立门店	416875	69484	1115	42047	3903	30	5093	344
连锁总店（总部）	47251	3944	1140	3309	177	-1	6	90
连锁直营店	8559	1611	-179	252	16		-41	39
其他	34267	5382	316	3015	1116	6	445	-20
按单位规模分								
大型	231318	5354	1344	3889	2219		-35	171
中型	198522	64145	881	39352	2821	9	4942	266
小型	65627	9450	149	4869	88	21	592	15
微型	11484	1473	18	513	84	5	4	
按零售业态分								
有店铺零售	**453093**	**69420**	**2079**	**42469**	**3790**	**35**	**4894**	**473**
食杂店	780	129		121				
便利店	1157	210	25	178	3	3	2	
折扣店	440	75	-1	13				
超市	4118	590	-33	63	32	9		
大型超市	186435	579	971	837	-48	-1		134
仓储会员店	1302	10		7				
百货店	43932	5066	283	3447	423	6	352	
专业店	102206	32319	810	18755	2932	10	1183	143
专卖店	93041	25733	3012	13877	329	6	2621	193
家居建材商店	2607	1043		1040			510	
购物中心	8137	-1014	-3183	1834	89	2		
厂家直销中心	8939	4682	195	2297	30		226	4
无店铺零售	**46359**	**10973**	**241**	**6150**	**1422**		**609**	**-21**
电视购物	517	124	122					
邮购	1031	172						
网上商店	3586	842	-1	750				-22
自动售货亭	51				-52			
电话购物	257	71						
其他	40917	9765	119	5400	1474		609	2

11-6 续表 35 （2018 年） 单位：万元

指标	其他收益	营业利润	营业外收入	营业外支出	利润总额	应交所得税	人工成本及增值税		从事批发和零售业活动的从业人员平均人数(人)
							应付职工薪酬(本年贷方累计发生额)	应交增值税	
总计	**15820**	**1497306**	**45170**	**44367**	**1501260**	**191201**	**819212**	**576942**	**114610**
批发业	**11997**	**1054868**	**30289**	**27247**	**1057926**	**125448**	**366809**	**331429**	**39767**
按批发行业小类分									
农、林、牧、渔产品批发	**1519**	**35296**	**9936**	**4068**	**41194**	**633**	**14382**	**2047**	**1188**
谷物、豆及薯类批发	1144	13432	2822	8	16246	60	2543	176	127
种子批发	374	-348	5698	132	5218	116	7649	253	700
畜牧渔业饲料批发		123			123	20	70	61	14
棉、麻批发		28006	1122	19	29107	336	1616	79	176
牲畜批发		1902	5		1906	-44	2008	31	103
其他农牧产品批发		-7818	289	3909	-11406	145	495	1448	68
食品、饮料及烟草制品批发	**81**	**174259**	**4840**	**479**	**178639**	**43205**	**82844**	**67244**	**5080**
米、面制品及食用油批发		10549	2472	20	13020	124	10278	1968	1004
糕点、糖果及糖批发		104			104	12	304	179	55
果品、蔬菜批发		2105	166	1	2270	75	2074	245	535
肉、禽、蛋、奶及水产品批发		1092	26	2	1115	54	1705	187	352
盐及调味品批发	50	-1425	55	51	-1421		1830	71	257
营养和保健品批发		578			578	149	1167	228	132
酒、饮料及茶叶批发	3	23801	1970	349	25422	6720	6655	3902	1176
烟草制品批发	28	133032	94	30	133095	34845	56887	58569	1296
其他食品批发		4425	58	25	4457	1226	1946	1895	273
纺织、服装及家庭用品批发		**72326**	**3754**	**183**	**75899**	**9054**	**22231**	**19684**	**3249**
纺织品、针织品及原料批发		1771	77	48	1803	108	1933	271	342
服装批发		2136	74	20	2190	159	6044	2125	1056
化妆品及卫生用品批发		6677	1	6	6673	181	1989	262	405
厨具卫具及日用杂品批发		217	5		222	59	965	233	150
灯具、装饰物品批发									
家用视听设备批发		92	38		129	85	3860	905	250
日用家电批发		62125	3445	108	65461	8429	6805	15737	993
其他家庭用品批发		-692	115	2	-579	33	634	152	53
文化、体育用品及器材批发		**26306**	**1392**	**1308**	**26391**	**791**	**16560**	**3807**	**1801**
文具用品批发		658	23	15	667	45	771	279	93
体育用品及器材批发		284		1	283	271	1580	1360	321
图书批发		13654	838	592	13900	279	10415	296	913
首饰、工艺品及收藏品批发		11616		17	11599	61	1280	215	219
其他文化用品批发		93	531	682	-58	135	2514	1657	255
医药及医疗器材批发	**816**	**194989**	**2201**	**6666**	**190525**	**35631**	**88213**	**125980**	**11795**
西药批发	184	53436	1460	2192	52704	10061	32776	41602	4764
中药批发	619	65020	208	2678	62550	7631	29152	33021	4049
动物用药品批发		8717	266	1550	7434	1794	3309	4693	495
医疗用品及器材批发	13	67816	267	246	67837	16146	22976	46663	2487
矿产品、建材及化工产品批发	**8554**	**425780**	**4558**	**11008**	**419250**	**27836**	**72586**	**56155**	**8441**
煤炭及制品批发	7338	39495	818	2050	38263	4475	9647	10742	858
石油及制品批发		192126	686	1413	191399	12938	24180	5804	2113
非金属矿及制品批发		7623	27	16	7634	367	1842	6651	329
金属及金属矿批发	1183	130363	1853	7450	124686	7918	17695	16712	2206

11-6 续表 36　　　　（2018 年）　　　　单位：万元

指标	其他收益	营业利润	营业外收入	营业外支出	利润总额	应交所得税	人工成本及增值税		从事批发和零售业活动的从业人员平均人数（人）
							应付职工薪酬（本年贷方累计发生额）	应交增值税	
建材批发		24349	23	22	24351	1088	8527	13032	1326
化肥批发		30160	556		30716	113	414	330	66
农药批发		1546	211	6	1751	301	3362	306	643
其他化工产品批发	33	119	385	53	451	635	6920	2578	900
机械设备、五金产品及电子产品批发	**1027**	**105051**	**2770**	**3501**	**104364**	**7745**	**65158**	**47452**	**7363**
农业机械批发		1464		5	1460	367	471	321	83
汽车及零配件批发	12	12245	308	309	12244	-8494	19340	14003	1671
摩托车及零配件批发		32			32	8	245	72	44
五金产品批发	11	6379	243	45	6619	162	2072	1004	313
电气设备批发		446	25		470	100	2217	755	337
计算机、软件及辅助设备批发		1839	84	15	1909	164	2952	900	513
通讯设备批发	941	53583	141	208	53518	9259	5535	13624	1192
广播影视设备批发		787		2	785	100	212	269	30
其他机械设备及电子产品批发	63	28275	1969	2917	27327	6079	32115	16505	3180
贸易经纪与代理		**980**	**10**	**5**	**985**	**62**	**451**	**312**	**79**
贸易代理		984	7		990	41	315	198	48
其他贸易经纪与代理		-4	4	5	-5	21	137	114	31
其他批发业		**19883**	**829**	**30**	**20681**	**492**	**4385**	**8750**	**771**
再生物资回收与批发		10113	796	20	10889	8	497	7386	106
宠物食品用品批发		151			151	38	182	90	62
互联网批发		9063	9	5	9067	11	575	70	79
其他未列明批发业		555	24	5	574	436	3131	1203	524
按登记注册类型分									
内资企业	**11997**	**1053318**	**30281**	**27247**	**1056368**	**125358**	**363317**	**331315**	**39573**
国有企业	70	129077	309	76	129310	34177	58793	58435	1714
股份合作企业		-80			-81	19	361	52	145
有限责任公司	9760	511652	15873	21180	506355	66198	191718	174642	21988
国有独资公司	16	16825	3526	4990	15360	1053	17176	2723	1487
其他有限责任公司	9744	494827	12347	16189	490994	65145	174542	171920	20501
股份有限公司	898	189878	6357	934	195301	4176	38812	20172	3244
私营企业	1269	222792	7743	5057	225484	20787	73633	78014	12482
私营独资企业		-17			-17		7	76	3
私营有限责任公司	1269	221012	7696	4289	224426	20752	69198	76536	12122
私营股份有限公司		1797	47	768	1076	35	4428	1402	357
港、澳、台商投资企业		**1064**	**5**		**1068**	**-48**	**2010**	**32**	**96**
港、澳、台商独资经营企业		1064	5		1068	-48	2010	32	96
外商投资企业		**486**	**4**		**490**	**138**	**1482**	**82**	**98**
中外合资经营企业									
外资企业		458			458	113	978		69
其他外商投资企业		28	4		32	25	504	82	29
按控股情况分									
国有控股	1657	467573	9719	6946	470346	61530	164573	122894	9470
集体控股		6866	204	599	6469	1939	2171	2272	292
私人控股	1646	370270	16997	18605	368677	39815	140605	153000	22210
港澳台商控股		1064	5		1068	-48	2010	32	96
外商控股		458			458	113	978		69

11-6　续表 37　　　　（2018 年）　　　　单位：万元

指标	其他收益	营业利润	营业外收入	营业外支出	利润总额	应交所得税	人工成本及增值税		从事批发和零售业活动的从业人员平均人数（人）
							应付职工薪酬（本年贷方累计发生额）	应交增值税	
其他	8695	208637	3366	1097	210908	22099	56471	53231	7630
按经营形式分									
独立门店	1295	406309	8679	10595	404434	28667	122165	112651	15225
连锁总店（总部）		42746	3	2	42747	10722	2764	-524	327
其他	10702	605812	21608	16650	610746	86060	241879	219302	24215
按单位规模分									
大型	778	463640	5083	5695	463027	56982	167981	135038	12281
中型	9000	323271	20021	16294	326937	47594	147468	125214	19560
小型	29	217078	4841	4902	217096	16894	45957	53595	6870
微型	2191	50880	345	356	50867	3979	5403	17582	1056
零售业	**3823**	**442439**	**14881**	**17119**	**443334**	**65752**	**452403**	**245514**	**74843**
按零售行业小类分									
综合零售	**16**	**60233**	**3615**	**6462**	**57776**	**8254**	**113150**	**65856**	**23676**
百货零售	11	59743	1539	5798	55874	4565	69867	59754	14697
超级市场零售	5	-290	1954	624	1040	3644	42276	5959	8630
其他综合零售		781	121	40	862	46	1007	142	349
食品、饮料及烟草制品专门零售		**37324**	**539**	**174**	**38355**	**2276**	**16028**	**3088**	**3738**
粮油零售		-7	2	11	-16	2	298	9	48
糕点、面包零售		-146			-146		298	16	87
果品、蔬菜零售		-157	58	19	-117		986	17	191
肉、禽、蛋、奶及水产品零售		32516	346	72	32790	91	2028	56	437
营养和保健品零售		80			80		126		48
酒、饮料及茶叶零售		4114	75	65	4791	1406	6712	1931	1019
烟草制品零售		1128	43	6	1166	291	965	28	633
其他食品零售		-206	15	2	-192	485	4615	1032	1275
纺织、服装及日用品专门零售	**67**	**16918**	**83**	**326**	**16675**	**2021**	**13761**	**6785**	**2579**
纺织品及针织品零售		927	8		935	14	221	142	56
服装零售	57	12885	74	206	12754	1690	9613	5251	1731
鞋帽零售		-39			-39	7	972	93	182
化妆品及卫生用品零售	10	1102		112	990	33	2312	535	484
钟表、眼镜零售		138		8	130	41	201	594	30
自行车等代步设备零售									
其他日用品零售		1905			1905	236	443	170	96
文化、体育用品及器材专门零售		**10895**	**3252**	**3093**	**11054**	**892**	**19927**	**2869**	**3304**
文具用品零售		328	2	2	328	14	419	111	95
体育用品及器材零售		4113	7	3	4117	105	3688	696	1255
图书、报刊零售		5817	68	521	5364	549	12584	641	1374
珠宝首饰零售		-188	3057	2502	367	91	1268	195	238
工艺美术品及收藏品零售		411	111	61	461	100	1096	947	152
乐器零售		229	8	4	233	23	401	178	85
照相器材零售		157			157	4	363	56	82
其他文化用品零售		27			27	5	109	45	23
医药及医疗器材专门零售		**9320**	**898**	**420**	**9798**	**2649**	**51841**	**16025**	**9807**
西药零售		7735	884	418	8200	2261	50469	15418	9600
中药零售		1416	7	2	1421	375	1264	542	162

11-6 续表 38　　　　（2018 年）　　　　单位:万元

指标	其他收益	营业利润	营业外收入	营业外支出	利润总额	应交所得税	人工成本及增值税		从事批发和零售业活动的从业人员平均人数（人）
							应付职工薪酬（本年贷方累计发生额）	应交增值税	
医疗用品及器材零售		240	8		248	13	52	42	9
保健辅助治疗器材零售		-70			-70		56	24	36
汽车、摩托车、零配件和燃料及其他动力销售	**3674**	**279822**	**4616**	**4565**	**280533**	**46735**	**178097**	**131778**	**22465**
汽车新车零售	2717	152186	3374	3155	153036	15328	131485	83104	17333
汽车旧车零售	956	21224	802	822	21204	5393	26744	14480	2937
汽车零配件零售		650			650	9	711	145	139
机动车燃油零售	1	104240	437	576	104130	25704	18664	33809	1948
机动车燃气零售		1522	3	12	1513	301	492	240	108
家用电器及电子产品专门零售	**57**	**24740**	**1215**	**1841**	**25531**	**1673**	**46510**	**13017**	**7291**
家用视听设备零售		2999	7	3	3002	102	1411	292	337
日用家电零售	24	5112	825	1703	4235	261	26564	7085	3263
计算机、软件及辅助设备零售		14565	222	93	14951	1041	11343	2967	2218
通信设备零售		1016	76	23	1070	125	4773	1943	918
其他电子产品零售	33	1048	84	19	2273	144	2419	729	555
五金、家具及室内装饰材料专门零售		**3146**	**4**	**108**	**3043**	**58**	**5890**	**792**	**889**
五金零售		2080	1		2081	26	3375	398	432
灯具零售							60		10
家具零售		-420	2	107	-524		908	108	275
涂料零售							82		16
卫生洁具零售		71			71	18	206	30	50
陶瓷、石材装饰材料零售		-34			-34	3	190	175	73
其他室内装饰材料零售		1448			1447	11	1069	81	33
货摊、无店铺及其他零售业	**8**	**41**	**659**	**130**	**570**	**1195**	**7200**	**5305**	**1094**
互联网零售	8	-1351	306	29	-1073	380	3605	3863	550
邮购及电视、电话零售		-663	3		-661		588	42	114
自动售货机零售		513	6	1	517	44	330	101	36
生活用燃料零售		-698	343	100	-455	76	1243	700	156
宠物食品用品零售		2031			2031	677	861	446	160
其他未列明零售业		210	1		211	18	575	152	78
按登记注册类型分									
内资企业	**3808**	**351032**	**14044**	**11533**	**356677**	**61848**	**400338**	**206030**	**64665**
国有企业		66			66		23		10
集体企业		87		3	84	2	238	21	70
有限责任公司	3325	199566	11293	8539	204453	34277	252484	142582	38667
国有独资公司		917	10	39	888	167	1729	976	175
其他有限责任公司	3325	198649	11283	8499	203565	34111	250755	141606	38492
股份有限公司	21	88429	1057	758	88727	23003	53749	14461	9317
私营企业	462	62885	1694	2234	63347	4566	93844	48966	16601
私营独资企业		493			493	46	201	99	50
私营合伙企业		-11			-11		28	5	8
私营有限责任公司	462	60501	1681	1740	61443	4334	89052	48602	15962
私营股份有限公司		1903	12	493	1422	186	4563	261	581
港、澳、台商投资企业	**8**	**85296**	**804**	**5412**	**80688**	**3164**	**43309**	**38218**	**9171**
合资经营企业（港或澳、台资）		3089	74	74	3089	940	3156	1674	322
港、澳、台商独资经营企业	8	69663	682	4320	66025	318	29735	31281	6719

11-6 续表 39 （2018 年） 单位:万元

指标	其他收益	营业利润	营业外收入	营业外支出	利润总额	应交所得税	人工成本及增值税		从事批发和零售业活动的从业人员平均人数(人)
							应付职工薪酬(本年贷方累计发生额)	应交增值税	
港、澳、台商投资股份有限公司		12544	48	1018	11574	1906	10419	5262	2130
外商投资企业	**7**	**6110**	**34**	**174**	**5969**	**741**	**8756**	**1266**	**1007**
中外合资经营企业	2	−1996	22	172	−2147	414	4169	566	455
外资企业		−2450	5	2	−2446		906	90	158
外商投资股份有限公司	4	10264	7		10271	253	3247	556	342
其他外商投资企业		291			291	74	435	54	52
按控股情况分									
国有控股	5	113431	949	816	113563	30131	41369	38816	4594
集体控股		32524	63	46	32930	1283	4001	20123	675
私人控股	3720	160496	10394	8805	164828	20648	257393	108261	43832
港澳台商控股	8	91420	768	5446	86742	4509	44698	38646	9149
外商控股	20	5256	79	156	5179	843	12889	2306	1945
其他	70	39312	2630	1850	40092	8338	92053	37363	14648
按经营形式分									
独立门店	2587	372401	8174	12329	371352	56263	313274	207016	49041
连锁总店(总部)	15	3484	2365	848	5001	3678	89096	22470	16533
连锁直营店	9	7742	198	93	7847	885	13212	1840	3550
其他	1212	58811	4145	3849	59135	4927	36822	14188	5719
按单位规模分									
大型	40	195175	4460	7189	192445	32732	162801	67307	29789
中型	3757	138699	8434	8192	139322	25682	231478	120401	34382
小型	18	65193	1879	821	68843	6334	51405	52052	9288
微型	8	43371	109	917	42724	1004	6719	5754	1384
按零售业态分									
有店铺零售	**3783**	**385857**	**12947**	**16389**	**384504**	**62384**	**409439**	**225523**	**67888**
食杂店		−785		7	−792		328	16	120
便利店	1	12342	116	114	12345	3033	2657	27354	429
折扣店		−344	3	4	−344	5	555	102	115
超市		702	80	41	788	−113	4430	393	1029
大型超市	16	76086	2771	5793	73064	5611	85982	41500	17975
仓储会员店		−350			−350	19	1385	234	316
百货店	20	−5829	682	466	−5223	3068	22581	24016	4060
专业店	42	149299	3230	3850	148809	33094	142169	81586	22459
专卖店	3667	141418	5676	5729	142887	16209	126375	45569	17922
家居建材商店		−394	2	107	−498	8	1373	166	408
购物中心	38	6272	73	195	6150	1055	9264	2706	1412
厂家直销中心		7439	314	84	7669	395	12341	1881	1643
无店铺零售	**38**	**62465**	**1844**	**627**	**64727**	**3344**	**39131**	**19373**	**5879**
电视购物		−545	3		−543	27	643	67	134
邮购	30	313	11		325	23	504	171	104
网上商店	8	−43	307	28	236	426	4266	4059	685
自动售货亭		513	6	1	517	44	330	101	36
电话购物		76			76	6	310	42	54
其他		62151	1518	598	64116	2819	33078	14932	4866

11-7 限额以上住宿和餐饮业法人企业财务状况

（2018 年）

单位:万元

指标	法人企业数（个）	执行《2006年企业会计准则》企业数（个）	年初存货	流动资产合计	货币现金	应收帐款	存货	固定资产合计
总计	**403**	**303**	**29397**	**825806**	**135867**	**55070**	**30406**	**446478**
住宿业	**235**	**188**	**21904**	**642205**	**105558**	**34492**	**21343**	**356610**
按住宿行业小类分								
旅游饭店	138	113	18314	542904	90899	29261	17514	298328
一般旅馆	91	69	3405	95061	13274	4858	3753	58028
经济型连锁酒店	33	24	410	24913	4075	1677	617	6790
其他一般旅馆	58	45	2995	70148	9200	3181	3136	51238
民宿服务	1	1	28	898	321	255	37	132
其他住宿业	5	5	157	3343	1064	118	40	122
按登记注册类型分								
内资企业	**230**	**183**	**15387**	**494837**	**99824**	**33607**	**14939**	**303667**
国有企业	23	19	2497	47725	28565	7241	2901	85258
集体企业	5	3	752	11706	3370	147	691	10234
有限责任公司	112	87	9253	338686	56139	19901	8706	163645
国有独资公司	4	3	353	9450	7551	483	351	19237
其他有限责任公司	108	84	8900	329237	48588	19418	8355	144408
股份有限公司	7	7	425	32851	3084	1221	206	2816
私营企业	83	67	2461	63869	8665	5097	2435	41715
私营有限责任公司	82	66	2461	63771	8609	5065	2434	41711
私营股份有限公司	1	1		97	56	31	2	3
港、澳、台商投资企业	**4**	**4**	**1486**	**140173**	**5604**	**365**	**1379**	**50221**
与港澳台商合资经营企业	3	3	1331	138171	4433	216	1239	36574
与港澳台商合作经营企业	1	1	156	2003	1171	150	140	13647
外商投资企业	**1**	**1**	**5031**	**7195**	**129**	**520**	**5026**	**2722**
中外合资经营企业	1	1	5031	7195	129	520	5026	2722
按控股情况分								
国有控股	47	38	4476	119509	60227	11426	4897	164718
集体控股	9	5	832	12560	3705	353	774	11724
私人控股	136	112	6095	257534	17770	9661	5265	98423
港澳台商控股	3	3	6001	140268	2835	453	5907	31193
其他	40	30	4500	112334	21022	12599	4501	50552
按经营形式分								
独立门店	204	164	19594	578679	102710	31580	19248	344220
连锁总店(总部)	1	1	7	19504	104	-92	9	444
连锁直营店	4	3	48	1132	138	51	63	3167
连锁加盟店	10	7	22	2946	343	841	13	340
其他	16	13	2233	39944	2262	2113	2011	8438
按单位规模分								
大型	3	3	2077	158140	16422	9811	2033	60800
中型	47	40	14336	340781	60844	10562	13822	222768

11-7 续表1 （2018年） 单位:万元

指标	法人企业数（个）	执行《2006年企业会计准则》企业数（个）	年初存货	流动资产合计	货币现金	应收帐款	存货	固定资产合计
小型	173	135	5255	139580	27470	13629	5397	69322
微型	12	10	237	3704	821	489	92	3719
按星级分								
五星	11	10	2822	234492	16195	9650	2518	93931
四星	24	21	5093	118961	28981	4845	4839	54562
三星	40	32	7147	52301	19483	8628	7342	48958
二星	4	4	248	859	267	219	268	8186
其他	156	121	6595	235592	40631	11151	6377	150974
餐饮业	**168**	**115**	**7493**	**183601**	**30309**	**20578**	**9062**	**89868**
按餐饮行业小类分								
正餐服务	159	107	5689	155949	27128	12725	6193	68629
快餐服务	5	4	1509	17620	2119	959	2617	19107
餐饮配送及外卖送餐服务	2	2	281	7774	1061	6220	244	2106
其他餐饮业	2	2	13	2259	2	675	9	26
按登记注册类型分								
内资企业	**166**	**113**	**6974**	**175354**	**28843**	**20549**	**8018**	**84307**
国有企业	1	1	36	585	558	2	26	98
有限责任公司	61	49	4045	105432	16097	11241	4467	52939
其他有限责任公司	61	49	4045	105432	16097	11241	4467	52939
股份有限公司	2	1	258	2519	541	117	186	642
私营企业	102	62	2636	66818	11647	9190	3340	30628
私营合伙企业	1			45	13			10
私营有限责任公司	99	60	2453	58516	11630	8610	3155	29927
私营股份有限公司	2	2	182	8257	5	580	185	691
港、澳、台商投资企业	**1**	**1**	**39**	**322**	**41**	**29**	**25**	**338**
外商投资企业	**1**	**1**	**480**	**7926**	**1425**		**1020**	**5222**
按控股情况分								
国有控股	4	4	616	9465	1823	6385	642	2840
私人控股	142	93	4081	144183	19390	11034	4750	57089
港澳台商控股	1	1	39	322	41	29	25	338
外商控股	2	2	1094	10422	1639	68	1789	12418
其他	19	15	1663	19209	7417	3063	1857	17182
按经营形式分								
独立门店	145	100	4551	137737	24631	9570	5044	64081
连锁总店（总部）	4	3	1507	12805	2061	496	2373	19006
连锁加盟店	1	1	68	729	88	111	21	19
其他	18	11	1367	32330	3530	10401	1625	6762
按单位规模分								
大型	4	4	1786	20267	2946	6581	2615	20818
中型	16	11	1309	47482	5824	6301	1295	38966
小型	135	88	4349	86105	20291	7609	5014	28656
微型	13	12	49	29747	1248	87	139	1428

11-7 续表 2 （2018 年） 单位:万元

指标	可供出售金融资产	持有至到期投资	长期股权投资	固定资产原价	房屋和构筑物	机器设备	运输工具	电子设备
总计	**301**	**3244**	**51363**	**883660**	**249138**	**62342**	**7028**	**16418**
住宿业	**300**	**3200**	**39960**	**727552**	**203825**	**46672**	**3980**	**10853**
按住宿行业小类分								
旅游饭店	300	3200	39730	628087	201498	42069	3224	9717
一般旅馆			230	98658	2237	4572	750	1122
经济型连锁酒店			230	13153	866	959	138	379
其他一般旅馆				85505	1371	3613	613	743
民宿服务				139				
其他住宿业				668	90	32	6	14
按登记注册类型分								
内资企业	**300**		**39930**	**617064**	**189482**	**37472**	**3851**	**8591**
国有企业			1826	168626	102297	9910	1072	2723
集体企业			4252	21800	15841	3830	267	610
有限责任公司	300		27276	319027	57694	14781	1506	2852
国有独资公司				41540	2422	189	100	
其他有限责任公司	300		27276	277487	55272	14592	1407	2852
股份有限公司			6506	22866	3058	3139	5	842
私营企业			70	84745	10592	5813	1000	1563
私营有限责任公司			70	84253	10592	5813	1000	1563
私营股份有限公司				492				
港、澳、台商投资企业		**3200**	**30**	**101389**	**14344**	**9200**	**130**	**2262**
与港澳台商合资经营企业		3200	30	74476	5433	1915	20	941
与港澳台商合作经营企业				26913	8911	7285	109	1321
外商投资企业				**9099**				
中外合资经营企业				9099				
按控股情况分								
国有控股	300	3200	6038	348087	147921	28772	2208	6152
集体控股			4252	25390	16252	3867	273	613
私人控股			2598	191747	24501	11212	1279	3305
港澳台商控股				66193				
其他			27072	96136	15151	2821	221	783
按经营形式分								
独立门店	300	3200	20508	694266	198910	44364	3671	10694
连锁总店（总部）				1101				
连锁直营店				6563				89
连锁加盟店				1870	343	96		14
其他			19452	23752	4572	2212	309	56
按单位规模分								
大型			124	113934	75569	4781	339	588
中型	300	3200	38499	427317	77282	23283	1480	6958

11-7 续表3 （2018年） 单位:万元

指标	可供出售金融资产	持有至到期投资	长期股权投资	固定资产原价	房屋和构筑物	机器设备	运输工具	电子设备
小型			1312	178336	45661	16451	1811	3299
微型			25	7965	5314	2157	351	8
按星级分								
五星		3200	30	189935	14344	9901	195	2643
四星	300		23544	143171	39658	6646	932	2605
三星			11706	126720	50868	15684	1361	2057
二星				9685	383	61	54	18
其他			4680	258041	98572	14380	1439	3530
餐饮业	**1**	**44**	**11404**	**156109**	**45313**	**15670**	**3047**	**5565**
按餐饮行业小类分								
正餐服务	1	44	10941	106980	42150	10130	2343	4712
快餐服务				44673	1603	3907	68	819
餐饮配送及外卖送餐服务			462	3934	1559	1633	637	33
其他餐饮业				522				
按登记注册类型分								
内资企业	**1**	**44**	**11404**	**143802**	**43710**	**11405**	**2979**	**4629**
国有企业			50	602	509	93		
有限责任公司			9672	93657	28190	6956	1460	935
其他有限责任公司			9672	93657	28190	6956	1460	935
股份有限公司				1017	697	300	15	5
私营企业	1	44	1682	48526	14314	4056	1504	3690
私营合伙企业				12			8	
私营有限责任公司	1	44	1682	47105	14314	3847	1444	3689
私营股份有限公司				1409		209	52	
港、澳、台商投资企业				1641		361		117
外商投资企业				**10666**	**1603**	**3905**	**68**	**819**
按控股情况分								
国有控股			512	6586	1948	2205	612	59
私人控股	1	44	10891	88379	36390	5354	1812	4420
港澳台商控股				1641		361		117
外商控股				29153	1603	3905	68	819
其他				30351	5371	3846	556	150
按经营形式分								
独立门店	1	44	10941	98520	40309	9245	2214	4553
连锁总店（总部）				44537	1603	3905	68	819
连锁加盟店				37			37	
其他			462	13015	3400	2521	728	193
按单位规模分								
大型			462	48172	3042	5460	675	853
中型			5717	58582	24967	4620	1216	3567
小型	1	44	65	47287	17304	5590	1156	1146
微型			5159	2068				

11-7　续表 4　　　（2018 年）　　　单位:万元

指标	期末资产负债							
	累计折旧	本年折旧	固定资产净值	固定资产减值准备	在建工程	无形资产	土地使用权	软件使用权
总计	**431081**	**43463**	**452224**	**5746**	**86491**	**35614**	**20997**	**151**
住宿业	**366878**	**33423**	**360363**	**3753**	**80602**	**26693**	**14020**	**97**
按住宿行业小类分								
旅游饭店	325715	27679	302062	3733	34928	23783	13140	84
一般旅馆	40610	5645	58048	20	45675	2910	880	13
经济型连锁酒店	6343	800	6810	20	39541	289		13
其他一般旅馆	34267	4845	51238		6134	2621	880	
民宿服务	7	7	132					
其他住宿业	547	93	122					
按登记注册类型分								
内资企业	**310671**	**30234**	**306083**	**2415**	**66731**	**26479**	**14020**	**97**
国有企业	83369	5325	85258		46240	397		
集体企业	11566	1700	10234		1922	5		
有限责任公司	155305	18679	163722	77	13635	17007	6999	86
国有独资公司	22303	953	19237		930	6886		
其他有限责任公司	133002	17725	144485	77	12706	10121	6999	86
股份有限公司	18987	693	3879	1063	225	570		
私营企业	41445	3837	42990	1275	4710	8501	7022	11
私营有限责任公司	40956	3834	42987	1275	4710	8501	7022	11
私营股份有限公司	489	3	3					
港、澳、台商投资企业	49830	2871	51559	1338	277	214		
与港澳台商合资经营企业	37455	1760	37021	447	250	39		
与港澳台商合作经营企业	12375	1112	14538	891	27	176		
外商投资企业	**6377**	**318**	**2722**		**13594**			
中外合资经营企业	6377	318	2722		13594			
按控股情况分								
国有控股	180968	11936	167119	2401	47654	10959	2274	
集体控股	13666	1822	11724		1922	126		
私人控股	91737	11333	99699	1276	7708	14840	11746	92
港澳台商控股	35000	1111	31193		13594			
其他	45508	7222	50628	76	9725	768		5
按经营形式分								
独立门店	346003	31346	347953	3733	75222	25490	14020	97
连锁总店(总部)	657	169	444					
连锁直营店	3396	456	3167		14	270		
连锁加盟店	1510	274	360	20				
其他	15313	1178	8438		5366	933		
按单位规模分								
大型	53134	3365	60800		5453	149		
中型	202147	19602	225170	2402	28115	21121	10175	55

11-7 续表 5 （2018 年） 单位:万元

指标	期末资产负债							
	累计折旧	本年折旧	固定资产净值	固定资产减值准备	在建工程	无形资产	土地使用权	软件使用权
小型	107406	10166	70620	1298	47034	4922	3845	41
微型	4192	289	3773	54		501		
按星级分								
五星	94666	6784	95269	1338	936	8466		
四星	87546	7922	55625	1063	9345	12222	9406	5
三星	76560	6208	50160	1202	18203	1707	1412	8
二星	1499	259	8186					
其他	106607	12250	151124	151	52119	4299	3202	84
餐饮业	**64203**	**10040**	**91861**	**1993**	**5889**	**8921**	**6977**	**54**
按餐饮行业小类分								
正餐服务	37930	6748	69004	375	2779	8057	6977	26
快餐服务	23948	2917	20725	1617	3111	863		28
餐饮配送及外卖送餐服务	1829	239	2106					
其他餐饮业	496	136	26					
按登记注册类型分								
内资企业	**57457**	**8370**	**86300**	**1993**	**5329**	**8893**	**6977**	**26**
国有企业	504	16	98					
有限责任公司	38748	5513	54910	1970	3431	4682	2906	10
其他有限责任公司	38748	5513	54910	1970	3431	4682	2906	10
股份有限公司	375	63	642			2023	2023	
私营企业	17830	2777	30650	22	1899	2187	2048	16
私营合伙企业	2	2	10					
私营有限责任公司	17110	2500	29949	22	1741	2187	2048	16
私营股份有限公司	718	274	691		158			
港、澳、台商投资企业	1302	186	338					
外商投资企业	**5444**	**1484**	**5222**		**560**	**28**		**28**
按控股情况分								
国有控股	3746	285	2840		110	2		
私人控股	31222	5435	57111	22	2103	5740	4671	26
港澳台商控股	1302	186	338					
外商控股	15118	2184	14036	1617	3111	28		28
其他	12815	1950	17536	353	567	3151	2306	
按经营形式分								
独立门店	34017	6233	64457	375	2679	7996	6977	24
连锁总店(总部)	23914	2906	20624	1617	3111	863		28
连锁加盟店	18	10	19			50		
其他	6253	890	6762		100	12		2
按单位规模分								
大型	25737	3144	22435	1617	3111	863		28
中型	19262	4099	39320	353	947	4592	3660	2
小型	18564	2589	28678	22	1731	3465	3317	24
微型	640	208	1428		101			

11-7 续表 6 （2018 年） 单位:万元

指标	商誉	非流动资产合计	资产总计	流动负债合计	应付帐款	非流动负债合计	负债合计
总计	**667**	**827641**	**1654533**	**935152**	**83069**	**353755**	**1289280**
住宿业	**667**	**634529**	**1277763**	**707868**	**60139**	**329408**	**1037420**
按住宿行业小类分							
旅游饭店	667	498287	1042104	568196	38855	256430	824630
一般旅馆		134621	229798	136674	20844	72875	209689
经济型连锁酒店		54194	79108	20069	4250	50087	70156
其他一般旅馆		80427	150691	116605	16595	22788	139533
民宿服务		133	1031	143	64		143
其他住宿业		1488	4830	2854	376	104	2958
按登记注册类型分							
内资企业	**667**	**559797**	**1055663**	**528954**	**52431**	**265307**	**794405**
国有企业		140541	188811	43347	8921	40008	83356
集体企业		17077	28782	29392	690	3243	32635
有限责任公司	667	315666	654469	350242	24842	208811	559056
国有独资公司		28010	37459	23596	769	253	23849
其他有限责任公司	667	287657	617010	326646	24073	208558	535207
股份有限公司		11516	44368	10041	1044	1053	11093
私营企业		74997	139232	95933	16934	12191	108264
私营有限责任公司		74946	139084	95878	16913	12153	108171
私营股份有限公司		51	148	55	21	38	94
港、澳、台商投资企业		58327	198500	149552	3279	52096	201648
与港澳台商合资经营企业		43159	181330	142846	2890	25768	168613
与港澳台商合作经营企业		15168	17170	6706	389	26328	33035
外商投资企业		**16406**	**23601**	**29362**	**4429**	**12006**	**41367**
中外合资经营企业		16406	23601	29362	4429	12006	41367
按控股情况分							
国有控股	667	247604	367659	137629	15265	66605	204238
集体控股		19064	31624	30778	923	3367	34145
私人控股		181674	439576	306895	26678	100167	407202
港澳台商控股		47462	187730	163597	6802	37773	201370
其他		138725	251175	68968	10471	121496	190465
按经营形式分							
独立门店	667	590671	1170379	672543	57368	297699	970386
连锁总店(总部)		3885	23388	18358	274		18358
连锁直营店		4071	5202	3344	77		3344
连锁加盟店		912	3859	2620	328	262	2882
其他		34991	74935	11002	2091	31448	42450
按单位规模分							
大型		68795	226935	99866	6847	52101	151967
中型		399062	740388	413407	25247	209611	623018

11-7 续表 7　　（2018 年）　　单位：万元

指标	商誉	非流动资产合计	资产总计	流动负债合计	应付帐款	非流动负债合计	负债合计
小型	667	162284	302347	185239	27620	67687	253070
微型		4389	8093	9356	425	10	9366
按星级分							
五星		123930	358967	234379	6121	132124	366503
四星		114089	233051	77906	8598	44090	121996
三星	667	89234	141535	101972	10360	22575	124550
二星		9004	9863	5453	142	39	5492
其他		298272	534347	288159	34919	130580	418879
餐饮业		**193111**	**376770**	**227284**	**22930**	**24346**	**251860**
按餐饮行业小类分							
正餐服务		141161	297167	169532	12919	17773	187535
快餐服务		49201	66821	51123	7044	6573	57696
餐饮配送及外卖送餐服务		2703	10477	5239	2158		5239
其他餐饮业		47	2306	1390	809		1390
按登记注册类型分							
内资企业		**179503**	**354914**	**210331**	**19395**	**18472**	**229033**
国有企业		152	738	140			140
有限责任公司		94799	200231	124552	12742	11416	135968
其他有限责任公司		94799	200231	124552	12742	11416	135968
股份有限公司		2665	5184	2630	180		2630
私营企业		81886	148761	83009	6473	7057	90295
私营合伙企业		10	54	2			2
私营有限责任公司		41624	100198	68542	5676	7057	75828
私营股份有限公司		40252	48509	14465	797		14465
港、澳、台商投资企业		459	781	1039	90		1039
外商投资企业		**13150**	**21075**	**15915**	**3444**	**5874**	**21788**
按控股情况分							
国有控股		5321	14786	11457	2453		11457
私人控股		123914	268154	159118	13106	17663	177011
港澳台商控股		459	781	1039	90		1039
外商控股		34258	44680	38865	4189	6297	45162
其他		29160	48369	16806	3092	386	17192
按经营形式分							
独立门店		135553	273347	153581	11026	17173	170984
连锁总店（总部）		48908	61713	47011	6054	6573	53584
连锁加盟店		467	1196	585			585
其他		8185	40514	26108	5850	600	26708
按单位规模分							
大型		51317	71584	52085	8048	6573	58658
中型		91761	139244	70755	6361	10325	81080
小型		43312	129474	79532	7902	6636	86397
微型		6722	36469	24913	619	812	25725

11-7 续表 8 （2018 年） 单位：万元

指标	所有者权益合计	实收资本						
			国家资本	集体资本	法人资本	个人资本	港澳台资 本	外商资本
总计	**365253**	**485290**	**119689**	**6614**	**191582**	**118563**	**46435**	**2407**
住宿业	**240344**	**379282**	**111879**	**6609**	**129139**	**86327**	**45324**	**5**
按住宿行业小类分								
旅游饭店	217474	335371	107592	4999	102799	74652	45324	5
一般旅馆	20109	43171	4287	1610	26220	11054		
经济型连锁酒店	8951	16130	3107	1000	7332	4691		
其他一般旅馆	11158	27041	1180	610	18888	6363		
民宿服务	888	100				100		
其他住宿业	1872	640			120	520		
按登记注册类型分								
内资企业	**261258**	**303937**	**92247**	**6609**	**118490**	**86327**	**260**	**5**
国有企业	105455	58740	56425		2315			
集体企业	-3853	3866		2866	1000			
有限责任公司	95413	188810	30017	2738	92995	62806	255	
国有独资公司	13610	27000	22000		5000			
其他有限责任公司	81803	161810	8017	2738	87995	62806	255	
股份有限公司	33274	8966	5800		120	3046		
私营企业	30968	43556	5	1005	22061	20475	5	5
私营有限责任公司	30914	43546	5	1005	22061	20465	5	5
私营股份有限公司	54	10				10		
港、澳、台商投资企业	-3148	67706	14010		10649		43047	
与港澳台商合资经营企业	12717	54339	5297		10649		38393	
与港澳台商合作经营企业	-15865	13367	8714				4653	
外商投资企业	**-17766**	**7639**	**5622**				**2017**	
中外合资经营企业	-17766	7639	5622				2017	
按控股情况分								
国有控股	163421	137874	104147	100	27208		6419	
集体控股	-2521	6494		4704	1700	90		
私人控股	32373	109201	110	1005	52916	54906	260	5
港澳台商控股	-13640	54916	5622		10649		38645	
其他	60710	70798	2000	800	36666	31331		
按经营形式分								
独立门店	199993	341249	109879	5966	115789	64287	45324	5
连锁总店（总部）	5030	600			600			
连锁直营店	1858	3181	2000		180	1001		
连锁加盟店	976	672			265	407		
其他	32486	33580		643	12305	20631		
按单位规模分								
大型	74968	74120	24572		20262		29286	
中型	117371	183574	59439	3913	47852	56594	15778	

11-7 续表 9 （2018 年） 单位:万元

指标	所有者权益合计	实收资本						
			国家资本	集体资本	法人资本	个人资本	港澳台资本	外商资本
小型	49278	118432	27063	2691	58798	29625	255	
微型	-1273	3155	805	5	2227	108	5	5
按星级分								
五星	-7536	111469	35774		25849	6800	43047	
四星	111055	80438	15719		38301	26418		
三星	16985	58808	20950	3071	25912	6858	2017	
二星	4372	2105	1855		150	100		
其他	115468	126462	37581	3538	38927	46151	260	5
餐饮业	**124909**	**106008**	**7810**	**5**	**62443**	**32237**	**1112**	**2402**
按餐饮行业小类分								
正餐服务	109632	82958	3710	5	46096	32036	1112	
快餐服务	9124	17288			14787	100		2402
餐饮配送及外卖送餐服务	5238	4600	4100		500			
其他餐饮业	916	1161			1060	101		
按登记注册类型分								
内资企业	**125881**	**104233**	**7810**	**5**	**62443**	**32237**		**1738**
国有企业	597	978	978					
有限责任公司	64263	69490	6832	5	41467	19447		1738
其他有限责任公司	64263	69490	6832	5	41467	19447		1738
股份有限公司	2554	2000			2000			
私营企业	58466	31766			18976	12790		
私营合伙企业	53	30				30		
私营有限责任公司	24369	30685			18976	11709		
私营股份有限公司	34044	1051				1051		
港、澳、台商投资企业	-259	1112					1112	
外商投资企业	**-713**	**663**						**663**
按控股情况分								
国有控股	3329	6578	6578					
私人控股	91144	59674	1232		33533	24908		
港澳台商控股	-259	1112					1112	
外商控股	-482	2402						2402
其他	31177	36243		5	28910	7328		
按经营形式分								
独立门店	102363	73637	3710	5	39980	28831	1112	
连锁总店(总部)	8129	16738			14237	100		2402
连锁加盟店	611	930				930		
其他	13806	14702	4100		8227	2376		
按单位规模分								
大型	12925	20738	4100		14237			2402
中型	58163	22760	1732		17031	3997		
小型	43077	58937	1978	5	31125	24717	1112	
微型	10744	3572			50	3522		

11-7 续表 10 （2018 年） 单位:万元

指标	营业收入	主营业务收入	营业成本	主营业务成本	税金及附加	主营业务税金及附加	其他业务利润
总计	**693129**	**684271**	**242246**	**234011**	**7526**	**6741**	**8562**
住宿业	**387662**	**379882**	**103472**	**101515**	**5532**	**5045**	**7667**
按住宿行业小类分							
旅游饭店	300416	293934	78937	77159	4409	4014	5528
一般旅馆	81732	80434	23158	22978	1043	950	2038
经济型连锁酒店	27264	26869	6333	6288	403	399	1163
其他一般旅馆	54468	53565	16825	16690	641	551	875
民宿服务	1945	1945	368	368	63	63	
其他住宿业	3569	3569	1009	1009	17	17	101
按登记注册类型分							
内资企业	**358100**	**352414**	**95642**	**93751**	**4807**	**4328**	**6063**
国有企业	58978	55978	13847	12908	943	925	2143
集体企业	7188	7188	1550	1550	35	35	334
有限责任公司	206202	203951	55566	54717	2821	2383	2542
国有独资公司	10241	10241	1852	1852	469	469	14
其他有限责任公司	195961	193710	53714	52866	2351	1914	2527
股份有限公司	12498	12497	3055	3055	274	274	
私营企业	73234	72799	21625	21521	735	713	1044
私营有限责任公司	72885	72450	21361	21257	733	711	1044
私营股份有限公司	349	349	264	264	2	2	
港、澳、台商投资企业	**26848**	**25144**	**7364**	**7298**	**717**	**717**	**1603**
与港澳台商合资经营企业	21991	20287	6735	6668	623	623	1603
与港澳台商合作经营企业	4857	4857	629	629	94	94	
外商投资企业	**2714**	**2325**	**467**	**467**	**9**		
中外合资经营企业	2714	2325	467	467	9		
按控股情况分							
国有控股	123329	119465	33434	32020	2481	2234	2158
集体控股	10246	10246	2683	2683	97	97	334
私人控股	145984	144390	41446	40980	1565	1335	2670
港澳台商控股	21143	19049	6636	6569	532	523	1603
其他	86960	86731	19274	19263	858	857	901
按经营形式分							
独立门店	350775	343881	94825	92884	5148	4742	6997
连锁总店(总部)	6000	5402	219	217	24	24	597
连锁直营店	3935	3935	304	304	60	57	
连锁加盟店	6263	5976	2574	2559	73	73	73
其他	20689	20689	5552	5552	228	149	
按单位规模分							
大型	42099	38040	7922	7307	304	297	3444
中型	194169	192136	44582	44373	2875	2776	1312

11-7 续表 11 （2018 年） 单位:万元

指标	营业收入	主营业务收入	营业成本	主营业务成本	税金及附加	主营业务税金及附加	其他业务利润
小型	147037	145350	50006	48873	2324	1943	2911
微型	4357	4356	962	962	29	29	
按星级分							
五星	63230	61387	14726	14660	1489	1489	1676
四星	70497	70183	20199	20169	961	890	
三星	62749	60648	21483	20384	1183	959	2027
二星	2621	2621	1081	1081	16	6	
其他	188565	185044	45984	45222	1883	1701	3964
餐饮业	**305467**	**304389**	**138773**	**132497**	**1994**	**1696**	**896**
按餐饮行业小类分							
正餐服务	156101	155036	64336	64045	1632	1334	896
快餐服务	130822	130822	63398	57413	97	97	
餐饮配送及外卖送餐服务	11683	11670	6385	6385	104	104	
其他餐饮业	6861	6861	4654	4654	161	161	
按登记注册类型分							
内资企业	**277754**	**276675**	**125384**	**125093**	**1949**	**1651**	**896**
国有企业	503	503	266	266	17	14	
有限责任公司	184517	184188	88266	88098	1103	836	12
其他有限责任公司	184517	184188	88266	88098	1103	836	12
股份有限公司	1747	1747	680	680	37	37	
私营企业	90986	90238	36172	36049	793	763	884
私营合伙企业	270	270	89	89	1	1	
私营有限责任公司	82123	81504	31810	31687	771	742	884
私营股份有限公司	8593	8463	4273	4273	21	21	
港、澳、台商投资企业	**1953**	**1953**	**694**	**694**			
外商投资企业	**25761**	**25761**	**12695**	**6710**	**45**	**45**	
按控股情况分							
国有控股	15860	15823	8305	8282	140	137	
私人控股	137415	136558	56455	56332	1270	1117	896
港澳台商控股	1953	1953	694	694			
外商控股	99462	99462	53145	47160	95	95	
其他	50778	50593	20175	20029	489	346	
按经营形式分							
独立门店	140310	139258	58321	58029	1539	1242	882
连锁总店(总部)	129200	129200	62515	56530	96	96	
连锁加盟店	626	626	184	184			
其他	35332	35305	17754	17754	360	359	14
按单位规模分							
大型	140528	140514	68688	62703	197	197	
中型	67277	66618	25977	25808	503	248	224
小型	95018	94612	43113	42990	1277	1237	671
微型	2645	2645	996	996	17	14	

11-7 续表 12 (2018 年) 单位:万元

指标	损益及分配								
	销售费用	管理费用	财务费用	利息收入	利息支出	资产减值损失	公允价值变动收益	投资收益	资产处置收益
总计	**244368**	**176333**	**21725**	**1236**	**14373**	**890**	**363**	**840**	**−11**
住宿业	**140241**	**125664**	**17650**	**1140**	**11687**	**129**	**359**	**1001**	**−11**
按住宿行业小类分									
旅游饭店	110806	100439	15780	1071	11061	110		1001	−11
一般旅馆	27929	23726	1861	66	625	19	359		
经济型连锁酒店	9374	9268	549	2	436	1	359		
其他一般旅馆	18556	14458	1312	65	189	17			
民宿服务	794	338	6						
其他住宿业	712	1162	2	3					
按登记注册类型分									
内资企业	**129439**	**111674**	**13940**	**1106**	**8009**	**9**	**359**	**855**	**−11**
国有企业	24640	20257	692	133	424	−18		152	−0
集体企业	2700	1764	2492		1329				
有限责任公司	72031	64941	8701	915	5462	12	359	178	−11
国有独资公司	3473	4597	−6	58	50				−8
其他有限责任公司	68558	60344	8707	857	5412	12	359	178	−3
股份有限公司	4950	3980	−35	55				525	
私营企业	25119	20732	2091	3	794	15			
私营有限责任公司	25092	20695	2090	3	794	15			
私营股份有限公司	27	37							
港、澳、台商投资企业	**9781**	**12143**	**3078**	**34**	**3046**	**120**		**146**	
与港澳台商合资经营企业	6688	9348	1981	34	1949	58		146	
与港澳台商合作经营企业	3093	2795	1097		1097	62			
外商投资企业	**1021**	**1847**	**632**	**−0**	**632**				
中外合资经营企业	1021	1847	632	−0	632				
按控股情况分									
国有控股	45374	44233	1443	554	1593	70	359	821	−11
集体控股	3852	2554	2499	5	1331				
私人控股	53210	43873	5174	33	1865	16			
港澳台商控股	5744	9645	2639	8	2581				
其他	32060	25358	5896	539	4316	44		180	
按经营形式分									
独立门店	123884	118630	15958	1135	11665	124		1001	−11
连锁总店(总部)	3584	143	19		11				
连锁直营店	2042	1574	12				359		
连锁加盟店	1065	1785	15	2	5				
其他	9666	3532	1647	2	7	5			
按单位规模分									
大型	13296	17732	2750	79	2758				
中型	74983	64223	11550	1058	7458	126		821	−9

11-7 续表 13 （2018 年） 单位:万元

指标	损益及分配								
	销售费用	管理费用	财务费用	利息收入	利息支出	资产减值损失	公允价值变动收益	投资收益	资产处置收益
小型	50067	42156	3343	3	1470	3	359	180	−3
微型	1896	1552	7				−0		
按星级分									
五星	23337	23645	5691	38	3865	154		312	−8
四星	28655	19701	2300	806	451	−7		551	−3
三星	21432	18556	2078	64	634	−45		140	−0
二星	1427	742	6						
其他	65390	63020	7575	232	6736	28	359	−2	−0
餐饮业	**104127**	**50669**	**4075**	**97**	**2687**	**761**	**5**	**−161**	
按餐饮行业小类分									
正餐服务	53121	29311	3364	57	2596	3	4	−183	
快餐服务	48841	17236	729	15	84	692			
餐饮配送及外卖送餐服务	1043	3284	−16	22	6	66		22	
其他餐饮业	1123	838	−2	3					
按登记注册类型分									
内资企业	**94279**	**43516**	**3997**	**81**	**2603**	**761**	**5**	**−161**	
国有企业	218		−1	−1					
有限责任公司	61494	26964	1746	98	714	756	1	−193	
其他有限责任公司	61494	26964	1746	98	714	756	1	−193	
股份有限公司	554	169	277		277				
私营企业	32013	16383	1975	−16	1611	5	4	32	
私营合伙企业	135	65							
私营有限责任公司	28158	15195	1269	−14	915	5	4	32	
私营股份有限公司	3720	1124	706	−2	696				
港、澳、台商投资企业	**1286**								
外商投资企业	**8562**	**7153**	**78**	**15**	**84**				
按控股情况分									
国有控股	2932	3823	−11	20		65			
私人控股	47477	25004	3301	56	2574	3	4	−161	
港澳台商控股	1286								
外商控股	29872	15519	641	15	84	692			
其他	22561	6323	143	6	28				
按经营形式分									
独立门店	46309	26059	3292	58	2588	6	5	−161	
连锁总店(总部)	48899	16612	712	15	84	692			
连锁加盟店	484	46	6		6				
其他	8435	7952	65	24	9	63			
按单位规模分									
大型	49848	19846	692	35	84	757			
中型	24497	12834	1860	70	1740			11	
小型	29056	17559	1307	−9	793	4	5	−172	
微型	727	430	216		70				

11-7 续表 14 (2018 年) 单位:万元

指标	其他收益	营业利润	营业外收入	营业外支出	利润总额	所得税费用	人工成本及增值税		从事住宿和餐饮业活动的从业人员平均人数(人)
							应付职工薪酬(本年贷方累计发生额)	应交增值税	
总计	**51**	**-2335**	**13479**	**4616**	**6428**	**2613**	**188424**	**17329**	**37085**
住宿业	**32**	**-5938**	**2141**	**1248**	**-5144**	**3088**	**115155**	**11193**	**21273**
按住宿行业小类分									
旅游饭店	32	-10402	1705	988	-9698	2202	95484	8825	16919
一般旅馆	-1	3401	428	260	3483	794	18788	2027	4145
经济型连锁酒店	5	1246	68	197	1032	246	7017	743	1369
其他一般旅馆	-7	2155	360	64	2452	547	11771	1284	2776
民宿服务		376			376	49	258	68	60
其他住宿业		687	8		695	43	625	272	149
按登记注册类型分									
内资企业	**32**	**1532**	**1957**	**1144**	**2246**	**3073**	**105427**	**10025**	**19669**
国有企业		-1247	601	211	-857	233	24341	2032	3542
集体企业		-1352	29	2	-1326	2	2835	247	325
有限责任公司	26	2244	607	656	2110	2559	56799	5444	10795
国有独资公司	-4	-142	28	29	-143		3332	223	623
其他有限责任公司	30	2387	579	627	2253	2559	53467	5220	10172
股份有限公司		800	114		913	57	3878	314	651
私营企业	5	1087	607	275	1405	222	17575	1988	4356
私营有限责任公司	5	1069	607	275	1387	220	17462	1977	4318
私营股份有限公司		19			19	1	113	11	38
港、澳、台商投资企业		**-6208**	**16**	**89**	**-6282**	**14**	**8292**	**1093**	**1289**
与港澳台商合资经营企业		-3295	13	87	-3368	14	6188	579	1015
与港澳台商合作经营企业		-2913	2	2	-2913		2104	514	274
外商投资企业		**-1261**	**168**	**15**	**-1108**		**1436**	**75**	**315**
中外合资经营企业		-1261	168	15	-1108		1436	75	315
按控股情况分									
国有控股	26	-2872	749	519	-2642	1091	47015	4091	7224
集体控股		-1440	29	2	-1413	2	3924	392	534
私人控股	5	-1085	899	344	-630	842	37479	3641	8345
港澳台商控股		-4053	178	20	-3896	14	6124	609	1122
其他		3512	287	363	3437	1138	20612	2461	4048
按经营形式分									
独立门店	31	-8096	1826	1211	-7581	2505	107519	10248	19554
连锁总店(总部)		1911	6	1	1916	414	456	202	150
连锁直营店		-56	3		-54	99	861	102	164
连锁加盟店		398	3	4	398	47	1266	185	288
其他		-95	304	32	177	23	5054	456	1117
按单位规模分									
大型		95	80	147	29	350	13952	1178	2052
中型	30	-3561	1562	800	-2799	1896	58797	5673	10402

11-7 续表 15 （2018 年） 单位：万元

指标	其他收益	营业利润	营业外收入	营业外支出	利润总额	所得税费用	人工成本及增值税 应付职工薪酬（本年贷方累计发生额）	人工成本及增值税 应交增值税	从事住宿和餐饮业活动的从业人员平均人数（人）
小型	2	−2346	478	277	−2245	835	41454	4187	8731
微型		−126	22	25	−129	6	952	154	88
按星级分									
五星		−5441	92	143	−5492	364	19394	2654	3152
四星		−964	682	378	−660	632	21955	1971	4344
三星		−2576	902	364	−2038	484	20536	1634	3875
二星		−650		1	−651	4	792	34	175
其他	32	3693	466	362	3697	1603	52478	4900	9727
餐饮业	**20**	**3602**	**11338**	**3368**	**11572**	**−475**	**73269**	**6136**	**15812**
按餐饮行业小类分									
正餐服务		2832	11021	2864	10990	826	40872	4461	8813
快餐服务	20	−152	304	473	−321	−1371	28266	106	6409
餐饮配送及外卖送餐服务		839	13	31	821	53	3134	700	375
其他餐饮业		83			82	18	998	869	215
按登记注册类型分									
内资企业	**20**	**6401**	**11266**	**3092**	**14576**	**−255**	**69188**	**6048**	**15355**
国有企业		2		1	1		137	17	36
有限责任公司	20	3689	10617	1645	12661	−662	44476	3028	9980
其他有限责任公司	20	3689	10617	1645	12661	−662	44476	3028	9980
股份有限公司		30		11	19	1	388	41	115
私营企业		2681	648	1434	1895	406	24186	2962	5224
私营合伙企业		−19			−19		73	8	19
私营有限责任公司		3950	628	1434	3143	405	21494	2787	4747
私营股份有限公司		−1250	21		−1230		2619	167	458
港、澳、台商投资企业		**−27**	**9**		**−19**		**379**	**−7**	**40**
外商投资企业		**−2772**	**63**	**277**	**−2985**	**−220**	**3702**	**95**	**417**
按控股情况分									
国有控股		607	107	35	679	53	4427	897	653
私人控股		2641	10875	2858	10658	740	36304	3957	7910
港澳台商控股		−27	9		−19		379	−7	40
外商控股	20	−483	126	473	−831	−1466	21290	95	5410
其他		865	221	2	1085	199	10868	1193	1799
按经营形式分									
独立门店		3325	10959	2859	11425	786	36929	3634	7898
连锁总店（总部）	20	−308	296	473	−486	−1381	28121	101	6352
连锁加盟店		−94			−95		233		20
其他		679	83	35	727	120	7986	2402	1542
按单位规模分									
大型	20	519	308	504	323	−1328	31161	794	6682
中型		906	691	1453	144	351	17994	2060	3541
小型		1919	172	65	2025	483	23309	3226	5396
微型		259	10167	1347	9079	19	805	57	193

11-8　分县(市)区限额以上住宿和餐饮业法人财务状况

(2018 年)　　单位:万元

县(市)区	流动资产合计	存货	固定资产原价	资产合计	所有者权益	实收资本	营业收入
中原区	201033	1607	20600	247489	2449	53239	45538
二七区	46818	6601	40682	114612	4915	46728	54414
管城区	30381	1114	9543	45252	4000	13722	14270
金水区	177736	7975	150617	416212	74843	141616	218821
上街区	1482	12	186	2094	-460	1180	2340
惠济区	53602	3093	61786	154707	98992	58133	30174
中牟县	8733	956	10958	24207	7832	14365	13773
巩义市	16913	805	7814	34670	2397	8936	9976
荥阳市	20037	275	15997	83363	58863	5250	18816
新密市	74202	250	7895	94280	-11927	12718	14478
新郑市	42166	568	5324	60848	19408	17508	9099
登封市	24475	2103	34377	69703	3867	20325	22588
经开区	7922	221	2672	12149	8141	9190	7732
高新区	16046	437	5823	23484	8282	5680	10388
郑东新区	79795	3516	43650	214070	51472	56616	181150
航空港实验区	24465	873	28554	57395	32180	20084	39573

11-8　续表　　(2018 年)　　单位:万元

县(市)区	营业成本	税金及附加	销售费用	管理费用	营业利润	利润总额	应付职工薪酬	应交增值税
中原区	11483	558	17286	14469	-2437	-2426	15604	1048
二七区	19983	1413	17036	15396	-748	-1908	14208	1449
管城区	3712	171	3327	3844	2798	2821	3883	534
金水区	73791	1829	91406	55636	-8280	-7196	58716	5280
上街区	773	17	878	669	81	-8	1065	72
惠济区	7311	132	11865	9167	-12	42	10175	684
中牟县	5557	116	4554	3773	-687	-645	4298	389
巩义市	4143	144	2278	1538	1663	1670	2515	217
荥阳市	6680	90	9233	3278	-1203	-1175	6088	818
新密市	4756	135	4091	2510	1438	1510	3847	379
新郑市	3371	125	2798	2530	-62	8755	2667	255
登封市	8261	769	9907	6149	-4339	-4092	7044	563
经开区	3210	89	3022	1503	-143	-126	2123	183
高新区	3720	29	2614	2395	1702	1516	2237	150
郑东新区	68796	1163	57766	41038	5031	4811	43770	2909
航空港实验区	16700	747	6308	12438	2864	2880	10184	2400

11-9 分县(市)区限额以上住宿和餐饮业经营情况

(2018 年)

单位:万元

县(市)区	营业额	客房收入	餐费收入	商品销售额收入	其他收入
中原区	93388	21586	62955	4551	4296
二七区	113561	27537	72828	4034	9163
管城区	46957	9684	25462	9551	2260
金水区	254960	68384	152754	7479	26343
上街区	21376	2686	18429	1	260
惠济区	44121	11067	27232	1324	4498
中牟县	22176	6819	13301	1124	931
巩义市	72635	11834	58670	1094	1038
荥阳市	39498	6953	25549	3007	3989
新密市	32300	7943	22073	1632	653
新郑市	67639	9894	51684	5506	556
登封市	23250	10283	11319	309	1340
经开区	9754	3885	5699	42	128
高新区	10673	3092	5631	254	1697
郑东新区	247556	70360	165509	2077	9611
航空港实验区	49038	14962	30109	1291	2677

11-10 限额以上住宿和餐饮业

（2018 年）

指标	法人企业（个）	个体（产业）单位数（个）	从业人员期末人数（人）	营业额	客房收入
总计	**403**	**530**	**50547**	**1148882**	**286967**
住宿业	**235**	**56**	**24116**	**498103**	**268503**
按住宿业行业小类分					
旅游饭店	138	22	18796	379683	190306
一般旅馆	91	24	4915	108349	69757
经济型连锁酒店	33	3	1529	30966	19906
其他一般旅馆	58	21	3386	77384	49851
民宿服务	1	2	125	3143	2450
其他住宿业	5	8	280	6927	5990
其他住宿业	5		157	3614	2833
按登记注册类型分					
内资企业	**230**	**13**	**21432**	**434014**	**229504**
国有企业	23	4	3629	64075	28574
集体企业	5		497	7563	2852
有限责任公司	112	6	12018	265030	135894
国有独资公司	4		644	10435	5251
其他有限责任公司	108	6	11374	254595	130643
股份有限公司	7	1	713	14638	7048
私营企业	83	1	4449	81893	54808
私营有限责任公司	82	1	4411	81534	54514
私营股份有限公司	1		38	359	294
其他企业		1	126	816	327
港、澳、台商投资企业	**4**		**1323**	**28051**	**9757**
与港澳台商合资经营企业	3		1047	23194	7421
与港澳台商合作经营企业	1		276	4857	2336
外商投资企业	1		315	2877	1686
中外合资经营企业	1		315	2877	1686
按控股情况分					
国有控股	47		7143	124712	54293
集体控股	9		706	10798	4959
私人控股	136		8231	156468	95656
港澳台商控股	3		1142	22509	7278
其他	40		4174	91003	48027
按经营形式分					
独立门店	204	52	21417	421751	223660
连锁总店（总部）	1		113	6004	5372
连锁直营店	4		164	4140	3222
连锁加盟店	10		284	6149	5670
其他	16	4	2138	60059	30579
按单位规模分					
大型	3		1989	42225	14898
中型	47		10729	201077	93167
小型	173		8619	157181	98186
微型	12		59	5006	3963
按星级分					
五星	11	2	3856	84282	37156
四星	24	1	4261	72581	32179
三星	40	3	4051	68201	31609
二星	4	1	215	4288	3389
一星		1	7	116	114

经营情况

单位:万元

餐费收入	商品销售额收入	其他收入	客房数(间)	床位数(个)	餐位数(位)	年末餐饮营业面积(万平方米)
749202	**43275**	**69438**	**68213**	**107857**	**275113**	**117.82**
162027	**18019**	**49554**	**63946**	**99750**	**67046**	**56.36**
136894	10996	41487	26150	43356	50778	37.61
24214	6858	7520	36601	54328	15409	17.88
7273	250	3537	4622	7491	5944	5.75
16942	6608	3984	31979	46837	9465	12.13
539	39	116	180	344	200	0.51
379	126	431	1015	1722	659	0.36
236	118	428	587	888	540	0.16
144977	**15619**	**43914**	**56970**	**89117**	**62353**	**54.39**
22049	2814	10638	4663	8362	9975	5.22
1488	93	3130	598	1234	1512	0.99
93640	10233	25264	19216	31998	33225	29.08
3637	234	1312	756	1229	940	2.14
90003	9998	23951	18460	30769	32285	26.95
4549	1707	1334	1350	2009	1105	1.81
22778	772	3534	31018	45329	15991	17.15
22778	757	3485	30914	45149	15991	17.05
	15	49	104	180		0.10
473		15	125	185	545	0.14
11656	**1441**	**5198**	**1121**	**1510**	**2040**	**0.57**
9230	1441	5103	886	1220	1676	0.38
2426		95	235	290	364	0.19
778	106	307	380	736	240	0.12
778	106	307	380	736	240	0.12
42623	3760	24036	8658	14487	17157	10.80
2021	93	3724	1050	2200	2512	1.67
42650	8982	9180	38761	58765	26106	27.89
8432	1547	5251	1083	1736	1788	0.40
35302	1984	5690	6509	10381	12582	11.31
135020	17537	45534	57875	89557	59529	50.71
55	9	568	1000	2500	250	0.22
734	108	76	631	975	282	0.07
232	172	75	1176	1710	234	0.94
25986	194	3300	3264	5008	6751	4.42
18917	1930	6480	1218	1786	2181	1.41
75091	6679	26141	13037	22279	31305	20.73
36384	7599	15012	41103	62383	26339	28.32
638	157	248	703	1121	320	1.60
35442	2977	8706	3503	5058	7493	7.60
30803	1552	8047	5397	8904	15618	10.27
20692	4541	11359	6167	10886	14498	8.18
807	91	1	455	620	662	0.56
	2		50	82		

11-10 续表 （2018 年）

指 标	法人企业（个）	个体（产业）单位数（个）	从业人员期末人数（人）	营业额	客房收入
其他	156	48	11726	268635	164056
餐饮业	**168**	**474**	**26431**	**650779**	**18464**
按餐饮业行业小类分					
正餐服务	159	445	19254	483784	18185
快餐服务	5	10	6377	138160	
饮料及冷饮服务		2	63	922	
茶馆服务		1	39	461	
咖啡馆服务		1	24	461	
餐饮配送及外卖送餐服务	2		360	12632	
其他餐饮业	2	17	377	15281	280
小吃服务		17	130	8008	280
其他未列明餐饮业	2		247	7273	
按登记注册类型分					
内资企业	**166**	**1**	**15219**	**280616**	**17125**
国有企业	1		33	515	
有限责任公司	61		9801	188772	6403
股份有限公司	2		75	1851	756
私营企业	102		5290	88956	9783
私营合伙企业	1		16	278	
私营有限责任公司	99		4948	82735	8227
私营股份有限公司	2		326	5942	1555
其他企业		1	20	521	183
港、澳、台商投资企业	**1**		**39**	**2074**	
外商投资企业	**1**		**417**	**23985**	
按控股情况分					
国有控股	4		637	16961	
私人控股	142		7884	137861	14336
港澳台商控股	1		39	2074	
外商控股	2		5223	97686	
其他	19		1872	51572	2605
按经营形式分					
独立门店	145	456	17721	468811	16235
连锁总店（总部）	4	1	6193	128174	
连锁直营店		6	204	8018	
连锁加盟店	1	3	223	1430	
其他	18	8	2090	44347	2230
按单位规模分					
大型	4		6490	139701	
中型	16		3318	66894	9023
小型	135		5805	96780	7907
微型	13		42	2778	12

单位:万元

餐费收入	商品销售额收入	其他收入	客房数(间)	床位数(个)	餐位数(位)	年末餐饮营业面积(万平方米)
74283	8856	21441	48374	74200	28775	29.74
587176	**25256**	**19884**	**4267**	**8107**	**208067**	**61.46**
434473	22227	8899	4223	8024	131468	54.80
125045	2901	10215			64855	5.88
922					168	0.11
461					135	0.09
461					33	0.02
11868		765				0.00
14869	127	5	44	83	11576	0.67
7596	127	5	44	83	4226	0.40
7273					7350	0.27
248619	**6727**	**8145**	**3591**	**7139**	**141977**	**31.32**
269	139	107			193	0.06
175235	4536	2599	1213	2309	65071	16.08
1071	24		382	764	1100	0.20
71707	2028	5439	1933	3956	75313	14.88
278					35	0.05
69300	1861	3347	1706	3461	74553	14.43
2128	167	2092	227	495	725	0.41
338			63	110	300	0.10
2035	**39**				**428**	**0.27**
13727	**48**	**10209**			**1300**	**0.06**
15950	139	872			1593	0.55
114148	3300	6076	3000	5922	90769	23.54
2035	39				428	0.27
87428	48	10209			17860	2.72
44482	3287	1198	528	1107	32755	4.47
422321	22528	7727	3672	6887	128605	52.43
115552	2412	10209			36632	4.56
7979	33	6			1320	0.57
1402	28				565	0.39
39921	254	1942	595	1220	40945	3.51
126315	2412	10974			36460	4.48
49887	2460	5523	1258	2178	11768	6.28
85182	1890	1802	2240	4799	93618	19.84
2660	51	56	30	52	1559	0.96

11-11 限额以上批发、零售贸易业商品销售类值

（2018 年）

单位：万元

指标	批发业				零售业			
	销售额		零售额		销售额		零售额	
	2018 年	2017 年	2018 年	2017 年	2018 年	2017 年	2018 年	2017 年
合计	**39113789**	**36222717**	**1016425**	**978539**	**18858512**	**17402782**	**17613511**	**16009319**
粮油、食品类	825299	871162	84989	41736	1444040	1222171	1352943	1092149
#粮油类	444042	409288	26811	25612	253258	218080	215794	196074
肉禽蛋类	161694	243764	5779	3514	231574	164034	189551	162682
水产品类	4793	4561	84	59	44605	30585	44605	30585
蔬菜类	33107	36503	1109	1070	106454	88267	106454	88191
干鲜果品类	72826	63904	42025	915	231913	273487	230246	272006
饮料类	24293	23686	3651	4361	263076	229546	257116	223806
烟酒类	1747229	1622542	95185	85851	284802	264763	263034	242013
服装、鞋帽、针纺织品类	327056	342109	11234	20254	1664034	1474104	1655603	1462367
服装类	205953	233541	10242	19415	1298910	1135169	1293998	1126489
鞋帽类	77190	69795	323	314	259989	242729	258010	241085
针纺织品类	43913	38773	669	525	105134	96206	103595	94793
化妆品类	19375	19621	533	415	966486	829967	966214	827869
金银珠宝类	205955	524776	9040	9569	276006	248740	267805	248146
日用品类	105631	118164	18174	16183	851525	682980	849852	681733
#儿童玩具类	467	117	170	117	26946	24344	26812	24209
五金、电料类	247642	86570	19009	20289	160532	129923	158642	127899
体育、娱乐用品类	1664	4209	424	302	80482	75186	68314	57081
#照相器材类	1264	3909	29	2	18243	19564	14113	11321
书报杂志类	406516	382846	9100	11232	116803	84709	106312	73295
电子出版物及音像制品类	311	173		47	6253	28477	6251	28474
家用电器和音像器材类	2161670	1690886	43338	50651	1019041	842704	914989	795674
中西药品类	6812514	7030541	98326	96998	538411	411445	537923	411029
#西药类	4942376	4297048	51975	50134	195817	172538	195502	172273
中草药及中成药类	849194	581060	7457	4529	111880	73647	111678	73483
文化办公用品类	465678	447653	9902	12997	697946	540150	634066	461585
#计算机及其配套产品	124847	128958	5365	8817	368041	293191	329860	246090
家具类	159		21		112869	105496	110878	103368
通讯器材类	1823731	1604929	43754	16954	731974	545950	592664	339102
煤炭及制品类	3677439	2923166	1794	6276	96204	47460		6
木材及制品类	1808	2583			104	273		
石油及制品类	4098454	3137689	393125	336440	1568772	1537138	1179702	1053578
化工材料及制品类	1630650	1739559			75900	83335		
#化肥类	546468	694504			43685	47029		
金属材料类	7702279	5898388			3274	4009		
建筑及装潢材料类	1536463	2245976	28272	24187	213195	129942	161745	118230
机电产品及设备类	1039000	779149	15794	12922	32167	28816	29021	21841
#农机类	8686	6623			2	1		
汽车类	1538276	1791070	96090	175569	7407421	7501150	7271890	7334685
种子饲料类	334583	515566			9185	8427		
棉麻类	269631	305044			300	257	267	224
其他类	2110481	2114658	34670	35308	237712	345665	228281	305163

11-12 全市批发、零售贸易企业年销售额前50名排序

（2018年）

单位：万元

序号	批发企业 单位名称	批发企业 销售额	零售企业 单位名称	零售企业 销售额
1	河南能源化工集团国龙物流有限公司	3378185	郑州丹尼斯百货有限公司	1377541
2	河南延长石油销售有限公司	2299192	中国石化销售有限公司河南郑州石油分公司	1192726
3	国药控股河南股份有限公司	1513433	郑州京东优凯贸易有限公司	582400
4	河南省烟草公司郑州市公司	1421208	河南苏宁易购销售有限公司	332780
5	华润河南医药有限公司	1344788	郑州无尾熊电子商务有限公司	316361
6	郑州嘉瑞供应链管理有限公司	1079924	永辉超市河南有限公司	259358
7	河南盛世欣兴格力贸易有限公司	1063010	郑州维纳斯信息科技有限公司	243317
8	中国平煤神马集团国际贸易有限公司	985270	郑州之星汽车销售服务有限公司	233555
9	河南九州通医药有限公司	982824	河南张仲景大药房股份有限公司	232008
10	郑州航空港区兴瑞实业有限公司	966803	河南迪信通商贸有限公司	225026
11	中国石油天然气股份有限公司河南销售分公司	950512	河南中油联合石油天然气销售有限公司	218699
12	郑州日产汽车销售有限公司	876757	河南丹尼斯百货有限公司	213678
13	郑州亿融易建供应链管理有限公司	816362	郑州利星汽车有限公司	209579
14	郑州市宝聚丰实业有限公司	553684	河南永乐生活电器有限公司	191112
15	河南维沃通商贸有限公司	484310	大商集团郑州新玛特购物广场有限公司	184262
16	巩义市康毅物资贸易有限公司	466628	河南世纪联华超市有限公司	156244
17	河南裕隆金属材料有限公司	459716	河南丰之元汽车销售服务有限公司	144566
18	河南弘力环保科技有限公司	429264	郑州中升汇迪汽车销售服务有限公司	139868
19	河南中钢网电子商务有限公司	420371	大商股份(郑州)商贸有限公司	126729
20	国家电投集团河南省电力燃料有限公司	416242	河南华林汽车销售有限公司	114539
21	河南省新华书店发行集团有限公司	413476	河南省国美电器有限公司	114074
22	天脊集团河南农资有限公司	409314	河南豫海汽车销售有限公司	111860
23	河南智盛通讯器材有限公司	399096	郑州鹏龙万通汽车销售有限公司	111106
24	河南省康信医药有限公司	345669	河南中德宝汽车销售服务有限公司	107171
25	中国石油天然气股份有限公司河南郑州销售分公司	324346	河南万通一汽贸易有限公司	100691
26	河南欣豫国际浆纸有限公司	308915	郑州宝莲祥汽车销售服务有限公司	98763
27	河南省医药有限公司	295552	国电河南燃料有限公司	96204
28	河南美的空调销售有限公司	292227	河南威佳源通汽车销售服务有限公司	93132
29	河南中电建物贸有限公司	288016	郑州杉杉奥特莱斯购物广场有限公司	89145
30	郑州煤矿机械集团物资供销有限公司	286279	河南合众汇金实业有限公司	88372
31	天地民生医药集团有限公司	264590	郑州市优行商贸有限公司	87478
32	民生集团河南医药有限公司	259468	郑州郑德宝汽车销售服务有限公司	85511
33	河南同舟棉业有限公司	257461	郑州保福利汽车销售有限公司	85246
34	河南阳光国际贸易有限公司	252934	河南新众康医药有限公司	84447
35	中铁七局集团物资贸易有限公司	241399	河南威佳汽车贸易集团有限公司	82895
36	河南淘钢电子商务有限公司	220036	大商集团河南超市连锁发展有限公司	82031
37	海马汽车销售有限公司	209452	郑州利之星汽车有限公司	81355
38	河南平瑞供应链管理有限公司	201151	郑州聚龙实业发展有限公司	78937
39	郑州航空港兴港供应链管理有限公司	199351	郑州同大药业有限责任公司	78188
40	河南汇通甲醇有限公司	191878	河南智通汽车销售服务有限公司	77636
41	河南张仲景医药物流有限公司	178632	郑州远达雷克萨斯汽车销售服务有限公司	76781
42	郑州国龙矿业有限公司	174565	郑州富达诚诚汽车销售服务有限公司	76410
43	河南金汇国际贸易有限公司	160715	河南五星电器有限公司	74436
44	中国石油物资郑州有限公司	159553	河南新纪元汽车销售服务有限公司	74245
45	河南中州电器销售有限公司	155777	河南裕华江南汽车销售服务有限公司	71252
46	河南海王医药集团有限公司	154515	河南瑞华汽车销售有限公司	71117
47	中铝河南国际贸易有限公司	154213	河南合众明德汽车销售服务有限公司	69977
48	河南福广电器有限公司	150484	河南华润万家生活超市有限公司	69455
49	河南新华物资集团有限公司	142464	河南鑫港源汽车服务有限责任公司	68093
50	河南省迪康医药有限责任公司	133592	河南锦鸿汽车销售服务有限公司	67107

主要统计指标解释

社会消费品零售总额 指企业(单位、个体户)通过交易直接售给个人、社会集团非生产、非经营用的实物商品金额,以及提供餐饮服务所取得的收入金额。个人包括城乡居民和入境人员,社会集团包括机关、社会团体、部队、学校、企事业单位、居委会或村委会等。

商品购进额 指从本企业以外的单位和个人购进(包括从国外直接进口)作为转卖或加工后转卖的商品金额(含增值税)。本指标反映批发和零售业从国内外市场上购进商品的总价。

商品购进包括:(1)从工农业生产者、批发和零售业企业、住宿和餐饮业企业、出版社或报社的出版发行部门和其他服务业企业购进的商品;(2)从机关团体、事业单位购进的商品;(3)从海关、市场管理部门购进的缉私和没收的商品;(4)从居民收购的废旧商品等。

不包括:(1)企业为本单位自身经营用,不是作为转卖而购进的商品,如材料物资、包装物、低值易耗品、办公用品等;(2)未通过买卖行为而收入的商品,如接受其他部门移交的商品、借入的商品、收入代其他单位保管的商品、其他单位赠送的样品、加工回收的成品等;(3)经本单位介绍,由买卖双方直接结算,本单位只收取手续费的业务;(4)销售退回和买方拒付货款的商品;(5)商品溢余。

商品销售额 指对本单位以外的单位和个人出售的商品金额(包括售给本单位消费用的商品,含增值税),本指标反映批发和零售业在国内市场上销售商品以及出口商品的总量。

商品销售包括:(1)售给城乡居民和社会集团消费用的商品;(2)售给农业、工业、建筑业、运输邮电业、服务业、公用事业等国民经济各行业用于生产、经营用的商品,包括售予批发和零售业作为转卖或加工后转卖的商品;(3)对国(境)外直接出口的商品。

商品销售不包括:(1)未通过买卖行为付出的商品,如随机构变动移交给其他企业单位的商品、借出的商品、归还受其他单位委托代保管的商品、付出的加工原料和赠送给其他单位的样品等;(2)经本单位介绍,由买卖双方直接结算,本单位只收取手续费的业务;(3)购货退回的商品;(4)商品损耗和损失;(5)出售本单位自用的废旧物资。

期末商品库存额 对于批发和零售业法人单位和个体经营户,是指取得所有权的全部商品金额(含增值税);对于批发和零售业产业活动单位,是指期末实际在库且归属法人具有所有权的全部商品金额(含增值税)。这个指标反映批发和零售业的商品库存情况,以及对市场商品供应的保证程度。

库存商品包括:(1)存放在本单位(如门市部、批发站、采购站、经营处)的仓库、货场、货柜和货架中的商品;(2)挑选、整理、包装中的商品;(3)已记入购进而尚未运到本单位的商品,即发货单或银行承兑凭证已到而货未到的商品;(4)寄放他处的商品,如因购货方拒绝付款而暂时存在购货方的商品;(5)委托其他单位代销(未作销售或调出)尚未售出的商品;(6)代其他单位购进尚未交付的商品。

库存商品不包括:(1)所有权不属于本单位的商品,如商品已作销售但买方尚未取走的商品,代替他人保管、运输、加工的商品,代其他单位销售(未做购进或调入)而未售出的商品;(2)委托外单位加工的商品(包括本单位所属加工厂和其他生产单位加工生产尚未收回成品的商品);(3)外贸企业代理其他单位从国外进口,尚未付给订货单位的商品;(4)代国家储备部门保管的商品。

连锁总店(总部) 负责连锁企业资源(商号、商誉、经营模式、服务标准、管理模式等等)的开发、配置、控制或使用等功能的企业核心管理机构。连锁经营是指经营同类商品或服务,使用统一商号的若干店铺,在同一总店(总部)的管理下,采取统一采购或特许经营等方式,实现规模效益的组织形式,包括直营连锁、特许连锁和自愿连锁三种形式。

十二、对外经济贸易和旅游

12-1 对外经济贸易

单位:万元

项　目	2017 年	2018 年	2018 年比 2017 年±%
全市进出口总值	**40156973**	**41050035**	**2.2**
#全市进口总值	16877036	15278657	-9.5
全市出口总值	23279937	25771376	10.7
#国内企业	3391253	4007064	18.2
外资企业	19888684	21764312	9.4
新批外资企业(个)	79	82	3.8
合同外资额(万美元)	352024	115032	-67.3
实际利用外商直接投资(万美元)	404969	421080	4.0

12-2 分县(市)区直接出口总值

单位:万元

县(市)区	2017 年	2018 年	2018 年比 2017 年±%
合　计	**40156973**	**41050035**	**2.2**
中原区	141453	172879	22.2
二七区	72072	90009	24.9
管城区	511619	542668	6.1
金水区	1176539	1208499	2.7
上街区	27533	24252	-11.9
惠济区	37976	45531	19.9
中牟县	190824	243356	27.5
巩义市	354596	473153	33.4
荥阳市	86251	96782	12.2
新密市	48748	60219	23.5
新郑市	40396	47561	17.7
登封市	33656	33422	-0.7
经开区	2669732	2756768	3.3
高新区	503544	554857	10.2
郑东新区	722609	792820	9.7
航空港实验区	33539162	34320661	2.3

12-3　分县(市)区实际使用外资表

单位:万美元

名　　称	2017 年	2018 年	2018 年比 2017 年±%
合　计	**404969**	**421080**	**4.0**
中原区	21241	21888	3.0
二七区	20400	21445	5.1
管城区	13615	14028	3.0
金水区	31003	32065	3.4
上街区	8900	9348	5.0
惠济区	16090	16952	5.4
中牟县	5687	6098	7.2
巩义市	32300	33300	3.1
荥阳市	16568	17260	4.2
新密市	21223	21865	3.0
新郑市	19930	20538	3.0
登封市	10835	11175	3.1
经开区	55140	56915	3.2
高新区	29105	30340	4.2
郑东新区	48932	51286	4.8
航空港实验区	54000	56577	4.8

12-4 向各大洲出口总额

单位:万美元

地　　区	2017 年	2018 年	2018 年比 2017 年±%
直接出口总值	**3456133**	**3860019**	**11.7**
亚洲	1098176	983045	-10.5
非洲	56219	64041	13.9
欧洲	684909	723259	5.6
拉丁美洲	137808	158124	14.7
北美洲	1377033	1828052	32.8
大洋洲	101913	103495	1.6

12-5 与郑州市建立友好关系的城市

国　　家	城　　市	建立时间
日本	埼玉市	1981.10
美国	里士满市	1994.9
罗马尼亚	克卢日・纳波卡市	1995.5
韩国	晋州市	2000.7
俄罗斯	萨马拉市	2000.8
纳米比亚	马林塔尔市	2001.8
约旦	伊尔比德市	2002.2
巴西	若茵维莱市	2003.11
德国	什未林市	2006.4
保加利亚	舒门市	2007.4
白俄罗斯	莫吉廖夫市	2014.6

12-6 旅　游

指　　标	单位	2017 年	2018 年	2018 年比 2017 年±%
海内外游客	**万人次**	**10092.1**	**11410.0**	**13.1**
#国际旅游人数	万人次	50.3	52.7	4.8
国内旅游人数	万人次	10041.8	11357.3	13.1
旅游外汇收入	亿美元	2.0	2.1	5.0
国内旅游收入	亿元	1193.1	1373.3	15.1
旅游总收入	亿元	1195.0	1387.4	16.1
国际国内旅行社	家	301	311	3.3
星级宾馆	个	84	80	-4.7

12-7 郑州市出口企业30强

（2018年）

单位:万元

序号	企 业 名 称	出口额	比上年±%
1	鸿富锦精密电子郑州有限公司	21284421	10.1
2	郑州宇通客车股份有限公司	433501	10.0
3	郑州市宝聚丰实业有限公司	404057	195.1
4	郑州明泰实业有限公司	205277	22.1
5	河南明泰铝业有限公司	151167	-14.4
6	河南中孚实业股份公司	128137	152.1
7	中平能化国际贸易有限公司	104992	-19.1
8	河南华讯方舟电子有限公司	89208	49.2
9	河南万达铝业有限公司	50417	107.4
10	河南方正博研实业有限公司	47690	5.9
11	河南双合盛供应链管理有限公司	47145	2607.9
12	郑州喜万年食品有限公司	46739	23.1
13	华润肉类食品（河南）有限公司	46597	-28.3
14	郑州煤矿机械集团股份有限公司	40408	513.5
15	中铁工程装备集团有限公司	40096	26.4
16	中国河南国际合作集团有限公司	39775	-22.9
17	中国磨料磨具进出口公司	35446	71.7
18	河南中孚高精铝材有限公司	35437	
19	郑州鑫之谷科技有限公司	34113	504.0
20	河南永阳进出口贸易有限公司	32369	19.5
21	河南首弘电子科技有限公司	32159	225.7
22	郑州东风汽车工业进出口有限公司	31606	287.5
23	河南省通用机械进出口有限公司	31179	-9.8
24	新密市万力实业发展有限公司	31050	14.3
25	郑州名扬窗饰材料有限公司	28832	1.8
26	河南省金昌威电子有限公司	28525	-71.2
27	中石化华北石油工程有限公司	27445	1234.2
28	河南开元国际经贸有限公司	26665	82.1
29	河南华若进出口贸易有限公司	26653	15764.9
30	富鼎精密工业（郑州）有限公司	24557	-1.8

主要统计指标解释

进出口总额 海关进出口总额指实际进出我国国境的货物总金额。包括对外贸易实际进出口货物，来料加工装配进出口货物，国家间、联合国及国际组织无偿援助的物资和赠送品，华侨、港澳台同胞、外籍华人的捐赠品的金额。租赁期满归承租人所有的租赁货物，进料加工进出口货物，边境地方贸易及边境地区小额贸易进出口货物（边民互市贸易除外），中外合资企业、中外合作经营企业、外商独资经营企业进出口货物和公用物品，到、离岸价格在规定限额以上的进出口货样和广告品（无商业价值、无使用价值和免费提供出口的除外），从保税仓库提取在中国境内销售的进口货物，以及其他进出口货物。进出口总额用以观察一个国家在对外贸易方面的总规模。我国规定出口货物按离岸价格统计，进口货物按到岸价格统计。

出口总值 指在对外贸易中实际离开我国口岸或边境直接出口或转口的商品，包括来料加工装配（工缴费）和补偿贸易出口。

进口总值 指在对外贸易中实际到达我国口岸或边境的进口商品。

利用外资 是指我国各级政府、部门、企业、中国银行和其他单位通过对外借款、吸收外商直接投资和外商其他投资方式，从国外和港澳台地区筹措的资金。

利用外资协议金额 是指在一定时期内，经主管部门批准的与境外政府、部门、银行、企业和国际组织新签订的借款或投资协议（合同）资金总额。包括大陆与港、澳、台同胞及华侨签订的协议金额。它是反映全国及各地区、各部门同境外发生借贷关系和利用外资规模、方式、来源、用途及其效益的重要统计指标。利用外资金额包括我国各级政府、部门、企业和其他经济组织的对外借款（政府贷款、国际金融组织贷款、出口信贷、外国银行商业贷款、对外发行债券股票），吸收外商直接投资（合资、合作、外商独资经营和合作开发），以及外商补偿贸易、加工装配、国际租赁等其他境外现汇、设备、技术投资。其计量单位都折算成美元统计。

外商直接投资 是指外国企业和经济组织或个人（包括华侨、港澳台胞以及我国在境外注册的企业）按我国有关政策、法规，用现汇、实物、技术等在我国境内开办外商独资企业、与我国境内的企业或经济组织共同举办中外合资经营企业、合作经营企业或合作开发资源的投资（包括外商投资收益的再投资）以及经政府有关部门批准的项目投资总额内，企业从境外借入的资金。

对外承包工程 指各对外承包公司以招标议标承包方式承揽的下列业务：1. 承包国外工程建设项目；2. 承包我国对外经援项目；3. 承包我国驻外机构的工程建设项目；4. 承包我国境内利用外资进行建设的工程项目；5. 与外国承包公司合营或联合承包工程项目时我国公司分包部分；6. 对外承包兼营的房屋开发业务。对外承包工程的营业额是以货币表现的本期内完成的对外承包工程的工作量，包括以前年度签订的合同和本年度新签订的合同在报告期内完成的工作量。

旅游人数 包括入境国际旅游者人数、出境居民人数和国内旅游者人数。1. 入境国际旅游者人数：指来我国参观、访问、旅行、探亲、访友、休养、考察、参加会议和从事经济、科技、文化、教育、体育、宗教等活动的外国人、华侨、港澳和台湾同胞的人数。不包括外国在我国的常驻机构，如使领馆、通讯社、企业办事处的工作人员；来我国常住的外国专家、留学生以及在岸逗留不过夜人员。2. 出境居民人数：指大陆居民因公务活动或私人事务短期出境的人数。公务活动出境居民人数包括在国际交通工具上的中国服务员工，因私出境居民人数不包括在国际交通工具上的中国服务员工，因私出境居民人数不包括在国际交通工具上的中国服务员工。3. 国内旅游者人数：指我国大陆居民和在我国常住 1 年以上的外国人、华侨、港澳台同胞离开常住地在境内其他地方的旅游设施内至少停留一夜，最长不超过 6 个月的人数。

旅游外汇收入 指国内各部门为来我国旅游的外国人、华侨、港澳和台湾同胞提供商品和劳务而获得的外汇收入。包括供应商品、饮食和提供住宿、交通、邮电文化娱乐、导游等各项服务所得到的全部外汇收入。

对外借款 指通过对外正式签订借款协议，从境外筹措的资金，包括外国政府贷款、国际金融组织贷款、外国银行商业贷款、出口信贷以及对外发行债券等。1996 年及以前还包括对外发行股票。该指标是我国利用外资的重要部分。

十三、财政金融

13-1 金融机构信贷收支

（2018 年底）

单位：万元

项　目	合计	2018 年比年初	2018 年比年初±%	市区	中牟县	巩义市	荥阳市	新密市	新郑市	登封市	上街区
各项存款	**217672027**	**14176434**	**6.97**	**187882948**	**5852806**	**4306458**	**3959124**	**4594542**	**6250932**	**3389238**	**1435979**
境内存款	217592586	14173499	6.97	187808993	5851989	4304469	3958867	4594351	6249315	3389129	1435473
住户存款	71573151	6183708	9.46	51440527	3967736	2989210	2606793	3284824	3638311	2593934	1051818
活期存款	30367287	1013955	3.45	22727229	1719666	1066841	945686	1242797	1448064	841772	375232
定期及其他存款	41205864	5169753	14.35	28713298	2248069	1922369	1661107	2042027	2190246	1752162	676586
非金融企业存款	88189075	3850705	4.57	82755180	951359	815290	956822	504842	1401851	545012	258720
活期存款	41339348	-1196722	-2.81	37520791	799921	555949	665344	391871	944088	289241	172143
定期及其他存款	46849727	5047427	12.07	45234389	151438	259341	291478	112971	457763	255771	86577
机关团体存款	32684467	1336512	4.26	29064089	924247	393415	279668	773245	974534	168052	107216
财政性存款	3691430	591614	19.09	3458064	8642	31448	115585	29673	23332	6971	17714
非银行业金融机构存款	21454463	2210960	11.49	21091134	4	75107		1767	211287	75160	4
境外存款	79441	2935	3.84	73955	817	1989	257	191	1617	109	506
各项贷款	**212022385**	**32062279**	**17.82**	**192048838**	**4038171**	**2672022**	**2723693**	**2053343**	**5726100**	**1784908**	**975310**
境内贷款	212007087	32054770	17.81	192033577	4038159	2672022	2723693	2053319	5726100	1784908	975310
住户贷款	78182926	14668054	23.09	67888252	2482544	821035	2085503	798185	2871636	473018	762752
短期贷款	11333314	1234362	12.22	9475304	625963	177126	205383	276204	441012	98022	34300
消费贷款	5652806	502747	9.76	5188706	85236	67054	55344	64675	118404	53961	19426
经营贷款	5680508	731616	14.78	4286598	540727	110072	150039	211529	322608	44060	14874
中长期贷款	66849611	13433692	25.15	58412947	1856581	643909	1880120	521981	2430624	374996	728452
消费贷款	59223506	11473329	24.03	52150984	1064500	602922	1745314	430444	2206497	334205	688639
经营贷款	7626106	1960363	34.60	6261964	792081	40986	134806	91537	224126	40791	39813
非金融企业及机关团体贷款	133824161	17396676	14.94	124145324	1555615	1850987	638189	1255134	2854464	1311890	212558
短期贷款	34664563	2447792	7.60	30176784	444215	851810	334805	560195	1395431	786825	114498
中长期贷款	91357046	11639221	14.60	86331352	1105589	842010	302385	694853	1459033	525065	96760
票据融资	6208109	2875021	86.26	6044468	5811	156744	1000	86			
融资租赁	1401014	335938	31.54	1401014							
各项垫款	193430	98705	104.20	191707		423					1300
非银行业金融机构贷款		-9960	-100.00								
境外贷款	15298	7508	96.38	15262	12			25			

13-2 中资全国性四家行信贷收支

（2018 年底）

单位:万元

项　　目	合　计	市　区	中牟县	巩义市	荥阳市	新密市	新郑市	登封市	上街区
各项存款	**61356542**	**50953537**	**1179887**	**1894024**	**1390348**	**1825855**	**2010015**	**1349814**	**753062**
境内存款	61313593	50914917	1179540	1892316	1390096	1825719	2008522	1349717	752766
个人存款	28919533	21551996	778596	1316749	957391	1517220	1190724	1030349	576508
#活期储蓄存款	13849998	10372294	450419	596241	475492	667958	600237	446867	240490
定期储蓄存款	8418772	5809215	188011	487651	339805	574889	402558	386522	230122
结构性存款	933147	757267	18699	41020	15054	32621	14285	23070	31132
单位存款	29298795	26419713	400940	500460	432706	306732	817780	244208	176257
#活期存款	13552494	11482642	340348	288310	334872	260861	580751	127484	137225
定期存款	4557572	4377969	10153	28917	19386	9850	66355	27051	17891
保证金存款	1071073	891773	9948	76795	33129	8550	37394	6101	7385
结构性存款	575919	565459				60	5400	5000	
国库定期存款	806100	806100							
非存款类金融机构存款	2289165	2137107	4	75107		1767	18	75160	1
境外存款	42949	38621	347	1708	251	136	1494	97	295
各项贷款	**65995816**	**57481343**	**999077**	**1125806**	**1545950**	**872179**	**2633148**	**658879**	**679434**
境内贷款	65993052	57478616	999065	1125806	1545950	872154	2633148	658879	679434
短期贷款	7198200	6106677	40933	259765	109208	154649	248344	222271	56352
个人贷款及透支	2022299	1729948	31227	46568	41418	46973	69941	39228	16996
#个人消费贷款	1858821	1589684	31057	42638	36893	43313	63624	37102	14509
单位贷款及透支	5175900	4376730	9706	213197	67790	107676	178403	183043	39355
经营贷款及透支	4208878	3409708	9706	213197	67790	107676	178403	183043	39355
固定资产贷款	34300	34300							
贸易融资	932722	932722							
中长期贷款	57404029	50098706	958132	748950	1436742	717505	2384804	436608	622582
个人贷款	31943177	27394774	509602	331090	1277553	318536	1428367	140173	543082
#个人消费贷款	30773109	26373744	505713	326863	1259813	302908	1359252	132648	512169
单位贷款	25460852	22703932	448530	417860	159189	398969	956437	296435	79500
经营贷款	3602714	3246467	500	172335	6014	2250	74471	90677	10000
固定资产贷款	21563152	19207080	448030	235925	146174	396719	853966	205757	69500
并购贷款	146730	109130		9600			28000		
贸易融资	148256	141256			7000				
票据融资	1389353	1272262		117091					
各项垫款	1470	970							500
境外贷款	2764	2727	12			24.75			

13-3 农村合作金融机构(农信、农商)信贷收支表

(2018年底)

单位:万元

项目	合计	市区	中牟县	巩义市	荥阳市	新密市	新郑市	登封市	上街区
各项存款	**16878261**	**6928455**	**2336097**	**1188785**	**1105033**	**1443228**	**2655652**	**1110017**	**110994**
境内存款	16878261	6928455	2336097	1188785	1105033	1443228	2655652	1110017	110994
个人存款	12129509	4606622	1781851	948323	907917	984578	1780707	1047640	71871
#活期储蓄存款	4382496	2037847	864875	234433	187082	268647	565915	207933	15764
定期储蓄存款	6432731	2240246	713540	545918	543322	586799	966897	783360	52649
结构性存款	64354	64354							
单位存款	4492590	2276940	554246	240462	197116	458650	663676	62377	39123
#活期存款	3889006	1898373	547162	173574	180622	414860	610559	47418	16438
定期存款	363965	233575	1064	31567	13613	24648	36078	1085	22335
保证金存款	92553	10909	5662	34534	2881	18635	6327	13255	350
非存款类金融机构存款	256162	44893					211269		
各项贷款	**9616315**	**3795391**	**1366530**	**849793**	**561760**	**872230**	**1435996**	**664122**	**70493**
境内贷款	9616315	3795391	1366530	849793	561760	872230	1435996	664122	70493
短期贷款	6334516	2879608	756192	531508	209964	520089	959137	421241	56777
个人贷款及透支	2084700	1019031	398654	100537	87424	190061	246769	36407	5817
#个人消费贷款	279679	172215	30286	17895	3199	8311	40884	6296	593
单位贷款及透支	4109816	1720577	357538	430971	122540	330028	712368	384834	50960
非存款类金融机构贷款	140000	140000							
中长期贷款	3223408	902856	604527	278632	351796	352141	476859	242881	13716
个人贷款	1413871	455939	243840	148589	210170	104093	153468	84056	13716
#个人消费贷款	926285	382446	137520	127291	96646	35619	73349	59877	13537
单位贷款	1809537	446917	360687	130043	141626	248048	323391	158825	

13-4 财 政

（2018 年）

单 位	郑州市	市本级	中原区	二七区	管城区	金水区	上街区	惠济区
一般公共预算收入	**11520568**	**4392560**	**301077**	**320121**	**286369**	**614037**	**143413**	**210275**
税收收入	**8595052**	**2812389**	**282262**	**291487**	**266273**	**580419**	**122861**	**173042**
增值税	3036132	1258060	87630	88629	84885	210014	39406	57146
国内增值税	1167325	393094	29721	28333	36242	71453	20910	18858
国有企业增值税	66120	24489	10369	1109	160	1309	937	16
集体企业增值税	4177	943	14	252	207	242	141	145
股份制企业增值税	791965	251405	12724	16348	24356	48385	10462	11370
联营企业增值税	130	27			24	3		
港澳台和外商投资企业增值税	124474	50517	2880	5233	4399	8228	1207	3274
私营企业增值税	72276	21543		2832	110	4498	4368	177
其他增值税	106296	35285	5211	2539	2664	11856	4506	3887
增值税税款滞纳金、罚款收入	6627	2563	288	70	779	688	52	190
残疾人就业增值税退税	-18382	-2913	-316	-321	-32	-1592	-356	-179
软件增值税退税	-20635	-10182	-85	-10		-967		-8
宣传文化单位增值税退税	-2646	-1323				-1195		
资源综合利用增值税退税	-19739	-2439	-1658	-192		-2	-407	-14
其他增值税退税	-523	-146	-25		-1			
免抵调增增值税	57185	23325	319	473	3576			
改征增值税(项)	1868807	864966	57909	60296	48643	138561	18496	38288
改征增值税(目)	1867935	864637	57892	60271	48605	138320	18476	38266
改征增值税税款滞纳金、罚款收入	1394	584	17	25	38	327	20	22
改征增值税国内退税	-522	-255				-86		
营业税	1511	416	-269	118	15	69	72	-2
金融保险业营业税(地方)	359	317						
交强险营业税	-20	-20						
其他金融保险业营业税(地方)	379	337						
一般营业税	-155	-389	-272	81	8	-25	49	-4
营业税税款滞纳金、罚款收入	1307	488	3	37	7	94	23	2
企业所得税	1479451	741010	38506	39965	37044	82545	14766	23929
个人所得税(款)	460919	239656	17239	21186	9745	39873	3117	5174
个人所得税(项)	460289	239354	17228	21149	9728	39818	3097	5167
储蓄存款利息所得税	72	39			4	29		
其他个人所得税	460217	239315	17228	21149	9724	39789	3097	5167
个人所得税税款滞纳金、罚款收入	630	302	11	37	17	55	20	7
资源税	51329	11629	66	359		21	216	5
城市维护建设税	496115	54336	25369	25102	25059	61690	5561	15678
房产税	276537	32825	14883	23986	18339	39593	3789	6892
印花税	165730	17336	9109	9529	9521	17682	2049	4622
城镇土地使用税	222348	6641	7607	11638	12499	12891	8321	7063
土地增值税	1041159	15215	72415	67085	63834	111372	15814	49010
车船税(款)	126360	85264				4	18328	
耕地占用税(款)	263987		9707	3890	5332	4665	1283	3525
契税(款)	961097	349038					9744	
烟叶税(款)	199							
环境保护税(款)	12178	963					395	
非税收入	**2925516**	**1580171**	**18815**	**28634**	**20096**	**33618**	**20552**	**37233**
专项收入	1536973	1083586	294			4489	4820	3
教育费附加收入(项)	221167	89035				123	2533	3

收　入

单位:万元

经开区	高新区	郑东新区	航空港实验区	中牟县	巩义市	荥阳市	新密市	新郑市	登封市
683983	**411051**	**904993**	**423739**	**530007**	**453969**	**469011**	**350496**	**750396**	**275071**
555538	**354490**	**859652**	**305449**	**371153**	**318853**	**329229**	**233770**	**556306**	**181879**
135582	100056	213883	62444	105440	119634	109890	120974	156258	86201
95308	55615	28505	26228	23662	93997	38397	82389	61485	63128
9821	561	207	45	3455	3338	2382	1839	4058	2025
53	30	1		39	449	676	377	557	51
66355	46799	18588	4782	15976	63005	30607	74526	44995	51282
						9	2		65
13609	4261	3055	5169	4607	2731	553	543	5499	8709
1040	4191	6311	2390	-1264	7982	2456	4158	6464	5020
1628	2754	910	3729	1798	15872	2436	3262	3262	4697
193	112	213	13	96	545	209	454	75	87
-10	-19	-260	-184	-1356	-3169	-583	-3275	-2952	-865
-170	-8429	-504	-7			-17			-256
	-5	-123							
		-224	-62	-547	-1806	-2634	-527	-1246	-7981
		-123					-228		
2789	5360	454	10353	858	5050	2303	1258	773	294
40274	44441	185378	36216	81778	25637	71493	38585	94773	23073
40301	44497	185322	36202	81758	25599	71452	38529	94739	23069
50	37	56	14	20	38	41	65	34	6
-77	-93						-9		-2
-3	-36	149	-236	101	20	-120	51	1070	96
		36					6		
		36					6		
-3	-46	-20	-238	-1	-6	-127	30	737	71
	10	133	2	102	26	7	15	333	25
66568	52175	69211	46978	49677	23729	55913	26148	87382	23905
12651	13601	39161	9419	12409	5420	6693	6169	14344	5062
12646	13596	39140	9416	12404	5380	6689	6148	14286	5043
12646	13596	39140	9416	12404	5380	6689	6148	14286	5043
5	5	21	3	5	40	4	21	58	19
				707	7238	1743	7124	5669	16552
113224	30381	37129	21610	12550	13670	14503	10896	19208	10149
22471	13208	39178	25799	8370	5643	5275	2759	9518	4009
14399	8562	17117	25335	6705	5557	3637	2897	9556	2117
21750	11497	15837	14154	26356	20901	14265	5882	18585	6461
81327	39549	236774	33032	58587	13435	47733	17384	111690	6903
				7732	4352	2634	3051	3297	1698
30173	12476	23757	8591	14323	82645	25866	4755	29058	3941
57396	73021	167456	58323	68000	15293	40164	20770	89846	12046
									199
				196	1316	1033	4910	825	2540
128445	**56561**	**45341**	**118290**	**158854**	**135116**	**139782**	**116726**	**194090**	**93192**
47403	12826	15294	9145	74864	47418	52899	11192	142363	30377
47403	12823	15294	9145	7508	7389	6767	7247	10024	5873

13-4 续表 1 （2018 年）

单　　位	郑州市	市本级	中原区	二七区	管城区	金水区	上街区	惠济区
地方教育附加收入	74268	58489					844	
文化事业建设费收入	5394	590	294			4366		
残疾人就业保障金收入	48939	39549					441	
教育资金收入	697550	527000					525	
农田水利建设资金收入	487358	368900					420	
森林植被恢复费	80	20						
水利建设专项收入	475							
其他专项收入(项)	1742	3					57	
行政事业性收费收入	308452	102983	5295	8748	15414	17763	11339	3476
公安行政事业性收费收入	32592	31003					1	
法院行政事业性收费收入	104363	26016	3333	7855	8275	15580	1040	2897
司法行政事业性收费收入	31				1		24	
外交行政事业性收费收入	2	2						
商贸行政事业性收费收入	292	292						
财政行政事业性收费收入	529	446		2	15		6	
人口和计划生育行政事业性收费收入	6089	1			1	637		40
质量监督检验检疫行政事业性收费收入	18							
安全生产行政事业性收费收入	595	431						
人防办行政事业性收费收入	50943	13333					7803	
教育行政事业性收费收入	26673	13125	1292	241		825		411
科技行政事业性收费收入	8	8						
国土资源行政事业性收费收入	52521	7189	50		731		1025	
建设行政事业性收费收入	7304	595	620			695	484	45
环保行政事业性收费收入	2667	179					194	
交通运输行政事业性收费收入	131	122					9	
工业和信息产业行政事业性收费收入	4	4						
农业行政事业性收费收入	37	1						
水利行政事业性收费收入	1156	22		4	136	23		3
卫生行政事业性收费收入	8042	633			6229		584	
食品药品监管行政事业性收费收入	45	45						
民政行政事业性收费收入	1498	770			3		1	
人力资源和社会保障行政事业性收费收入	4682	4299		75	23	3	4	80
仲裁委行政事业性收费收入	3314	3314						
党校行政事业性收费收入	700	673						
监察行政事业性收费收入	31							
其他行政事业性收费收入	4185	480		571			164	
罚没收入	257151	122682	4390	4810	2090	2746	2843	2513
一般罚没收入	257150	122682	4390	4810	2090	2746	2843	2513
公安罚没收入	105251	73530					1074	
检察院罚没收入	2321		1198	202		111		103
法院罚没收入	20785	4827	1013	1534	630	868	458	772
工商罚没收入	3129	410	130	924	342	179	22	62
新闻出版罚没收入	54	33			1	19		
技术监督罚没收入	338	22						
海关罚没收入	58	49						
食品药品监督罚没收入	1521	296		85	116	78	13	121
卫生罚没收入	424	44		6	42	18	8	15
检验检疫罚没收入	45							

单位:万元

经开区	高新区	郑东新区	航空港实验区	中牟县	巩义市	荥阳市	新密市	新郑市	登封市
				2503	2463	2254	2415	3342	1958
	3			78					63
				1743	711	953	1502	2835	1205
				35000	20475	24725		78362	11463
				28000	16380	16980		47507	9171
				32			28		
									475
						1220		293	169
6655	23290	3583	8605	22077	11749	42103	9390	12642	3340
				21	964	189	20	29	365
1491	20800		922	2530	2415	2184	3058	4429	1538
						6			
			48		12				
156	490	1926	348	2348	4		1	137	
					18				
					156			8	
2553			6888	13605	1655	1559	1176	1753	618
399	2000	1586		311	1559	1350		3458	116
			40	496	3362	35616	1686	2189	137
1573			320	1088	1005	387		431	61
			36	1432	215	179		139	293
			1	3		32			
3		68				128	769		
480					95	21			
			2	168	208	231	76	39	
				6	81	14	43	30	24
						14			13
						31			
		3		69		162	2561		175
3226	11860	6160	4857	23750	8765	10414	21717	14888	9440
3226	11860	6160	4857	23750	8765	10413	21717	14888	9440
				6923	3169	3242	10673	4238	2402
147				138	59		166	14	183
24	3000			441	1636	441	560	1270	3311
				21	234	118	188	217	282
					1				
				62	16	8	124	9	97
			9						
52		83			98	127	249	84	119
				79	18	48	15	100	31
						11	34		

13-4　续表 2　　　　(2018 年)

单　　位	郑州市	市本级	中原区	二七区	管城区	金水区	上街区	惠济区
交通罚没收入	6972	4211			64		39	
审计罚没收入	665					1		
物价罚没收入	155	39						
其他一般罚没收入	115432	39221	2049	2059	895	1472	1229	1440
缉毒罚没收入	1							
国有资本经营收入	82497	83	3610	5100		5111		4
利润收入	26928		3000					4
股利、股息收入	5410		168			5111		
产权转让收入	33864			5100				
其他国有资本经营收入	16295	83	442					
国有资源(资产)有偿使用收入	393472	89705	4442	8956	1880	2967	1548	30485
利息收入	56001	25108	985	772	1575	739	1029	2276
国库存款利息收入	6694	2860	165	136	283	337	54	186
财政专户存款利息收入	2612							
其他利息收入	46695	22248	820	636	1292	402	975	2090
非经营性国有资产收入	84694	17778	2977	8000		2043	415	3461
行政单位国有资产出租、出借收入	10210	923	313	2788		1622	314	566
行政单位国有资产处置收入	45406	645	653	665			30	245
事业单位国有资产处置收入	15974	13007	780	22		34		
事业单位国有资产出租出借收入	3863	1973		671		367	71	
其他非经营性国有资产收入	9241	1230	1231	3854		20		2650
矿产资源专项收入	767	244						
排污权出让收入	256	254					2	
水资源费收入	5791	1984		124		185	102	
其他国有资源(资产)有偿使用收入	245963	44337	480	60	305			24748
捐赠收入	9318	349		1020	712	1		481
国外捐赠收入	4	4						
国内捐赠收入	9314	345		1020	712	1		481
政府住房基金收入	101136	67656	749			378		3
上缴管理费用	3776	3776						
计提公共租赁住房资金	63876	63876						
公共租赁住房租金收入	33448	4	749			378		3
其他政府住房基金收入	36							
其他收入(款)	236517	113127	35			163	2	268
主管部门集中收入	170							170
其他收入(项)	236347	113127	35			163	2	98
政府性基金收入	**14354675**	**7292488**		**39**		**21**	**160066**	**7**
国有土地收益基金收入	560059	430747						
农业土地开发资金收入	52464	27798						
国有土地使用权出让收入	12711591	6468119					150301	
土地出让价款收入	11919993	6089738					139923	
补缴的土地价款	595780	167767					417	
划拨土地收入	331792	278415					9820	
缴纳新增建设用地土地有偿使用费	-150976	-70273					-548	
其他土地出让收入	15002	2472					689	
城市基础设施配套费收入	982752	330762					9024	
国家重大水利工程建设基金收入	242						242	
污水处理费收入	43084	35062		39		21	77	7
彩票发行机构和彩票销售机构的业务费用	43							
其他政府性基金收入	4440						422	

单位:万元

经开区	高新区	郑东新区	航空港实验区	中牟县	巩义市	荥阳市	新密市	新郑市	登封市
				213	73	453	1113	522	284
				78		133	444		9
				116					
3003	8860	6077	4848	15679	3461	5832	8151	8434	2722
						1			
41438		8835	131		485	2611			15089
		8835							15089
			131						
28500					264				
12938					221	2611			
29300	8575	10689	65616	36833	54339	2426	13702	5727	26282
252	1602	687	1555	9021	2809	862	2436	2977	1316
252	402	558	300	332	77	398	65	206	83
					41	73	2371		127
	1200	129	1255	8689	2691	391		2771	1106
28856		9794		761	30	109	7495	2426	549
2663		262			16			362	381
26149		9261		143	3		7495	5	112
1		1		618	11			1445	55
		166						614	1
43		104				109			
					270		7		246
148	1921	174	1065		31	57			
44	5052	34	62996	27051	51199	1398	3764	324	24171
	10	154			625		5050	206	710
	10	154			625		5050	206	710
422		626	29936	1330	36				
422		626	29936	1330					
					36				
1					11699	29329	55675	18264	7954
1					11699	29329	55675	18264	7954
76271	**70000**	**113676**	**2406183**	**1205937**	**365572**	**653438**	**510885**	**1296288**	**203804**
			45861	23839	4887	11825	10817	27793	4290
			4584	5117	3815	3471	2646	3986	1047
			2228749	1082795	347391	605336	479771	1166836	182293
			2248372	995274	25330	600434	476120	1164854	179948
				82166	323653	1198	13565	2166	4848
				20381	6683	6225		10098	170
			−19623	−21348	−8275	−3937	−9914	−14187	−2871
				6322		1416		3905	198
76270	70000	113104	126863	93197	5026	31063	16111	95990	15342
1			126	986	967	1743	1540	1683	832
				3	40				
		572			3446				

13-5 财 政

（2018 年）

单 位	郑州市	市本级	中原区	二七区	管城区	金水区	上街区	惠济区
一般公共预算支出	**17633376**	**7275624**	**350307**	**395541**	**352830**	**668095**	**235908**	**223714**
一般公共服务支出	**1412314**	**258663**	**57248**	**76014**	**64540**	**102704**	**30968**	**42861**
人大事务	18172	7243	1048	760	972	761	596	870
政协事务	12497	4064	752	881	648	809	471	700
政府办公厅（室）及相关机构事务	597833	41571	24844	39907	38995	55456	14575	20524
发展与改革事务	38589	13233	474	459	1386	437	488	55
统计信息事务	20217	2544	1793	1343	517	1796	159	1469
财政事务	68700	8658	4136	2799	4468	2731	1399	2318
税收事务	19868	550					5784	1860
审计事务	25997	7702	376	1473	586	718	333	1443
人力资源事务	28631	6895	2185	1992	358	2574	106	735
纪检监察事务	47960	16551	1742	1888	1264	2087	805	1655
商贸事务	34724	7300	846	1080	659	537	591	1780
知识产权事务	1879	1536					36	
工商行政管理事务	45913	11720	3632	3668	3046	4705	907	1573
质量技术监督与检验检疫事务	19589	10737				10		90
民族事务	2128	872	201	13	245	8	207	45
宗教事务	1355	153	48	155	115	203	17	64
港澳台侨事务	442	189					48	
档案事务	5074	1370	262	323	259	296	143	270
民主党派及工商联事务	2729	1508	18	108	84	134	65	140
群众团体事务	26162	9361	727	910	1606	2366	430	933
党委办公厅（室）及相关机构事务	45974	7590	1073	1153	686	1114	531	3912
组织事务	20013	3081	1290	2189	1295	4844	714	604
宣传事务	69899	54828	1098	2340	791	616	1050	1405
统战事务	4772	1260	336	363	284	330	127	413
其他共产党事务支出（款）	31326	5611	6689	2771	6105	6587	1367	
其他一般公共服务支出（款）	221871	32536	3678	9439	171	13585	19	3
国防支出	9575	3185	496		465		3	336
国防动员	5971	770	447				1	336

支 出

单位:万元

经济区	高新区	郑东新区	航空港实验区	中牟县	巩义市	荥阳市	新密市	新郑市	登封市
558199	**459139**	**1257932**	**1013700**	**1085632**	**756358**	**704191**	**633038**	**1037254**	**625914**
67390	**38064**	**71184**	**102287**	**94890**	**73430**	**67946**	**59955**	**104404**	**99766**
6	30	99	7	1515	695	928	1048	756	838
				1161	562	762	699	489	499
45096	18255	40772	38114	60417	24147	34439	23916	56290	20515
385	1839	69	2668	2578	3350	2799	4653	2235	1481
642	260	1091	754	1488	1423	1483	956	1716	783
2440	1942	3002	2949	7079	4532	5744	4888	6848	2767
1840		3187	1029	2737			2855		26
	287	3595		2582	844	1542	1322	2022	1172
93	2589	1809	2202	305	2684	966	372	2492	274
269	848	1536	3391	2436	3540	3142	2311	2722	1773
542	2311	9163	2165	1396	1931	1749	884	1245	545
					33			274	
		150		3911	2402	3532	2493	137	4037
		436	552	136	1037	1362	1125	3937	167
7				5		315	14	110	86
65	15	39		157	40		101	25	158
						88	117		
				410	310	377	318	414	322
			28	21	84	106	67	275	91
675	45	786	932	1467	442	667	876	2790	1149
	1149	3206	620	1463	4691	2671	1876	7077	7162
		488		1071	767	1041	916	747	966
6	5	55	21	1897	383	2252	835	1289	1028
	20	5	34	418	147	227	192	253	363
162				224		15	1774		21
15162	8469	1696	46821	16	19386	1739	5347	10261	53543
56				427	1418	558	244	2219	168
56				402	1136	558	240	1862	163

13-5 续表 1 （2018 年）

单　　位	郑州市	市本级	中原区	二七区	管城区	金水区	上街区	惠济区
其他国防支出(款)	3604	2415	49		465		2	
公共安全支出	748102	356392	15880	15539	14216	27530	11976	14430
武装警察	49497	20986	991			1431	139	1043
公安	473078	284154				1437	8089	4354
国家安全	1143	1136						
检察	55783	12080	6114	3854	2519	4011	1036	2119
法院	108944	15545	7105	8580	7957	11500	1616	5497
司法	30637	7358	1670	1265	1572	2205	685	1417
监狱	5330	5330						
强制隔离戒毒	9520	9520						
其他公共安全支出(款)	14170	283		1840	2168	6946	411	
教育支出	2129214	548807	72671	73740	50238	135370	28316	51585
教育管理事务	54918	15277	642	154	1018	209	1545	5757
普通教育	1585769	284643	63503	63091	43562	123142	21296	41680
职业教育	220628	185095		160	20		163	1261
成人教育	786	412	4				5	1
特殊教育	10100	5008		438	336	675		
进修及培训	30546	18641	898	159	132	340	203	161
教育费附加安排的支出	176786	26637	7464	5563	5126	10808	2077	2153
其他教育支出(款)	49681	13094	160	4175	44	196	3027	572
科学技术支出	361748	92403	3179	3802	7185	34274	3621	538
科学技术管理事务	12601	1788	375	322	943	384	2900	112
基础研究	1471	1471						
应用研究	25205	4254	377	355	130	2486		
技术研究与开发	181383	35353	2107	2286	6003	11713	648	375
科技条件与服务	21231	10048						
社会科学	131	131						
科学技术普及	5264	2183	170	191	56	311	73	36
科技交流与合作	7828	7513	120					
其他科学技术支出(款)	106634	29662	30	648	53	19380		15

单位:万元

经济区	高新区	郑东新区	航空港实验区	中牟县	巩义市	荥阳市	新密市	新郑市	登封市
				25	282		4	357	5
16773	12641	15290	12137	48709	36989	33678	40271	47436	28215
10169		3502	3064	1837	668	968	657	3436	606
3334		9478	2185	35135	24015	21638	28440	32095	18724
			7						
1500	1750	1500	2423	3244	2821	3274	2530	2635	2373
1123	10891	645	3666	6828	6742	4250	6681	6247	4071
513		165	412	1665	1817	3193	1711	2996	1993
134			380		926	355	252	27	448
71497	65293	179090	52594	150517	129525	131793	118457	143217	126504
569	2083	295	7807	7126	425	4670	3509	2765	1067
40099	45320	160019	41883	120791	112497	111880	101182	116328	94853
	2		48	9293	4953	6949	3489	4781	4414
	15			100	249				
			15	345	1631	380	333	541	398
708	224	2	18	2513	1392	695	1878	1410	1172
29957	16327	18652	2371	10012	7389	6409	7118	12791	5932
164	1322	122	452	337	989	810	948	4601	18668
29988	82680	19264	5123	12966	30593	12498	7188	9513	6933
7	493	49		384	714	433	375	2862	460
2086	7992	2714	100	1321	2600	227	205	358	
26293	60283	6121	2641	10967	1265	1159	6312	4469	3388
1425	130					9628			
				294	164	691	296	376	423
					45	150			
177	13782	10380	2382		25805	210		1448	2662

13-5 续表 2 （2018 年）

单　　位	郑州市	市本级	中原区	二七区	管城区	金水区	上街区	惠济区
文化体育与传媒支出	138532	69052	1406	1689	1556	3628	1669	1291
文化	54613	21130	1225	1524	1202	2147	1091	639
文物	37139	25474	55	45	306		28	28
体育	9950	6448		20			18	45
新闻出版广播影视	29191	13375	16			112	460	
其他文化体育与传媒支出(款)	7639	2625	110	100	48	1369	72	579
社会保障和就业支出	1151875	497414	35220	59612	29512	52576	22809	21528
人力资源和社会保障管理事务	80095	43980	714	212	1716	2239	7428	2021
民政管理事务	75362	9426	7741	10413	6005	7139	2564	1899
行政事业单位离退休	406034	169412	11880	31418	11271	16924	10096	10369
企业改革补助	26026	25327	68	296	235	8		1
就业补助	24580	15620	137	956	43	1300	75	200
抚恤	69088	1355	4657	5088	2870	8256	705	2271
退役安置	94341	72315	1200	2631	1159	7859	100	642
社会福利	34211	15149	1897	2216	907	2610	394	131
残疾人事业	37452	3930	2428	2091	1504	1855	453	1521
自然灾害生活救助	666	60					2	11
红十字事业	2453	965	97	105	145	213		129
最低生活保障	26215	608	586	947	626	1436	275	136
临时救助	4811	1747	81	248	103	145	73	53
特困人员救助供养	14421		238	416	111	104	76	28
其他生活救助	1172		32	170	45	30	16	10
财政对基本养老保险基金的补助	211677	122491	3235	2163	2683	1957		2085
财政对其他社会保险基金的补助	4301						552	
其他社会保障和就业支出(款)	38970	15029	229	242	89	501		21
医疗卫生与计划生育支出	979025	311017	30143	32584	24163	45513	7427	23991
医疗卫生与计划生育管理事务	36000	3841	2384	1043	1515	1512	649	2543
公立医院	140685	65967	148	154	226	2486	525	6932
基层医疗卫生机构	63578	695	1753	1328	4812	5046	180	615
中医药	909	150	51	31	40	30	51	

单位:万元

经济区	高新区	郑东新区	航空港实验区	中牟县	巩义市	荥阳市	新密市	新郑市	登封市
980	2145	1026	1102	8148	12560	9335	3827	12566	6552
427	1077	642	240	5110	5298	4483	1023	4649	2706
66	14		500	359	4934	1247	558	1502	2023
273	761			256	159	680	157	531	602
				2385	1836	2661	1720	5775	851
214	293	384	362	38	333	264	369	109	370
4663	12020	23731	29444	45708	80639	58283	66694	63612	48410
375	257	242	6800	3259	1183	3683	2851	1412	1723
457	2946	5760	575	6763	2285	4359	2177	3422	1431
217			13439	1633	25773	24808	32099	27321	19374
13	28					37	13		
893	300	769	5	467	1270	706	886	622	331
651	334	4500	1639	4811	6968	4890	6825	6505	6763
67	193	717	146	1977	736	2503	627	729	740
2	464	1458	36	3885	532	867	1085	2104	474
459	919	956	1262	3117	1355	3334	4536	4140	3592
		29		39	78	199	111		137
	20	4		70	45	81	92	357	130
114	152	277	1161	2370	3758	3030	3401	5366	1972
37	92	265	97	388	225	197	89	609	362
72	8	152	385	1630	1230	2064	2695	2497	2715
1	5	4	108	32	137	134	169	116	163
		2012		14570	31348	7015	7086	7214	7818
1294							1317	1138	
11	6302	6586	3791	697	3716	376	635	60	685
5243	5543	16062	23621	63083	114648	57187	82717	80652	55431
492	950	115	814	5108	596	2699	1178	7980	2581
			4	6066	33343	1297	4314	15871	3352
344	451	2222	1371	5551	15552	3347	13820	2459	4032
				98		89	159	14	196

13-5 续表 3 （2018 年）

单 位	郑州市	市本级	中原区	二七区	管城区	金水区	上街区	惠济区
计划生育事务	61595	1711	6622	6784	3653	9604	1419	2496
食品和药品监督管理事务	48597	13481	1670	1943	1749	2558	1075	1264
行政事业单位医疗	106939	40308	6136	8999	6421	6081	1916	5267
财政对基本医疗保险基金的补助	363460	147236	3814	4687	434	4451		1670
医疗救助	5961	494	72	113	11	110	15	9
优抚对象医疗	1056	2	42	66	13	208	29	51
其他医疗卫生与计划生育支出(款)	13946	5925	890	20		1404		10
节能环保支出	1774801	1335742	14094	9804	2558	4237	1841	1857
环境保护管理事务	39544	8585	2174	910	831	1549	1691	955
环境监测与监察	5656	2153						7
污染防治	270458	171820	4983	2018	1724	2295	137	870
自然生态保护	85197	859	6687	6649	3	16	3	25
天然林保护	235							
退耕还林	1688							
能源节约利用(款)	1113239	1045720	243	227		330	10	
污染减排	3787	2883	7			47		
可再生能源(款)	277	277						
循环经济(款)	10369							
其他节能环保支出(款)	244351	103445						
城乡社区支出	5864134	2933735	88475	88521	124326	232635	106886	34996
城乡社区管理事务	377128	56385	11560	17148	23878	37329	12054	15136
城乡社区规划与管理(款)	32626	7266			201		6893	
城乡社区公共设施	3978848	2611877	3924	1001	71812	46511	385	11992
城乡社区环境卫生(款)	328741	57688	25399	5706	25275	45617	2412	7858
建设市场管理与监督(款)	532	37		312				10
其他城乡社区支出(款)	1146259	200482	47592	64354	3160	103178	85142	
农林水支出	734682	145042	2690	8574	6159	7237	3621	15299
农业	215865	33584	1205	4446	1859	4414	960	6382
行政运行	12698	4595	898	165	902	149	462	194
一般行政管理事务	1296	90	112				129	723
机关服务	3387							

单位:万元

经济区	高新区	郑东新区	航空港实验区	中牟县	巩义市	荥阳市	新密市	新郑市	登封市
468	1574	2438	1137	4500	4764	3822	3783	5586	1234
1520	601	3086	1801	3827	1861	2387	2622	5385	1767
			3719		6425	5850	5873	5062	4882
751	2	2942	7951	23588	37452	29826	39101	30392	29163
9	2	387	837	1604	765	279	639	332	283
9		25	43	79	129	111	95	132	22
	279	1014		1996	2205	189	14		
102172	3727	33960	41677	50849	22791	32595	37459	39418	40020
256	604	92	3570	690	1814	3677	4745	4642	2759
958		383	540	287	692			636	
558	2165	13725	15432	13861	5022	8248	3039	9810	14751
			8186	31948	745	2328	1820	17251	8677
									235
			115	118	294	103	310	226	522
400	900	3195	3040	3150	2263	18017	21704	6828	7212
	58			56	235	158			343
				739	9630				
100000		16565	10794		2096	64	5841	25	5521
159645	198474	457646	312703	337668	116926	170434	101546	359932	39586
4468	8083	89378	6374	9926	9856	10822	6100	51537	7094
39	625	3187	4113	3925	2073	1938	2190		176
111835	8022	351671	264194	26433	72233	136992	72827	178568	8571
25725	25026	11397	15104	24799	19807	11723	14385	794	10026
				42	131				
17578	156718	2013	22918	272543	12826	8959	6044	129033	13719
6502	2845	32525	12868	95711	61550	76349	68107	88621	100982
1235	611	2487	7246	28659	18231	22813	19780	37968	23985
			2	852	316	484	316	1270	2093
	18	1	10	39		174			
							3387		

13-5 续表 4 (2018 年)

单 位	郑州市	市本级	中原区	二七区	管城区	金水区	上街区	惠济区
事业运行	36075	9578		242		1283		1577
农垦运行	65	65						
科技转化与推广服务	7384	702	22			525		2
病虫害控制	6125	992	11	53	12	9		48
农产品质量安全	5803	4196		2		329	10	14
执法监管	760	512						105
统计监测与信息服务	420	263					3	
农业行业业务管理	1207	77			15	50	1	25
对外交流与合作	35	35						
防灾救灾	543						36	3
农业结构调整补贴	750							
农业生产支持补贴	49802	250	6		67	117	133	821
农业组织化与产业化经营	8774	10	150	237	300	691	10	1396
农产品加工与促销	83	25						
农村公益事业	19207			2450				
农业资源保护修复与利用	2964	425		30		347		147
农村道路建设	6538			461				
成品油价格改革对渔业的补贴	108							
对高校毕业生到基层任职补助	289							
其他农业支出	51552	11769	6	806	563	914	176	1327
林业	124930	32260	20	755	33	79	4	6982
行政运行	6443	1980						994
一般行政管理事务	587	76						9
机关服务	730							
林业事业机构	16611	3397						
森林培育	21625	1351	17	378	11	2		2445
林业技术推广	140	12	1	2				
森林资源管理	20768	20234						19
森林资源监测	42							
森林生态效益补偿	1486	33						23

单位:万元

经济区	高新区	郑东新区	航空港实验区	中牟县	巩义市	荥阳市	新密市	新郑市	登封市
		218		5691	3984	3335	4080	6087	
			2	1900	1872	1010	131	837	381
	6	3	59	581	1010	379	168	2364	430
7		20	1	341	76	290	25	456	36
			16	13	12		72	25	5
					154				
		5		695	89	226	24		
					210	52	4	68	170
				700	50				
728		1339	3776	8672	4570	7236	7345	8139	6603
271	587	460	701	776	15	1051		1833	286
					15			43	
				3056		2722	26	4350	6603
		2	33	259	408	413	9	530	361
44				631	2552		1885		965
						105			3
					162	127			
185		439	2646	4453	2736	5209	2308	11966	6049
208	203	12730	607	21545	12573	8939	6039	11490	10463
				634	178	457	344	308	1548
				41	18	57	37		349
							651	79	
		4530		2864	981	983	352	2262	1242
		2	188	5953	2605	2104	2681	2266	1622
			2	9	4	36	25	3	46
119			271					125	
	3					39			
				27	409	183	30	60	721

13-5 续表 5 （2018 年）

单　　位	郑州市	市本级	中原区	二七区	管城区	金水区	上街区	惠济区
林业自然保护区	306	9						
动植物保护	148	21						
湿地保护	11240	685						159
林业执法与监督	1525	913						
林业检疫检测	61							
林业工程与项目管理	3338	26						
林业产业化	4508	46						
林业政策制定与宣传	5							
林区公共支出	31							
林业贷款贴息	230				7			
成品油价格改革对林业的补贴	4							
林业防灾减灾	3132	307				6	4	564
其他林业支出	31970	3170	2	375	15	71		2769
水利	138096	37554	21	187	404	383	71	124
行政运行	9287	3541						
一般行政管理事务	146							21
机关服务	2518							
水利行业业务管理	2674	188						
水利工程建设	14553	5549					4	
水利工程运行与维护	24627	21447						
水利前期工作	2885	1750				6		
水利执法监督	595							
水土保持	1738	64					15	
水资源节约管理与保护	3690	1337	18	20			48	48
水质监测	25							
防汛	2408	978		19	50	7	4	40
抗旱	516	133		65				
农田水利	22501			10		20		15
江河湖库水系综合整治	8627	172						
大中型水库移民后期扶持专项支出	2456							

单位:万元

经济区	高新区	郑东新区	航空港实验区	中牟县	巩义市	荥阳市	新密市	新郑市	登封市
					296			1	
				14	20	4	19	44	26
		19		1073	6263	3041			
				216	218	69	30	53	26
			5	56					
89		5	9	200		79	400	630	1900
	200			650	457	332	10	1202	1611
							5		
					31				
			78			145			
									4
			19	345	420	68	588	162	649
		8174	35	9463	673	1342	867	4295	719
309	116	13730	100	21623	12129	16518	6642	9506	18679
		229		2100	178	483	139	196	2421
52					26	46		1	
					22	1908	588		
				650	479		1315		42
				464	1621	730	14	2560	3611
				1957	384	80	748		11
				6	321				802
							595		
	20			60	543	111	378	56	491
89	96	83		535	305	458	599		54
					25				
168		32	58	562	160	97	13	55	165
				25		83		101	109
			35	6494	2848	7917	289	1495	3378
					3507	1505	1177		2266
					502	3			1951

13-5　续表 6　　　　　　　　　　　　　　　　　　　　　（2018 年）

单　　位	郑州市	市本级	中原区	二七区	管城区	金水区	上街区	惠济区
信息管理	1982	1982						
水利建设移民支出	4321							
农村人畜饮水	3141			10				
其他水利支出	29406	413	3	63	354	350		
南水北调	22793	1061	106	480	3507			
扶贫	95376	16808	11	9	6	3	781	3
农业综合开发	8660	152			314	46	108	
农村综合改革	83389		1286	1761		1849	1497	1666
普惠金融发展支出	36765	23055	6	202	36	463	200	142
目标价格补贴	393							
其他农林水支出(款)	8415	568	35	734				
交通运输支出	396367	225520	494	678	555	1387	1939	1064
公路水路运输	230045	82450	494	678	555	1387	1399	1064
行政运行	8450	3142	454	98	555	80	802	840
一般行政管理事务	846	179	40				326	37
机关服务	2329			221				
公路建设	50971	100		12		109	53	
公路养护	32964	5946				433	112	62
公路和运输安全	2645							
公路运输管理	11457	105		347		455	64	112
救助打捞	243							
海事管理	514	422				12		13
取消政府还贷二级公路收费专项支出	1284							
其他公路水路运输支出	118342	72556				298	42	
成品油价格改革对交通运输的补贴	36999	23902					480	
对城市公交的补贴	21523	17465					480	
对农村道路客运的补贴	6222	41						
对出租车的补贴	9237	6396						
成品油价格改革补贴其他支出	17							

单位：万元

经济区	高新区	郑东新区	航空港实验区	中牟县	巩义市	荥阳市	新密市	新郑市	登封市
				4210	111				
				2134	94	157		20	726
		13386	7	2426	1003	2940	787	5022	2652
			3135	2589		5864		6051	
115	49	3	593	7349	6937	9879	15754	6732	30344
				2	1530	1801	1690	387	2630
4217	1764	3566	871	11839	7484	9134	14873	8943	12639
10		2	272	1576	2129	1401	2158	2973	2140
		7		150	151		7	1	77
408	102		44	379	386		1164	4570	25
11	24		8837	33686	20660	8892	9941	43059	39620
11	24		8737	30323	12664	7156	7312	40980	34811
			628	452	115	318	204	448	314
11			56			194			3
				6		2102			
	24		308	11423	3103	1280		7633	26926
			5422	12450	1440	1149	1785	996	3169
			289	1323		110			923
			2024	3814	1641	187	1350		1358
				243					
				12	5	40			10
									1284
			10	600	6360	1776	3973	31903	824
				1958	2304	1240	2314	1608	3193
				1018	671	187	1031	361	310
				477	880	736	1018	1023	2047
				463	736	317	265	224	836
					17				

13-5 续表 7 （2018 年）

单　　位	郑州市	市本级	中原区	二七区	管城区	金水区	上街区	惠济区
邮政业支出	431	384						
一般行政管理事务	408	384						
其他邮政业支出	23							
车辆购置税支出	14371	6154					60	
车辆购置税用于公路等基础设施建设支出	10012	5229						
车辆购置税用于农村公路建设支出	3434						60	
车辆购置税其他支出	925	925						
其他交通运输支出(款)	114521	112630						
公共交通运营补助	114094	112630						
其他交通运输支出(项)	427							
资源勘探信息等支出	396197	80543	2093	4757	3079	5562	723	2369
资源勘探开发	13609		174	88	889	74	38	34
制造业	12474	4835						900
建筑业	82	82						
工业和信息产业监管	98803	59282	903	3243	1211	1707	323	900
安全生产监管	24146	5498	1016	1356	731	1336	362	535
国有资产监管	6057	2439			8			
支持中小企业发展和管理支出	192023	867		70	240	2445		
其他资源勘探信息等支出(款)	49003	7540						
商业服务业等支出	122334	78018	107	100	1231	962	331	798
商业流通事务	15311	9034			84	25	31	
旅游业管理与服务支出	15177	3417	7		87	137		798
涉外发展服务支出	9771	9100						
其他商业服务业等支出(款)	82075	56467	100	100	1060	800	300	
金融支出	12244	4587		145				
金融部门行政支出	65	48						
金融部门监管支出	1378	8						
金融发展支出	8294	4331		145				
其他金融支出(款)	2507	200						
援助其他地区支出	12196	11130						
国土海洋气象等支出	74002	17426	2010	1641	1494	1654	826	1346
国土资源事务	70677	15138	2010	1641	1494	1654	817	1344
地震事务	760	661					9	2

单位:万元

经济区	高新区	郑东新区	航空港实验区	中牟县	巩义市	荥阳市	新密市	新郑市	登封市
				23	24				
					24				
				23					
			100	585	5068	496	315	471	1122
					4743				40
			100	585	325	496	315	471	1082
				797	600				494
				370	600				494
				427					
55920	21046	4106	103138	73732	6877	6563	8586	5704	11399
748	601	49			1291	1684	5304	191	2444
900	4669				1170				
5032	7671	1216	400	9979		1518	1041	3398	979
241	1185	2107	171	778	1136	1988	1703	2115	1888
2293						616	349		352
44054	2725	734	70277	62965	3280	757	189		3420
2652	4195		32290	10					2316
20470	300	377	3205	2008	1925	2312	628	6390	3172
		94	2030	740	303	1249	311	881	529
		73		1092	1136	839	317	4631	2643
70			290	133	178				
20400	300	210	885	43	308	224		878	
1370	288	5516	84		74	180			
			17						
1370									
		3818							
	288	1698	67		74	180			
99				335	632				
3	1983	2438	2445	10394	6202	4980	3251	9237	6672
3	1983	2438	2445	10309	5671	4910	3126	9098	6596
					58	30			

13-5 续表 8 （2018 年）

单 位	郑州市	市本级	中原区	二七区	管城区	金水区	上街区	惠济区
气象事务	2565	1627						
住房保障支出	849858	63251	19686	10541	14357	8666	4705	5527
保障性安居工程支出	681717	13094	8158	26	6435		956	100
住房改革支出	159253	44416	9403	10515	7922	8666	3737	5427
城乡社区住宅	8888	5741	2125				12	
粮油物资储备支出	26908	13380	851	787	1124	1023	263	
粮油事务	10603	2099	270	224	532	1023	263	
物资事务	236				77			
粮油储备	15999	11281	581	563	515			
重要商品储备	70							
其他支出(类)	39499	9		655	1286		350	
债务付息支出	399769	230308	3564	6358	4786	3137	7634	3898
政府性基金支出	**12920790**	**517310**	**518485**	**406837**	**905585**	**431156**	**98526**	**579559**
文化体育与传媒支出	2323		242	107	55	897	2	204
社会保障和就业支出	8560	589					57	
大中型水库移民后期扶持基金支出	8073	576					10	
小型水库移民扶助基金及对应专项债务收入安排的支出	487	13					47	
城乡社区支出	12694409	426593	517171	403550	898420	429163	95701	578585
国有土地使用权出让收入及对应专项债务收入安排的支出	11955203	306955	517171	403550	898420	429163	86131	578585
国有土地收益基金及对应专项债务收入安排的支出	212710	58353						
农业土地开发资金及对应专项债务收入安排的支出	7225							
城市基础设施配套费及对应专项债务收入安排的支出	499303	45000					9570	
污水处理费及对应专项债务收入安排的支出	19968	16285						
农林水支出	181							
交通运输支出	319	319						
车辆通行费及对应专项债务收入安排的支出	289	289						
港口建设费及对应专项债务收入安排的支出	30	30						
商业服务业等支出	243		9					
其他支出	47577	18747	753	3180	774	1096	254	281
其他政府性基金及对应专项债务收入安排的支出	3500							
彩票发行销售机构业务费安排的支出	3138	2844						
彩票公益金及对应专项债务收入安排的支出	40939	15903	753	3180	774	1096	254	281
债务付息支出	167178	71062	310		6336		2512	489

单位:万元

经济区	高新区	郑东新区	航空港实验区	中牟县	巩义市	荥阳市	新密市	新郑市	登封市
				85	473	40	125	139	76
565	1372	384202	249707	18219	22988	10543	15309	14206	6014
	1372	377104	243465	10818	12196	140	4372	3018	463
		7098	6242	7390	10358	10403	10937	11188	5551
565				11	434				
	246			1977	2836	1172	921	949	1379
				1601	2108	373	851	509	750
								159	
	246			376	728	799		281	629
							70		
410			30035	1655	19	1254	3245	157	424
14442	10448	11515	22693	34950	13076	17639	4692	5962	4667
816364	**993379**	**1307014**	**2255931**	**1214260**	**266716**	**708062**	**362060**	**1369577**	**169969**
9	110	294	30	67	73	74	8	105	46
		13		1100	70	1761	369	767	3834
		13		1100		1739	369	646	3620
					70	22		121	214
814955	977792	1306042	2232922	1202722	255842	702096	352510	1349101	151244
713783	902134	1188811	2146422	1179611	241147	663813	329923	1229115	140469
25000			77500		4887	7000	7680	28000	4290
					3815		820	1543	1047
76172	75658	117231	9000	22538	5026	30283	14087	90000	4738
				573	967	1000		443	700
				48	14	54			65
				142	61			31	
161	596	665	869	3417	6663	1072	1193	3825	4031
					3500				
				26	268				
161	596	665	869	3391	2895	1072	1193	3825	4031
1239	14881		22110	6764	3993	3005	7980	15748	10749

主要统计指标解释

财政收入 国家财政参与社会产品分配所取得的收入，是实现国家职能的财力保证。财政收入所包括的内容几经变化，目前主要包括：增值税、营业税、企业所得税、企业所得税退税、外商投资企业和外国企业所得税、个人所得税、资源税、固定资产投资方向调节税、城市维护建设税、房产税、印花税、城镇土地使用税、土地增值税、车船使用税、屠宰税、筵席税、农业税、农业特产税、牧业税、耕地占用税、契税、国有资产经营收益、国有企业计划亏损补贴、行政性收费收入、罚没收入、土地和海域有偿使用收入、专项收入、其他收入。

财政支出 国家财政将筹集起来的资金进行分配使用，以满足经济建设和各项事业的需要，主要包括：基本建设支出、企业挖潜改造资金、简易建筑费、地质勘探费、科技三项费用、流动资金、支援农村生产支出、农业综合开发支出、农林水利气象等部门的事业费、工业交通等部门的事业费、流通部门事业费、文体广播事业费、教育事业费、科学事业费、卫生经费、税务统计财政审计等部门的事业费、抚恤和社会福利救济费、行政事业单位离退休经费、社会保障补助支出、国防支出、行政管理费、外交外事支出、武装警察部队支出、公检法司支出、城市维护费、政策性补贴支出、支援不发达地区支出、土地和海域开发建设支出、专项支出、其他支出、总预备费。

中央财政收入和地方财政收入 按财政体制划分的中央本级收入和地方本级收入。1994 年分税制财政体制以后，属于中央财政的收入包括关税、海关代征消费税和增值税，消费税，中央企业所得税，地方银行和外资银行及非银行金融企业所得税，铁道、银行总行、保险总公司等集中缴纳的营业税、所得税、利润和城市维护建设税，增值税的 75%部分，海洋石油资源税和证券（印花）税 50%部分。属于地方财政的收入包括营业税，地方企业所得税，个人所得税，城镇土地使用税，固定资产投资方向调节税，城镇维护建设税，房产税，车船使用税，印花税，屠宰税，农牧业税，农业特产税，耕地占用税，契税，增值税 25%部分，证券交易税（印花税）的 50%部分和除海洋石油资源税以外的其他资源税。

中央财政支出和地方财政支出 根据政府在经济和社会活动中的不同职责，划分中央和地方政府的责权，按照政府的责权划分确定的支出。中央财政支出包括国防支出，武装警察部队支出，中央级行政管理费和各项事业费，重点建设支出以及中央政府调整国民经济结构、协调地区发展，实施宏观调控的支出。地方财政支出主要包括地方行政管理和各项事业费，地方统筹的基本建设、技术改造支出，支援农村生产支出，城市维护和建设经费，价格补贴支出等。

信贷资金 国家银行用于发放贷款的资金叫信贷资金。中国人民银行信贷资金的来源有各项存款、对国际金融机构负债、流通中货币、银行自有资金及当年结益等。信贷资金的运用有各项贷款、黄金占款、外汇占款、财政借款及在国际金融机构中的资产等。

各项存款 企业、机关、团体或居民根据可以收回的原则，把货币资金存入银行或其他信用机构保管并取得一定利息的一种信用活动形式。根据存款对象的不同可划分为企业存款、财政存款、机关团体存款、基本建设存款，城镇储蓄存款、农村存款等科目。它是银行信贷资金的主要来源。

贷款 银行或其他信用机构根据必须归还的原则，按一定利率，为企业、个人等提供资金的一种信用活动形式。我国银行贷款分为流动资金贷款、固定资产贷款、城乡个体工商户贷款以及农业贷款等科目。

十四、教育、文化、卫生、体育、科技和民政

14-1 教育事业主要综合指标

（2018年）

单位：所、人

指 标	数 值	指 标	数 值
平均每万人拥有各类学校数（个）	**1.61**	**小学五年巩固率（%）**	**104.77**
高等学校	0.06	**小学学生缀学率（%）**	**0.0**
中等职业学校	0.12	**初中学生净入学率（%）**	**114.12**
技工学校	0.02	**初中三年巩固率（%）**	**104.83**
普通中学	0.46	**初中学生缀学率（%）**	**0.0**
普通小学	0.93	**初中毕业生升学率（%）**	**100.00**
平均每万人各类学校在校生数（人）	**3188.93**	**平均每万人各类学校教职工数（人）**	**231.69**
高等学校	1243.62	#专任教师	178.45
中等职业学校	320.18	#高等学校	66.31
技工学校	95.53	中等职业学校	15.06
普通中学	590.75	技工学校	3.22
普通小学	905.10	普通中学	52.54
小学适龄儿童净入学率（%）	**100.00**	普通小学	42.71

14-2 学校教育基本情况

（2018 年）

单位:所、人

项　　目	全市	市区	县(市)	中牟县	巩义市	荥阳市	新密市	新郑市	登封市
各类学校教育合计数									
学校数	1631	784	786	112	110	88	163	153	160
毕业生数	779769	243934	184685	26281	21840	25683	28719	39293	42869
招生数	986908	305271	234073	37444	23490	34082	29689	57511	51857
在校学生数	3232301	1068267	903496	133936	120145	148622	131221	181181	188391
教职工数	234839	94818	72812	9072	11726	10676	12879	12786	15673
#专任教师	180874	72803	56988	7481	9064	8479	10089	9652	12223
高等学校									
学校数	61								
#研究生培养单位	(12)								
普通本专科学校	61								
成人本专科学校	(36)								
毕业生数	351150								
#研究生	7681								
普通本专科	264337								
成人本专科	36583								
招生数	447564								
#研究生	11672								
普通本专科	328788								
成人本专科	47782								
在校学生数	1260538								
#研究生	30207								
普通本专科	993479								
成人本专科	97230								
教职工数	67209								
#专任教师	51083								
中等职业学校									
学校数	123	83	40	7	3	5	7	8	10
毕业生数	90151	68313	21838	3548	1296	2385	1559	9407	3643
招生数	125223	85805	39418	6671	1386	3972	1515	12061	13813
在校学生数	324536	228976	95560	12914	3627	11219	5048	33311	29441
教职工数	15266	10568	4698	537	305	814	508	1243	1291
#专任教师	11346	7583	3763	489	288	632	435	788	1131
技工学校									
学校数	25	18	7			3		4	
毕业生数	27394	16292	11102			5599		5503	
招生数	39481	20422	19059			9304		9755	
在校学生数	96826	49920	46906			25828		21078	
教职工数	3265	2099	1166			722		444	
#专任教师	2366	1437	929			595		334	
普通中学									
学校数	468	245	223	28	37	25	41	34	58
#高中	126	88	38	4	8	4	7	6	9
初中	342	157	185	24	29	21	34	28	49

14-2 续表　　　　（2018 年）　　　　单位：所、人

项　目	全市								
		市区	县（市）						
				中牟县	巩义市	荥阳市	新密市	新郑市	登封市
毕业生数	179199	92360	86839	11818	12399	10049	15930	12573	24070
#高中	63165	35506	27659	4219	4208	3860	5743	4605	5024
初中	116034	56854	59180	7599	8191	6189	10187	7968	19046
招生数	209950	107536	102414	16618	12944	11805	16953	18068	26026
#高中	68463	39155	29308	4256	4940	3661	6063	5434	4954
初中	141487	68381	73106	12362	8004	8144	10890	12634	21072
在校学生数	598782	304356	294426	43297	38743	33816	48355	48998	81217
#高中	196541	112058	84483	11186	14842	10525	16866	16713	14351
#初中	402241	192298	209943	32111	23901	23291	31489	32285	66866
教职工数	53252	27944	25380	3606	4106	3033	3966	3892	6777
#专任教师	46865	24077	22788	3207	3817	2823	3673	3474	5794
小学									
学校数	940	430	510	76	69	54	114	106	91
毕业生数	131624	66823	64801	10886	8127	7635	11219	11804	15130
招生数	164277	91283	72994	14124	9102	8986	11195	17581	12006
在校学生数	917414	484165	433249	77627	77627	77627	77627	77627	77627
教职工数	43289	24704	18585	2596	3036	2703	3878	2957	3415
#专任教师	41143	23432	17711	2481	2940	2624	3612	2776	3278
特殊教育学校									
学校数	13	7	6	1	1	1	1	1	1
毕业生数	250	145	105	29	18	15	11	6	26
招生数	373	185	188	31	58	15	26	46	12
在校学生数	1642	800	842	98	148	132	191	167	106
教职工数	466	263	203	26	24	34	53	32	34
#专任教师	426	239	187	26	21	30	49	30	31
工读学校									
学校数	1	1							
毕业生数	1	1							
招生数	40	40							
在校学生数	50	50							
教职工数	120	120							
#专任教师	24	24							
幼儿园	**23**	**23**							
幼儿园数	(1651)	(821)	(830)	(128)	(123)	(120)	(161)	(151)	(147)
入园幼儿数	(117504)	(58046)	(59458)	(9210)	(10776)	(7983)	(9488)	(12546)	(9455)
离园幼儿数	(123697)	(56911)	(66786)	(9977)	(10372)	(8232)	(12117)	(14014)	(12074)
在园幼儿数	(397683)	(200957)	(196726)	(29791)	(33483)	(26043)	(34590)	(39204)	(33615)
教职工数	51900	29120	22780	2307	4255	3370	4474	4218	4156
#专任教师	27651	16011	11640	1278	1998	1775	2320	2250	1989

注：1. 标注“（）”为不计合计数中。
2. 高等教育为省教育厅反馈数据，只有合计数。

14-3 全市教育部门

（2018 年）

类 别	总计	国家财政性教育经费	公共财政预算安排的教育经费	公共财政教育经费	教育事业费	基本建设经费
总计	**2975107**	**2363139**	**2308792**	**2016089**	**1714521**	**126215**
高等学校	**203243**	**159566**	**159356**	**145800**	**113815**	**7941**
普通高等学校	202804	159404	159194	145778	113793	7941
成人高等学校	438	162	162	22	22	
中等职业学校	**246978**	**185667**	**185544**	**169175**	**148227**	**14616**
中等专业学校	65142	55783	55775	53266	40894	12035
职业高中	79463	78317	78315	69879	63927	
技工学校	46361	42427	42314	37791	35210	2581
成人中等专业学校	56012	9140	9140	8238	8196	
普通中学	**1092212**	**942563**	**905171**	**793497**	**679714**	**46554**
普通高中	403445	335086	322756	287500	261123	6720
普通初中	688767	607477	582415	505997	418591	39834
普通小学	**958958**	**873617**	**862935**	**733227**	**602711**	**57104**
特殊教育学校	**13389**	**13145**	**13145**	**11460**	**11221**	
幼儿园	**357536**	**89749**	**89253**	**77646**	**74222**	
教育行政单位	**14292**	**14005**	**11832**	**10038**	**10038**	
教育事业单位	**50384**	**46786**	**43515**	**39166**	**38492**	
其他	**38116**	**38041**	**38041**	**36080**	**36080**	

教育经费总收入

单位:万元

教育费附加	其他公共财政教育收入	政府性基金预算安排的教育经费	捐赠收入	事业收入	其中:学费	其他教育经费
175353	**292703**	**54036**	**534**	**564600**	**502832**	**14439**
24044	**13556**	**210**	**10**	**43627**	**37632**	**40**
24044	13416	210	10	43351	37552	40
	140			276	80	
6331	**16370**	**10**	**224**	**56656**	**36391**	**538**
337	2509	8		8263	5493	281
5952	8436	2		1146	206	
	4523			3799	372	135
42	902		224	43447	30320	121
67228	**111674**	**37392**	**30**	**129915**	**113323**	**4988**
19657	35256	12330	20	61461	51258	2240
47572	76418	25062	10	68454	62065	2748
73412	**129707**	**10682**	**20**	**74582**	**64792**	**6381**
239	**1686**					**244**
3425	**11606**	**298**	**251**	**255982**	**250695**	**2126**
	1794	**2173**		**234**		**53**
674	**4348**	**3271**		**3529**		**69**
	1961			**74**		

14-4 分县(市)区教育部门

(2018 年)

类 别	总计	国家财政性教育经费	公共财政预算安排的教育经费	公共财政教育经费	教育事业费	基本建设经费
总计	**2975107**	**2363139**	**2308792**	**2016089**	**1714521**	**126215**
市本级	749122	601978	600765	539322	482566	31630
中原区	128601	84151	83871	66753	59289	
二七区	135795	91835	91205	72109	66616	
管城区	88632	60196	60183	50238	39838	5274
金水区	211015	136103	135897	114311	81578	21925
上街区	40444	34715	34631	28023	25947	
惠济区	82617	57020	56865	47028	44740	
中牟县	195148	177327	154465	139625	129613	
巩义市	160819	141862	140891	127735	120347	
荥阳市	165093	146135	145607	128895	122486	
新密市	164185	144059	144021	118457	111339	
新郑市	211030	162611	157895	137818	125027	
登封市	166805	129154	126906	107736	101804	
经开区	98503	77613	65293	58111	41784	
高新区	85382	71600	71497	66057	36087	
郑东新区	213166	184076	183429	161275	82905	59718
航空港实验区	78752	62703	55371	52594	42555	7668

教育经费收入

单位:万元

教育费附加	其他公共财政教育收入	政府性基金预算安排的教育经费	捐赠收入	事业收入	其中:学费	其他教育经费
175353	**292703**	**54036**	**534**	**564600**	**502832**	**14439**
25126	61443	1100	254	129930	105347	3829
7464	17118	280		36141	35412	4134
5493	19096	481		42227	39740	251
5126	9945	13		27546	26690	12
10808	21586	173	5	68977	66976	2643
2077	6607	85	10	5251	5136	438
2288	9837	156		25145	24069	2
10012	14840	22863		17070	13348	
7389	13156	971		18957	17394	
6410	16712	528		18480	16864	
7118	25564	22	191	18732	17767	11
12791	20077	4716	19	47561	32878	715
5932	19170	2248	56	35751	32175	513
16327	7182	12320		20298	18994	68
29969	5440	103		10819	10404	
18652	22154	647		27229	25407	1825
2371	2777	7332		14484	14233	

14-5　全市教育部门教育经费支出

（2018 年）

单位:万元

类　别	总计	事业性经费支出	工资福利支出	对个人和家庭的补助支出	商品和服务支出	其他资本性支出	基本建设支出	其它支出
总计	**2978754**	**2956329**	**1501452**	**142730**	**671177**	**495761**	**145209**	**22086**
高等学校	**203704**	**199946**	**70816**	**11644**	**50938**	**50608**	**15940**	**3418**
普通高等学校	203266	199508	70512	11585	50863	50608	15940	3418
成人高等学校	438	438	304	59	75			
中等职业学校	**246975**	**243018**	**87776**	**13581**	**80313**	**46733**	**14616**	**3957**
中等专业学校	64674	64649	14372	6818	23038	8386	12035	25
职业高中	80201	80201	38502	3206	18167	20326		
技工学校	46357	46282	12201	1088	22319	8093	2581	74
成人中等专业学校	55744	51887	22701	2469	16788	9929		3857
普通中学	**1107905**	**1100820**	**575037**	**52225**	**205882**	**216723**	**50952**	**7085**
普通高中	405110	404114	208478	16087	90813	82017	6720	996
普通初中	702794	696706	366559	36138	115070	134707	44232	6088
普通小学	**953581**	**948445**	**526292**	**57252**	**160814**	**140387**	**63700**	**5136**
特殊教育学校	**13229**	**13229**	**6672**	**617**	**3539**	**2401**		
幼儿园	**352703**	**350567**	**207396**	**4195**	**112551**	**26425**		**2136**
教育行政单位	**12244**	**12244**	**5491**	**602**	**5771**	**379**		
教育事业单位	**50297**	**49943**	**14810**	**1909**	**23990**	**9233**		**354**
其他	**38117**	**38117**	**7160**	**706**	**27379**	**2872**		

14-6 分县(市)区教育部门教育经费支出

(2018年)

单位:万元

类　　别	总计	事业性经费支出	工资福利支出	对个人和家庭的补助支出	商品和服务支出	其他资本性支出	基本建设支出	其它支出
总计	**2978754**	**2956329**	**1501452**	**142730**	**671177**	**495761**	**145209**	**22086**
市本级	747314	737903	304947	33924	239145	120258	39629	9071
中原区	128756	128443	75786	6916	37329	8412		312
二七区	135288	134071	82784	12295	30398	8594		1217
管城区	87009	86688	45717	2313	23025	10359	5274	321
金水区	209515	206383	108192	7772	49287	19207	21925	3132
上街区	40887	40887	23905	3063	6563	7357		
惠济区	82884	82879	48293	2923	21170	10493		4
中牟县	205250	205244	92319	6391	25664	80869		6
巩义市	161873	161599	87527	2935	35834	35303		274
荥阳市	164515	164037	93119	10705	16595	43618		479
新密市	164220	164143	110034	21973	19072	13064		76
新郑市	212213	208137	109662	8444	68260	21771		4076
登封市	166054	165886	109297	11342	25530	19717		168
经开区	98396	98275	43987	2345	15389	36554		121
高新区	85070	83715	33792	1857	17094	30973		1355
郑东新区	210748	209780	86883	5475	27770	18940	70712	968
航空港实验区	78762	78257	45207	2058	13051	10272	7668	505

14-7 艺术表演团体情况

（2018 年）

县(市)区	机构数（个）	从业人员（人）	专业技术人员	演出场次（场）	国内演出场次	农村演出场次	国内演出观众人次（千人次）	本年收入（千元）	本年支出（千元）
总　计	**15**	**1269**	**752**	**4360**	**4360**	**3317**	**4722**	**239130**	**253917**
省本级	4	586	392	1416	1416	985	2005	133921	148961
郑州市	11	683	360	2944	2944	2332	2717	105209	104956
市本级	4	409	264	656	656	188	604	72989	72203
中牟县	1	30	4	495	495	495	180	6010	6010
巩义市	1	43	29	222	222	210	275	2378	2365
荥阳市	1	44	15	379	379	379	584	2276	3049
新密市	2	50	28	260	260	220	154	9506	9506
新郑市	1	58	19	432	432	390	320	9670	9538
登封市	1	49	1	500	500	450	600	2380	2285

14-8 公有制艺术表演场馆(事业)基本情况

（2018 年）

县(市)区	机构数（个）	从业人员（人）	#专业技术人员	座席数（个）	演(映)出场次（场）	艺术演出场次	观众人次（千人次）	艺术演出观众人次	实际使用建筑面积（平方米）	演(映)出业务用房	本年收入（千元）	本年支出（千元）
总　计	**11**	**402**	**36**	**7549**	**800**	**610**	**613**	**483**	**44058**	**15621**	**86449**	**117328**
省本级	1	182	11	2925	461	457	390	340	12263	7358	59342	89074
郑州市	10	220	25	4624	339	153	223	143	31795	8263	27107	28254
市本级	7	162	18	1724	137	125	137	125	21906	5063	18622	20757
巩义市	1	15	3								500	500
新密市	1	13		1700	200	26	85	17	1500	1500	1200	1200
新郑市	1	30	4	1200	2	2	1	1	8389	1700	6785	5797

14-9 公共图书馆情况

（2018 年）

县(市)区	机构数(个)	从业人员(人)	#专业技术人员	年末总藏量(千册)	图书	书刊文献外借(千册次)	总流通人次(千人次)	为读者举办各种活动(次)			实际使用公用房屋建筑面积(平方米)	阅览室面积	阅览室坐席数(个)
								举办展览	组织各类讲座	举办培训班			
总　计	**17**	**588**	**410**	**7956**	**6477**	**4023**	**10407**	**269**	**349**	**374**	**152758**	**43076**	**7861**
省本级	2	211	182	4059	3169	1835	2174	136	88	127	38864	14606	2078
郑州市	15	377	228	3897	3308	2188	8233	133	261	247	113894	28470	5783
市本级	2	199	184	1286	1047	416	5625	21	72	67	70476	15335	2146
中原区	1	15	9	150	146	151	140	5	18	27	2000	500	240
二七区	1	8		147	128	161	120	1	4	34	1146	1000	165
管城区	1	6	1	86	84	17	169	12	10	7	2500	460	120
金水区	1	27	5	108	105	253	282	6	20	10	2000	900	351
惠济区	1	11		112	109	108	164	4	3	8	1500	280	180
上街区	1	10		360	325	192	230	15	22	27	5200	4000	620
经开区	1	25		344	312	279	559	5	25	24	4108	446	324
中牟县	1	7	1	136	118	35	139	7	1	4	2200	820	260
巩义市	1	8	3	240	193	168	317	15	13	14	11700	1432	397
荥阳市	1	24	12	365	300	98	114	8	22	3	5000	695	460
新密市	1	11	2	223	162	96	147	10	12	4	2000	700	100
新郑市	1	18	8	256	216	183	214	12	30	10	3258	1758	300
登封市	1	8	3	84	63	31	13	12	9	8	806	144	120

14-10 文化馆基本情况

（2018 年）

县(市)区	机构数(个)	从业人员(人)	#专业技术人员	举办展览个数(个)	举办训练班次(次)	培训人次(千人次)	组织文艺活动(次)	参加人次(千人次)
合　计	**14**	**333**	**167**	**159**	**2997**	**1617529**	**1770**	**174390**
省本级	1	47	40	16	357	266500	33	2787
郑州市	13	286	127	143	2640	1351029	1737	171603
市本级	1	50	48	35	120	65000	150	26000
中原区	1	20	2	8	870	26000	350	23000
二七区	1	18	12	12	80	10000	100	5000
管城区	1	35	6	25	262	123260	21	820
金水区	1	21	3	5	169	13400	700	76650
惠济区	1	22	8	6	100	31809	54	8435
上街区	1	8	7	3	285	125000	50	3500
中牟县	1	15	2	5	300	500000	100	20000
巩义市	1	29	16	14	380	340000	117	1890
荥阳市	1	24	4	3	20	30000	61	2600
新密市	1	19	7	8	17	12560	9	308
新郑市	1	17	10	11	20	60000	20	3000
登封市	1	8	2	8	17	14000	5	400

14-11 博物馆基本情况

（2018 年）

县(市)区	机构数（个）	从业人员（人）	藏品数（件）	#一级品	展览（次）	观众人数（千人次）
总　计	**39**	**1129**	**227650**	**728**	**125**	**6974**
省本级	4	471	104579	583	22	3280
郑州市	35	658	123071	145	103	3694
市本级	23	466	26451	81	70	2685
管城区	1	3			1	11
巩义市	1	32	16027	19	6	320
荥阳市	1	19	12400	4	2	
新密市	2	14	3747	8	9	73
新郑市	1	43	62879	33	4	336
登封市	6	81	1567		11	269

注:博物馆统计包含民办博物馆。

14-12 文物保护管理单位情况

（2018 年）

县(市)区	机构数（个）	从业人员（人）	藏品数（件）	#一级品	展览（次）	观众人数（千人次）
总　计	**10**	**423**	**3187**	**5**	**3**	**2315**
市本级	2	33	108		3	800
中牟县	1	8	970	2		
巩义市	4	331	2007	3		1515
荥阳市	1	28				
新密市	2	23	102			

14-13 等级运动员、社会指导员人数

单位:人

人员分类	2017 年	#女	2018 年	#女
等级运动员				
二级运动员	458	125	435	139
社会体育指导员				
当年发展人数	4413		3363	

14-14 体育彩票发行情况

项　　目	单位	2015 年	2016 年	2017 年	2018 年
体育彩票销售点	个	1783	1877	1852	2013
体育彩票销售收入	万元	239200	280760	316744	467093

14-15 卫生事业基本情况

（2018 年）

指 标	机构数（个）	实有床位数（个）	人员数（人）										
				卫生技术人员（人）	执业（助理）医师	执业医师	注册护士	药师（士）	技师（士）	其他	其他技术人员（人）	管理人员（人）	工勤人员（人）
总 计	**4773**	**98249**	**143445**	**117013**	**42051**	**38353**	**57159**	**4818**	**5454**	**7531**	**6685**	**7061**	**8043**
六县（市）	**1728**	**71570**	**104524**	**87725**	**30893**	**29241**	**44468**	**3492**	**3810**	**5062**	**5207**	**5555**	**5489**
中牟县	434	3371	4850	3581	1343	1048	1535	197	251	255	222	117	474
巩义市	650	3901	6576	5196	1965	1590	2259	242	268	462	169	161	433
荥阳市	455	2797	5280	3722	1352	1076	1588	159	217	406	169	316	471
新密市	400	5479	6774	4960	1852	1549	2227	229	325	327	265	293	320
新郑市	684	5816	9195	7130	2853	2378	3020	317	329	611	369	351	514
登封市	422	5315	6246	4699	1793	1471	2062	182	254	408	284	268	342
医院	**246**	**86152**	**107010**	**90631**	**30294**	**28994**	**47118**	**3718**	**3981**	**5520**	**5268**	**5450**	**5661**
综合医院	117	54688	67452	58262	19524	18796	30556	2148	2451	3583	3071	2959	3160
中医医院	61	14243	17149	14308	5257	4919	6676	931	660	784	828	966	1047
中西医结合医院	6	1432	1793	1489	558	518	794	50	62	25	113	66	125
专科医院	60	15659	20517	16514	4936	4746	9061	587	805	1125	1252	1456	1295
口腔医院	3	45	434	335	157	147	155	4	11	8	17	45	37
眼科医院	6	450	568	365	99	84	190	15	22	39	58	70	75
耳鼻喉科医院	2	180	243	175	62	58	101	4	8		35	29	4
肿瘤医院	3	4251	4976	4363	1324	1315	2472	121	195	251	248	157	208
心血管病医院	4	2399	3714	3206	982	973	1757	132	133	202	102	317	89
胸科医院	1	1104	1262	1053	217	216	653	36	41	106	65	117	27
妇产（科）医院	7	397	907	559	185	171	293	27	41	13	176	90	82
儿童医院	1	2227	3104	2704	750	741	1473	98	138	245	49	192	159
精神病医院	4	928	641	489	135	132	265	18	27	44	47	59	46
传染病医院	1	1322	1241	1073	293	293	624	45	53	58	23	90	55
皮肤病医院	2	230	134	90	30	23	46	7	6	1	2	15	27
骨科医院	6	333	326	282	108	66	137	12	19	6	10	23	11
康复医院	5	911	901	676	193	183	338	29	43	73	71	67	87
整形外科医院	1	34	397	116	65	57	48	2	1		59	39	183
美容医院	6	136	878	390	145	124	178	11	16	40	274	73	141
其他专科医院	8	712	791	638	191	163	331	26	51	39	16	73	64
护理院	2	130	99	58	19	15	31	2	3	3	4	3	34
基层医疗卫生机构	**4393**	**8166**	**25795**	**18813**	**9319**	**7075**	**6905**	**872**	**776**	**941**	**675**	**606**	**1058**
社区卫生服务中心（站）	284	2294	5877	5189	2215	1914	2196	273	289	216	175	212	301
社区卫生服务中心	93	2270	4672	4075	1681	1432	1669	252	289	184	136	180	281
社区卫生服务站	191	24	1205	1114	534	482	527	21		32	39	32	20

14-15 续表 （2018 年）

指 标	机构数（个）	实有床位数（个）	人员数（人）	卫生技术人员（人）	执业（助理）医师	执业医师	注册护士	药师（士）	技师（士）	其他	其他技术人员（人）	管理人员（人）	工勤人员（人）
卫生院	103	5688	6119	5068	2088	1363	1713	290	327	650	380	151	520
乡镇卫生院	103	5688	6119	5068	2088	1363	1713	290	327	650	380	151	520
中心卫生院	29	2070	1900	1634	660	427	517	99	106	252	110	47	109
乡卫生院	74	3618	4219	3434	1428	936	1196	191	221	398	270	104	411
村卫生室	2515		6262	1619	1173	517	446						
门诊部	161	184	2504	2110	1109	890	776	89	121	15	80	147	167
综合门诊部	40	150	1000	827	390	355	331	35	65	6	38	57	78
中医门诊部	32	4	401	330	184	163	85	38	20	3	8	26	37
中西医结合门诊部	1		13	13	5	5	3	1	4				
专科门诊部	88	30	1090	940	530	367	357	15	32	6	34	64	52
诊所、卫生所、医务室	1330		5033	4827	2734	2391	1774	220	39	60	40	96	70
诊所	1201		4513	4343	2454	2142	1609	201	34	45	24	88	58
卫生所、医务室	129		520	484	280	249	165	19	5	15	16	8	12
专业公共卫生机构	**109**	**3931**	**9636**	**7287**	**2330**	**2197**	**3109**	**220**	**598**	**1030**	**611**	**845**	**893**
疾病预防控制中心	15		1525	986	480	428	99	29	133	245	128	199	212
省属	1		360	253	147	147		4		102	44	25	38
省辖市（地区）属	1		168	96	40	39	3	1	2	50	12	39	21
地辖市属	11		827	531	242	200	86	19	104	80	62	100	134
县属	1		83	57	36	28	5	4	12			16	10
其他	1		87	49	15	14	5	1	15	13	10	19	9
专科疾病防治院（所、站）	2	120	257	191	86	86	45	4	28	28	15	27	24
专科疾病防治所（站、中心）	2	120	257	191	86	86	45	4	28	28	15	27	24
职业病防治所（站、中心）	2	120	257	191	86	86	45	4	28	28	15	27	24
健康教育所（站、中心）	3		30	8	2	1	3		1	2	4	12	6
妇幼保健院（所、站）	14	3811	5953	5092	1602	1551	2721	171	368	230	264	258	339
省属	1	1876	2673	2316	697	697	1240	64	174	141	129	105	123
省辖市（地区）属	1	600	1231	1080	329	328	634	41	70	6	27	66	58
地辖市属	11	1135	1719	1422	493	448	701	55	103	70	76	85	136
县属	1	200	330	274	83	78	146	11	21	13	32	2	22
妇幼保健院	8	3811	5854	5026	1569	1523	2700	171	357	229	259	238	331
妇幼保健所	6		99	66	33	28	21		11	1	5	20	8
急救中心（站）	3		106	51	11	10	36	1		3	6	39	10
采供血机构	1		401	245	31	31	142	1	48	23	38	17	101
卫生监督所（中心）	15		700	466						466	12	173	49
省属	1		72	59						59		7	6
省辖市（地区）属	1		102	95						95		6	1
地辖市属	12		505	300						300	12	151	42
县属	1		21	12						12		9	
计划生育技术服务机构	56		664	248	118	90	63	14	20	33	144	120	152
其他卫生机构	**25**		**1004**	**282**	**108**	**87**	**27**	**8**	**99**	**40**	**131**	**160**	**431**
医学科学研究机构	4		107	54	46	46	2	2	1	3	43	8	2
医学在职培训机构	3		66	50	21	17	13	4	3	9	3	7	6
临床检验中心（所、站）	2		631	142	26	20	1		92	23	59	28	402
统计信息中心	1		17	1	1	1					6	10	
其他	15		183	35	14	3	11	2	3	5	20	107	21

14-16 医疗机构门诊服务情况

（2018 年）

类别	总诊疗人次数（人次）	门、急诊人次	门诊人次	急诊人次	急诊死亡人数	家庭卫生服务人次数	观察室留观病例数（例）	观察室死亡人数（人）	健康检查人数（人）	预约诊疗人次占总诊疗人次百分比（%）
总计	**86986103**	**81124527**	**77272277**	**3852250**	**2486**	**666470**	**410211**	**120**	**7857423**	**0.14**
医院	**49591777**	**45610211**	**42509495**	**3100716**	**2424**	**30378**	**289343**	**120**	**2485042**	**0.25**
综合医院	32747714	30318113	28218448	2099665	1611	27489	133586	88	1715068	0.36
中医医院	9867688	9003592	8677601	325991	556	2033	5530	32	408966	
中西医结合医院	743439	493588	465329	28259			50		900	
专科医院	6229049	5791034	5144233	646801	257	853	150177		360108	0.04
口腔医院	207936	207936	207936							
眼科医院	152244	128075	128075				20			
耳鼻喉科医院	37411	37411	37411							
肿瘤医院	954552	871688	854203	17485	3		1549		11213	
心血管病医院	1112693	902422	776101	126321	233		84		109563	
胸科医院	99495	99495	99495							
妇产（科）医院	179471	163056	162658	398		303	30		5221	1.27
儿童医院	2060459	2060459	1621620	438839	10		143340		10026	0.02
精神病医院	334737	333537	327428	6109						
传染病医院	483469	482417	450430	31987		550	4949		180000	
皮肤病医院	49867	49678	49678							
骨科医院	34632	34522	33003	1519					1169	
康复医院	284778	197887	184182	13705	11				41862	
整形外科医院	9013	9013	9013							
美容医院	141411	137710	137706	4						
其他专科医院	86881	75728	65294	10434			205		1054	
护理院	3887	3884	3884			3				
基层医疗卫生机构	**32836279**	**31198340**	**30868653**	**329687**	**49**	**627197**	**106676**		**5101252**	
社区卫生服务中心（站）	7707739	7056886	6854336	202550	9	422472	38885		4160305	
社区卫生服务中心	5992393	5409990	5221783	188207	4	367115	29330		4073307	
社区卫生服务站	1715346	1646896	1632553	14343	5	55357	9555		86998	
卫生院	8676816	8347330	8220193	127137	40	204725	67791		655795	
乡镇卫生院	8676816	8347330	8220193	127137	40	204725	67791		655795	
中心卫生院	2637437	2405204	2372341	32863		143251	33698		227913	
乡卫生院	6039379	5942126	5847852	94274	40	61474	34093		427882	
村卫生室	10272951	9717914	9717914							
门诊部	1081506	1003961	1003961						285152	
诊所、卫生所、医务室	5097267	5072249	5072249							
诊所	4653589	4633022	4633022							
卫生所、医务室	443678	439227	439227							
专业公共卫生机构	**4558047**	**4315976**	**3894129**	**421847**	**13**	**8895**	**14192**		**271129**	
专科疾病防治院（所、站）	94278	42953	42953						87141	
妇幼保健院（所、站）	4312302	4121556	3851176	270380	13	8895	14192		183988	
内：妇幼保健院	4287774	4097028	3826648	270380	13	8895	14192		164697	
急救中心（站）	151467	151467		151467						

14-17 诊所、卫生所、医务室

（2018 年）

指标名称	合计	按管理类别分		按经济类型分				
		非营利性	营利性	国有	集体办	联营	私营	其他
机构总数(个)	**1490**	**124**	**1366**	**53**	**35**	**3**	**1283**	**116**
总人员数(人)	**7536**	**845**	**6691**	**358**	**278**	**8**	**6274**	**618**
卫生技术人员	6936	757	6179	319	254	8	5812	543
执业医师	3281	386	2895	178	123	4	2702	274
执业助理医师	562	38	524	5	17		502	38
注册护士	2549	260	2289	102	89	3	2157	198
药剂师(士)	309	33	276	18	10	1	263	17
技师(士)	160	28	132	9	11		125	15
内:检验师(士)	108	21	87	8	8		85	7
其他卫生技术人员	75	12	63	7	4		63	1
工勤技能人员	237	37	200	9	13		193	22
床位数(门诊部)	**184**	**150**	**34**	**150**			**24**	**10**
房屋建筑面积(㎡)	206633	37003	169630	20612	8084	120	158689	19128
总收入(万元)	**53257**	**7210**	**46047**	**4191**	**1560**	**84**	**42350**	**5073**
#医疗收入	43780	5461	38319	2610	1421	79	35300	4371
#药品收入	14990	2257	12733	1446	440	55	11917	1133
总支出(万元)	**41868**	**7913**	**33955**	**5094**	**1452**	**60**	**30935**	**4327**
#人员经费	23212	4528	18684	2575	1068	27	16648	2894
药品支出	11780	2118	9662	1413	356	33	9194	784
诊疗人次数	**6178473**	**600270**	**5578203**	**197695**	**191709**	**13912**	**5256500**	**518657**
#出诊人次数	102563	4300	98263	740	412		97024	4387
出院人数(门诊部)	**1022**	**820**	**202**	**820**			**82**	**120**

基本情况

按设置/主办单位分			按诊所类别分				
政府办	社会办	私人办	普通	中医	中西医结合	口腔	其他
8	**151**	**1331**	**651**	**231**	**39**	**218**	**190**
42	**951**	**6543**	**2328**	**739**	**120**	**947**	**898**
42	871	6023	2266	726	117	922	795
24	453	2804	1159	344	59	455	374
	47	515	124	27	3	147	42
16	303	2230	891	210	43	305	324
2	34	273	59	127	12	1	21
	23	137	20	5		1	13
	17	91	15	4			7
	11	64	13	13		13	21
	28	209	19	2	1	10	38
	150	**34**					
1430	34935	170268	56666	16756	2982	17894	27653
76	**8320**	**44862**	**12047**	**5434**	**682**	**5316**	**5157**
50	5989	37741	9706	4282	574	4964	4511
27	2448	12515	5887	2575	375	480	960
76	**8639**	**33153**	**9445**	**4279**	**550**	**3816**	**3653**
46	5105	18061	4790	2138	265	2550	2314
30	2139	9611	4092	1956	251	478	909
19330	**669265**	**5489878**	**3039890**	**934658**	**150865**	**389950**	**581604**
	2132	100431	9703	4290	2	3943	7080
	820	**202**					

14-18 医疗卫生机构住院服务情况

（2018 年）

机构分类	入院人数（人）	出院人数（人）	死亡	住院病人手术人次数（人次）	每百门急诊的入院人数（人）	死亡率（%）
总 计	**3416253**	**3406327**	**7541**	**908696**	**5.24**	**0.22**
医 院	**3024672**	**3015724**	**7354**	**854609**	**6.63**	**0.24**
综合医院	2075463	2069024	5675	624623	6.85	0.27
中医医院	419831	418420	992	62231	4.66	0.24
中西医结合医院	43679	43580		23167	8.85	
专科医院	484978	483989	687	144588	8.37	0.14
眼科医院	12929	12993		11138	10.09	
耳鼻喉科医院	4701	4631		4261	12.57	
肿瘤医院	189512	188926	334	32788	21.74	0.18
心血管病医院	74798	74796	83	45326	8.29	0.11
胸科医院	24307	24273	72	6761	24.43	0.30
妇产（科）医院	4959	4923		3352	3.04	
儿童医院	95219	95138		15122	4.62	
精神病医院	8099	7885	3		2.43	0.04
传染病医院	28173	28007	160	3062	5.84	0.57
皮肤病医院	1632	1630			3.29	
骨科医院	8787	8568		4611	25.45	
康复医院	10626	10831	35	55	5.37	0.32
整形外科医院	2569	2569		2569	28.50	
美容医院	5831	5822		6805	4.23	
其他专科医院	12836	12997		8738	16.95	
护理院	721	711			18.56	
基层医疗卫生机构	**212740**	**212448**	**83**		**1.37**	**0.04**
社区卫生服务中心（站）	39634	39586	81		0.56	0.20
社区卫生服务中心	39634	39586	81		0.73	0.20
卫生院	172084	171840	2		2.06	
乡镇卫生院	172084	171840	2		2.06	
中心卫生院	59971	59794	1		2.49	
乡卫生院	112113	112046	1		1.89	
门诊部	1022	1022				
专业公共卫生机构	**178841**	**178155**	**104**	**54087**	**4.29**	**0.06**
专科疾病防治院（所、站）	824	833		9	1.92	
妇幼保健院（所、站）	178017	177322	104	54078	4.32	0.06
内：妇幼保健院	178017	177322	104	54078	4.35	0.06

14-19 医疗卫生机构病床使用情况

（2018 年）

机构分类	实际开放总床位（床日）	平均开放病床数（张）	实际占用总床日数（床日）	出院者占用总床日数（床日）	病床周转次数（次）	病床工作日（日）	病床使用率（%）	出院者平均住院日（日）
总 计	**98249**	**95736**	**33384498**	**32986978**	**35.6**	**348.7**	**95.54**	**9.7**
医 院	**86152**	**84422**	**30232260**	**29922104**	**35.7**	**358.1**	**98.11**	**9.9**
综合医院	54688	53721	19163190	19021387	38.5	356.7	97.73	9.2
中医医院	14243	14073	4737837	4657370	29.7	336.7	92.23	11.1
中西医结合医院	1432	1412	595146	591883	30.9	421.4	115.46	13.6
专科医院	15659	15152	5715870	5633312	31.9	377.2	103.35	11.6
口腔医院	45	30						
眼科医院	450	445	63241	62282	29.2	142.2	38.95	4.8
耳鼻喉科医院	180	180	36120	35479	25.7	200.7	54.98	7.7
肿瘤医院	4251	4240	2259780	2252826	44.6	532.9	146.01	11.9
心血管病医院	2399	2361	775283	745622	31.7	328.3	89.96	10.0
胸科医院	1104	1104	456264	459139	22.0	413.3	113.23	18.9
妇产（科）医院	397	262	29245	25479	18.8	111.7	30.61	5.2
儿童医院	2227	2207	794041	790669	43.1	359.8	98.57	8.3
精神病医院	928	926	333147	317213	8.5	360.0	98.62	40.2
传染病医院	1322	1303	458224	467337	21.5	351.7	96.35	16.7
皮肤病医院	230	230	32264	27696	7.1	140.3	38.43	17.0
骨科医院	333	333	89327	72273	25.8	268.5	73.57	8.4
康复医院	911	827	224656	222040	13.1	271.6	74.42	20.5
整形外科医院	34	29	8600	6890	88.8	297.4	81.47	2.7
美容医院	136	117	17363	14724	49.8	148.6	40.71	2.5
其他专科医院	712	559	138315	133643	23.2	247.4	67.79	10.3
护理院	130	63	20217	18152	11.2	319.0	87.41	25.5
基层医疗卫生机构	**8166**	**7408**	**1755369**	**1669572**	**28.7**	**236.9**	**64.92**	**7.9**
社区卫生服务中心（站）	2294	2055	427816	393169	19.3	208.2	57.04	9.9
社区卫生服务中心	2270	2045	427450	393169	19.4	209.0	57.26	9.9
社区卫生服务站	24	10	366			38.0	10.42	
卫生院	5688	5353	1327553	1276403	32.1	248.0	67.94	7.4
乡镇卫生院	5688	5353	1327553	1276403	32.1	248.0	67.94	7.4
中心卫生院	2070	1876	480564	455210	31.9	256.1	70.18	7.6
乡卫生院	3618	3477	846989	821193	32.2	243.6	66.73	7.3
门诊部	184							
专业公共卫生机构	**3931**	**3905**	**1396869**	**1395302**	**45.6**	**357.7**	**98.00**	**7.8**
专科疾病防治院（所、站）	120	120	22761	21413	6.9	189.7	51.97	25.7
妇幼保健院（所、站）	3811	3785	1374108	1373889	46.8	363.0	99.46	7.7
内：妇幼保健院	3811	3785	1374108	1373889	46.8	363.0	99.46	7.7

14-20 医疗机构收入与支出

（2018 年）

单位:万元

类别	总收入	财政补助收入	科教项目收入	医疗收入/事业收入	总费用/支出	医疗业务成本/医疗支出/事业支出	公共卫生支出	科教项目支出	管理费用	财政项目补助支出	总费用中:人员支出
总计	**6816765**	**496804**	**18322**	**6137398**	**6601027**	**5619171**	**54033**	**15762**	**529501**	**272821**	**1975188**
医院	**5978707**	**276328**		**5612285**	**5833222**	**5096642**		**15691**	**502568**	**158754**	**1698712**
综合医院	4089209	166842		3860066	4011807	3559759		8490	318409	99995	1169681
中医医院	698574	50824		634479	668931	560936		5339	74695	18197	213844
中西医结合医院	111338	10622		100252	108044	89816		66	7690	9288	31723
专科医院	1079131	48038		1017036	1043299	885262		1796	101505	31272	283054
口腔医院	17866			17157	16134	8205			5939		8023
眼科医院	20513	20		20278	17288	13043		60	2048	39	2619
耳鼻喉科医院	4863			4863	5330	3718			975		1228
肿瘤医院	413692	18738		391709	385061	346656		335	22945	14684	87385
心血管病医院	230912	10710		216898	228885	201230		121	20997	5888	51767
胸科医院	80346	5199		74369	78373	70541		200	6350	1019	23258
妇产(科)医院	14172			14147	17831	6839			7702		5252
儿童医院	139491	5541		131595	134659	124033		82	6300	4190	52560
精神病医院	17457	1794		15664	23908	17472			4394	1794	8577
传染病医院	70054	5479		61372	67056	53802		955	8460	3633	20057
皮肤病医院	4911			4909	3113	571			599		1162
骨科医院	4303			4184	3879	3232			490		1146
康复医院	19311	557		18652	18068	13527		42	4199	24	8933
整形外科医院	1476			1476							
美容医院	21117			21117	27831	12094			6222		5944

14-20 续表 (2018年) 单位:万元

类　别	总收入	财政补助收入	科教项目收入	医疗收入/事业收入	总费用/支出	医疗业务成本/医疗支出/事业支出	公共卫生支出	科教项目支出	管理费用	财政项目补助支出	总费用中:人员支出
其他专科医院	18647			18646	15885	10300			3885		5142
护理院	455	3		452	1142	869			269	2	409
基层医疗卫生机构	**341032**	**77697**	**15003**	**235189**	**321203**	**247312**	**54033**			**3038**	**133365**
社区卫生服务中心(站)	111461	32755	2951	74893	113530	109729	31343			652	42359
社区卫生服务中心	100719	31215	2835	65870	103584	99959	29539			649	38341
社区卫生服务站	10742	1540	116	9023	9946	9770	1805			3	4019
卫生院	148075	44942	2786	99249	140425	137583	22690			2386	57339
乡镇卫生院	148075	44942	2786	99249	140425	137583	22690			2386	57339
中心卫生院	49506	16507	901	31627	46596	45768	8378			740	18586
乡卫生院	98570	28435	1885	67622	93829	91815	14313			1646	38752
村卫生室	28239		9266	17268	25468						10515
门诊部	24622			19742	20100						11140
综合门诊部	13830			10610	11485						5792
中医门诊部	2375			2125	1933						671
中西医结合门诊部	39			39	30						11
专科门诊部	8378			6968	6651						4666
诊所、卫生所、医务室	28636			24037	21680						12012
诊所	27277			23009	20510						11471
卫生所、医务室	1359			1028	1171						541
专业公共卫生机构	**457572**	**133843**	**3142**	**289638**	**405385**	**256739**		**71**	**24370**	**98112**	**138432**
疾病预防控制中心	119017	80808	1925	20673	110334	35414				59646	24554
专科疾病防治院(所、站)	7049	1471		5559	6542	4231			1086	1225	2303
健康教育所(站、中心)	600	586	5		600	10				590	259
妇幼保健院(所、站)	291363	34565		242943	249080	193381		71	23284	27157	94220
妇幼保健院	286105	30939		242796	243219	193381		71	22921	22336	93137
急救中心(站)	1938	1938			1936	22				1811	1305
采供血机构	22123	1670		20263	19712	18608				1104	7156
卫生监督所(中心)	9157	8035	89		11298	654				5786	7432
计划生育技术服务机构	6325	4770	1123	200	5883	4419				793	1202
其他卫生机构	**39454**	**8937**	**177**	**286**	**41218**	**18478**			**2563**	**12917**	**4680**
医学科学研究机构	3348	3094		253	3886	290				3539	1488
医学在职培训机构	822	789		32	839	50				789	606
临床检验中心(所、站)	30029				27331	17765			2563		1568
统计信息中心	403	259	144		4000	165				3834	118
其他	4853	4795	34		5161	207				4755	901

14-21　村卫生室基本情况

（2018 年）

类　　别	合计	按设置/主办单位分					按行医方式分		
		村办	乡医院设点	联合办	私人办	其他	中医为主	西医为主	中西医结合
机构数(个)	**2515**	**1610**	**124**	**215**	**311**	**255**	**68**	**1682**	**765**
执业(助理)医师(人)	1173	698		157	189	129	36	763	374
#乡村全科执业助理医师人数	130	91	8	10	5	24	4	86	48
注册护士(人)	446	244		58	85	59	9	292	145
乡村医生和卫生员(人)	4643	3205	198	393	412	435	107	2936	1600
乡村医生	4362	2992	185	380	377	428	94	2752	1516
卫生员	281	213	13	13	35	7	13	184	84
年内培训人次数	21574	14766	497	1245	3229	1837	711	13687	7176
总收入(万元)	**28239**	**18692**	**1846**	**2139**	**2977**	**2585**	**680**	**17819**	**9740**
#上级补助收入	9266	6659	384	862	510	852	190	5853	3223
村或集体补助收入	34	28		3	2		1	22	12
医疗收入	17268	11283	1177	1179	2004	1624	434	10756	6078
药品收入	13355	9082	909	894	1270	1200	340	8101	4915
总支出(万元)	**25468**	**17311**	**1623**	**1919**	**2240**	**2376**	**641**	**16014**	**8813**
#人员经费	10515	6956	656	794	1062	1048	285	6947	3283
药品支出	13347	9248	927	949	1059	1163	304	8102	4941
诊疗人次数(次数)	**10272951**	**6602189**	**665740**	**921378**	**1158837**	**924807**	**242736**	**6519731**	**3510484**
#出诊人次数	555037	381202	24677	63801	34498	50859	23515	349009	182513

14-22　分县(市)区医疗机构收入与支出

(2018年)

单位:万元

地　　区	总收入	财政补助收入	上级补助收入	医疗收入/事业收入	总费用/支出	医疗业务成本/医疗支出/事业支出	管理费用	财政项目补助支出	总费用中:人员经费
总　计	**6816764**	**496804**	**18322**	**6137398**	**6601027**	**5619171**	**529501**	**272821**	**1975188**
中原区	487764	39563	1163	435928	475203	406730	31867	22973	157187
二七区	2384808	88310	2148	2252145	2281208	2063417	145536	51862	667044
管城区	363438	30888	858	299265	365974	287638	39344	17094	112006
金水区	2588333	203092	2608	2323574	2515643	2094574	230834	118967	728889
上街区	32267	2136	231	29766	32543	29210	1282	1008	12445
惠济区	53780	25317	601	27522	55053	26138	1921	23504	12213
中牟县	125104	23052	2636	98326	117366	95251	6009	9037	43646
巩义市	135374	12908	2041	119304	132177	106741	11314	5037	45256
荥阳市	102682	11347	1639	88746	99567	84026	5299	4141	37208
新密市	151439	19832	1411	128641	145102	116574	6688	12495	38110
新郑市	257031	23696	1800	218223	252425	202900	34360	3667	77609
登封市	134745	16664	1186	115960	128767	105972	15048	3037	43576

14-23 科技事业发展情况

指　　标	单位	2010 年	2011 年	2012 年	2013 年	2014 年	2015 年	2016 年	2017 年	2018 年
获国家和省科技进步奖	项	26	38	141	139	142	147	137	138	47
国家	项		4	4	4	8	12	8	9	9
省	项	26	34	37	35	34	36	30	29	38
市	项		92	100	100	100	99	99	100	
各类科研计划	项	842	1214	1472	1416	1237	1007	909	1228	1847
国家级	项	84	91	101	65	25	1			511
省级	项	134	194	221	297	263	334	188	303	436
市级	项	624	929	1150	1054	949	672	721	925	900
高新技术企业数	家	223	274	332	387	362	465	625	855	1323

14-24 专利申请和授权情况

指　　标	单位	2010 年	2011 年	2012 年	2013 年	2014 年	2015 年	2016 年	2017 年	2018 年
专利申请量	件	8203	10997	16254	20259	24307	26046	37411	50544	70128
#发明专利	件	2455	3019	4257	6038	8267	8452	12304	18543	26597
实用新型	件	3784	5922	7944	9574	10781	12883	19627	25675	37213
外观专利	件	1964	2056	4053	4647	5259	4711	5480	6326	6318
专利授权量	件	5677	6141	9065	10372	12316	16125	17884	21249	31585
#发明专利	件	554	888	1228	1205	1265	1869	2388	2954	3192
实用新型	件	3399	3826	6041	6905	8182	10441	11519	13696	22935
外观专利	件	1724	1427	1796	2262	2859	3815	3977	4599	5458

14-25 民政事业中收养性单位情况

指 标	单位	2017 年	2018 年
各种收养性社会福利单位总数	个	97	98
#优抚类收养性单位	个	3	3
福利类收养性单位	个	88	88
#社会福利院	个	2	3
儿童福利院	个	2	2
城镇收养性老年福利机构	个	53	54
农村收养性老年福利机构	个	31	29
工作人员	人	3464	3613
床位数	张	18964	19718
年底收养人数	人	8708	9015

14-26 民政事业中社保及扶贫情况

单位:元

指 标	2010 年	2011 年	2012 年	2013 年	2014 年	2015 年	2016 年	2017 年	2018 年
城市居民最低生活保障金标准	300	340	380	430	470	520	550	600	630
农村居民最低生活保障金标准	160	180	200	240	260	290	320	380	430

14-27 社会福利彩票及捐赠情况

指 标	单位	2010 年	2011 年	2012 年	2013 年	2014 年	2015 年	2016 年	2017 年	2018 年
社会福利彩票销售额	亿元	7.5	11.3	13.8	14.7	15.4	15.2	15.1	17.2	16.9
社会福利资金筹集额	万元	4049.5	4788.6	10082.4	10159.0	9337.0	12973.1	9199.0	8102.0	10723.4
接受社会捐赠额	万元	641.7	77.6	0.7	93.1	86.5	476.6	409.1	287.9	171.4
捐赠接收工作站、点数	个	107	110	109	114	118	126	127	144	144

14-28 结婚及离婚登记情况

项　目	单位	2010 年	2011 年	2012 年	2013 年	2014 年	2015 年	2016 年	2017 年	2018 年
结婚登记	对	**83594**	**94275**	**99522**	**100531**	**98036**	**88996**	**84308**	**78307**	**78444**
内地居民登记结婚	对	83562	94226	99480	100492	97996	88964	84273	78277	78417
#初婚人数	人	151647	166279	178566	188849	181060	162699	150828	135171	107054
#再婚人数	人	15541	22271	20478	12135	14932	15229	17788	21443	49834
涉外结婚	对	32	49	42	39	40	32	35	30	27
离婚登记	对	**15606**	**19281**	**22879**	**29269**	**28433**	**31032**	**37173**	**46441**	**44696**
内地居民	对	15602	19276	22871	29260	28427	31026	37166	46428	44687
华侨、港澳台居民登记离婚	对	4	5	8	9	6	6	7	13	9

14-29 分县(市、区)最低生活保障情况

(2018年)

指　标	最低生活保障人数(人)	#城镇	农村	最低生活保障保障金(万元)	#城镇	#农村
郑州市	55427	11772	43655	23110.2	8363.6	14746.6
中原区	1407	1407		1150.7	1150.7	
二七区	2008	2008		1365.4	1365.4	
管城区	1183	1183		849.1	849.1	
金水区	1858	1858		1429.6	1429.6	
上街区	472	472		255.6	255.6	
惠济区	509	509		359.4	359.4	
中牟县	2750	225	2525	1111.8	157.7	954.1
巩义市	12322	797	11525	4033.4	546.6	3486.8
荥阳市	7785	505	7280	2873.1	351.7	2521.4
新密市	7024	431	6593	2962.2	331.5	2630.7
新郑市	8868	1608	7260	3353.9	1081.8	2272.1
登封市	5591	152	5439	1947.8	99.3	1848.5
经开区	224	29	195	89.7	16.2	73.5
高新区	230	230		152.2	152.2	
郑东新区	613	177	436	277.0	120.0	157.0
航空港实验区	2583	181	2402	899.3	96.8	802.5

14-30 工业企业 R&D 人员情况

（2018 年）

类　　别	有 R&D 活动单位数(个)	有研发机构单位数（个）	R&D 人员合计（人）	#项目研究开发人员	管理和服务人员	#女性	#研究人员
总计	**745**	**347**	**43360**	**40454**	**2906**	**9849**	**12786**
按企业规模分组							
大型	46	35	21693	20430	1263	4649	6181
中型	129	68	9495	8818	677	2376	3206
小型	532	225	10990	10223	767	2407	2845
微型	38	19	1182	983	199	417	554
按隶属关系分组							
中央	26	15	5596	5174	422	1752	2205
地方	38	21	5645	4926	719	801	2103
其他	681	311	32119	30354	1765	7296	8478
按登记注册类型分组							
内资企业	707	329	36066	33445	2621	7781	10771
国有企业	2	2	1355	1291	64	939	577
集体企业	2	3	59	53	6	33	8
有限责任公司	291	138	18982	17890	1092	3378	5193
国有独资公司	14	10	1587	1340	247	514	778
其他有限责任公司	277	128	17395	16550	845	2864	4415
股份有限公司	68	44	6952	6169	783	1532	2871
私营企业	344	142	8718	8042	676	1899	2122
私营独资企业	23	13	400	379	21	74	67
私营有限责任公司	294	115	7384	6769	615	1674	1809
私营股份有限公司	27	14	934	894	40	151	246
港、澳、台商投资企业	15	8	3776	3634	142	1330	968
合资经营企业(港或澳、台资)	5	4	421	335	86	96	152
合作经营企业(港或澳、台资)	1		71	65	6	43	22
港、澳、台商独资经营企业	7	4	3168	3123	45	1166	737
其他港澳台投资企业	2		116	111	5	25	57

14-30　续表 1　（2018 年）

类　别	有 R&D 活动单位数(个)	有研发机构单位数（个）	R&D 人员合计（人）	#项目研究开发人员	管理和服务人员	#女性	#研究人员
外商投资企业	23	10	3518	3375	143	738	1047
中外合资经营企业	16	5	2538	2441	97	524	580
中外合作经营企业	1		25	23	2	2	6
外资企业	5	4	661	633	28	107	293
外商投资股份有限公司	1	1	294	278	16	105	168
按国民经济行业大类分组							
采矿业	6	2	2049	1931	118	95	473
煤炭开采和洗选业	4	2	1998	1881	117	88	467
有色金属矿采选业	1		28	28		5	5
非金属矿采选业	1		23	22	1	2	1
制造业	730	338	39729	37014	2715	8762	11624
农副食品加工业	26	14	544	502	42	190	137
食品制造业	24	13	1354	1274	80	401	568
酒、饮料和精制茶制造业	7	4	389	363	26	117	81
烟草制品业	1	2	975	958	17	36	65
纺织业	6	5	183	160	23	60	26
纺织服装、服饰业	8	6	430	384	46	282	129
木材加工和木、竹、藤、棕、草制品业	1		90	87	3	12	5
家具制造业	5	3	125	116	9	41	47
造纸和纸制品业	11	3	363	335	28	106	63
印刷和记录媒介复制业	8	5	188	149	39	53	61
文教、工美、体育和娱乐用品制造业	8	4	186	170	16	32	54
石油、煤炭及其他燃料加工业	4	1	23	21	2	6	4
化学原料和化学制品制造业	43	28	1048	977	71	292	320
医药制造业	23	11	1320	1226	94	699	553
化学纤维制造业	2	1	25	24	1	5	10
橡胶和塑料制品业	19	10	315	294	21	57	89
非金属矿物制品业	202	86	4595	4182	413	893	950

14-30 续表 2

（2018 年）

类　别	有 R&D 活动单位数(个)	有研发机构单位数(个)	R&D 人员合计(人)	#项目研究开发人员	管理和服务人员	#女性	#研究人员
黑色金属冶炼和压延加工业	5	2	372	352	20	86	111
有色金属冶炼和压延加工业	29	16	2523	2410	113	445	564
金属制品业	29	15	1080	1010	70	258	229
通用设备制造业	46	20	1962	1882	80	305	706
专用设备制造业	79	30	3440	3250	190	492	1195
汽车制造业	38	15	4717	4097	620	741	2260
铁路、船舶、航空航天和其他运输设备制造业	12	6	1238	1093	145	333	579
电气机械和器材制造业	41	17	2394	2173	221	455	527
计算机、通信和其他电子设备制造业	26	9	8025	7789	236	1950	1494
仪器仪表制造业	25	12	1788	1701	87	403	779
金属制品、机械和设备修理业	2		37	35	2	12	18
电力、热力、燃气及水生产和供应业	9	7	1582	1509	73	992	689
电力、热力生产和供应业	3	4	1362	1304	58	932	580
燃气生产和供应业	1		66	59	7	10	30
水的生产和供应业	5	3	154	146	8	50	79
按经济成分分组							
公有经济	69	46	9470	8794	676	2308	3284
非公有经济	676	301	33890	31660	2230	7541	9502
按企业控股情况分组							
国有控股	59	38	9171	8506	665	2222	3189
集体控股	10	8	299	288	11	86	95
私人控股	590	259	20517	18757	1760	4435	6252
港澳台商控股	19	7	4311	4131	180	1334	1041
外商控股	17	8	2354	2263	91	524	684
其他	50	27	6708	6509	199	1248	1525

14-30 续表 3 （2018 年）

类别	#全时人员	非全时人员	R&D 人员折合全时当量合计（人年）	#研究人员	#基础研究人员	应用研究人员	试验发展人员
总计	**30465**	**12895**	**31310**	**9293**	**7**	**833**	**30470**
按企业规模分组							
大型	14667	7026	16591	4639		564	16026
中型	6901	2594	6445	2240	7	173	6265
小型	7891	3099	7339	1971		96	7243
微型	1006	176	936	444			936
按隶属关系分组							
中央	2908	2688	3877	1439	7	397	3472
地方	2960	2685	3841	1555		122	3718
其他	24597	7522	23593	6298		313	23279
按登记注册类型分组							
内资企业	25044	11022	25513	7751	7	710	24796
国有企业	31	1324	626	269			626
集体企业	39	20	44	7			44
有限责任公司	13174	5808	14350	3880	7	617	13725
国有独资公司	1245	342	1256	616		36	1219
其他有限责任公司	11929	5466	13094	3264	7	581	12506
股份有限公司	5451	1501	5149	2147		80	5069
私营企业	6349	2369	5344	1450		13	5331
私营独资企业	230	170	225	44			225
私营有限责任公司	5481	1903	4544	1244		13	4532
私营股份有限公司	638	296	574	161			574
港、澳、台商投资企业	3227	549	3391	788		18	3373
合资经营企业（港或澳、台资）	289	132	371	137		11	360
合作经营企业（港或澳、台资）	64	7	48	15		7	42
港、澳、台商独资经营企业	2819	349	2910	608			2910
其他港澳台投资企业	55	61	62	29			62

14-30　续表 4　　　　（2018 年）

类　别	#全时人员	非全时人员	R&D 人员折合全时当量合计（人年）	#研究人员	#基础研究人员	应用研究人员	试验发展人员
外商投资企业	2194	1324	2406	754		105	2301
中外合资经营企业	1652	886	1668	411		93	1574
中外合作经营企业	23	2	19	4			19
外资企业	400	261	448	183		12	436
外商投资股份有限公司	119	175	272	156			272
按国民经济行业大类分组							
采矿业	442	1607	1100	249		111	989
煤炭开采和洗选业	412	1586	1082	247		111	971
有色金属矿采选业	21	7	7	1			7
非金属矿采选业	9	14	12	1			12
制造业	29824	9905	29405	8689	7	708	28689
农副食品加工业	436	108	328	90		11	317
食品制造业	793	561	920	406		12	907
酒、饮料和精制茶制造业	257	132	269	44		14	254
烟草制品业	113	862	958	64		284	674
纺织业	137	46	132	20			132
纺织服装、服饰业	368	62	397	121			397
木材加工和木、竹、藤、棕、草制品业	62	28	79	4			79
家具制造业	109	16	84	31			84
造纸和纸制品业	181	182	230	38		13	217
印刷和记录媒介复制业	134	54	130	45			130
文教、工美、体育和娱乐用品制造业	143	43	124	36			124
石油、煤炭及其他燃料加工业	10	13	13	3			13
化学原料和化学制品制造业	719	329	715	212		6	709
医药制造业	1017	303	934	414			934
化学纤维制造业	21	4	19	8			19
橡胶和塑料制品业	244	71	214	61			214
非金属矿物制品业	2900	1695	2972	652		23	2949

14-30 续表5 （2018年）

类 别	#全时人员	非全时人员	R&D人员折合全时当量合计（人年）	#研究人员	#基础研究人员	应用研究人员	试验发展人员
黑色金属冶炼和压延加工业	277	95	212	62			212
有色金属冶炼和压延加工业	1603	920	1611	399		151	1460
金属制品业	614	466	753	148		9	745
通用设备制造业	1553	409	1223	411	7	3	1212
专用设备制造业	2582	858	2369	839		56	2313
汽车制造业	4080	637	3750	1854		56	3694
铁路、船舶、航空航天和其他运输设备制造业	968	270	1121	530			1121
电气机械和器材制造业	1900	494	1184	399			1184
计算机、通信和其他电子设备制造业	7040	985	7223	1168			7223
仪器仪表制造业	1531	257	1419	623		66	1353
金属制品、机械和设备修理业	32	5	22	10		4	18
电力、热力、燃气及水生产和供应业	199	1383	805	356		14	792
电力、热力生产和供应业	35	1327	614	261			614
燃气生产和供应业	25	41	64	29		11	52
水的生产和供应业	139	15	128	66		3	125
按经济成分分组							
公有经济	4608	4862	6623	2286		542	6081
非公有经济	25857	8033	24687	7007	7	291	24389
按企业控股情况分组							
国有控股	4355	4816	6358	2199		542	5816
集体控股	253	46	265	87			265
私人控股	15307	5210	13572	4476		154	13417
港澳台商控股	3461	850	3795	839		53	3742
外商控股	1318	1036	1485	463		78	1407
其他	5771	937	5835	1228	7	6	5822

14-31 规模以上工业企业

（2018 年）

类　别	R&D 经费内部支出合计	按支出用途分组					按活动类型分组	
		经常费支出	#人员劳务费	资产性支出	土建工程	仪器和设备	基础研究支出	应用研究支出
总计	**1174568.0**	**1074649.4**	**409373.0**	**99918.6**	**2298.5**	**97620.1**	**6.4**	**28007.0**
按企业规模分组								
大型	717336.8	654242.1	277334.4	63094.7	1621.6	61473.1		18307.0
中型	215113.9	202434.6	67668.0	12679.3	143.4	12535.9	6.4	4822.3
小型	221198.5	198355.3	57551.5	22843.2	519.6	22323.6		4877.7
微型	20918.8	19617.4	6819.1	1301.4	13.9	1287.5		
按隶属关系分组								
中央	113797.8	106570.3	41291.2	7227.5	33.1	7194.4	6.4	7529.6
地方	297631.9	270654.4	120844.5	26977.5	569.8	26407.7		4891.5
其他	763138.3	697424.7	247237.3	65713.6	1695.6	64018.0		15585.9
按登记注册类型分组								
内资企业	986061.5	897845.7	342361.4	88215.8	1691.5	86524.3	6.4	19879.6
国有企业	8378.0	8268.1	1650.3	109.9		109.9		
集体企业	659.0	640.7	225.8	18.3	2.1	16.2		
有限责任公司	421954.3	382992.9	155103.3	38961.4	1260.0	37701.4	6.4	14327.6
国有独资公司	29181.8	27215.3	9612.3	1966.5	41.4	1925.1		934.0
其他有限责任公司	392772.5	355777.6	145491.0	36994.9	1218.6	35776.3	6.4	13393.6
股份有限公司	340518.5	309443.6	140433.3	31074.9	140.5	30934.4		5006.8
私营企业	214551.7	196500.4	44948.7	18051.3	288.9	17762.4		545.2
私营独资企业	8878.3	7842.6	1882.5	1035.7	35.4	1000.3		
私营有限责任公司	183289.8	166860.6	38090.5	16429.2	244.7	16184.5		545.2
私营股份有限公司	22383.6	21797.2	4975.7	586.4	8.8	577.6		
港、澳、台商投资企业	70474.1	68455.0	37373.7	2019.1	1.2	2017.9		200.4
合资经营企业(港或澳、台资)	6809.4	6608.5	3803.6	200.9	0.1	200.8		154.7
合作经营企业(港或澳、台资)	628.4	611.6	465.1	16.8	0.3	16.5		45.7
港、澳、台商独资经营企业	61338.5	60034.2	32784.8	1304.3		1304.3		
其他港澳台投资企业	1697.8	1200.7	320.2	497.1	0.8	496.3		

R&D 经费情况

单位:万元

试验发展支出	按资金来源分组				R&D经费外部支出合计	对境内研究机构支出	对境内高等学校支出	对境内企业支出	对境外支出
	政府资金	企业资金	境外资金	其他资金					
1146554.6	**25062.4**	**1129863.9**	**4194.4**	**15447.3**	**40014.0**	**17768.2**	**6450.8**	**12175.5**	**3619.5**
699029.8	11371.7	690377.7	4115.5	11471.9	26779.2	14565.8	5282.7	6347.8	582.9
210285.2	6424.0	205259.4		3430.5	6501.7	2363.8	236.1	915.1	2986.7
216320.8	4902.8	215672.1	78.9	544.7	5855.9	803.6	635.3	4367.1	49.9
20918.8	2363.9	18554.7		0.2	877.2	35.0	296.7	545.5	
106261.8	6491.3	105675.3	668.2	963.0	8475.7	1950.8	3818.6	2706.3	
292740.4	5682.1	291570.3		379.5	9079.5	3017.3	1383.3	4096.0	582.9
747552.4	12889.0	732618.3	3526.2	14104.8	22458.8	12800.1	1248.9	5373.2	3036.6
966175.5	23651.4	944470.4	4194.4	13745.3	39879.1	17678.9	6441.9	12138.8	3619.5
8378.0		8378.0			4323.9	1783.1	979.0	1561.8	
659.0		659.0							
407620.3	13871.6	395442.9		12639.8	22632.1	12081.7	3783.4	4705.4	2061.6
28247.8	3585.6	25234.9		361.3	1004.5	167.7	285.7	551.1	
379372.5	10286.0	370208.0		12278.5	21627.6	11914.0	3497.7	4154.3	2061.6
335511.7	7704.6	331102.1	668.2	1043.6	9088.7	3029.1	805.2	4671.5	582.9
214006.5	2075.2	208888.4	3526.2	61.9	3834.4	785.0	874.3	1200.1	975.0
8878.3	0.5	8877.8			72.8	52.5	11.7		8.6
182744.6	1449.9	178251.8	3526.2	61.9	3586.9	732.5	746.6	1141.4	966.4
22383.6	624.8	21758.8			174.7		116.0	58.7	
70273.7	728.0	69725.5		20.6	19.8	18.6		1.2	
6654.7	474.5	6334.9			1.2			1.2	
582.7		607.8		20.6	18.6	18.6			
61338.5	81.5	61257.0							
1697.8	172.0	1525.8							

14-31 续表 1 （2018 年）

类别	R&D 经费内部支出合计	按支出用途分组					按活动类型分组	
		经常费支出	#人员劳务费	资产性支出	土建工程	仪器和设备	基础研究支出	应用研究支出
外商投资企业	118032.4	108348.7	29637.9	9683.7	605.8	9077.9		7927.0
中外合资经营企业	82523.4	73770.2	20745.7	8753.2	593.6	8159.6		7400.0
中外合作经营企业	115.3	115.3	56.9					
外资企业	18763.8	18243.4	5905.7	520.4		520.4		527.0
外商投资股份有限公司	16629.9	16219.8	2929.6	410.1	12.2	397.9		
按国民经济行业大类分组								
采矿业	30223.7	24430.4	9759.2	5793.3	294.0	5499.3		2535.5
煤炭开采和洗选业	29137.1	23343.8	9408.2	5793.3	294.0	5499.3		2535.5
有色金属矿采选业	626.3	626.3	219.7					
非金属矿采选业	460.3	460.3	131.3					
制造业	1130184.9	1036154.6	394390.5	94030.3	2004.5	92025.8	6.4	25284.9
农副食品加工业	9939.5	9538.6	2623.6	400.9	10.0	390.9		158.8
食品制造业	39471.2	37128.6	11115.5	2342.6	15.8	2326.8		532.4
酒、饮料和精制茶制造业	4046.6	3773.0	2021.4	273.6	3.1	270.5		1066.7
烟草制品业	14158.0	13430.8	10343.3	727.2		727.2		4072.5
纺织业	2172.9	2077.6	823.7	95.3	68.6	26.7		
纺织服装、服饰业	3831.6	3628.9	2381.4	202.7	0.9	201.8		
木材加工和木、竹、藤、棕、草制品业	1729.6	881.9	513.2	847.7		847.7		
家具制造业	1591.5	1509.0	551.5	82.5		82.5		
造纸和纸制品业	6773.2	5980.8	1214.1	792.4	23.0	769.4		306.7
印刷和记录媒介复制业	3531.8	2867.3	1145.2	664.5		664.5		
文教、工美、体育和娱乐用品制造业	3933.2	3916.0	977.3	17.2		17.2		
石油、煤炭及其他燃料加工业	911.3	570.5	68.2	340.8	12.1	328.7		89.7
化学原料和化学制品制造业	21580.5	18568.0	5034.0	3012.5	45.4	2967.1		330.3
医药制造业	26386.8	22122.7	8615.0	4264.1	5.5	4258.6		
化学纤维制造业	501.8	501.2	133.1	0.6	0.6			

单位:万元

试验发展支出	按资金来源分组				R&D经费外部支出合计	对境内研究机构支出	对境内高等学校支出	对境内企业支出	对境外支出
	政府资金	企业资金	境外资金	其他资金					
110105.4	683.0	115668.0		1681.4	115.1	70.7	8.9	35.5	
75123.4	580.0	80262.0		1681.4					
115.3		115.3							
18236.8	30.0	18733.8			115.1	70.7	8.9	35.5	
16629.9	73.0	16556.9							
27688.2	284.1	29939.6			2564.3	1094.0	927.4	542.9	
26601.6	284.1	28853.0			2564.3	1094.0	927.4	542.9	
626.3		626.3							
460.3		460.3							
1104893.6	24646.1	1086227.4	4194.4	15117.0	32650.4	14891.1	4530.8	9609.0	3619.5
9780.7	215.0	9703.9		20.6	20.3	18.6	1.7		
38938.8	260.7	39210.3		0.2	32.8		12.4	20.4	
2979.9		4046.6			47.0	0.8		46.2	
10085.5		13556.3		601.7	2934.6		2425.6	509.0	
2172.9	35.3	2137.6			11.0	1.7	3.7	5.6	
3831.6		3508.0		323.6	2.5		2.5		
1729.6		1729.6							
1591.5		1591.5							
6466.5	82.0	6691.2							
3531.8	40.0	3491.8			19.1			19.1	
3933.2	109.0	3824.2			3.0	3.0			
821.6		911.3							
21250.2	541.0	20770.2		269.3	1238.9	58.0	180.9	1000.0	
26386.8	1758.9	24627.9			3264.6	1674.8	113.8	1434.7	41.3
501.8	50.0	451.8							

14-31 续表 2 （2018 年）

类别	R&D经费内部支出合计	按支出用途分组					按活动类型分组	
		经常费支出	#人员劳务费	资产性支出	土建工程	仪器和设备	基础研究支出	应用研究支出
橡胶和塑料制品业	8508.8	7512.8	1760.0	996.0	51.7	944.3		
非金属矿物制品业	109710.8	95231.4	23444.8	14479.4	277.5	14201.9		571.3
黑色金属冶炼和压延加工业	7227.7	6935.3	1892.6	292.4	13.3	279.1		
有色金属冶炼和压延加工业	94976.0	85969.8	12412.0	9006.2	585.5	8420.7		4091.9
金属制品业	18711.4	15831.2	5612.6	2880.2	28.0	2852.2		491.4
通用设备制造业	44217.0	40592.8	12176.7	3624.2	30.9	3593.3	6.4	203.5
专用设备制造业	109693.7	103635.7	29633.8	6058.0	100.6	5957.4		3875.0
汽车制造业	314143.9	286843.6	139012.4	27300.3	615.9	26684.4		7458.0
铁路、船舶、航空航天和其他运输设备制造业	22886.8	21974.5	9523.1	912.3	7.2	905.1		
电气机械和器材制造业	76799.1	72320.0	15439.7	4479.1	57.8	4421.3		
计算机、通信和其他电子设备制造业	155295.4	146873.5	80566.8	8421.9	13.4	8408.5		
仪器仪表制造业	26252.1	24736.4	15060.0	1515.7	37.7	1478.0		1910.3
金属制品、机械和设备修理业	1202.7	1202.7	295.5					126.4
电力、热力、燃气及水生产和供应业	14159.4	14064.4	5223.3	95.0		95.0		186.6
电力、热力生产和供应业	8119.7	8027.8	1450.9	91.9		91.9		
燃气生产和供应业	998.6	998.6	972.1					154.7
水的生产和供应业	5041.1	5038.0	2800.3	3.1		3.1		31.9
按经济成分分组								
公有经济	231248.9	214786.4	73982.3	16462.5	510.6	15951.9		15240.2
非公有经济	943319.1	859863.0	335390.7	83456.1	1787.9	81668.2	6.4	12766.8
按企业控股情况分组								
国有控股	224055.0	207795.8	71346.0	16259.2	508.5	15750.7		15240.2
集体控股	7193.9	6990.6	2636.3	203.3	2.1	201.2		
私人控股	625554.9	565529.3	209858.0	60025.6	1039.3	58986.3		7954.0
港澳台商控股	80649.8	77339.5	40946.7	3310.3	11.3	3299.0		1562.8
外商控股	64750.8	58728.4	12906.4	6022.4	577.3	5445.1		2913.4
其他	172363.6	158265.8	71679.6	14097.8	160.0	13937.8	6.4	336.6

单位:万元

试验发展支出	按资金来源分组 政府资金	企业资金	境外资金	其他资金	R&D经费外部支出合计	对境内研究机构支出	对境内高等学校支出	对境内企业支出	对境外支出
8508.8	152.8	8356.0			67.0		67.0		
109139.5	2980.4	106730.4			1921.9	1505.4	338.0	69.9	8.6
7227.7	30.0	7197.7			75.7	70.7		5.0	
90884.1	1024.6	92270.0		1681.4	18.2	2.9	1.1	14.2	
18220.0	323.4	18388.0			117.3		11.0	106.3	
44007.1	2529.8	41687.2			1202.2	122.5	584.2	495.5	
105818.7	2114.8	106470.5	747.1	361.3	698.0	182.2	328.9	186.9	
306685.9	7982.0	295243.6		10918.3	15822.8	10893.0	388.6	3958.3	582.9
22886.8	2698.2	20188.6			1576.0	5.0		1571.0	
76799.1	474.0	72815.4	3447.3	62.4	84.4	36.2	39.7	8.5	
155295.4	546.8	154748.6			1269.6	274.9	28.3		966.4
24341.8	697.4	24718.5		836.2	2223.5	41.4	3.4	158.4	2020.3
1076.3		1160.7		42.0					
13972.8	132.2	13696.9		330.3	4799.3	1783.1	992.6	2023.6	
8119.7	34.0	8085.7			4681.9	1783.1	979.0	1919.8	
843.9		998.6							
5009.2	98.2	4612.6		330.3	117.4		13.6	103.8	
216008.7	7472.2	221987.3	668.2	1121.2	11770.6	3180.1	4913.3	3677.2	
930545.9	17590.2	907876.6	3526.2	14326.1	28243.4	14588.1	1537.5	8498.3	3619.5
208814.8	7442.2	214981.6	668.2	963.0	11306.7	3180.1	4911.2	3215.4	
7193.9	30.0	7005.7		158.2	463.9		2.1	461.8	
617600.9	14025.5	595379.1	3526.2	12624.1	25591.4	14468.6	1522.4	8001.2	1599.2
79087.0	556.0	80073.2		20.6	19.8	18.6		1.2	
61837.4	295.9	64454.9			115.1	70.7	8.9	35.5	
172020.6	2712.8	167969.4		1681.4	2517.1	30.2	6.2	460.4	2020.3

14-32　规模以上工业企业办科技机构情况

（2018 年）

类　　别	机构数（个）	企业在境外设立的研究开发机构数（个）	机构人员合计（人）	#博士毕业	硕士毕业	机构经费支出（万元）	仪器和设备原价（万元）	#进口
总计	**432**	**9**	**26992**	**365**	**3302**	**763019.0**	**498682.6**	**58982.9**
按企业规模分组								
大型	51		16109	168	1897	514295.0	309013.7	40744.2
中型	97	1	5648	98	839	142775.7	93227.3	11940.0
小型	264	7	4478	87	418	89048.9	75275.7	3850.7
微型	20	1	757	12	148	16899.4	21165.9	2448.0
按隶属关系分组								
中央	24		2790	51	657	82609.3	121568.6	8143.1
地方	27		5135	89	833	233095.1	72234.8	12068.7
其他	381	9	19067	225	1812	447314.6	304879.2	38771.1
按登记注册类型分组								
内资企业	408	9	23113	299	3035	663129.0	423153.5	32993.1
国有企业	2		370	22	111	6165.3	3073.8	
集体企业	3		54		2	1536.5	1504.6	851.0
有限责任公司	168	4	10841	90	1084	271522.0	223690.4	13902.3
国有独资公司	18		1174	22	294	22023.5	53528.7	7337.6
其他有限责任公司	150	4	9667	68	790	249498.5	170161.7	6564.7
股份有限公司	72		8223	107	1456	298701.7	137109.2	12267.8
私营企业	163	5	3625	80	382	85203.5	57775.5	5972.0
私营独资企业	13		140	5	14	2013.9	1441.7	55.4
私营有限责任公司	131	3	2994	65	332	64684.2	48003.9	5916.6
私营股份有限公司	19	2	491	10	36	18505.4	8329.9	
港、澳、台商投资企业	10		1516	8	85	20664.7	27725.1	21242.4
合资经营企业（港或澳、台资）	4		348		30	6387.8	5389.5	
港、澳、台商独资经营企业	6		1168	8	55	14276.9	22335.6	21242.4
外商投资企业	14		2363	58	182	79225.3	47804.0	4747.4
中外合资经营企业	6		1641	34	128	40424.8	22826.8	2315.8
外资企业	6		611	14	24	22200.2	17977.8	2310.5
外商投资股份有限公司	2		111	10	30	16600.3	6999.4	121.1
按国民经济行业大类分组								
采矿业	3		158	8	31	1566.6	1297.8	140.0
制造业	419	9	26385	332	3127	753665.2	490664.6	58786.9
农副食品加工业	16	1	196	12	28	8195.2	4615.9	182.2
食品制造业	20		898	29	104	39049.6	25916.5	129.1
酒、饮料和精制茶制造业	4		237	1	6	2277.7	1802.0	
烟草制品业	2		205	8	56	19863.4	20782.8	236.0

14-32 续表 1 （2018 年）

类　别	机构数（个）	企业在境外设立的研究开发机构数（个）	机构人员合计（人）	#博士毕业	硕士毕业	机构经费支出（万元）	仪器和设备原价（万元）	#进口
纺织业	8		158	8	13	2350.6	4698.2	206.1
纺织服装、服饰业	7		269	2	5	2017.8	1028.5	301.4
家具制造业	3		71	3	9	615.4	146.8	
造纸和纸制品业	3		118	1	6	2933.7	1252.3	
印刷和记录媒介复制业	6		149		5	3234.0	9251.0	1313.8
文教、工美、体育和娱乐用品制造业	4		102		2	3876.1	2310.3	232.6
石油、煤炭及其他燃料加工业	1		6	2	1	127.0	11.5	
化学原料和化学制品制造业	37		814	29	111	13989.4	9131.2	502.0
医药制造业	15	1	993	30	453	29585.5	23306.4	969.8
化学纤维制造业	1		3			121.6	13.1	
橡胶和塑料制品业	10		256	7	22	5173.1	3754.3	233.0
非金属矿物制品业	98	2	2012	48	222	39908.2	39866.4	5541.3
黑色金属冶炼和压延加工业	2		355	2	7	7836.2	4458.5	2310.5
有色金属冶炼和压延加工业	18	1	1920	35	73	38777.8	33490.8	1011.6
金属制品业	19	1	540	2	35	12269.6	22764.0	
通用设备制造业	23	1	971	14	127	19633.5	19131.6	5371.4
专用设备制造业	34		1963	14	315	67627.9	64596.9	1212.5
汽车制造业	21		5773	57	912	268742.9	111097.9	15135.3
铁路、船舶、航空航天和其他运输设备制造业	6		895	8	163	21621.6	13319.4	11.1
电气机械和器材制造业	19		817	4	139	18853.3	20021.4	856.2
计算机、通信和其他电子设备制造业	24		5426	10	104	105139.4	50406.3	23005.1
仪器仪表制造业	18	2	1238	6	209	19844.7	3490.6	25.9
电力、热力、燃气及水生产和供应业	10		449	25	144	7787.2	6720.2	56.0
电力、热力生产和供应业	6		381	24	119	5975.6	4548.5	
水的生产和供应业	4		68	1	25	1811.6	2171.7	56.0
按经济成分分组								
公有经济	59		4480	80	899	169773.2	175512.7	12948.7
非公有经济	373	9	22512	285	2403	593245.8	323169.9	46034.2
按企业控股情况分组								
国有控股	51		4351	80	893	165519.5	170056.3	12097.7
集体控股	8		129		6	4253.7	5456.4	851.0
私人控股	318	8	13577	216	1795	418720.9	219637.5	20284.6
港澳台商控股	9		1381	8	59	18248.8	23133.8	21242.4
外商控股	11		2001	49	107	40583.7	35424.3	2431.6
其他	35	1	5553	12	442	115692.4	44974.3	2075.6

14-33 规模以上工业企业自主知识产权保护情况

（2018 年）

类　　型	专利申请数（件）	#发明专利	#PCT专利	有效发明专利数（件）	#已被实施	#境外授权	拥有注册商标（件）	#境外注册	发表科技论文（篇）	形成国家或行业标准（项）	软件著作权（项）
总计	**8204**	**2759**	**64**	**5487**	**3666**	**54**	**7354**	**666**	**1148**	**137**	**1383**
按企业规模分组											
大型	3253	1447	14	1777	1306	37	4425	576	601	42	232
中型	1569	496	14	1141	888	17	1299	68	390	57	392
小型	3236	759	36	2411	1353		1610	22	117	36	758
微型	146	57		158	119		20		40	2	1
按隶属关系分组											
中央	1864	919	6	1491	1067	7	1493	27	587	64	70
地方	977	466	11	488	362	30	1789	525	162	18	164
其他	5363	1374	47	3508	2237	17	4072	114	399	55	1149
按登记注册类型分组											
内资企业	7738	2654	63	5187	3451	50	6216	571	1095	131	1355
国有企业	561	386		597	396		669			3	
集体企业	1						3				
有限责任公司	3370	1008	10	2019	1237	1	1424	12	862	77	432
国有独资公司	246	148		256	226	1	28	1	87	11	3
其他有限责任公司	3124	860	10	1763	1011		1396	11	775	66	429
股份有限公司	1934	864	17	1129	894	37	2997	525	180	34	478
私营企业	1872	396	36	1442	924	12	1123	34	53	17	445
私营独资企业	32	5		8	18		9				
私营有限责任公司	1545	316	35	1034	610	12	75	28	47	10	294
私营股份有限公司	295	75	1	400	296		962	6	6	7	151
港、澳、台商投资企业	113	35	1	136	97	4	62	12	25	2	4
合资经营企业(港或澳、台资)	39	9		36	26	4	5		25	2	
港、澳、台商独资经营企业	66	21		30	5		21				4
其他港澳台投资企业	8	5	1	70	66		36	12			
外商投资企业	353	70		164	118		1076	83	28	4	24
中外合资经营企业	258	55		110	97		227	10	17	2	2
中外合作经营企业	27	7		23							
外资企业	56	8		15	21		2		6		22
外商投资股份有限公司	12			16			847	73	5	2	
按国民经济行业大类分组											
采矿业	87	15		61	36		8		108	2	
煤炭开采和洗选业	73	13		36	36		8		108	2	
有色金属矿采选业	14	2		25							
制造业	7550	2345	64	4802	3230	54	6661	666	1037	131	1364
农副食品加工业	161	69		84	34		517	25	6	2	12
食品制造业	121	44		90	62		2115	103	32	3	6

14-33 续表 1 （2018 年）

类　型	专利申请数（件）	#发明专利	#PCT专利	有效发明专利数（件）	#已被实施	#境外授权	拥有注册商标（件）	#境外注册	发表科技论文（篇）	形成国家或行业标准（项）	软件著作权（项）
酒、饮料和精制茶制造业	6	2		26	4		38		53		
烟草制品业	707	226		229	69		751	10	198	19	10
纺织业	28	14		5	5		18				2
纺织服装、服饰业	32			19	12		10				6
木材加工和木、竹、藤、棕、草制品业	6										
家具制造业	52	3		16	1		1				
造纸和纸制品业	135	39		19	13		8				7
印刷和记录媒介复制业	73	19		46	23		6		10		8
文教、工美、体育和娱乐用品制造业	45	9		17	10		52	2		1	18
石油、煤炭及其他燃料加工业	18	10		22	22		1			1	
化学原料和化学制品制造业	188	80		128	108	4	404	2	25	5	8
医药制造业	329	172	1	291	116	1	603	1	32	9	
化学纤维制造业	1	1									
橡胶和塑料制品业	88	26		78	21		25	1	10	2	4
非金属矿物制品业	711	246	11	950	705	1	257	29	44	18	21
黑色金属冶炼和压延加工业	7	2		13	6		1				
有色金属冶炼和压延加工业	217	33	18	123	111		22		113	8	42
金属制品业	163	37	5	76	91		20	2	36	2	6
通用设备制造业	631	128	1	427	266		93		139	21	49
专用设备制造业	884	256	8	700	433	18	263	32	136	7	166
汽车制造业	1357	490	9	404	334	28	1113	446	146	9	188
铁路、船舶、航空航天和其他运输设备制造业	162	56		152	133		36		27	2	109
电气机械和器材制造业	416	101	2	326	210		37	1	12	6	101
计算机、通信和其他电子设备制造业	544	160		196	137		154		5	2	271
仪器仪表制造业	445	122	9	342	282	2	116	12	13	13	330
金属制品、机械和设备修理业	23			23	22					1	
电力、热力、燃气及水生产和供应业	567	399		624	400		685		3	4	19
电力、热力生产和供应业	535	384		608	400		675		1	3	9
燃气生产和供应业	4										
水的生产和供应业	28	15		16			10		2	1	10
按经济成分分组											
公有经济	2288	1006	9	1691	1141	9	1841	37	703	64	125
非公有经济	5916	1753	55	3796	2525	45	5513	629	445	73	1258
按企业控股情况分组											
国有控股	2245	1000	9	1614	1125	9	1823	37	701	62	96
集体控股	43	6		77	16		18		2	2	29
私人控股	4697	1319	55	3165	2125	44	4354	555	307	52	1188
港澳台商控股	105	33		109	36		29		1		4
外商控股	165	26		110	62		850	73	11	2	22
其他	949	375		412	302	1	280	1	126	19	44

14-34 规模以上工业企业新产品开发、生产及销售

（2018 年）

类别	新产品开发项目数(项)	新产品开发经费支出(万元)	新产品产值(万元)	新产品销售收入(万元)	出口
总计	**3961**	**1012372.1**	**40446898**	**40755918.8**	**30805581**
按企业规模分组					
大型	858	558274.1	36638273.2	36930810.4	30418846.9
中型	1114	208135	2141739.2	2150818	291170.6
小型	1908	223685.3	1508177.4	1516906.1	94415.2
微型	81	22277.7	158708.2	157384.3	1148.3
按隶属关系分组					
中央	413	83927.1	887824.8	662797.1	54676.5
地方	307	241795.2	2886213.7	2764430.9	157153.7
其他	3241	686649.8	36672859.5	37328690.8	30593750.8
按登记注册类型分组					
内资企业	3576	848504.7	11247925.4	10642315.9	2279153.1
国有企业	120	8956.8	27896.1	27027.5	
集体企业	12	2555.5	2226.1	2125.6	
有限责任公司	1470	320008.9	5093431.9	4677482.3	1965253.3
国有独资公司	97	29397.3	224072.8	228043.8	708.5
其他有限责任公司	1373	290611.6	4869359.1	4449438.5	1964544.8
股份有限公司	785	307940.5	3615427.6	3409076.8	215740.9
私营企业	1189	209043	2508943.7	2526603.7	98158.9
私营独资企业	44	9159.7	24058.9	23902.6	2935.3
私营有限责任公司	997	176175.4	1992473.7	2050999.7	75822
私营股份有限公司	148	23707.9	492411.1	451701.4	19401.6
港、澳、台商投资企业	163	58096.4	27684920.3	28675749.7	28505498.2
合资经营企业(港或澳、台资)	41	5764.5	94792.3	94174.6	10749.1
合作经营企业(港或澳、台资)	8	413.7	3310.2	3103.7	
港、澳、台商独资经营企业	103	50274.3	27564908.3	28557623.8	28490525.8
其他港澳台投资企业	11	1643.9	21909.5	20847.6	4223.3
外商投资企业	222	105771	1514052.3	1437853.2	20929.7
中外合资经营企业	127	72410.8	1105577.9	1056629.4	20692.6
中外合作经营企业	3	902.1	317.1	317.1	117.1
外资企业	76	15724.3	270776.2	262713	
外商投资股份有限公司	16	16733.8	137381.1	118193.7	120
按国民经济行业大类分组					
采矿业	24	7851.4	17241.6	17241.6	
煤炭开采和洗选业	20	7618.8	17241.6	17241.6	
有色金属矿采选业	4	232.6			
制造业	3800	991858.5	40417938.7	40727142.4	30805581
农副食品加工业	82	12732.6	71650.3	72589.9	
食品制造业	160	38277.7	595393.1	552254.4	11335.9
酒、饮料和精制茶制造业	16	2051	21110.1	17400	

14-34 续表1 （2018年）

类　别	新产品开发项目数（项）	新产品开发经费支出（万元）	新产品产值（万元）	新产品销售收入（万元）	出口
烟草制品业	15	1984	1708.3	1623.7	
纺织业	39	2456.3	25275.7	31782.1	878.6
纺织服装、服饰业	18	3964	33729.8	37347.7	
木材加工和木、竹、藤、棕、草制品业	8	1674.1			
家具制造业	23	1703.2	10889.2	9072.7	
造纸和纸制品业	37	6825	70590	74195.1	
印刷和记录媒介复制业	18	1954.4	40803.3	38716.6	
文教、工美、体育和娱乐用品制造业	28	2211.3	19616	19708.5	581.7
石油、煤炭及其他燃料加工业	10	938.7	151	163.5	
化学原料和化学制品制造业	149	19654.1	113748.9	121524.2	4433.8
医药制造业	188	30176.2	199541.2	209033.3	10.8
化学纤维制造业	1	121.8	2463.3	1032.5	
橡胶和塑料制品业	73	7332.6	54363.6	54562.2	9745.4
非金属矿物制品业	569	103197.9	729938.6	755740	41837.5
黑色金属冶炼和压延加工业	14	8159.2	107645.2	107645.2	
有色金属冶炼和压延加工业	149	82279.6	1214309.4	1127273.3	56004.5
金属制品业	141	16900.9	170669.5	174879.1	1535.1
通用设备制造业	321	46213.6	312757.6	322461.9	8252.6
专用设备制造业	437	96191.8	1414255.6	1191779.7	97100.7
汽车制造业	341	274691.6	3138342.5	3027134	125108
铁路、船舶、航空航天和其他运输设备制造业	84	22842.3	168274.5	173303.9	26
电气机械和器材制造业	267	72371	1978488.9	1852433.9	22816.2
计算机、通信和其他电子设备制造业	323	105348.9	29783431.1	30597579.4	30422277.6
仪器仪表制造业	284	28730.4	138792	135834	3636.6
金属制品、机械和设备修理业	5	874.3		20071.6	
电力、热力、燃气及水生产和供应业	137	12662.2	11717.7	11534.8	
电力、热力生产和供应业	116	8484.4			
燃气生产和供应业	2	969.1			
水的生产和供应业	19	3208.7	11717.7	11534.8	
按经济成分分组					
公有经济	693	176974.4	2193679.1	1991695.9	86876.7
非公有经济	3268	835397.7	38253218.9	38764222.9	30718704.3
按企业控股情况分组					
国有控股	630	165723.7	2160319.9	1937140.1	86876.7
集体控股	63	11250.7	33359.2	54555.8	
私人控股	2579	587818.7	6815914	6659016.5	293214.2
港澳台商控股	203	67361	27724887.8	28705919.5	28490571.3
外商控股	145	56354.2	900540.7	826924.3	5408.4
其他	341	123863.8	2811876.4	2572362.6	1929510.4

14-35 规模以上工业企业政府相关政策落实情况

（2018 年）

单位:万元

类　别	来自政府部门的研发资金	研究开发费用加计扣除减免税	高新技术企业减免税
总计	**25519.2**	**57657.2**	**84587.1**
按企业规模分组			
大型	11371.7	27878.2	49849.9
中型	6574.0	17204.1	22825.3
小型	5208.0	10181.6	10200.6
微型	2365.5	2393.3	1711.3
按隶属关系分组			
中央	6491.3	4920.6	7836.7
地方	5699.1	11414.0	32080.5
其他	13328.8	41322.6	44669.9
按登记注册类型分组			
内资企业	23998.3	52106.5	81308.4
国有企业		172.0	238.0
有限责任公司	14053.5	22528.0	28796.6
国有独资公司	3587.6	2498.9	3159.8
其他有限责任公司	10465.9	20029.1	25636.8
股份有限公司	7704.6	20049.7	45123.3
私营企业	2240.2	9356.8	7150.5
私营独资企业	0.5		
私营有限责任公司	1614.9	5168.6	5018.0
私营股份有限公司	624.8	4188.2	2132.5
港、澳、台商投资企业	728.0	1467.1	1280.7
合资经营企业(港或澳、台资)	474.5	497.7	1164.3
港、澳、台商独资经营企业	81.5	969.4	
其他港澳台投资企业	172.0		116.4
外商投资企业	792.9	4083.6	1998.0
中外合资经营企业	689.9	3665.2	1998.0
外资企业	30.0	287.1	
外商投资股份有限公司	73.0	131.3	
按国民经济行业大类分组			
采矿业	284.1		
制造业	25100.9	56986.4	83799.5
农副食品加工业	215.0	284.9	85.4
食品制造业	261.2	722.0	167.6
酒、饮料和精制茶制造业		258.3	
纺织业	120.0	347.8	19.2

14-35 续表 1 (2018 年) 单位:万元

类 别	来自政府部门的研发资金	研究开发费用加计扣除减免税	高新技术企业减免税
造纸和纸制品业	82.0	173.5	320.4
印刷和记录媒介复制业	40.0	259.5	253.2
文教、工美、体育和娱乐用品制造业	109.0	93.7	36.8
石油、煤炭及其他燃料加工业		37.6	
化学原料和化学制品制造业	541.0	825.5	452.9
医药制造业	1850.0	3108.6	5339.5
化学纤维制造业	50.0		18.9
橡胶和塑料制品业	152.8	650.7	166.5
非金属矿物制品业	3125.3	2060.2	4799.9
黑色金属冶炼和压延加工业	30.0		121.0
有色金属冶炼和压延加工业	1024.6	4750.7	163.7
金属制品业	323.4	1615.6	2715.6
通用设备制造业	2679.8	4629.9	10780.0
专用设备制造业	2208.4	4297.9	7680.0
汽车制造业	7982.0	12711.4	34700.1
铁路、船舶、航空航天和其他运输设备制造业	2588.2	1972.9	4810.3
电气机械和器材制造业	474.0	1507.1	4546.9
计算机、通信和其他电子设备制造业	546.8	14221.1	3776.9
仪器仪表制造业	697.4	2430.9	2844.7
金属制品、机械和设备修理业		26.6	
电力、热力、燃气及水生产和供应业	134.2	670.8	787.6
电力、热力生产和供应业	34.0		
燃气生产和供应业	2.0	201.0	
水的生产和供应业	98.2	469.8	787.6
按经济成分分组			
公有经济	7584.1	8852.1	15871.4
非公有经济	17935.1	48805.1	68715.7
按企业控股情况分组			
国有控股	7554.1	8688.3	12152.3
集体控股	30.0	163.8	3719.1
私人控股	14285.7	31877.0	52122.2
港澳台商控股	556.0	1320.5	1262.8
外商控股	295.9	743.5	123.4
其他	2797.5	14864.1	15207.3

14-36 规模以上工业企业技术获取和技术改造情况

（2018 年）

单位:万元

类别	技术改造经费支出	购买境内技术经费支出	引进境外技术经费支出	引进境外技术的消化吸收经费支出
总计	**180126.7**	**84525.4**	**2595.8**	**108.0**
按企业规模分组				
大型	155278.5	83531.6	2470.1	
中型	7226.4	735.8	85.7	108.0
小型	8910.6	253.0	40.0	
微型	8711.2	5.0		
按隶属关系分组				
中央	21527.5		585.7	108.0
地方	43724.8	545.5		
其他	114874.4	83979.9	2010.1	
按登记注册类型分组				
内资企业	88408.1	10460.4	902.8	108.0
集体企业	302.9			
有限责任公司	47364.6	9034.1	862.8	108.0
国有独资公司	11222.3		85.7	108.0
其他有限责任公司	36142.3	9034.1	777.1	
股份有限公司	31176.8	1206.3		
私营企业	9563.8	220.0	40	
私营独资企业	33.6			
私营有限责任公司	8115.9	126.0	40	
私营股份有限公司	1414.3	94.0		
港、澳、台商投资企业	140.5			
合资经营企业（港或澳、台资）	140.5			
外商投资企业	91578.1	74065.0	1693.0	
中外合资经营企业	75758.0	74065.0	1693	
外资企业	1842.1			
外商投资股份有限公司	13978.0			
按国民经济行业大类分组				
采矿业	3409.1	100.0		
煤炭开采和洗选业	3409.1	100.0		
制造业	176696.7	84425.4	2595.8	108.0

14-36 续表 1 （2018 年） 单位:万元

类　别	技术改造经费支出	购买境内技术经费支出	引进境外技术经费支出	引进境外技术的消化吸收经费支出
农副食品加工业	203.3			
食品制造业	16667.5			
烟草制品业	302.9			
纺织业	620.4			
造纸和纸制品业	1178.3			
印刷和记录媒介复制业	32.7			
化学原料和化学制品制造业	556.2	6.5		
医药制造业	65.3			
橡胶和塑料制品业	724.0	5.0		
非金属矿物制品业	3417.9	54.2	85.7	108.0
黑色金属冶炼和压延加工业	832.0			
有色金属冶炼和压延加工业	14233.4		500	
金属制品业	1553.3	12.1		
通用设备制造业	10246.9			
专用设备制造业	3549.3	614.6	40.0	
汽车制造业	112782.8	82994.6	1970.1	
铁路、船舶、航空航天和其他运输设备制造业	8606.2			
电气机械和器材制造业	621.7	70.0		
计算机、通信和其他电子设备制造业		565.8		
仪器仪表制造业	502.6	102.6		
电力、热力、燃气及水生产和供应业	20.9			
电力、热力生产和供应业	20.9			
按经济成分分组				
公有经济	111176.5	74605.5	2278.7	108.0
非公有经济	68950.2	9919.9	317.1	
按企业控股情况分组				
国有控股	101493.4	74605.5	2278.7	108.0
集体控股	9683.1			
私人控股	51619.5	9919.9	317.1	
港澳台商控股	816.9			
外商控股	15820.1			
其他	693.7			

14-37 建筑业企业

（2018 年）

类　别	有 R&D 活动单位数(个)	有研发机构单位数（个）	R&D 人员合计（人）	#项目研究开发人员	管理和服务人员	#女性	#研究人员
总计	**54**	**32**	**9320**	**8824**	**496**	**1403**	**3509**
按企业规模分组							
大型	33	22	8806	8351	455	1293	3358
中型	17	9	494	456	38	105	144
小型	4	1	20	17	3	5	7
按隶属关系分组							
中央	16	10	4519	4213	306	884	2162
地方	8	5	883	827	56	219	423
其他	30	17	3918	3784	134	300	924
按登记注册类型分组							
内资企业	54	32	9320	8824	496	1403	3509
国有企业	2	2	186	177	9	18	90
有限责任公司	34	20	5234	4893	341	997	2465
国有独资公司	6	4	448	399	49	35	199
其他有限责任公司	28	16	4786	4494	292	962	2266
股份有限公司	5	2	1433	1336	97	249	558
私营企业	13	8	2467	2418	49	139	396
私营有限责任公司	10	6	2311	2267	44	101	362
私营股份有限公司	3	2	156	151	5	38	34
按国民经济行业大类分组							
建筑业	54	32	9320	8824	496	1403	3509
房屋建筑业	27	17	4092	3947	145	513	1156
土木工程建筑业	14	11	4670	4536	134	804	2159
建筑安装业	9	2	277	265	12	35	58
建筑装饰、装修和其他建筑业	4	2	281	76	205	51	136
按经济成分分组							
公有经济	24	15	5629	5260	369	985	2640
非公有经济	30	17	3691	3564	127	418	869
按企业控股情况分组							
国有控股	24	15	5629	5260	369	985	2640
私人控股	30	17	3691	3564	127	418	869

R&D 人员情况

#全时人员	非全时人员	R&D人员折合全时当量合计（人年）	#研究人员	基础研究人员	应用研究人员	试验发展人员
5941	**3379**	**5915**	**2611**	**172**	**730**	**5013**
5605	3201	5620	2523	172	730	4719
323	171	285	85		1	284
13	7	9	3			9
3728	791	3944	1878	172	668	3104
745	138	586	279		18	568
1468	2450	1385	454		44	1341
5941	3379	5915	2611	172	730	5013
121	65	116	53		7	109
4211	1023	4298	2072	172	453	3674
370	78	337	154		134	203
3841	945	3961	1918	172	319	3470
1071	362	1014	397		227	786
538	1929	487	87		43	444
438	1873	389	67		43	346
100	56	98	21			98
5941	3379	5915	2611	172	730	5013
1884	2208	1453	580		222	1231
3892	778	4226	1974	172	482	3573
107	170	162	37		26	136
58	223	73	19			73
4468	1161	4762	2238	172	686	3904
1473	2218	1153	373		44	1108
4468	1161	4762	2238	172	686	3904
1473	2218	1153	373		44	1108

14-38 建筑业企业

（2018 年）

类别	R&D经费内部支出合计	按支出用途分组					按活动类型分组	
		经常费支出	#人员劳务费	资产性支出	土建工程	仪器和设备	基础研究支出	应用研究支出
总计	**315138.4**	**295166.4**	**133853.8**	**19972.0**	**458.1**	**19513.9**	**2281.4**	**72206.1**
按企业规模分组								
大型	306146.0	287269.3	130335.2	18876.7	429.6	18447.1	2281.4	71999.1
中型	8491.1	7439.4	3356.1	1051.7	24.9	1026.8		207.0
小型	501.3	457.7	162.5	43.6	3.6	40.0		
按隶属关系分组								
中央	170129.9	166889.6	86603.6	3240.3	30.1	3210.2	2281.4	61803.7
地方	36446.2	34632.9	16752.8	1813.3	2.7	1810.6		934.1
其他	108562.3	93643.9	30497.4	14918.4	425.3	14493.1		9468.3
按登记注册类型分组								
内资企业	315138.4	295166.4	133853.8	19972.0	458.1	19513.9	2281.4	72206.1
国有企业	8774.5	8632.3	2133.6	142.2	2.7	139.5		82.9
有限责任公司	179794.8	176485.3	88395.0	3309.5	51.6	3257.9	2281.4	44779.8
国有独资公司	27061.0	26533.5	9101.5	527.5		527.5		10770.9
其他有限责任公司	152733.8	149951.8	79293.5	2782.0	51.6	2730.4	2281.4	34008.9
股份有限公司	64716.7	52632.1	24742.7	12084.6		12084.6		19286.3
私营企业	61852.4	57416.7	18582.5	4435.7	403.8	4031.9		8057.1
私营有限责任公司	58944.3	55287.5	17762.8	3656.8	391.5	3265.3		8057.1
私营股份有限公司	2908.1	2129.2	819.7	778.9	12.3	766.6		
按国民经济行业大类分组								
建筑业	315138.4	295166.4	133853.8	19972.0	458.1	19513.9	2281.4	72206.1
房屋建筑业	149860.0	143343.4	51373.6	6516.6	419.2	6097.4		33995.2
土木工程建筑业	154564.8	141200.9	76268.9	13363.9	22.6	13341.3	2281.4	37120.5
建筑安装业	7327.9	7253.0	3054.5	74.9	11.8	63.1		1090.4
建筑装饰、装修和其他建筑业	3385.7	3369.1	3156.8	16.6	4.5	12.1		
按经济成分分组								
公有经济	217399.3	203290.3	96795.3	14109.0	32.8	14076.2	2281.4	62737.8
非公有经济	97739.1	91876.1	37058.5	5863.0	425.3	5437.7		9468.3
按企业控股情况分组								
国有控股	217399.3	203290.3	96795.3	14109.0	32.8	14076.2	2281.4	62737.8
私人控股	97739.1	91876.1	37058.5	5863.0	425.3	5437.7		9468.3

R&D 经费支出情况

单位:万元

试验发展支出	按资金来源分组			R&D 经费外部支出合计	对境内研究机构支出	对境内高等学校支出	对境内企业支出	对境外支出
	政府资金	企业资金	其他资金					
240650.9	**189.8**	**312783.7**	**2164.9**	**3152.8**	**836.6**	**1045.5**	**1270.2**	**0.5**
231865.5	147.2	303898.0	2100.8	2808.5	787.1	764.6	1256.8	
8284.1	42.2	8384.8	64.1	343.3	49.5	280.9	12.9	
501.3	0.4	500.9		1.0			0.5	0.5
106044.8	91.5	169828.0	210.4	837.0	100.5	421.8	314.7	
35512.1	51.7	36394.5		1043.7	572.8	338.3	132.6	
99094.0	46.6	106561.2	1954.5	1272.1	163.3	285.4	822.9	0.5
240650.9	189.8	312783.7	2164.9	3152.8	836.6	1045.5	1270.2	0.5
8691.6	17.7	8756.8		81.7	27.5	46.2	8.0	
132733.6	148.1	178830.3	816.4	2050.7	797.6	715.3	537.8	
16290.1		27061.0		282.3		1.1	281.2	
116443.5	148.1	151769.3	816.4	1768.4	797.6	714.2	256.6	
45430.4	18.0	64698.7		36.4		36.4		
53795.3	6.0	60497.9	1348.5	984.0	11.5	247.6	724.4	0.5
50887.2	6.0	57589.8	1348.5	730.2	11.5	4.5	714.2	
2908.1		2908.1		253.8		243.1	10.2	0.5
240650.9	189.8	312783.7	2164.9	3152.8	836.6	1045.5	1270.2	0.5
115864.8	131.5	147774.0	1954.5	2514.3	708.6	577.5	1228.2	
115162.9	18.1	154336.3	210.4	470.0	27.5	434.5	8.0	
6237.5	40.0	7287.9		168.5	100.5	33.5	34.0	0.5
3385.7	0.2	3385.5						
152380.1	109.4	217079.5	210.4	919.8	128.0	469.1	322.7	
88270.8	80.4	95704.2	1954.5	2233.0	708.6	576.4	947.5	0.5
152380.1	109.4	217079.5	210.4	919.8	128.0	469.1	322.7	
88270.8	80.4	95704.2	1954.5	2233.0	708.6	576.4	947.5	0.5

14-39 建筑业企业办科技机构情况

（2018 年）

类　别	机构数（个）	机构人员合计（人）	#博士毕业	硕士毕业	机构经费支出（万元）	仪器和设备原价（万元）	#进口
总计	**72**	**8279.0**	**94.0**	**360.0**	**345784.7**	**102499.4**	**2059.9**
按企业规模分组							
大型	58	7939.0	72.0	303.0	335618.8	99468.4	1209.9
中型	13	331.0	21.0	55.0	9845.8	3029.5	850.0
小型	1	9.0	1.0	2.0	320.1	1.5	
按隶属关系分组							
中央	33	5637.0	22.0	167.0	280503.5	75418.4	
地方	7	1015.0	14.0	72.0	21869.3	4365.8	622.9
其他	32	1627.0	58.0	121.0	43411.9	22715.2	1437.0
按登记注册类型分组							
内资企业	72	8279.0	94.0	360.0	345784.7	102499.4	2059.9
国有企业	2	167.0	2.0	12.0	1657.7	1294.4	81.7
有限责任公司	46	6094.0	36.0	243.0	272918.2	55980.8	
国有独资公司	4	983.0	6.0	5.0	47419.3	6371.6	
其他有限责任公司	42	5111.0	30.0	238.0	225498.9	49609.2	
股份有限公司	7	838.0	5.0	45.0	37125.0	26928.4	541.2
私营企业	17	1180.0	51.0	60.0	34083.8	18295.8	1437.0
私营有限责任公司	15	1060.0	32.0	55.0	32532.8	16280.0	587.0
私营股份有限公司	2	120.0	19.0	5.0	1551.0	2015.8	850.0
按国民经济行业大类分组							
建筑业	72	8279.0	94.0	360.0	345784.7	102499.4	2059.9
房屋建筑业	41	3159.0	85.0	207.0	226886.1	38068.8	1978.2
土木工程建筑业	27	4917.0	9.0	122.0	114781.3	63813.1	81.7
建筑安装业	2	140.0		5.0	3573.6	359.6	
建筑装饰、装修和其他建筑业	2	63.0		26.0	543.7	257.9	
按经济成分分组							
公有经济	41	6107.0	24.0	187.0	286223.3	81034.1	81.7
非公有经济	31	2172.0	70.0	173.0	59561.4	21465.3	1978.2
按企业控股情况分组							
国有控股	41	6107.0	24.0	187.0	286223.3	81034.1	81.7
私人控股	31	2172.0	70.0	173.0	59561.4	21465.3	1978.2

14-40　建筑业企业自主知识产权保护情况

（2018 年）

类　　别	专利申请数（件）	#发明专利	#PCT专利	有效发明专利数（件）	#已被实施（件）	发表科技论文（篇）	形成国家或行业标准（项）	软件著作权（项）
总计	**966**	**192**	**30**	**432**	**286**	**1183**	**31**	**86**
按企业规模分组								
大型	841	169	16	334	236	1080	26	38
中型	102	17	14	72	26	95	5	30
小型	23	6		26	24	8		18
按隶属关系分组								
中央	626	112	12	167	118	931	23	46
地方	114	28		51	34	90	3	12
其他	226	52	18	214	134	162	5	28
按登记注册类型分组								
内资企业	966	192	30	432	286	1183	31	86
国有企业	22	13		29	21	5	1	
有限责任公司	786	149	21	280	215	950	25	64
国有独资公司	180	33	1	50	43	19	10	13
其他有限责任公司	606	116	20	230	172	931	15	51
股份有限公司	97	22		78	12	176	2	6
私营企业	61	8	9	45	38	52	3	16
私营有限责任公司	47	7	9	31	30	52	3	16
私营股份有限公司	14	1		14	8			
按国民经济行业大类分组								
建筑业	966	192	30	432	286	1183	31	86
房屋建筑业	446	69	4	113	85	538	14	36
土木工程建筑业	377	106	12	204	134	368	17	16
建筑安装业	86	11	14	58	13	65		21
建筑装饰、装修和其他建筑业	57	6		57	54	212		13
按经济成分分组								
公有经济	745	156	12	290	207	997	24	47
非公有经济	221	36	18	142	79	186	7	39
按企业控股情况分组								
国有控股	745	156	12	290	207	997	24	47
私人控股	221	36	18	142	79	186	7	39

14-41 服务业企业

（2018 年）

类别	有 R&D 活动单位数(个)	有研发机构单位数（个）	R&D 人员合计（人）	#项目研究开发人员	管理和服务人员	#女性	#研究人员
总计	**72**	**38**	**3854**	**3681**	**173**	**902**	**1842**
按企业规模分组							
大型	26	15	2472	2386	86	582	1257
中型	46	23	1382	1295	87	320	585
按隶属关系分组							
中央	11	6	1384	1332	52	326	762
地方	3	2	125	122	3	27	66
其他	58	30	2345	2227	118	549	1014
按登记注册类型分组							
内资企业	71	38	3832	3659	173	899	1833
国有企业	2	1	141	134	7	42	80
有限责任公司	42	27	2574	2463	111	607	1291
国有独资公司	4	3	380	344	36	84	196
其他有限责任公司	38	24	2194	2119	75	523	1095
股份有限公司	11	3	487	463	24	92	241
私营企业	16	7	630	599	31	158	221
私营有限责任公司	11	5	566	541	25	138	195
私营股份有限公司	5	2	64	58	6	20	26
港、澳、台商投资企业	1		22	22		3	9
合资经营企业（港或澳、台资）	1		22	22		3	9
按国民经济行业大类分组							
交通运输、仓储和邮政业	1		22	22		3	9
装卸搬运和仓储业	1		22	22		3	9
信息传输、软件和信息技术服务业	29	12	1430	1375	55	277	634
互联网和相关服务	7	3	276	262	14	46	110
软件和信息技术服务业	22	9	1154	1113	41	231	524
租赁和商务服务业	2	1	45	42	3	12	20
商务服务业	2	1	45	42	3	12	20
科学研究和技术服务业	38	24	2318	2205	113	600	1174
研究和试验发展	5	1	223	209	14	59	88
专业技术服务业	33	23	2095	1996	99	541	1086
水利、环境和公共设施管理业	1	1	16	14	2	2	4
生态保护和环境治理业	1	1	16	14	2	2	4
文化、体育和娱乐业	1		23	23		8	1
文化艺术业	1		23	23		8	1
按经济成分分组							
公有经济	19	12	1772	1709	63	421	951
非公有经济	53	26	2082	1972	110	481	891
按企业控股情况分组							
国有控股	17	11	1629	1572	57	381	881
集体控股	2	1	143	137	6	40	70
私人控股	35	17	1429	1355	74	356	609
其他	18	9	653	617	36	125	282

R&D 人员情况

#全时人员	非全时人员	R&D 人员折合全时当量合计（人年）	#研究人员	#基础研究人员	应用研究人员	试验发展人员
3249	**605**	**2704**	**1287**	**59**	**412**	**2233**
2083	389	1693	870	44	354	1295
1166	216	1011	418	15	58	939
1154	230	929	511	49	341	538
112	13	106	56		1	106
1983	362	1669	720	10	70	1589
3229	603	2702	1286	59	412	2231
127	14	111	63	15	87	9
2133	441	1861	933	44	321	1496
311	69	208	103	5		202
1822	372	1653	830	39	321	1294
435	52	267	134		4	264
534	96	463	157			463
481	85	405	133			405
53	11	57	24			57
20	2	2	1			2
20	2	2	1			2
20	2	2	1			2
20	2	2	1			2
1222	208	893	382		29	864
237	39	195	71		24	172
985	169	698	310		6	692
41	4	38	17			38
41	4	38	17			38
1931	387	1732	882	59	383	1290
196	27	105	42	5		100
1735	360	1627	840	54	383	1190
14	2	16	4			16
14	2	16	4			16
21	2	23	1			23
21	2	23	1			23
1491	281	1279	680	59	352	867
1758	324	1426	607		59	1366
1362	267	1150	618	49	352	748
129	14	129	62	10		119
1233	196	975	400		37	938
525	128	451	208		22	428

14-42 服务业企业

（2018 年）

类别	R&D 经费内部支出合计	按支出用途分组					按活动类型分组	
		经常费支出	#人员劳务费	资产性支出	土建工程	仪器和设备	基础研究支出	应用研究支出
总计	**94049.3**	**88750.9**	**90371.6**	**5298.4**	**295.3**	**5003.1**	**1541.2**	**31757.9**
按企业规模分组								
大型	71464.7	67154.3	69468.3	4310.4	278.5	4031.9	1392.7	30078.4
中型	22584.6	21596.6	20903.3	988.0	16.8	971.2	148.5	1679.5
按隶属关系分组								
中央	47741.1	43779.6	45095.0	3961.5	272.3	3689.2	1464.3	28364.3
地方	3184.6	3180.0	3615.3	4.6	4.6			
其他	43123.6	41791.3	41661.3	1332.3	18.4	1313.9	76.9	3393.6
按登记注册类型分组								
内资企业	93641.3	88342.9	89866.7	5298.4	295.3	5003.1	1541.2	31757.9
国有企业	13041.2	9890.9	9877.1	3150.3		3150.3	642.0	13547.0
有限责任公司	59625.9	58343.2	61228.1	1282.7	283.3	999.4	899.2	16820.8
国有独资公司	4293.9	4292.4	3428.1	1.5	0.3	1.2	85.9	
其他有限责任公司	55332.0	54050.8	57800.0	1281.2	283.0	998.2	813.3	16820.8
股份有限公司	13204.6	12790.9	12391.3	413.7	0.9	412.8		1390.1
私营企业	7769.6	7317.9	6370.2	451.7	11.1	440.6		
私营有限责任公司	7097.2	6793.2	5870.4	304.0	4.0	300.0		
私营股份有限公司	672.4	524.7	499.8	147.7	7.1	140.6		
港、澳、台商投资企业	408.0	408.0	504.9					
合资经营企业(港或澳、台资)	408.0	408.0	504.9					
按国民经济行业大类分组								
交通运输、仓储和邮政业	408.0	408.0	504.9					
装卸搬运和仓储业	408.0	408.0	504.9					
信息传输、软件和信息技术服务业	29297.7	28110.5	28960.4	1187.2	234.4	952.8		1885.1
互联网和相关服务	4629.9	4576.6	4621.5	53.3		53.3		240.1
软件和信息技术服务业	24667.8	23533.9	24338.9	1133.9	234.4	899.5		1645.0
租赁和商务服务业	590.6	443.3	434.5	147.3	7.1	140.2		
商务服务业	590.6	443.3	434.5	147.3	7.1	140.2		
科学研究和技术服务业	63105.5	59142.0	60114.0	3963.5	53.8	3909.7	1541.2	29872.8
研究和试验发展	1979.6	1890.0	895.4	89.6	0.2	89.4	71.6	
专业技术服务业	61125.9	57252.0	59218.6	3873.9	53.6	3820.3	1469.6	29872.8
水利、环境和公共设施管理业	422.2	421.8	129.9	0.4		0.4		
生态保护和环境治理业	422.2	421.8	129.9	0.4		0.4		
文化、体育和娱乐业	225.3	225.3	227.9					
文化艺术业	225.3	225.3	227.9					
按经济成分分组								
公有经济	55330.4	51016.4	53150.8	4314.0	280.3	4033.7	1541.2	28569.5
非公有经济	38718.9	37734.5	37220.8	984.4	15.0	969.4		3188.4
按企业控股情况分组								
国有控股	53340.9	49030.3	50869.9	4310.6	276.9	4033.7	1464.3	28569.5
集体控股	1989.5	1986.1	2280.9	3.4	3.4		76.9	
私人控股	26536.4	25600.3	25570.8	936.1	13.6	922.5		2356.1
其他	12182.5	12134.2	11650.0	48.3	1.4	46.9		832.3

R&D 经费支出情况

单位:万元

试验发展支出	按资金来源分组				R&D 经费外部支出合计	对境内研究机构支出	对境内高等学校支出	对境内企业支出
	政府资金	企业资金	境外资金	其他资金				
60750.2	**4270.7**	**81491.4**	**8287.2**	**13106.0**	**1471.1**	**158.4**	**2887.1**	**8589.4**
39993.6	2882.2	60295.3	8287.2	10867.5	1471.1	158.4	648.6	8589.4
20756.6	1388.5	21196.1		2238.5			2238.5	
17912.5	1532.5	38352.9	7855.7	10089.5	1464.8	35.3		8589.4
3184.6		3184.6		109.9		13.9	96.0	
39653.1	2738.2	39953.9	431.5	2906.6	6.3	109.2	2791.1	
60342.2	4270.7	81083.4	8287.2	13106.0	1471.1	158.4	2887.1	8589.4
-1147.8	155.4	12885.8		547.6	547.6			
41905.9	1721.1	49617.6	8287.2	9935.7	917.2	152.8	276.3	8589.4
4208.0		4293.9		157.4	135.9	21.5		
37697.9	1721.1	45323.7	8287.2	9778.3	781.3	131.3	276.3	8589.4
11814.5	1736.3	11468.3		975.4			975.4	
7769.6	657.9	7111.7		1647.3	6.3	5.6	1635.4	
7097.2	657.9	6439.3		1627.6	6.3	5.6	1615.7	
672.4		672.4		19.7			19.7	
408.0		408.0						
408.0		408.0						
408.0		408.0						
408.0		408.0						
27412.6	2093.7	27204.0		11410.7		13.9	2807.4	8589.4
4389.8		4629.9		401.3			401.3	
23022.8	2093.7	22574.1		11009.4		13.9	2406.1	8589.4
590.6		590.6						
590.6		590.6						
31691.5	2177.0	52641.3	8287.2	1695.3	1471.1	144.5	79.7	
1908.0	227.6	1752.0		28.0	6.3	5.6	16.1	
29783.5	1949.4	50889.3	8287.2	1667.3	1464.8	138.9	63.6	
422.2		422.2						
422.2		422.2						
225.3		225.3						
225.3		225.3						
25219.7	1799.5	45675.2	7855.7	10199.4	1464.8	49.2	96.0	8589.4
35530.5	2471.2	35816.2	431.5	2906.6	6.3	109.2	2791.1	
23307.1	1612.5	43872.7	7855.7	10199.4	1464.8	49.2	96.0	8589.4
1912.6	187.0	1802.5						
24180.3	2204.7	24331.7		2423.5	6.3	109.2	2308.0	
11350.2	266.5	11484.5	431.5	483.1			483.1	

14-43 服务业企业政府相关政策落实情况

(2018 年)

单位:万元

类　别	来自政府部门的研发资金	研究开发费用加计扣除减免税	高新技术企业减免税
总计	**269.8**	**4406.5**	**15396.8**
按企业规模分组			
大型	147.2	4043.9	14963.9
中型	122.2	333.2	432.9
小型	0.4	29.4	
按隶属关系分组			
中央	91.5	3721.4	10030.1
地方	51.7	119.0	4036.6
其他	126.6	566.1	1330.1
按登记注册类型分组			
内资企业	269.8	4406.5	15396.8
国有企业	17.7		
有限责任公司	228.1	3916.8	14370.7
国有独资公司		608.0	6593.6
其他有限责任公司	228.1	3308.8	7777.1
股份有限公司	18.0	340.5	951.4
私营企业	6.0	149.2	74.7
私营有限责任公司	6.0	67.0	44.7
私营股份有限公司		82.2	30.0
按国民经济行业大类分组			
建筑业	269.8	4406.5	15396.8
房屋建筑业	201.5	2646.5	12750.2
土木工程建筑业	28.1	1377.2	2288.6
建筑安装业	40.0	286.4	313.3
建筑装饰、装修和其他建筑业	0.2	96.4	44.7
按经济成分分组			
公有经济	109.4	4097.9	15018.1
非公有经济	160.4	308.6	378.7
按企业控股情况分组			
国有控股	109.4	4097.9	15018.1
私人控股	160.4	308.6	378.7

14-44 服务业企业办科技机构情况

（2018 年）

类　别	机构数（个）	企业在境外设立的研究开发机构数（个）	机构人员合计（人）	#博士毕业	硕士毕业	机构经费支出（万元）	仪器和设备原价（万元）	#进口
总计	**72**	**1**	**3657**	**54**	**971**	**83277.0**	**33432.5**	**780.5**
按企业规模分组								
大型	39		2470	39	859	64783.7	19911.7	
中型	33	1	1187	15	112	18493.3	13520.8	780.5
按隶属关系分组								
中央	28		1186	25	589	38553.3	11790.9	
地方	3		224	5	25	2558.9	1045.1	
其他	41	1	2247	24	357	42164.8	20596.5	780.5
按登记注册类型分组								
内资企业	72	1	3657	54	971	83277.0	33432.5	780.5
国有企业	1		20	1	9	293.4	28.7	
有限责任公司	57		2540	39	797	59235.6	30591.2	780.5
国有独资公司	9		455	4	66	5408.8	6840.6	
其他有限责任公司	48		2085	35	731	53826.8	23750.6	780.5
股份有限公司	4	1	605	12	128	14684.7	1835.6	
私营企业	10		492	2	37	9063.3	977.0	
私营有限责任公司	6		358	2	18	7488.2	614.6	
私营股份有限公司	4		134		19	1575.1	362.4	
按国民经济行业大类分组								
信息传输、软件和信息技术服务业	18	1	1447	13	302	34008.1	14182.8	
互联网和相关服务	4		277		9	2464.9	6904.7	
软件和信息技术服务业	14	1	1170	13	293	31543.2	7278.1	
租赁和商务服务业	3		82		14	679.4	236.7	
商务服务业	3		82		14	679.4	236.7	
科学研究和技术服务业	50		2111	41	654	48491.5	18923.4	780.5
研究和试验发展	1		38		5	1038.0	807.0	138.0
专业技术服务业	49		2073	41	649	47453.5	18116.4	642.5
水利、环境和公共设施管理业	1		17		1	98.0	89.6	
生态保护和环境治理业	1		17		1	98.0	89.6	
按经济成分分组								
公有经济	35		1506	29	643	43476.4	14423.2	737.5
非公有经济	37	1	2151	25	328	39800.6	19009.3	43.0
按企业控股情况分组								
国有控股	33		1495	28	638	43448.4	13733.3	676.5
集体控股	2		11	1	5	28.0	689.9	61.0
私人控股	22	1	1590	13	187	26797.2	15325.6	43.0
其他	15		561	12	141	13003.4	3683.7	

14-45 服务业企业自主知识产权保护情况

（2018 年）

类　　别	专利申请数（件）	#发明专利	#PCT专利	有效发明专利数（件）	#已被实施	发表科技论文（篇）	形成国家或行业标准（项）	软件著作权（项）
总计	**1064**	**547**	**8**	**1299**	**404**	**1086**	**46**	**1191**
按企业规模分组								
大型	814	453	8	837	246	884	38	265
中型	250	94		462	158	202	8	926
按隶属关系分组								
中央	648	381	8	754	181	751	20	126
地方	7			20	8	1	3	35
其他	409	166		525	215	334	23	1030
按登记注册类型分组								
内资企业	1064	547	8	1299	404	1086	46	1191
国有企业	241	164	3	530	3	128	7	12
有限责任公司	616	301	5	524	246	886	32	303
国有独资公司	47	29		35	16	90	5	16
其他有限责任公司	569	272	5	489	230	796	27	287
股份有限公司	110	61		99	93	60	6	374
私营企业	97	21		146	62	12	1	502
私营有限责任公司	84	11		51	37	7	1	242
私营股份有限公司	13	10		95	25	5		260
按国民经济行业大类分组								
交通运输、仓储和邮政业	5	1		2	2			
信息传输、软件和信息技术服务业	238	165	5	170	112	32	5	976
互联网和相关服务	28	20		97	49			375
软件和信息技术服务业	210	145	5	73	63	32	5	601
租赁和商务服务业	5			12	2			40
商务服务业	5			12	2			40
科学研究和技术服务业	816	381	3	1115	288	1054	41	170
研究和试验发展	98	23		37	33	72	4	4
专业技术服务业	718	358	3	1078	255	982	37	166
按经济成分分组								
公有经济	744	410	8	794	203	948	28	166
非公有经济	320	137		505	201	138	18	1025
按企业控股情况分组								
国有控股	720	402	8	787	201	869	24	164
集体控股	24	8		7	2	79	4	2
私人控股	211	84		231	131	101	16	894
其他	109	53		274	70	37	2	131

14-46 服务业企业政府相关政策落实情况

（2018 年）

单位:万元

类 别	来自政府部门的研发资金	研究开发费用加计扣除减免税	高新技术企业减免税
总计	**4483.9**	**9478.0**	**15714.7**
按企业规模分组			
大型	2882.6	5852.5	12494.9
中型	1601.3	3625.5	3219.8
按隶属关系分组			
中央	1670.8	1502.0	2884.0
地方		546.5	1037.1
其他	2813.1	7429.5	11793.6
按登记注册类型分组			
内资企业	4483.9	9478.0	15714.7
国有企业	155.4	12.0	
有限责任公司	1823.5	6840.5	11073.0
国有独资公司		64.2	391.2
其他有限责任公司	1823.5	6776.3	10681.8
股份有限公司	1772.2	922.5	3565.2
私营企业	732.8	1703.0	1076.5
私营有限责任公司	732.4	1518.7	698.7
私营股份有限公司	0.4	184.3	377.8
按国民经济行业大类分组			
信息传输、软件和信息技术服务业	2157.5	5341.1	3070.8
互联网和相关服务	35.9	942.1	
软件和信息技术服务业	2121.6	4399.0	3070.8
租赁和商务服务业		44.7	185.9
商务服务业		44.7	185.9
科学研究和技术服务业	2326.4	4063.4	12440.5
研究和试验发展	330.0	132.3	156.6
专业技术服务业	1996.4	3931.1	12283.9
文化、体育和娱乐业		28.8	17.5
文化艺术业		28.8	17.5
按经济成分分组			
公有经济	1937.8	3935.0	3958.7
非公有经济	2546.1	5543.0	11756.0
按企业控股情况分组			
国有控股	1750.8	2610.0	3958.7
集体控股	187.0	1325.0	
私人控股	2279.6	2665.0	6209.7
其他	266.5	2878.0	5546.3

主要统计指标解释

普通高等学校 指按照国家规定的设置标准和审批程序批准举办的，通过全国普通高等学校统一招生考试，招收高中毕业生为主要培养对象，实施高等教育的全日制大学、独立设置的学院和高等专科学校、高等职业学校和其他机构。

中等职业学校 指实施中等职业教育的学校，招生对象是初中毕业生和具有初中同等学历的人员，基本学制为三年制。

成人高等学校 指按照国家有关规定审批，招收通过全国成人高教统一招生考试的具有高中毕业或同等学历的在职从业人员，利用脱产、半脱产、业余或函授等多种形式对其实施高等学历教育，培养高等教育专科或本科毕业水平的专门人才，修业年限、课程设置和总学时数均按高等学历教育要求付诸实施的学校。

等级运动员人数 指经考核正式批准授予等级运动员称号的人数。运动员等级分为国际级运动健将、运动健将、一级运动员、二级运动员、三级运动员、少年级运动员。

文化事业机构 指从事专业文化工作和专业文化工作服务的独立建制的单位。不包括这些单位另外举办独立核算的其他机构和各部门的业余文化组织。

研究与试验发展(R&D) 指在科学技术领域，为增加知识总量，以及运用这些知识去创造新的应用进行的系统的创造性的活动，包括基础研究、应用研究、试验发展三类活动。国际上通常采用 R&D 活动的规模和强度指标反映一国的科技实力和核心竞争力。

R&D **人员** 指参与研究与试验发展项目研究、管理和辅助工作的人员，包括项目(课题)组人员，企业科技行政管理人员和直接为项目(课题)活动提供服务的辅助人员。反映投入从事拥有自主知识产权的研究开发活动的人力规模。

R&D **经费内部支出合计** 指调查单位用于内部开展 R&D 活动(基础研究、应用研究和试验发展)的实际支出。包括用于 R&D 项目(课题)活动的直接支出，以及间接用于 R&D 活动的管理费、服务费、与 R&D 有关的基本建设支出以及外协加工费等。不包括生产性活动支出、归还贷款支出以及外单位合作或委托外单位进行 R&D 活动而转拨给对方的经费支出。

R&D **经费内部支出中政府资金** 指 R&D 经费内容支出中来自政府部门的各类资金，包括财政科学技术拨款、科学基金、教育等部门事业费及政府部门预算外资金的实际支出。

R&D **经费内部支出中企业资金** 指 R&D 经费内部支出中来自本企业的自有资金和接受其他企业委托而获得的经费，以及科研院所、高校等事业单位从企业获得的资金的实际支出。

艺术表演团体 指从事戏曲、音乐、舞蹈、杂技等专业艺术表演，有独立帐户，实行单独核算的团体，不包括半工半艺、半农半艺和民间职业剧团。

艺术表演场馆 指由各级文化主管部门、文化单位和其他部门(除部队系统处)举力的，具有观众厅设备，经常供专业艺术表演团体演出，并在工商、税务部门登记，公开售票的营业场所。

卫生机构 指从卫生、民政、工商行政、机构编制管理部门取得《医疗机构执业许可证》或法人单位登记证书，为社会提供医疗保健、疾病控制、卫生监督服务或从事医学科研和医学在职培训等工作的单位。

医院 包括综合医院、中医医院、中西医结合医院、民族医院、各类专科医院和护理院，不包括专科疾病防治院、妇幼保健院和疗养院。

实有床位数 指年底固定实有床位数，包括正规床、简易床、监护床、超过半年加床、正在消毒和修理床位、因扩建或大修而停用床位。不包括产科新生儿床、接产室待产床、库存床、观察床、临时加床和病人家属陪侍床。

卫生技术人员 包括执业医师、执业助理医师、注册护士、药师(士)、检验及影像技师(士)、卫生监督员和见习医(药、护、技)师(士)等卫生专业人员。不包括从事管理工作的卫生技术人员(如院长、副院长、党委书记等)。

十五、产业集聚区

15-1 产业集聚区主要经济指标

指标名称	规上工业主营业务收入	战略性新兴产业增速	规上工业平均用工人数			固定资产投资
	增减(%)	增减(%)	2017年(万人)	2018年(万人)	增减(%)	增减(%)
郑州高新技术产业集聚区	18.5	23.2	4.0	4.1	2.5	-9.8
郑州经济技术产业集聚区	5.3	-4.3	6.6	6.1	-7.6	-7.3
郑州航空港产业集聚区	4.1	6.4	23.8	15.1	-36.6	-4.0
郑州市中牟产业集聚区	-11.9		0.5	0.5		6.0
郑州市中牟汽车产业集聚区	34.4	90.9	2.2	2.3	4.5	32.2
郑州上街装备产业集聚区	5.5	-17.9	0.3	0.3		37.9
郑州马寨产业集聚区	7.8	-30.9	1.3	1.2	-7.7	60.5
新郑新港产业集聚区	-4.9	49.3	1.9	1.5	-21.1	10.7
新密市产业集聚区	17.0	63.3	0.7	0.5	-28.6	-5.1
登封市产业集聚区	-21.1	-9.4	1.3	1.0	-23.1	35.0
荥阳市产业集聚区	-1.6	-5.2	0.7	0.6	-14.3	-60.2

15-2 产业集聚区法人单位数

（2018 年）

单位:个

名 称	合计	工业	建筑业	房地产业	批发和零售业			住宿和餐饮业			重点服务业
						批发业	零售业		住宿业	餐饮业	
合 计	**1816**	**699**	**203**	**341**	**235**	**160**	**75**	**37**	**20**	**17**	**301**
郑州高新技术产业集聚区	404	127	75	35	36	28	8	4	2	2	127
郑州经济技术产业集聚区	514	134	96	74	96	69	27	8	6	2	106
郑州航空港产业集聚区	177	50	2	55	21	13	8	15	9	6	34
郑州市中牟产业集聚区	105	12	7	63	12	4	8	1	1		10
郑州市中牟汽车产业集聚区	86	55	4	9	12	10	2	3	1	2	3
郑州市金岱产业集聚区	56	4	3	14	31	24	7				4
郑州上街装备产业集聚区	44	36	2	6							
郑州马寨产业集聚区	102	81	2	6	6		6	1	1		6
新郑新港产业集聚区	112	70	8	20	7	3	4	4		4	3
新密市产业集聚区	60	41	3	14	1	1					1
登封市产业集聚区	81	53	1	15	7	4	3				5
荥阳市产业集聚区	75	36		30	6	4	2	1		1	2

十六、统计工作大事记

元月

1. 1 日，“新时代　新征程”2018 年郑州市元旦春节全民健身系列活动启动仪式暨郑州市第 33 届体彩杯元旦长跑健身活动在绿城广场举行。郑州市统计局 80 名干部职工在局党组成员、副局长祝遵刚同志带领下参加了元旦长跑活动。

2. 2 日，郑州市统计局党组书记、局长万永生主持召开中心组学习会议，专题学习《河南省统计局贯彻落实〈法治政府建设实施纲要（2015—2020 年）〉〈河南省法治政府建设实施方案（2016—2020 年）〉工作意见的通知》《关于统计机构负责人防范和惩治统计造假弄虚作假责任制规定（试行）》和《关于落实统计违法举报工作制度的实施办法（试行）》。

3. 4 日，郑州市统计局干部职工积极响应市直文明办的号召，开展清除冰雪活动。

4. 5 日，郑州市统计局印发《关于统计机构负责人防范和惩治统计造假弄虚作假责任制规定（试行）》。

5. 5 日，郑州市统计局印发《郑州市统计违法举报受理办法》。

6. 9 日，郑州市统计局圆满完成国家企业信用信息公示系统（河南）相关信息录入工作。

7. 9 日，郑州市统计局召开中心组学习扩大会，传达贯彻市委经济工作会议精神。万永生局长主持会议并传达了马懿书记和程志明市长在市委经济工作会议上的讲话，局副科以上人员参加了本次学习。

8. 2017 年第 12 期《郑州工作》刊载了郑州市统计局党组书记、局长万永生同志的署名文章《深入贯彻党的十九大精神，奋力开拓统计事业新局面》。

9. 15 日，郑州市统计局与郑州市商务局联合对服务贸易企业经营情况和统计工作开展督查指导，督查组到管城区开展调研座谈，并对河南瑞诺商务服务有限公司和河南国脉文化产业园有限公司进行现场调研。

10. 16 日，郑州市统计局召开中层以上干部大会，市委组织部市直处处长肖青岭宣读了《中共郑州市委关于滕飞、万永生同志职务任免的通知》，滕飞同志任郑州市统计局党组书记、局长，免去万永生同志的郑州市统计局党组书记、局长职务。市委组织部副部长张杰峰做重要讲话。

11. 17 日，郑州市统计局召开全市文化社会妇儿统计年报培训会议。各县（市、区）统计局负责社科文统计的主管领导、科长及业务骨干 40 余人参加了会议。

12. 18 日—31 日，中共郑州市统计局机关委员会所属 18 个党支部圆满完成 2017 年度组织生活会和民主评议党员工作。

13. 1 月份，根据郑州市统计局统一部署，以孙玉平副局长为组长的依法行政考核组深入 15 个县（市、区），对各单位 2017 年依法统计工作进行全面考核。

14. 19 日，郑州市统计局党组成员、副局长祝遵刚带领机关党委一行到荥阳市刘河镇申庄村开展文明单位结对帮扶冬季“送温暖”活动，为该村 10 户贫困户送去米、面、油和棉被等物品。

15. 26 日，郑州市统计局召开了 2017 年度党支部书记述职评议考核工作会议。各支部书记围绕 2017 年抓党建工作、党建责任人履责情况等方面进行了逐一述职。局党组成员、副局长、机关党委书记祝遵刚同志逐一点评存在的问题，并为大家指出了努力的方向。

16. 29 日，郑州市综合工作考核组在市政府督查室主任马运生为组长的带领下莅临我局，对市委市政府制定的 2017 年度市统计局工作目标进行了检查考核。市统计局局长滕飞、副局长祝遵刚参加了考核检查会，并汇报了我局 2017 年度工作目标完成情况。

17. 31 日，郑州市统计局局长滕飞、副局长祝遵刚带领相关人员走访慰问局离退休老干部，送上节日的问候与诚挚的祝福。

18. 31 日，郑州市圆满完成全国营商环境评价调查工作。此次调查郑州共有调查样本 100 家，调查内容包括企业开办、获得电力、获得信贷、不动产登记、用水报装、用气报装等六个方面。

二月

1. 1 日，郑州市统计局召开 2018 年老干部新年座谈会，为全局老干部送上新春的祝福和节日的慰问。

2. 5 日—7 日，郑州市统计局赴高新区、经开区和航空港区三个研发经费总量较大的县（市、区）进行督导，通过听取汇报、交流座谈及上门指导等方式，深入调研研发统计年报布置和企业研发投入情况，加强研发统计工作。

3.6 日,郑州市统计局印发《关于 2017 年全市统计系统依法行政工作考核结果的通报》(郑统〔2018〕13 号)。

4.6 日,郑州市统计局以"认真学习领会习近平新时代中国特色社会主义思想,坚定维护以习近平同志为核心的党中央权威和集中统一领导,全面贯彻落实党的十九大各项决策部署"为主题,组织召开 2017 年度民主生活会。局党组成员滕飞、王停军、祝遵刚、孙玉平、李向涛参加了会议,市委第二督导组成员薛宇、刘晓宇到会指导。

5.8 日,郑州市统计局召开以案促改暨节前廉政谈话会,观看新郑市原常委、宣传部部长王保军《失守的"两缘观"》违法违纪警示教育宣传片,局党组书记、局长滕飞为全体同志作了节前廉政谈话。

6.11 日,郑州市统计局开展 2018 年迎新春系列文体活动,在祥和、团结、文明、健康的气氛中迎接新春佳节的到来。

7.23 日,国家统计局发布 2018 年第 3 号公告,通报表彰"学习十九大精神,贯彻依法治国理念,继续深化统计改革,加强统计法治建设"征文活动优秀文章。郑州市统计局政策法规处董润青同志撰写的《依法治统狠发力　完善体制求突破》一文获奖。

8.27 日,郑州市统计局召开全市工业统计数据处理程序暨规模以下工业企业创新调查培训会议。郑州市统计局调研员江滨出席会议并做讲话。

三月

1.2 月 26 日—3 月 2 日,在郑州市副市长史占勇主持召开引导企业加大研发投入推进会后,郑州市统计局抽调专业人员参与了市政府对所有县(市、区)加大研发统计工作的督导。

2.1 日,中国(河南)自由贸易试验区郑州片区管委会及毕马威公司一行五人,来郑州市统计局开展调研座谈活动。

3.2 日,郑州市统计局干部职工与百花路社区工作人员共同开展"猜灯谜闹元宵"民俗展演活动。

4.4 日,郑州市统计局以妇联开展的"妇女儿童发展规划(2011—2020 年)暨三八妇女维权月集中宣传"活动为契机,进行妇女儿童统计监测宣传。

5.6 日,郑州市统计局特邀二十余家贸易企业召开座谈会,研判"假日经济"消费品市场情况和 2018 年贸易统计工作。

6.8 日,郑州市统计局围绕"巾帼心向党　建功新时代"主题活动安排,组织全局女干部职工到荥阳环翠峪登山。

7.8 日,郑州市统计局印发《关于在全国两会期间集中开展法治宣传教育活动的通知》,积极做好两会期间法治宣传教育工作。

8.9 日,省统计局赵德友副局长一行莅临郑州航空港经济综合实验区调研"空中丝绸之路"建设发展情况。国家统计局航空港区调查队、省航空港区地方经济调查队、郑州市统计局的主要负责同志陪同调研。

9.15 日,郑州市统计局在黄河饭店召开 2018 年全市统计工作会。郑州市统计局党组书记、局长滕飞作了题为《深入学习贯彻党的十九大精神　紧扣新时代要求　开创统计工作新局面》的工作报告,总结 2017 年全市统计工作取得的成绩,分析了统计工作面临的新形势,并对 2018 年统计工作进行安排部署。各县(市、区)、开发区统计局局长(统计部门负责人),郑州市统计局全体人员共 150 余人参加会议。

10.16 日,市委第十考核组进驻郑州市统计局,开展市管干部 2017 年度综合考核工作。郑州市统计局党组书记、局长滕飞代表局党组作班子年度工作总结。

11.20 日,郑州市统计局举办 2018 年第一期统计素能提升讲坛,邀请河南省统计局设计管理处调研员黄党恩为全局干部职工讲授"三新"经济知识。

12.20 日,河南省统计局工业处处长孙磊一行莅临郑州调研一季度工业经济形势。

13.21 日,郑州市统计局召开创建省级文明单位动员会,安排部署省级文明单位创建工作。局党组书记、局长滕飞出席会议并作动员讲话。

14.21 日—29 日,郑州市统计局开展一季度工业经济形势实地调研。

15.22 日,郑州市统计局 70 余名干部职工赴登封市石道乡陈家门村植树基地开展义务植树活动。

16.23 日—30 日,郑州市统计局开展全市服务业建筑业统计工作考核。

17.26 日,郑州市统计局印发《2018 年度法治政府建设工作要点》(郑统〔2018〕23 号)。

18.27 日,郑州市统计局联合中牟县统计局组织 100 名在职党员到中牟县廉政教育基地共同开展廉政教育“主题党日”活动。

19. 27 日,河南省统计局投资处处长顾俊龙一行到新郑市对建筑企业进行专题调研。

20. 29 日,郑州市统计局召开全市能源统计工作会议。

21. 30 日,郑州市召开 2018 年全市乡(镇)社会经济基本情况统计年报工作会议。

四月

1. 郑州市统计局摘选 2017 年 44 篇优秀分析报告,编辑出版《统计视点》一书。

2. 2 日,郑州市统计局党组书记、局长滕飞主持召开局领导班子学法用法专题会议,认真贯彻领导干部学法制度,研究部署下阶段依法行政工作。县处级以上领导参加会议。

3. 3 日,郑州市统计局干部职工 50 余人,来到中原英烈纪念馆缅怀英烈,接受革命精神洗礼和红色爱国主义教育。

4. 5 日—6 日,郑州市统计局对 4 月份申报新增一套表调查单位开展实地核查。

5. 8 日,郑州市统计局对《2016 年河南省生态文明建设年度评价结果公报》进行解读。

6. 8 日,郑州市统计局印发《2018 年度中共郑州市统计局党组理论学习中心组分专题学习方案》。

7. 10 日,郑州市统计局印发《关于认真做好第四次全国经济普查宣传标语和口号征集工作的通知》(郑统办〔2018〕24 号),向全市统计系统和社会各界公开征集宣传标语和口号 141 条。

8. 11 日,郑州市统计局到惠济区进行消费品市场调研。

9. 11 日,郑州市统计局印发《关于转发〈河南省统计局关于开展人口抽样调查人口普查准备工作调研的通知〉的通知》(郑统办〔2018〕25 号),对郑州市人口抽样调查人口普查前期调研工作进行全面安排部署。

10. 11 日,郑州市统计局党组成员、副局长孙玉平,国家统计局郑州调查队副队长韦红杰一行,赴巩义市调研月度劳动力调查局队交接工作情况。

11. 11 日—12 日,郑州市统计局赴上街区、登封市、巩义市参加全市铝行业转型升级专题调研。

12. 12 日,郑州市统计局举行行政执法证件颁发仪式,向郑州市统计局本级考试合格人员颁发行政执法证件。

13. 12 日,郑州市统计局联合郑州市发改委召开全市政府投资项目工作动员培训会议,对项目入库工作进行了专门培训。

14. 13 日,郑州市统计局组织全局老干部开展春游踏青活动。

15. 13 日,在河南省社科文统计工作会议上,郑州市统计局党组成员、副局长孙玉平作了题为《不忘初心　恪尽职守　做好社科文统计工作》的先进典型发言。

16. 16 日,郑州市统计局召开全市放管服专项调查培训会议。

17. 17 日,在全省服务业统计工作会议上,郑州市荣获全省服务业统计工作综合评比第一名,并作题为《抓住机遇强化基础工作　严格执法提升数据质量》的先进经验汇报。

18. 18 日,郑州市统计局召开全市普查中心系统工作会议。

19. 18 日,郑州市统计局召开统计执法及行政指导业务培训会议。

20. 18 日,郑州市统计局党组书记、局长滕飞赴惠济区调研指导服务业建筑业统计工作。

21. 19 日,郑州市统计局对部分县(市、区)开展能源数据质量抽查。

22. 郑州市统计局荣获 2017 年度郑州市住房保障和房地产管理(住房制度改革)系统先进集体荣誉称号。

23. 20 日,河南省统计局投资处处长顾俊龙一行,到中牟实地调研国家投资高分遥感试点项目情况。郑州市统计局党组成员、副局长孙玉平,中牟县统计局局长李广柱陪同调研。

24. 23 日,郑州市委常委、常务副市长王跃华同志就一季度经济运行情况听取郑州市统计局党组书记、局长滕飞同志汇报。

25. 24 日—25 日,在 2018 年郑州市机关工会工作委员会迎“五一”羽毛球比赛中,郑州市统计局荣获优秀组织奖。

26. 25 日,郑州市发布了《2017 年郑州市人口抽样调查主要数据公报》。

27. 26 日,郑州市统计局党组书记、局长滕飞赴新郑市调研指导统计工作。新郑市常务副市长王智明陪同调研。

28. 26 日,河南省统计局人口和就业处副处长刘晓峰来郑调研年度人口抽样调查和第七次人口普查前期准备工作。

29. 4 月 26 日—5 月 11 日，郑州市统计局组织开展全市 2017 年全国投入产出调查培训工作。

30. 26 日，郑州市人民政府妇儿工作委员会和郑州市人力资源和社会保障局联合下发《关于对郑州市妇女儿童工作先进集体和先进个人的通报》（郑人社办〔2018〕163 号），郑州市统计局荣获 2016—2017 年度郑州市妇女儿童工作先进集体荣誉称号。

31. 27 日，统计法律法规课程进入中共郑州市委党校第 58 期中青班课堂，邀请河南省统计局政策法规处乔西宏处长以《深化统计体制改革与依法统计》为题进行精彩授课。

五月

1. 3 日，郑州市委办公厅发文（郑文〔2018〕37 号），对 2017 年度郑州市产业发展工作先进单位和先进个人进行通报表彰，郑州市统计局荣获先进单位。

2. 4 日，郑州市统计局组织全局干部职工认真收听收看纪念马克思诞辰 200 周年大会实况。

3. 7 日—12 日，郑州市统计局在重庆大学举办了全市统计系统干部业务素能提升研修班，来自全市统计系统的 75 名同志参加了本期研修培训。

4. 8 日，郑州市市直机关第 30 届老干部运动会在市老干部活动中心隆重开幕。郑州市统计局离退休干部组成的代表队，参加了本届运动会。

5. 8 日—16 日，郑州市统计局赴上街、新郑、荥阳、新密、登封、中牟，对 5 月份拟申请数据修订的 29 家工业企业进行现场核查。

6. 5 月，郑州市统计局编辑印制了《郑州统计概要—2018》。

7. 10 日，郑州市财政局向各县（市、区）和开发区下发了《关于下达 2017 年度市级服务业建筑业“以奖代补”资金的通知》（郑财预〔2018〕185 号），市本级“奖补资金”1551. 1 万元落实到位。

8. 16 日，郑州市科技局党组成员、副调研员张道礼一行来到市统计局，就 2017 年郑州市研发投入情况及如何做好科技统计工作进行座谈交流。

9. 16 日，市直机关规范“三会一课”专题督导调研工作第一组组长、市直机关工委副书记王永福一行莅临郑州市统计局，对我局基层党支部“三会一课”开展情况进行专题督导调研。局党组成员、副局长祝遵刚参加督导调研。

10. 18 日，国家统计局河南调查总队副总队长武洁、省局人口和就业处处长孙斌育一行五人莅郑，调研郑州市月度劳动力调查业务交接工作。

11. 23 日，河南省统计局党组成员、副局长赵德友一行莅临郑州，开展推进供给侧结构性改革和加快经济向高质量发展转变调研座谈。郑州市统计局局长滕飞，副局长张庆华，服务业处、综合处和贸易处有关人员参加了座谈调研。

12. 24 日，郑州市统计局召开县区局长会，根据国家统计局执法检查组对荥阳市执法检查中发现的问题和省、市主要领导批示精神，对下步工作作出安排部署。

13. 25 日，郑州市统计局召开全市统计用区划代码和城乡划分业务培训会议。

14. 25 日，郑州市统计局举办道德讲堂，特邀中共河南省委党校周海涛教授以《坚定文化自信　筑牢道德基石》为主题精彩授课。

15. 27 日，郑州市人民政府印发《郑州市人民政府关于认真做好第四次全国经济普查工作的通知》（郑政文〔2018〕109 号），对做好郑州市第四次全国经济普查工作进行安排部署。

16. 30 日，郑州市召开 2018 年一季度全市能源统计数据联审培训会议。

17. 30 日，郑州市统计局党组成员、副局长孙玉平同志以《读史以明智　鉴往而知今》为主题上专题党课。

18. 30 日，郑州市统计局印发《郑州市统计系统 2018 年法治宣传教育活动实施方案》。

19. 31 日，郑州市统计局举办全市统计继续教育网络管理员培训班。

六月

1. 1 日，郑州市统计局到中国（河南）自由贸易试验区郑州片区管委会，就中国（河南）自由贸易试验区郑州片区挂牌运行一周年统计工作开展情况进行座谈交流。

2. 郑州市委办公厅发文（郑文〔2018〕37 号），对 2017 年度郑州市产业发展工作先进单位和先进个人进行通报表彰，郑州市统计局荣获先进单位。

3. 郑州市统计局荣获全市对外开放工作先进单位。

4. 5 日，郑州市统计局举办 2018 年第二期素能提升讲坛，河南省统计局副局长赵德友以《改革开放 40 年中国经济运行轨迹及前景展望》为题精彩授课。

5. 6 日，河南省统计局服务业处到郑州市金水区调研服务业统计基础工作，深入企业开展实地调研座谈。

6. 7 日，郑州市副市长史占勇对统计分析《1—4 月份全市利润总额增速下降》作出批示："请市工信委认真分析利润下降幅度较大的几个行业企业的情况，提出有针对性的建议措施。"

7. 8 日，郑州市统计局副局长孙玉平，郑州调查队副队长韦红杰带领工作人员赴中牟县调研月度劳动力调查业务局队交接工作情况。

8. 13 日，河南省统计局人口和就业处副处长王玉珍到郑州市检查指导劳动工资统计数据质量核查工作。郑州市统计局党组成员、副局长孙玉平及相关处室人员陪同调研。

9. 14 日，郑州市召开《县(市)社会经济基本情况》统计年报工作部门协调会议。市财政局、民政局、卫生局、教育局等 12 个相关部门参加了会议。

10. 15 日，河南省统计局服务业处副处长孟静带领开封、许昌、商丘服务业统计科长等一行 7 人到郑州市调研数据核查流程。郑州市统计局副局长张庆华陪同调研。

11. 20 日，郑州市统计局召开第四次全国经济普查机构组建工作会议，研究讨论《郑州市统计局第四次全国经济普查领导小组、办公室及内设工作组组成人员和职责分工》。郑州市统计局党组书记、局长滕飞到会并讲话。

12. 20 日，郑州市召开《郑州农村发展报告 2018》主编工作会议，确定《报告》结构目录，安排 2018 年编辑工作任务。

13. 22 日，郑州市统计局印发《关于印发郑州市统计局第四次全国经济普查领导小组、办公室及内设各工作组组成人员和职责分工的通知》，成立郑州市统计局第四次全国经济普查领导小组，领导小组下设办公室，办公室内设 11 个工作组。

14. 27 日，郑州市召开郑州市统计学会第六届会员代表大会。大会选举郑州航院工商管理学院院长朱杰堂同志为郑州市统计学会第六届学会会长，胡国强、聂社华、徐红同志为副会长，孙旭军同志为秘书长。

15. 27 日，河南省统计局人口就业处副处长刘晓峰一行到新郑市和经开区就劳资统计数据质量进行核查指导。郑州市统计局党组成员、副局长孙玉平陪同检查。

16. 28 日，郑州市统计局召开第四次全国经济普查工作会议，通报郑州市第四次全国经济普查前期工作开展情况，安排部署近期工作。郑州市经普办常务副主任、郑州市统计局副局长张庆华到会并讲话。

17. 29 日，郑州市统计局召开庆祝建党 97 周年表彰大会暨专题党课，局党组成员、副局长孙玉平宣读对先进党支部、优秀党务工作者、优秀共产党员的表彰决定，局党组书记、局长滕飞以"全面从严治党 实现中华民族伟大复兴"为题上"不忘初心 牢记使命"专题党课。

18. 29 日，郑州市统计局召开生态文明建设年度评价推进会议，市直机关 16 个相关部门参加会议。

七月

1. 4 日，在建党 97 周年之际，郑州市统计局党组成员、副局长祝遵刚带领机关党委、人事处同志一行，走访慰问老党员，为他们送去节日的问候和美好的祝福，带去党组织的关怀和温暖。

2. 4 日，郑州市统计局在黄河饭店召开全市统计局局长座谈会，深入学习贯彻习近平总书记等中央领导同志关于统计工作重要指示批示精神，传达全省统计局局长座谈会精神，座谈当前全市经济形势。各县(市、区)统计局局长、开发区统计部门负责人，郑州市局有关专业处室负责人及其分管领导参加了会议。

3. 5 日—6 日，国家统计局服务业统计司副司长刘富江、服务业统计司生产运行处处长刘金钟、服务业统计司产业经济处副处长申孟宜一行三人莅临郑州实地调研新兴服务业发展态势和新旧动能转换情况。河南省统计局总工程师罗勤礼、服务业处处长王玉荷，郑州市统计局局长滕飞、副局长张庆华陪同调研。

4. 6 日，郑州市统计局局长滕飞到中国铁路郑州局集团有限公司进行专项调研。

5. 10 日，郑州市统计局局长滕飞带领局有关领导和部门负责同志一行 5 人，赴清华同方和北京市丰台区统计局考察调研数据库和信息化建设情况。

6. 10 日，郑州市统计局召开全市统计系统人事工作会议，传达全省统计系统人事工作会议精神，总结上半年全市统计系统人事工作情况，安排部署下阶段工作。

7. 11 日，郑州市统计局召开能源统计数据质量核查会议。

8. 11 日，郑州市统计局印发郑统〔2018〕48 号文，公布《郑州市统计局普法宣传教育责任清单》，为推进全市普法宣传教育、营造统计法治氛围奠定基础。

9. 13 日，郑州市委巡察办对郑州市统计局进行了市十一届第三轮整改落实情况督查。郑州市统计局党组书记、局长滕飞就巡察整改落实情况和整体工作情况进行了汇报。

10. 19 日，在国务院、省政府召开第四次全国经济普查电视电话会议之后，郑州市政府召开全市电视电话会议，就贯彻落实国务院、省政府会议精神，做好我市经济普查工作进行安排部署。郑州市委常委、副市长谷保中出席会议并讲话。

11. 20 日，郑州市统计局社科处撰写的统计分析《郑州研发现状分析》获得史占勇副市长批示：请市科技局阅研并认真分析政府资金、研究机构和高校研发投入大幅下降的原因，提出有针对性的改进措施建议。

12. 20 日，郑州市统计局社科处撰写的统计分析《郑州工业研发投入增速不高原因分析》获得史占勇副市长批示：请市工信委阅研并进一步分析几个工业研发投入大幅下滑县（市）的具体原因，提出有针对性的意见。

13. 23 日，郑州市统计局召开全市 2018 年统计巡查专项培训会议。

14. 24 日，郑州市统计局召开 2017 年度研发统计暨创新调查工作会。

15. 24 日—27 日，郑州市统计局开展 2018 年度统计数据质量专项巡查。

16. 26 日，郑州市统计局召开 2018 年上半年经济形势分析会。

17. 26 日，郑州市人民政府下发《关于 2017 年度社会信用体系建设工作先进集体和先进个人的通报》（郑政文〔2018〕137 号），郑州市统计局被评为先进集体，董润青同志被评为先进个人。

八月

1. 1 日，郑州市第四次全国经济普查领导小组办公室印发《郑州市第四次全国经济普查领导小组成员单位职责分工》。

2. 1 日，由郑州市统计局主办、中牟县统计局承办的《中华人民共和国统计法实施条例》颁布一周年暨第四次全国经济普查宣传活动在中牟县正式拉开帷幕。

3. 2 日，郑州市统计局和郑州市人民政府网、新浪河南联合举办 2018 年度第一期在线访谈。郑州市统计局党组成员、副局长孙玉平围绕“做好研发统计　服务郑州创新发展”与广大网友进行在线交流，畅谈研发统计工作。

4. 3 日，郑州市统计局参加全市科技工作专项座谈会，听取全市有研发活动的部分规上企业、科研院所和中小型科技企业负责人关于研发活动开展情况的介绍。

5. 6 日—7 日，郑州市第四次全国经济普查领导小组办公室召开全市单位清查工作会议，对全市第四次经济普查单位清查工作进行安排部署。

6. 7 日，郑州市统计局撰写的《转型升级加快　发展质量提升—郑州上半年经济运行情况分析》一文被《中国信息报》刊登。

7. 9 日，郑州市统计局召开上半年全市工业统计数据联审培训会。

8. 9 日，郑州市统计局召开 2018 年二季度全市能源统计数据联审培训会。

9. 郑州市社科联发布 2017 年度郑州市社会科学重点调研课题评选结果，郑州市统计局服务业处报送的《郑州建设国家中心城市服务业发展状况与借鉴》，社科处报送的《新常态下郑州市研发经费投入情况研究》，能源处报送的《郑州市绿色发展指标评价体系研究暨分县（市、区）评价探索》被评为郑州市社会科学优秀调研课题二等奖。

10. 13 日，郑州市统计局印发《关于开展“以数谋私、数字腐败”全面排查和专项整治工作的通知》（郑统〔2018〕54 号），对做好“以数谋私、数字腐败”全面排查和专项整治工作作出具体安排和要求。

11. 13 日，郑州市党建办对郑州市统计局履行全面从严治党主体责任情况进行了督查。郑州市统计局党组成员，人事处、办公室、机关党委有关人员参与督查。

12. 14 日，河南省统计局投资处副处长邱倩、调研员马炬亮及主任科员高彦一行三人赴中牟县调研投资项目入库、四经普报表试填、小微建筑业企业抽样调查等情况。郑州市统计局党组成员、副局长孙玉平，投资处处长杨宏革等陪同调研。

13. 14 日—15 日，郑州市统计局联合市工信委到经济技术开发区和新密市，对部分研发投入下降的工业企业开展座谈调研。

14. 14 日—17 日，郑州市举办全市第四次全国经济普查单位清查业务和软件培训班。

15. 15 日，郑州市统计局党组书记、局长滕飞带领人事、办公室有关人员赴郑州航空港区三官庙办事处祥符村进行调研慰问。

16. 16 日，河南省统计局贸易处副处长董军、张高峰到河南买卖多电子商务有限公司调研新零售业发展情况。

17. 22 日，按照《郑州市统计局关于对"以数谋私、数字腐败"全面排查和专项整治工作进行集中抽查的通知》（郑统〔2018〕57 号）要求，郑州市统计局组成 2 个检查工作组，对 2 个县（市、区）及市局主要统计业务处开展"以数谋私、数字腐败"专项整治落实情况集中抽查。

18. 22 日，郑州市印发《关于印发〈郑州市第四次全国经济普查单位清查问题解答制度〉的通知》（郑经普办〔2018〕9 号）。

19. 23 日，郑州市统计局党组成员、副局长张庆华到二七区、郑东新区督导全国第四次经济普查"四落实"情况，并指导"四经普"单位清查工作。

20. 24 日，郑州市召开全市四经普宣传工作会议，专题安排布置单位清查阶段宣传工作。

21. 24 日，郑州市经济普查领导小组办公室召开重点领域行业单位清查调研总结会议。

22. 24 日，郑州市统计局举办第四期统计素能提升讲坛，特邀《河南日报》高级编辑吕志雄以"如何解开古诗词之谜"为主题精彩授课。

23. 28 日，国家统计局督导组对郑州市开展"以数谋私、数字腐败"全面排查和专项整治工作情况进行专项督导。督导组负责人、国家统计局人事司副司长夏庆德一行到经开区、郑州市统计局现场检查指导。河南省统计局副局长冯建中、郑州市统计局局长滕飞陪同检查。

24. 29 日，郑州市统计局副局长张庆华一行到郑州市交通运输委员会开展调研，交流研讨郑州市交通运输企业以及个体车辆的清查方法。

25. 30 日，郑州市召开全市统计局局长会议，安排部署全市统计系统巡察整改工作，通报以数谋私、数字腐败排查整治活动情况，部署郑州市四经普等重点工作任务。郑州市统计局党组书记、局长滕飞出席会议并讲话。

26. 30 日，郑州市统计局召开统计专网及内网网站升级改造专家论证会。

九月

1. 8 月 23 日—9 月 6 日，按照《关于开展全市规模以上企业研发统计数据质量核查工作的通知》（郑统〔2018〕56 号）要求，郑州市统计局联合市发改委、科技局、工信委、建委等相关行业主管部门开展研发统计数据质量核查工作。

2. 8 月 31—9 月 2 日，郑州市统计局党组书记、局长滕飞带领党支部书记和 2017 年度优秀共产党员、党务工作者一行 31 人，赴大别山干部学院集中学习培训。

3. 5 日，郑州市统计局党组召开巡视整改专题民主生活会。郑州市统计局党组书记、局长滕飞代表局党组围绕 9 个方面的问题进行对照检查，深刻查摆领导班子存在的问题，党组成员依次进行对照发言。郑州市纪委、市委组织部组成的督导组成员列席会议。

4. 7 日，郑州市统计局印发《关于开展全市互联网经济统计数据质量核查工作的通知》，依法对辖区内 45 家互联网企业报表数据质量进行抽查。

5. 11 日，郑州市统计局党组书记、局长滕飞，副局长祝遵刚带领机关党委及相关部门负责同志，来到荥阳市刘河镇申庄村，开展走访慰问活动。

6. 11 日—14 日，郑州市统计局开展第四次全国经济普查单位清查督导工作，及时了解单位清查工作进度，解决清查过程中出现的问题。

7. 13 日，郑州市统计局召开企业研发统计数据质量核查暨业务培训会。

8. 13 日，郑州市统计局副局长张庆华做客新浪微访谈，以"做好经济普查全面摸清家底"为主题与网友进行互动交流，深入解读郑州市第四次全国经济普查。

9. 13 日，郑州市人民政府印发《关于 2017 年度郑州市依法行政工作先进集体的通报》（郑政文〔2018〕157 号），郑州市统计局荣获先进集体。

10.13 日,河南省统计局设管处调研员黄党恩、普查中心副主任郝兵到金水区调研督导四经普单位清查工作。

11.17 日,郑州市统计局制定出台《郑州市乡镇级政府统计基础工作规范评分标准》。

12.17 日—19 日,国家统计局工业司副司长江源和专项调查处处长隋秀芹一行二人赴河南进行调研,调研组选取了郑州部分企业进行座谈和现场观摩指导。

13.18 日,郑州市统计局举办第五期统计素能提升讲坛暨法治宣传教育培训班,特邀郑州市人大常委会法工委主任李艳为局干部职工讲解十三届全国人大一次会议表决通过的宪法修正案的重点内容及其重大历史意义。

14.19 日,郑州市经普办召开第四次全国经济普查单位清查工作推进会,通报全市单位清查工作进展情况,安排部署近期单位清查工作。市统计局副局长、市经普办常务副主任张庆华出席会议并讲话。

15.20 日,郑州市统计局开展第三届中华慈善日和 2018 郑州慈善日捐款活动。

16.27 日—28 日,郑州市统计局分别到经开区和金水区,对跨境电商分仓情况和汽车 4S 店销售情况进行调研座谈。

17.30 日,按照《关于做好国庆长假期间保密管理工作》的通知要求,郑州市统计局认真组织开展保密工作自查,对局各处室保密工作进行拉网式检查。

十月

1.8 日,郑州市统计局印发《关于贯彻落实河南省统计局关于深入学习贯彻执行〈防范和惩治统计造假弄虚作假督察工作规定〉的通知的通知》(郑统〔2018〕73 号)。

2.8 日,郑州市统计局全体执法干部集中学习《中国共产党纪律处分条例》和《防范和惩治统计造假、弄虚作假督察工作规定》等文件。

3.10 日,河南省第四次全国经济普查领导小组副组长、省统计局局长王世炎一行莅临郑州督导经济普查单位清查工作。督导组召开汇报座谈会,并到二七区现场查看普查员入户清查登记工作。郑州市委常委、常务副市长王鹏,郑州市第四次全国经济普查领导小组副组长、市统计局局长滕飞以及宣传部、发改委、财政局、统计局等领导小组成员单位分管经济普查的领导同志参加汇报座谈会。

4.11 日,河南省统计局工业处副处长王学青一行赴郑州经济技术开发区进行调研。

5.2018 年第 9 期《郑州工作》刊登郑州市统计局局长滕飞同志署名文章《砥砺奋进四十载　阔步迈进新时代》。

6.郑州市统计局编印完成《砥砺奋进四十载　阔步迈进新时代》一书,用图文并茂的形式,以大量详实的统计数据系统地记录和反映了改革开放 40 年来郑州国民经济和社会发展取得的辉煌成就和巨大变化。

7.11 日,郑州市统计局印发《关于开展服务型行政执法案卷评比观摩活动的通知》,对全市统计系统服务型行政执法案卷评比观摩活动进行安排部署。

8.17 日,郑州市举办 2018 年基本单位年报布置暨名录库业务培训班,安排部署一套表调查单位 2018 年年度及 2019 年月度审核确认工作,对一套表调查单位管理工作进行培训。郑州市统计局党组成员、副局长孙玉平到会并讲话。

9.17 日,在全省社科文系统统计分析研究培训班上,郑州市统计局社科处作为撰写统计分析先进单位做交流发言。

10.21 日—26 日,郑州市统计局在南开大学举办了郑州市统计系统第四次全国经济普查专题研修班,来自全市统计战线的 74 名同志参加了本期研修培训。

11.23 日,郑州市第四次全国经济普查领导小组办公室召开全市单位清查查遗补漏工作推进会议,对全市第四次经济普查单位清查查遗补漏工作进行安排部署。郑州市经普办常务副主任、郑州市统计局副局长张庆华到会并讲话。

12.24 日,国家统计局副局长李晓超一行莅临郑州调研指导第四次全国经济普查工作。河南省统计局副局长赵德友,市政府常务副市长王鹏,市统计局局长滕飞陪同调研。

13.25 日,郑州市召开全市党史工作会议,郑州市统计局荣获 2015—2017 年度郑州市党史工作先进单位。

14.25 日,洛阳市统计局副局长李国强一行莅临郑州,就四经普单位清查工作开展研讨交流。

15.29 日,郑州市统计局印发《新产业新业态新商业模式统计监测制度(2018)(试行)》。

十一月

1. 2 日，郑州市统计局召开了 2018 年三季度经济形势分析会。会议由党组书记、局长滕飞同志主持。郑州市各县(市、区)统计局、开发区统计部门主管经济形势分析的领导和综合科科长，郑州市统计局县处级领导干部，各部门(单位)正副处长(正副主任)，专业处室全体人员参加了会议。

2. 2 日，郑州市统计局相关专业人员组成核查组，先后到上街区、惠济区，对 11 月份申报新入一套表调查单位开展实地核查。

3. 5 日，由河南省统计局政策法规处副处长刘祥生任组长的依法行政督导组莅临郑州市，对郑州市统计系统 2018 年度依法行政情况开展实地检查验收。

4. 8 日，郑州市统计局召开 2018 年规模以下企业创新调查培训会议，对规下企业创新调查统计工作进行了部署、安排和培训。全市 15 个县(市、区)负责社科统计工作的局长、科长及业务骨干参加培训。

5. 9 日，郑州市召开第四次全国经济普查数据质量控制第一次会议，部署第四次经济普查数据质量控制工作。

6. 10 日，郑州市统计局撰写的统计分析《郑州跨境电商服务试点城市优势渐行渐远》获王新伟市长和万正峰副市长批示。

7. 13 日，郑州市副市长万正峰对郑州市统计局呈报的《前九个月郑州消费品市场发展稳中趋缓》作出批示："请遂盈局长组织专题研究，深入分析我市消费品市场发展规律，逐项研究市场驱动要素，拿出针对性措施办法，推动消费品市场持续稳定增长。"

8. 18 日，郑州市科技局联合财政局、统计局、发改委、工信委和城建委出台《关于做好企业设置研发会计科目工作的通知》(郑科〔2018〕89 号)，要求企业建立研发费用会计科目。

9. 18 日—20 日，郑州市统计局妇委会代表参加了郑州市妇女第十六次代表大会，和全市妇女代表一起审议通过了市妇联第十五届执行委员会向大会做的题为《高举习近平新时代中国特色社会主义思想伟大旗帜团结引领全市广大妇女为高质量建设国家中心城市而努力奋斗》的报告，并选举产生了市妇联第十六届执行委员会。

10. 19 日—20 日，郑州市举办全市经济功能区单位名录管理业务培训班。

11. 23 日，郑州市统计局 2018 年部门预算、2018 年"三公"预算、2017 年决算通过政务外网全部向社会公开。

12. 25 日，《郑州市汽车制造业发展的现状与思考》被评为 2017—2018 年度郑州市社会科学优秀成果二等奖。

13. 26 日—28 日，郑州市第四次全国经济普查方案培训班在新密市举办。郑州市统计局党组成员、副局长张庆华出席开班仪式并讲话。

14. 27 日，郑州市统计局印发《关于 2017—2018 年度郑州市优秀统计分析报告评选结果的通报》，对 30 篇优秀分析报告、9 篇优秀统计信息予以通报表彰。

15. 28 日，郑州市统计局印发《关于 2018 年度全市统计系统服务型行政执法案卷评查结果的通报》(郑统办〔2018〕99 号)，对 2 件统计行政执法优秀案卷，12 件统计行政指导优秀案卷进行通报表彰。

16. 30 日，郑州市举办全市能源统计报表制度布置暨能源数据联审培训班。

17. 30 日，郑州市统计局党组成员、调研员李向涛同志以《依法治国　依法行政与依法统计》为主题上专题党课。

18. 郑州市统计局分别荣获 2017 年度郑州市新型工业化建设先进单位和 2017 年度全市质量工作先进集体荣誉称号。

十二月

1. 1 日，郑州市统计局召开全市工业经济形势分析会。

2. 4 日，郑州市统计局在长江公园西广场设立法规宣传点，深入开展"12·4"宪法日宣传活动。郑州市统计局党组成员、调研员李向涛参加此次宣传活动。

3. 4 日，郑州市统计局召开全市统计系统办公室工作会议。

4. 5 日，派驻纪检监察组副组长易明为郑州市统计局全体党员干部进行了《中国共产党纪律处分条例》专题宣讲。

5. 5 日，郑州市统计局党组召开秦岭北麓西安境内违建别墅问题专题民主生活会。

6.6 日，中共郑州市委党校为秋季干部培训班专门安排统计法规知识课程，邀请郑州市统计局党组成员、调研员李向涛同志为中青年干部培训班学员上课，普及统计法规知识，进一步提升领导干部防范和惩治统计造假弄虚作假、提高统计数据质量的法治能力和法治素养。

7.7 日，郑州市召开全市统计法治工作会议，深入贯彻落实习近平总书记关于统计工作重要讲话指示批示精神和党中央、国务院关于统计工作的重大决策部署，认真落实全国、全省统计法治工作会议精神，安排部署全市依法统计、依法治统重点任务。郑州市统计局党组书记、局长滕飞出席会议并作重要讲话。

8.10 日，郑州市召开 2018 年工业统计年报和 2019 年定报培训会议。

9.10 日，郑州市第四次全国经济普查宣传月启动仪式在河南艺术中心前广场举行，掀起第四次全国经济普查宣传高潮。河南省经普办主任、河南省统计局副局长赵德友，郑州市人民政府副秘书长张吉出席活动并讲话，郑东新区人大工委主任周军营为仪式致辞。仪式由郑州市统计局局长滕飞主持。

10.11 日—12 日，郑州市召开全市研发创新调查年报培训会议。

11.12 日—14 日，郑州市举办第四次全国经济普查数据处理及联网直报软件培训班。

12.12 月，郑州市 2018 年“四上”企业及乡镇统计人员岗位知识网络培训圆满结束，全市参加网络继续教育统计人员达到 4045 人，在全省地区注册率和合格率排名均占第一。

13.12 月，在全省 2018 年度统计执法案卷和行政指导评查中，郑州市统计局参选的统计执法卷宗和行政指导被评为优秀案卷，被河南省统计局通报表彰。

14.12 月，由郑州市委主办的《郑州工作》(第十一期) 刊登了郑州市统计局局长滕飞同志署名文章《关于开展“三新”统计的几点思考》。

15.18 日，郑州市召开全市统计业务工作座谈会，研讨工业统计工作。

16.18 日，郑州市召开 2018 年全市“妇儿”监测统计暨社会事业统计培训工作会。

17.18 日，郑州市统计局组织收听收看庆祝改革开放 40 周年大会实况。

18.25 日，郑州市统计局党组成员、副局长祝遵刚带领相关工作人员到农村精神文明建设结对帮扶村荥阳市刘河镇申庄村，开展助力脱贫攻坚冬季“送温暖”活动。

19.27 日，郑州市统计局对生活困难老干部进行走访慰问。

20.28 日，郑州市统计局收听收看全省 2018 年统计年报和 2019 年定期统计报表制度布置视频会议。

21. 郑州市统计局荣获“2017 年度全市防范和处置非法集资工作先进集体”。

22.28 日，郑州市统计局选取 20 家重点企业就研发统计及财务研发科目设立情况进行座谈。河南省统计局社科处副处长王梦轩参加座谈给予指导。

23.28 日，郑州市统计局调研员江滨做客新浪微访谈，深入解读改革开放 40 周年以来郑州市工业发展情况。

中国统计出版社有限公司最新图书简目
（仅供参考，以实际出版为准）

统计资料

中国统计年鉴	中国统计摘要	中国第三产业统计年鉴
中国第三次全国农业普查综合资料	国际统计年鉴	金砖国家联合统计手册
中国—东盟国家统计手册	中国农村统计年鉴	中国县域统计年鉴
中国农产品价格调查年鉴	中国城市统计年鉴	中国价格统计年鉴
中国贸易外经统计年鉴	中国零售和餐饮连锁企业统计年鉴	中国商品交易市场统计年鉴
大中型批发零售和住宿餐饮企业统计年鉴	中国住户调查年鉴	中国工业统计年鉴
中国环境统计年鉴	中国能源统计年鉴	中国建筑业统计年鉴
中国房地产统计年鉴	投资领域统计年鉴	中国对外直接投资统计公报
中国人口和就业统计年鉴	中国劳动统计年鉴	中国社会统计年鉴
中国科技统计年鉴	中国高技术产业统计年鉴	全国企业创新调查年鉴
中国文化及相关产业统计年鉴	2018年时间利用调查资料	中国妇女儿童状况统计资料
中国基本单位统计年鉴	中国教育统计年鉴	中国教育经费统计年鉴
中国民族统计年鉴	中国残疾人事业统计年鉴	长江经济带发展统计年鉴

省级综合统计年鉴系列

北京　天津　河北　山西　内蒙古　辽宁　吉林　黑龙江　上海　江苏　浙江　安徽　福建　江西　山东

河南　湖北　湖南　广东　广西　海南　重庆　四川　贵州　云南　西藏　陕西　甘肃　青海　宁夏　新疆

新疆生产建设兵团

市(县)级综合统计年鉴系列

滨海新区 石家庄 唐山 邯郸 保定 沧州 邢台 廊坊 承德 衡水 秦皇岛 张家口 太原 大同 阳泉 长治 晋城 朔州 晋中 运城 忻州 临汾 吕梁 呼和浩特 鄂尔多斯 包头 沈阳 大连 长春 延吉 四平 白山 通化 哈尔滨 齐齐哈尔 黑龙江垦区 上海浦东新区 南京 无锡 徐州 常州 苏州 南通 连云港 淮安 盐城 扬州 镇江 泰州 宿迁 江阴 丹阳 海门 张家港 杭州 宁波 温州 嘉兴 湖州 绍兴 金华 衢州 舟山 台州 丽水 合肥 安庆 福州 厦门 宁德 漳州 龙岩 莆田 泉州 三明 南平 南昌 九江 上饶 新余 抚州 赣州 景德镇 济南 青岛 枣庄 潍坊 聊城 郑州 洛阳 平顶山 三门峡 南阳 商丘 信阳 济源 汝州 武汉 十堰 荆州 宜昌 荆门 咸宁 黄冈 长沙 鹰潭 广州 深圳 惠州 东莞 汕尾 湛江 肇庆 南宁 柳州 桂林 贵港 梧州 来宾 河池 防城港 海口 三亚 儋州 成都 内江 贵阳 黔南 毕节 昆明 文山 德宏 西安 延安 安康 铜川 汉中 商洛 银川 兰州 庆阳 乌鲁木齐 昌吉 阿勒泰 兵团一师、二师、三师、四师、六师、七师、八师、十师、十三师、十四师

调查年鉴系列

天津 内蒙古 上海 河南 湖北 湖南 广东 广西 重庆 四川 云南 甘肃 宁夏 南宁 贵港 昆明

统计方法应用/实用手册

Python 数据分析基础(第二版)　医用多元统计分析(第三版)　中华生物统计用表

中国国民经济核算体系(2016)基础知识　国民经济核算初级教程　医学统计学手册

全国统计专业技术资格考试系列考试用书:统计业务知识(第四版修订版)　统计业务知识学习指导与习题

全国统计专业技术资格考试系列考试用书:统计相关知识(第四版)　统计相关知识学习指导与习题

统计通俗读物/统计科普图书

领导干部统计知识问答　《防范和惩治统计造假、弄虚作假督察工作规定》辅导读本

统计新媒体运营指南　统计公文知识问答　理解国民账户　中国古代统计史简编

重点图书

辉煌 70 年　第三次全国农业普查农作物面积遥感测量图集　中国第四次经济普查年鉴

新编英汉汉英统计大词典　中国国民经济核算体系 2016　国民经济行业分类注释

挑大学选专业 2019—考研择校指南　挑大学选专业 2019—高考志愿填报指南　中华医学统计百科全书

发行部电话:(010)63376907　63376908　63376909　同榻行书店电话:(010)68783171　68783172

地址:北京市丰台区西三环南路甲 6 号　邮政编码:100073

网址:http://www.zgtjcbs.com